ルネッサンス史

西本晃二——[著]

東京大学出版会

The History of Renaissances
Nishimoto Koji
University of Tokyo Press, 2015
ISBN 978-4-13-021080-5

まえがき

ルネッサンスは変化と転換の時代である。それまでのヨーロッパ世界で支配的であった価値（カトリック教会、中世封建主義、在地封建領主の下に地域で自己完結していた農業中心の経済、広域通商の欠如、ラテン語を共通語とする汎ヨーロッパ的聖職者・知識人層と広汎な文盲大衆という二極分化、等々）に変化が生じた。また農地の開墾（シトオ派修道会の活動）と、それに伴なう人口の増大、キリスト教の大衆化、外への膨張（十字軍をキッカケとする）などが始まる。先進的イスラム社会との接触があらゆる面での刺激となって表れ、後世の我々から見ると華やかな時代と映るルネッサンスは、じつはそれを実際に生きていた人々の心の裡に、価値の変化が、希望や期待よりも、むしろ不安と怖れとを掻き立てた時代である。その点で、まさに現代に相通ずるものがある。

かようなルネッサンスの捉え方は、とうぜん従来の（ブルクハルト流の）ともすれば美術・建築など、文化面に目を奪われたルネッサンスの時代設定とは、違った時代区分を要請する。ラファエルロやミケランジェロに代表される、華やかな十六世紀ルネッサンスは、むろんルネッサンスの一部には違いないが、全てではない。かかる大輪の花が咲き出る前に、それを可能ならしめる経済、社会、また政治的な変化が、すでに数世紀にわたって蓄積されており、そのような変化こそがルネッサンスの本質的構成要素なのである。いな、十六世紀の文化ルネッサンスはそうした変化を土台として、その上に咲き出た「仇花」とまではいわないにしても、それを支える種々の条件の微妙な競合が産み出した、類い稀な成果なのである。

十六世紀を数百年にわたって溯るといえば、ルネッサンスはヨーロッパの中世と繋がってしまうではないかという疑問も出て来よう。従来の時代区分からいえば、十三世紀ヨーロッパは、いまだ完全に中世ということになってしまう。むろん他の時代と同じく、ルネッサンスだとて、とつぜん藪から棒に、先行の時代と全く無関係に出て来るわけがなく、中世から多くの物を受け継いでいるのは自明である。しかし、少なくともイタリア半島においては、すでに十三世紀の六〇年代辺りから、明らかに前代とは違った、ルネッサンス的傾向を示す変化が現れて来るのが看て取れる（その一方、チャールス・ハスキンズなどが提唱した、「十二世紀ルネッサンス」という見方は、余りにも少数の知識層の先鋭な意識のみを問題にして、やや早トチリと思われる）。

このことはまた、ルネッサンスという現象の地域性の問題を提起する。従来の見方によれば、ルネッサンスは、先行の中世あるいはゴシック、また後続のバロックなどと同様に、汎ヨーロッパ的な運動と考えられて来た。たしかに中世はカトリック（＝ユニヴァーサル）という理念、また国民国家（＝ネーション）という単位が存在するようになった後のバロックは国際的（＝インターナショナル）な拡がりを持つ文化・思想傾向を示す。ところがルネッサンスは、イタリア半島に端を発して、アルプスを越えて拡がって行ったにもかかわらず、決して一様な運動ではない。むしろ、運動が伝わった地域ごとに独自のルネッサンスが出て来たところにその特色がある。例えば発祥の地イタリア半島においても、半島の北部（ミラーノ）と中部（フィレンツェ、ローマ）、海港（ヴェネツィア）とでは、ルネッサンスの在り方に大きな違いが見られる。また後期ルネッサンス、すなわちイタリア半島でのルネッサンスがほぼ終りに近付き、アルプスの北にルネッサンスが興ると、フランスのルネッサンス、スペイン、イングランド、ドイツ（含ネーデルランド）のルネッサンスは、みなそれぞれ独特の様相を示す。ルネッサンスは、ユニヴァーサルあるいはインターナショナルな運動ではなくて、地域的（＝ローカル）な現象なのである。

地域的であると同時に、ルネッサンスはまた、時代的にも一様な展開をしていない。発祥の地イタリア半島では約二百五十年間、つまり十三世紀の六〇年代に始まり、十五世紀末か十六世紀初頭にはすでに衰退に向かう（除ヴェネツィア）。ちょうどその頃、アルプスの北の諸地域でルネッサンスが始まるのである。その期間も、フランスでなら十五世紀末から十七世紀初までのほぼ百二十年間、スペインではやはり十五世紀末から十七世紀最初の四半期まで、イングランドでは十六世紀の十年代から十七世紀の二〇年辺りまで、さらにドイツにいたっては十五世紀末の九〇年代から十六世紀の二〇年代までの僅か四十年弱という短かさである。加うるに、イタリア半島ではルネッサンスは都市（共和国）のルネッサンスであるのに対して、アルプスの北では、国民国家のルネッサンスとなる。

この最後の点はとくに重要である。十六世紀、とはすなわちルネッサンスも後期に入って、アルプスの北の諸地域が国家統一を成し遂げ、一六四八年の「ウエストファリア条約」で承認され、現在に及ぶ西ヨーロッパ地域の政治的枠組みが出来上がる。これがいわゆる国民国家（または主権国家）体制である（ただしすでに一五一三年、マキャヴェルリが『君主論』で国家統一と国民軍の創設の必要を力説したにもかかわらず、イタリアは統一に乗り遅れてしまった。ドイツまた然り。鎖国で遅れた日本と併せて、後発三先進国が列強に追いつこうとして、どんな無理をし、いかなる戦争をしたかは、我々のよく知るところである）。そしてヨーロッパ連合が成立し、グローバリゼーションが進みつつある現在、まさにルネッサンスの産み出した国民国家体制は、その終焉に近付こうとしている。ふたたび変化と転換の時代に入ったわけである。

フランスの象徴派の詩人ポール・ヴァレリーは、その『歴史についての講話』の中で、人類を「未来に背を向けて、後退《あとず》さりしながら入っていく者」と形容した。「我々は未来を見ることは出来ない、それでは歴史の研究は無意味なのか?」と、ヴァレリーは自問し、「そうではない。未来を見ることは出来ないが、過去を知ることによって、我々はよりよく未来に対して備えることを得るのだ」と自答する。ルネッサンスで始まった西欧社会体制は、ある意味で世界を制覇した。今その体制が終わろうとしている。我々から見れば栄光に包まれた華やかな時代ルネッサンスは、その時代に生きた人々にとっては、いま我々が、「いったいどうなるのだろう?」と感じているような不安と怖れに包まれた時代の始まりだったのである。ここでいま一度ルネッサンスを考えてみたいと思う所以である。

ルネッサンス史——目　次

第II部 アルプス以北の諸国

はじめに

本書は、ヨーロッパの歴史の中でよく問題にされる現象である「ルネッサンス」に関して、筆者がつねづね抱いていた、ごく単純で素朴な疑問から出発している。それは「なぜわが国、またわが国だけでなく欧米でも、ルネッサンスを扱った論考というと、そのほとんどが絵画・彫刻あるいは建築といった美術の分野、あるいはそれ以外でも、せいぜい文学や思想といった、いわゆる「文化」にもっぱら関心を寄せて、「文化」と共に社会の上部構造を形造る「権力」（政治・軍事・祭祀＝宗教）あるいは「財力」（金融・商工業）の在り方をもっと取り上げないのか、さらには上部構造そのものを支える人口動態、技術開発、産業革新、あるいは宗教における異端認定の実態などをも、個別的にではなく、もっとルネッサンス全体を視野に入れた観点から扱おうとしないのか」という疑問である。

ブルクハルトの呪縛

じっさいルネッサンス論のはしりとして有名な『イタリアにおけるルネッサンスの文化』（一八六〇）において、スイスの歴史家ヤーコプ・ブルクハルトは、タイトルが示すごとく、ルネッサンスを優れて文化的な現象と捉えている。これには間違いがない。しかもその第一部には、「クーンストヴェルケ（Kunstwerke＝Work of art）としての国家」という題までついているのだから、ますますその感が深まろうというものである。ただし、ここでブルクハルトのために指摘しておかなければならないが、この「クーンストヴェルケ」を、これまで同書の邦訳すべてがそうしているように「芸術作品」とするのは、じつは誤訳である。というのはドイツ語の「クーンスト」は、英語の「アート」またイタリア語の「アルテ」と同義で、ふつう「芸術」と訳される単語であるが、それ以外にもギリシャ語の「テクネー」に当たる「技術」という意味があり、これは英語でもイタリア語などでもまったく同様である。例えば「シュプラッハクーンスト」（Sprach-

ブルクハルトの肖像

kunst＝Art of Speaking）といえば「話し方、話術」であり、日本語でいう言葉の芸術、つまり「話芸」という意味にはならない。それと同じことで、ブルクハルトはここで、「クーンスト」をまさに「技術」の意味で用いている。つまり第一部のタイトルは、「（政治的）技術の所産としての国家」と訳すべきで、これを「芸術作品としての国家」とするのは、明らかな間違いなのである。

　では、どうしてそういうことが言えるか。すなわち「クーンスト＝アート＝アルテ」を「芸術」とせず「技術」と訳すべきなのかは、第一部の第九章「クーンストヴェルケとしての戦争」という表題がそれを証明している。この章はマキャヴェルリの作品『戦争の技術（Arte della guerra）』（一五二一）を念頭に置いて書かれたことは明白であるが、そのマキャヴェルリの作品にあっても、「アルテ」に「芸術」の意味がそれこそ破片《かけら》もないことは、同著を一読すればただちに知られる。まったく同様に第九章、さらには第一部全体の表題における「クーンスト」も、ブルクハルトはこれを「技術」、つまり「神慮や天意によらず、人間理性が編み出した技術」の意味で用いている。ということは、ブルクハルトはルネッサンスを、政治や軍事をも含む広い意味での文化現象として捉えてはいるが、国家や戦争を「芸術」と見ているわけではないのである。

　だがそうした語句の詮索はひとまず措くとして、いま問題にした文化とルネッサンスとを強く結び付ける考え方に加えて、わが国では「ルネッサンス」に「文芸復興」という訳語をあてることが多く、ここでもまた「ルネッサンス（復興）」の内容を「文芸」に限定する傾向が見られる。「文芸復興」というと「ルネッサンス」そのものよりは、どちらかというと古代ギリシャ・ラテン学芸の復興、すなわち「人文主義」に近い訳語となる。じっさいこの潮流の成立に関与した人文主義者《ウマニスタ》のペトラルカ（一三〇四～七四）やボッカッチョ（一三一三～七五）が実学を嫌い、文化に憧れたのはよく知られている。ペトラルカは若い時、教会法を学ぶためにボローニャ大学に送られたが、法律の勉強にはさっぱり身が入らず詩作に耽ったことが知られている。またボッカッチョの方は商売見習いの目的で、父が勤めていたバルディ商会《コンパニーア》のナポリ支店に出されたものの、金勘定には向かなかったらしく、下手な恋愛物語の執筆にかまける有様で、いずれも文芸志向であった。さらには、すでにフィレンツェのルネッサンスが崩壊してしまった十六世紀半ばに登場し、『画家列伝』を著して、強く古代美術の「再生」を主張したジョルジョ・ヴァザーリ（一五一一～七四）にしても、みな知識階級に属しており、いずれも古代ギリシャ・ラテン古典文化に憧れた者達に他ならなかった。そうした事情が、日本のみならず欧米諸国においても、ルネッサンスに関する論考の芸術・文化偏重を招くことに繋がったと思われる。

ルネッサンスという名称

だが本来「再び生まれる」という意味のフランス語「ルネッサンス」を、ヨーロッパ史上の特定の時期を指す名称として用いたのは、ジュール・ミシュレが『フランス史』第九巻（一八五五）を『ルネッサンス』と題したのをもって始めとする。だが同巻の序文でミシュレは、ルネッサンスの礎《いしずえ》を置いた人物としてルッター、コロンブス、コペルニクスを挙げるのみで、芸術家や文人は誰一人として名を引いていない。むろんミシュレの主たる関心は「フランス・ルネッサンス」を中心とする、十六世紀、アルプス以北の西ヨーロッパ・ルネッサンスに注がれており、それ以前にイタリア半島で始まり、半島社会のあらゆる面に及んだ変革の歴史に向かってはいない。

だがイタリア半島では、上記のペトラルカから始まってコルッチョ・サルターティ、レオナルド・ブルーニ、また十五世紀後半のフィレンツェで「新《ネオ》プラトン主義」の哲学を推進したマルシリオ・フィチーノやピーコ・デ・ラ・ミランドラといった人文主義者達が出て来るよりはるか以前、遅く見積もっても十三世紀最後の四半期から十四世紀初にかけて、すでに美術をも含む経済・政治・社会など諸分野で深甚な変化が生じている。かつそれが一般に「ルネッサンス」と呼ばれる十五～六世紀の文化運動と直接かつ切れ目なく繋がっており、十六世紀ともなれば、もはやイタリア半島のみに止まらず、アルプス以北の地域にも拡がっていく。その経過を大づかみに辿ると、十三世紀の六〇年代後半辺りから、東方《オリエント》との貿易をきっかけとして、イタリア半島で起こった経済変革による都市の勃興、それに導かれた神聖ローマ帝国の凋落という政治変動、さらにこの変動の引き金を引いたローマ教皇庁の世俗権力化という宗教・倫理的転換が起こる。そしてその刺激が、イタリア半島においてはじつに二世紀半にわたって社会活動のあらゆる面で活性化をもたらす。ただしその活性化も、もろもろの原因により、一五〇〇年前後に到って、ついに停滞してしまう。

すると今度はアルプス以北の地域で、イタリア半島からの刺激による地域社会の活性化が、一方ではアルプス越えで、他方では西地中海を渡り大西洋岸に沿って北上して、フランス、スペイン、イングランド、ドイツに及び、以後十七世紀前半まで、アルプス以北のヨーロッパ全域に影響を与える。この変動の総体がルネッサンス現象ということになる。

中世との連続と切れ目

ところがフランスのイーヴ・ルヌワール（『中世のイタリア商人達』一九四八）や、ジェノヴァ出身だが主にアメリカで活躍したロバート・ロペッツ（『中世の商業革命』一九七一）のような経済史家達までが、十三世紀後半ヨーロッパ経済の大変革を指摘しておきながら、それを中世史の出来事としている。これはルネッサンスと中世との断絶を説いたブルクハルトに反発し、中世とルネッサンスの連続を強調したヨハン・ホイジンガ（『中世の秋』一九一九）やエルンスト・ロベルト・クルチウス（『ヨーロッパとラテン中世世界』一九四八）に気兼ねしてかもしれない。そうかと思えばチャールス・ハスキンズに到っては、中世との連続を強調するあまり、九世紀にシャルルマーニュ（カール大帝）の宮廷でアルクインらにより種を蒔かれた古典古代に対する憧憬が、十二世紀に入ってソールスベリーのヨハネスらに主導されるシャルトル学派で開花したとして、「十二世紀ルネッサンス」という説（『十二世紀ルネッサンス』一九二七）を主張する有様である。

同一地域で次々と生起していく社会現象に連続性が認められるのは当然のことで、ルネッサンスも先行する中世とまったく無関係に、突如としてゼロから出現したはずがないのは明らかである。しかしだからといって、すべての歴史的展開が何の起伏もなく、なだらかに推移・発展していくのでないこともまた、多少なりと歴史に興味を持ったことのある者には自明の事柄であろう。どこかで必ず歴史の転換を促す、跳躍ともいえる事象が生ずるのである。このような歴史の跳躍をイタリア半島において促したものこそ、ロペッツの言葉を借りるなら、十三世紀後半の「商業革命」に他ならない。しかもそれは思弁的議論を展開したシャルトル学派のような一握りの知識階級、あるいはボローニャ大学を中心に教会法と世俗法との体系化を行って、教皇庁とホーヘンシュタウフェン朝の皇帝達の支配理論の構築を助けた法学者などではなくて、もっと広範囲かつ多数の人々、すなわち商人や船乗り、金貸や初期産業資本家達を捲き込んだ、大きな社会変革だったのである。

ルネッサンス現象の時期と場所

この事実はさらに、ルネッサンスという現象を考える際に考慮すべき、時期と場所の問題を提起する。これまで意図的にルネッサンス「現象」と言って、ルネッサンス「時代」という言い方を避けてきたが、それはヨーロッパ史の中に「ルネッサンス」とよばれる一定の時期があるわけではないからである。いま、イタリア半島ではルネッサンスが遅くとも十三世紀の最後の四半期、きっかけとしては一二六〇年代後半に始まったと指摘した。そこから数えて、フランス王シャルル八世の半島侵攻（一四九四）、ルイ十二世によるミラーノ占領（一四九八）、仏・独・スペイン・教皇の連合軍によるアニャデルロにおけるヴェネツィア軍撃破（一五〇九）、スペイン軍による「ローマの劫掠《サッコ》」（一五二七）、フィレンツェの第三共和制崩壊とメディチ家の世襲君主制成立（一五三〇）といった半島ルネッサンスの終焉を告げる一連の事件が次々と生起する時期まで、ほぼ二世紀半がイタリア半島のルネッサンスに当たる。

これに対してアルプスの彼方では、フランスのルネッサンスがシャルル八世のイタリア侵入（一四九四）に始まり、ブルボン王朝の開祖アンリ四世暗殺（一六一〇）までの百十余年、スペインでは一四九二年のグラナダ攻略によるイベリア半島からのイスラム勢力駆逐（一月）、およびコロンブスによる新大陸の発見（十月）から始まってセルヴァンテスの死（一六一六）までの百二十年ほど。イングランドではヘンリー八世の登極（一五〇九）からシェイクスピアの死（一六一六）に到る百年余り。ドイツではアルブレヒト・デューラーの第一回ヴェネツィア行き（一四九四）辺りから、ドイツ農民戦争（一五二五）までのわずか三十年ちょっとが、それぞれの地域におけるルネッサンスというわけなのである。

これを要するに、ルネッサンスが終ろうとするまさにその時点で、アルプス以北の諸国のルネッサンスが始まるのであり、それらの地域でルネッサンスが続く期間にも長短がある。つまりルネッサンスという現象は地域性が強く、中世とか近代のように、また美術史ならゴチックあるいはバロックのように、かなり広範囲かつ長期にわたって、同じ規範を守りながら時代を特徴付けるのとは大いに異なる。ルネッサンスは多様性の時期なのである。ルネッサンスの特徴の一つとして挙げられるギリシャ・ラテン古典文化に心酔した人文主義にしても、イタリア半島の世俗色が強く、かつ文献学的な「人文主義《ウマネージモ》」、ドイツの宗教色の勝った、宗教改革へと連なっていく「人文主義《フマニスムス》」、フランスでは両者の中間を行って社会倫理性を強調する道徳的「人文主義《ユマニスム》」、スペインやイングランドでは、それぞれの王朝の都合で、異端審問あるいはヘンリー八世の好色と皇太子願望のために潰え去ってしまう「人文主義《ウマニスモ／ヒューマニズム》」と、地域ごとに異なった様相を呈する。ルネッサンスの在り方自体が、地域により異なるのである。

都市現象としてのルネッサンス

じつはこれまで「イタリア半島のルネッサンス」といって、「イタリア・ルネッサンス」という言い方も避けてきたが、これにも理由がないわけではない。イタリア半島におけるルネッサンスの担い手は都市であって、市民ないしはそれに準ずる近郊の小貴族が、共和制《レプブリカ》あるいは小君主制《プリンチパート》を採用するかの別はあっても、土着の共同体を発展させ「都市国家《チッタ・スタート》」を建設した。その各々に独自のルネッサンスが生まれるのである。つまりそれぞれの特色を主張するフィレンツェのルネッサンス、ヴェネツィアのルネッサンス、ローマ、ナポリ、ミラーノのルネッサンスはあっても、均質で標準型の「イタリア・ルネッサンス」なるものは存在しない（さらに後年、都市国家が発展して「地域国家《スタート・レジョナーレ》」と呼ぶべきものが登場するが、これも市民が活動の中心を担っていたといえる）。

その一方、アルプス以北の諸地域では、社会全体が（都市国家より規模の大きい）「国民国家《ネーション・ステート》」の建設に向かい、王権と新興市民階級とが連携して封建貴族勢力を抑えることで国家統一を達成、ナショナル・ルネッサンスと呼び得る社会状況が成立する。例外はドイツで、ここでは神聖ローマ・ドイツ帝国(1)という中世以来の政治的枠組みが残って、帝国内部に封建領主勢力が割拠したために都市の発展は抑えられ、ルネッサンスは短命に終ってしまう(2)。

こう見てくると、ルネッサンスは優れて都市的な現象であることが知られる。そのことは都市国家を中心にルネッサンスが展開したイタリア半島だけでなく、アルプス以北の国民国家を成立させたルネッサンスについてもあて嵌る。ルネッサンスとは、封建的身分制度と農業生産に立脚していた中世ヨーロッパにおいて、それまで社会の枠組みをなしていたカトリック（＝普遍）教会と神聖ローマ帝国という二大組織を、都市とその住民が国際貿易・金融・初期工業というまったく新しい経済活動の劇的発展を通して喰い破っていく変動の時期なのである。

社会の枠組みが崩れていく時、人は伝統的な規範から解放されて行動の自由を獲得し、単に文化や芸術に限らず、社会のあらゆる活動分野において、時には無秩序といえる創造的エネルギーを放出する。これこそがルネッサンスなのである。だが自由はまた未知と不安とをもたらす。そして同時に、変動が惹き起こした大濤《おおなみ》に呑まれて姿を消していった、無名の多くの人々がいた事実も忘れてはならない。このような変動に直面して、人そして社会が、それぞれの置かれた状況と能力に応じて、どのように変化し、いかなる結果をもたらしたかを、以下に見てみることとしよう。(3)

カナ表記の問題

本論に入る前にもう二点だけ、固有名詞の表記について簡単に触れておきたい。まず本書では「ルネッサンス」という表記を用いる。わが国がヨーロッパの歴史に関心を抱き始めた明治以来、「ルネッサンス」という表記が一般的であったのに、第二次大戦後のある時期から「ルネサンス」と、促音便を用いない表記が流行りだした。だがこの表記は、原語フランス語の発音をキチンと写していない。なぜなら“Renais-sance”という綴りの中に“ss”という子音の塊《クラスター》があり、これが“Re-nais-san-ce”と第二番目の音節を子音終りの閉音節にしているからである。同一子音が連続してできる閉音節は、日本語では一般に「ッ」を用いる促音便で表記される。例えば「三日月パン」の“croissant”だが、これを「クロワッサン」と呼んで、誰も「クロワサン」とはいわない（「クロワサン」では、パンの皮の焼けたパリッとした感じが出ない！）。それと同じことで、ノッペラボーな「ルネサンス」は、「ルネッサンス」よりも原語の発音から離れている。むろんカナによる外国語表記に完全を期待するのは無理なことは十分承知しているが、それでもできるだけ原音に近い表記を採るべきだと思うからである。

上記「ッ」を用いる促音便に関連して、二重捲舌音の“ll”と“rr”が作る閉音節のカナ表記については別の問題がある。

---

(1) 「神聖ローマ帝国」は、八〜九世紀にフランク族の王シャルルマーニュによって建設され、時の教皇レオ三世により聖別された西ヨーロッパ全土にまたがる大帝国の名称である。だがこの帝国はシャルルマーニュの孫の代に現在のフランス、ドイツ、イタリアに相当する三地域に分割され、シャルルマーニュの系統はイタリアでは九世紀後半、フランスとドイツでは十世紀に絶える。「皇帝」のタイトルは九六二年、ドイツのみで、サクソニア王朝のオットー大帝が復活させ、以後は「神聖ローマ・ドイツ帝国」が正式の名称となる。ただこれではいかにも長たらしいので、本書では特に必要な場合を除いて「神聖ローマ帝国」と略称する。

(2) ただし、一四九九年に帝国から分離独立したスイス連邦と、カール五世からフェリーペ二世と続くハプスブルグ家のカトリック支配に抵抗し、新教の旗印を掲げて八十年余の激しい戦いの上、一五九八年に独立を獲得するネーデルランドは別である。しかし、両者共に、実質的にはルネッサンスよりも宗教改革の時代にその存在感を発揮する。

(3) それはまた変動という点では、アルプス以北のルネッサンスが生み出し、十七世紀半ば一六四八年の「ウエストファリア条約」で形を取り、二十世紀半ばまでに地球全体を覆うに到った「国民国家」体制が、両度の世界大戦、およびそれが誘発した（国際金融・IT革命など）新しい経済・交通・情報システムの到来と共に、それこそ「ボーダーレス」時代に入って、「国民国家」自体が崩壊しつつある現代に相通ずるところがある。

例を挙げると“Machiavelli”を「マキャヴェッリ」、“Volterra”を「ヴォルテッラ」と書く類いである。日本語の音便表記としては、“l, r”を除く“b, c, d... v, z”など他のすべての子音連続で起こる閉音節を表記するのに、「ッ」を用いて詰まる感じを表す促音便と、二連“m/n”による閉音節の方は「ン」と渡って行く撥音便とがあり、前者の場合は“Filippo”を「フィリッポ」（促音便）、後者の場合には“Giovanni”を「ジョヴァンニ」（撥音便）のように、それぞれうまく音写することができる。ところが“ll”と“rr”の場合だけは別で、直前の音節の最後に「ル」が残り、二番目の“l/r”は後に来る母音の種類によって「ラリルレロ」のいずれかとなる。上記の例でいうと、“Machiavelli”が「マキャヴェルリ」、また“Volterra”が「ヴォルテルラ」となる。じつをいうと最後のラ行音は弱い「ラリルレロ」で軽く発音され、時には省略されることさえある。例えば“Castel(lo)　Sant'Angelo”を「カステル・サンタンジェロ」、さらには英・仏語などで、“Rafaello”を“Raphael”と書いて「ラファエル」と呼ぶたぐいである。よってこれら最後の「リ」「ラ」「ル」は、本当は半角文字で書いた方がより正確な表記なのだが、そうはいっても今日ではラ行の半角文字はあまり用いられないので全角文字で我慢するとして、ここにも「ッ」の促音便を用いるものぐさだけは御免蒙るしだいである。

以上の例は“ll/rr”に先立つ音節に、単語のアクセントが来る場合のカナ表記である。これに対して、先行の閉音節にアクセントがない場合には“ll/rr”は、ほとんど“l/r”一文字と同じようにカナ表記するのが原音に近い。“Ferrara”「フェラーラ」、“Colleoni”「コレオーニ」といった具合である。

次に、ルネッサンスのような変動の時代には、様々な国の人物がいろいろな地域で活躍し、それぞれの場所で違った名前で呼ばれる。例えば十六世紀後半のフランドルで、スペイン軍司令官として名将の名を恣にしたパルマ公アレッサンドロ・ファルネーゼは、スペインではアレハンドロ・ハルネシオ（英語ではアレクサンダー・ファルネーズ）となるし、傭兵隊長《コンドッティエーロ》として知られたイングランド人ジョン・ホークウッドは、イタリアではジョヴァンニ・アクートとなる。しかし同一人に違った名前を当てるわけにもいかないので、人物については誕生国での読みを採用する。地名、例えばヴェネツィア（英ヴェニス、仏ヴェニーズ、独ヴェネーディッヒ）についても同様で、原則として本国での読みを優先する。

しかし例外も無いわけではない。イングランドのヘンリー八世の最初の妻スペイン王女のカタリナ・デ・アラゴンについては、そのイングランド女王としての重要性から、キャサリン・オブ・アラゴンを用いる。またローマ教皇については、即位した名前のラテン語読み、例えばユリウス（伊ジュリオ、仏ジュール、英ジュリアス）二世を採用するといった具合で、分かり易さを旨としたことをも御承知おきいただきたい。

第Ⅰ部　イタリア半島

序章　イタリア半島のルネッサンス

1300年頃のヨーロッパ

ルネッサンスの大本、「イタリア半島のルネッサンス」は、経済（商業）によって始まる。これはアルプス以北の諸ルネッサンスが政治（国家統一）から始まるのとは、根本的な違いである。その開始時期についても、「はじめに」で触れたように、チャールス・ハスキンズなぞは中世との連続を強調する余り「十二世紀ルネッサンス」といって、ルネッサンスがはや西暦一一〇〇年代半ば頃から、ソールスベリーのヨハネス（ジョン＝ヨハネス、イギリス生まれ）らが主導する北フランスのシャルトル学派と呼ばれるグループに見られると主張するが、それは一握りの学僧達、つまり知的エリート層の話でしかない。つまり、「一羽の燕《つばくろ》で春は来ない」と諺にもいう通りルネッサンスとは、どこかで細い糸で繋がっているかもしれないが、直接に関係はない。まさに学者のよく陥るエリート偏重の見方以外の何物でもない。

発展の二段階

そこでイタリア半島のルネッサンスだが、これがまた二段階に分かれる。第一段階は「都市国家《チッタ・スタート》のルネッサンス」である。ジェノヴァやシエーナといった個々の都市が、海運や商業・金融業など、それぞれ独自の活動によって自治を獲得して富を蓄積し、人を惹き付け、周辺地域を勢力下に収めて、中世封建制の核である在地領主と拮抗する勢力、つまり「都市国家」に成長する時期である。年代的には一二六〇年代から一四二〇年頃にいたる百五十年ほどである。

第二段階は、こうしてできあがった都市国家のうちのいくつかが、南北に細長く延びたイタリア半島の地域ごとに、自ずからその中心となって周辺を統合して行き、五つの「地域国家」を形成・並立する十六世紀の第一・四半期辺りまで、ほぼ百年余りの期間である。そしてこの時点まで来たところで、イタリア半島のルネッサンスは突然終ってしまう。なぜそうなるかというと、一四七〇〜一五〇〇年代にかけて「国民国家」としての統一を達成し、実力をつけたアルプル以北の諸勢力が、十六世紀初頭のイタリア半島で分立・抗争を繰り返している、都市を中核とする地域国家の富や文化に惹き寄せられて、芸術や文化・思想など他の面では断然勝ってはいても、（まさに分立しているがゆえに）武力の点では劣るイタリアの諸都市を略奪、その繁栄を踏み躙ってしまったからに他ならない。

だが十三世紀の後半、アルプス以北ではまだルネッサンスなぞ影も形もない時点で、さしあたりイタリア半島のみに限られるとはいえ、ルネッサンスのような甚大な社会状況の変化をもたらすきっかけ——あくまでも「きっかけ」であって原因ではない——となるのは、残念ながらいまも昔もだいたい戦争と相場が決っている。イタリア半島のルネッサンスの場合、それは一二六六年、南イタリアを支配していたドイツ系王朝ホーヘンシュタウフェン家のマンフレーディ王と、これを打倒すべく教皇庁がフランスから呼び寄せたアンジョ家のカルロ一世（仏語ではアンジュー家のシャルル一世）との間で戦われたベネヴェントの戦いと見てよかろう。つまり、イタリア半島ではすでに一二六〇年代からルネッサンスが緒に就くのである。これは取りも直さずハスキンズの「十二世紀ルネッサンス」説より百年余り遅く、また美術史家達のいう、十五世紀前半（マザッチョの登場）をもってルネッサンスの始めとする見方よりは一世紀半早く、その出発点を設定することを意味する。次にその理由を述べよう。

都市と商人のルネッサンス

イタリア半島のルネッサンスは、都市に住む商人が作り出したものである。すなわち、それは都市現象としてのルネッサンスなのである。それは上述のように、ベネヴェントの戦いにより、中世ヨーロッパの枠組みをなしていた二大制度、カトリック教会と神聖ローマ・ドイツ帝国のうちの後者がイタリア半島から姿を消すことによって可能となった。(1) ただし神聖ローマ帝権の消滅に伴い、南イタリアにはフランス系のアンジュー王家がしばらく居座ることになる。しかしこちらも、ベネヴェントの戦いから十五年余りを経た一二八二年、両シチリア王国の半分に当たるシチリア島が、「シチリアの晩禱《ヴェスプリ》」と呼ばれる島民の反フランス蜂起によってイベリア半島のアラゴン王家の支配下に移行する有様。当然南イタリア王国(2)の勢力は、ドイツ出身のホーヘンシュタウフェン朝の場合のように、半島の中・北部にまで強力に及ぶことはなくなってしまう。

こうして十三世紀後半、神聖ローマ帝権の消滅により半島中・北部に生じた政治（世俗）権力の空白を埋めるのが、中部では都市共和国（シエーナ、ピーザ、ルッカ、フィレンツェなど）、北部では、ヴェネツィアとジェノヴァという二大海運都市は別にして、おおむねローカルな在地貴族が都市を制圧して主権者に成り上がった小君主国（ミラーノ、ヴェローナ、パドヴァ、フェラーラ、マントヴァなど）である。これらはいずれもアルプス以北にみられるような、生まれや血統を重んじる封建的な階級意識とはおよそ無縁で、人の値打が個人の才覚と富によって量られる、基本的に「実力主義」にもとづく勢力であった。その力は、よく「イタリア・ルネッサンスの代表」として引き合いに出されるメディチ家などが出てくるより百年も前の十四世紀前半において、すでに都市共和国フィレンツェ一市の財政収入が、ナポリ、シチリア、アラゴン三王国のそれを上回ると、『年代記《クロナカ》』作者ジョヴァンニ・ヴィラーニが誇らし気に述べていることによっても明らかである。

海運都市

都市がこのような経済力を獲得する原動力としては、まず海運がある。十一世紀末に開始された十字軍は、一〇七一年のセルジューク・トルコ軍によるイエルサレム攻略に端を発する。だがすでにそれに先立つ十世紀辺りから、ヨーロッパにおける航海法の元祖といわれる「アマルフィ表《タヴォラ》」で知られた、イタリア半島のティレニア海側の海港アマルフィが、アフリカ北岸を制したイスラム勢力と競合しつつ、ビザンチン帝国との通商に活躍、東地中海商業の一大勢力にのし上がる。これにやや遅れて、アドリア海側のヴェネツィアが、もともと結び付きの強かったビザンチン帝国との関係を利用して、やはり東方貿易に進出、アジアからの奢侈《しゃし》品の輸入を中心に巨利を博する。さらに本来は聖地イエルサレム奪回という宗教的大義名分のための運動であった十字軍が、先行して存在していたこの商業活動をも活発化するという結果をもたらす。

そればかりかヴェネツィアと共に、後続のピーザやジェノヴァといった海運都市共同体《コムーネ》が、一〇九六年の第一回十字軍[3]に始まり、フランス王「聖《サン》ルイ」ことルイ九世の第七回チュニス攻撃（一二七〇年）にいたるまで、十字軍兵員の輸送を受け持って莫大な利益を上げる。

さらにヴェネツィアにいたっては、一二〇四年の第四回十字軍に際し、輸送を担当していた西欧キリスト教軍が、首領達の内紛により本来の対イスラム戦遂行不可能と見るや、これを自己の商業的利益追及のために誘導、これまた宗教的情熱よりもむしろ領土的野心に動かされていた十字軍指揮官に説いて、こともあろうに（ギリシャ正教とはいえ）同じキリスト教を奉ずるビザンチン帝国の征服に向かわせる。その結果、一二六一年までの半世紀余り、同地にラテン・ビザンチン傀儡政権を樹立して、それまでジェノヴァの独占だった黒

（1）むろん皇帝はこの後も時折、ドイツからアルプスを越えて半島にやって来はする。だが、もはやホーヘンシュタウフェン朝のフェデリコ（フリードリッヒ）二世や、その庶子マンフレーディ王のように、恒常的な活動の本拠を半島に置くことはなくなる。

（2）「南イタリア王国」は元来「ナポリ王国」とシチリア島の両方を含んだ政治単位だった。それがシチリア島だけ一二八二年に分離・独立する。そして分裂した二つを併せて「両シチリア王国」と呼ばれることになる。そして十五世紀半ばに、今度はシチリア島を獲得したアラゴン家が「ナポリ王国」をも併合して、再び「両シチリア王国」が復活、それがまたフランスとの戦争を経て十六世紀前半にスペイン王家（ハプスブルグ家）の所有に帰する。したがって時期により、二つが同一だったり、別々だったりする。

（3）東地中海でイスラム世界と交易関係にあり、十字軍には消極的だったヴェネツィアと異なり、ジェノヴァはイタリア海運都市の中で最初に十字軍将兵の輸送を引き受け、ピーザがこれに続く。

海・カスピ海沿岸との通商権益を奪うなど、商業エゴ剝き出しの振る舞いに及んでいる。海運都市はその他にも、シチリアやイベリア半島経由で、当時の先進文明であったアラブ文化を中心とする東方の文物や、さらにはアラビア語に翻訳された古代ギリシャ文化などがヨーロッパに流入するのに多大の貢献をする。

内陸都市

だが海運ばかりではない、海に面していない内陸都市、例えば北イタリアのミラーノ、アスティ、ピアチェンツァ、トスカーナ地方ではシエーナやルッカといった諸市も、中世フランスの一大商業イヴェントであったシャンパーニュの定期市などに参加する。自市の産品の販売や、海運都市がもたらした東方貿易の奢侈品を売り捌く中継貿易で得た利益で、今度はアルプス以北の羊毛など物産の買い付けといった商活動に従事、次いで両替業や短期・長期の代金決済に絡む金貸業に進出して、次第に金融資本の蓄積に成功、イタリア商人の代名詞となった「ロンバルディーア者」の姿が、ヨーロッパの各都市で目立つようになるのがこの十三世紀後半である。

これに続いて、洋の東西を問わず古典的な初期産業である織物業がフィレンツェなどを中心に発展、さらに関連産業の毛梳《けすき》業、染物業から鉱業などの展開を促し、今度は自前の製品の生産・輸出から、その運搬を確保するための道路や橋の建設、河川交通の整備、さらには封建領主との関税権の撤廃をめぐる闘争などを通して都市国家の成立をみるにいたる。こうした都市の経済活動の進展は、当然多くの人手を必要とし、「コンタード」と呼ばれる周辺の地域から、封建領主により農奴として土地に縛り付けられ、職業の選択、移動や結婚の自由を奪われていた人々の都市への流入を招く。海という天然の防壁に護られて、平和だが閉じた社会（鎖国）に安住していたわが国の都市が無防備だったのと違って、なにもヨーロッパに限らず地続きの地域からやって来る、民族も言語も宗教も異なる人々との摩擦から自己を防衛するために、大陸の諸都市は周りに城壁をめぐらし市域をはっきり確定していた。

イタリアのみならず広く中世ヨーロッパ都市の特権として存在していた「都市の空気は人を自由にする」という慣習法、すなわち「ある者が来って一年と一日その都市に居住すれば、以後は市民と認められ、たとえ元の主人がその身柄を要求しても、それに従う必要はない」という慣行が、ここで威力を発揮する。むろんそれには都市の力が充実して、封建領主が力ずくで元の農奴を連れ去ろうとしても、これを阻止することができるだけの実力を備えていなければならない。商業が都市に富をもたらし、その経済活動がより多くの人手を必要とし、人手が流入することでさらなる活動の発展と都市の実力の増大が実現するというメカニズムが、この時点でスタートするのである。

反封建勢力としての都市

都市は手狭になった市域を拡大するため、再三にわたって城壁を取り壊し、外に向かって再建設する。またその勢力を誇示するため、高い鐘楼を備えた聖堂や、石造りの大市庁舎などを競って建築し、これがまた石工、金彫師、絵師などの同業組合の隆盛や技術革新をもたらす。そうなると一つには上述の労働力不足を補うため、もう一つには増大する人口を養う食料確保のために、都市は郊外の周辺地域獲得に積極的に打って出ることとなり、必然的に在地の封建領主との間に衝突が起こる。この戦いは、曲折はあってもおおむね新興都市勢力の勝利に終り、封建貴族達は居城を打ち壊され、市内に来って住むことを強制される。そればかりか貴族の中には先見性を発揮して、進んで都市に住むようになる者も出て来る。それだけ都市の魅力が増大し、刺激的な都市生活が人を惹き付けるようになったのである。まさにこうした都市が、イタリア半島のルネッサンスの担い手となる。

十三世紀の後半、まだアルプス山脈の北側では封建領主達がそれぞれの居城に割拠し、領民に対して絶対的な生殺与奪の権力を振っていた頃、イタリア半島北・中部では都市民が封建勢力を打破するという事態が起こりつつあった。これに対して同じ封建体制の打破が二百年後の十五世紀末にアルプス以北で起こった時、それは封建大諸侯のうちの最強の者、すなわち国王が、他の大諸侯を倒して権力を自己の手中に収め、もって絶対王権を確立するという経過を辿る。そしてその過程で、封建体制に組み込まれていなかった市民階級（商人や知識人など）を、いわば道具として王権が利用するという、ある意味では不徹底な「上からの」ルネッサンスが起こる。しかるにイタリア半島北・中部では、ルネッサンスは社会の活性化を実現した当の市民自身が封建抵抗勢力を打破する「下からの」運動として発現する。

とはいえ、市民の中の有力な家柄がいったん権力を握ると、今度はたちまち自己の地位を強化し権威付けるために、アルプス以北の封建大諸侯や国王達の宮廷に接近する。フィレンツェのメディチ家が二度にわたってフランス王妃を出し、またイタリア半島のルネッサンスがすでに終ろうとする一五三二年にフィレンツェ公爵、五年後の三七年にはトスカーナ大公のタイトルを獲得した事実、またフェラーラのエステ家やマントヴァのゴンザーガ家がヨーロッパの大貴族と縁組した例が示すように、逆に市民が貴族化・封建化の傾向を示すのである。しかしそれでもイタリア半島では、北の絶対王制が主張した「王権神授説」のような発想が根付くことは絶えてなかった。まさにこの点に、イタリアにおけるルネッサンスと、アルプス以北のルネッサンスとの、時期のみならず、基本的な性格の違いが存在する。

換言すれば、ルネッサンスとは、中世ヨーロッパ社会を保っていた二つの枠組みである封建的身分制度とカトリック教会の精神的権威とが、両者共に硬直化して時代の経済・社会的現実に合わなくなり、人々の創造的活動を保証するどころか、逆に抑圧感を与えることになったのに対する反発として、まず封建制の打破が行われ、それによって生じた解放感が単に文学や美術だけではなく、政治・経済・思想など社会のあらゆる面に浸透して人心の活性化を促し、もって豊かな実を結ぶことになる現象と捉えることができる。その際、もっぱら経済活動を通して都市の活性化に成功、ヨーロッパの他地域に先駆けて文化の大輪の花を咲かせたのが、イタリア半島のルネッサンスに他ならない（精神的権威打破の方は「宗教改革」によって、もっぱらヨーロッパ北部で実現されるが、これに対抗してスペイン、ポルトガルやイタリア半島では「反宗教改革」の動きが出て、カトリック教会が自己改革に向かう）。

教皇庁ローマと南イタリア王国首都ナポリ

以上、イタリア半島のルネッサンスを支えた三つのタイプの都市（海運都市・金融都市・産業都市）の他にもう二つ、教皇庁の所在地ローマと両シチリア王国の半島部分である南イタリア王国の首都ナポリという、ルネッサンスとの関連は深いが、しかし上記諸都市とは性格の異なる二つの都市についても、簡単に触れておこう。

これら二都市の「性格が異なる」という所以は、我々が定義したように「ルネッサンス」とは、都市の活性化と、それをもたらした市民の旺盛な活動が、経済・政治・人口動態・建築・美術・思想等々、社会のあらゆる部門で生み出した、爆発的な発展に他ならないという観方に立てば、これら二都市の「イタリア半島ルネッサンス」との関わりは、プラスというよりもむしろマイナスの面が大きかったと思われるからである。

確かにローマは教会税の徴収や「聖年《アンノ・サント》」という一大イヴェントの案出（一三〇〇）、また後に宗教改革（一五一七）を惹き起こす「免罰符《インドゥルジェンツァ》」の発売などを通して金融業の発達に寄与した。一方、ナポリは、ティレニア海の良港として地中海交易の発展に多大の貢献をしている。しかし社会あるいは政治的観点からすると、ローマでは教皇を頂点とする宗教的階級制度が、ナポリでは中世以来の封建的土地所有制に基づく旧守的支配体制が、社会の「上澄み」である文芸や美術を、それぞれの宮廷にとって都合よい「飾り物」として、メッセナ的に支持（利用）したということはあっても、自領内で真の「ルネッサンス」を生み出す基盤となるべき都市やその市民については、逆にその発展を弾圧・阻害こそすれ、育成に力を貸したとはとうてい言えない事実からも知られる。

　じっさいフランスの「尊厳王《オーギュスト》」ことフィリップ二世による、教皇庁のいわゆる「アヴィニョン捕囚」（一三〇九〜七七）、これに続く複数教皇の並立による「大分裂時代《グラン・シスマ》」（一三七八〜一四一七）の間、教皇庁の不在あるいは権威の低下が起こると、ローマはたちまち本来の寒村に戻ってしまう。ナポリにしても同様で、アンジョ家のロベルト一世（一二七七〜一三四三）やアラゴン家のアルフォンソ五世（一三九六〜一四五八）の強力な独裁支配の下では、市も華やかなルネッサンス風の装いを示すが、ひとたびロベルト一世の跡を継いだ孫娘ジョヴァンナ一世（一三四三〜八二）、また十五世紀前半ジョヴァンナ二世（一四一四〜三五）の治世におけるような紊乱が続けば、町はたちまち沈滞の淵に沈んでしまう。これら二都市は、間歇的に華やかなルネッサンスの「ショウ・ケース」の様相を呈することはあっても、本当の「ルネッサンス都市」とはいうことはできないのである。この事実は「イタリア半島ルネッサンス」を論ずる際に、片時も忘れてはならない点であって、これからも折に触れて指摘されることとなる。

ルネッサンスの軌跡

　イタリア半島の諸都市の発展過程をもう少し詳しく追ってみよう。諸都市は自己を共同体として確立し、封建勢力や、世俗権力の側面を有する教会（その高位聖職者には貴族階級出身者が多かった）、ドイツ、フランス、スペイン、さらにはイスラムといった外国勢力、そればかりか互いに競合する半島の他の都市との抗争にも堪え、独自のルネッサンスを展開する。すでにイタリア半島のルネッサンスは二段階に分けられると述べた。ルネッサンスの担い手である都市共同体が、その在り方によって、（一）運営を他都市とは独立に自己の裁量だけで決めることができる「都市国家」の段階、次に（二）そうした都市のうちの有力なものが成長して、近隣の小都市を自己の勢力範囲に取り込み、地域的にまとまった勢力を形成する「地域国家」の段階である。

　この二つの段階をさらに詳しく見ていくと、共同体を運営する権力形態の種類に応じて、五つの時期を辿るのが認められる。これらは、むろん等しい長さを持つわけではなくて、最初の第一期と最後の第五期はそれぞれ三十年ほどであるのに対して、間に挟まる第二〜四期は、疫病や飢饉といった自然発生的な条件や、英仏百年戦争とかオスマン・トルコによるコンスタンチノープル攻略といったイタリア半島の域を越えた外国勢力の影響を受けながら、五十〜七十年続く。これらを併せて二世紀半余りが、イタリア半島においてルネッサンスが展開する期間となる。以下に年代的な区分をも示しながら、各時期の特徴を見て行くことにしよう。

第一期・自治都市の誕生（一二六〇年代[4]〜一三〇二年）

十三世紀後半、前述した神聖ローマ帝権の消滅により半島北・中部に生じた世俗権力の空白を埋めるのが自治都市《コムーネ》である。じつは西ローマ帝国の滅亡（四六七）以来、ユーラシア大陸の中央部から南下して来るゲルマン諸族、東西ゴート、ヴァンダル、フランク、サクソン等々の「蛮族」が惹き起こした動乱の渦中にあっても、南西ヨーロッパ、とくにイタリア半島の都市共同体は、古代ローマ帝国以来の命脈を細々とではあったが保ち続けていた。他方、ヨーロッパは十一世紀末頃から、農業技術の革新、商業の復活、人口の増大などを通して総体的に実力を蓄え、第一回十字軍（一〇九六）に見られるように外へ、とくに東方の先進イスラム地域に向かって膨張を開始する。その刺激を直接に受けたのこそイタリア半島の都市共同体なのである。

これら都市共同体は、十字軍に対する貢献などの見返りとして、中世封建体制における宗主権者の神聖ローマ・ドイツ皇帝から、市民による自治を認める勅許状を与えられる。自治都市の誕生である。この自治都市は十二世紀の後半、中世ヨーロッパ世界の枠組みを形づくる二大制度、カトリック（＝普遍）教会と神聖ローマ帝国の対立の間をぬって徐々に実力を蓄え、十三世紀の後半に入ると目覚ましい活動を展開する。これが「自治都市の成立」の時期に他ならない。年代的には一二六六年のベネヴェントの戦い前後から始まって十四世紀の初頭まで、ほぼ三十余年に当たる。実際ピーザ、シエーナ、オルヴィエート、フィレンツェなどの大聖堂《ドゥオーモ》、さらにフィレンツェの市庁舎など、自治都市の象徴となる大がかりな公共建築が次々と着工され、ピザーノ父子、シエーナのドゥッチョ・ディ・ボンインセーニャとシモーネ・マルティーニおよびロレンツェッティ兄弟、フィレンツェではチマブーエとその弟子ジョットらが活躍を開始するのもこの時期である。

自治都市はまた古代ローマの行政単位「キヴィタス」の伝統に基づき、自己防衛のために周囲に城壁をめぐらしながら、同時に「コンタード」と呼ばれる周辺地域を所有して農業を営み、食料の自給を図っていた。当然都市共同体が拡大して、より多くの人口を支える必要が生じた時、近隣の都市同士また周辺の土地所有者である封建領主を相手に、コンタードの獲得戦が起こる。それと共に、市内でも党派争いを繰り返し、

激烈な闘争を繰り拡げて止むことがなかった。自治を行う仕組みは、町の住民の中から年長で能力のあると見られた者が

（4）イタリア半島ルネッサンスを担う「自治都市（コムーネ）」がまさに興隆しようとする、決定的なこの時期を規定するのに、「一二六〇年代～……」などという歯切れの悪い年代設定を持ち出すのはよろしからず、とお叱りを受けるかも知れない。

たしかにイングランド・ルネッサンスの起点を、ランカスターとヨーク両家の「薔薇戦争」を終結させ、もってチューダー王朝を確立した「ボスワースの戦い」（一四八五）に置き、スペイン・ルネッサンスの開始を、イベリア半島における最後のイスラム拠点グラナダの陥落（一月）と、コロンブスの（ヨーロッパ人にとっての）新大陸発見（十月）という二大事件が起った一四九二年に定めるのに比べれば、この劃期は曖昧の誹りを免れないかも知れない。ただこれらの大事件においては、ヘンリー七世といい、フェルナンドとイザベル「カトリック両王」といい、当事者達が直接的に事件に関わり、その展開を積極的に領導したことに疑いはない。

ところが一二六〇年代にイタリア半島を揺り動かした「ベネヴェントの合戦」（一二六六）の当事者、ドイツ系ホーヘンシュタウヘン朝最後のマンフレーディ王と、彼に対抗すべくローマ教皇達がフランスから呼び寄せた、聖ルイ王の弟アンジュー（アンジョ）家のシャルル（カルロ）一世の両人、さらには同合戦の仕掛人である教皇アレクサンドル四世以下三人の教皇達も、イタリア半島諸都市のルネッサンスには深い関心がなかった。というか、むしろルネッサンスには冷淡な傍観者的態度に終始した。むろん彼らは合戦の行方や、そこから引き出せる自分達の権力拡大に役立つ利益には大いに注目した。しかしだからといって、シャルルとその一党をフランスから南イタリアに来させる資金調達のために身銭を切り、もってアンジョ家の「南イタリア王国」の成立を可能ならしめた、トスカーナを中心とする自治都市の初期金融資本家に対して、仲間意識を持ったわけではない。イタリア半島においては、ルネッサンスは基本的に都市民の所産であって、それ以外の社会階層の参加を得ることはなかった。いっぽう、ルネッサンスの担い手である自治都市の市民達の方でも自分達の活動、つまりルネッサンスのために、中世以来の教会や皇帝、王権を制度として利用したのであって、イングランド国民がエリザベス一世に対して抱いたような感情的一体感を持ったわけではない。だからこそ内外の大勢力が半島を舞台にぶつかりあって変動を起こしても、その反響が、同時かつ均一に各都市の動向に反映されることにはならなかった。反応は都市によりバラバラなのであり、それがそれぞれ独立の「都市（国家）のルネッサンス」ということなのである。

ことが自治都市同士のぶつかりあいの場合でも、同じ一二六〇年代に半島、とくにトスカーナに多大な反響をもたらした、シエーナとフィレンツェとの「モンタペルティの合戦」（一二六〇）、あるいは少し遅れるがジェノヴァとピーザの間の「メローリアの海戦」（一二八二）にしても、これらが他市、ミラーノやヴェネツィアの動きに、さしたる影響を同時かつ一律に及ぼすことはない。イタリア半島ルネッサンスの在り方は、とくに自治都市がその基盤を確立することに力を注いでいるこの十三世紀最後の四半世紀（イーヴ・ルノワール）においては、各都市が自己の活動範囲を中心に、それぞれ独自の展開を見せる。したがって半島全域にわたって一つの決まった時点を、都市ルネッサンス各段階の開始あるいは終結に指定しようとするのは、じつは不可能というか、ごく大まかな目安を提示するのみに終わって、試みたところであまり意味あることとはいえないのである。

複数、まず長老《ボーニ・ホミネス》、次いで執政《コンソリ》の名で選ばれ、その合議により政策が決められると、住民参加の市民総会《アッセンブレーア・ポポラーレ》で拍手《アクラマツィオーネ》によって承認される形を取った。こうしたシステムのもとでは、党派争いはいわば自然の成り行きであった。

第二期・都市国家への発展（一三〇二〜四八年）

自治都市の内紛は、しばしば都市を存亡の危機に陥れた。当然これを制御するため早くも一二六〇年代の前半、フィレンツェ人ブルネット・ラティーニは著書『宝鑑《ル・トレゾール》』の中で、こうした争いを調停する制度として「行政長官《ポデスタ》」と呼ばれる方式を提唱している。これは、都市の外から第三者的で公平な行政担当の役職に当たる人物を任期付きで招聘するものである。行政長官はまた「シニョーレ」（君主）と呼ばれ、その執務のための役所が「シニョリーア」（政庁）である。

実際にこの制度が実現して行政機構が整備された上で、権力が他所者の行政長官ではなく、市内の有力メンバー[5]の手に握られた時、中部では共和制《レプブリカ》、北部では小君主制《プリンチパート》が成立し、両者共に引き継いで「シニョリーア」（「君主権」というほどの意味）と呼ばれる。十三世紀末から十四世紀初にかけてのことである。

この変革を示す事件として、各都市では文書によって仕組みが定められた。ミラーノではヴィスコンチ家のオットーネ大司教が権力を掌握する一二七七年に作られた『ミラーノ貴族名鑑《マトリクラ・ノビリウム・ファミリアールム・メディオラーニ》』、共和主義のフィレンツェでは逆に封建貴族の排除を目的とした九三年の「正義の法令《オルディメント・ディ・ジュスティツィア》」、ヴェネツィアでは九七年の「大評議会の登録締切《ラ・セラータ・ディ・マジョル・コンシリオ》」および、続く一三一九年の『黄金の書《リブロ・ドーロ》』の作成などが、よく知られている。これらはそのタイトルにもかかわらず、いずれもアルプス以北の生まれや血統を重んじる封建的なメンタリティとは無縁で、人の値打が富と個人の才覚により量られ、「実力主義」にもとづく勢力が、合法かつ制度化される働きをしたのである。シエーナの「九人委員会《ノーヴェ》」制度（一二九二）の確立もこれに準ずる。

しかもちょうどこの時、教会と神聖ローマ帝権という中世ヨーロッパ世界の二つの枠組みのうち、ベネヴェントの戦い（一二六六）後も半島に残っていた教皇権が、その普遍性《カトリック》による世俗支配への野心が原因で、「国民国家」としてのフランスの形成を目指す「端麗王《ル・ベル》」ことフィリップ四世と対立し、時の教皇ボニファティウス八世はローマ近郊アナーニの別荘でフランスの部隊に急襲（一三〇二）され、そのショックで死亡するという事件「アナーニの屈辱」が起こる。さらに一三〇九〜七七年まで、教皇庁自体がフランス王により南仏アヴィニョンに移転させられてしまう。これで帝権と教皇権という、いずれもキリスト教に基づいた中世的支配権力が半島から姿を消し、一方では半島北・中部の政治体制の大幅な世俗化、他方では個人の信仰において、教会の制度を離れた内面化（教会からすれば異端）が推進されることになる。半島南部でも事情は同じだが、社会体制の面では都市の未発達もあって、旧態依然たる中世的封建制が維持される。

共和制であれ小君主制であれ、シニョリーア体制は、地域国家に発展する一四二〇年代までの百二十年ほど続く。これに先立つ一三三〇年代、当時西ヨーロッパ随一の金融センターとなっていたフィレンツェには、最大のお得意先にイングランド王がいたが、対仏百年戦争膠着化の影響で貸付金の回収不能となり、その結果として巨大商会《コンパニーア》が連続倒産するという金融恐慌が起きる。さらに一三四八年にペスト（黒死病）が流行することになる。

にもかかわらず、この時期こそ、イタリア半島諸都市の創造性が最高度に発揮され、そのルネッサンスが頂点を究めた時期である。絵画では前出シエーナのシモーネ・マルティーニやロレンツェッティ兄弟、フィレンツェのジョットらが本格的な活躍を展開、文学ではダンテ、ペトラルカ、ボッカッチョが出て傑作を生んだばかりか、トスカーナ語を基盤とする文学語としてのイタリア語が確立する。

第三期・都市国家の成熟（一三四八～一四二〇年）

第三期に入ると、すでに第二期に萌していた古代ローマの発見とギリシャ文化への憧れが、人文主義と呼ばれることになる「人間中心主義」の思想をも鼓吹する。造形美術ではフランス由来のゴチック様式と並んで、古代ローマの遺跡に触発されたクラシック様式が、建築ではブルネレスキ、彫刻ではドナテルロ、絵画ではマザッチョらによって推し進められるのがこの時期である。

政治の分野では、ペストによる停滞が過ぎると、都市基盤の整備が進むと共に、いったんは止んでいた膨張路線が復活、北部ではミラーノのヴィスコンチ家のジャンガレアッツォが、まさにこの時期の終りに当たって、都市国家の枠を吹き飛ばして半島北・中部を覆う一大政治勢力としてヴィスコンチ帝国の建設に邁進するが、一四〇二年惜しくも病に倒れる。つづいてナポリ王ドゥラッツォ家のラディスラオ王も、ジャンガレアッツォほどではないが、それでもカンパーニャからラツィオ、トスカーナにかけ、かなりの領土を切り取る。だがこれまた急の病（一二）によって命を奪われる。続いて中部

（5）半島中部のシエーナ、ピーザ、ルッカ、フィレンツェなどでは「同業組合《アルテ》」から選ばれたメンバーで構成される「政務委員会」、北部ではヴェネツィア、ジェノヴァの二大海運都市は中部に準ずるが、ミラーノ、ヴェローナ、パドヴァ、フェラーラ、マントヴァなどの内陸都市では在地貴族。

では、これら二人の強力な僭主《ティランノ》の圧迫を辛うじて脱したフィレンツェが、自前のトスカーナ帝国を築こうと征服戦争に乗り出すがこれも失敗。教皇庁はすっかり世俗権力化して、すでにアヴィニョンからの帰還（七七）に先立ち、ロマーニャ地方を核に教皇領を再編し、他の都市同様、半島の政治に対する発言権を拡大しようとしてミラーノ、フィレンツェ、ヴェネツィアと争う。そのヴェネツィアにしてからが、オスマン・トルコの進出に直面して、海上貿易立国の政策から次第に半島本土に領土を獲得する方向に切替え始める。これは必然的に、内陸勢力との抗争を誘発することになる。

第四期・地域国家による情勢の固定化（一四二〇～九四年）

十五世紀前半に入ると、こうした諸都市の拡大政策がもたらした動乱を終息させるべく、半島の諸地域で中心的な地位を占めるに到った勢力が協定を結んで、自分達に都合のよい現状の固定化を狙う。十三世紀末の自治都市において、経済と初期産業の発達が都市間の競争を主導し、シニョリーア体制という新しい体制を生み出したのとは異なり、今回は政治優先による保守的な解決策が採られることになる。

北部ではミラーノのヴィスコンチ家に代わり権力を獲得（一四四七）した傭兵隊長フランチェスコ・スフォルツァ、中部ではフィレンツェでアルビッツィ家を追放（一四三四）したメディチ家の大コジモが、表向きは前代のシニョリーア体制を保全する形を取りながら、その実は独裁支配体制を敷く。一方、海運都市ではジェノヴァが内部抗争の激化から、フランスを始めとする外部勢力の支配下に入って脱落、独り残ったヴェネツィアは、オスマン・トルコのコンスタンチノープル攻略（五三）で東へのアクセスを絶たれ、半島本土に拠点を求める内陸志向をいっそう強める。これに教皇庁所在地のローマと、アラゴン家から乗り込み、フランスはアンジュー家支配下の南イタリア王国を奪取（四二）した「寛仁王《イル・マニャニモ》」ことアルフォンソ五世（ナポリ王としてアルフォンソ一世）の首都ナポリが加わって、半島を五分する地域国家《スタート・レジョナーレ》体制が成立する。

結果は一応の安定がもたらされ、平和が訪れる。前世代の絶えざる権力抗争にほとほと愛想を尽かした彫刻家ドナテルロが、死してはフィレンツェにおける平和の保障者メディチ家の大コジモの傍らに葬られたいと望んで、聖《サン》ロレンツォ教会のメディチ礼拝堂に埋葬されたのもこの時期である。社会情勢が安定すれば、それに支えられた芸術・文化は栄え、それぞれの地域で権力に仕える装飾的なルネッサンス文化が花を開く。ジェンティーレ・ダ・ファブリアーノ、フラ・アンジェリコらによる貴族趣味の国際ゴチック様式や、ブルネレスキとレオン・バッティスタ・アルベルティらに代表されるクラシック様式がそれである。コンスタンチノープルに迫るイスラムの脅威を逃れて、イタリア半島に避難したギリシャ人学者達との接触から生まれた新《ネオ》プラトン主義も、マルシリオ・フィチーノやピーコ・デ・ラ・ミランドラに見られるように(6)、それ自体としては、独裁政権下で社会・政治参加の道を断たれた知識人の抽象的な知的遊戯の域を出ない。イタリア半島の都市ルネッサンスは表面的な華やかさにもかかわらず、この時期に緩慢な衰退期に入る。

第五期・半島ルネッサンスの崩壊（一四九四～一五二七年）

この傾向にさらに拍車をかけたのが、十五世紀末までに国家統一を達成したフランス、スペイン、イングランドなど、アルプス以北の国民国家に他ならない。一四九四年に起こったシャルル八世の半島侵入から、九八年のルイ十二世による再侵入、アニャデルロにおけるフランス（ルイ十二世）・ドイツ（マクシミリアン一世）・スペイン（フェルナンド一世）と、それになんと教皇（ユリウス二世）まで加わったカンブレー同盟軍によるヴェネツィア軍粉砕（一五〇九）、続くスペイン軍による「ローマの劫掠《サッコ》」（二七）をもって、イタリア半島の都市ルネッサンスに終止符が打たれる。カール五世軍を前にしたフィレンツェ第三共和国の崩壊（三〇）なぞは、じつはそのエピローグにしか過ぎない。イタリア半島の諸都市は、もはや己れの意志により自己の運命を決定することができなくなったのである。以後じつに十九世紀の「国家再統一《リソルジメント》」（一八六〇）に到るまで、半島は外国勢力の分割支配の下に喘ぐことになってしまう。

こう見て来ると「十二世紀ルネッサンス」説を含めて、一方では中世とルネッサンスの連続を強調する議論、他方ではルネッサンスを一律に汎ヨーロッパ的現象として扱い、しかもこれを十五～十六世紀を中心に展開した「文化現象」と捉える見方は、どちらも片手落ちの議論でしかない。なぜなら第一に、汎ヨーロッパ性を特徴とする「中世」と、地域の独自性を主張する「ルネッサンス」との間には、経済の目覚ましい発展、思考と発想の世俗化、文化の都市化、宗教に対する政治の優位とそれに対応する信仰の内面化といった諸プロセスにおいて、いくつもの根本的な差異が認められ、両者を

（6）アルプスを越えてイタリア半島を訪れ、その刺激を真正面から受け止めた北の人文主義者達が、帰国して大まじめにその教説を実践した結果が宗教革新に繋がったということはあるが。こうした動きは、教皇庁のお膝許であるイタリア半島では実を結ぶことはなかった。

一つの連続と捉えることには無理があるからである。

第二にルネッサンス自体についても、イタリア半島の「都市国家／地域国家のルネッサンス」と、アルプス以北の諸「国民国家のルネッサンス」とが、（一五〇〇年前後の二十～三十年は別として）同時に存在したことはなく、前者が終る時点で後者が始まるからである。

そして第三に、両者の間には、都市の経済発展を主軸とする自然発生的な下からの動きと、王権の主導する政治・軍事力の発動によって上から推進される変革という、その性格において基本的な違いが認められるからでもある。

第Ⅰ部ではこれらの三点を踏まえて、イタリア半島における前述の五つの時期に沿って展開する社会の変動を跡付けてみる。

第1章

自治都市の誕生（一二六〇年代～一三〇二年）

1300年頃のイタリア半島

十三世紀の後半を含むこの時期は、これまで一般的に中世に属するといわれてきた。だが決してそんなことはない。それはまさにイタリア半島のルネッサンスを生み出す激動の三十余年なのである。一二六六年のベネヴェントの戦いにおけるホーヘンシュタウフェン家のマンフレーディ王の敗死は、半島におけるドイツ系皇帝権の没落を告げる。一方、一三〇三年のボニファティウス八世の「アナーニの屈辱」は、フランスのアンジュー家を呼び込んでホーヘンシュタウフェン家を倒した教皇権が、まさにそのフランス王家によって打倒され、十四世紀の大部分を南仏のアヴィニョンに拉致されるきっかけとなった。しかもその間一二八二年には、シチリア島でかの「シチリアの晩禱《ヴェスプリ》」と呼ばれる、島民の反フランス叛乱が勃発して、アンジュー家自体も王国の半分をイベリア半島のアラゴン家に奪われ、半島中・北部に介入する余裕を失ってしまう。

　こうした政治的激動と、それから生じた空白を奇貨として、すでに東地中海との貿易や、フランス東部はシャンパーニュの大市《おおいち》に参加して貨幣経済による富を蓄え、実力を付けた諸都市が、まず自治都市共同体《コムーネ》として自己を確立、次いで都市国家《チッタ・スタート》（「シニョリーア」と呼ばれる共和制や小君主制）に成長していく時期に当たる。ヴェネツィア、ジェノヴァ、ピーザ、シエーナ、オルヴィエート、フィレンツェなど、立地条件や主たる活動の形態を異にする諸都市が行政制度を整え、町の象徴たる大聖堂《ドゥオーモ》や市庁舎を新来のゴチック様式を採り入れて建設。これらを飾る彫刻、絵画、金銀細工などを担当する建築家、芸術家、技術者の属する同業者《アルテ》が腕を競い合う。

　文芸においては、中世南フランスの吟遊詩人《トゥルバドゥール》達の抒情詩が、シチリア経由でトスカーナに入り、当時は俗語と軽蔑されていた市民の言葉の「イタリア語」を用いて、「新優美体《ドルチェ・スティル・ノーヴォ》」詩派を生み出し、これが次の第二期に入って、中世以来の思想・哲学・知識を総合しつつ、しかも新しい時代の息吹を確実に感じさせて、ついに世界文学の最高峰の一つとなる傑作、ダンテの『神曲』へと連なっていく。

　散文の領域でも、時代に入って隆盛を極める物語文学の先駆『古譚百種《チェント・ノヴェレ・アンティーケ》』が現われれば、政治思想の分野では、ダンテの師ブルネット・ラティーニによって都市政治指南の書『宝鑑《ル・ドレゾール》』が出る。それもラテン語を用いず、当時の都市の党派抗争を如実に反映して、作者の亡命先の言葉であるフランス語で書かれ、次いでイタリア語に翻訳されるのである。また十四世紀に入って、フィレンツェにおける「白派《ビアンキ》」（皇帝派《ギベリーニ》）と「黒派《ネーリ》」（教皇派《ゲルフィ》）との争いの由来を解説し、いわゆる「年代記物」の嚆矢をなした『黒白年代記《クロナカ》』が書かれた。その作者ディーノ・コンパーニが市の政治に関わり、同書の主題となる凄まじい政争を体験するのもまたこの時期に他ならない。

第1節　海運都市――基本条件

（1）海運都市の情勢

四つの代表的な海運都市

中世からルネッサンスにかけてイタリア半島における海運都市としては、すでに挙げたアマルフィ、ヴェネツィア、ピーザ、ジェノヴァの四つが代表的なものであろう。ここでいう海運都市とは、単なる港町ではない。イタリア半島に存在する港町としては、他にもカンパーニャ州のナポリ、シチリアのメッシーナやパレルモ、アドリア海の最奥でドイツ圏と関係の深いトリエステ、またアッピア街道の終点でギリシャへの窓口ブリンディシなどがある。だがこれらの町は、港を擁すると共に内陸とも繋っており、それぞれの存在する地域と一体をなしているのである。

これに対して海運都市の方は、アマルフィやジェノヴァのように狭い海岸沿いの緩い傾斜地に立地し、背後に切り立った山地が聳え立っているか、あるいはまたヴェネツィアやピーザのように、ポオ河やアルノオ河の河口沖積湿地帯に囲まれているかで、いずれにしても内陸からは切り離されており、もしも発展しようと思えば海に向かって乗り出していくほかない自然環境にある。[1] したがってこれらの都市は、活動としては海運に特化し、造船関係の事業はあるが、農・林業や工・鉱業といった地場の生産業は成立せず、一方、これを征服しても領土的魅力がないので、内陸勢力の攻撃の対象となる危険も少なかった。またこれらの都市自体も、その精力の捌け口を半島内部ではなく、海上の交易活動に求めたため、ひとたび共和体制が定まれば、以後それを大幅に変えることなく、内陸勢力のように領土を拡大して、独裁体制に向けて発展を遂げることもなかった。

同時にこのような自己の特殊性を自覚して、（ピーザは別だが）アマルフィ、ヴェネツィア、ジェノヴァはいずれも、自己の海運上の権益に関わる場合を除けば、半島内部の紛争への介入はできるだけ避け中立的な立場を保とうとする。その結果、これらの都市のイタリア半島ルネッサンスに対する関与も、創造的というよりはむしろ取次役として、経済面・技術面に限られることとなる。だがそうはいっても、ルネッサンスの始動期において、その交易活動がもたらした富、情報および知的刺激の重要性は、いくら強調してもし過ぎることはない。さらにそれ以後、十三世紀のマルコ・ポーロの大旅行から始まって、十五世紀末～十六世紀の新大陸発見、また一五七一年のレパントの海戦を筆頭とする地中海でのオスマン・トルコ海軍との角逐などに際して、これらの都市が果した役割をみると、海運都市、特にヴェネツィアとジェノヴァの商人や航海家達の活躍が、単にイタリアのルネッサンスばかりでなく、アルプス以北のルネッサンスに対して与えた影響という点でも、その重要性はまさに特筆に値する。

（2）アマルフィ

海運都市の先駆け

ここで取り扱うイタリア半島の都市ルネッサンスの過程で、第一期に当たる海運都市の動向であるが、じつはアマルフィはこの時期には入ってこない。というのは、イタリア半島の西側ティレニア海に面して、海運都市の先頭を切り、主に西地中海とアフリカ北岸を舞台に活躍したこの都市は、早くも九世紀半ば、当時イタリア半島沿岸を荒らし回っていたイスラム海賊を相手に、まずはサレルノ湾の南端リコーザ沖の海戦（八四六）、次いで二年後、そのローマ攻撃を阻止するために戦われたオスティアの海戦（八四八）でも大いに活躍する。

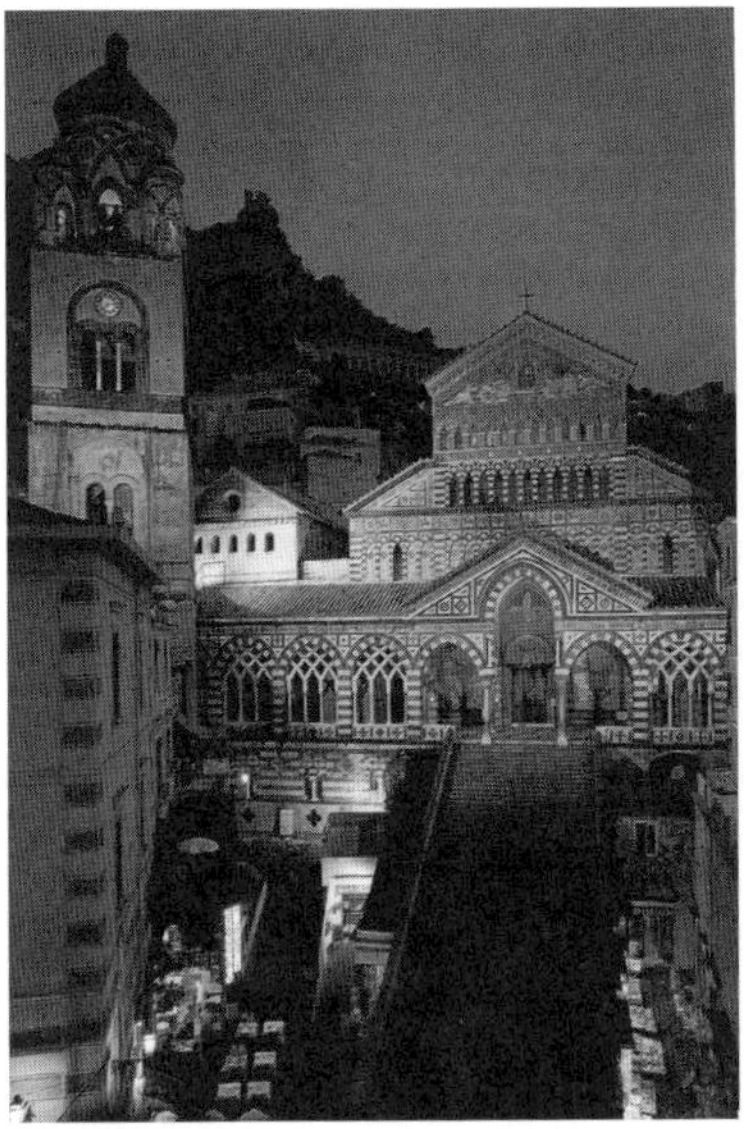

アマルフィ大聖堂

十世紀に入ると、「アマルフィ表《タヴォラ》」といういまも使われている航海法を制定して東に進出、地中海貿易に覇を唱える。だが一一三五年と三七年、この町は後発の競争相手ピーザ海軍の攻撃を受けて、その艦隊と共に町は徹底的に破壊され尽くされてしまう。以後、「シチリアの晩禱」（一二八二）でシチリア島を失ったアンジョ家のナポリ王国の海運を担い、そ

（1）と言うと、たちまち「ピーザは違うではないか」と異論が出るかもしれない。たしかにピーザは現在、ティレニア海岸が隆起し、アドリア海側が沈下するイタリア半島の地質構造と、アルノオ河が運んできた沖積土により、物理的にも海岸線から切り離され、「海運都市」というより「内陸都市」の趣きが強い。じっさいそのためイタリア半島内の勢力争いに捲き込まれ、一四〇六年フィレンツェの支配下に入ってしまう。だがそんな事態になる前のピーザは、アルノオとセルキオ両川の河口に拡がる泥土・湿地帯の中に位置し、海に対してヴェネツィアとよく似た環境にあった。

れなりの活動はするが、これは十三~十四世紀にかけてのローカルな通商で、町が十~十一世紀に展開した東方《オリエント》貿易や、北アフリカとの交易で得た繁栄にはとうてい及ぶべくもなかった。結局、アマルフィは十二世紀前半に受けた打撃から立ち直ることができず、イタリア半島のルネッサンス（一二六〇年代~一五二七年）の枠からは、時期的に外れてしまうのである。

（3）ピーザ

自然環境と歴史

今日ではピーザはとても港町とはいえない、海岸線から十キロも離れた、奥まった位置に引っ込んでしまっている。だが、それはアルノオ河が運んで来た堆積土のためであり、河口がまだ埋まらない頃、そして船の吃水がそれほど深くなかった時代には、ティレニア海岸に拡がる湿地帯に掘削した水路とも併せて、立派に港として機能することができた。ピーザはすでに古代ローマ帝国の時代からの港町で、九世紀には自治都市となる。

一〇八一年には地中海への出口を求めた神聖ローマ皇帝ハインリッヒ四世から大幅な自治権を認める特許状《カルタ》を与えられる（ヴェネツィアはビザンチン帝国との結び付きが強過ぎ、ジェノヴァは当時まだピーザに後れをとっていた上にフランスと近く、アマルフィは南に過ぎて、皇帝にとって手頃な港としてはピーサしかなかった）。したがってピーザは伝統的に皇帝派の町で、神聖ローマ帝国からの十字軍将兵の輸送に携わって利益を上げる。さらに西地中海でのイスラム水軍との角逐（一〇一五年のサルデーニャ島防衛、五四年のチュニジア海岸ボーナ岬のイスラム海軍基地に対する攻撃、一一一三~一五年にかけてピーザが音頭を取り、ジェノヴァと連携して行われたバレアーレス諸島奪回など）、また前述したようにアマルフィ撃滅（一一三五、三七）を経て、ティレニア海の覇者となる。その前の十一世紀にも、当時アラブ勢力支配下にあったシチリア島をノルマン軍が奪回するさいに協力して、パレルモに大きな権益を獲得（一〇六四）している。

ピーザの大聖堂、ピーザ派建築

こうして蓄積された膨大な富を用いて、すでに一〇六三年からアラブ風建築様式（特に丸天井《クーポラ》）を取り入れた、かの有名なピーザの大聖堂《ドゥオーモ》の建設が開始される。これにルッカ近郊アプーリア出身のニコラ（一二二〇?~八七?）とジョヴァンニ（一二四五~一三一四?）、つまりピザーノ父子が参加するに及んで、「ピーザ派」と呼ばれる彫刻・建築様式が確立する。ただ、同じピーザ派といっても、そのうちに二つの傾向が混在しているところがこの十三世紀後半という時代をよく表している。すなわち父ニコラが、今日でも大聖堂に隣接する墓地《カッポ・サント》（一二七七）に見られる古代ローマ石棺《サルコファゴ》の浮彫などに影響を受け、文学・思想の領域ではやっとペトラルカ辺りから緒に就く、人文主義《ウマネージモ》の古典復興運動（十四世紀後半）に先立つこと実に一世紀、すでに調和に満ち安定したクラッシックな造形（洗礼堂《バティステーロ》の説教台《プルピト》、一二五九～六〇）を示す。これに対して、息子ジョヴァンニの方は大聖堂本体の説教台（一三〇三～一一）に、新来のゴチック様式に想を得た、動きの多い劇的な構図を取り入れるといった具合である。

　またこのジョヴァンニが、作品に自己の名前を署名（ペルージャ市の広場の噴水を飾る浮彫、一二七四）するという、個人としての芸術家の独立を主張したことも、この時期に現れた新傾向として見逃してはならない。

クラシック様式とゴチック様式

　ここで、やや傍道に逸れることになるが、ピザーノ父子の作風の違いに関して、父親のクラシック風に対するに、息子のゴチック風を「中世への復古」とする観方について触れておきたい。十五世紀の画家で美術史論も展開したジョルジョ・ヴァザーリに端を発し、十九世紀の歴史家ミシュレやブルクハルトらによって提唱された、「暗黒の中世＝ゴチック」と「光明のルネッサンス＝クラシック」という対比は、「はじめに」に挙げた中世とルネッサンスとの連続を主張するハスキンズの『十二世紀ルネッサンス』、あるいはオランダの史家ヨハン・ホイジンガの『中世の秋』などにより手厳しく批判された。確かに何から何まで「暗黒」な中世という考え方に行き過ぎがあるのは当然だが、では中世とルネッサンスとがベッタリ続いていて、両者の間には何の切れ目もないというのもまた極端である。もしもそうなら二つの時代名称を用いる必要自体がなくなってしまう。

　だがその点はこれから論じていくとして、さしあたりクラシック様式とゴチック様式との問題についていうなら、十三世紀後半のイタリア半島で、この二つは共に新風であって、一方が進歩的で他方が復古というような性質のものでは全然なかった。中世といわれる時代に、半島の絵画・彫刻・建築などで主流を占めたのはむしろロマニコ（ロマネスク）様式であった。そして強いて復古というなら、ニコラ・ピザーノに見られるように、古代ギリシャ文化を受け継いだローマ帝国の故地イタリア半島にもともと存在した作品に想を得るクラシック様式の方が、その名に値するといえる。

　対するにゴチック様式は、起源について学者の論争が入り乱れて判然しないが、十二世紀半ば頃に北フランスで生まれたとされ[2]、この様式がイタリア半島に入って来るのは、聖ベルナールが創設したシトオ派修道会を通して、ローマの南西

ピーザの洗礼堂・聖堂・鐘楼（＝斜塔）の聖堂三幅対

八十キロのフォッサノーヴァ修道院（一二〇八年完成）と、その北三十キロほどのカーザマリ修道院（一二一七年完成）の建設によってであり、当然十三世紀後半においては新風だったのである。ジョヴァンニ・ピザーノは、創造的な才能を持つ芸術家父子の間によく見られることだが、単に父ニコラの作風に追随するのでなく、当時クラッシック様式と同じくらい新しい傾向として登場して来たゴチック様式の方を、自己の表現手段として採用したと思われる（一方、ニコラの作品においても、ゴチック様式の要素は決して欠けてはいない）。

ピザーノ父子の傾向の違いについては以上のようなことがいえるが、クラシック様式との対比におけるゴチック様式という点では、フランス起源のこの様式はまた、シャルルマーニュ以来、封建主義に基づく貴族制としてのフランス王権と結び付き、豪華さを表すスタイルと見られていた。したがって十四世紀半ばの人文主義の流行と共に古代に想を得るクラシック様式が持ち上げられ、美術においても写実的・合理的なジョット（一二六七?～一三三七）を経て、マザッチョ（一四〇一～一二八）辺りからクラシック様式が優勢になるとはいえ、ゴチック様式の方もこれと並行して、富裕な商人階級が貴族化していく過程で決して人気を失うことはなかった。すでにシエーナ派のシモーネ・マルティーニ（一二八五?

〜一三四四）は、ゴチック様式に東方ビザンチン風を併せた豪華な作風を示すし、人文主義の中心地フィレンツェでもジエンティーレ・ダ・ファブリアーノ（一三七〇〜一四二七）の諸作品に見られるようなゴチック風の傑作が描かれる。またフランドルのゴチック様式の作品（例えば今日ウフィッツィ美術館に見られる、フーゴー・ヴァン・デア・ゴース『幼児イエスの礼拝』）は、十五〜十六世紀のイタリアで大いにもてはやされ、需要のあった作風を示している。

よってジョルジョ・ヴァザーリの『画家列伝《ヴィーテ》』に見られるように、「暗黒の中世＝ゴチック」としてゴチック様式を貶める一方、クラシック様式を「光明」として持ち上げ、これこそがルネッサンス本来の様式であるとする考え方は偏っており、ヴァザーリ自身の好みを表してはいても、当時の実情を反映していると言うことはできない。

建築による都市の活性化

ピーザの大聖堂に話を戻すと、ゴチックとクラシック二様式の他に、その建築に採用されたイスラム様式、あるいはピーザにとって海外取引の主要な相手だったビザンチン帝国などの東方世界の美術の影響、さらには在来のロマニコ風をも併せたこのピーザ派の傑作は、美術の諸領域において、後続するフィレンツェ（アルノルフォ・ディ・カンビオ、チマブーエ、ジョット）、シエーナ（ドゥッチョ・ディ・ボンインセーニャ、シモーネ・マルティーニ、ロレンツェッティ兄弟ら）の芸術家達に大きな影響を与える。

そればかりではない。ピーザの例に見られた市の隆盛を示す建築ブームは、当時勃興中であったトスカーナあるいは半島中部の都市共同体の自負心を刺激する。ルッカ、ピストイア、シエーナそして後発のフィレンツェ、またウンブリア州のペルージャあるいはオルヴィエートなどは、いずれも十三世紀後半に競って旧来の聖堂や市庁舎など公共建築物を取り壊し、市の権威を象徴する新しくかつ壮大な建物の建設に取りかかる。そしてそれがまた、美術・工芸のみならず建築・土木技術の発展、ひいては同業組合《アルテ》の隆盛を招き、都市の活性化に繋がったことはすでに指摘した通りである。ピザーノ父子もこれら諸都市に招かれて、彫刻に建築に大いに活躍する。

フィレンツェとの競合

このようにピーザは海運都市としてだけでなく、アルノオ河によって内陸（とくにフィレンツェ）と結ばれており、た

（2）ゴチック大聖堂として最も古いサンリスのノートル・ダム教会は一一五三年に建設開始。

めに十一〜十二世紀には農産物その他、物流の拠点としての役割が増大する。一方、フィレンツェは十一世紀半ばまでは名もない小村であったものが、皇帝派のルッカに対抗するためトスカーナ女伯《コンテッサ》マティルデが州都に指定したのが一〇五七年で、これをきっかけに毛織物の生産地として実力を付ける。そしてその製品を積み出すには、アルノオ河の下流に位し、当時ティレニア海沿岸随一の港ピーザと組むにしくはなく、ピーザが西地中海の北岸をイスラム勢力から解放するためジェノヴァと連携して行った一一一三〜一五年の作戦には、フィレンツェも兵員を提供しているし、両市が一一七一年に結んだ協約では、向う四十年間にわたりフィレンツェ商人がピーザの商人と同じ条件で、ピーザの商船隊に乗り組むことを認める特恵待遇を与えられている。

だが十三世紀に入ってフィレンツェの実力が増大してくると、両者の関係は次第に緊張する。一二二〇年、ホーヘンシュタウフェン家のフェデリコ（独語ではフリードリッヒ）二世が神聖ローマ皇帝としてローマで戴冠するためドイツから南下、トスカーナを通過するに際して、フィレンツェはその伝統的な反皇帝路線を堅持して皇帝に忠誠を誓うことをしない。怒ったフェデリコ二世はピーザやシエーナなど自分に忠実な市に命じて、市内に在住するフィレンツェ商人の資産を没収させるなど、都市間の緊張を高めるような挙に出る。これが戴冠式での両市代表団の席次争いにも発展、根に持ったフィレンツェは、一二二二年ピーザとルッカの間に争いが起こるとルッカ側に付く。とくにカステル・デル・ボスコの合戦（五四）では、ピーザ軍の敗北に大いに貢献したばかりか、勝った勢いに乗じて前出の財産没収の補償を要求する。

この辺りから両者の力関係がフィレンツェに有利に傾き出す。フェデリコ二世の死（五〇）が、半島全体に政情不安定をもたらすと、フィレンツェはシエーナやピストイア、プラートなど、トスカーナの皇帝派諸都市を屈伏させるべく戦争に乗り出す。むろんこの間モンタペルティの戦い（六〇）でシエーナから手酷い敗北を喫するというようなことはあっても、最終的にフィレンツェはトスカーナ第一の勢力にのし上がっていき、その過程でピーザに圧力が加えられたのはいうまでもない。

そのうえピーザは十三世紀半ば、深刻な内紛に苦しんでいた。フィレンツェと同様、アルノオ河の渓谷に導入されたメリノ種の羊の牧畜から得られる毛を加工する毛織業が、初期産業として都市に新たな富をもたらすのだが、この内陸産業の展開を担ったのは、筆頭として知られるラッザーロ・タリアパンニ（布裁ち！）という名前からして新参の毛織物業者であり、農民階級出身の企業家連中であった。一方、伝統的な海運産業を主導したのは、それよりずっと以前から都市に来って住みつくようになった在地の貴族階級で、金力にものをいわせて船を建造し、船主組合を作って東地中海に乗り出していったのである。これらはいわば名家出身の者達で、当然両者の間には市政の主導権をめぐり争いが起こる。これに市内における皇帝派《ギベリーニ》とその反対派（皇帝に対抗する権威としてローマ教皇を担いだので教皇派《ゲルフィ》と呼ばれる）の対立が重なり、かつ近隣のルッカやフィレンツェなどの思惑も加わって、例えばダンテが『神曲』地獄篇、第三十三歌で物語った悲劇、すなわち教皇派ウバルディーニ家のルッジェーリ大司教により、皇帝派ゲラルデスカ家のウゴリーノ伯爵《コンテ》が四人の子どもと一緒に投獄され、食事を絶たれて飢死させられるという悲惨な事件が起こることになる。

メローリアの海戦

こうした悲劇を生み出す市民間の対立を調停するため、外部から中立の「行政長官《ポデスタ》」として招かれたのが、同じ海運都市ということもあり、ヴェネツィアの提督アルベルティーノ・モロジーニであった。というのも当時ピーザは海上でも、新興ジェノヴァとの競争に曝されていたのである。フィレンツェと同様、十三世紀に入って急速に実力を付けて来たジェノヴァはコルシカやサルデーニャのみならず、ノルマン勢力下にあったシチリア島、さらにはビザンチン帝国との貿易においてもピーザと競合し、両者の艦隊はしばしば戦闘に及んでいた。

一二八四年、モロジーニ自ら率いる百艘を超すピーザの大艦隊はジェノヴァ方のラパルロやポルトフィーノを略奪して、ピーザの海軍基地ポルト・ピザーノにまさに帰港しようとしていた。そこにオベルト・ドーリア指揮するジェノヴァ艦隊が姿を現す。ドーリアは、後に勇名を馳せる名提督ベネデット・ザッカリアの献策を容れ、艦船の大部分をピーザより南十キロのリヴォルノ沖メローリア岩礁に潜ませ、自身は数隻の船足の速い軽量船を指揮してピーザ艦隊に接近する。ジェノヴァ船団は少数かつ小型船のみで、与《くみ》し易しと見たモロジーニは帰港の予定を変更、敵を追って南下、メローリアでこれに追いつくかに見えた。陸地とメローリア岩礁との間の距離はわずか七キロ、その狭間に大編成のピーザ艦隊が入ったところへ、待ち構えていたベネデット・ザッカリア指揮下のジェノヴァ大型ガレオン船団が突然現れ、不意を打たれ動きが取れなくなったピーザ艦隊を徹底的に叩く[3]。数十隻のピーザ艦船が沈められたばかりでなく、多数の船員が捕虜となり

（3）百二十年後の一四一〇年、ナポリ王国の領有をめぐってアンジュー家のルネ王とドゥラッオ家のラディスラオ王が争った際にも、ジェノヴァ水軍がやはりこのメローリアでアンジュー艦隊に大損害を与えている。

「ピーザ者に会いたければ、ジェノヴァに行くがよい」という流行り文句が聞かれたほどである。ピーザはこの打撃から再び立ち直れず、一世紀半前の一一三五年に自分達が撃滅したアマルフィと同じ運命を辿って、西地中海の覇権をジェノヴァに奪われる。また先述した自治都市内部の勢力争いも手伝って、イタリア半島ルネッサンスがまさに花を開き始めた十三世紀後半に、表舞台から退場していく。

技術と学術

とはいえ、ルネッサンスに対するピーザの貢献は決して過小評価されるべきではない。海運都市としての重要性を失い内陸都市化が進んでいくピーザを、以後は単独で取り上げることはしないので、年代的考慮にとらわれず、そのルネッサンス一般に対する貢献に触れておこう。時期はやや遡るが、ピーザ出身の数学者レオナルド・フィボナッチは、父親が税官吏であった関係で、ピーザの商館が置かれていたアルジェリアはコンスタンチン州の港、ブジーアで幼少時代を過し、後にアラビア数字と呼ばれる「ヒンディ（インド）数字」に親しむ。そしてその『算盤《アバコ》の書』（一二〇二）で、算盤という（まさに今日の計算機のもととなる）機器を紹介したばかりか、計算における位取りの観念を初めてヨーロッパに導入し、商取引の計算や管理に絶大な貢献をする。だがそうした実用のみならず、後著の『幾何学提要』（一二二〇）と併せて、先進アラブ文化から近代数学の基となる概念を西欧世界に伝える。

一方、ピーザ大聖堂が建築、美術工芸、さらには都市再開発に与えた影響は、すでに指摘したところである。加うるに、建設が一一七三年に開始され一三五〇年に完成、ただし地盤沈下の影響で傾いてしまった有名な「斜塔」には、イタリア半島ではもうルネッサンスが過ぎてしまった一五九〇年代ではあるが、ガリレオ・ガリレイの有名な論証、すなわち大きさは同じだが重さの違う二個の球を落して落下速度が異ならないことを示した論証（スコラ的アリストテレス無謬説に対する反証）が行われた場所という伝説がまつわっている。同じガリレオがピーザ大聖堂のランプの揺れる様子を観察し、振り子運動の等時性を発見したという話もよく知られている。

これら学問的な業績が生まれる背景には、ピーザ大学（一三四三年創立）を中心とする、この町の知的環境が与って力あったことに疑いない。ピーザは長い政治闘争の結果、遂に一四〇六年フィレンツェに屈伏することになる。しかし、こと学術的環境や水準となると、逆に勝者ではあっても商人の町フィレンツェの遠く及ぶところではなく[4]、フィレンツェは代々ピーザ大学（スクォーラ・ノルマーレ）に匹敵する学問の府を自分の町に建設しようと努めるが、その努力は今日に到るまで完全に成功したとはいえない。

海運都市としての面目

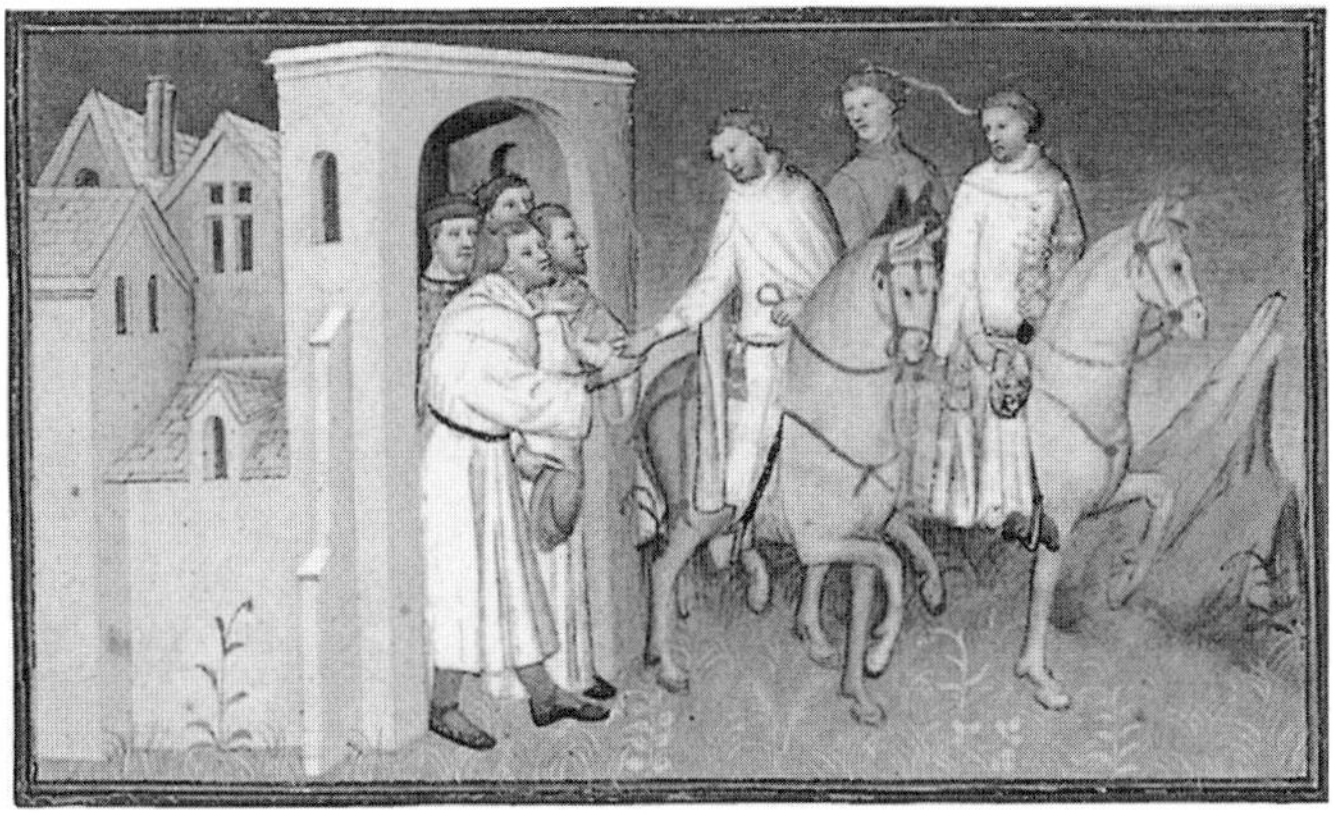

マルコ・ポーロ『東方見聞録』 フランス ベリー公写本 マルコ（中央）が，父と叔父と共に東方に向けて出発するところ．

そして最後にもう一つ、これは偶然だが、先述のメローリアの海戦に駆り出されて捕虜となったピーザ出身のルスティケルロ・ダ・ピーザなる物語作者が、一二八四年以来ジェノヴァの牢獄に囚われていた。そこにたまたま、今度はヴェネツィアがジェノヴァと東地中海の覇権を争ったクルツォラ島沖の海戦（一二九八）で捕虜にされたマルコ・ポーロが、同じ監房に収容されるということが起こる。両人は獄中の無聊を紛らわすため、マルコがその二十五年（一二七一～九五）にわたる極東への旅をヴェネツィア方言で語り、ルスティケルロはそれを当時流行の騎士道物語の言葉フランス語で書き留める。これこそ『イル・ミリオーネ』の題で広く流布したマルコ・ポーロの『東方見聞録』に他ならない。そしてそれから二百年余り、十五世紀と十六世紀の境目、「大航海時代」がアルプス以北のルネッサンスの開幕を告げようとする時、同書はまさにその火付け役となる。かかる『東方見聞録』の成立に、すでに下り坂に入ったとはいえピーザも、その市民ルスティケルロを通して、ヴェネツィアおよびジェノヴァに伍して一役買っているところに、海運都市としての面目を見ることができるのは興味深い。

（4）等しく商人の町であったヴェネツィアのパドヴァに対する関係も同様といえる。

(4)　ジェノヴァ

自然環境と歴史

ジェノヴァは、アペニンニ山脈の北西端がリグーリア海岸で海に入って尽きるところに位置する。したがってこの辺りの海岸はおおむね切り立っており、水際と山腹との間に狭い帯状の平地しか残されていない(5)。ジェノヴァもこの例に洩れず、市全体が東西に延びる海岸線に向かって、幅数キロの緩やかな斜面に建てられており、その背後を勾配の急な山腹が取り囲んでいる。ジェノヴァには、ピーザにおけるアルノオ河のような内陸との交通を容易にする河がないのである。この地形は市民に、他所から隔離された島の住民のような感じを与えるらしく、ジェノヴァ人のみならずリグーリア地方の人々は、個人気質《かたぎ》の強いイタリア人の中でも一段と独立性が強い。

ただし島といっても、アドリア海の干潟上に建てられ、物理的に海水によって本土から切り離されているヴェネツィアとは違って、ジェノヴァの場合、平時は他の地域から独立しているかに見えても、ひとたび内陸諸勢力との争いが起これば、逆に背後の山の高みから攻められるわけで、決して安全とはいえない。また都市の内部での抗争に敗れれば、むろん海岸から沖に逃れることも可能だが、山越えでも脱出できる。これは、ヴェネツィアが単に島的であるだけでなく、複雑に入り組んだ干潟の集まりであるため、いったん中に入ったが最後、閉じ込められたのも同然で、容易に出ることができない閉鎖的・集団的な世界を形づくっているのと異なり、ジェノヴァでは地形環境決定論を唱えるわけではないが、各人が独立独行一匹狼的な傾向を強く示す。

再びピーザとの比較に戻れば、ジェノヴァもピーザと同様、アウレリア街道上に位置するローマ時代からの町である。だが山により内陸から隔てられている上、ロンゴバルド族やフランク族がイタリア半島を支配した時代にビザンチン帝国と結んだため、市は攻撃・破壊され、その発展はやや遅れる。一〇九六年に始まる第一回十字軍の兵員輸送で大いに活躍し、九七年には自前の遠征軍を組織しアンチオキアを占領、十字軍の勝利に貢献する。ジェノヴァが力を付けつつあった証拠だが、これにはガレー船を建設し、水夫・兵員を動員する必要上、貴族階級だけでなく一般市民も政治に加わるのは必然で、両者の間に他の都市でも見られた階級対立が生じてくる。しかし九八〜九九年にかけてはグリエルモ・エンブリアコの指揮下、小アジアのアルスーフやカエサリアを占拠して植民地を建設することとなると、人的資源の確保のため、対立より協調の必要を説く声が東方遠征を行った者達の間から起こり、この時は辛くも協調が保たれる。とはいえ市民間の対立抗争はなくならず、一一一七年にこれを調停するため、市外から行政長官を一年契約で任命する慣行が定着し、制度的に一応は安定の方向に向かう。だが野心的な市民間の争いは決して絶えることなく、市内の政治情勢は常に緊張を孕んでいた。

ただ内には紛争の種を抱えつつも、外に向かうジェノヴァの発展は止まることを知らず、一一一三年には、トスカーナと境を接するリグーリアの町ポルトヴェネレの領有をめぐってピーザとの争いが始まる。また二一年には、北に向かって山を越えロンバルディーア平原に降りた地点にあるヴォルタッジョの町を攻め取り、内陸への交通を確保している（とはいえ、北に向かっての領土拡張の意図はなく、あくまでも海に向かって乗り出そうというのが、海運都市ジェノヴァの基本的姿勢であった）。同じことは、リグーリア海岸を西に向かってサン・レーモ、サヴォーナ、さらにはニース辺りまで、また東（南）に向かってはトスカーナに近いラパルロやラ・スペツィアなどを自己の影響下に取り込もうとする動きにも見られる。これまた領土拡張というより、その海運の利便確保が目的であった。

海外に向けての勢力拡大

こうしたジェノヴァの勢力拡大の動きは十三世紀に入っても止むどころか、かえって盛んとなる。例えばヴェネツィアの画策により、第四回十字軍（一二〇二〜〇四）が本来の目的から逸脱、ビザンチン帝国の内紛に乗じてコンスタンチノープルを奪取して、ラテン帝国を設立するという暴挙に出る。これによってヴェネツィアは、以前から狙っていた黒海における貿易独占権を、ジェノヴァから奪うという事態となる。だがジェノヴァは逆に禍を転じて福となし、ヴェネツィアが黒海貿易開拓に精力を費やしている間に、従来ヴェネツィアが主導していた東地中海のアンチオキアやシリア方面に進出、勢力を植え付けている。かつ一二六一年には、ジェノヴァ最初の市民軍司令官《カピターノ・デル・ポポロ》に選ばれた庶民出身ボッカネグラ家のグリエルモ（任期一二五七〜六二）が、コンスタンチノープルを追われていたパレオロガス家のミカエルと「ニンフェウムの条約」を結び、ヴェネツィア人を追い払うのに貢献する。その甲斐あってミカエル八世がラテン帝国を倒してコンスタンチノープルに帰還しパレオロガス朝を開くと、ジェノヴァは黒海からカスピ海にかけ、以前にも増して大きな権益を得ることとなる。

ただしグリエルモ・ボッカネグラ自身は翌六二年、その権

（5）場所によっては、海岸線から絶壁が直接に立ち上がっているところさえある。

力志向が禍して貴族派《グランディ》（教皇派《ゲルフィ》）の蜂起を招き、ジェノヴァから終身追放され失意の裡《うち》に亡くなる。[6] かつこの時、市を追われた民衆派《ポポロ》（皇帝派《ギベリーニ》）は海外の植民地に赴いて財を成し、祖国内での勢力争いにも介入して、折あらば反対派の政府を転覆させるチャンスを窺う。また人によっては海外の活躍で地中海世界に勇名を轟かせる者も出てくる。その典型がベネデット・ザッカリア、すでに触れたメローリアの海戦（一二八四）でピーザ艦隊を撃滅するに与って力あった人物で、十三世紀の半ばまだ二十歳にもならぬうちにビザンチウムに赴き、ミカエル・パレオロガスの復位を助ける。その功と、ベネデットの才幹に惚れ込んだミカエルの寵もあって、イオニア海のフォカイア島を封土として与えられ、同島の（毛織物の染色に欠くべからざる）明礬《みょうばん》の鉱脈採掘権を手に入れる。

以後ベネデットはフォカイアのみならず、黒海の明礬鉱をも支配下に置くと共に、自前の艦隊を建設して当時東地中海に横行していた海賊を討伐、ヨーロッパに対する明礬の輸出を独占的に行う。そればかりか穀物や毛皮など黒海の物産の輸出と、逆にヨーロッパからは毛織物、塩、（スラヴ人）奴隷などの輸入に携わって巨利を得る。さらにミカエル八世の命で、南イタリアを征服したアンジョ家のカルロ一世に対抗する目的をもって、スペインはカスティリアのアルフォンソ十世のもとに派遣されたのが縁となり、カスティリア王国海軍総司令官にも任命されている。この例が示すように、ジェノヴァではヴェネツィアと違って、個人に才幹があれば独行して名を成し、そのうえで自国の政治・軍事にも関わって勢力を得ることができた。ザッカリアなどはさしずめ、十六世紀も後半に入って最初はフランス王フランソワ一世の提督であったものが、王と仲違いして神聖ローマ皇帝カール五世（ハプスブルグ家出身、スペイン王としてはカルロス一世）の側に移り、イタリア半島をめぐるスペインとフランスの角逐を、スペインの勝利に導くのに貢献したアンドレア・ドーリアの先駆をなすような存在といってよかろう。

この間、一二四三年にジェノヴァの有力な家柄フィエスキ家のシニバルドが、イノケンチウス四世の名で教皇に選ばれる。イノケンチウス四世は、ホーヘンシュタウフェン家のフェデリコ二世やその息子マンフレーディ王に対抗させるため、まずはイングランドのエドマンド皇太子を半島に招くことを画策するがこれは失敗。しかし次にフランスの「聖《サン》ルイ王」ことルイ九世の弟、アンジョ家のカルロ一世が要請に乗ってくると、がぜん教皇庁とホーヘンシュタウフェン家との関係は緊張する。むろんジェノヴァは教皇方につくのだが、マンフレーディ王が敗死するベネヴェントの戦い（一二六六）までは、ホーヘンシュタウフェンとアンジョ両家の争いに捲き込まれぬよう表向きは中立的な立場を取りつつ、裏では密かに教皇を応援する。

さらにはマンフレーディ王が一二六四年、第四回十字軍の例に倣って（ローマ教会からすれば）異端のギリシャ正教を奉ずるコンスタンチノープルにカトリック教のラテン帝国の復活を目論むと、ジェノヴァ本国は東ローマ帝国との関係を重んじてこれに反対しているというのに、現地のジェノヴァ人居留地の領事が自己の権益拡大を狙って賛成と、方針が分裂する。しかも後者の立場がビザンチン側の知るところとなって、一時はジェノヴァ人全員がコンスタンチノープルから追放されるという憂目を見る。この例でも分かるように、商業的な利益に教皇派・皇帝派の対立、また国際的な思惑が複雑に絡み合って、ジェノヴァの政情は常に内紛によって揺り動かされていた。

二頭政治とヴェネツィアとの競合

こうした状況にもかかわらず、ジェノヴァの活力は一二七〇年辺りから凄まじい勢いで爆発する。一二七〇年からは、単独の市民軍司令官に代わって、ドーリア家のオベルトと、これも同名のスピノーラ家のオベルトとが組んで二頭政治を行い、八五年まで比較的安定した政体を保つ。この時期に先述メローリアの海戦（八四）でピーザ艦隊を叩いたジェノヴァは、西地中海の覇者となる。そしていよいよヴェネツィアとの対決が本格化する。九八年にはアドリア海を北に半ばほど入ったところ、クルツォラ島沖の海戦で、ジェノヴァ水軍はヴェネツィア艦隊に対して大勝利を収める。この海戦で捕虜になったマルコ・ポーロが、ジェノヴァの牢獄でその『東方見聞録』を口述したことは、ピーザの項ですでに触れたところである。

地中海の外へ、大西洋と黒海

だがはやそれに先立つ一二七七年、スピノーラ家のニコロッツォは地中海を西に、ジブラルタル海峡を抜けて大西洋に出て北上し、フランドルに到達する。翌年にはイングランドへの航路が開かれ、これで海路による北ヨーロッパとの航路が確立することになる。

同じくジブラルタル海峡を出て、今度は左手にアフリカ西岸に沿って南下する試みは一二九一年、ヴィヴァルディ家のウゴリーノとヴァディーノ兄弟、およびテオドシオ・ドーリアによって企てられるが失敗に終り、三名は永遠に姿を消してしまう。ダンテが『神曲』地獄篇、第二十六歌後半で歌っ

（6）だがボッカネグラ家は以後も民衆派のリーダーとして残り、同家のシモーネ――ヴェルディの歌劇の主人公――は一三三九年、初代のジェノヴァ頭領に選ばれている。

たウリッセ（オデュッセウス）の冒険とその破滅の物語は、まさにこうしたヴィヴァルディ兄弟達の航海、あるいは類似の冒険を踏まえているのである。

一方、東地中海の北に向かっては、一二六一年のミカエル八世によるパレオロガス朝の成立以後、ジェノヴァ商人がヴェネツィア商人と共に黒海を支配し、トレビゾンダ、ヴァルナ、クリミア半島、アゾフ海とカスピ海沿岸、さらに内陸に入ってドン河沿いの地域などと交渉を持った。その結果が、これまたダンテ『神曲』地獄篇、第三十二歌に「タナイ」（ドン河の別名）が出て来る背景ともなっている。

交易のための新技術

こうしたジェノヴァの発展を可能にした要素として、まず地図が挙げられる。ジェノヴァ商人は、自己の活動を他人に知らせないため、記録は取ってもその情報の伝達は身近なサークルのみに止めて外部に洩らさず、したがって多くの資料が残されているわけではない。しかしたまたま今日に伝わるわずかな例によっても、またその地中海、黒海、北大西洋海域などにおける活躍振りを見ても、ジェノヴァ人が現地の正確な地図や海図を所有していたことに疑いはない。また海運を業とする関係上、その造船技術は敵のイスラム（海賊）船に学び、それまでは航行を専ら帆に頼っていた船に櫂を取り入れ、風向きのみに左右されぬ、当時の先端を行くものだったといわれる。かつ大型であっても船足が速く、商品の運搬ばかりか、時と場合によってはたちまち海賊船に早変わりして、略奪行為に及ぶことができる装備を搭載していたことは、ボッカッチョ『デカメロン』第二日第四話、ランドルフォ・ルッフォーロの物語に見られる通りである。さらに手形割引についても、ジェノヴァ人は一二五三年、多少手の込んだやり方ではあったが、フランス王「聖ルイ」のような絶対に破産の恐れのない顧客に対して、その十字軍将兵輸送の経費を立て替え、生じた債権をピアチェンツァのソルディ商会《コンパニーア》に、支払期限前に割引した額で譲渡するようなことを行っている（ジェノヴァは、シエーナやフィレンツェと違って自前の銀行《タヴォラ》を持たず、もっぱらピアチェンツァの銀行に金融業務を任せていた）。

こうした技術的また商業的革新の中で特筆すべきものに、海上交易という、当時もっともリスクの大きかった業種（シェイクスピアの『ヴェニスの商人』を参照）に携わる都市として、「損害保険」がジェノヴァで最初に誕生したとみられる事実がある。元来、海外貿易につきもののリスクは、「出資者」（商品買い付けのための資本を出す者）と、これを運搬する「船主」、そして商品を買い付けた上、運搬先の市場で売り捌く「商人」の三者が負担するものであった。初期の段階では、だいたいこの三者は同一人物である場合が多かった。だが事業の規模が拡大し遠隔地との交易が発達するにつれて、この三機能の分業化が起こる。かつ三者の中では出資者が最も強く、事業から上がる利益の大部分を手に入れ、船主と実際の売買オペレーション担当の商人の取り分は技術料的な性格が強くなってくる。だがそれはリスクについても同様であり、事業が失敗すれば商人は注ぎ込んだ労力を失い、船主も単に商売が見込み違いで失敗しても船は残るし、また暴風で難破したり海賊に襲われたならば、損害は船を失うだけで済む。ところが出資者はそうはいかない。となると金主は、なんとかリスクを船主と商人にも分担させようとするが、これには限界もあれば、リスク分担率が上がれば、事業がうまく行った時の利益の取り分も少なくなる道理である。すると残るは、事業に関わりのない第三者に適当な条件を提示して、リスクを負担させるしかなくなる。フランスの経済史家イーヴ・ルヌワールの調査によれば、すでに名を挙げたベネデット・ザッカリアが一二九八年、非常に手の込んだオペレーションを編み出したのが、その最初の例であるという。

すなわちザッカリアは自己の商品である明礬を、フランス南岸の港エーグ・モルトからフランドルのブリュージュに積み出すに際し、この事業にまったく関係のないジェノヴァ商人に、これをいったん買い取らせる。その際、明礬を運搬する（ザッカリア自身の）船が無事ブリュージュに到着した暁には、必ずその買収価格を上回る値段で買い戻すという条件にするのである（この買い取り価格が、今日でいう保険の掛金に当たる）。かつその支払いはブリュージュの現地通貨によるのではなく、明礬売上げ代金を使ってフランドル産商品を買い付け、ジェノヴァに船が帰着した時にジェノヴァ通貨で行うことに取り決められていた。さらにこの帰り船の場合にも、往きと同じ買い取りオペレーションを条件付けているという。つまり明礬の代金と、フランドル商品の代金はひとまずザッカリア自身の懐に入れ、船旅が無事に行けばよし（その場合、出費は上乗せ買い戻し価格だけ）、何か問題が起こっても、船（この場合はザッカリア自身が「船主」でもあるから）の損害だけで済むという仕組みになっているわけである。このように掛金、つまり不特定多数の第三者に振り込ませた資金をもって、リスクの補償に当てるという今日の損害保険方式にはまだ到っていないが、すでにその萌芽が見られるといってよかろう。

以上、造船・航海術、手形割引、損害保険など、ジェノヴァが開発した数多くの新技術のうち、ほんのいくつかを挙げた。これらのテクニックと、その船乗り・商人達が発揮した、驚くべき旺盛な行動力と豪胆さのおかげで、ジェノヴァは十三世紀前半には西地中海の覇者となり、後半に入って（イタリア都市ルネッサンスの第二期において)、東地中海でもヴェネツィアと覇権を争う一大海運勢力にまで成長する。

文化面での無関心

ただ、人それぞれに得手不得手があるように、都市の活動にも向き不向きがあったようで、ジェノヴァはピーザ、シエーナ、フィレンツェほどには、芸術面で花を咲かせてはいない。もちろん貿易活動から得た膨大な利益を用いて、有力な家柄は競って壮麗な宮殿や教会を建て、著名な画家を市外から招いてこれらを飾る。だが「ジェノヴァ派」というような芸術流派は遂に生まれなかった。また『黄金伝説《レゲンダ・アウレア》』の著者ヤコポ・ダ・ヴァラージネ(ジャック・ド・ヴォラジンヌ、一二三〇?~九八)はジェノヴァ領サヴォーナ近郊の出ではあるが、伝説、それも中世的な聖者伝説の集大成者であって、独創的な文学形式の創始者というわけではない。

次項で採り上げるヴェネツィアも、ジェノヴァと同様、はじめは大した芸術的独創性を示さなかったのに、イタリア半島でルネッサンスがまさに終ろうとする十六世紀前半になって、初めて独自の芸術的成熟を見せる。これと対照的にヴェネツィアほど息の長くなかったジェノヴァは、交易を使命とする海運都市の本質的な衝動、すなわち強烈な利益追求の情熱に導かれて、ひたすら個人主義と冒険精神に身を任せることに自己の面目を賭けた町ということができよう。

(5)　ヴェネツィア

歴史と立地条件

さて今度はいよいよ海運都市の最後、ヴェネツィアの消長を見ることにしよう。ヴェネツィアはピーザやジェノヴァと違って、その起源において古代ローマ帝国と関係がない。というのもやっと九世紀になって、今日のヴェネト州に当たる地域の住民が、フランク族のイタリア侵入を逃れて辿り着いた場所に建設した町だからである。しかもその立地条件たるや、トレント・アルプス山脈に源を発してアドリア海に入るピアーヴェ、ブレンタ、アディジェという三本の川、それに半島北部のロンバルディーア平原を西から東に横断してアドリア海に注ぐイタリア随一の大河ポオ河、これら四つの流れが運んで来た泥土が作った沖積地、それも海に入る直前の、水面からわずかに顔を出している中州の上だったのである。

かつヴェネツィアは、イタリア半島をギリシャやマケドニアから隔てる細長いアドリア海のどん詰まりに位置し、ビザンチン帝国に侯爵領として組み込まれていた。その本寺は、聖《サン》マルコ広場を飾る大伽藍などが建設される以前にあっては、ヴェネツィア本島の最東端のオリヴォーロ潟にあったギリシャ正教の教会(現聖《サン》ピエトロ・ディ・カステルロ教会)だったくらいである。したがってヴェネツィアにとっては、ゲルマン民族の侵入により五世紀後半に滅亡した西ローマ帝国や、その後も十世紀頃まで衰退の一途を辿ったローマのカトリック教会との関係よりも、ビザンチン帝国との繋がりの方がずっと強かった。というよりむしろ、ヴェネツィアはギリシャ正教とカトリック教の間にあってどちらにも偏らない、政治・宗教的に中立の立場を保とうとした。それがまた半島本土から切り離され、干潟の上の海運国という特殊な地理的環境のおかげで、九世紀にはかの常勝フランク軍でさえ征服を諦めた町なのである。

コレガンツァという事業形態

ヴェネツィアの海運活動は、アマルフィにやや遅れて、十一世紀半ば辺りから本格的となる。それまでは漁業と、干潟を利用した塩田による製塩を主な生業としていたヴェネツィア人が、徐々に船で外海へ乗り出し、商品の交換によって得られた利益を元手に、その活動の幅を拡げていく。「コレガンツァ」（結合）と呼ばれる、シーズンごとに船主と商人が組んで事業を行うのだが、その役割は一定せず、一方が資金を出せば、他方は船を提供するという方式で商売を行い、得られた利益を折半するという事業形態が出てくるのがこの時期なのである。コレガンツァはシーズンごとのものでパートナーは固定的でなく、目的地や商品の種類などに応じて組み合わせが変った。こうした商業活動が活発化するにつれ、ヴェネツィアの勢力はアドリア海の対岸、バルカン半島の現在のスプリットやドゥブロヴニックに及ぶ。

さらに十二世紀に入るとアドリア海を南に下ってイオニア海に入り、エーゲ海・東地中海を経由してシルクロードの終着点、東ローマ帝国の首都コンスタンチノープルに到達、ヨーロッパにとり東方貿易の窓口としての役割を果す。またアフリカ大陸北岸のイスラム文化圏との通商にも進出、両方が相俟って莫大な利益を上げる。こうした動きを見ても、アドリア海がイオニア海に接するオートラント海峡は、ヴェネツィアにとってまさに生命線に他ならず、これを確保するために、すでに一〇〇二年にはバーリを包囲したイスラム水軍に対して、さらに一〇八二年には東方に進出しようとする、シチリア島を征服しバルカン半島に触手を伸ばしたロベルト・イル・グイスカルドのノルマン海軍を相手に、二度にわたる死闘を繰り拡げ、いずれの場合にも勝利を収めている。

第四回十字軍とラテン帝国

その後、すでにジェノヴァの項でも触れたが、第四回十字軍（一二〇二〜〇四）で、ヴェネツィア総督《ドージェ》エンリコ・ダンドロの巧妙な誘導により、アルプス以北の中世ヨーロッパ封建勢力との合作を実現し、東ローマ帝国の内紛に乗じて、キリスト教徒の町であるダルマチア地方のザーラ（現ザドール）と、さらには帝国の首都コンスタンチノープルまでを攻略する。これはキリスト教界から非難を浴びるのだが、そんなことはまったく気にしない。じつはヴェネツィアはイスラム圏と通商があり、そちらとの友好関係にヒビが入るのを恐れて、もともと十字軍には消極的だったのである。この第四回十字軍にしても、ヴェネツィアがアドリア海および黒海での己れの権益の拡大を狙って積極参加したから可能になったもので、結果もイスラム軍とは戦わず、東ローマ帝国を倒すことになった。ことほどさようにヴェネツィアの政策たるや、宗教的情熱などは薬にしたくともない、商業主義の塊であった。コンスタンチノープルにはボエモンド・ディ・アンチオキアを皇帝とするラテン・ビザンチン帝国が一二六一年まで存続するのだが、この間、裏で糸を引いたヴェネツィアは、東ローマ帝国領の四分の一を獲得したばかりか、黒海での交易をも独占して大いに栄える。

しかし、外国からの支配による搾取と弾圧はギリシャ人達の反発を招き、これに失地回復を狙うジェノヴァの協力が加わる。同じ一二六一年に「ニンフェウムの条約」がパレオロガス家のミカエル八世と、ジェノヴァ最初の市民軍司令官、グリエルモ・ボッカネグラとの間に結ばれ、対ヴェネツィア作戦は首尾よく成功。ヴェネツィア人は獲得した一切の権益を失ったばかりか、コンスタンチノープルに有していた居留地まで取り上げられ、市外に追放されてしまう。(7)

マッテーオとニコロのポーロ兄弟

そしてまさにこの一二六一年、それもパレオロガス家のミカエルがコンスタンチノープルを回復する直前、つまり黒海がまだヴェネツィアの支配下にあった時点で、ポーロ家の兄弟マッテーオとニコロがユーラシア大陸内部の商業路を踏査すべく、クリミア半島南端の港ソルダイアからヴォルガ中流のサライに向かって出発するのである。二人は多大の辛酸を嘗めながらブカラに到達、いったんは地中海に戻ろうとする。だがブカラのモンゴル大守の誘いに応じてパミール高原を横断、大都（北京）に在ったフビライ汗に謁見する旅に上る。フビライ汗は両人を歓迎し、当時アジアとヨーロッパの間に勢力を伸ばしつつあったトルコのイスラム勢力に対抗する方策として、ローマ教皇との連絡を取る任務を授けて両人を送り返す。二人が再び中央アジアを横切って、地中海沿岸のライアッツォ（現トルコ、イスカンデラ湾の港パイアス）に出て、六九年にヴェネツィアに帰り着くまで、じつに八年の歳月を要している。

マルコ・ポーロ

そしてその二年後の一二七一年、二人はフビライ汗の要請に応えるべく、キリスト教修道士二名（出発した途端、怖じ気付いて消えてしまう）と、このたびはニコロの息子で十四歳のマルコを連れて、再び東方への旅に出る。北京ではフビライ汗に謁見したばかりか、その才幹を愛したフビライがマルコを視察官に任命する。中国各地を歴訪した後、帰りはペルシャを支配していたモンゴル大守に嫁入る王女の伴をして、東南アジア・インド経由の海路でペルシャに到って、九五年にヴェネツィアに帰着した。じつに二十五年にわたる大旅行である。この例が示すように、当時のヴェネツィアやジェノヴァの商人・旅行家達の行動力は、まさに瞠目に値するものだったのである。

そればかりではない、すでにピーザの項でも触れたが、このマルコが一二九八年、ヴェネツィアとジェノヴァが東地中海の覇権を賭けて戦ったクルツォラ島沖の海戦で捕虜となり、ジェノヴァの牢に繋がれる。そこで偶然（こちらは八四年のメローリアの海戦でやはりジェノヴァの捕虜となっていた）ルスティケルロ・ダ・ピーザという、中世騎士道物語を専門とする物語作者と同じ監房に収容される羽目となるのである。獄中の退屈凌ぎに、マルコは己れの東方旅行をヴェネツィア訛りのイタリア語で語り、ルスティケルロがそれを騎士道物語の用語と決まっていたフランス語で書き留める。こうしてできあがったのがモンゴル帝国の盛況を描写するため（大袈裟と思われた）「百万《ミリオーネ》」という数字を多用したので、「法螺吹きミリオーネ」と異名を取った『東方見聞録』に他ならない。[8] 今日ではマルコの描写の正確さは証明されているが、そんなことよりイタリア半島諸都市が十三世紀の後半、とはアルプス以北の地域に先駆けること二百年余り、その活動範囲をヨーロッパ域外に拡げ、新時代の開幕を告げた点が重要であり、その何よりの証拠が『東方見聞録』なのである。（十二世紀のシャルトル学派の抽象的な観念論とは違い、）ルネッサンスという現象に特徴的な旺盛な好奇心、合理主義に基づく鋭敏で偏見のない現実観察を通して、マルコはヨーロッパの知的地平線を一挙に極東にまで拡大したのである。

かつそれから二世紀後、十五世紀末から十六世紀初にかけ

（7）とはいえ、そのわずか三年後の一二六四年、今度はジェノヴァの居留民が、本国からの訓令を無視して、南イタリアに勢力を張っていたホーヘンシュタウフェン家のマンフレーディ王と組んでラテン・ビザンチン帝国再興を企んだ陰謀が露見、ジェノヴァ人もまたコンスタンチノープルを一時所払いされる憂目に遭っている。

（8）「ミリオーネ」には、マルコを始めとするポーロ家が「エミリオーネ一族」の出であり、そこから「イル・ミリオーネ」（＝［エ］ミリオーネ家の者）が書名となったという説も出ている。

て、イタリア半島のルネッサンスはすでに終りに近づき、代わってアルプス以北の新興の国民国家《ネーション・ステート》が、クリストファー・コロンブス（イタリア語でクリストフォロ・コロンボ）、アメリゴ・ヴェスプッチ、ジョヴァンニ・カボート（英語でジョン・カボット）、アントニオ・ピガフェッタなど、イタリア半島出身の航海家を起用して新世界の発見に乗り出す。その時『東方見聞録』は、往きの陸路「絹の道《シルク・ロード》」とならんで、帰りの「胡椒の道《スパイス・ロード》」の記述によって航海家達の想像力を駆り立てる。オスマン・トルコのコンスタンチノープル攻略（一四五三）後、東地中海からユーラシア大陸中央部を通る陸路はヨーロッパ人に閉ざされていたが、それに代わって西へ出てからアフリカ大陸南端を回ってインド洋に到る、あるいは大西洋からマジェラン海峡経由で太平洋に出て東方に到達するという新航路の発見に赴かせる。自身の大旅行がイタリア半島ルネッサンスの開始を告げたのみならず、その記録がまた二百年後のアルプス以北のルネッサンスの開花に貢献したマルコ・ポーロこそ、まさに希有のルネッサンス人といって過言ではない。

大評議会の形成

　ヴェネツィアに話を戻すと、パレオロガス家のミカエル八世がコンスタンチノープルを回復した一二六一年に、ヴェネツィアとジェノヴァは七一年まで、向う十年間にわたる相互不可侵協定を結ぶ。ラテン・ビザンチン帝国の存続期間中（一二〇四〜六一）、つまり黒海がヴェネツィアに独占されていた六十年弱の間に、ジェノヴァはシリアやパレスチナなど、従来ヴェネツィアの勢力下にあった地域に勢力を伸ばし、ミカエル八世の復帰と共に黒海にも戻る。しかしヴェネツィアを完全に黒海から締め出すことには成功しなかった。こうして両都市は、東地中海と黒海という東方の二大海域に競合しつつ共存することとなり、両者共に大いに栄える。そしてこの時期にヴェネツィアでは、「大評議会《マジョル・コンシリオ》」という制度が次第に確立していく。

　共和制の常として、ヴェネツィアでも初期の権力主体は、市民全員参加による民会《アッセンブレーア・ポポラーレ》と、その拍手《アクラマツィオーネ》によって選ばれる総督であった。しかし次第に貧富の差が生じてくると、貴族と有力市民達の合議体として権力の世襲を認めない大議会の力が増してくる。そうなると大評議会内の対立で執行部から排除された有力者達、あるいは事業の成功により財力を獲得しながら、成り上がりという理由で大評議会から締め出されていた新興勢力が、恵まれない下層の不満分子と結んで、絶えず政府転覆の陰謀を企てるのである。危険に対処するため大評議会は、元老院《セナート》、四十人委員会《クワランタ》、密告を奨励する悪名高い「ライオンの口」を管理して裁判を担当する十人委員会《ディエーチ》、また八人委員会《オット》等々、複雑な制度を矢継ぎ早に打ち出して、市民の統制を強化する方向に進む。

一方、東地中海やシチリア島、さらにはアフリカ北岸を舞台に繰り拡げられた、ジェノヴァあるいはピーザといった他のイタリア海運都市との競合は、いま我々が問題にしている十三世紀後半から十四世紀にかけての時期に入って、遂にジェノヴァとの真正面からの対決に収斂していく。この対決でジェノヴァは素晴しい海軍力を発揮、一二九八年のクルツォラ島沖の海戦で、アンドレーア・ダンドロ指揮下のヴェネツィア艦隊に対し大勝利を収め、敗れたヴェネツィアは過酷な条件で和議を結ぶことを強いられる。この敗北と、その十年後の一三〇八年に始まる、ポオ河のコントロールとフェラーラ領有をめぐる、教皇クレメンス五世との争い（いわゆる「フェラーラ戦争」）から生じた破門措置で、ヴェネツィアは大損害を蒙る。

これを機に、折しも市内に渦捲いていた党派の争いが、選挙により任期付きで選ばれる総督の地位を世襲化しようと狙ったバイアモンテ・ティエポロの陰謀となって、共和制は転覆の危険に曝される。だが幸いにも、危機一髪のところで陰謀が露見し、首謀者達は処刑ないしは国外追放に処せられる。そしてヴェネツィアは一三一九年、個人の独裁から政体を守り、同時に富裕商人《ポポロ・グラッソ》階級の寡頭体制《オリガルキア》を確保するために、かの『黄金の書《リブロ・ドーロ》』と呼ばれる、保守主義の典型のような決定（一二九七年までに大評議会にメンバーを出さなかった家柄は、以後同評議会からいっさい排除される）を採択する。

以上、自治都市としてのヴェネツィアで、ルネッサンスの第一期が終りを告げ、都市国家の制度化が確立する経過を跡付けてみた。この動きは、ジェノヴァに見られたような激烈な党争からヴェネツィアを護り、商人貴族による寡頭体制下の安定を導いた。それによって一般市民は市政をめぐる権力闘争に向かう途を絶たれたが、そのエネルギーの捌け口として、国策により貿易活動を組織し、新たな発展を推進することを可能にした。それがどのような展開をたどるかは、第二期「ヴェネツィア」項で論ずることにする。

第2節　内陸都市――その抱える問題

（1）内陸都市の情勢

海運都市の本質

いよいよイタリア半島のルネッサンスを本格的に担うことになる、内陸都市の動きを跡付けてみよう。ただ、いまルネッサンスを内陸都市が「本格的に担う」と書いたが、それは何も前節で扱った海運都市に、ルネッサンスに特徴的な現象が見られないという意味ではない。海運都市がもたらした強烈な経済的発展と視野の拡大、また（アルプス以北のヨーロッパ諸国における十六世紀の「大航海時代」に勝るとも劣らない）活動の地理的な拡張、あるいは技術的な革新と、それがもたらした経済的発展など、ルネッサンス的といわれる変化は海運都市にも判然とみられ、その活躍がイタリア半島ルネッサンスの成立に大きく貢献したことにも疑いはない。

にもかかわらず内陸都市についてこのようにいう所以は、第一に海運都市が自己の存立と発展にとって本質的な交易にひたすら従事した共同体であり、その関心は利潤の追求と商活動の円滑な展開を可能にする社会組織や技術革新に集中したからである。よって第二に、経済はむろんのこと、政治・社会・文化・思想等々の領域でイタリア半島本土に見られたその他の変革について、海運都市はそれらが自分の利害に直接関わるのでなければ多分に傍観者的な態度を取ったからに他ならない。だからこそ、十六世紀初にイタリア半島で都市国家《チッタ・スタート》・地域国家《スタート・レジョナーレ》ルネッサンスが外国勢力の侵入によって崩壊するというのに、海運都市の典型ヴェネツィアは、そのイタリア半島内陸に関わる混乱において捲き込まれはしたものの、海運都市国家としての屋台骨はゆらぐことなく、同世紀後半まで芸術的な華を咲かせ続ける。しかし、アルプス以北で十五世紀末に、イタリア半島の地域国家ルネッサンスの影響の下に国民国家ルネッサンスが始まるのだが、この新しいタイプのルネッサンスが生まれる契機となったのは、海運都市国家ではなくて、ミラーノ、フィレンツェ、ローマなど、半島の内陸都市国家群の方だったのである。

土地をめぐる封建勢力との闘争

このことはまた内陸都市が、程度や種類に差こそあれ、交易だけでなく生産にも携わる共同体であったこととも無関係ではない。生産はその手段を前提とするが、中世以来の基幹産業だった農業にとって、また十三世紀後半に興って来る初期産業の典型である織物業にとっても、生産に必須の与件は当然ながら人手と土地、わけても土地であった。けだし土地は、第一に農業生産に欠くべからざる条件であり、「産業の勃興を可能にする人手を養う食料の供給地」「働き手を住まわせる住居のためのスペース（つまり城壁に囲まれて安全であるだけでなく、町にとり求心的な存在である教会や市庁舎を建設するスペース）」、また「商品となる余剰農産物を作り出す原資」「毛織物の原料たる羊毛を供給する牧羊地」「生産物取引に必要な道路や峠、商品運搬網としての河川交通の拠点」などのための必須条件でもあった。

ところが封建制度下の中世において、土地の所有は領主の特権であり、都市は増大して止まぬ土地需要を満たすため、武力だけではなく思想・理論面でも封建体制と闘わなくてはならなかった。海運都市が交易に有利な物産を求め海外に進出しても、商品となる品物の売買のみに関心を払い、商品生産地の社会体制については介入しないばかりか、取引の思惑が外れれば素早く撤退し、河岸を変える方針を取ったのとは大いに異なる点である。つまり、しょせん他所者に過ぎない貿易商人達と違い、内陸都市の住民にしてみれば、利益が上がらなくなったからといって「河岸を変える」ことなどできるわけもない道理で、これは当然のことであった。

さらに付け加えれば、この土地所有をめぐる封建制との闘争は、十五世紀末から十六世紀初にかけて興ったアルプス以北のルネッサンスにおいても、その成立のために必須の条件であった。すなわち王権による国土一元支配が国民国家を成立させる過程で、逆説的とも言えるが、最大の封建領主である国王の主導により封建体制が打破され、体制の束縛から解放された社会のエネルギーが、各地域におけるルネッサンスを可能ならしめたのである。これを見れば封建制との対決こそが、時期や規模において違いはあるものの、まさにイタリア半島の都市国家ルネッサンスとアルプス以北の国民国家ルネッサンスとを結び付け、両者の連続性を保障する要素であることが知られる。

とはいえイタリア半島における封建制からの脱却は、十五世紀末から十六世紀前半にかけてのアルプス以北におけるような、内乱を伴った荒々しい形で実現されたわけではない。アルプス以北のルネッサンスに先立つこと二百五十年、十三世紀後半のイタリア半島では、農村はまだ多分に農業中心の自給自足の経済を行っていた。しかし、古代ローマ以来の都市的性格を持つ共同体が完全に消滅したわけではなく、地域的な産物の交換経済（商業）もまた、小規模ながら連綿と営まれていた。とくにミラーノのように、ポオ河に沿う東西の交通路と、アオスタ渓谷を北上してアルプスを越えフランスやドイツと連絡する道とが交差する、交通の要衝にあるような町では、早くも十一世紀末辺りから人や物の動きの活発化が始まっている。この傾向に拍車をかけることになるのが、前節で触れた海運都市のもたらした東方貿易の商品なのである。

シャンパーニュの大市

いまアルプス以北の地域との通商の話が出たが、フランス東北部シャンパーニュ地方のトロワ、ラニイ、バール・シュール・オーブといった町々を、各所ほぼ二カ月の期間で巡回して定期的に開催されるシャンパーニュの大市は一一五二年、シャンパーニュ伯爵チボオ三世がこの地方を統一し権力を確立した時に始まる(9)。この大市は、内陸ヨーロッパの中央に位するという地の利に恵まれたフランス北東部のシャンパーニュで、はじめはブルゴーニュやアルザスなどの東部諸地域と、フランドルやプロヴァンスといった西部沿海地域とを結ぶ物産流通の場として発足した。十三世紀に入ると、そこに「ロンバルディーア者」と呼ばれた北イタリア商人の参加がみられる。そしてこの陸上交通による商業活動が刺激となって、イタリア半島北部のみならず中部の諸都市の活性化も促されたのである。

今日の感覚からすると到底大きいとはいえない、ピエモンテとロンバルディーアの境に位置する町アスティ、キェーリ、ノヴァーラ、ピアチェンツァなど、トスカーナ地方ではルッカ、シエーナ、ピストイア、プラートといった町々の商人達が、はるばるアルプスを越えて商売に出かける。はじめは土地の物産（農産物、穀物、農具、手工芸品、家具、乳製品、布地など）を携行して売り捌く行商的なものであったが、そこに商品として海運都市がもたらした東方の奢侈品《しゃし》（絹、香料、宝石、胡椒など）が加わると、がぜん取引が活発化して規模も大きくなる。そのほかにも、ピーザの項で触れた毛織物（十一世紀末にアフリカからスペイン経由で導入された、毛足の長くて良質の毛を産するメリノ種の羊を放牧し、取れた羊毛を織って生産される高級毛織物）が加わる。ウンブリアの町アシジの織物商ピエーロ・ベルナルドーネが、フランスに商売で行っている間に生まれた（一一八一）子どもだというので、最初の洗礼名ジョヴァンニをフランチェスコ（フランス人）と改めさせた。それがあのアシジの聖者、「聖フランチェスコ」の名の起こりとなったという事実は、こうした状況を端的に示している。

商取引が拡大すると金の動きも活発化するわけで、フランスだけでなくフランドル、ドイツ、イングランドと、それにイタリア、それもルッカの伝統的なデナリウス銀貨、ヴェネツィアのドゥカート金貨、新興フィレンツェのフィオリーノ金貨等々、町ごとに違う貨幣が発行されており、それらを商取引のために交換する両替商が栄え、そこから今日の銀行という業種が出てくるのには、ほんのあと一歩であった。そればかりではない。十世紀のオットー大帝以来の神聖ローマ・ドイツ皇帝位と、十二世紀にノルマン人が建てた南イタリア王国の王位とを、相続により一身に兼ねたホーヘンシュタウフェン家のフェデリコ二世の死（一二五〇）後、十三世紀後半のイタリア半島を含む西ヨーロッパでは、政治的に非常に不安定な状況が生じていた。そうでなくとも、いつ盗賊に襲われるかもしれないアルプスを始めとする山岳地帯を、現金を持って越えるのは危険極まりなかった。そんな状況下で、商売の安全のため現金に代わる信用状や手形が発達してくる。そうなると利息の問題もまた浮上してくることになる。

利息の問題と「煉獄」の誕生

金を貸して利息を取ることは、キリスト教では、資金提供からその回収までの「時間を売る行為」と見做され、厳しく禁じられていた。こうした行為に携わる者は、「神から見捨てられた」ユダヤ人あるのみで、ユダヤ人が迫害・追放される理由もそこにあった。だが十三世紀も半ばを過ぎて商業が盛んになってくると、もうそんなことは言っていられなくなる。すぐにも支払いを済ませねば他人の手に渡ってしまう奢侈品の購入、あるいは時を移さず兵を集めて宣戦を布告せねば機を逸してしまう戦争、そういった緊急事態にはまとまった現金が要る。そして当時、それを用立てることができる者は、商売に長けヨーロッパ各地に支店網を張り巡らしていたイタリア商人を措いて他にはなかった。国王や大領主達は「利息」の支払いを回避するため、自己の領地の一部の年貢（穀物であることも羊毛のこともあった）を取り立てる権利をロンバルディーア者（イタリア商人）に与えるという体裁を取り、その代わりに現金の供与を受ける。取り入れの時期が来れば、権利を買った側は手代を使って年貢を取り立てるのだが、取り立てられる農民の方からすれば、取り立て方の厳しさの度合いにもよるが、外国人に収穫を持って行かれる感を抱くわけで、ロンバルディーア者はユダヤ人同様の憎むべき存在となる。その他にも、担保に取られた年貢の品を国外に持ち出す際に関税を免除する方法も採られたが、これまた他所者による国富の吸い上げ（特に不作で飢饉の恐れがある場合など）と映り、しばしば民衆から攻撃を受けている。

他方、ロンバルディーア者の側でも、こうしたオペレーションに良心の呵責を感じる場合が多かったらしく、死に際し自己の魂の贖いのため、一生をかけて蓄えた財産のすべて、あるいは一部を教会や修道院に寄進して、命日にミサを上げてもらう者も出てくる。これはまた教会にとってきわめて都合のよい考え方であり、教会は「魂の贖い」という思想を積極的に推進した（この考え方が次第に加熱し暴走して「免罰符《インドゥルジェンツァ》」となり、宗教改革《プロテスタント》運動を誘発することになるのだが、それは二百五十年後の十六世紀初、ドイツでのことである）。

こうして死後の魂が赴く場所として「天国」と「地獄」の他に、中間の「煉獄」という領域が考え出され、力を得てく

（9）ほぼ同時に南仏アキテーヌから嫁入ったマリー・ド・シャンパーニュは、北アフリカからイベリア半島経由で南仏に伝わったとされ、吟遊詩人が竪琴に合せて歌う、西欧抒情詩の源泉となったプロヴァンス恋愛詩をもたらし、クレチアン・ド・トロワ（騎士道物語）、アンドレ・ル・シャプラン（『恋愛作法』）らもここに集って、トロワの宮廷は文化の一大中心となっていた。

る。煉獄は「浄罪界」とも訳されるが、その名のうちに「浄める」という単語を含んでいることからも知られるように、生前に罪を犯した者（キリスト教には「原罪」という考え方があるから、よほどの聖者でない限り、まず罪を犯しておらぬ者はいない）が死後、ただちに天国には入れてもらえず、まず煉獄で苦行を積み魂を浄めた後、初めて救われるという理屈である。フィレンツェを例に取れば、現在では市域内に完全に取り込まれてしまっているが、十三世紀後半にあっては市外の城壁に隣接した、きわめて戦略的な位置に建てられた二つの修道院、すなわち西のドメニコ派の新・聖母《サンタ・マリア・ノヴェルラ》教会（一二八三）と付属修道院、東にはフランチェスコ会の聖十字架《サンタ・クローチェ》教会（一二九四）と附属修道院が、この教説を民衆に説き聞かせた。一二六五年生まれのダンテは、若くしてこれら二修道会の説教に耳を傾け、その傑作『神曲』の第二部で煉獄を題材とした最高の文学的表現を達成している。その他、善根を積む意味で、孤児院や病院など慈善施設に喜捨を行うという条項を含んだ遺言状は、現在でも多数残っており、古文書館等で見ることができる。

教皇庁の政治権力化

いずれにせよ、すでにジェノヴァやヴェネツィアの項でも触れたように、両替業、銀行、信用状や手形、手形割引、保険、複式簿記など、近代の金融テクニックの原形が広く登場してくるのが、まさにこの十三世紀後半なのである。こうして北部・中部イタリアの商業都市は、次第に金融都市に変貌していく。

そして、この変化を強く促進したのがローマ教皇庁であった。もともと教皇庁はヨーロッパ全土に点在する教会の結節点であり、その意味では本質的に国際的な性格を有している。かつ紊乱していた教会の粛正と、司祭叙任に関わる世俗権力の介入を排除する司祭叙任権《インヴェスティトゥーラ》闘争を推進した教皇グレゴリウス七世（十一世紀）、さらにイングランドのジョン「欠地王《ラック・ランド》」や神聖ローマ・ドイツ皇帝オットー四世などを次々に破門してヨーロッパ政界に君臨したイノケンチウス三世（十三世紀初）らの努力が加わって、ローマ教皇は教会組織の頂点に立つことに成功する。これらの教皇は宗教者であると同時に、きわめて有能な経営者でもあったのである。

教皇派と皇帝派

ところで十三世紀後半、ローマ教皇庁は危機に直面していた。フェデリコ二世の遺産のうちで南イタリア王国を獲得した庶子のマンフレーディ王が、北の神聖ローマ・ドイツ帝国と呼応して、挟撃してくる可能性があったのである。そこで教皇達（アレクサンドル四世、続くフランスはシャンパーニユ出身のウルバヌス四世、同じくフランス人のクレメンス四世）はことあるごとに反ドイツ勢力（教皇派《ゲルフィ》と呼ばれる）を援助し、これに対抗する反教皇勢力（皇帝派《ギベリーニ》と名付けられる）との抗争を煽った。もともとイタリア諸都市の内には政権をめぐって党派の争いがあり、対立する党派は、一方が教皇派を称すれば他は皇帝派を名乗るといった具合に、理念とは関係なく旗印として教皇あるいは皇帝を担ぐ事態も起こり、海運都市ピーザの項でも挙げたウゴリーノ伯父子の悲惨な最期のような事態も起こることになる。そればかりか市内での党派対立がエスカレートすると一種のクーデターともなり、政権を握った側が反対派を市外に追放し、市全体が皇帝派あるいは教皇派を宣言、追われた者達は自分達と同じ派の他の都市に身を寄せて、隙あらば敵対する派を追い落して故郷に帰還するチャンスを窺う。これはまた、一方の派が勝ちを占めた都市は、同じ派の市々と軍事同盟を結んで、敵対する派の都市を攻めるという戦乱状態の原因ともなった。

フィレンツェ第一次共和制の成立と崩壊

フェデリコ二世の治世の末年には、教皇庁とホーヘンシュタウフェン家の争いが前者の有利に傾き、トスカーナでは皇帝の締め付けが緩んでいた。そこでまずフィレンツェでフェデリコ二世の死に先立つ一二五〇年秋、市外に起こった叛乱を制圧すべく出撃していた皇帝の代官《ヴィカリオ》フェデリコ・ディ・アンチオキアの不在をついて、民衆が中心となり、第一次共和制《プリモ・ポポロ》（第一次民衆政権）を樹立する。もちろん代官がこの政権を認めるわけもなく、鎮圧の手はずを整えていたのだが、同年末のフェデリコ二世の死（十二月十三日）という幸運な偶然が重なって、民衆政権は存続する。皇帝の死に力を得て、トスカーナでは教皇派が主導権を握る都市が増え、市を追われた皇帝派貴族達の中には、フィレンツェとの対抗上、皇帝派に好意的だったシエーナやピーザに逃れる者が多かった。

南イタリア王国のマンフレーディ王は、これらの者達を援助しトスカーナにおける皇帝派勢力を回復すべく、サン・セヴェリーノ公ジョルダーノ伯爵指揮下のドイツ人部隊をシエーナに派遣、当然教皇派と皇帝派の間の緊張は高まる。シエーナ攻めを計画した民衆主体の教皇派フィレンツェ軍と、ドイツ傭兵とシエーナ軍に支援された、ファリナータ・デリ・ウベルティをはじめとする皇帝派フィレンツェ亡命者軍は六〇年、シエーナの北十二キロのモンタペルティで衝突、ドイツ傭兵隊の活躍もあって亡命者軍が大勝する。勢いに乗る皇帝派貴族達はフィレンツェに入城、一二五〇年以来政権を取っていたフィレンツェ第一次共和制は崩壊する。皇帝派の威勢は大いに揚がり、トスカーナにおける教皇の権威は地に墜

ちる。(10)

アンジュー家の登場

このトスカーナの事態を重視した教皇アレクサンドル四世は、なんとかマンフレーディ王の勢力を削ぐべく、まずイングランドのヘンリー三世に接触し、次男のエドモンド皇太子にシチリア王の称号と引き換えに(11)マンフレーディ王討伐を約束させようとする。ヘンリーはいったん教皇の申し入れを承諾したが、精強を誇るマンフレーディを相手に、はるばる南イタリアまで遠征する危険と出費を肯んじない臣下の反対に遭って約束を撤回する。

次にシチリア王の候補者として名を上げられたのが、フランス王ルイ九世の弟でアンジュー（アンジョ）伯爵のシャルル（カルロ）であった。ルイ九世は王権神授の建前から、シチリア王位の簒奪に手を貸すのは乗り気でなかったが、その一方で「聖《サン》ルイ」の異名を取るほど敬虔でもあったので教皇の慫慂《しょうよう》も断り難く、シャルルは王弟で、たとえ戦死してもフランス王位の継承に影響はないこともあり、その南イタリア遠征に同意を与えた。

トスカーナ教皇派金融業者の賭

やっと候補者が決った上は、教会としてはなんとしても遠征を成功させねばならない、それには先立つ物として軍資金が要る。教皇アレクサンドル四世は一二六一年に没し、後を継いだのが二人ともフランス出身のウルバヌス四世（在位六一～六四）、クレメンス四世（在位六四～六八）である。商業の発展と金融システムの拡大は、教会なかんずく教皇庁にとっても有利に働き、各地の教会から取り立てられる十分の一税（信徒が収入の十分の一を教会に寄進する）の迅速かつ円滑な教皇庁への移算を可能にしていた。それはまた教皇庁の金融を担当するシエーナの金融業者(12)と、商業以外に金融業にも活動を拡大しつつあるフィレンツェの有力商会《コンパニーア》にとっても、きわめて有利なビジネスだったのである。

そこで教皇は、これらトスカーナ商人に軍資金を提供させるため、破門という手段を用いる。すなわち皇帝派に味方する者は教会の敵として破門され、以後キリスト教界において法的な保護の対象から外されると宣言したのである。トスカーナの金融業者達は、既述のように教皇庁の御用を勤める傍ら、取引先の土地の権力者に対する融資の見返りに、年貢の取り立てなど種々の権益を獲得していた。そしてボッカッチョの『デカメロン』の冒頭を飾る、「セル・チャペレット」の物語に活写されているごとく、行った先々の土地の住民の怨嗟の的になっていたのである。ただでさえ嫌われているのに、教皇から破門され、法の保護も受けられないとなったら、その財産はたちまち一般市民の略奪の対象ともなりかねず、また自己の債務が棒引きになるのを歓迎する権力者達も事態を傍観するであろうことは目に見えていた。

したがって背に腹は代えられず、ボンシニョーリをはじめトロメイ、サリンベーニなど二十四とも二十六家ともいわれる上記シエーナの主な金融業者が一二六二年末、皇帝派に与さないことの証しとして、自発的に市から退去するという事態が起こる（フィレンツェの方はモンタペルティ敗戦の結果、すでに一二六一年、教皇派の市民は市を去っていた）。これは大変な賭で、もしアンジョ家のカルロがマンフレーディ王に敗れれば、商人達はアンジョ軍の遠征に用立てた軍資金を失うばかりかシエーナからも決定的に追放され、破滅の憂き目を見るのは必定だったからである。だが幸いにも一二六六年のベネヴェントの戦いで、常勝のドイツ軍が敗れてジョルダーノ伯は捕虜となったばかりか、マンフレーディ王自身が戦場に屍を曝す結末となって、賭は成功する。同時にアンジョ家の勝利は、トスカーナ商人にシチリアを始めとする南イタリア進出の機会を与えることとなった。

こうして一方では教皇庁を支持することにより、教会や修道院を取引先とする支店網をヨーロッパ中に拡大したトスカーナの金融業者は、イタリア南部、さらにはアンジョ王朝の東方政策に乗って、東地中海にも勢力を拡げ始める。十四世紀に入って、フィレンツェの有力商会アッチャイウォーリ家の当主で、ペトラルカやボッカッチョの知人でもあったニコラが、アンジョ王朝下の南イタリア王国の宰相となったばかりか、後年アッチャイウォーリ家にモレーア（ギリシャのペロポネーソス半島）公国の君主となる途が拓かれるのは、ま

(10) モンタペルティの戦いで勝敗を決したのがドイツ傭兵騎馬隊の攻撃であったところから、この合戦を機に、小競り合いは別として、徒歩立ちの民兵による歩兵戦は、戦闘形式としてはフィレンツェのみならず他のイタリア諸都市でも少なくなる。以後ルネッサンスを通じてイタリアの都市では給金を払って雇った戦争の専門家、つまり傭兵隊長に軍事を任せることになり、籠城戦ともなれば話は別だが、市民が自ら武器を執って戦闘に参加することは減少する。この状況に変化が生じるのは十五世紀末になって、スイス歩兵の長槍方陣がブルゴーニュ公の中世風騎馬隊を粉砕したこと、さらにアラゴン家の南イタリア王国をめぐってフランスとスペインが覇を争った際に、スペイン軍の指揮官「大将軍」ことゴンサルヴォ・デ・コルドヴァの編み出した「三編制隊」（歩兵）が、これも中世風のフランス重騎馬隊を撃破したことによる。一方戦術論の面では、傭兵の弊害を嫌というほど思い知っていたマキャヴェルリは、その『君主論』（一五一三）で市民兵による国民軍創設の必要を力説することになる。

(11) 十一世紀のノルマン王朝以来、シチリア王タイトル賦与の権限は教皇に属していた。

(12) ローマの弱小銀行ではなくて、教皇のヴィテルボの宮殿から北に百キロ余りしか離れていないシエーナの金融業者との繋がりが強かった。

さにその典型的な例に他ならない。

以上、概観したようなイタリア半島内陸部における諸勢力の角逐の結果、一二六〇年代の時点で、半島南部とシチリア島には封建体制に拠る「南イタリア王国」、一方、中部と北部には都市を核として、十五世紀後半に入れば「共和国《レプブリカ》」および「僭主国《プリンチパート》」に発展することになる「自治都市《コムーネ》」の出現を見る（ただしローマの「教皇庁」だけは宗教的国際勢力であり、いずれの範疇にも入らない）。このうち、すでに指摘したごとく、本質的に都市的現象であるイタリア半島ルネッサンスを推進したのは中部・北部の勢力であって、南イタリア王国とローマ教皇庁はむろんその動向によりルネッサンスの展開に影響を及ぼしはしたが、脇役的な働きに止まる。

そこで以下に、中部・北部諸都市の消長に焦点を当ててイタリア半島ルネッサンスを跡付けてみよう。まず半島中部にはピーザがある。しかしピーザについては内陸都市であると同時に海運都市的な性格をも具えており、すでに海運都市の項で論じたので、今回は典型的な内陸都市たる半島中部のシエーナとフィレンツェ、および北部のミラーノ、ヴェローナ、フェラーラを取り上げてみることになる。

（2）　シエーナ

トスカーナ最初の金融都市

そこで中部都市のはじめにシエーナを取り上げる。一般にルネッサンスというとすぐ頭に浮かんでくるフィレンツェでないのは、トスカーナで商業から金融へと活動を展開し、目覚ましい発展を遂げたのは、シエーナが最初だからである。かつ、この発展には教皇庁が密接な関係をもっていたのは、すでに指摘したところである。十三世紀後半に約三万の人口を擁していたシエーナは、古代ローマ以来、南フランスとローマを結ぶフランチージェナ街道上に位置し、教皇の離宮があるヴィテルボからわずか百キロ余り、当時ようやく力を得て来つつあったフィレンツェをはるかに凌ぐ、トスカーナ第一の内陸都市であった。

他の中・北部の町と同様、シエーナもシャンパーニュの大市に進出し、はじめは商活動（布地や塩の販売）に従事していたが、次第に金融に特化していく。それには、この町が丘の頂きにあって水に乏しい上、周辺領土も広がりがないため毛織業の原料を産する羊の放牧に適せず、産業的に発展する可能性が少なかったという事情もある。前に挙げたボンシニョーリ家が経営する銀行は教皇庁の金融を担当して、その最盛期とされる一二五〇〜七〇年代にかけては、当主オルランド・ボンシニョーリが天才的な経営手腕を発揮して、後世の史家から「十三世紀のロスチャイルド」と呼ばれるほどの発展を遂げる。[13]

モンタペルティの合戦とその結果

ただ教皇庁との連携は成り立ったとはいえ、他の半島の都市同様、シエーナも教皇派と皇帝派の対立を抱えており、皇帝派は既述モンタペルティの大勝利（一二六〇）の結果、市内の教皇派を追放したばかりか、一時は雪崩を打って皇帝派に靡《なび》いたトスカーナ全域の反教皇連合の盟主となるほどであった。ただし、この状況は長続きしない。まずベネヴェントの戦いにおけるマンフレーディ王の敗死（六六）、タリアコッツォの戦いでのホーヘンシュタウフェン朝最後の王コラディーノの敗北と斬首（六八）、コルレ・ディ・ヴァルデルサでの、今度は（教皇派シエーナ人亡命者を含む）フィレンツェ軍との合戦におけるシエーナ軍の惨敗（六九）と、皇帝派にとっては御難続きで、市は再び教皇派の支配するところとなり、教皇庁との縒《より》が戻る。

そしてここから十三世紀末までの三十年間、シエーナの経済は大いに潤う。一二六九年からは、それまで市政を握っていた皇帝派貴族と反フィレンツェ民衆派連合政権、二十四人委員会《ヴェンティ・クワトロ》は退場し、代わりにいろいろな政権構想が浮上するが、一二八〇年代の終わりから九〇年代の初めに、貴族派《マニャーティ》と民衆派《ポポロ》の両方を排除した富裕商人層《ポポロ・グラッソ》の政権である九人委員会《ノーヴェ》の体制に収斂していく。シエーナはこの頃から他市にさきがけて、徐々にイタリア半島のルネッサンスの第二期に当たる都市共和国《シニョリーア》に移っていく。[14]

シエーナの金融業とボンシニョーリ銀行の破産

一二六九年、教皇派支配に戻ったシエーナは大いに繁栄するのだが、その経済の担い手である銀行《タヴォラ》や商会《コンパニーア》の組織には、不安定な要素も含まれていた。すなわち、そのオペレーションはヴェネツィアのコレガンツァ（船主・商人が組む事業形態）などと同じく、複数の出資者が一発勝負的に、個々の事業活動に資金を提供し、得られた利益を出資額に応じて配分

(13) ウルバヌス四世とクレメンス四世という二人のフランス出身の教皇の依頼に応じて、シチリア王位を目指すアンジュー家のシャルルの南イタリア遠征に銀行の命運を賭ける決断をしたのも、ひとえにオルランドの手腕による。また教皇との良好な関係を保つことによって、ベネヴェントの戦いに先立ち、シエーナの金融業者に対して発せられた破門リストから、ボンシニョーリ家だけが除外されるという特別扱いを受けているのも同様である。

(14) とはいえ、ヴェネツィアの「大評議会の登録締切」（一二九七）から『黄金の書』の作成（一三一九）までに二十余年がかかっているように、九人委員会の場合も、都市共和国の体制の中心機関として本格的に機能するようになるのは、政権から排除された貴族派の叛乱（一三一八）が鎮圧されてからのことで、それまでは前体制との共存状態が続く。

シエーナ全景　シエーナは丘の上にあり，右手の丘の最高点にあるのが大聖堂で，左手に少し下って高くそびえるマンジャの塔を擁し，カンポ広場を前にした市庁舎が建つ．

するという方式が一般的だった(15)。

そこにまた一二五二年、これまでシャンパーニュの大市などで決済通貨として用いられていたソリドゥス銀貨やデナリウス銀貨が、他ならぬシエーナの金融業者自身の仕業により、銀の含有量を減らした悪貨に改鋳されて信用を失ってしまう。かつこの間フィレンツェが、フェデリコ二世が死ぬ前後の混乱に紛れて独自に金本位制を採用、皇帝勅許なしで良質のフィオリーノ金貨を発行して一挙に市場の信用を獲得してしまうのである。じじつ教皇庁も出入りの金融業者として、シエーナのボンシニョーリ銀行などの他に、バルディ、ペルッツィ、フレスコバルディといったフィレンツェの商会を次第に加える方向に進んでいく。こうした後発のフィレンツェの猛追を受け、シエーナの金融活動自体はだんだん厳しい環境に追い込まれていく。

しかもボンシニョーリ銀行は一二七三年、一門の頭領として誰もが認めるオルランド・ボンシニョーリが亡くなるという不運に見舞われる。跡を継いだ息子のファツィオには父親ほどの才幹もカリスマ性もなく、フィレンツェの業者などとの競争もあって失敗が重なり、銀行の大口出資者達、さらには同じボンシニョーリ家のメンバーからさえも、その指導力について疑問が呈される。揚句の果ては、出資金そのものが密かに引き揚げられる事態となって、その健全な外観にもかかわらず、一二九八年に突如取付け騒ぎが発生し、決済不能となって銀行自体があっけなく倒産してしまう。「ボンシニョーリ」の名前を信用して資金を拠出していた一般出資者は、慌てて出資金の回収に駆け付けるが、すでに後の祭りであった。この突然の破産事件の実態に関しては未だ不明な部分が多いが、シエーナ金融業の顔ともいうべき銀行の崩壊は、市の経済に大きな混乱を捲き起こし、その信用を著しく傷付けたばかりか、近い将来におけるシエーナの地盤沈下を暗示する象徴的な事件ともなった。

建築の推進

ただそうはいっても、単にボンシニョーリ銀行の破産だけで、シエーナ全体の経済が破綻したわけではない（じじつシエーナ経済が破綻したことはかつてなく、種々の事情が重なって徐々に衰退していったのである）。それどころか上述の通り、シエーナは一二七〇～八〇年代、教皇派体制の初期においては好況に沸き、すでに二十四人委員会の時代の六五～九年に、ピザーノ父子ニコラとジョヴァンニの参加を得て大聖堂の建築が開始されていたのに（ニコラ作の有名なゴチック様式「説教台」は六六～六九年に制作）、八四～九九年になると、今度は正式にジョヴァンニを棟梁に据えて、これを推進する。そればかりか、近隣のオルヴィエートの大聖堂（「ボルセーナの奇蹟」を記念するため九〇年着工）、競争相手フィレンツェの花の聖母寺院《サンタ・マリア・デル・フィオーレ》（九六年着工）などに刺激されて、もう建築がほとんど完成しているというのに、さらに大きく造り替えるという途方もない案が出される有様である（ただしこの計画は一三四八年のペスト（黒死病）にぶつかって、結局は未完に終り、現在に到っている）。

またイタリアで最も美しい広場の一つに数えられる、扇型に緩い傾斜をもって拡がり、底辺には一二八四～九五年に工事が行われた市庁舎がその威容を見せるカンポ広場（一二九七年頃から区画整理を開始、一三四七年に完成）が現在の形を取るようになったのも、この時期である。

ドゥッチョ・ディ・ボンインセーニャとシエーナ絵画

建築ばかりでなく絵画においても、一三〇八年にドゥッチョ・ディ・ボンインセーニャが市の注文に応じて「アンコー

(15) これはイタリア半島のルネッサンスも第四期に入って、例えばフィレンツェのメディチ家に典型的に見られるような、グループ全体で事業を運営するという方法が一般的でなかったことを示している。つまり、ヨーロッパ各地で多角的に事業を展開しながらも、その活動の中心には常に持ち株会社のような形でメディチ家が存在し、総合的な見地から一門の事業全体を統括・運営し、たとえある部門で欠損が生じても、グループ全体として損失をカヴァーするというやり方が、まだ一般的でなかったわけである。

ナ」と呼ばれる縦横ほぼ五メートルという図柄の堂々たる大画面に着手、二年半余りをかけて完成させ、司教を先頭に全市民が行列を作って大聖堂に奉献している。これはビザンチン様式に新風のゴチック様式を加えた作品で、聖母マリアはビザンチンのイコンに見られる首を傾けたポーズを取りつつも、表情に人間的な優しさを含むようになっている。聖母の頭上に尖塔形　破風を配したところ、また画面の台座をなす「プレデルラ」と呼ばれる部分に、マリアの生涯を物語る諸場面を描いた小パネルが付けられているところなど、ゴチック様式の影響が見られる。[16] また祭壇の上に置かれる「祭壇画」なので、背面には五十に及ぶ、キリストの受難の場面を描いた板絵パネルが付けられていた。これらによりドゥッチョはシエーナ派のみならずトスカーナ絵画の祖となる。

ゴチック様式をフランスのゴチックから類推して、中世的とする単純な考え方が誤っており、イタリア半島ではゴチックはクラシックと共にルネッサンスに属する芸術様式であることは、すでにピーザの項で指摘した。またドゥッチョが聖母の玉座の台座の部分に、[17]「聖ナル神ノ母君ヨ、シエーナニハ平安ノ、ドゥッチョニハ生命ノ、源タラセ給ヘ、ソモ汝ヲカク描キシ者ナレバ」とラテン語で記したのは、芸術家の個性が確立してくるルネッサンスに特徴的な事実である。

つまりイタリア半島においては、商業の勃興を促した十三世紀半ばの経済・政治・社会の変動が都市への人口の集中を招き、それと共に市民の中に貧富の階層差が生じ、さらに特権階級の封建貴族層も加わって対立と騒乱が起こる。この不安定な状況はしかし、それまで固定化されていた中世的な社会の枠組みから人々を解き放ち、あらゆる分野で新しいエネルギーを放出させる。それこそがルネッサンスなのである。ただし社会の上部構造に属する文化や芸術については、その発現のためにはある程度の社会的秩序と安定が必要で、経済力を握っていた富裕階級の九人委員会はそれを達成する。ドゥッチョは、その才能もさることながら、幸運にもシエーナの社会が比較的安定し、しかもある程度の自由や革新を許容する余裕というか、懐の広さを持ち得た十三世紀末から十四世期初という時期に巡り合わせた、恵まれた画家の一人であったといえよう。

詩人チェッコ・アンジョリエーリ

とはいえ敏感な魂にとっては、ドゥッチョに幸いした社会的安定も、その功利的で没理想的な面が鼻について我慢ならぬということもないわけでなかった。アンジョリエーリ家といえば、シエーナの有力金融業者の一つであり、[18] 教皇グレゴリウス九世がシエーナを訪れてアンジョリエーリ家に逗留した記念の石板を、いまでも家の壁に留めているほどの家柄である。そのアンジョリエーリ家のチェッコ（?〜一三一二）は、教皇派のフィレンツェが、皇帝派のアレッツオを攻めたカンパルディーノの戦い（一二八八）に際し、フィレンツェの尻馬に乗って九人委員会が派遣したシエーナ軍に参加させられるが、軍規を乱した廉《かど》で一再ならず罰金を科せられた記録を残す、いわば今日でいう「恐るべき子ども達《アンファン・テリーブル》」の一人なのである。しかし詩人としては名を知られ、ダンテとやり取りをしたソネットが『詩集《リーメ》』に収められて残っている。そのチェッコの最もよく知られた作品の一つは、次のような具合である。

もしも火ならば、この俺様、世の中、火達磨、焼き払わん、
もしも水なら、どいつもこいつも、みんな溺れて土左衛門、
もしも風なら、何もかも、吹き飛ばして木っ端微塵、
もしも神なら、この世の中、片っ端から地獄堕ち、

もしも教皇とくれば、この俺様、それこそ御機嫌、
とは信徒共、一人残らずキリキリ舞い、
もしも皇帝様なら、ハテ何してくれん?
当たるを幸い、臣民共、みんなスッパリ打ち首か。

もしも死ならば、この俺様、親父が許へ、まっしぐら、
生命ともなりゃ、こりゃまた彼奴《きゃつ》から、ひたすら退散、一目散。
お袋にだとて、まったく変わらず。

で、もしも、この俺様、いままで通りのチェッコとあらば、
若くて粋な女を手に入れ、
汚い婆ァは、他人任せ。

まことに現代風に家族から教会、皇帝まで、この世の制度に残らず八つ当たりしてはばからない。このような無頼の極みをわざわざ広言する文学ジャンルは、現代のみならず中世ドイツの『カルミナ・ブラナ』（十三世紀）やフランスの泥棒詩人フランソワ・ヴィヨン[19]（十五世紀）に見られるところ

---

(16) フランスのゴチック大聖堂の正面入口、「荘厳のキリスト」の台座に聖書の様々な場面が彫られているのに倣っている。
(17) ジョヴァンニ・ピザーノによるペルージャ市広場の噴水の浮彫（一二七四）と同様である。
(18) 前出モンタペルティの戦いに際して、ドイツ傭兵隊に支給する前渡し金を一人で引受けると申出たサリンベーニ一族と縁組したほどの有力金業者であった。
(19) チェッコはヴィヨンに一世紀半先んじており、またヴィヨンはその『母親に代わりて聖母マリアに祈るバラッド』などをみても、かえって中世風で、信心深い。

だが、チェッコはその激烈な反体制的傾向において、この両者を断然凌駕している。

チェッコが属した詩派は「陽気派《ジョコージ》」と呼ばれる。それは当時フィレンツェを中心に大いにもてはやされていた「新　優　美　体詩派《ドルチェ・スティル・ノーヴォ》」という南仏プロヴァンス地方の宮廷文化に源を発し、女性賛美をことととする宮廷恋愛詩《アムール・クルトワ》の自治都市版に対する反発として出てきた詩派である。したがって一見庶民的かつ乱暴な言葉遣いにもかかわらず、グイード・カヴァールカンティ（一二五五?～一三〇〇）やダンテ当人と同じぐらい技巧的、かつ高踏的な側面もなしとしないのである。

（3）フィレンツェ

幸運な条件による成立

さて今度はいよいよフィレンツェを取り上げよう。こう言うと、イタリア半島中部には、トスカーナだけを取ってもルッカ、アレッツオ、ピストイアなど、ウンブリアにはオルヴィエートやペルージャ、またエミリアならボローニャと、他にもいろいろ都市があるのに、なぜ「いよいよフィレンツェ」なのか、という疑問が出るかもしれない。だがフィレンツェには、そうした扱いをされるに足る十分な理由がある。この町は、その地理的位置、自然環境、歴史等々、じつにいろいろの幸運な条件が重なって、イタリア半島のルネッサンスを代表する都市となってしまったからである。

とはいえフィレンツェは、何も初めから特別な町だったわけではない。シエーナのように、古代ローマの街道上に位していたわけでもなければ、ルッカのように、中世においてトスカーナの州都だったこともない。むしろ最初はあまり重要でない田舎町としてスタートしたのである。古代ローマとの繋りを重んずるイタリア半島では、何事に付けても自分の町の起源をローマと関係付けようとする。この町の住民も「フィレンツェ」の名はラテン語の「フロレンティア」（花の都）に由来し、ローマ人とトスカーナの覇権を争ったエトゥルリア人の町フィエーゾレを監視するため、紀元前一世紀にユリウス・カエサルが送り込んだ、ローマ軍団の退役軍人《ヴェテラン》駐屯地が今日の町に発展したと主張した。だが後代になって作られたこの伝説は、退役軍人の駐屯地はともかくとして、ユリウス・カエサルやエトゥルリア人との関係は、いまでもフィエーゾレに残っている先史時代の巨大な城壁にヒントを得ているとはいえ、時代錯誤のお伽話でしかない。

マティルデ女伯

じっさいフィレンツェが何ほどかの重要性を獲得するのは、いわゆる司祭叙任権闘争[20]に際して、トスカーナを領有していたカノッサ伯爵家のマティルデ女伯が、教会の側についたことによる[21]。マティルデ女伯は一〇七六年、神聖ローマ帝国が従来州都と認めていたルッカから、当時は名もない小集落フィレンツェにトスカーナ行政の中心を移すことにしたのである。

しかしながらこの決定は、将来大きな意味を持つことになる。というのは、この土地はいくつかの利点を有していたからである。第一にフィレンツェはアルノオ河がアペニンニ山脈から流れ下ってトスカーナ盆地に入るちょうどその地点にあって、ほぼ西に川筋に沿って行くとシーニャ、エンポリ、ポンタデーラを経てピーザ（あるいは少し南のリヴォルノ）でティレニア海に達する、細長くて肥沃な沖積平野の起点に位する。他方、やはり西に向かってだが、今度は少し北に振れてプラート、ピストイア、ルッカを通ってヴィアレッジョでやはりティレニア海に達する渓谷、あるいはまた南に、サン・カッシャーノ、ポッジボンシ経由でシエーナと連絡する道路、さらにはアルノオ河を東南に遡りアレッツオの近くで今度はテヴェレ河の渓谷に入り、オルヴィエートを経てローマに達する道とも繋がっているという具合に、交通の要衝に当たっていたことが第二（ただし、もともとそうであったわけではなく、この町が卓越した地位を獲得するにつれて、次第に道路網が集中した結果そうなった）。第三に（水に乏しいシエーナと違い）アルノオ河畔にあって、生活だけではなく農業にも、また当時起こりつつあった初期産業（毛織業）にも必要だった水に恵まれていた。第四にアルノオ河は物資運搬の水路としても役に立ったことなどである。

封建勢力との闘争

フィレンツェは次第に力を得るにつれ、外に向かって勢力の膨張を開始し、十二世紀初に到って、近在に勢力を張っていたアルベルティ伯爵家[22]がアルノオ河畔に所有するモンテ・グァランディ城を攻め、これを打ち壊す挙に出ている（一一〇七）。これは一つには食料などを生産する農地となる近郊領地《マンタード》の獲得のため、もう一つにはアルノオ河の自由な通行を確保するのがその目的であった。以後もアルベルティ家

(20) やっと十一世紀も終りに入ってのこと、教会の司祭叙任をめぐって、教皇グレゴリウス七世と神聖ローマ皇帝ハインリッヒ四世の争い（一〇七五）に始まり、ハインリッヒの息子ハインリッヒ五世と教皇カリカリクストゥス二世との間に結ばれた「ヴォルムス協約」（一一二二）をもって終る。

(21) それも信仰に基づいてというより、むしろ封建領主として、ドイツのフランコーニァ朝支配に対抗するための政治的考慮による。

(22) イタリア半島のルネッサンスの万能人の一人、レオン・バッティスタ・アルベルティ（一四〇四〜七二）の祖先。

との争いは続き、一一八四年にはマンゴーナにある同家の本城が攻略され、遂に万策尽きたアルベルティ家は、以後フィレンツェ市内に来って住むことを強制される。アルベルティ一族と並ぶ有力封建貴族グイーディ伯爵家についても事情はほぼ同じだが、より目先の利いたグイーディ家は、「赤髭王《バルバロッサ》」ことフリードリッヒ一世が、ミラーノの率いるロンバルディーア同盟《レーガ》の自治都市軍に敗れた（レニャーノの戦い、一一七六）顚末を見て方針を転換、フィレンツェの有力商人ベルティ家と縁組して、市と平和裡に折り合いを付ける方を選ぶ。

ただし、こうして封建貴族の勢力をいったんは挫くことに成功したものの、貴族達が市内に住むに当たり、富裕市民との婚姻などを通して豪族《マニャーティ》化し、「塔《トルレ》」と呼ばれる要塞のような建物を造り、民衆や他の豪族と争う際にはこれに立て籠って応戦するといった市内での不安定要因となっていく。じつはこれはフィレンツェに限らず、イタリア諸都市一般に見られた現象であった。

市域の拡大と発展

一方、市外勢力からの攻撃に対しては、ローマ時代から残っていた第一の防壁があった。しかしすでにビザンチン帝国支配期（五～六世紀）と中世を通して、人口の減少と集落の位置の変化のため役に立たなくなっていたので、これを一一七二年から四年間にわたって新しく作り直す。この時に、それまでアルノオ河の右岸だけだった市域を左岸にまで拡大して第二城壁内に取り込み、一一七八年には洪水で被害を受けた旧橋《ポンテ・ヴェッキオ》を大改修している。

十三世紀に入ると海外貿易にも乗り出し、はじめはピーザの海運勢力に便乗して商品を売り捌かせてもらっていたのが、いつの間にかピーザを圧倒するようになってくる。それには、すでにピーザの項で触れたように、メリノ種の羊の導入により飛躍的に発展した毛織産業の興隆、シャンパーニュの大市への進出、フランドルやイングランドの良質な羊毛の買い付け、その加工を経てでき上がった高級布地の販売拡大が挙げられる。さらには両替と金融業も発展し、それも国王や領主、高位聖職者といった大口の顧客を相手の取引を行い、そして最終的にはローマ教皇庁の御用を一手に引き受けるという経路を辿る。これはシエーナの項でも見た展開であるが、ただ違うところは、シエーナが商業発展から金融業という一業種へ特化していき、それには水や近郊領地の不足などの理由があったのに対して、フィレンツェの場合は金融だけでなく、毛織業とそれに附随する各種産業の発展、それに不可欠な市域拡大の動きにも見られるように、いろいろな生産活動が可能であったということがあり、それがまた市の活性化に伴う人口増加を支え、さらなる強大化をもたらすという、良き循環を生むことに繋がった点を見逃してはならない。

皇帝派と教皇派との対立

十三世紀半ばのイタリア半島は、ホーヘンシュタウフェン朝のフェデリコ二世皇帝に象徴されるドイツ勢力と、ローマ教皇庁と結んだアンジョ家のカルロ一世のフランス勢力との角逐の舞台であった。この二勢力が、各都市で皇帝派と教皇派という二つの党派に分かれて抗争を繰り拡げ、また一方の党派が市全体を制圧した場合には、他方の党派の者を市外に追放して皇帝派《ギベリーニ》あるいは教皇派《ゲルフィ》の都市となり、反対派の都市との戦争となる。ただしその際、皇帝の世俗支配と教皇の精神的支配が並び立つという二元支配か、あるいは教皇の精神的指導権が皇帝の世俗権に優越するという一元支配かという理念の問題はそれほど重要でなく、それぞれの地域の特殊性あるいは他の都市との関係でどちらの側に付くかが決まる、いわば政治的な都合による選択の問題であった。フィレンツェの場合は、前述のマティルデ女伯の関係から、市民感情としては教皇派が多数を占めていた。だがアルベルティ家やグイーディ家ら封建貴族と結び付いた富裕市民層の中には皇帝派を標榜する一族もあり、とくにフェデリコ二世の死（一二五〇）をきっかけに、市内の情勢は流動的となる。

マンフレーディ王の登場

すなわちフェデリコ二世の死後、神聖ローマ・ドイツ皇帝位は息子のコンラート四世に渡る。しかし本国ドイツで新皇帝に対する諸侯の叛乱が起こって、コンラートはドイツを追われる。そこでひとまずイタリア半島における父の遺産を確保すべく一二五一年、軍を率いてアルプスを越えて南下、イタリア王として戴冠するが、五四年にバジリカータ州のラヴェルロで病没してしまう。後に残るはわずか二歳の息子コラディーノのみとあって、さしも栄えたホーヘンシュタウフェン家も命運尽きたかと思われた。ところがここに来て、パレルモに在って異母兄コンラート四世の代官としてシチリア島を治めていたフェデリコ二世の庶子マンフレーディ王が俄然獅子奮迅の働きをみせる。まず教皇庁の側についたシチリアの封建領主達を討伐、次いで五八年、南イタリアはプーリア州ルチェーラに攻め上って、父帝の遺産として残されていた軍資金と、精強をもって鳴るサラセン人近衛軍を手に入れて南イタリア王国を制圧、王として戴冠してしまうのである。教皇庁の狼狽はいうまでもない。

こうした状況下で、トスカーナにおいてはフェデリコ二世の死の二年前（一二四八）に、トスカーナを平定すべく代官として派遣された帝の末子、フェデリコ・ディ・アンチオキアの強圧政策に危険を感じたフィレンツェの教皇派市民が、市を退去するという事態が起こっている。しかもフェデリコ・ディ・アンチオキアが、市を離れた者の財産を没収するという政治的失敗を犯したため市民の反感が高まり、党派の対立がいっそう先鋭となってしまう。果せるかなフェデリコ帝の死がもたらした混乱の中で、市を退去していた教皇派市民が五〇年にフィレンツェに帰還して、豪族を中心とする皇帝派を追放し、民衆中心の「第一次共和制」と呼ばれる民衆政権を樹立する。同政権は、序章で述べたように、自治都市から都市国家への発展過程においては「執政官《コンソレ》」から「行政長官《ポデスタ》」に移行する段階に当たっており、活力に満ちて好戦的、先の皇帝派の強圧的な政策に対する報復として、市内に残る皇帝派分子を弾圧したのみならず、トスカーナの中でも皇帝派の色彩の強いピーザ、シエーナ、アレッツオなどに積極的に攻撃をしかけている。わけてもシエーナは目の敵にされ、フィレンツェの呼びかけで結成されたトスカーナの教皇派同盟軍のたび重なる攻撃を受け、五四年には屈辱的な和議を結ばざるを得なくなる。

シエーナとの戦い

そうしたところに一二五八年、マンフレーディ王が権力の奪取に成功したとの報がフィレンツェに伝わり、皇帝派は大いに活気づく。同年皇帝派の市民は、ウベルティ家のファリナータを筆頭にシエーナに亡命、教皇派フィレンツェに反旗を翻す。事態を重く見たフィレンツェの民衆政権は、本格的なシエーナ攻めを計画し、遠征軍派遣を決定する。他方シエーナも危険を感じて、マンフレーディ王に忠誠の誓いを立て、トスカーナの皇帝派支援を要請する。マンフレーディ王はシエーナの申し出を嘉納し、五九年に父の時代からの重臣サン・セヴェリーノ公ジョルダーノ伯にドイツ軍重騎馬隊を付けてシエーナ救援に赴かせる。援軍に力を得たシエーナは大いに意気揚がり、近郊のグロッセートなど、シエーナを捨ててフィレンツェについた町を奪回している。フィレンツェとの第一回対決は六〇年に行われ、シエーナの城門に迫ったフィレンツェ軍は、出撃したジョルダーノ伯爵のドイツ騎馬隊の急襲に陣を崩されたものの、態勢を立て直して応戦した結果、皇帝派の旗印を奪い取り、それを戦果に（これ以上の交戦は危険と見て）兵を返す。つまり、どちらの側にも決定的な結果をもたらしたわけではないが、あえていえば遠征を企てたのに目的を果せなかったフィレンツェの敗北となった。

むろんフィレンツェがこの結果に甘んじるはずはなく、再度シエーナ攻めが計画され、再び同年秋には実行に移される。その前にマンフレーディ王の動きを牽制すべく、あらゆる外交的手段が取られたのはいうまでもない。フィレンツェ政府の書記官長を勤めていた（ダンテの師匠である）ブルネット・ラティーニが、シチリア王位に継承権を有していたスペインはレオン・カスティリア王家の「賢王《エル・サビオ》」ことアルフォンソ十世のもとに、大使としてフィレンツェ支援要請の交渉に派遣されたのもその一環である。一方、シエーナ側も手を拱いているわけがなく、再度マンフレーディ王に救援を求め、王は前に倍増する援軍を送ることになる。その際、騎士達に支給する、大幅に積み増した給料を調達する問題が出て交渉が行き詰まった時、シエーナの富裕商人サリンベーネ・サリンベーニが独力で全額を負担すると宣言、愛国の美談として伝えられたのもこの時である。

モンタペルティの敗戦

一二六〇年ルッカ、プラート、ヴォルテルラ、コルレ・ディ・ヴァルデルサ、サン・ジミニアーノ、アレッツオ、さらにウンブリア州のオルヴィエート、ペルージャの部隊までが加わった五万とも七万ともいわれるフィレンツェ軍が、シエーナを目がけて進軍する。これに対するにシエーナ側はただ一市、これにウベルティ家のファリナータに率いられるフィレンツェ皇帝派亡命者軍、ジョルダーノ伯のドイツ重騎馬隊千騎弱を足して二万ばかりだったと伝えられる。決戦は九月四日の払暁からシエーナ郊外八キロのモンタペルティの丘を中心に行われ、決死の勢いのシエーナとフィレンツェ亡命者軍、さらに歴戦のドイツ重騎馬隊の猛攻に耐え切れなかったフィレンツェ軍は総崩れとなり、市民軍の象徴である山車《カロッチョ》を棄てて逃走、丘の麓を流れるアルビア川の水はフィレンツェ兵の血で朱に染まったといわれる。

勝った勢いに乗るシエーナ軍は兵を進めて一挙にフィレンツェに迫り、思いもかけぬ敗戦に慌てふためいた教皇派第一次共和政権《プリモ・ポポロ》は、大した抵抗も示さず逃亡する。この結果、トスカーナ中の都市がたちまち皇帝派に寝返り、スペインに派遣されていたブルネット・ラティーニは帰路、敗戦の結果として出された、新政権の布告によりフィレンツェ追放の身となったことを南仏で知り、そのままフランスに亡命する（六年弱にわたる亡命期間中に、著者の豊富な経験を盛り込んだ、有名な自治都市行政指南の書『宝鑑』がフランス語で書かれることになる）。戦後処理の一環として、フィレンツェの城壁を壊し、市を根こそぎ破壊しようという意見が勝者の評議で出されたのに対し、皇帝派亡命者であったファリナータ・デリ・ウベルティが断固として反対して、危うく市が救われたという、ダンテ『神曲』地獄篇の第十歌に歌われているエピソードが起こったのもこの時である。

フィレンツェ商人の繁栄、教皇派への貢献

第一次共和政権はこうして崩壊する。その後、一二六六年

のベネヴェントの戦いにおけるマンフレーディ王の敗死、六八年のタリアコッツオの戦いにおけるコンラート四世の遺子で、マンフレーディ王の甥コラディーノ（十五歳）の敗北と斬首によって、ホーヘンシュタウフェン朝が滅亡するまでの八年間、フィレンツェでは皇帝派が支配する豪族主体の政権が続く。

だが市民の教皇派的感情は依然として残り、ことにフランス人教皇クレメンス四世によるアンジョ家のカルロ一世の南イタリアへの担ぎ出し計画が進行してくると、事態は再び流動的となる。シエーナの後塵を拝しながらも次第に実力を付けてきたフィレンツェの金融業者達はもともと教皇派で、モンタペルティの敗戦後は亡命の身であったこともあり、フィレンツェ帰還の望みをカルロ・ダンジョの遠征に託して、教皇の計画を財政的にバックアップする。計画が成功して南イタリアとシチリア島がアンジョ家支配下に入るとフィレンツェ商人は同地域における大幅な経済的利権を獲得し、ボンシニョーリ銀行の破産（一二九八）に象徴されるシエーナの地盤沈下と裏腹に、イタリア半島随一の商業勢力にのし上がる。バルディ、ペルッツィ、フレスコバルディ、アッチャイウォーリなどフィレンツェ富裕商人層の第一世代（メディチ家などは、第三世代に過ぎない）が活躍したのはこの時で、後に教皇ボニファティウス八世（在位一二九四～一三〇三）をして「フィレンツェ商人こそは、（地水火風に次いで）この世を成り立たせる第五元素である」と感嘆せしめたのは、まさにこの連中なのである。

同業組合の結成と隆盛

じっさいベネヴェントの戦いとタリアコッツオの戦いとの間に挟まる一二六七年、この抜け目のない商人達は勝者カルロ・ダンジョを行政長官（任期七年）に選び[23]、「教皇党」を結成して市の権力を独占すると、ただちに皇帝派の大物達を追放してその財産を没収、それでもなお市内に残る皇帝派の残党を厳しく監視する。さらに、その所在地の通りの名を取って「カリマラ」と呼ばれた商工組合に集まって、シチリア産穀物の独占輸出権を獲得するほか、多くの利権を手に入れる。カリマラ以外にも「毛織《ラーナ》」と呼ばれる毛織物業者の組合、聖マリア門に面した建物を本拠としたので「ポル・サンタ・マリア」と呼ばれた絹織物組合、「両替《カンビオ》」と称する金融業者組合など七つの同業組合が次々と結成され、合計八つの資本家組織による富裕商人政権が実現する。同業組合の中では、とくにカリマラと毛織《ラーナ》および両替《カンビオ》が有力であったが、他の同業組合も同じ富裕商人層のメンバーによって構成されており、互いの意見交換や協力が可能であった。また「大組合《アルテ・マジョーレ》」と呼ばれたこれらの組織以外にも、資本よりむしろ技術や生産活動によってフィレンツェの繁栄を支える中小工業者（石工、絵師、鍛冶屋、パン屋、旅館業などを含む）による、総数十二とも十四にものぼる「小組合《アルテ・ミノーレ》」もできてくる。こうした同業組合の多様性が、すでに指摘したシエーナの金融一業種に特化した傾向と違って、フィレンツェ経済の二枚腰、三枚腰の強さを保障したのである。

同業組合はまた、今日組合という名で想像されがちな労働者保護の色彩を帯びた組織では毛頭なく、小組合の場合でも事業主あるいは工房の親方だけがメンバーとして加入できる組織で、いわばアルプス以北の地域におけるギルドやツンフトに当たる。このような組織は中世的というレッテルを貼られがちで、確かに時間が経つと業種の利権保護に偏った保守的性格を強めていくが、経済発展が緒につくルネッサンス初期のような時点では、むしろ過度の競争を抑えて商品の値崩れを防ぎ、生産技術の伝承を図って製品の品質を保証するなど、積極的な働きをした。

教皇庁、アンジョ家、ハプスブルグ家

同業組合に基礎をおく教皇党政権が、皇帝派との抗争を抱えながらも、市内に安定をもたらした一二六〇年代後半から、イングランド・フランス百年戦争に伴う大金融恐慌、およびペストの襲来が惹き起こした停滞に到る一三四〇年代までの七十年余りは、フィレンツェの歴史の中で（十六世紀後半メディチ家時代を入れても）断然他を圧する最も華麗な成果を上げた時期であり、フィレンツェのルネッサンスのみならず、半島ルネッサンスのピークをなしている。それを可能にした体制こそ、一二八二年に発足した（シエーナの「九人委員会」に相当する）代表委員会《プリオラート》に他ならない。ここでは時代区分の関係から、本書でいう第一期、つまり一二六六年（ベネヴェントの戦い）から十四世紀初までの期間に、何が起こったかを少しく跡付けてみよう。

じつはこの間にフィレンツェでは、「自治都市」の力学と、続く「都市共和国」を生み出そうとする力とが絡み合って、きわめて興味ある事態が生じている。まずアンジョ家のカルロ一世が行政長官に選出されたのが一二六七年、翌六八年にホーヘンシュタウフェン朝の最後の王コラディーノが処刑（十月二十九日）され、その後わずか一カ月でクレメンス四世はこの世を去る。だが同教皇はすでにその治世最後の日々に、ドイツ系王朝に代わって南イタリアとシチリアを支配することになったフランス系アンジョ王朝の強大化に危惧を示したと伝えられる。教皇庁はドイツの軛《くびき》を逃れはしたものの、

(23) 同時にカルロは皇帝不在中の代理者として、教皇クレメンス四世からトスカーナにおける帝国総督に任命される。

今度はフランスの手中に落ちたことに気付いたのである。クレメンス四世の後継者選びは、はたせるかなイタリア派枢機卿とフランス系グループの対立で難航し、三年後の七一年、施錠方式《コンクラーベ》(24)を採用することで漸く決着し、イタリア人のグレゴリウス十世が新教皇に選出される。この教皇不在の三年間に、カルロ一世と固い同盟を結んだフィレンツェの教皇党は、アンジョ王国の利権を確実に手に入れたばかりか、いまやシエーナを押し退け、先のカルロ一世の南イタリア遠征の際に喰い込んだ教皇庁の金融業務をも一手に引き受け、さらにカルロ一世の伝手《つて》でフランスでの活動をも拡大する。こうしてフィレンツェは莫大な利益を得て、一挙にヨーロッパ随一の経済センターにのし上がる。人口も好景気を反映して五万人に達するほど、ヨーロッパ有数の大都会となる。

一二七一年に教皇となったグレゴリウス十世は、選出された時にはシリアのアクリに在り（したがって教皇選挙に関わる醜い駆引とは無関係であり、高潔な人柄であった）、イスラム勢力下のエルサレムその他、キリスト教の聖地の状況を見て（これまた中世的な）十字軍を起こす理想に燃えていた。それには前提条件として、まずキリストの御名において、イタリア半島を二分する皇帝派と教皇派の対立を和解させなければならない。そのうえで、大同団結による十字軍の遠征を決定するため、公会議をリヨンで開催することを夢見たのである。

新教皇は、七三年リヨンに赴く途上フィレンツェに立ち寄り、教皇党政権に皇帝派の亡命者達の帰還を認めるよう指示する。皇帝派がこれを歓迎したことはいうまでもない。だが教皇党とカルロ一世にとっては、皇帝党との和解ほど受け入れ難い提案はなかった。それはすでに没収した亡命者の財産の返還に繋がり、かつ市の政権内に反対派を抱え込むことを意味したからである。けれども教皇の、しかもこれほどキリストの精神に則した指示を無視することはできず、いちおう提案を受け入れる。だがグレゴリウス十世がリヨンに向けて出発するや、ただちにこれを無視したばかりか、皇帝派に対するいっそう激しい弾圧を開始する。報告を受けたグレゴリウス十世は激怒して市を破門（教皇が教皇派の市を破門するのである！）、しかし教皇党政権は、聖職者が懺悔告解や罪の宥免などの宗務を停止しようと一向に動じない。教皇・国王・皇帝との対立は、イングランドの「欠地王」ことジョンや、神聖ローマ・ドイツ皇帝のハインリッヒ四世、フェデリコ二世の場合など、従前にもその例が見られた。しかし一自治都市が、それも純粋に世俗的な考慮に基づいて教皇の決定を無視し、恬として憚らないのは前代未聞のことであった。政教の分離と世俗を優先する合理的（？）思考の登場を示す新しい事態である。(25)

こうした事態に直面してグレゴリウス十世は、フィレンツェとその政策を背後から武力で支えるカルロ一世およびフランス王に依存する限り、教会の独立は保てないことを思い知る。そこでリヨン公会議中からドイツ諸侯に、ついこの間消されたばかりの神聖ローマ皇帝の早期復活（！）を呼びかけ、七三年にハプスブルグ家のルドルフ一世が、ドイツ王で皇帝候補者に選出される（ただし、ローマに来って、教皇から戴冠してもらわなければ皇帝のタイトルを称することはできない）。この選出は将来、フィレンツェのみならずイタリアさらには全ヨーロッパに、三つの大きな影響を及ぼすことになる。

第一に、これによってアルザス辺りの山地から出た小領主だが、十六世紀になると世界帝国を支配するに到るハプスブルグ家が、初めて歴史の表舞台に登場する。

第二にグレゴリウス十世の死（一二七六）後、三人の泡沫教皇を経て教皇に選ばれたローマの豪族オルシーニ家出身のニコラス三世が、高潔なグレゴリウスとは正反対の有能さと貪欲さを発揮し、ルドルフ・フォン・ハプスブルグから、神聖ローマ皇帝戴冠の便宜を図ることを餌に、帝国領だった中部イタリアのロマーニャを教会に割譲（七八）させ、教皇が世俗領土（教会領《パパート》）を獲得する道を拓く。これにより、教皇は遂に自前の領土を獲得、カルロ・ダンジョのような封建領

---

(24)「コンクラーベ」の「コン」は「～をもって」という意味の前置詞、「クラーベ＝キァーヴェ」は鍵の意味の名詞である。クレメンス四世の後継者を選ぶ枢機卿の会議は、教皇の離宮があるヴィテルボで開かれたが、南イタリア王国のマンフレーディ王（ドイツ系）を破るためにフランスの力を借りる必要上、ウルバヌス四世、クレメンス四世と二代続いたフランス人教皇の後、ドイツの脅威が去ったいま、イタリア派が自派出身の候補者を立て、フランス派の推す候補者に対抗する。両派共に譲らず、教皇が決まらぬまま三年が経ってしまった。この長引く会議に業を煮やしたヴィテルボ市民は、枢機卿達を教皇宮殿の大広間に閉じ籠め、外部からの干渉を断って教皇が決まるまで出さぬこととした。その結果選ばれたグレゴリウス十世が、以後この方式を正式の教皇選出手続きとして制度化する。

(25) これにはまた別のエピソードがついている。グレゴリウスはリヨンの公会議でも、各国君主の表向きの賛成と実質的なサボタージュに遭い、十字軍に関してはなんら具体的な成果を得られず、疲労と落胆を抱えながら十二月にローマへの帰途につく。その際むろん破門したフィレンツェを訪れることを潔しとせず、市を迂回する予定であった。だが冬の悪天候で水嵩の増したアルノ河をフィレンツェ以外の場所で越すことは不可能、かつ破門中の都市に教皇が入るのはできない相談なので、市門に到着すると一時的に破門を解き、自分を乗せた輿がそそくさと市域を通り過ぎ、城門の外に出たところで再び輿を降りて、厳かにまた破門を宣言するという（極めて中世的な）一幕が演じられる。しかもその教皇の市内通過中、一般民衆は飢えていた教会の祝福と、禁じられていた罪の宥免を請い願って沿路にひしめいたという。フィレンツェ指導者層の冷徹な計算と、大衆の素朴な心情の乖離を示す、じつに象徴的な一コマである。

主やフィレンツェのごとき自治都市に依存しない、独自の世俗政策を遂行する軍事・政治的基盤を得る。だがそれはまた同時に、教皇庁が世俗領主として現世的な政治抗争に捲き込まれることをも意味した。実際ニコラス三世も一二八〇年、ロマーニャに甥のラティーノ枢機卿を派遣し、皇帝の不在をよいことにして抗争を繰り返していた小領主達を屈服させ、平和を回復させている。ラティーノ枢機卿はまた帰路フィレンツェに立寄り、教皇派と皇帝派の間の調停を試みる。教皇派から八名、皇帝派から六名の代表を出して合同政権を作る「ラティーノ枢機卿の和議」（一二八一）と呼ばれたこの提案は、教皇特使に敬意を表して一応合意され、フィレンツェに帰還を認められた皇帝派の亡命者と教皇派の代表とは和解の抱擁を演出する。しかし、これまたグレゴリウス十世の場合と同様、提案者が去った途端に抗争が再燃する有様であった。

そして第三に、皇帝候補者としてルドルフ・フォン・ハプスブルグが、トスカーナ州の皇帝代官《ヴィカリオ・インペリアーレ》任命権を主張することとなる。これにより、かつて一二六七年、本来の任命権者であった皇帝が不在であったのを理由に、教皇クレメンス四世がトスカーナ州の帝国総督《コンスル》にカルロ・ダンジョを七年の任期で任命、七四年にもグレゴリウス十世が同じ任期で再任していたのが、八一年以降は三選される可能性がまったくなくなってしまったのである。

そればかりではない、そうこうしているうちにアンジョ家（フランス）支配の苛斂誅求に堪えかねたシチリア島民が一二八二年、「シチリアの晩禱」と呼ばれる民衆蜂起を行う。これによりカルロがイタリア半島にもつ王国の半分に当たるシチリア島は、マンフレーディ王の娘との縁組により同島に継承権を有していた、スペインのカタルーニャはアラゴン王国のペドロ三世の手に渡ってしまう。慌てたカルロは、もうこの時からトスカーナどころではなく、懸命にシチリア奪回を試みるが、アラゴン側の名提督ルッジェーロ・ディ・ラウリアの活躍もあって成功せず、八五年には五九歳で亡くなる。こうして有力な同盟者を失ったフィレンツェは、いよいよ独力でイタリア半島、またヨーロッパの諸勢力と対抗していかなければならなくなる。そこで同業組合を基盤に、教皇派の富裕市民層が生み出したのが、代表委員会《プリオラート》の体制というしだいなのである。

代表委員会の体制

さて、その代表委員会だが、はじめはカリマラ、毛織《ラーナ》、両替《カンビオ》の三組合の代表が集まる形で発足したが、数カ月後には他の大組合の代表も加わることになって、六人の代表委員《プリオーレ》により構成された。六名は任期二カ月の間に家族を離れ、起居を共にして外部との接触を断ち、外出には必ず監視が付くという厳重さであった。当時フィレンツェの行政区画が六つに分かれていたので、後には各地区から代表委員一名ずつという形を取り、市の商工業者のすべてが代表される形式を整えたが、実際上は大組合の意向通りにしかことは動かなかった。第一次共和制の時代（一二五〇〜六〇）に公権力の行使に当たった市民軍司令官に代わって、代表委員会は「旗持ち《ゴンファロニエーレ》」を設ける。旗持ちは公権力を示すため、市内にある組合各々の旗印を押し立てて行進し、その後に、自警隊が付き従うのである。すでに教皇党の時代（一二六七〜八一）でも、政策の実質的な決定は党が行い、外国人の行政長官は市政の運営に携わるのみ、マネジャー的な性格の職務であったが、それでも党は影の存在で、表向きは行政長官が政府の長であった。ところが代表委員会は、登場するやたちまち名実共に政府そのものとなり、行政長官は代表委員会に対して行政の責任を負う行政職となってしまう。

組合の政権である代表委員会の下で、産業は大いに栄える。中でも毛織《ラーナ》組合は次第に他を圧して組合の筆頭に躍り出る。『年代記《クロナカ》』の作者ジョヴァンニ・ヴィラーニによれば、十三世紀末にフィレンツェ一市で十万反の布地を生産し、これは全ヨーロッパの布地生産の一割に当たったという。こうした生産活動の拡大は、当然毛梳《けすき》業、羊毛の精製に必要な明礬の採掘鉱業、染色業、染料の原料開発・輸入業、糸縒《いとより》業、機織《はたおり》業、その他の関連産業の発展を促す。またそうした発展には多くの人手を必要として、市は一二八九年に近郊領土《コンタード》における農奴制の廃止に踏み切っている。じっさいフィレンツェの人口は、一二七〇年代初に五万人ほどであったのが、代表委員会が発足した八〇年代初には八万人、十四世紀初めにはじつに十万に膨れ上がり、この人口はルネッサンス期全体を通じても超えられることはなかった。

勢いに乗じて一二八四年、市は第三回目の大がかりな城壁建設を計画する。[26] また市の精神的中心である大聖堂も、シエーナの聖堂の第二次建設計画とほぼ同じ九四年に、まず従前からの（ローカルだが市民に親しまれていた聖女）「聖《サンタ》レパラータ」の名の下に、かのピザーノ父子の弟子アルノルフォ・ディ・カンビオを棟梁として、新風のゴチック・スタイル[27]で建設が開始される。しかも名前が献堂式に際して、ず

(26) 第一回目は一一七二〜七五年、第二回目は一一七八年（本書七〇、七三頁参照）。この城壁は現在でも、特にアルノ河左岸にその跡がよく残っている。しかし、じつは大がかり過ぎてなかなか完成せず、一三一一年、神聖ローマ皇帝ハインリッヒ七世の南下、および二八年、もう一人の皇帝ルードヴィッヒ・フォン・バイエルンの代官で、ルッカの僭主カストゥルッチョ・カストラカーニの脅威に直面してやっと完成する有様であった。

(27) ただ本場フランスのゴチック様式とは一味変わって、上昇志向がより少なく開放的なトスカーナ風である。

っと野心的な「花の聖母寺院《サンタ・マリア・デル・フィオーレ》」に変えられる(28)といった具合である。

正義の法令、ジャーノ・デラ・ベルラの失敗

一方、政治に話を戻せば、産業の興隆は同業組合の力を増大させ、それも上記八つの大組合だけでなく、産業や生活の担い手として欠くべからざる石工や大工、薬剤師また食肉商といった中小業種にも、同業組合としての組織化を促した。これら市民組織は、ともすれば特権階級の権利を振り回し、一般市民に対して粗暴な振る舞いの多かった封建貴族あるいは貴族と縁組した富裕商人が形づくる「豪族《マニャーティ》」の勢力を抑えようと努める。その結果、一二九三年に豪族を市の行政から排除する目的で、「正義の法令《オルディメント・ディ・ジュスティツィア》」と呼ばれる措置を成立させる。他市でも同様の措置が見られるこの法令では、過去二十年間に一人でも騎士を出した家柄はすべて豪族と見做され、市政に参加する資格を失い、さらに市の役職に就こうとする者はいずれかの同業組合に登録し、その規定に従わなければならないことになる（ダンテもこの時、薬剤師組合に登録している）。

だがこうした規定には曖昧な点が付きもので、どこまでが豪族の範囲に入るか、灰色の部分が残るのは見やすい道理である。ところが同年春になって、自身はよい家柄の出ながら民衆派《ポポラーノ》をもって自任するジャーノ・デラ・ベルラという人物が代表委員に選出されると、その適用が極めて厳格となり、千人を超す有力市民が公職から追放される事態が生じた。しかし、このような過激なやり方には、豪族はむろん穏健な中産階級からも反発が起こって、ジャーノ・デラ・ベルラはわずか一年半余りで職を追われたのみか、フィレンツェ自体からも所払いとなり、フランスに亡命を余儀なくされる。こうして中小組合《アルテ・ミノーレ》に代表される市民階級の豪族に対する第一回の攻撃は、その性急さのゆえにあえなく潰える（第二回目は、一三七八年の「毛梳工の乱《チョンピ》」となる）。しかも、じつはそれで漁夫の利を得たのが大組合で、その市政に対する支配は、中小市民および豪族、双方の勢力減退に伴ってますます確固たるものになっていく。

白派と黒派

とはいえそうなればそうなったで、今度は教皇派をもって任ずる大組合を牛耳る富裕商人の階級の中で争いが起こる。有力商人の家柄に属する若者達の些細な意地の張り合いがきっかけとなって、一三〇〇年フィレンツェの教皇派は、「白派《ビアンキ》」（教皇派内の反教皇グループ！）と、「黒派《ネーリ》」（親教皇を標榜するグループ）とに分裂することになる。先述したナポリのアンジョ家に対抗するため、神聖ローマ皇帝候補者ル

ドルフ・フォン・ハウスブルグと結んだ教皇ニコラス三世の例に見られたごとく、もう教皇派といい皇帝派といっても、精神的な世界を統べる教皇と、世俗の権力を統括する皇帝の並立といった中世的な理念は意味を失い、ただその時々の当事者の力関係で、教皇や皇帝が旗印として持ち出されるという状況を如実に示す現象である。

　しかも白派は、黒派との対抗上、諸般の事情によりフィレンツェでは地を払ったとはいえ、トスカーナの他の都市にあっては依然として勢力を保っていた皇帝派と同盟する。そして皮肉なことにその白派の中心となったのが、富裕商人の随一とはいえ、出自からすれば平民出のチェルキ家で、一方黒派の首領たるや元来は豪族系のドナーティ一族という有様であった。

ボニファティウス八世とダンテ

　しかも、そこにまた時の教皇ボニファティウス八世が絡んでくる。この教皇は、教皇勅書『聖なる物は唯一《ウナム・サンクタム》』(29)を発布するなど、歴代教皇のうちでも教皇権の拡大を最も精力的に推進した人物であったが、このたびはフィレンツェ黒白二派の対立に乗じてトスカーナ政治に介入を企て、その手段としてトスカーナの平和調停者《パチャーロ》に、フランス王家の親王シャルル・ド・ヴァロワ（イタリア語ではカルロ・ディ・ヴァロワ）を指名、イタリア半島に南下を要請する。フィレンツェではこの時は白派が政権を握っており、代表委員会のメンバーであったダンテは一三〇一年、教皇の動きを牽制する使命を帯びてローマに赴く。だが交渉がボニファティウス八世の巧妙な引き延ばし作戦に乗せられ空しく日を重ねる間に、シャルル・ド・ヴァロワが少数の供回りを連れてフィレンツェ城外に到着、報せに狼狽した白派政権はなんら抵抗を試みることなく市を明け渡して逃亡してしまう。あとには黒派の首領コルソ・ドナーティが亡命から帰還し、白派を粛正する運びとなる。

　折からローマに在ったダンテも、欠席裁判で「国外追放、帰国すれば死罪」の判決を受けて、以後は流謫《るたく》先のラヴェンナで客死（一三二一）するまで、北イタリア各地を放浪することとなる。ただし現実政治の観点からすれば、それは高潔とはいえ、いささかドン・キホーテ的な選択であった。当然

---

(28) ヴェネツィアの聖テオドーロ教会が、ずっと権威のある「四福音書」作者の一人にあやかって、「聖マルコ寺院」と名を変えたのと同様である。

(29) 一三〇二年十一月十八日に発布される。グレゴリウス七世やイノケンチウス三世以来、教皇達が主張してきた、教皇権至上主義の最も過激な表現。この世において教皇権のみが神聖であって、皇帝権をはじめとして、他のすべての王権は教皇の意に従わねばならないとする、神政政治宣言。

一一年、ルクセンブルグ家のハインリッヒ七世が神聖ローマ皇帝として戴冠すべくイタリア南下するに際して、ダンテの抱いた帝政復古の希《ねが》いは、はかない夢となり、教皇権と帝権が並び立って世界の統一と平和を保障するという政治理念を纏めた『帝政論』が現実との乖離を示すのも、いたし方ないところであった。

教皇のアヴィニョン捕囚

とはいえ、時代の潮流に乗り遅れたのは何もダンテだけではない。フィレンツェさらにはトスカーナに介入を目論んだボニファティウス八世も、一三〇一年に首尾よくシャルル・ド・ヴァロワをフィレンツェに送り込み、黒派の支配を樹立することには成功したものの、わずか二年後の一三〇三年、教会権力を伸長させカトリック（＝普遍）教会の神政政治をヨーロッパ全土に及ぼそうとするその政策が、フランス王権の強化を目指すナショナリスト「端麗王《ル・ベル》」ことフィリップ四世の立場と激突する。教皇が王を破門すれば、王は特殊部隊を派遣してローマ近郊アナーニで避暑中のボニファティウス八世を急襲させる。不意をつかれたボニファティウス八世は七十に手が届こうという老体で監禁され、最終的に解放されはしたが、そのショックで旬日を経ずして憤死してしまう。以後、教会の権威は地に落ち、フランス王の影響のもと、ボニファティウス八世から一代おいたクレメンス五世(30)はローマを去り、南仏アヴィニョンに教皇庁を移して、一三〇九年から七三年にわたる教皇の「アヴィニョン捕囚」の時代となる。

この「アナーニの屈辱」または「アナーニの平手打ち《スキアッフォ》」と呼ばれる騒動はたいへん象徴的な事件であった。先にホーヘンシュタウフェン家の没落により、当面イタリア半島の政局から姿を消した神聖ローマ帝権に次いで、今度は教皇権がアルプス以北の国家の武力に打倒され、長期にわたりローマから移転させられる事態となったのである。当時フランスはまだ近代的な意味での国家としての統一には達していないが、すでにその方向に一歩を踏み出しており、十五世紀末に到ればスペイン、イングランドと共に絶対王権のもと国民国家を形成し、勢いに乗ってイタリア半島に侵入して、そのルネッサンスを崩壊させる。まさにその兆しがここに見られるわけである。

フランス王家とシャルル・ド・ヴァロワ

一方、シャルル・ド・ヴァロワの方も、平和調停者といいながら黒派をフィレンツェに呼び戻して大混乱を招いたばかりか、追放された白派の財産をまんまと手に入れて、一三〇二年には市を後にする。だがその本来の目的、すなわちアンジョ家のカルロ一世の夢をもう一度というシチリア島再征服の望みは、スペインのアラゴン家の抵抗に遭って達せられず、「欠地公《サン・テール》」と渾名されたように領国を得ることなく終る。他方シャルル・ド・ヴァロワと示し合わせて亡命先からフィレンツェに帰還し、白派を追放して大いに権勢を振ったコルソ・ドナーティも、その傲慢さが祟って一三〇九年に暗殺され、豪族の勢力復活の狙いは実現しなかった。こうして最終的に勝ち残ったのは大組合に拠る富裕商人層であり、その支配のもとフィレンツェは「都市共和国」の時代（本書の時代区分に従えば第二期）に入っていくことになる。

花の聖母寺院

フィレンツェ　花の聖母寺院の聖堂・洗礼堂・鐘楼の三幅対

この第一期（一二六〇年代～一三〇二）は、フィレンツェにおいてもシエーナ、オルヴィエートと同じく、政治や経済ばかりか芸術・文化・思想など、あらゆる分野で最高の活力が発揮された時期でもある。

建設工事としては、まず市域の拡大により手狭になった城壁の拡張がある。さらに単なる土木工事ではなく、前述の通り市民の精神的中心で司教座のある聖レパラータ教会を、新風ゴシック様式で大幅改築し、最終的には「花の聖母寺院《サンタ・マリア・デル・フィオーレ》」との呼び名にする計画が、ピザーノ父子の弟子アルノルフォ・ディ・カンビオを棟梁として、一二九四年に発足する。これに代表委員会の本拠である新市庁舎（現在の旧政庁《パラッツォ・ヴェッキオ》！）の建設（九九年開始）が加わるといった具合で、市の力の充実を示す大がかりな事業が続く。

ただこの花の聖母寺院の新大聖堂は、たしかに建築が開始されはしたが、完成するのはやっと十五世紀も半ば過ぎ、何代目かの棟梁フィリッポ・ブルネレスキ（一三七七～一四四六）の有名な大丸天井《クーポラ》が載ってのこと（それも当人の死の翌年）である。その間にジョット（一二六七～一三三七）も市

(30) ボルドオの大司教で、本名はベルトラン・ド・ゴット。フィリップ四世の傀儡として教皇に選出されクレメンス五世（在位一三〇五～一四）となる。フィリップの意向に唯々諾々としたがって教皇庁をアヴィニョンに移す。

から建築主任に任命され、鐘楼《カンパニーレ》の設計に当たっている。ただしジョットは、八十メートルを超す塔の基本設計および基壇の浮き彫りの一部に手を付けただけで二年後には亡くなってしまう。しかし（ピーザの大聖堂にも見られたイスラム建築由来の）色大理石を幾何学模様に並べた意匠と、全体の重量配分を考えて上に行くほど開口部（窓）が大きくなる鐘楼の設計は、後の建築家達にも受け継がれ、大聖堂と向かい合う洗礼堂と併せて、今日見られるフィレンツェの中心、花の聖母寺院の建築三幅対を形づくることになる。

画家ジョット

ジョットの名が出たので、この天才画家についても触れておこう。ジョットは、十六世紀のジョルジョ・ヴァザーリがその『画家列伝《ヴィーテ》』で述べているように、フィレンツェ絵画の祖ジョヴァンニ・チマブーエ（一二六七〜一三三七）の弟子で、しかもその天才により師を凌いだ。かつこの鐘楼の設計を見ても知られるように、画家としてだけでなく、後のレオン・バッティスタ・アルベルティ、ラファエルロ、ミケランジェロ、先行するピザーノ父子などと同様、多彩な活動をしたルネッサンス的万能人である。行動範囲も広く、一二九六年から一三〇四年にかけて、アシジの町をめぐる城壁の外側の斜面に、修道院を併設して建てられているため、上下二層をなしている聖フランチェスコ聖堂の「上の教会《キエーザ・スーペリオーレ》」の壁面に、自分の工房を総動員してフレスコ画で等身大以上の堂々たる聖者の一代記を描く。

同時期にはまた、教皇ボニファティウス八世に招かれてローマで制作に携わり、ここでピエトロ・カヴァーリーニ[31]の作品に出会って、その色彩効果を学んだ。さらに一三〇四〜〇六年、パドヴァの富裕な金融業者エンリコ・スクロヴェーニ（ダンテが『神曲』地獄篇、第十七歌で、その父親レジナルドを高利貸の地獄（第七圏第三周）に落とした）の注文により、同家の私設礼拝堂の全壁面をフレスコ画の傑作、「キリストの生涯にまつわる物語の連作」で飾る。また一三二九年には、ナポリ国王ロベルト一世の宮廷に呼ばれてフレスコ画を制作し、「宮廷画家」の称号を与えられている（一三一七年にシモーネ・マルティーニも同様に招かれていたが、シモーネと違って市民的かつ合理主義者のジョットは、ナポリ宮廷の陽気で享楽的な雰囲気に馴染めなかったらしく、仕事が終るとそそくさとナポリから引き上げてしまったことも付け加えておこう）。

スクロヴェーニ家の礼拝堂の「キリストの生涯を描いた連作」といえば、シエーナの「アンコーナ」の背面にドゥッチョが描いたマリアの生涯の小パネルの連作を想起させるが、ジョット作品の方がその劇的な表現や緊密な構成において断然勝っている。ジョットは、己れを見出してくれた師チマブーエを追い越したが、ドゥッチョをも凌いでいる。チマブーエとジョットについて同時代人ダンテが、「一時《ひととき》はチマブーエこそ、絵筆の業《わざ》にて吾に並ぶ者なしと誇りしに、いまとなりては独りジョットの呼び声のみ高く、はやその名声も翳《かげ》りにけり」（『神曲』煉獄篇、第十一歌）と、人の世の移ろいを詠嘆したのも、むべなるかなといわなければならない。

じっさいチマブーエとジョットの作品を、画題もまったく同じウフィッツィ美術館が所蔵する「荘厳の聖母」で比べてみると、前者がまだビザンチン様式を抜け出せず、聖母や玉座を取り捲く天使達の表情にも、やや画一的なマンネリズムが見られるのに対して、一般に「オンニサンティの聖母子像」と呼び慣わされているジョットの作品の方は写実主義といってもおかしくないほど、現実に存在するフィレンツェ女性を彷彿とさせる聖母を描いている。その作風はまた、シエーナのシモーネ・マルティーニのそれとも一味違った意味の瑞々しさと、シモーネにはないがっしりした存在感を示す。シモーネがビザンチン風の基盤に立ち、これにゴチック様式が持つ幻想性を加えて、華麗かつ動きのある画面を創り出したのに対して、ジョットはイタリア土着のロマニコ（ロマネスク）様式の土台にクラシックな造形を据えて、安定感と重量感ある世界を構築した。

ジョットは単に作品のみならず、実生活でも極めて現実感覚に富んだというか、合理的な企業家的精神に満ちた生き方をした人物であった。工房を経営し、弟子達に大部分を描かせて、自分は最後に仕上げの加筆・署名をした作品を多数残している。こうしなければ、多くの注文をこなせなかったのであろう。二十世紀のハンガリー出身の美術史家フレデリック・アンタルによれば、ジョットは「十四世紀フィレンツェの芸術家の中で、真に資産家となりうる術を心得た唯一の男」とされている。それは、当時フィレンツェの主要産業であった布地生産に必要な機織機《はたおり》を何台も所有し、むろん自分が織るのではなく、なんと年一二〇パーセントにも及ぶ高利で、自前の織機を持てない貧乏な職人に貸し出した上、賃貸料が払えないと容赦なく取立てや家財の差押えを行った事実が、当時の裁判記録によって明らかにされた（ジョットと、パドヴァの高利貸スクロヴェーニ家との付き合いも、こんな共通のメンタリティから生まれたのであろうか？）。イタリア半島のルネッサンス、とくにこの第一期のような激動の時代には、才覚があり頭の回る連中は、転がっているチャンス

(31) ローマで（十三世紀半ばから十四世紀初にかけて）活躍した画家でモザイク職人。トラステヴェレ地区にある聖チェチリア教会の合唱隊席を飾るモザイクで有名。

「オンニサンティの聖母子像」 ジョット筆 1310年頃
フィレンツェ ウフィッツィ美術館蔵

を片端から利用してあくどく儲けていく。「荘厳の聖母」を描き、遠近法の萌芽を示すジョットもまた、その例に洩れぬ一人であった。一方、能力に欠ける下積みの弱者は、貧しい境涯から這い上がろうともがくほど、かえって強者の喰い物にされ、ますます深みに嵌る結果となったのである。

「新優美体」詩派

この十三世紀末〜十四世紀初にはまた、文学・思想の分野でも大きな変革が見られる。まず詩派だが、先にシエーナの項で触れたチェッコ・アンジョリエーリらの「陽気派」に対して、トスカーナを中心に、純粋な精神的恋愛を主要テーマとする「新優美体《ドルチェ・スティル・ノーヴォ》」詩派が登場してくる。十五世紀半ばのフィレンツェで新《ネオ》プラトニスムが興り、「プラトニック・ラヴ」などという概念が生まれるのに先立つこと一世紀半である。この詩派の由来は、まず南フランスに興った吟遊詩人《トゥルバドゥール》達の宮廷恋愛（高位かつ憧憬の対象であって、肉体的に所有されることが不可能な有夫の女性に対する不倫の恋愛感情）を歌ったプロヴァンス詩があったところ、これが十三世紀初、カタリ派異端の弾圧を名目としたアルビ十字軍による南仏文化の破壊を逃れて、二派に分かれる。一つは南ドイツに入って、ヴァルター・フォン・デア・フォーゲルワイデらに代表される「愛の歌《ミンネ・ザング》」となり、残る一つがイタリア半島に入り、パレルモはフェデリコ二世の宮廷で「シチリア派」と呼ばれる、南イタリア語による抒情詩の流派を形成する。さらにこれが十三世紀半ばのホーヘンシュタウフェン朝の没落に伴って半島中部に移り、かつ活躍の舞台も王侯貴族の宮廷から自治都市《コムーネ》ボローニャやアレッツォ、なかんずくフィレンツェを中心に、市民社会の中で新たな展開を遂げるのである。

プロヴァンス詩の「宮廷恋愛」の主題として知られた「遥かなる愛《アモール・デ・ローン》」や、それを真似ながら、より日常的かつ官能的な愛を歌ったシチリア宮廷における貴族の抒情詩と違い、半島中部の自治都市では、社会の主流を占める生真面目な市民階級によって、愛は肉体性を捨象され、詩人が恋い慕う女性は、恋する男の魂を浄化するため天から遣わされた天使としてひたすら崇められる。初期のダンテもこの流派に投じ、その『新生《ヴィータ・ノーヴァ》』（一二九三〜九四）で、（むろん有夫の）恋する女性ベアトリーチェを「神により、奇蹟とは何かを世の人に知らしめるため、地上に遣わされた御方」と讃えている（こうした極端な女性崇拝に反発して、シエーナの項で挙げたチェッコ・アンジョリエーリらに代表される陽気派の「悪ぶった」ポーズが出てくるのである）。

だが、プロヴァンス詩やシチリア派における多分に貴族趣味の恋愛遊戯を生真面目に受け取って、愛による精神浄化を宗教感情に匹敵するほどの高さに引き上げた、言い換えれば「世俗の愛」と「聖なる愛」の市民的融合を企てたという点で、新優美体詩派は、次世代のペトラルカの抒情詩や、十五世紀以降のマルシリオ・フィチーノやピエトロ・ベンボらの「新プラトニスム恋愛論」（つまり「プラトニック・ラヴ」）を先取りしている。この派の主要詩人には、まずアレッツォ出身のグイットーネ・ダレッツォ(32)を先駆者として、ボローニャのグイド・グイニツェルリを筆頭に、フィレンツェのグイード・カヴァールカンティ、チーノ・ダ・ピストイア、それにもちろんダンテ自身を挙げることができる。

ダンテと『神曲』

だが、この時期のフィレンツェ、いなすべてのイタリア文学を代表する最大傑作こそ、ダンテ（一二六五〜一三二一）の『神曲』である。新優美体詩派の詩人として名をなしたダンテだが、じつはそれと並行して政治にも志を抱き、「正義の法令」の定めるところにより市政に参画する資格を得るため、医薬業《スペツィアーレ》組合に登録し、折から燃え上がった教皇派内部の勢力争いに身を投ずる。親教皇を標榜する黒派と反教皇の白派との対立では、政権の座にあった後者に左袒し、市政を担う代表委員会のメンバーに選出される。だが黒派との対抗上トスカーナの皇帝派と手を結んだ白派は、イタリア半島中部の政治潮流の中では旧守派となり、次第に時代から取り残されていく。とくに基本的に親教皇のフィレンツェでは、悪

(32) ただし、グイットーネ・ダレッツォは恋愛詩ばかりか、政治的主題を扱った諷刺詩シルヴェンテーゼも書き、そのため新優美体一辺倒の詩人達から批判もされた。

辣だが有能な教皇ボニファティウス八世の介入も加わり、白派は黒派との抗争に敗退する。政争に敗れ、現実政治の場で自己を実現する可能性を絶たれた詩人は、思索の世界で新優美体詩派が提唱した愛による「魂の浄化理論」をいっそう深化させる。かつ政争の渦中における体験、次いで故国を追われた亡命の境涯で嘗めた辛酸の数々は、まさに人間存在についての生きた思索の深化をもたらした。そうしたすべてを、文字通り心血を注いで鋳込んだ作品が、三行脚韻《テルツァ・リーマ》を踏んだ一万五千行の一大叙事詩『神曲』に他ならない。

世俗の関心に捉われ、「迷いの森」に入り込んだダンテが、往く手を獅子と狼、そして豹という三頭の猛獣（権力欲、貪欲、肉欲の象徴）に阻まれ進退谷《きわ》まった時、古代ローマの大詩人ヴェルゲリウスが忽然と現れる。ダンテはヴェルゲリウスに導かれ、別の道を辿って死後の三界のうち地獄と煉獄を経巡り、生を迷蒙の裡に送った者達の死後の苦しみに接する。そして最後の天国だけは異教徒ヴェルゲリウスではなく、死んで天に昇った（！）恋人ベアトリーチェの教導の下に入ることを許され、燦然たる神の栄光に接する。その後、再び地上に生還して、生者を裨益するためその見聞を語るという、魂の遍歴の物語である。全編が象徴的な仕立ながら、詩人が実際に見聞した「自治都市《コムーネ》」のルネッサンスを彩る凄まじい事件の数々が、雄渾な詩句によって、とりわけ敵に対する瞋《いか》りと、虐げられた者達に対する深い同情の念をこめて活写される。

キリスト教徒でない者にとっては、（偏った見方かも知れぬが）特に地獄篇が素晴しく、第三三歌のピーザの僭主《ティランノ》ウゴリーノ・デラ・ゲラルデスカ伯爵とその息子達の悲惨な最期の物語は、写実的な描写の迫力によって出色のできとされる[33]。さらに第五歌、フランチェスカ・ダ・リミニがパオロ・マラテスタとの不幸な恋の顛末を物語る場面では、詩人はフランチェスカを地上の愛に滅んだがゆえに地獄に落ちはしたが、その悲劇的な最期に満腔の同情を禁じ得ず、語るほどに詩人自身が憐憫の情にうたれて気を失い昏倒する。教条的な中世キリスト教の枠をはみ出し、人間的な感情を（完全にとまでは行かないが）承認する方向に一歩踏み出している。

さらにいっそう特徴的なのは第二六歌で、ここでは作者の同時代人ではなく、異教徒である古代ギリシャの英雄オデュッセウスを登場させる（すでに作品の冒頭で、詩人の苦境を助ける導師としてヴェルゲリウスを登場させたこと自体、ルネッサンスを特徴付ける古典古代に対する崇敬を示している）。オデュッセウスもまた、ギリシャ随一の知将でありながら、異教徒たるがゆえに地獄に落されている。だが、そのあまりに旺盛な知識欲が滅びの原因となったしだいを物語るくだりは見事である。トロヤ落城後に、海神ポセイドンの怒

ダンテが『神曲』を持っている図　フィレンツェ　大聖堂付属博物館蔵

りに触れて小船で地中海を経巡った上、さらに大西洋に乗り出そうする英雄は、躊躇《ためら》う乗組員を叱咤する。

オオ幾百万の危険を冒して、
生きる日々とてはやわずかとなりし、
吾等が人生《いのち》の黄昏に、
この西の方《かた》に辿り着きし兄弟《はらから》よ、
地球の裏、人棲まぬ涯《はて》をば訪れみんと、
わが希《ねご》う意《こころ》を拒むこと勿《なか》れ。
思いてもみよかし、そも汝等《なれら》いかなる性質《さが》もて生まれ来
たりしか。
野獣《けだもの》のごとくに生きんと創られたるにはあらで、
能力《ヴィルトゥ》と知識とを追い求めんがため生命《いのち》を享《う》けしぞ！

このように励ます言葉には、人間中心主義を宣言するルネッサンスの息吹が感じられる。それればかりかオデュッセウスが西地中海を遍歴する航路には、かなり正確な地理的情報が盛り込まれており、これはイタリア半島を出たことのないダンテや当時のイタリア人にも、ピーザやジェノヴァの航海家達の情報が共有されていたことを示している。

(33) 本書三九、五九頁参照。

さらにオデュッセウスは、地中海の西端ジブラルタル海峡を抜けて左手に出ると、アフリカの西海岸に沿い赤道を越えて南下、南十字星を目にした後、神が吹き起こした竜巻により難破させられ、溺れ死んで地獄に落ちる。その最期は、詩人の中世的な心情の表れとしてよく引き合いに出される。確かにそういう結末なのだが、そこには二つの注目すべき点が含まれている。第一はこのオデュッセウスの航海は、ジェノヴァのヴィヴァルディ兄弟による西アフリカ海域への悲劇的な航海[34]を踏まえていると思われる点である。第二は地獄篇の第五歌でフランチェスカ・ダ・リミニの物語でフランチェスカの哀れな恋心の側に立ったように、その理念的な立場はともかく、ダンテの共感が奈辺にあるかといえば、間違いなくオデュッセウスの不敵で無限の知識欲の側にあり、その点でルネッサンス的といえる点である。こうした人間主義的な傾向に加えて、剛直な正義感から来る教皇や高位聖職者の腐敗に対する激しい糾弾のゆえに、今日の我々からすると極めてキリスト教的と思える『神曲』は、じつは長い間教会から胡散臭い作品と見做され、何度も禁書目録に載せられかかった経緯がある。

俗語による作品

『神曲』については指摘しておくことがもう一つあって、それはこの傑作がイタリア語で書かれているという事実である。イタリア文学の最高傑作がイタリア語で書かれているのは当たり前、いまさら何を馬鹿なことをと言われそうだが、じつは中世では公用語あるいは知識人の言葉はラテン語で、「俗語《ヴォルガーレ》」と呼ばれた各地域の言語で高尚（?）な作品が書かれることはなかった。むろん十二世紀末にフランスで生まれた『武勲詩《シャンソン・ド・ジェスト》』、ゲルマン族の古譚『ニーベルンゲンの歌』、あるいは南フランスは吟遊詩人達のプロヴァンス抒情詩、南イタリアの「シチリア派」抒情詩などは、それぞれの地域の言葉で書かれている。だがそれらは作者不明の古謡であったり、また貴族社会に限られた文学的遊戯の域を出ていない。これに対してダンテは、その『俗語論《ヴォルガーレ・エロクィオ》』（一三〇四〜〇五）をラテン語（!）で著しながら、しかしラテン語の代わりに、公用語としての使用に耐え得る「格式」を持つイタリア語を創り出す必要を説いている。そしてその実践として、イタリア半島の人々にとり最も自然に感情を表現できるイタリア語が、同時に高度の思想性・文学性を盛り込む器たり得ることを示すために、『神曲』を書いたのである。

けだしルネッサンスとは地域の活性化に他ならない。そして文化の次元で、中世において汎ヨーロッパ的ではあったが同時に知識人と教会の占有物でもあった哲学や思想、また文学を（ラテン語ではなく）それぞれの地域の言葉で表現することを通して、より広汎な社会階層にまで浸透させ、もって各地域社会の知的な営みを活性化させる。したがって地域言語の確立、それも無名の集団ではなくて、優れた才能と個性を有する思想家や作家の作品の出現により可能となる地域独自の言語の確立は、まさに当該地域の「ルネッサンス度」を量る重要な目安となる。それはスペインのセルヴァンテス、フランスのラブレー、イングランドのシェイクスピアなどの作品を思い浮かべれば容易に納得されよう。このようなルネッサンスの特徴であり、かつ一般に「国民文学」と呼ばれる地域独自の文学を、ダンテは『神曲』により、半島の政治的統一（一八六〇）に先駆けること五百五十年、十四世紀初めに実現したのである（ただし、地方政権が分立し、十九世紀後半に到るまで国家統一を達成し得なかったイタリア半島では、『神曲』が書かれた時点ではまだ「国民文学」の名を冠することはできず、そこがまたイタリアとアルプス以北のルネッサンスの違いでもある）。しかもそれは韻文ばかりではなく散文についても同様であって、その『饗宴《コンヴィヴィオ》』（一三〇四）で用いた言語がラテン語を基盤にしながらイタリア語散文として、後のボッカッチョやマキャヴェルリのイタリア語の先駆をなす事実によっても知られる。[35]

　いま「ラテン語を基盤にしながら」と書いたが、時の経つにつれラテン語が徐々に崩れたあげくの、市井の俗語としてのイタリア語はさて措き、より高尚（？）な「格式」を目指すイタリア語は、ラテン語作品のイタリア語訳を通して形成された。じっさいラテン語はその語彙や文体において、当時まさに成立しようといたイタリア語に比べて圧倒的に優勢であった。とはいえ西暦紀元一世紀前後に絶頂に達したラテン語が、いかほど形式と内容において勝っていても、十三世紀末から十四世紀半ばにかけてイタリア半島に生きた人々の生活感情の表現手段となることはできなかった。一方、ラテン語で書かれていた異教古代ローマや中世キリスト教の文化・思想を咀嚼するため、大量の翻訳が行われた。その過程で（江戸期の儒学者や漢学者と同様）ラテン文化の魅力の虜となり、イタリア語でも疑似ラテン語的な文飾を弄する者の多い中で、ラテン文化の滋養を吸収しつつも、イタリア語独自の格式を生み出そうと努め、かつそれを成し遂げるだけの才能を有していたのが、ダンテでありボッカッチョなのである。[36]

(34) 本書四五頁参照。
(35) 『饗宴』の冒頭を飾る文章、「かの哲学者（＝アリストテレス）がその『第一哲学』（『形而上学』）において述べるところによれば、人間はその本性によって知識を求める」という一条は、まさに先のオデュッセウスの言葉に対応している。
(36) 後に十五世紀になって「人文主義者」と呼ばれた人達、またダンテより一世代後のペトラルカの場合でさえ、後世に自己の名声を託そうとラテン語で書いた叙事詩『アフリカ』の芳しからぬむろん「国語」改革の先駆者ダンテにあっては、『饗宴』冒頭の一文でアリストテレスを引いているのをみても知られるように、中世スコラ哲学の要素も多々見出される。だがそれは、他の変化の時代と同様、ルネッサンスが先行する中世と無関係に無から生まれ出たのでない以上、むしろ当然のことで、重要なのは、いま問題にしている半島ルネッサンスの第一期を代表する人物ダンテの裡に、新しい時代を指向する要素がすでにはっきり見出されるという点なのである。

ダンテはまた、稀に見る剛毅な人物であった。一三〇二年の政変によって故郷を追放され、皇帝派の仲間と何度か武力によるフィレンツェ帰還を企てるが、仲間割れを繰り返す党派根性に愛想を尽かして自派内でも孤立する。その後、ルクセンブルグ家のハインリッヒ新皇帝がローマ戴冠のため南下するという事態に直面した一三一一年、フィレンツェ教皇派政権は皇帝派の機嫌をとるため、公証人バルド・ダ・アグリォーネをして皇帝派の被追放者に帰国を呼びかけさせ、追放解除の条件として祖国に対して弓を引いたことを認め、謝罪の印《しるし》に聖堂修復の名目で献金を行うという案を提示する。追放の憂目を逃れるためこれを受け入れた者も多かったが、ダンテは断乎としてこれを拒否、節を貫いて追放のうちにラヴェンナで生涯を終える方を選んだ。

前にも触れたが、党派の争いに明け暮れ、時の政情だけに埋没してしまう者達の中にあって理念、それも教皇派との対立における皇帝派といった党派的理念ではなく、社会の統一と安定というより高い次元の政治理念に基づき、個人的利害を度外視して行動した点で（その政治理念が当時のイタリア半島の社会情勢下で、はたして実現可能であったかどうかは別として）、ダンテは高潔の人だった。後年フィレンツェが（これまた無定見に）、いまや万人が詩聖と認めるダンテの亡骸《なきがら》を故国に迎え入れたいと申し入れても、そんな身勝手は認められるはずもなく、詩人の遺体は今日でも埋葬の地となったラヴェンナに眠っている。

新音楽

文学に続いて、音楽にも触れておこう。古代は別として中世以降の西ヨーロッパで、音楽は教会が中心になって発達した。教皇グレゴリウス一世（在位五九〇〜六〇四）の名を冠する「グレゴリオ聖歌」が、この教皇の治世の頃にできあったのはほぼ間違いないところだが、その後中世を通じて教会で典礼を執り行ったり、修道院でミサを上げたりする際に、多声《ポリフォニック》的な合唱曲が歌われるようになる。さらに合唱の伴奏をしていたオルガンであったが、その発達と共に独立のオルガン曲も作られるようになってくる。まずフランス南西部のアキテーヌ地方でそうした教会音楽が盛んになり、次いで十二世紀後半フランスでゴチック様式による大聖堂の建築が進むにつれて、北フランス、例えばパリのノートル・ダム（建築開始一一六三年）の聖歌隊を中心に有力な楽派が成立し、北ヨーロッパに拡まる。一二八〇年頃には、南ドイツはケルン出身のフランクスという修道士が『計量歌唱論《アルス・カントゥス・メンスラビリス》』という理論書を著し、当時パリで行われだした、音の高低のみならず長短までをも表す記譜法について解説している。その一方、音楽が中世の大学教育で教養課程を構成する「七自由学芸」の一つに加えられ、知識人の必須科目となる。そうなるとまた音楽の方も、声部を増しリズムをいっそう複雑にというように、どんどん構築的になり一般人からかけ離れたものとなってしまう。フランスの「新音楽《アルス・ノーヴァ》」はフィリップ・ド・ヴィトリ（一二九一～一三六一）の同名の著書により、その理論的な枠組みを知ることができる。

こうした、ある意味ではスコラ哲学の煩瑣性に通ずるところのある、ゴチック的で構築性が強く、多声的な北方の新音楽に対して、もう一つ別の南へ向かったイタリア派の新音楽がある。南仏アキテーヌには教会音楽と並んで、アリエノール・ダキテーヌ（一一二二～一二〇四）の頃から、吟游詩人と呼ばれる放浪の詩人達が竪琴に合わせて抒情的な恋愛詩を歌って歩く世俗音楽の伝統があった。これは歌われることを前提とし、かつマドリガーレあるいはフロットラ、ストランボットといった民衆的な歌謡をも取り入れ、旋律的《メロディック》でかつ比較的単純な構成を持つ歌曲であった。しかし一二一三年、カタリ派異端の討伐に名を借りたアルビ十字軍の暴挙による南仏文化の破壊後、この音楽はプロヴァンス地方から北イタリア経由でシチリアのフェデリコ二世の宮廷に逃れ、イタリア派の新音楽となる。十三世紀末になると、ゴチック建築と一緒に入って来る北方の新音楽と融合して、十五世紀の前半にフィレンツェやローマで一つの頂点を形づくることになるのである。

（4）ミラーノ

半島北部の動向

イタリア半島の北部は、アルプスの裾に西から東へ帯状に延びる山勝ちの地域を除くと、平野部は大まかに西のピエモンテ、真ん中がロンバルディーアとエミリア・ロマーニャ、東はヴェネトの三地域に分かれる。これを西のティレニア海側でジェノヴァ、東のアドリア海側でヴェネツィアという二大海運都市が挟む形になる。このうちジェノヴァとヴェネツ

でき具合を見れば、古代作品の発見に熱狂し、その偉大さに惹かれた心情は無理からぬとしても、結局はわが漢学者流の衒学趣味に堕したのである。

ィアについては、すでに触れたので再説しない。

　そこでまずピエモンテだが、十一世紀半ばに、本来フランス東南地方を領有していたサヴォワ（フランス語でサヴォワ、イタリア語でサヴォイア）伯爵家のオッドーネが、トリーノ女伯アデライーデと結婚したことから、サヴォワ家の領土に組み入れられることとなった。サヴォワ家は、諸種の事情が重なって最終的にフランス内の領地を失い、十九世紀後半に統一イタリア王国の初代国王を出すことになる。その間ずっと封建体制を保ち、ピエモンテ地域を領有し続けるのだが、同じ封建制の南イタリア王国（華やかな首都ナポリを除く）同様、半島のルネッサンスにはあまり関わりがない(37)。

　したがって当面問題になるのは、ミラーノを核とするロンバルディーア州と、ヴェローナ、パドヴァなどの諸都市を含むヴェネト州、およびボローニャを中心としてマントヴァ、フェラーラを含むエミリア・ロマーニャ州ということになる。ただここで挙げた都市のうち、マントヴァはいま問題にしている十三世紀末〜十四世期初にはほとんど目立たぬ小さな共同体で、十四世紀半ば以降ゴンザーガ家の登場があって、やっと半島のルネッサンスに関わる都市となる。またパドヴァはヴェネツィアと至近距離にあり、十三世紀に創設されたその大学は有名であり、前出八四頁で触れた高利貸スクロヴェーニ家の本拠地で、ジョットやペトラルカ、後年ドナテルロなども訪れ、ルネッサンス芸術と関係が深いが、際立って重要なセンターではなかったので、ここでは詳しくは論ずることをしない。

多角的な活動基盤

　まずミラーノだが、もともとシンプロン峠やサン・ゴタルド峠を経て、イタリア半島とアルプス以北の地域とを結ぶ陸上交通の要衝に位し、かつ西から東にロンバルディーア平原を横切ってアドリア海に注ぐポオ河の水運もあり、古代ローマ帝国が四分割統治を行った三世紀末には北部帝国の首都が置かれていたほどで、つとにその重要性は卓越していた。自治都市《コムーネ》としても、ロンバルディーア同盟の盟主として、レニャーノの戦い（一一六七）で神聖ローマ・ドイツ皇帝の「赤髭王」ことフリードリッヒ一世の軍隊を撃破、中世封建支配に対する闘争において自治都市の主導的な地位を獲得している。

　ただし、ジェノヴァやヴェネツィアの海運業の興隆がもたらした経済的な刺激をきっかけに半島中部で興った自治都市とは違い、市の行政を司る役職（執政官や行政長官）に外国人を起用せず、近郊在地の小貴族を選ぶ傾向があったのを見ても知られる通り、封建制度に対する反発が少なかった。これにはミラーノが内陸都市で、かつ農業を中心に毛織業や鍛治業、さらにはアルプス越えの商業とそれから派生した金融業といった多角的な活動基盤に立っていたという事情が関わっている。これによって、海運都市の国際貿易、あるいはシエーナやフィレンツェの金融や毛織業といった特定の業種に専門化する傾向が少なく、したがってまた海運都市における船主組合、あるいはシエーナの九人委員会、フィレンツェの代表委員会に見られるような、特定の商工業活動を独占する同業組合の支配がそれほど強力でなかったことが、理由として挙げられよう。

ホーヘンシュタウフェン朝の滅亡と民衆派デ・ラ・トルレ家の勝利

そこで十三世紀のミラーノに目を向けると、ここでもホーヘンシュタウフェン家の運命が政治・社会に大きな変動をもたらし、時代を分かつ転回点となっている。すなわち一二五〇年のフェデリコ二世の死に伴い、半島南部では庶子マンフレーディ王が実力でシチリアの王位を奪取する。その頃、ドイツを受け継いだ正嫡の息子コンラート四世も、父の遺産を継承すべくイタリア半島に南下して来る。ただこの企ては無謀で、コンラート四世は五四年に南イタリアで病死（異母弟マンフレーディ王に毒殺されたとの噂も流れた）してしまう。次いでマンフレーディ王自身がアンジョ家のカルロ一世を相手にベネヴェントの戦い（六六）で敗死、さらにコンラート四世の息子コラディーノが、ドイツ勢力による南イタリア征服最後の試みであるタリアコッツォの合戦（六八）に敗れて捕虜となり、ナポリで斬首されてホーヘンシュタウフェン家の命運が尽きるのは周知の展開である。

ミラーノに関していえば、この流れの中でコンラート四世のイタリア南下が引き金となって、フリードリッヒ一世の時の先例に倣い、ロンバルディーア都市の間で同盟の復活の呼びかけが行われる。その結果、ミラーノを筆頭にクレモーナ、コーモ、パヴィーアなど反ドイツ派の諸都市と、コンラート四世やマンフレーディ王を支持する皇帝派で、ヴェローナに本拠を置く豪族ダ・ロマーノ家のエッツェリーノとの間に戦端が開かれ、エッツェリーノは一二五九年、カッサーノ・ディ・アッダの戦いに破れて滅び、これにマンフレーディの敗

(37) もう少し細かく言えば、ピエモンテとロンバルディーアとの間には、サルッツォに本拠を置いてアレッサンドリア、ヴェルチェルリなどの都市を領内に含み、時によってはマントヴァやヴェローナ辺りまで勢力を及ぼしたモンフェラート侯爵領がある。ただしこちらも、これら自治都市に対し封建体制上の宗主権を有してはいるが、封土として直接に統治するのでなく、任期付きの軍事指揮権を委ねられて「君臨する」タイプの支配形態であったから、経済・政治・社会の諸領域で独自のルネッサンスを打ち出すまでには到らなかった。

死（六六）が続いて、ミラーノ側の意気は大いに揚がる。

さらに同じ六六年、ミラーノの民衆派「ラ・モッタ」を代表するデ・ラ・トルレ家が、皇帝に好意的な大司教オットーネ・ヴィスコンチに率いられる貴族派を抑えて市の政権を掌握、オットーネはデ・ラ・トルレ陣営の首領ナーポに阻まれて、自己の司教区であるミラーノ市内に入ることさえ叶わぬ有様となってしまう。

貴族派ヴィスコンチの復権

ところが皮肉なことに、ホーヘンシュタウフェン家の命運が尽きて、アンジョ家の勢力が強まると、教皇庁は今度は新たに皇帝候補に選ばれたハプスブルグ家のルドルフ一世支持に回り、ルドルフが神聖ローマ皇帝として戴冠のため、ドイツ兵を率いて一二七七年ミラーノに南下する運びとなる。[38] オットーネはこの機を捉えて再度貴族派を語らって、デ・ラ・トルレ家に攻撃を仕かける。ミラーノの北二十キロほどのデジオで行われた戦いでは、ナーポがそれまでの恣意的な市政運営によって市民の反感を買っていたこともあり、デ・ラ・トルレ側が敗北、ナーポ自身も捕虜となってしまう。これでオットーネは市内へ入ることを得、ヴィスコンチ家の政権掌握が実現する。

興味深いのは、この時『ミラーノ貴族名鑑《マトリクラ・ノビリウム・ファミリアールム・メディオラーニ》』なる文書が作られ、市政を担う役職につく家柄が限られた点である。しかもフィレンツェが「正義の法令」（一二九三）により豪族を市政から排除し、またヴェネツィアが「大評議会の登録締切《ラ・セラータ・ディ・マジョル・コンシリオ》」（一二九七）以後、同評議会メンバーを富裕商人の家系に限定したのに対して、ミラーノでは当事者による権力の独占という狙いでは共通だが、中身が封建貴族の尊重という、まさに似て非なる措置だった点である。

だがそうはいっても反ヴィスコンチ勢力が無くなったわけではない。追放されたデ・ラ・トルレ派は、アンジョ家のカルロ一世やトスカーナの教皇派と結び、ヴィスコンチ政権に攻撃を繰り返す。対抗上オットーネも、モンフェラート侯爵《マルケーゼ》グリエルモを五年間の任期で軍司令官兼総督に起用せざるを得なくなる。これによりモンフェラートの岳父で（神聖ローマ皇帝となる野心を抱く）イベリア半島カスティリア王国のアルフォンソ十世や、さらにはマンフレーディ王の娘を娶り、かねてからシチリアの領有権を主張していたアラゴン王家のペドロ三世など、スペイン勢力の支持を見込むことができたのである。

しかも一二八二年には、「シチリアの晩禱」として知られる反フランス蜂起がパレルモで起こり、カルロ一世はシチリア島を失ってしまう。かつアンジョ家がシチリア回復に精力を奪われ、その圧力が弱まると、前年の一二八一年、教皇に選ばれたマルティヌス四世はたちまち教会勢力の拡張を試み、ロマーニャの教会領を掌握して北イタリアの皇帝派に圧迫を加えようとする。もともとミラーノ教会は市の守護聖人である聖アンブロジウス（三四〇～九七）以来、キリスト教が古代ローマ帝国の国教となってもローマ教会とは異なる「アンブロジウス典礼」を採用しているぐらいで、教皇庁とは一線を画していたのである。しかし、オットーネにしても大司教でもある立場上、教皇に公然と盾突くことは憚られ、皇帝派に関係するモンフェラートを起用するわけにいかず、かといって教皇一辺倒でもない、自前の信頼の置ける軍司令官を持つ必要に迫られる。

マッテーオ・ヴィスコンチの活躍

そこでオットーネは従弟のマッテーオに白羽の矢を立てる。そしてすぐさまグリエルモ・ディ・モンフェラートが叛乱軍との小競り合いに出陣している隙を狙って総督館に乗り込み、市の城門を閉じて軍司令官のマッテーオへの交代を宣言する（一二八七）。不意を衝かれたモンフェラートは、一転デ・ラ・トルレ党や教皇派と組み、ミラーノ攻撃に回る。だが、ことがあるのを予想して準備の怠りなかった有能なマッテーオの指揮よろしきを得て、カステルセルピオの戦いはヴィスコンチ側の勝利に終り、クーデターは完全に成功する。そのうえグリエルモ・ディ・モンフェラートが九二年に死んで、幼少の息子ジョヴァンニがマッテーオの後見を受ける身となり、一時はモンフェラート侯爵領までがヴィスコンチ家の支配下に入る。

さらにマッテーオは、フェラーラの領主エステ公アッツォ八世の妹ベアトリーチェ[39]と息子のガレアッツォを縁組（一二九六）させるのに成功、東部に同盟国を得る。九八年には、ドイツ諸侯によりイタリア王に選ばれたが、皇帝として戴冠するところまでは行かなかったアドルフ・フォン・ナッソオから、ロンバルディーアにおける「皇帝代官《ヴィカリオ・インペリアーレ》」に任命されて、ヴィスコンチ家の勢力は一段と強まるかに見えた。

しかるに野心家のボニファティウス八世が一二九四年、聖人のケレスティヌス五世を押し退けて教皇の座に就き、九五年にはオットーネ大司教が死に、九六年にはジョヴァンニ・ディ・モンフェラートも成年に達してマッテーオの後見から独立するとなると状況は変る。ジョヴァンニはヴェローナに拠るデ・ラ・スカーラ家と同盟の上、クレモーナ、ベルガモ、コーモ、ノヴァーラ、パヴィーアを味方に引き入れてミラー

(38) じっさいは、ルドルフはローマで戴冠できず、ドイツ王のまま本国に帰る。
(39) 同名の、ルネッサンスの貴婦人として名高い、ミラーノの僭主ロドヴィコ・イル・モロに嫁したベアトリーチェとは別人。

ノに戦いを挑む。マッテーオと息子のガレアッツォはこれを凌ぎ切るが、反ヴィスコンチ派の動きは一向に止まらない。一三〇二年にはピアチェンツァの領主スコッティ家のアルベルト一世指揮下の反ヴィスコンチ連合軍との小競合で、ミラーノ勢の中から内応する者が出てマッテーオは捕虜となり、市をデ・ラ・トルレ家に明け渡して、ヴィチェンツァの南西二十キロのノガローレ・ヴィチェンティーノに逼塞《ひっそく》せざるを得なくなってしまう。

皇帝ハインリッヒ七世の南下

同年ミラーノに帰還したデ・ラ・トルレ家も、このたびは慎重に安定政策を取る。しかし新たに神聖ローマ皇帝に選ばれたルクセンブルグ伯爵ハインリッヒ七世が戴冠のため一三一一年ドイツ軍を率いて南下して来ると、デ・ラ・トルレ家はその反皇帝派的立場のゆえにミラーノを去らざるを得なくなる。ダンテがイタリアにおける皇帝権復活の夢を託したハインリッヒ七世は、もちろんフリードリッヒ一世以来の伝統に従い、北イタリアを直接統治する意志を強く持っていた。そこですでにアドルフ・フォン・ナッソウによりロンバルディーアにおける皇帝代官に任命されていたマッテーオは、賢明にもすぐにはミラーノに戻らず、時機を待つ。

はたせるかなハインリッヒ七世は、ロンバルディーア諸都市を制圧しようと試みて成功せず、一方、戴冠式のためにローマに向けてさらに南下する必要上、代官を置かざるを得なくなる。候補には当然、すでに任命されたことのあるマッテーオが挙げられ、六万フィオリーニという莫大な献金（四回払い）を申し出て勅許される（むろんマッテーオは、ハインリッヒが一三年ローマからの帰途、シエーナ近郊のブゥオンコンヴェントで病死したこともあって、全額を払っていない）。またミラーノに帰還したマッテーオは、この年から再びミラーノの政権を掌握、以後百三十年余り、一四四七年フィリッポ・マリア・ヴィスコンチが亡くなるまで、ミラーノはヴィスコンチ家の支配に入ることになる。

（5）　ヴェローナ、フェラーラ、ボローニャ

ヴェローナ

ヴェローナはヴェネト地域の西端に位するが、十三世紀半ば教皇派と皇帝派の対立の最盛期には、東のトレヴィーゾ辺りから出たダ・ロマーノ家のエッツェリーノ三世が残忍をもって知られる強烈な支配下に入る。エッツェリーノ三世はヴェローナばかりでなく、パドヴァ、ヴィチェンツァ、ブレシャ、トレントまでをも従え、ブレンネル峠を越えチロル渓谷経由で南ドイツとの交易を独占する強大な勢力となったばかりか、ホーヘンシュタウフェン家のフェデリコ二世の娘と結

婚して皇帝派の一翼を担う。だがフェデリコ二世の死（一二五〇）に続くホーヘンシュタウフェン家没落の過程で、五四年に教皇イノケンチウス四世から破門され、エステ家のアッツォ七世指揮下の「十字軍」とアッダ河畔のカッサーノで戦って敗死（五九）、その支配は瓦解する。

ダ・ロマーノ家の後に、ヴェローナを市民軍司令官《カピターノ・デル・ポポロ》の資格で支配するのがデ・ラ・スカーラ家のマスティーノ一世で、一二七七年に暗殺される直前に「シニョーレ」（君主）のタイトルを獲得する。マスティーノ一世は暗殺されたが、それでも弟のアルベルト一世が君主権の確保に成功、その甥でダンテを保護したことで有名なカングランデ一世（一三〇八〜二九）が、皇帝戴冠のため南下したルクセンブルグ家のハインリッヒ七世によりヴェローナの「皇帝代官」に任命（一三一一）されることとなる。

フェラーラ

フェラーラはヴェローナよりさらに南東に下ったエミリア・ロマーニャ地方の都市で、もともとロンゴバルド王国時代からの公爵領であったが、一二四〇年代にエステ家の勢力範囲に入り、六四年にオビッツォ二世が君主体制を敷く。そしてモデナ（八八）、レッジョ（八九）にも支配を拡げる一方、上述のとおり九六年、娘ベアトリーチェをヴィスコンチ家のガレアッツォ一世に嫁がせて、北イタリアに有力な同盟を形成する政策を進める。そして、ポオ河の水運をコントロールしようとするヴェネツィアとの抗争が発展し、一三〇八年から一七年まで、いわゆる「フェラーラ戦争」が起きる。その間エステ家は一時、アヴィニョンに在った教皇フランス人のクレメンス五世の介入で都市を追われている。しかし一七年にエステ家を支持する民衆の蜂起があって、教皇代理として市を支配していたナポリ王のロベルト・ディ・アンジョ（ロベルト一世）は退却を余儀なくされてエステ家が復帰、ヴェネツィアの攻撃をも凌ぎ切り、都市の独立を守る。

ボローニャ

ボローニャもエミリア・ロマーニャ地方の都市で、フェラーラよりさらに南、ただしこちらは半島中央部にあってアペニンニ山脈の北麓に接している。古代ローマのエミリア街道上に位置し、ロンバルディーアからトスカーナへ抜ける交通の要衝であった。十二世紀からの自治都市で、創設が十世紀末に遡り、ヨーロッパ最古の大学（十世紀末に創設）を擁するその法学研究で有名。また一二二〇年に聖ドメニコが自分の創設したドメニコ派修道会の第一回総会をこの市で主催した後、翌二一年に亡くなったことはよく知られている。

町の自治・独立を保つため、ホーヘンシュタウフェン家のフェデリコ二世皇帝に対抗して教皇派の市となり、一二四九年フォッサアルタの戦いで皇帝の愛息で詩人としても知られたエンツォ王を捕虜とし、その死（七二、毒殺の噂も流れた）まで牢獄に繋いだ。六〇年モンタペルティの戦いでトスカーナの教皇派が一時総崩れとなり、アペニン二山脈を越えて亡命した先も、このボローニャである。だが教皇ニコラス三世が七八年、ハプスブルグ家最初の神聖ローマ皇帝候補者ルドルフ一世の戴冠に対する便宜供与と引き換えにロマーニャの帝国領を教会に割譲させ、世俗権力としての教会領確立を目指し、甥のラティーノ枢機卿を派遣（八二）すると、教皇派の市であるにもかかわらず、ボローニャの独立は脅かされる。

一二八三年には民衆派の権利を封建的豪族の横暴から護る目的で、「市民法典」といえるような条例が作られる。八八年には豪族のリスト・アップがなされ、名前が載った者が市内に居住するためには一定の特別税を課せられることになる。これは豪族の行動牽制の効果をかなりの程度狙っている点で、フィレンツェの「正義の法令」（九三）ほど徹底的な排除ではないが、その北イタリア版といえる。かつ教皇庁が一三〇九年から南仏アヴィニョンに移転させられると、エミリア・ロマーニャ地方は宗主権者を欠いてしばしば無政府状態となり、ボローニャも危機に晒されること再三であった。

第3節　教皇庁ローマと南イタリアのナポリ——特殊性

(1)　諸都市と違う在り方

イタリア半島のルネッサンスに関わりある都市としては、上記の他にまだ教皇庁の所在地ローマと、南イタリア王国の首都ナポリが残っている。だがすでに述べたように、これら二つの都市は、半島においてルネッサンスを生み出した、まず経済（交易）、次いで産業（生産業・金融業）の興隆、およびその結果としての市民自治体制の確立を可能にする政治的枠組みの達成という発展段階を辿った諸都市とは、はっきり違った在り方をしている。当然そのルネッサンスとの関わり方も、建築や絵画あるいは文芸といった、ルネッサンス現象のいわば上澄みを、それも地元出身の建築家や画家ではなくて、他都市に生まれ名を成した芸術家達を一時的に呼び寄せて町を飾らせるという、まさに「ショウ・ケース」的な役割を果したに過ぎない。

とくに本章で扱っている第一期にあっては、教皇庁はフランスの「端麗王」ことフィリップ四世の圧力により十四世紀の大部分（一三〇九〜七七）を南仏アヴィニョンに移転させられ、イタリア半島から姿を消してしまう。当然社会の上部構造に属する芸術面においてさえ、ルネッサンスに関与しているとは言い難い。他方ナポリも、一三四三年アンジョ家のロベルト一世が死ぬと、跡目相続の争いから王国は極度の混乱に陥り、王朝がアラゴン家に代わる十五世紀前半まで、ルネッサンスどころの話ではなくなってしまう。

（2）ローマ

教皇権の確立

教皇庁の所在地である国際都市ローマは、古代ローマ帝国の首都だっただけにパンテオンやコロシアムなど壮大な遺跡を擁し、加うるに十三世紀初頭に教皇の権威を大いに高めた大教皇イノケンチウス三世、あるいはドイツ系ホーヘンシュタウフェン王朝の転覆を図って見事に成功したアレクサンドル、ウルバヌス、クレメンスいずれもたまたま四世、といったやり手の教皇達(40)により、十三世紀半ばまでにカトリック教界の首座の位地をゆるぎないものにしていた。一二一五年、イノケンチウス三世が招集した第四回ラテラーノ宗教会議にはヨーロッパ中の君主が自ら参加または然るべき代理を送り、その盛況はまさに壮観であったといわれる。九四年、高潔な宗教者ケレスティヌス五世から教皇位を奪ったボニファティウス八世もまた、教皇勅書『聖なるものは唯一』（一三〇二）を発布し、教皇権のあらゆる世俗権に対する優位を宣言するほどの（時代遅れで誇大妄想的な）教会による普遍支配論者であった。

ボニファティウス八世の事業

こうした教皇達が教会をどのように動かし、半島諸都市の政治に関わったかはすでに各都市の箇所で述べた。ここではローマのみについて触れれば、例えばボニファティウス八世は、世界の首都ローマの美化に熱心で、十三世紀末から十四世紀初にかけて、ピエトロ・カヴァーリーニに聖マリア・イン・トラステヴェレ教会の内陣を「最後の審判」のモザイク画で飾らせたり、ジョットをフィレンツェから呼び寄せて、教皇のローマ司教としての司教座教会である聖ジョヴァンニ・イン・ラテラーノ教会に、フレスコ画「聖年《アンノ・サント》を宣言する教皇ボニファティウス」などを描かせている。

またこうした事業の費用を捻出するため、このフレスコ画の主題である「聖年」を案出したのもボニファティウス八世であった。この場合なら一三〇〇年、後代には一三五〇年あるいは一三七五年など、区切りのよい年を「（歓喜《ジュビレーオ》の）聖

(40) これらの教皇達を同時代の英国の哲学・科学者ロージャー・ベーコンが「宗教人というより法律家達」と評している。

年」と銘打ち、この年にローマを巡礼として訪れ、教皇の上げるミサを聴き、祝福を受け、ローマの四大聖堂[41]に参詣・懺悔告解をすれば、その功徳でこれまでに犯した罪の大幅な特別宥免が得られるという一大イヴェントとしたのである。一三〇〇年の第一回には、全ヨーロッパから二十万人の巡礼がローマを訪れたと、『年代記』の作者ジョヴァンニ・ヴィラーニは記している。

アナーニの屈辱

こうして十三世紀末から十四世紀初にかけローマの町は大いに栄えたのだが、野心満々のボニファティウス八世はそれにあきたらず、上記勅書『聖なるものは唯一』を一三〇二年に発布、フランスに国王として統一主権を確立しようとしていた「端麗王」ことフィリップ四世と対立する。ボニファティウス八世が王を破門すれば、フィリップは〇三年腹心ギョーム・ノガレの率いる特殊部隊を派遣し、ローマの反ボニファティウス派豪族コロンナ家のシャルラの手引きを得て、避暑のためローマ近郊アナーニの別荘に滞在していた教皇を急襲、世に「アナーニの屈辱」と呼ばれる暴行および監禁を行う。ボニファティウス八世は数日後に解放されはしたものの、七十歳に近い高齢でショックに堪えられず、旬日を経ずして亡くなってしまう。しかもその翌々年の〇五年には、フランス人教皇クレメンス五世がフィリップ四世の命に唯々諾々と従い、教皇庁そのものを南仏の町アヴィニョンに移転させることに同意、〇九年に移転が実現すると教会の金融は南仏に移り、官僚もローマを去ってしまう。そうなると、ルネッサンスという現象を支える自前の生産活動を持たぬ都市の常として、たちまちローマは寂れてしまう。市が再びその繁栄を取り戻すのは、七十余年後、やっと教皇庁の帰還が実現する六八年以降のことである。

（3）ナポリ

アンジョ家とアラゴン家の対立

一方、ナポリはといえば、ホーヘンシュタウフェン朝を首尾よく滅ぼしたアンジョ家のカルロ一世は、シチリア島ではパレルモ、南イタリアではナポリにそれぞれ首都をおいて、いわゆる「両シチリア王国」に君臨、大いに栄える。だが、はや一二八二年には、民衆がフランス人の苛斂誅求に腹を据えかねて蜂起（「シチリアの晩禱」）し、フランス人達を追放、マンフレーディ王の娘と結婚していたアラゴン王国のペドロ三世に島の支配権を委ねる。トスカーナの政治に介入して、そちらに気を取られていたカルロ一世は、慌てて南イタリアに戻り、失地回復に努めるが成功せず、三年後の八五年には息を引き取ってしまう。

ナポリの沈滞と繁栄

以後シチリア島はアンジョ家の支配に戻ることはない。また残ったナポリ王国では、アンジョ家とアラゴン家との対立が続いて、ナポリの町も沈滞する。この間カルロ一世の跡を継いだカルロ二世がシチリア側の捕虜となる有様、加うるに王国内の封建貴族の私闘や、アンジョ家内部で身内同士の血で血を洗う抗争が続き、経済の方はピーザ、ジェノヴァ、フィレンツェなど外国商人の手に落ちて、とてもルネッサンスどころの話ではなかった。ここはナポリ王国の歴史を述べる場ではないので話をナポリの町に限ると、この町に安定と繁栄が訪れるのは、カルロ一世にとって孫に当たる「賢王《イル・サッジョ》」ことロベルト一世（即位一三一〇）の治世に入ってから、それも一三二〇年代の半ば過ぎ辺りからのことである。

（41）ヴァチカンの聖ピエトロ、ラテラーノ地区の聖ジョヴァンニ、聖マリア・マジョーレ、城壁外の聖パオロの四教会。

第2章

都市国家への発展（一三〇二〜四八年）

1340年頃のイタリア半島

さて、イタリア半島ルネッサンスの見取り図もいよいよ第二期に入る。半島の中・北部では、十三世紀末から十四世紀初にかけて自治都市《コムーネ》のエネルギーが爆発、市の内外に変動を呼び起こす。その動乱が一段落して、内部に抗争と対立（そうした緊張自体が共同体の活力を示している）を抱えながら、各都市はいちおうの安定に達する。その結果として成立するのがシニョリーア体制である。

すでに述べたように、「シニョリーア」とは「君主権」というほどの意味で、時代と場所によって内容も様々であるが、おおむね都市共同体のメンバーのうちで、単数または複数の有力者が統治権を獲得、自己に有利な政策を推し進めていく体制を指す。ジェノヴァとヴェネツィアの二大海運都市、半島中部の内陸都市では住民の共和制志向が強かったので、この体制は「都市共和国《チッタ・スタート》」政権を目指す。一方、北部の内陸都市では、市内あるいは近郊の小貴族を統治者に選び、これに「シニョーレ」（君主）というタイトルを付与して統治を任せる「小君主国《プリンチパート》」の形を取る（かかる制度であるから、封建支配を維持した南イタリア・シチリア王国および半島北西のピエモンテとフランスにまたがるサヴォイア（サヴォワ）王国、また宗教政権であるローマ教皇庁にとっては、本質的に馴染まない体制であることも理解されよう）。ただし、シニョリーア体制が成立した場合でも、各都市の状況に応じて政権に認められた権限の範囲や任期に幅が見られ、また共和制志向の強い都市では、政権の実態は富裕層支配であるのに、しばしば先行の「自治都市《コムーネ》」時代の民衆的体制名を用い続ける場合があるので、注意しなければならない。

さらに、もう二つだけ指摘しておく点がある。第一は時期の問題で、第二期を一三〇二〜四八年の五十年弱としたが、都市によっては他に先んじてすでに十三世紀末からシニョリーア体制に移行している場合もあるし、この区分は、あくまでも目安に過ぎないことである。第二には、この十四世紀のちょうど半ばに当たる一三四八年、ヨーロッパ全土を襲って人口の三分の一の生命を奪ったペスト（黒死病）の大流行があり、これによって半島ルネッサンスの第二期は突然、かつ一律に終りを告げることである。以上の二点を踏まえた上で、各都市に則して、政権の成立とその政策の展開を見ることにしよう。

第1節　海運都市——勝ち残った二強

（1）ジェノヴァ

ジェノヴァ海運の最盛期

半島の海運都市といっても、第1章で述べたように、アマルフィはルネッサンス現象の開始以前、またピーザは十三世紀末ジェノヴァとの競合に敗れて、以後はメジャーな海運都市としての地位を失ってしまう。残るはジェノヴァとヴェネツィアのみである。

　ジェノヴァは一二六一年にグリエルモ・ボッカネグラが初代の市民軍司令官《カピターノ・デル・ポポロ》となり、パレオロガス朝のミカエル八世と「ニンフェウムの条約」を結んで、ヴェネツィア主導のラテン・ビザンチン帝国の転覆に成功、黒海の権益を回復する。だがボッカネグラは翌六二年、その権力志向が祟って失脚、後をオベルト・ドーリアとオベルト・スピノーラ、両オベルトの二頭政治が八五年まで続く。八四年にはピーザ相手のメローリアの海戦に勝って西地中海の覇者となり、サルデーニャとコルシカ両島をも支配する。だが両オベルトの引退後、跡を継いだ息子達には、教皇派《ゲルフィ》と皇帝派《ギベリーニ》とに分かれて争いを繰り返す市内の派閥を上手く統制する力がなかったばかりか、自分達自身が党派の領袖となって抗争を主導する体たらくであった。

　それでも九八年、ランバ・ドーリアに率いられたジェノヴァ艦隊はアドリア海を北上、クルツォラ島沖でヴェネツィア水軍と戦って大勝する。ジェノヴァの都市共和国としての体制が整うのも、この辺りからと考えてよかろう。この黒海の権益を取り戻した戦いから、ヴェネツィアを破ったキオッジャの戦い（一三七八）までのほぼ八十年間が、ジェノヴァ海運の最盛期である。すでに名を挙げたベネデット・ザッカリア、すなわち「自治都市」時代の代表的な冒険商人・航海家は一三〇七年末に亡くなるが、その後もジェノヴァ商人達は地中海ばかりか、黒海、大西洋、北アフリカ、バルト海沿岸などに進出、いたるところに足跡をとどめている。

個人主義と共同体

とはいえ、こうして得られた莫大な利益は、ジェノヴァ共和国の強大化には繋がらなかった。ジェノヴァ人はその個人的な気質のゆえに、獲得した利益を自己あるいは自己の一族のためだけに用いて、あまり都市共同体に還元しようとしなかった。それどころか有力な家柄の首領は、すでに挙げた造船・地図・航海術・手形割引・損害保険などを自分達のためだけに活用したのである。例えばフランスの経済史家イーヴ・ルヌワールの指摘によれば、一般に「ヴェネツィア式帳合」と呼ばれる複式簿記は、じつは一三四〇年頃にジェノヴァ商人が用いていた帳簿には、その最も古い例が見出されるという。ことほどさように自分達が開発した多くの新しい資産運用のテクニックを利用し、海外拠点に事業の本部をおいて税金を逃れた上、任期制で選ばれる市の行政委員会のメンバーとなり、港湾施設や軍隊など、公共の目的のために用いられるべき財を、自分達に都合のよい用途に転用させることに力をつくしたのである。市民軍司令官まで勤めた皇帝派の一族、ドーリア家のコラードが、南イタリアをめぐるアンジョ家とアラゴン家の複雑きわまりない争いに際して、なんと自家のサルデーニャにおける利益をジェノヴァ共和国の立場に優先させ、教皇派のアンジョ家側について祖国の中立政策を危機に瀕せしめたのが、その好例である。(1)

独立の放棄

ジェノヴァ市政府は、こうした市民の党派対立に歯止めをかけるべく窮余の策として、一三一一年十月神聖ローマ皇帝に選出され、戴冠のためローマに南下して来たルクセンブルグ家のハインリッヒ七世に市の宗主権を委ね、伝統の自治・独立を捨ててしまう。ただ、この時はハインリッヒ自身が翌々年の一三一三年、ローマからの帰途、シエーナ近郊のブオンコンヴェントで熱病のため急死、ジェノヴァは共和制に戻る。

しかし、共和制に戻れば内部抗争が再燃、そのたびごとに市はミラーノの支配者マッテーオ・ヴィスコンチや、同じヴィスコンチ家のジョヴァンニ大司教、さらにはモンフェラート侯やサヴォワ公、フランス王にまで市の支配権を渡して、彼らが派遣する代官《ヴィカリオ》に争乱を静めてもらうという解決法に頼る他なかった。こうした方法が、外部勢力の市の政策に対する介入を招き、たとえヴェネツィアを始めとする競争相手との戦いにおいてジェノヴァが勝利を収めても、そこから自己の方針に従い、決定的な利益を得ることを難しくしてしまったのである。

マオーナの導入、富裕商人支配へ

一三三九年には、それまで市政を握っていた貴族派に対して叛乱を起こした民衆派《ポポロ》のシモン・ボッカネグラ（ヴェルディの同名の歌劇の主人公のモデル）は、「市民軍司令官」の称号を拒否し、代わりに終身の「総督《ドージェ》」というヴェネツィア風のタイトルを要求する。こうして一種の独裁政権樹立により政情の安定を狙ったのである。だが、この企ては成功せず、五年後の四四年に貴族派の叛乱により市を追われている。こうした政治の混乱によって追放される者が相次ぎ、こうして生まれた亡命者達（特に南仏モナコに拠る連中）が国外から現政権の転覆と市への帰還を狙う脅威に対処するため、市は討伐軍派遣を計画する。

だがジェノヴァ市の財政は枯渇しており、肝心の艦隊を建

(1) コラードは一三〇〇年、アラゴン水軍の名提督ルッジェーロ・ディ・ラウリアの巧妙な作戦に引っかかってナポリ湾で大敗を喫し、捕虜にされている。

造する資金の余裕がなかった。そこで市は四六年、資金調達の目的で、まず「マオーナ」（アラブ語で「補償」）と呼ばれる債券を発行し、これを富裕市民に割当てる。そうして得られた資金で船団を組織、東地中海に送ってキーオの町を占領する。そこでは交易とは名ばかり、不公平な条件を押し付けた取引で得られた富をもって、債券の償還と新艦隊の建造資金に充てるのである。以後、たとえ常に戦争目的でなくとも、大型の公共事業の運転資金を公債の形で募集・割当によって賄う方式がジェノヴァで定着する。そしてこれが十五世紀初にジェノヴァを支配することになる、富裕商人《ポポロ・グラッソ》の組織「聖《サン》ジョルジョの家《カーザ》」（一四〇七）に発展していくのである。

ペストの襲来

一三四八年のペストについては、このタイプのペストに罹るとリンパ腺が集中する腋の下や鼠蹊《そけい》部に濃い紫斑を生ずるため「黒死病」と呼ばれた。この疫病をヨーロッパに持ち込んだのは、ジェノヴァ商船に他ならない。黒海奥のクリミア半島附近ではこの病気は周期的に発生しており、住民にも免疫があって大きく流行することはなかった。だが免疫の無い他の地方では話は違っていた。まずコンスタンチノープルで流行が始まり、四八年春にはシチリア東部の港メッシーナに達する。そこから北上してフィレンツェやシエーナなどトスカーナ地方の町を襲った様子は、ボッカッチョの『デカメロン』序章に活写されている。さらにアペニンニ山脈を越えてロンバルディーアの町々、その先はアルプス以北の国々にまで及んで、全ヨーロッパ人口の三分の一が生命を奪われたといわれる。

むろんジェノヴァもヴェネツィアと共に被害を蒙っており、ことに海運都市の場合はガレー船の漕ぎ手が不足して活動が一時的に停止する有様であった。ただしジェノヴァは市民権に関してヴェネツィアより開放的で、リグーリア沿岸の諸都市民、あるいはバルカン半島やエーゲ海諸島、さらにはギリシャにあるジェノヴァ植民地の住民にも市民権を与えて不足を補っている。だがそうはいってもビジネスの相手である半島内陸、さらにはヨーロッパ全体の活動の停滞は、ジェノヴァにも影響を及ぼさないわけにはいかなかった。少なくとも四八年から数年、疫病の流行が去り、失われた人的資源の回復が緒に就くまでは社会の体制に大きな変動はない。むしろ変化は、大厄災が過ぎた後に残された人々の心に、それまでの楽観的・発展的あるいは英雄的・行動的ともいえるような考え方とは趣きを異にした、内省的傾向が出てきたことが注目に値する。

（2）ヴェネツィア

統制の仕組み

すでに述べたように、ヴェネツィアでは第二期への転換は、一二九七年の「大評議会の登録締切《セラトゥーラ・ディ・マジョル・コンシリオ》」から、一三一九年の『黄金の書《リブロ・ドーロ》』の作成までの期間になされる。

一三一〇年のバイアモンテ・ティエポロの乱は、「自治都市《コムーネ》」の活力が頂点に達しシニョリーア（ここでは共和制《レプブリカ》）に移行しようとする時期に起こる、いわば必然の段階ともいえる事件であった。これは富裕有力市民の中の野心家が独裁的権力を獲得しようと試みて、政権グループを構成している仲間から排撃され、亡命を余儀なくされるというものであったが、じっさいこの時期に半島諸都市で同様の事件が多発している。上述したように、ジェノヴァにおいてシモン・ボッカネグラが終身の総督職を要求したのも同種の現象に他ならない（ちなみに半島北部では、都市に来って住むようになった有力貴族間の武力闘争が、同じ「シニョリーア」と呼ばれるが、こちらでは小君主国《プリンチパート》への途を拓く(2)）。

バイアモンテ・ティエポロの乱は、総督ピエトロ・グラデニーゴの適切かつ迅速な対応よろしきを得て、辛くも鎮圧される。この経験がヴェネツィアに、他に類を見ない厳格な国家統制システムを採用させる。まず「十人委員会《ディエーチ》」と呼ばれる絶大な権力を持った国家安全保障委員会が設置され、悪名高い「ライオンの口」によって密告を奨励し、有無をいわさぬ検束・秘密裁判と処刑で一種の恐怖政治を行う。次いで「八人委員会《オット》」「四十人委員会《クワランタ》」「元老院《セナート》」など、民衆統制のための仕組みが次々と発足する。これで一般のヴェネツィア市民の社会・政治に対する関心は、完全に骨抜きにされてしまうのである。

貿易立国

だがその一方で、市民の、いな市民というよりむしろヴェネツィア共和国の経済的繁栄に関しては、都市国家《チッタ・スタート》として至れり尽くせりの配慮が払われた。じじつジェノヴァと違って、ヴェネツィアではすべてが政府の統制下にあった。商船はすべて国の工廠《アルセナーレ》で、政府の定めた規格によって建造される。規格が統一されているから、アドリア海、またイオニア海、エーゲ海沿岸や島々にあるヴェネツィアの植民地のドックには、マストから舵、その他あらゆる部品が備蓄されており、嵐で難破したり、海賊に襲われて損傷を被ったりした場合には最寄りの港で速やかに修理が可能になっていた。航行技術の方も最新の羅針盤、あるいは海流と季節風を利用して活躍

(2) これらに対し、権力構造の安定という点からいえば、アルプス以北の「血統」という条件により、特定の家柄に「国王」という、封建貴族より一ランク上のタイトルを保障するシステムの方がより安定的だったといえる。

するイスラムやインドのダウ船の三角帆を取り入れ、かなりの逆風でも航行可能なように改良され、必要とあらば戦闘員に早変わりする漕手を乗せた櫂船の採用もこれを助ける。

ヴェネツィア商人は行く先により、「ムーダ」（語源については、鳥や兎の季節による羽毛の生え変り、あるいは猟犬の群など諸説ある）と呼ばれる年二回春・秋の国営船の出港に合せて、まず自己の商品を申告した上で、これを積み込み、現地に赴くのである。いったん目的地に着けば、後は品物の値段の付け方から、その売り捌きの方法まで、各人の責任と才覚に任せられているが、ともかくも国営の輸送システムによって、商品を「フォンダコ」[3]と呼ばれる国営の倉庫兼宿泊施設に入れた後でなければ、商売はできない仕組みになっていた。それはまた帰り船で、行った先で仕入れた商品をヴェネツィアに持ち帰る際も同様であった。むろん国益に反するような相手との取引は許されるはずもなく、現地での商人の行動はヴェネツィア本国から派遣された居留民監督官によって、細大洩らさず監視されていた。

利潤追求と没理想性

この国家の後ろ楯と同時に管理の下で商売を行うという方式は、商品輸送の利便と安全確保の点からは、商人達にとっても有利であったことに疑いはない。しかし、ジェノヴァが個人の独立独行を重んじるあまり、強力な個性の衝突が商取引と同じく政治をも動かし、市内に混乱と不安定を惹き起こしたのに対し、ヴェネツィア市民の方はジェノヴァの欠点を免れることができた代わりに、利益追求に全精力を集中したために、利潤以外の、理想や情熱というべきか、より高い目標を見失ってしまう。そしていったん財を成して故郷に戻れば、後は享楽的な生活に身を任せることになってしまった。こうして実利的かつ現実主義的なヴェネツィア気質《かたぎ》というものが、徐々に形成されてくる。この変化は、じつはヴェネツィアの商業活動の形態の変化と正確に対応しているのである。

その例として「ヴェネツィア式帳合」の名で知られる複式簿記は、じつはヴェネツィア商人の発明かどうか疑わしいのだが、「ヴェネツィア」の名が冠せられたのをみても知られる通り、ヴェネツィア商人により地中海世界に広められたことには疑いがない。また、これはヴェネツィアのみならずイタリア商人全体に帰せられるべき発明であるが、「手形」や「信用状」を用いて現金の移動を伴わず、したがってその分だけリスクの少ない取引決済の方式が拡がり、ヨーロッパ各地で採用されることになった。当然それに伴って「利息」や「手形割引」といった、中世キリスト教会の禁止条項に抵触しかねない商習慣も発達してくるわけで、これはまた「資本家」と実際に取引に従事する「商人」との分離、あるいは役割分担を生じさせることに繋がる。じっさい十四世紀半ばを境に、それ以前のマルコ・ポーロやベネデット・ザッカリアなどに代表される、商人であってかつ資本家でもある人物が、自ら遠隔地の商売に乗り出し事業の地平を拡大する「英雄時代」は終りを告げて、代わりに金主は本国に留まって動かず、出先の居留地の支店に派遣された手代が、指示に従って商売を行うという、現代の商社にも似たオペレーション方式が採用されることになった。

ただ、そうはいっても十四世紀前半の時点では、この分離はまだそう判然したものではなく、ヴェネツィア商人は依然として、地中海を舞台に最後の競争相手ジェノヴァと熾烈な抗争を繰り拡げている。そしてその最終的な勝利が、キオッジャの敗戦（一三七八）の後に、皮肉なことに海軍力でなく外交交渉によって達成されたトリーノの和平（一三八一）で訪れるのであるが、これは第三期に入るので、いまは内陸都市の方に目を移そう。

第2節　内陸都市——半島中部と北部の差

（1）シエーナ

九人委員会体制の確立

内陸都市の中では、まず半島中部の都市として、シエーナが問題となる。すでに見たように、シエーナでは一二四〇年の民衆派の台頭以来、教皇派フィレンツェとの対抗関係もあり、ずっと皇帝派の「二十四人委員会《ヴェンティ・クワトロ》」が市を支配していた。だが、モンタペルティの合戦（一二六〇）におけるフィレンツェに対する大勝利で一時的に意気は揚がったものの、六八年のホーヘンシュタウフェン朝滅亡が決ったタリアコッツォの戦い、翌六九年のコルレ・ディ・ヴァルデルサでのフィレンツェおよび教皇派シエーナ亡命者の連合軍との戦いにおける敗北と続いて、二十四人委員会はついに退陣する。代わって教皇派・親フィレンツェの政策を推進すべく、「三十五人委員会」「十五人委員会」など、委員の人数により名前は様々な体制が取られる。そして最終的に権力を掌握するのが、教皇派の富裕商人、ボンシニョーリ、サリンベーニ、トロメイ、マラヴォルティ、ピッコロミニといった家々に代表される「九人委員会《ノーヴェ》」（一二八七年に置かれて、九二年に制度として確立）である。ボンシニョーリ銀行《タヴォラ》の破産（一二九八）を待たずに、すでにこの時点でシエーナのルネッサンスは第

（3）アラブ語の「フンドゥク」（旅宿という意味）から来ている。
（4）Yves Renouard, *Les hommes d'affaires italiens du Moyen Âge*, Armand Colin, 1972.

二期への移行が始まったといってもよいかもしれない。じじつこれに先立つ七七年辺りから、その出自からして皇帝派的心情を有する封建貴族を市政から排除、また反フィレンツェを標榜する民衆の動きも厳重に監視される。こうしてシエーナは、外交的にはフィレンツェとの協調路線（とは言っても、じつは上り坂のフィレンツェ経済に押されて、十四世紀に入るとフィレンツェ追随路線）に切り替わる。この現実主義路線を選んだ体制こそ、上記富裕商人階級の利益を最優先してはばからぬ九人委員会であった。

以後シエーナは、トスカーナにおける皇帝派のリーダーとしての、半島全体さらには国際的な拡がりを持った視野を放棄し、ひたすら自己の経済的利潤を追求する政策に転換する。しかもその経済においてさえ、長期的に見ればフィレンツェの敵ではなく、次第に沈滞の方向に向かう（とはいえ、産業基盤つまり資源・土地・水利・人口などにおいて、隣人フィレンツェに比してはるかに劣ったシエーナにしてみれば、これ以外にいかなる選択肢があっただろうか?）。思想（イデオロギー）を捨てたのと引き換えに、当面シエーナの経済と治安は比較的良好に保たれ、一三四八年にヨーロッパ全土を襲うペストに到るまでの七十年間が、ドゥッチョ・ディ・ボンインセーニャ、シモーネ・マルティーニを含む、シエーナ美術の黄金時代となる。

シモーネ・マルティーニ

シモーネ・マルティーニは、すでに第一期で挙げたドゥッチョ・ディ・ボンインセーニャの後継者というよりも、むしろドゥッチョと並び立つ大画家である。シモーネはドゥッチョより二十歳ほど若く、かつドゥッチョのもとで絵を学んだと考えられている。師匠の「アンコーナ」に遅れることわずか五年、一三一五年に大聖堂《ドゥオーモ》と並んでシエーナ市を代表する建築「市庁舎《パラッツォ・プブリコ》」の「評議会《コンシリオ》の間」の壁を、フレスコ画の「マエスタ」と呼ばれる壁画で飾っている。「アンコーナ」と同じく、聖母マリアが幼児キリストと共に中央の玉座に座る図柄だが、こちらはキリストを抱くのではなく膝の上に立たせ、首も傾げる度合がビザンチン風より少ない自然な姿勢で天蓋の下に座し、これを諸聖人が取り捲いて崇めている。ドゥッチョの「アンコーナ」では金地を多用しているが、フレスコ画では漆喰の壁に直接石灰が乾かぬうちに描線で描いていくので柔らかく、むしろ燻《くす》んだ渋いでき上がりで、それがいっそう魅力的である。平たく波打つ天蓋が動きを表し、一方、玉座の背にはゴチック風の尖塔アーチが五つあり、中央の聖母の大きなアーチとそれを挟んで左右に二つずつ並べている。ドゥッチョの「アンコーナ」がモニュメンタルであるのに対して、シモーネの「マエスタ」はいっそう優雅で動きが加わり、人物達の表情もフランスのゴチック様式よりもずっと豊かになっている。ここに至ってシモーネは師匠に勝《まさ》ったといえよう。

　ドゥッチョが「アンコーナ」を描いたのに、なぜこの「市庁舎」の壁画は引き受けずにシモーネに任せたのか、金地を用いることができる板絵に比べてフレスコ画は劣ったジャンルと思ったのか、それとも漆喰が乾く前に素早く描く筆遣いが得意ではなかったのか、理由は分からない。一方、シモーネは以後、フレスコ画でも金地の板絵でも、モニュメンタルな作品でも躍動的な描写あるいは感情の表現でも、行くところ可ならざるはなしという天才を発揮することになる。例えばフィレンツェのウフィッツィ美術館にある（元来シエーナの注文主のために描かれた）「受胎告知」（一三三三）では、華麗な金地にマリアに受胎を告げるため、オリーヴの小枝を捧げて舞い降りて来た天使ガブリエルの衣の裾が翻って動きを表すかと思えば、お告げに耳を傾けるマリアの表情には慎みと懼れの感情が見事に描き出されている。一方、モニュメンタルといえば、現在ナポリはカーポ・ディ・モンテ美術館所蔵の「トゥルーズの聖《サン》ルイ」（一三一七）ほど豪奢で、かつモニュメンタルな作品も珍しい。アシジの聖フランチェスコ聖堂は、「下の教会《キエーザ・インフェリオーレ》」の聖《サン》マルティーノ礼拝堂（一三二〇～三〇）に描かれた聖者の生涯、それに主祭壇の脇の壁に描かれた聖フランチェスこと聖キアーラのメダイヨンの得も言われぬ甘美さもある。

　再びシエーナの「市庁舎」に戻れば、今度は「評議会の間」の壁に九人委員会の注文で描かれた「市民軍司令官グイドリッチョ・ダ・フォリアーニの肖像」（一三二八）は、グイドリッチョがシエーナ軍を率いて制圧したばかりのマレンマ地方の二つの城塞を背景に、指揮官が威風堂々と馬を駆る姿を表している（城塞は写生ではないが、画家は現地に派遣されてその佇《たたず》まいを実見している）。とくにこの作品で注目すべきは、これまでに挙げたシモーネの絵に見られるような宗教的な要素が一切無いことで、絵といえば中世このかた宗教画と、それに王侯の肖像（聖人の肖像からきたと思われる）が中心だったのに、軍隊の指令官という大して高位でもない俗人を題材とした作品が麗々しく登場してきたところに、芸術の世俗化、人間化（ルネッサンスの指標の一つ）およびシエーナという町のローカルな市民性が出ている。世俗化といえばシモーネにはやはり市からの注文で（いまでは失われてしまったが）古代ローマ共和国の英雄アッティリウス・レグルス（前三世紀）のカルタゴ戦争の挿話を描いたフレスコ画が枢密委員会の間の壁にあったことが知られている。これなどもキリスト教とはまったく無関係の古代の事跡を扱った点で、後に人文主義《ウマネージモ》の流行に乗ってもてはやされることにな

「受胎告知」 シモーネ・マルティーニ筆 1333年 フィレンツェ ウフィッツィ美術館蔵

「市民軍司令官グイドリッチョ・ダ・フォリアーニと城壁」部分 シモーネ・マルティーニ筆 シエーナ 市庁舎蔵

る、きわめてルネッサンス的な古代史に拠る題材を先取りしている。シエーナを単純に中世的と片付けるべきでなく、むしろ前期ルネッサンスの都市と見る必要があるとする所以である。

　シモーネ・マルティーニは、その活動範囲がまたドゥッチョよりずっと拡がっている。シエーナ派の絵画は国際化し、全ヨーロッパに知られることになった。ドゥッチョがほとんどシエーナを離れず、離れるとしてもその活動はトスカーナ地方に限られるのに対し[(5)]、シモーネの活躍は広範囲に及ぶ。「マエスタ」の完成直後、シエーナを訪れたアンジョ家のロベルト一世に認められてナポリの宮廷に赴き、「トゥルーズの聖ルイ」を制作して、宮廷画家・騎士の身分を与えられるかと思えば、またアシジ、オルヴィエート、ピーザなどにも足跡を残している。一三三〇年代の後半頃からは教皇庁の所在地、南フランスはアヴィニョンに招かれて教皇の画家であったのみならず、同じアヴィニョンに滞在中のペトラルカ（三十歳前後、シモーネは六十歳近く）と知り合い、その注文で詩人の恋人ラウラの肖像を描き、でき栄えに感激したペトラルカは、その『歌集《カンツォニエーレ》』第七七・七八番の二つのソネットで、画家の腕前を賛えている。残念ながらこの肖像は残っていない。しかし所有していたヴェルゲリウスの写本が盗難にあい、三八年に手許に戻った記念に、ペトラルカがシモーネに同写本の挿図を依頼、現在その写本がミラーノのアンブロジャーナ図書館に所蔵されているなど、両者の交流を示す資料がある。ペトラルカをルネッサンス詩人と認めない人はあるまいが、そのペトラルカと親しく付き合い、互いに理解し合っていたシモーネ・マルティーニの方を中世人とするのも整合性がないように思われる。後述するが、ペトラルカが人文主義の先達と見做され、フィレンツェからの追放者の息子として根無し草的な面を持っていたのと似て、シモーネも知的貴族趣味と国際性（いずれもルネッサンスの重要な側面である）を具えて、互いに馬が合ったと思われる。シモーネは四四年アヴィニョンで亡くなっている。

アンブロジョ・ロレンツェッティ

シエーナ派の絵画を語るとなれば、市庁舎は「九人委員会の間」（今日では「平和の間」と呼びならわされている）に「善き政治とその結果」、および対称的な「悪しき政治とその報い」と題される壁画（一三三八〜四〇）を描いたピエトロ

(5)　いまフィレンツェにあり「ルッチェライの聖母」と呼ばれるに到った、ドメニコ派のサンタ・マリア・ノヴェルラ教会に拠る「ラウデージ同信会」の注文で描かれた聖母子像がその例である。

とアンブロジョのロレンツェッティ兄弟について触れないわけにはいかない。二人のうち弟のアンブロジョの方が才能もあり有名でもあったようだが、シモーネ・マルティーニがアヴィニョンに去った後、市の公式画家となった二人は、九人委員会の命により、シエーナ市の実質上の統治者が寄り集まって政策を決定する会議室の壁面を飾る仕事に携わる。むろん九人委員会の政策を賛えることを目的とした仕事である。

この委員会はすでに述べたように、対外的にはひたすら事なかれ主義の現実路線で、教皇およびフィレンツェとの平和・協調を選び、内政では富裕商人層の経済的利益の追求のため、市を混乱に陥れる党派間の争いを極力抑えようとする政策を取った。したがって治安の維持が至上目的で、「善き政治とその結果」には向かって右寄りにいちばん大きく「冠を戴いた老人」（シエーナ市を象徴するが、そのじつは市を統治する九人委員会といえる）と、左寄りには少し離れて、それよりやや小さく司法を司る「裁判」が置かれている。そして「政府」（九人委員会）の左右に三人ずつ、向かって右手、政府から近い順に、中世以来の基本的徳目「寛仁大度」「節制」「正義」、向かって右手には「思慮」「堅忍不抜」「平和」のアレゴリーが「裁判」よりもさらに小さく、いずれもラテン語では女性名詞なので、女性の姿で描かれている。その中で目立つのが「平和」で、他の人物がいずれもキチンと正面向きに座っているのに対し、「平和」だけは九人委員会を囲むグループの最右端（向かって最左端）、ソファーの端に座ってゆったりと寛いだポーズを取っている。そして他の人物が皆、豪華ではあるが色とりどりの衣裳を付けているのに対し、「平和」だけは白一色、何の飾りもない長衣を身に纏い、断然抜きん出て見える。かつ「平和」は画面全体のほぼ中央の位置に描かれているのであるから、この部屋を「平和の間」と呼ぶのももっともということになる。こうしてアレゴリックに表された「善き政治《ブォン・ゴヴェルノ》」のもたらす結果が、いま述べた絵に向かって右側の壁に市民生活の繁栄として描かれている。その左半分は都市生活を、右は農村での作業や貴族の鷹狩の有様を表し、両者共に非宗教的題材であるのみならず、特にその田園風景描写には見事に目をみはる新しさがある。反対側（とは向かって左側）の壁に描かれた「悪しき政治とその報い」でも同じことで、一半はアレゴリーで悪徳を従えた専制を、他半は写実的に殺人や戦争の場面を描いて僭主制《ティラニーア》を断罪し、九人委員会の共和政治を讃えている。

シモーネ・マルティーニの審美的で貴族的な美しさとはまた違った、写実的な構築性と併せて、これらの作品は政治プログラムを推進する思想性を含んで、同時期のフィレンツェ絵画にも通ずる面を示している。

十四世紀前半の遠近法

アンブロジョ・ロレンツェッティについては指摘すべきことがもう二点ある。第一は、ルネッサンス絵画を特徴付ける技法の一つ「遠近法《プロスペッティーヴァ》」の恐らく最も早い例が、その「幼児イエスのシナゴーグへの奉献」（一三四二）と「受胎告知」（一三四四）に見られることで、これはゴチック様式からの影響であると思われる。一般に「遠近法」は十五世紀のフィレンツェでブルネレスキ（一三七七〜一四四六）の考案にかかる透視図法によって開発され、二次元的なビザンチン様式のイコンやロマネスク絵画に、三次元的立体感を与えた「一点消失構図」がその基本とされる。そんな遠近法に、ゴチック由来のものがあるというと、いかにも唐突に聞こえるかもしれない。だが遠近法にも二種類あって、十五世紀フィレンツェで見出されたのは、人文主義が盛んとなり、古代ギリシャ・ラテンの理論書などに基づいて開発された、数理的遠近法である。他方ここで問題にしている遠近法は、十四世紀前半のロレンツェッティ、さらにはジョットにもその端緒が見出されるもので、ビザンチン様式のイコンやロマネスク絵画の平板な二次元画面に、立体感とドラマチックな感情の表現（いずれもゴチック様式に特徴的な要素である）を導入したいという画家の欲求から経験的に編み出されたものであって、十五世紀の幾何学的静的かつ構図中心で、形としては整っているが面白みの少ない遠近法とは異なる。

ロレンツェッティの二作品のうち「幼児イエスのシナゴーグへの奉献」を見ると、聖書「ルカ伝」第二章の伝承に従って、マリアとヨセフとがイエルサレムに上り、幼児イエスをまずユダヤ教徒としてシナゴーグへ奉献、割礼の儀式を受けさせようとする。この時に「イエスを見ぬうちは死ぬこと能わず」と予言されていた義人シメオンは、キリストを抱き上げて「主は誉め讃えらるべきかな、吾、今日イエスを見たり。安らかに死ぬることを得ん」と喜ぶ。またシナゴーグで勤行に努めていた女予言者アンナも歩み寄って、神を讃えキリストの栄光を予言したという。画面に描かれているのはまさしくゴチック様式の神殿で、祭壇を前にしている司祭の背後に、黒大理石の列柱と白い柱頭が奥行きを示すように描かれ、床面を飾るモザイク・タイルも手前から奥に向かうにしたがって幅と長さを縮め、まさに遠近法による奥行感を出している。こうした例を見ても、十四世紀の「遠近法」がゴチック様式と深い関わりを持っていることが理解されよう。

じっさい、天にいます父なる神に向かって上に上に高く昇ろうとするのがゴチック建築の基本的衝動であることはよく知られている。この上方志向を地面に落せば、縦軸が横軸より長いラテン十字形で、正面入口が西に向いたゴチック聖堂となる。イタリア半島中・北部の都市国家で十三世紀末に建造が始まるピーザ、シエーナ、オルヴィエートなどのゴチック式大聖堂は、みなこの形を取る。そうすると主祭壇のある内陣の背後は東に当たるが、これには「光は東方から《エックス・オリエンニス・ルックス》」という思想が関わっている。すなわち神によって送られた人類の救い主イエスが、ヨーロッパからすれば東方に当たるイエルサレムから、朝日が昇って来るように出現するのである。西側の正面入口から聖堂に入った信徒達は東面し、両側に高い列柱が並木のように林立する身廊を見晴かして、主祭壇に向かってキリストを拝するのだが、主祭壇の背後にあるステンド・グラスから射し込む光は、神の真理と栄光を象徴している。奥行感とゴチック建築の関係には切っても切れないものがあり、イタリア半島におけるルネッサンスにあっては、ゴチックとクラシックとは共に新風であり、相並んで知的・芸術的活動に新しい活力を吹き込んだとみる本書の立場からすれば（十五世紀前半フィレンツェで開発された遠近法に先立つことほぼ百年）、十四世紀前半のシエーナにゴチック起源の遠近法が登場したのは、まさに当然過ぎるほど当然なのである。

同じことは制作時期としては二年後になるが、遠近法という点ではより知られた「受胎告知」についても言える。この作品では画面の中央に柱を立てて、左右にイエスの受胎を告げる天使ガブリエルと、告知を聞いて驚きながらも手を胸の前に当て、神の御旨《みむね》に従うと答えるマリアを配しており、「奥行感」を判然させる要素としては、やはり床面のモザイク・タイルを用いて、その大きさが奥に行くほど小さくなることで遠近感を出している。一般に言われる、この構図の要となる「消失点」（以下に述べるように、この表現は適当ではない）が中央の柱頭、左右のアーチを受けている部分に来ているというのは、前景の画面構成からはそうであっても、絵が物語る場面全体の中心点という意味では正しくない。画面の本当の要は柱の上、かつマリアに向かって乙女の胎内に入って受肉し人間イエスとなる「聖霊」（白鳩）を送っているから横向きであるが、人間業では表すこともできぬほど遥か彼方に在る「父なる神」なのである。だからこそ消失点という表現は適当ではない。

十五世紀の幾何学的「線遠近法」で描かれた構図のように、見る者の視線が及ぶ限り風景が遠ざかり、遂には空と溶け合って虚空に消えていく点のことならば「消失点」[6]でよいかもしれない。だが、それは絵の主題になっている事件そのものとは関係なく、絵の背景として奥行を与えるだけであり、装飾的な仕掛に過ぎない。意地の悪い言い方をするなら、十五世紀の騙し絵作者ブルネレスキが、後に技術文明に繋がっていく玩具とはいえ、針穴写真機の原理を見付けて子どものように喜んでいるようなものである。遠近法を採り入れれば傑作が描けるというなら話は簡単だが、決してそんなことはない。事実いまとなっては、遠近法の原理なぞ知らずとも、カメラを使ってレンズの角度とトリミングで奥行感は簡単に出せる。肝心なのは技術を支配する画家の芸術的感性なのであり、こちらは十四、十五世紀だろうとまた現代だろうと一向に変わらない。したがって「受胎告知」では、キリスト教でいう人間の歴史の転回点を示している。すなわち「ルカ伝」第一章が物語る聖母マリア懐胎の奇蹟は、消失点どころかすべての原点である「父なる神」から発していることを示している。そしてそれを指し示す天使ガブリエルの右手の親指、またマリアに向かって飛翔する白鳩の形を取った聖霊と、背景にいる「父なる神」が三角形をなしている。この点でロレンツェッティらの十四世紀の遠近法の方が、十五世紀フィレンツェの技術的遠近法よりも、ずっと深くかつ直接的に絵の主題に関わっているといえよう。

　じつはロレンツェッティ関係では、上記二作品の他にもう一つ遠近法を取り入れた絵が残っている。それは工房作品ということになっているが、シエーナの南南西三十キロほど離れたシトオ派の「聖ガルガーノ修道院」の聖堂で、一四四〇〜四四年の間に描かれた「受胎告知図」である。これは現在の図中で告知を受けるマリアのポーズが、一九九六年の修復の際に下から出てきた原画の劇的な図柄と大きく異なることが判明、話題を呼んだフレスコ画である。いまはポーズの変更について論ずる余裕はないが[7]、この作品でも天使のお告げを受けるマリアの居室の奥行を表すため床面や天井の框、さらには中央にあって天使とマリアを隔てるポーチ式の仕切に遠近法が用いられている[8]。

地理的意識の拡大

アンブロジョ・ロレンツェッティに関する指摘の第二点は、一三四四年に、これまた九人委員会の注文で、「評議会の間」の別の壁に[9]、いまはほとんど失われてしまった「世界地図《マッパ・モンド》」を描き、それが大変な評判を呼んだという記録である。この地図も海運都市の項で触れたイタリア商人層の

(6) ただ、これも十五世紀の建築家レオン・バッティスタ・アルベルティなどは「中心点」と呼んでいるようである。
(7) 注文主シトオ派修道会の要求によると思われる。
(8) この仕切の描き方はやや唐突なので、（この作品の少し前に制作され、もとはシエーナにあったがいまではウフィッツィに移されているシモーネ・マルティーニの「受胎告知」に倣って）元来はマリアと天使が接近して描かれていたのを、同じシトオ派修道会の要求により、後から間に仕切を入れ、二人を引き離したと考えられないだろうか。何はともかく、この間仕切が典型的な遠近法の構成を示していることに間違いはない。
(9) 「評議会の間」の別の壁には、前出シモーネ・マルティーニの「マエスタ」（一三一五）がある。

地理的・知的地平線の拡大が、シエーナのような内陸都市にまで浸透してきたことを示す、ルネッサンス的な主題《テーマ》であると考えられる。

これらを要するに上述（四三、六二頁など）のようにイタリア半島においてルネッサンスは、商業の勃興を促した十三世紀後半の経済・政治・社会の変動に端を発する。これによって都市への人口の集中が生じ、市民の中に貧富の階層差も生まれ、これに特権階級の封建貴族層も加わって対立と騒乱が起こる。この不安定な状況を、富裕階級の寡頭体制《オリガルキア》（まさにシエーナの九人委員会はそれに当たる）が権力を掌握して、一定の政治的安定と社会的秩序を達成するという経過を辿る。かつその安定と秩序が成立する十三世紀最後の四半期から十四世紀初にかけて、イタリア半島のルネッサンスが第一歩を踏み出す。広い意味での文化が成立するのはこのような時期であり、「アンコーナ」の作者ドゥッチョは、その才能もさることながら、シエーナの社会が比較的に安定し、一定の自由や革新を許容する懐の広さを持ち得た時期に巡り合わせた、運のよい画家ということができる。

ただそうはいってもひとたび体制が成立すると、今度は安定志向、つまり保守性が表面に出て来て、体制の維持が至上命令となってしまう。本来は文化を保障する枠組みだった体制や秩序なのに、いつの間にか硬直し自己目的化して、かえって文化に不可欠の自由な活動や考え方を制限する仕組みに変る。この過程で、己れの才能を比較的自由に発現し得る立場にあるのは、基本的に個人の力量に拠ってその活動を行う芸術家や思索家で、これらの人々は自己の社会の活力を示す指標である。シモーネ・マルティーニやロレンツェッティ兄弟は、まさにシエーナのルネッサンス的活力の指標に他ならない。しかも体制が束縛に転化し、才能の自由な発現を制限し始めると、これらの人々は都市の枠を出て、国際的な活動を展開、その資質をさらにいっそう開花させる。アヴィニョンでシモーネと交流のあったペトラルカなども、そういうタイプの人間であった。このような人々の仕事は、すでにそれだけでも賛嘆に価する。だがそのうえに、もっと険しい状況と対決し、己れの信条を貫いた英雄的な人々もいた。国外追放の苦難を甘受し、安易な妥協による恩赦を断固拒否したフィレンツェの人ダンテ（八一、九二頁参照）は、まさにそういう人物だったといえる。

ペストとシエーナの保守化そして衰退

話を政治に戻せば、フィレンツェと協調・追随の路線に転じたシエーナは、カンパルディーノの戦い（一二八八）や、新たに神聖ローマ皇帝に選ばれたルクセンブルグ伯爵《コンテ》ハインリッヒ七世がイタリア半島に南下、まさにトスカーナにおけるシエーナの政治的主導権と皇帝派の勢力挽回の好機と見えた時、「九人委員会」政権は、皇帝の教皇派フィレンツェ攻め（一三一二）に加わるどころか、逆に、フィレンツェに援軍を送ってハインリッヒの攻撃を妨げたのみか、翌一三一三年にはハインリッヒ七世のシエーナ入市を拒み、フィレンツェとの同盟および教皇派の旗幟をいっそう鮮明にする。同年、ハインリッヒ七世は思いがけなくもシエーナの南西四十キロ余り、ブゥオンコンヴェントの陣中で病没、ダンテを始めとする皇帝派の夢は潰え去って、「九人委員会」政権の親フィレンツェ路線は結果的には成功したことになる。だが、市内に渦巻く現状維持的な保守路線に対する不満は高まる一方で、さらにルッカの僭主《ティランノ》カストゥルッチョ・カストラカーニがフィレンツェ軍を大いに破ったアルトパッショの戦い（一三二五）でも、友軍として派遣されたシエーナ将兵の損害が出たことに対しても批判が絶えなかった。

そんなところに一三四八年、ペストが全ヨーロッパを襲い、シエーナでは人口の半分の命を奪ったといわれる。以後、市は沈滞、そこに五五年三月、前年ローマで皇帝として戴冠したルクセンブルグ公爵でボヘミア王のカール四世が帰途シエーナを通過する。すでにイタリア半島における皇帝派の勢力はなきに等しく、政権に対する危険はないと見た九人委員会は、無用の摩擦を避けるために皇帝を市の賓客として迎え入れることを決める。ところが確かに皇帝派復権というような政治的意図はなくとも、皇帝の入市をきっかけに、日頃から九人委員会の何事に付けても保守的で硬直した対応に燻っていた市民の不満が爆発、政権打倒を叫ぶ市民の蜂起に九人委員会体制は脆くも崩壊する。代わりに「十二人委員会」と呼ばれる、長い間政権から排除されていた貴族派も、また市を構成する地区の代表も加えた上、かつ富裕商人層は除外した、全市的な政府が成立する。

とはいえ、少し先回りすることになるが、四八年のペスト以後、シエーナの活力は再び元には戻らず、疫病は神が人間の奢りに対して下された神罰と観ずるような意識が拡まり、美術にもその反映が見出される。じじつ一種の宗教リヴァイヴァルが市民の心を捉え、教皇庁のアヴィニョンからローマへの帰還を強く推進したシエーナの聖《サンタ》カテリーナ（一三四八〜八〇）や、市内の和合を説き、また教会の立場から利息など商業活動の正当化を試みて評判の高かった聖《サン》ベルナルディーノ（一三八〇〜一四四四）、さらにはピッコロミニ家出身で、ルネッサンス期の文化人教皇として知られたピウス二世（在位一四五八〜六四）などが輩出される。だが一三五五年の九人委員会政権の没落以後、否すでにそれ以前の一三三〇年代から、シエーナは徐々に半島のルネッサンスを代表する都市から、トスカーナの地方都市へ降下の途を辿っていくことになるのである。

（2）　フィレンツェ

フィレンツェ商業の活力

第二期におけるフィレンツェは、過激なジャーノ・デ・ラ・ベルラの「正 義 の 法 令《オルディメント・ディ・ジュスティツィア》」（一二九三）により旧貴族系の「豪 族《マニャーティ》」（おおむね皇帝派）が排除され、しかも同法令が惹き起こした動乱を口実に民衆系《ポポロ》の中小組合《アルティ・ミノーリ》も厳しい統制下に置かれた結果、漁夫の利を占めて最後に勝ち残ったのは、教皇派の「大 組 合《アルティ・マジョーリ》」に拠る富裕商人層ということになった。

そしてこの間、大組合がその精力的な活動を通して獲得した利益には莫大なものがあった。しかもこの利益が、ボンシニョーリ銀行の破産に象徴されるシエーナ金融業の後退を受けて登場した、フィレンツェの富裕商人達による「商 会《コンパニーア》」[10]に投資され、その国際貿易・投資・金融などの活動を通して、さらにいっそうの利潤を生むことになる。ただこれら巨大商会を取り捲く環境にも様々な変化があり、例えばフランス王との権力闘争に負けた教皇庁がアヴィニョンに移転させられると、それまで教会の膨大な金融オペレーションを請け負って利益を上げていた銀行家達が力を失う。しかしまた、巨大商会はこれにへこたれることなく、その投資の範囲をアルプス以北において実力を付けつつあった国王や大貴族達に拡大していった。

皇帝派・白派

フィレンツェにとってもう一つの不安定要因は皇帝派《ギベリーニ》で、フィレンツェ市内では完敗したとはいえ、皇帝派勢力はピーザやアレッツォなど他のトスカーナ都市では（フィレンツェの帝国主義的拡大政策に対抗する意味もあって）依然として強かった。かつ伝統的に貴族勢力の強いミラーノやヴェローナなど、北イタリア諸都市の皇帝派、さらに市外に追われた白派《ビアンキ》の亡命者達もこれに加わって、機《おり》あらばフィレンツェを打倒しようと窺っていた。これら諸勢力が、上記ルクセンブルグ家のハインリッヒ七世やバイエルン家のルードヴィッヒ四世など、ドイツで選出された上、神聖ローマ皇帝として戴冠するため、軍隊を率いてローマ目指して南下（それぞれ一三一一、一三二八～三〇）して来るたびに、これら諸勢力が勢いづき、フィレンツェは皇帝派の攻撃に曝されることになったのである。

フィレンツェの親フランス政策

かかる事態に対処するため、フィレンツェは十四世紀初から半ばにかけて、シャルル・ド・ヴァロワのほかにも、ナポリ王アンジョ家のロベルト一世、その息子カラブリア公カルロ、さらにはアテネ公ゴーチエ・ド・ブリエンヌと、全部で四人のフランス系王侯に市の統治を委ねている。最初のシャルル・ド・ヴァロワは、フィレンツェが自ら選んだというよりはボニファティウス八世に押し付けられたことでもあり、その統治は一年余りと短かった。だが二人目のナポリのロベルト一世の統治は、一三一三年から二一年までと八年の長きに及ぶ。これにはルクセンブルグ伯ハインリッヒ七世の神聖ローマ皇帝選出と、皇帝戴冠のための南下（一三一一）が関わっている。すなわちハインリッヒの南下に際し、黒派《ネーリ》のフィレンツェは教皇派《ゲルフィ》の立場を誇示、皇帝に臣従の誓いを行うのを拒否したのである。むろん市は皇帝軍の攻撃を受けたが、ローマへの道を急ぐハインリッヒ七世の都合、また急遽第三の城壁の建造を進めたこと、さらには戴冠式を終え帰途についたハインリッヒ七世がシエーナ近郊のブゥオンコンヴェントで病没（一三一三）したこともあって、辛くもこれを凌ぐを得た。しかし皇帝の南下で勢いづいたトスカーナ、また北イタリアの皇帝派の脅威に不安を覚えた富裕商人政権は、ナポリ王を君主に戴いておくのが安全と判断して、この挙に出たのである。

　むろんフィレンツェの君主になったといっても、ロベルト一世が来って自ら市を治めるのではなく、代官が派遣された。だがそれでも統治権行使のため、必然的に代表委員会《プリオラート》その他共和主義的な行政機構が廃止され、権限を縮小されたことには繋がる。ただ一五年、モンテカチーニでピーザの僭主であったウグッチョーネ・デラ・ファッジョーラの皇帝派軍により、モンタペルティの戦い（一二六〇）以来の大敗を喫したこともあって、フィレンツェはこれらの措置を甘受する。だが翌一六年、ウグッチョーネが部下のカストルッチョ・カストラカーニのクーデターで追放されピーザの脅威が止むと、市はたちまちロベルト一世の支配を重荷と感じ始める。そして王には二一年にお引取りを願い、市民軍司令官《カピターノ・デル・ポポロ》や旗持《ゴンファロニエーレ》ちなど自治都市《コムーネ》時代の制度が復活する。

　またロベルト一世の支配は、皇帝派の脅威に対する保障の面があったとはいえ、フィレンツェの伝統的な教皇派の路線に沿ったものであった。しかしこの教皇派路線がなんら政治的理念に立脚したものでなく、その時々のフィレンツェの経済的利害に左右されるものであっことはすぐ明らかとなる。ピーザの不安が止むと、たちまちロベルト一世王の支配を更

(10) これら商会には、まずチェルキ、モッツィ、スカーリ、スピーニといった教皇庁の金融を請け負った家々、次いでバルディ、パッツィ、フレスコバルディ、アッチャイウォーリなどアルプス以北の諸国あるいは南のナポリ王国とシチリア、さらには東地中海の諸地域に活動の場を拡げた家々の名が冠された。

新しなかったのはその証拠だが、さらに一六年、やり手で抜け目のないフランス人フレジュスの司教ジャック・デュエーズがヨハネス二十二世として教皇に選ばれると、教皇庁のあったアヴィニョンから近いだけに、ロマーニャの教会領《パパート》を再編成してイタリアに勢力を伸ばそうと考える。そして一九年末、甥のベルトラン・ド・プージェ（イタリア語でポジェット）を教皇使節に任命する。プージェは二〇年ロマーニャに到着、まず在地の小領主達を、次いでロンバルディーアのヴィスコンチ家を叩いて、二七年にはボローニャを制圧する。そうなるとフィレンツェは北に強力な国家が成立するのを嫌って、たとえそれが教皇領であっても、また皇帝派のミラーノと組むことになっても、これを実力で阻止しようとする（この教会領再編の試みは、バイエルン家のルートヴィッヒ四世が皇帝戴冠のためイタリアに南下した二八〜三〇年、また引き続いてボヘミア王となっていたルクセンブルグ家のヨーハン一世が北イタリアに自分の王国を建設しようと試みた際にもプージェがこれに十分抵抗しなかったため、他の北イタリア勢力の信用を失い、結局三四年フランスに戻らざるを得ず、成功することなく終る）。

戦争形態の変化

ただし注目すべきはこの間、戦争を専門とする軍人が登場しつつあったという点である。上述のように、フィレンツェの経済的発展は目覚ましく、人口も増大して市民軍に参加し得る市民数が大幅に増加したように見える。だが、増えた部分は近郊領土から流れ込み、好景気のおかげで財産を獲得した新参の商工業者達で、生命の危険を冒してまで市を守ろうという気持もなければ、兵士にも向いておらず、自身が出征する代わりに市を護る義務を金銭的に負担する方を望む者が多かった。他方フィレンツェ自体も市としての重要性が増すと共に、その政策が影響を及ぼす範囲や捲き込まれる紛争の規模が拡大せざるを得ず、かつ戦闘の仕方も市民兵および市に居住する貴族の混合部隊だけでは間に合わなくなってきたのは、すでにモンタペルティの戦いでドイツ重騎馬隊の活躍が勝敗を決定した事実からも明らかとなっていた。ピーザのウグッチョーネ・デラ・ファッジョーラや、ルッカのカストゥルッチョ・カストラカーニ、さらに北イタリアはミラーノのヴィスコンチ家、ヴェローナのスカーラ家といった小君主国の僭主達の台頭をみても、戦争を専門とする職業軍人が必要とされる時代が到来しつつあったのである。戦争の専門家という点では、アルプス以北の封建諸国家には騎士階級があったが、共和制を取るフィレンツェのような経済中心の国家では、市民達が軍務の代わりに拠出する負担金で、騎馬隊を中心とする外国人傭兵を雇うのが最も現実的となり、これが

次第にイタリア半島の中・北部全体に拡がっていく。(11)

　こうした事態は早くも一三二五年に、ルッカの僭主カストルッチョ・カストラカーニがアルトパッショの戦いで、フィレンツェ市民軍に対して外国人傭兵による大勝利を収めたことにで、さらに明白となる。軍事的危機に敏速に対応する必要を痛感した代表委員会は慌てて同年、ナポリ王ロベルト一世の息子カラブリア公カルロを、十年任期で市の「保護者《プロテットーレ》」として戴くことを決定する。この措置はフィレンツェが、官職名はともかく、三人目の外国人君主を迎えることを意味した。かつ危機は、カストルッチョが二八年、ルードヴィッヒ・フォン・バイエルンの南下に際し、その皇帝戴冠の立役者となったことでいっそう増大する。(12)

フィレンツェ金融業の最盛期

　一方、「攻めるは守るなり」の原則に従って、フィレンツェは戴冠式のためローマに赴いていたカストルッチョの不在を衝いてピストイアを奪取する。しかも報せに急遽トスカーナに取って返したカストルッチョが同年に陣中で病没したため、幸運にも今回の危機は解消されたばかりか、この間カルロ公もまたルードヴィッヒの脅威に対して父王を救援すべくナポリに帰っていたので、市は再び共和体制に戻る。

　この時から一三四一年の大恐慌までの十年余りが、フィレンツェ（ばかりか全イタリア）金融業の最盛期であり、「ロンバルディーア者」と呼ばれたイタリア半島出身の商人・金貸しは、地中海沿岸全域からフランドル、ドイツの主要都市に姿を現して活躍する。とくに教皇庁のアヴィニョン移転に伴い、その活動がアルプス以北の王侯や諸都市の商人を相手とするように拡がっていった点が注目される。上層・富裕階級の奢侈《しゃし》品に対する嗜好を満たし、イタリアの先進的加工技術により付加価値を付けて再販される布地の原料（羊毛）を買い漁り、さらに形成途上のヨーロッパ国民国家《ネーション・ステート》で主導権を握りつつあった国王達に、互いの争いに必要な軍資金を高利で貸し付けるといった活動は、まさにフィレンツェ商人に

(11) ちなみに重騎馬隊についていえば、騎兵が時代遅れとなるのは十五世紀末から十六世紀初にかけてで、スイス歩兵の長槍方陣隊が「突進公」ことシャルルのブルゴーニュ軍を粉砕したモラの戦い（一四七六）、および火器とくに小銃が普及し、「大将軍」ことゴンサルヴォ・デ・コルドヴァのスペイン歩兵小銃隊が、フランス貴族の騎馬隊を銃撃で殲滅して以降のこととなる。

(12) この時ルードヴィッヒの帷幕に在った、かの『平和の擁護者』（一三二七）の著者マルシリオ・ダ・パドヴァは、ルードヴィッヒの戴冠を認めないアヴィニョンの教皇ヨハネス二十二世に対抗して、皇帝と認められるには教皇による戴冠など必要でなく、古代ローマの習慣に従い、ローマ市元老院と民衆の推戴があれば十分という政教分離説を打ち出し、教皇の政治的権威に挑戦している。

代表されるイタリア半島金融資本家の独壇場だったのである。

イングランド・フランス百年戦争とフィレンツェ金融の大恐慌

とはいえ、権力者相手の商売には必ず危険が伴う。すでにイングランドのエドワード一世（在位一二七二～一三〇七）治下、ルッカのリッカルディ商会はイングランド王室に対して、四十万ポンドに上る多額の貸付を行っていたが、国王は支払いに際してあらゆる口実を設けて債務履行の回避を試みた上、最後には様々な言いがかりを付けて、イングランドにおける同商会の財産を差し押さえ、関係者を国外追放に処した事実はよく知られている。

フィレンツェの金融業者のうちでイングランドとの関係が深かったのは、商会中最大のバルディ家と、これに劣らず重要なペルッツィ家で、両家はエドワード一世の孫エドワード三世の御用を勤めた[13]。エドワード三世は、フランク族の古法「サリ法典」を楯に男系相続の原則を持ち出し、カペー家からヴァロワ家のフィリップ六世へと王位を移したフランスの三部会《エタ・ジェネロオ》の決定に異を唱え、母イザベル・ド・フランスから受け継いだ王位継承権を主張して、一三三八年に対仏百年戦争を開始する。その際、フィレンツェ金融業者から軍資金の借入れを行っている。しかし戦況がエドワードの思惑通りに運ばず、戦費がかさんでイングランド王室の財政が苦しくなってくると、危険を察したバルディとペルッツィ両家は資本の引上げを行おうとする。だが深入りし過ぎてそれも叶わず、一三三九年に国王の債務不履行宣言に直面して破産の危機に曝される。危機はこの二商会のみならず、関連のより小さな商会、またイングランドにあまり投資せず、むしろ南のナポリ王国や東地中海に活動を展開していたアッチャイウォーリ家やフレスコバルディ家なども、信用下落と取り付け騒ぎに捲き込む恐れが出てきた。

対ルッカ戦争と連続倒産

しかも当時フィレンツェは、カストルッチョの死（一三二八）後、再びトスカーナ制覇の野望に燃えて、ピーザやルッカ征服に乗り出したのである。ところがイタリア半島の政治的状況は変化しており、このたびはトスカーナ内の勢力ばかりでなく、両市に利権を有する、リグーリアではジェノヴァのスピノーラ家、ロンバルディーアではミラーノのヴィスコンチ家とヴェローナのスカーラ家、さらにロマーニャの教皇領からヴェネツィア共和国、またボヘミア王（ルクセンブルグ伯爵家）までをも相手にせざるを得なくなり、そのため一三三〇年代前半から絶え間のない戦争や外交交渉のおかげで、市財政は窮乏の度を加えつつあった。そのためフィレンツェはそのトスカーナ政策を遂行する財源として、収入額が限られている直接税や不動産税だけでは足らず、（すでにジェノヴァの「マオーナ」の例に見られたように）市自体が「貸付け《プレスタンツェ》」と呼ばれる好条件の利付債券を発行（一三二四）して市民に割当て、その譲渡や売買を保証する形を取った。これにより市は税収以外に、貸付けを買って金利目当ての資金運用を狙う富裕層の「へそくり」を集め、それを軍資金にトスカーナ制覇の戦争に乗り出したのである。

だが商人達の胸算用とは裏腹に、期待したほどの戦果は上がらず、肝心の貸付けも利子どころか元金の償還そのものさえ危うくなってしまう。そこにまたエドワード三世の債務支払停止宣言が重なるのである。イングランドに支店を持っていたバルディ家といいペルッツィ家といい、その他十指に余る商人達にしても、むろんフィレンツェの政権に関与しており、自己の商会の危機を市の資金を借りて凌ごうと企てる。四二年九月にアテネ公のタイトルを持つ、ナポリ王ロベルト一世の婿ゴーチエ・ド・ブリエンヌを君主として迎えたのも、ナポリ王の後ろ盾を得てフラついてきた自分達の政権に信用を回復させ、人心を安定させるためであった。だがこの人選は誤りで、その到着がまるで救世主の到来のように、全市こぞっての歓呼で迎えられたゴーチエであったが、すぐに専制的な性格と強欲振りを露呈、一年と経たぬ翌年七月に市民の武装叛乱が起こって、フィレンツェから追い出されてしまう。

一方、商会は市の公的資金を当てにして破産を回避しようとした。また市は「債務機構《モンテ》」と呼ばれる組織を設置（一三四二）して貸付けを登録させ、貸付条件の統一と利益率を切り下げる代わりに債権だけは保証することで政権の信用を回復しようとする。しかしそれらの措置も、肝心の市そのものが財政難とあって叶わず、遂に弱小の商会から次々に倒産せざるを得なくなってしまう。じじつひとたび恐慌が始まると、対ルッカ戦争の失敗も手伝って、一般市民の富裕商人政権に対する不信は止まるところを知らず、イングランドとは関係の薄いアッチアイウォーリ家やフレスコバルディ家が経営する商会にも投資金の引上げが及び、これらも倒産する。最後に残ったペルッツィ商会が四五年、最大のバルディ商会も四七年に破産を宣言せざるを得なくなって、財政破綻はその極に達する。

ペスト襲来

そこに泣きっ面に蜂というか、本書一一〇頁でも触れたよ

(13) もともとはヴァロワ王朝初代のフランス王フィリップ六世（在位一三二八〜五〇）にも仕えていたのだが、その二重取引が露われてフランスから追放され、イングランド一辺倒たらざるを得なくなったのである。

うに「ペストが一三四八年、ジェノヴァの商船により黒海北岸のクリミア半島から東地中海・南イタリアはメッシーナ経由でヨーロッパにもたらされ、あっという間に拡がる。フィレンツェでの死者は人口の半分に及び、ヨーロッパ全体では人口の三分の一が死んだといわれる。ただしこの厄災は、むろん大変な損害をもたらしはしたが、フィレンツェの経済破綻だけについていえばむしろ一種の救いで、イタリア半島、いなヨーロッパ全土を襲った不幸と、それに続く沈滞の中で、フィレンツェの金融破産だけが目立ち、他から付け込まれる危険を免れたばかりか、かえってフィレンツェ人の旺盛なヴァイタリティが、他に先んじて不幸からの立ち直りを可能にしたという側面も見逃してはならない。

とはいえ、三〇年代末から四七年にかけての経済破綻と、四八年に始まったペストがもたらした打撃が、一二六〇年代に幕を開けた第一期つまり「自治都市《コムーネ》」の時代と、それを承けた第二期、つまりルネッサンス「英雄時代」の幕を下ろしたことに疑いはない。それは十四世紀半ばを境に、降りかかった不幸を「天の怒り」と観じて、それまでの楽観的ともいえる発展主義に代わって、より内省的な厳しい考え方や美術スタイルが登場してくることからも知られる。次に、この第二期におけるフィレンツェ文化について見ておくことにしよう。

ペトラルカ

すでに触れたように、シモーネ・マルティーニとペトラルカとの間には一三三〇年代、当時教皇庁の所在地であった南仏アヴィニョンで密接な交渉があったことが知られている。フィレンツェ出身のペトラルカが、なぜアヴィニョンにいたか、その理由を知るには、ペトラルカの生い立ちを知らなければならない。

ペトラルカは〇四年、「白派」の一員で、(ダンテが追放されたのと同じ)〇二年の政変でフィレンツェを追われた公証人ピエトロ・ペトラッコの息子として、一家の亡命先アレッツォで生まれた。一一年ハインリッヒ七世の皇帝戴冠を目指す南下に、父親ペトラッコもダンテらと同じくフィレンツェ帰還の望みを託したが、皇帝は一三年シエーナ近郊で病死、その後に一家は仕事を求めて、当時教皇庁が在った南仏アヴィニョンに移る。二〇年には自分も父と同じ公証人として身を立てるため、法律を学ぶべくボローニャ大学に送られている。だが法律は性に合わなかったと見え、ペトラルカは同地で過した六年間を無為の歳月と断じている。とはいえ、このロマーニャの中心都市で、初めてイタリア半島の文化といえる「新優美体《ドルチェ・スティル・ノーヴォ》」詩派や「自治都市《コムーネ》」の思想、また近隣都市パドヴァでカラーラ家独裁に対する「古代ローマ共和主義⑮」などに触れている。

ペトラルカはまた、一二六五年に生まれ一三二一年に死んだダンテより一世代若い。また生粋の「自治都市」の市民として政治に情熱的に参加したダンテとは違い、生まれついての亡命者であったせいか、政治に関しては根無し草的で醒めた感情を抱いていたようである。じっさいペトラルカ唯一の具体的政治行動⑯としては、一三四七年コーラ・ディ・リエンツォが古代ローマの護民官《トリブヌス》制度の復活を提唱、誇大妄想的ローマ共和国復活運動を始めるのだが、これにいたく人文主義的（観念的）に共鳴、コーラに合流しようと当時住んでいた南仏アヴィニヨンを出てローマに向け旅立ったことぐらいしかない（しかもこれにはおまけがついていて、途中ジェノヴァでコーラ逮捕の報に接するや、たちまち行先を北イタリアの小君主国《プリンチパート》歴訪に変更、各地で共和主義とまったく逆の僭主達の歓待を受けて全然矛盾を感じていない）。

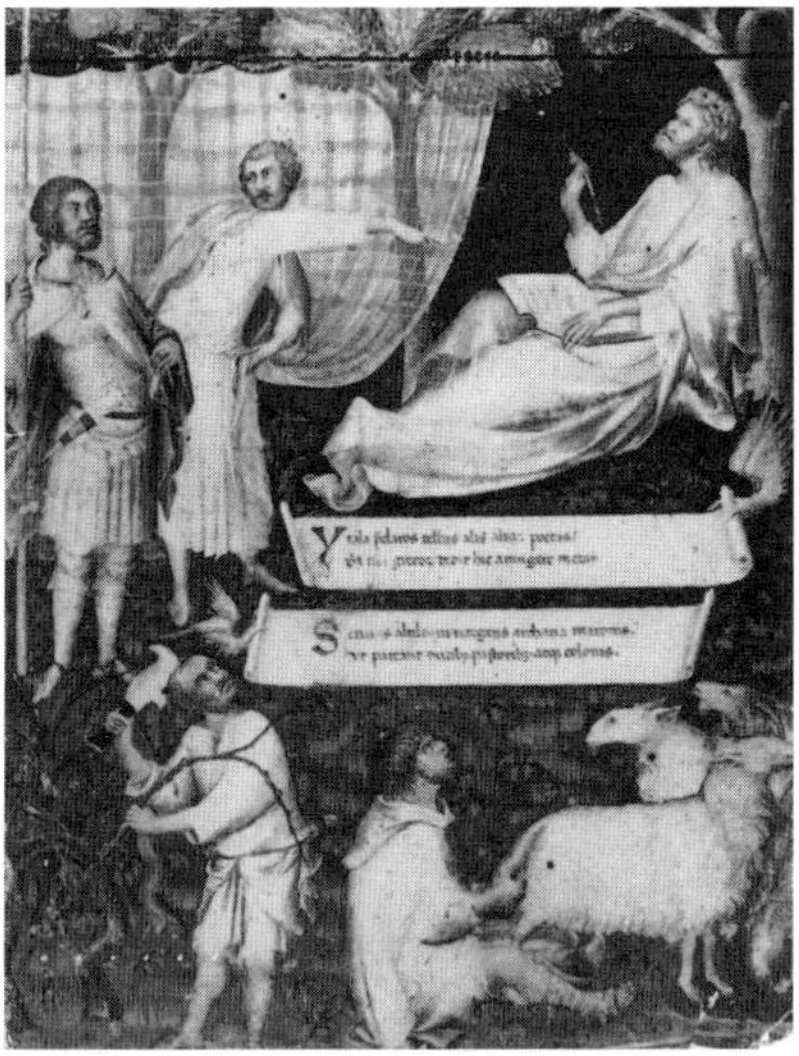

ペトラルカ所蔵のヴェルギリウス写本挿絵　シモーネ・マルティーニ筆　ミラーノ　アンブロジャーナ図書館蔵

こうした書斎人かつ人文主義者《ウマニスタ》としての古代ローマ（当時、古代ギリシャはヨーロッパではよく知られていなかった）に対する憧憬は、多分に観念的かつ芝居がかった行動に表れているようである。例えば、このコーラ・ディ・リエンツォ事件への反応、すでにシモーネ・マルティーニの項で触れたヴェルギリウスの写本の入手、また『アエネイス』に倣い、ハンニバルと戦ったローマの将軍スキピオ・アフリカヌスの事跡を歌おうと試みたラテン語叙事詩『アフリカ』の中断と挫折、ナポリのロベルト一世とパリ大学双方からの古代ローマ「桂冠詩人《ポエータ・ラウレアートス》」という称号授与の申し出に接してイタリアを選び、授与式（一三四一）はローマのカンピドリオの丘で行ったという具合である。

(14)「ペトラルカ」は、ペトラルカ自身が後年、父親の姓を響きがよいように変更した。

(15) パドヴァの復活桂冠詩人《ポエータ・ラウレアートス》で、セネカ流のラテン語悲劇『エケリニス』（一三一五）を書いたアルベルティーノ・ムッサートに代表される。

(16) 折に触れ知人などに書き送った、政治情勢についての意見を修辞的に開陳した書簡は別として。

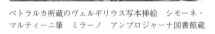

抒情詩人としての現代性

ただそれだけならペトラルカは、何もそう問題とするに足る男ではないということになってしまう。ところがこの人物はじつに端倪すべからざる類い稀な鋭い自己分析と、しかもイタリア語でそれを見事に表現する才能とを備えていた。ペトラルカが古代ローマの栄光に取り憑かれ、少なくとも表向きには、自己の詩人としての名声を託す作品はラテン語の叙事詩『アフリカ』であると公言したくせに挫折したことはいま述べたとおりである。だがそうした言動とは裏腹に、ペトラルカの名を不朽にしたのは、じつは作者自身は「空の空なる物」と馬鹿にしたように語っている『歌集《カンツォニエーレ》』なのである。これは一三二七年にアヴィニョンで出会った（と称する、かつダンテのベアトリーチェと同様に既婚の）ラウラ（ロール・ド・ノヴェス？）なるフランス女性への叶わぬ恋心を、一三七四年の死に到るまで十四行詩《ソネット》（西欧近代抒情詩形の王座を占める！）を中心に、イタリア語で切々と歌い上げた、全部で三三六篇を収める詩集である。この作品によってペトラルカは、ダンテが『神曲』で叙事詩の分野で成し遂げたことを、抒情詩において果すことになった。

そこに見られるのは、片やラテン語叙事詩『アフリカ』、片や俗語イタリア語の『歌集』といった　ちぐはくな関係にも似て、表向きはキリスト教徒としてひたすら神への愛に心を向けるべきところを、じっさいはラウラに心を奪われ、「世俗の愛」を思い切れぬ悩みを意識して、その悩みを歌わずにはおれず、しかも歌うことによって悩みに対する安らぎを見出し、それればかりか歌うことでラウラを讃える喜びを感じるといった、きわめて複雑な心情である。ダンテは恋人ベアトリーチェに対する「世俗の愛」と神に対する「聖なる愛」の対立を、ベアトリーチェを天使に昇華（昇格？）させることで矛盾なく統一する。だがペトラルカは、そうした剛毅ともいえる、力業的な整合性（辻褄合わせ!?）を試みるには、あまりにも分析的・批評的であった。したがって自己の心の揺れを隠すことなく、逆に内心のたゆたいをありのまま、繊細な詩句に託して歌い上げる。そこに「自我主義者《エゴティスト》」（であって「利己主義者《エゴイスト》」ではない）として、現代人の心情にも通ずるペトラルカの斬新さがある。そして事情がそうであってみれば、ペトラルカが先人ダンテに気質的に共感を示さなかったのももっともといえる。かつまたこれに対して、郷土フィレンツェが生んだ二大詩人に、各自のメリットに応じて崇敬措く能わざる善人ボッカッチョが、五九年ミラーノにペトラルカを訪れた際、ペトラルカのダンテに対する冷淡さを咎めるということが起こり、これに対してペトラルカが同年五月の曖昧な書簡で言い訳するという、はなはだ興味ある展開がみられるのも当然といわなければならない。

ボッカッチョと『デカメロン』

そのボッカッチョだが、ジョヴァンニ・ボッカッチョは一三一三年（ペトラルカに後れること九年）、フィレンツェ近郊の町チェルタルドで生まれた。父親はボッカチーノ・ディ・ケリーノといい、バルディ商会に属する商人・両替商で、ジョヴァンニは庶子であった。父親は同商会の有力メンバーで、アンジョ家ロベルト一世の首都ナポリの支店で重きをなし、王の「側近《ファミリアーレス》」というタイトルを与えられている。ジョヴァンニもフィレンツェで読み書きなど初等教育を終えた後、十代の前半に商人たるべく仕事見習いでナポリに送られる。[17] だがペトラルカ同様、商売はどうもボッカッチョの性に合わなかったらしく、後年「ナポリで無為の数年を過した」と述懐している。とはいえ当時のナポリは地中海を中心とする国際商業の一大拠点で、そこに集うイタリア商人達が持ち寄る、様々な情報や冒険譚はボッカッチョの想像力を刺激し、後に『デカメロン』に取り入れられて、重要な素材をなすことになる（先回りして言うと、ボッカッチョの傑作『デカメロン』は、時期的には一三四九～五一年に書かれた作品であるが、作家としての形成という点からいえば、ボッカッチョは十四世紀前半イタリア半島ルネッサンスの第二期に属する）。

この間、父親は、商売は自分に向かぬと言い張る息子の主張に負けて、今度は法律で身を立てさせるべく、ジョヴァンニに教会法の勉強をさせることにする。だがここでもボッカッチョは法律よりも文学に興味を示し、二〇年代の終りにはナポリの知識人サークルに出入りして詩作や小説書きに身を入れる。サークルにはペトラルカが有名な「ヴァントゥ山登頂」（一三三六）の体験を物語った書簡の宛名人、アウグスチヌス修道会士ディオジニオ・ダ・サン・セポルクロなどもおり、こうした人々を通してボッカッチョはペトラルカの名声を知るようになる（ただし両者が出会うのは一三五〇年）。また十四世紀前半のナポリは享楽的な雰囲気に溢れた都市で、ボッカッチョも色恋沙汰に浮き身をやつしたとみえ、『恋に打ちひしがれた者《フィロストラト》』（一三三七?、イングランド人チョーサー『トロイラスとクリセイダ』（一三八〇）の原本）、あるいは『マドンナ・フィアメッタの哀歌《エレジィア》』（一三四三?）なる、近代心理小説の先駆とされる物語などで、その失恋体験を語っている。特に後者では男と女を入れ替え、恋に破れる女主人公フィアメッタは、じつはボッカッチョ自身であると

(17) この時、後にナポリ王国の宰相となるアッチャイウォーリ家のニコラと知り友情を結ぶが、後に裏切られている。

いわれる。

そうこうするうちに三九年、イングランド王エドワード三世の債務不履行宣言に端を発する金融恐慌がフィレンツェの金融業を襲い、バルディ商会は倒産。捲き込まれた父親ボッカチーノ・ディ・ケリーノも財産を失い、息子をフィレンツェに呼び戻さざるを得なくなる。後ろ髪を引かれる思いで四〇年にナポリを去ったボッカッチョは、その交渉能力を買われてフィレンツェ市の外交担当に挙げられ、北イタリアの僭主達、さらにはドイツ皇帝ルードヴィッヒ・フォン・バイエルンの宮廷に赴いて、当時勢力を拡大しつつあったミラーノのヴィスコンチ家の脅威から共和制フィレンツェを護るのに努力を傾ける[18]。

その一方で四八年には、ペストが全ヨーロッパを覆う。フィレンツェでは人口の半分を奪ったといわれる疫病の惨禍を(フィレンツェ自体、あるいは他の町で)ボッカッチョが目撃したのは間違いなく、これによって『デカメロン』序章の迫真の描写が書かれる。ペストは衛生状態が悪かった中世ヨーロッパでは、たびたび発生しており、その惨状を人生の果敢なさと結び付け詠嘆的に語る文章はラテン語の記録類にも見出される。しかし中世世界との連続性を強調する余り、ボッカッチョの記述を、そうした文学的修辞の模倣に過ぎないとする見解に根拠が無いことは、ペストの病状やその心理的影響、さらには人間関係・社会的紐帯の崩壊にまで及ぶ精緻な叙述を読めば一目瞭然である。

イタリア半島、とくにフィレンツェを中心とするトスカーナ地方では、四〇年代に起こった金融危機と疫病という二つの災厄を境として、ルネッサンスの第二期は終りを告げる。以後、絵画・彫刻・文学などの分野で顕著だが経済や政治においても、第二期に特徴的だった楽観的な発展主義は影をひそめ、より内省的・慎重派の傾向が主流を占めることになる。

『デカメロン』を例にとれば、序章でまずペストの描写が行われた後、疫病の伝染を避け郊外の別荘に十人の若い男女が集い、そこで十日を過ごす間の無聊を紛らわすため、毎日一人一日一話ずつ、都合百話の物語を語るという作品全体の枠組みが設定される。しかしその枠組みの中で語られる物語には、第二期を体験したボッカッチョの活力が息づいている。冒頭を飾る第一日第一話、宗教的偽善者チャペレットの悪知恵と、それに騙されて悪者を聖者に祭り上げるお人好し[19]であるブルゴーニュの田舎者達の話には、世に横行する聖者崇拝に対する痛烈な批判に加えて、たとえ悪知恵であっても、それによって絶体絶命の難局を切り抜ける機知に対する賛美が見出される。

第二日第四話の主人公ランドルフォ・ルッフォーロはアマルフィ海岸の小村ラヴェルロの出身、一旗揚げるために商品を買い込んでキプロス島に出かけるが、目論見が外れて文無しとなる。そこで海賊に変身、主にサラセン人の商船を襲って略奪、元手に投資した金額を取り返して故郷に帰ろうとする。ところが帰路、ジェノヴァの商船兼海賊船に捕えられ、すんでに生命も危ういところに嵐が起こり船は難破、一同海に放り出される。幸い手近に浮いていた板に乗って漂っているうちに、別の木箱が流れ寄ってぶつかりそうになる。これをなんとか遠くに押しやろうと悪戦苦闘の折から、大波を被って再び海に放り出される。やっとのことで海面に顔を出すと、もう板は遠くに行ってしまって、とても泳ぎ着けそうになく、仕方なく手の届くところにある件の木箱にしがみつき、夜を過ごしてコルフー島に流れ着く。ちょうど浜辺に洗濯に来ていた女に助けられ介抱されながら、密かに箱の中身を調べると、なんと素晴らしい宝石がいっぱい詰まっていた。そこで使いを遣って人を来させ、今度は安全第一に故郷に帰り、大金持ちとなって安楽に一生を送ったという。まさに東地中海を舞台にした、波乱万丈の冒険譚である。

「悲劇に終る愛」を主題とする四日目の第五話はシチリア島メッシーナで起こった話で、恋人ロレンツォを兄達に殺されたイザベッタは、密かにその頭を切り取って植木鉢に入れ、上にバシリコの株を植えて水をやる代わりに自分の涙を注ぐ。ただ単に受身に自分の不幸を嘆き悲しんでいるだけではないのである。青々と生い茂るバシリコと、そのうえにロレンツォを偲ぶ歌を口ずさみながら涙を流すイザベッタの姿に、奇異の感に打たれた兄達は鉢を打ち割って殺した男の髑髏を見出し、自分達の所行が露われるのを怖れて逃散、事件を知ったメッシーナの人々はイザベッタの不幸に万斛《ばんこく》の涙を絞る。あまり長くなってもいけないが最後にもう一つだけ、『デ

ボッカッチョ『デカメロン』挿図　10人の若い男女が，フィレンツェ郊外の別荘の庭園に集って各人1つずつの物語りを語る．

(18) ボッカッチョの共和主義は、ダンテの場合と同じく、こうした実際的な政治体験から出ており、尊敬する友人ペトラルカの、政治的に無節操ともいえるヴィスコンチ家のジョヴァンニ大司教との付き合いに対する遠慮がちな批判も、ここに由来する。

(19) イタリア人から見れば「お人好し＝無知」は、容赦すべからざる悪である。

カメロン』の掉尾を飾る、といいたいところだが、どうも（少なくとも現代の目から見ると）設定に無理があって佳作とはいえない、「広量な魂の持主の事蹟」を主題とする十日目の第十話「堅忍不抜の心を持ったグリセルダ」の物語に触れておきたい。ジェンダー論者からお叱りを受けそうなこの話は、男性中心だった中世ヨーロッパに広く伝わる、女性の貞淑を試す説話を語り直したものである。サルッツォの侯爵《マルケーゼ》グヮルチエーロは周囲の者から妻を娶るように強いられ、近くに住む百姓の娘グリセルダに白羽の矢を立てる。だが相手の心がどんなものかを確かめようと、結婚の前にグリセルダの家を訪れ、父親を証人に「夫に絶対服従する」という誓いを立てさせる。婚礼が行われ、結婚したグリセルダは人を驚かせるほど立派な、侯爵夫人に相応しい女性であることを示し、家来達からも領民からも敬愛されることになる。しかし決してそれで驕り高ぶることなく、常に夫に従順であった。まもなく二人の間に娘が生まれ、すべてがうまく行くように見える。しかしグヮルチエーロは、さらなる試練を与えてグリセルダの心を試そうと、にわかに、それも何の理由もないのにグリセルダを厳しく扱い、家来に言い付けて生まれたばかりの娘を取り上げさせ、殺すと見せかけてボローニャに送り、母娘を引き離してしまう。そのうえまたグリセルダが妊娠し、しかも今度は男の子を産むと、「卑しい出の女の息子が侯爵家の相続人になるのは我慢ならぬ」と領民が不平を鳴らしていると言い立て、娘と同様に息子も母親から引き離し、殺すと見せかけてボローニャに送ってしまう。そればかりか下賤の生まれを理由に、教皇から結婚無効の御墨付きを得て妻を離別すると言い出す。しかも妻を追い出すのに、着物から宝石その他あらゆる持ち物を取り上げ、裸同然で父親の許に送り返す。だがグリセルダはこれらの仕打ちをじっと耐えて、悲しみの涙に暮れはするが一言も不平を洩らさない。そして遂に、新たな身分の高い妻を迎える日が来て、グヮルチエーロは新妻の召使にするためと称してグリセルダを呼び寄せる。グリセルダはこの最後の侮辱をも耐え忍ぶ。いよいよ花嫁が到着すると、じつはそれはボローニャに送られていたグリセルダの娘とその弟であった。グヮルチエーロは妻の心の稀に見る雄々しさにこよなく感服して、事情をすべて打ち明け、グリセルダを妻の座に直し、以後侯爵夫人として最高の礼をもって遇したという話である。

上述したように、この話の筋の展開はすでに決まっているのでボッカッチョに責任はない。ただこれを『デカメロン』全体の締め括りとして、十日目の第十話に置いたのはボッカッチョの判断で、またその保守化の傾向を示す。かつこれは『デカメロン』の序章に先立つ「前口上《プロエミオ》」と関係がある。ボッカッチョは前口上で、『デカメロン』を書く動機として

「女性達の心を慰めるため」という目的を掲げている。「男達はたとえ気懸りがあっても、外出も、郊外に狩りに出かけるも勝手しだいで、これを紛らわす手立てがいくらでもある。しかるに女性方は親や兄弟達に見張られ、家に閉じ込められて、恋心を抱いても隠さねばならず、独り小さな胸の中であれこれ思い悩むより他に術がない。こういう方々の心を、いささかでも慰めるため本書は書かれている」というのである。男に立ち交って、女性も畑を耕したり、物を売ったりしていた時代が過ぎ、イタリア都市共和国の担い手、富裕になった商人達の家では、召使にかしづかれ、外出もままならず刺繍や読書に時を過ごす、洗練や教養は身に付けるが、（人文主義者達に似て）現実から遊離し保守化していく新しい階級の女性が生まれつつあったのである。公用語のラテン語とは縁遠いそうした読者のために、「俗　語《ヴォルガーレ》」であるイタリア語で、しかも高尚な思想や哲学、また壮大な悲劇などではない、市井あるいは物珍しい異国で起こった事件を語って聞かせるというのが『デカメロン』の（表向きの）目的なのである。当時の男性中心の世の中では、まだまだ貞淑を旨とし、夫や親兄弟に従っておくのが安全な行動パターンであった。だからグリセルダの物語が最後に置かれているわけである。

しかし、ボッカッチョは、決してそれがすべてだと考えているわけではない。上記イザベッタの話に見られるように、兄達の因襲的な考えの犠牲になった主人公には、満腔の同情を惜しまない。また「逆境にありながら自己の才覚によりそれを切り抜け、幸福な結末に辿り着いた者」をテーマとした二日目第九話では、主人公ヴィネヴラが、夫の下らぬ賭がもとであらぬ疑いをかけられ殺されそうになると、男装してジェノヴァを逃れてアフリカに渡り、アレクサンドリアのスルタンに仕える身となるばかりか、見事に裏切者を捕え、馬鹿者の夫をアレクサンドリアに呼び寄せてスルタンの御前で両者と対決、身の潔白の証しを立てて夫を謝らせた上、裏切り者を処刑させている。だからこそまた『デカメロン』は現代でも生彩を喪わないのである。

イタリア語散文

しかもこれらの物語がまた、文末に動詞が来る見事なラテン語風の大きなうねりのあるイタリア語の散文で書かれている。すでにダンテにおいて見られた、俗語を改良する試みは、散文においてはボッカッチョにより頂点を究められたということができる。単に女性のみならず、ラテン語をコミュニケーションの手段としない広汎な公衆を対象とする「俗語散文文学」が『デカメロン』によって確立する。そしてその周辺にフランコ・サッケッティの『三百物語』、またディーノ・コンパーニやヴィラーニ兄弟の『年代記《クロナカ》』のような、より簡素だが事実を明確に伝えることを旨とするイタリア語で書かれた散文作品が、十四世紀全体を通じて続々と書かれるようになる。ダンテがその『俗《ヴォルガーレ》語《・エロクィオ》論』（一三〇四？）によって主張したことが半世紀後、まさにイタリア半島ルネッサンスの第二期が終ろうとする十四世紀半ばに達成されたのである。

人文主義

「グリセルダの物語」について、もう一つだけ付け加えておきたい点がある。この物語はペトラルカも非常に気に入って、自らラテン語（！）に翻訳する労を取っている。イタリア俗語で書かれた作品は、教養語ラテン語に直されることによって格が上がるというわけである。荒唐無稽な試練に耐えるグリセルダの従順さがお気に召したペトラルカは、その点でもボッカッチョよりはるかに観念的・保守的で、ここに「人文主義《ウマネージモ》」の持つ限界がよく出ている。

元来、人文主義は、「煩瑣哲学《スコラ》」と呼ばれるに到った中世カトリック教会の硬直・形式化したアリストテレス解釈に対する批判から生まれ、批判の拠り所を異教の古代ギリシャ・ラテン文化の人間像に見出したことに始まる。いま問題としている十三世紀末から十四世紀前半当時でも、すでに千年余りを経ている古い時代の文化を知る有力な手がかりの一つは文献であり、古写本の探索が活気を帯びれば、また発見された書物の内容を正確に把握するための文献学・言語学的な研究も発展する。ただここが厄介なところで、その過程で古代の、それも優れた文化に接するうちにその魅力の虜となり、これを盲目的に尊崇する傾向が出てくる。とくにラテン語[20]が古代文明の言語の一つとして、紀元一世紀前後に完成の極みに達し、これに比べれば当時のイタリア語が劣っていたのは事実だが、だからといって言語の母体である一般民衆の言葉から離れた、いわば「過去の言葉」を用いても、それは限られた教養人サークル内での「遊びごと」に堕してしまう。しかもその言葉は、古代文明の人間像を理解するための道具であって、人間像そのものではない。もちろん言葉と思想は密接な関係にあり、特に聖書の「ヨハネ伝」冒頭に見られる、「言葉＝神」という図式を強く主張するキリスト教圏では（当時はもとより、現代に到るまで）言葉に過大な重要性が付与される傾向が見られる。

人文主義は文献学から始まったため教養主義的で、古典語の知識を重んずるあまり、それをひけらかし、知識のない者を軽蔑する風潮が生じた。だが人文主義とは本来、古典語の知識を土台にして、古代文明を文明たらしめた人間観を理解した上で、その精神をそれぞれの時代と地域に生かし、各々の言語に則して、より豊かで新しい人間像を生み出す契機とすることを目指す運動に他ならない。それを古典語の知識習得の方に重点を置いては、本末顚倒になってしまう。この傾向が、早くもペトラルカによる「グリセルダ物語」のラテン語訳に見られるということを指摘しておきたい。

（3）　ミラーノ、ヴェローナ、フェラーラ、マントヴァ、ボローニャ

ミラーノのヴィスコンチ家

半島北部の内陸都市で問題になるのは、なんといってもミラーノである。それはボンヴェシン・ダ・リーヴァの『ミラーノ市ノ驚異』（一二八八）を読むと、そのお国自慢を割り引いても十分納得がいく。すでに述べたように、でき星の市《まち》フィレンツェなぞと違って、ミラーノはディオクレチアヌス帝治下、四分された古代ローマ帝国の首都の一つとなったほどの都市である。一一七六年に神聖ローマ・ドイツ皇帝、「赤髭王《バルバロッサ》」ことフリードリッヒ一世に対抗して、北部の自治都市《コムーネ》連合であるロンバルディーア同盟を主導したのもミラーノであり、またヨーロッパ全域で活躍した半島出身の商人達に「イタリア者」ではなく、「ロンバルディーア者」の名が与えられているのを見ても、その重要性は明らかである。むろん半島ルネッサンスの第二期に、ミラーノも人口や産業においてそれなりの発展をしている。だがその度合いはフィレンツェほど劇的ではなかった。広大で肥沃なロンバルディーア平原の真ん中に位置し、昔から陸上交通の要衝であったこの町は、都市としての産業や活動のありかたがおおかた決っていたからである。

そのミラーノの発展の軌跡を辿ってみると、すでに自治都市の時期に「ラ・モッタ」と呼ばれた民衆派を代表するデ・ラ・トルレ家の支配（一二六六〜七七）が成立している。だがこれは、カスティリアの「賢王《エル・サビオ》」ことアルフォンソ十世やアラゴンのペドロ三世（後のシチリア王）の援助を得た貴族派ヴィスコンチ家のオットーネ大司教とその甥マッテーオによって覆えされる。とはいえ、デ・ラ・トルレ家も一三〇二年に再び政権を回復、しばらく民衆派政権が続く。そこへ今度は一〇年にハインリッヒ七世が神聖ローマ皇帝に選出され、ドイツから皇帝戴冠のため半島に南下して来ることになり、ヴィスコンチ家が復帰する。ことほどさように、ミラーノの政治にはアルプス以北の外国が強い影響を及ぼしている。じじつ一〇年以降、ヴィスコンチ家政権が十五世紀半ばまで続く。ただそうはいっても、その過程も決して平坦だったわ

(20) ギリシャ語は、ペトラルカやボッカッチョらの努力にもかかわらず、ヨーロッパでは一三九七年、ギリシャ人のエマヌエル・クリソロラスがフィレンツェに来って教え始めるまでは、本格的に読むことはできなかった。

けではない。

さしあたり、いま取り上げている十四世紀前半においても、まず一三一六年にフランス人でフレジュス司教のジャック・デュエーズがヨハネス二十二世（在位一三一六～三四）として南仏アヴィニョンで教皇位に就くと、さっそくロマーニャの教会領の再編に乗り出す。フィレンツェの項で触れた通り、甥ベルトラン・ド・プージェ（ポジェット）をロマーニャに派遣（一三一九）して、ミラーノからボローニャを奪ったばかりか、自分に逆らうミラーノを教会に対する反逆者として破門に処し、ヴィスコンチ家を討伐する「十字軍」を布告している。

次いで二八年、バイエルン（ヴィッテルスバッハ）家のルードヴィッヒ四世が皇帝戴冠のため南下、父マッテーオ（一三二二年没）の跡を継いだガレアッツォ一世に「皇帝代官《ヴィカリオ・インペリアーレ》」のタイトルを授ける。だがそうしておきながら、ルードヴィッヒ四世はガレアッツォ一世の忠誠心に疑いを抱き、自分と共にローマに同行を命令、ガレアッツォ一世は処刑の危機に遭うのだが、皇帝の参謀を勤めていたルッカの僭主カストゥルッチョ・カストラカーニの取りなしもあって辛うじて助かり、ミラーノに帰還する。ルードヴィッヒ四世は同年ドイツに戻るが、自分の後に従弟のルクセンブルグ家のヨーハン（皇帝ハインリッヒ七世の息子）を代理として送る。これにはヴェローナを支配していた野心家、デ・ラ・スカーラ家のマスティーノ二世の慫慂《しょうよう》があったことが知られている。

ところがこのヨーハンがまた、半島北部に自分の領国を切り取ろうとして、三〇年にブレシャなどを支配下に置く。それに対抗してミラーノ（一三二九年ガレアッツォ一世没後、息子のアッツォーネが跡を継ぐ）やフェラーラ、マントヴァ、ヴェローナ、さらにはヨーハンを呼び込んだ当のマスティーノ二世まで、近隣の勢力が集まってカステルバルド連合（一三三一）を結成、ヨーハンをアルプスの彼方に追い返す。この時ボローニャにいた教皇特使プージェが、なんと皇帝の代理ヨーハンと組むという事態が発生、もはや教皇派・皇帝派は理念とはまったく無関係に、情勢しだいでどうにでも変わり得る政治的レッテルと化してしまう。三四年には、そのプージェ自身がボローニャを中心に教会領を拡大しようと試みるが、先年のヨーハンとの野合の事実、それに叔父である教皇ヨハネス二世の死もあってアヴィニョンに帰還せざるを得なくなり、この危険も去る。しかしまた三九年、ミラーノはヴェローナのデ・ラ・スカーラ家のマスティーノ二世との対立がパラビアーゴの戦いに至るが、ヴェネツィア・ミラーノ連合軍は勝利する、といった具合である。

この間、アッツォーネの穏便な対応よろしきを得て教皇庁との対立は三三年に解消し、ミラーノに対する破門も取り消され、やっとヴィスコンチ家のミラーノ支配が安泰となる。アッツォーネは三九年に子どもを残さず死に、アッツォーネの叔父ルキーノとジョヴァンニ大司教の兄弟がミラーノの共同支配者となる。当面は、兄のルキーノが政治を担当、ジョヴァンニはもっぱらミラーノ支配下にある諸都市の教会関係の調整に当たる。ルキーノは精力的にミラーノの勢力範囲を拡大に努めるが、その間にもペストの影が迫ってくる。むろんミラーノも被害を免れなかった。一方、ルキーノは四九年に死ぬが、その際に妻イザベラによる暗殺の噂も流れた。あとはジョヴァンニ大司教が継いで、政治面でもヴィスコンチ帝国の形成に乗り出すのだが、それは十四世紀の後半、とは半島ルネッサンスの第三期のことである。

ヴェローナのデ・ラ・スカーラ家

ヴェローナでは、デ・ラ・スカーラ家のマスティーノ二世（カングランデ一世の甥）という無節操な野心家が、己れの勢力を拡大するための手段として、ボヘミア王となっていたルクセンブルグ家のヨーハン一世を半島北部に招き入れる。しかしこちらも野心家のヨーハン一世は、いったんロンバルディーアに入ると、そこに自分の領土を獲得しようとしてブレシャを保護領としたり、八方に手を伸ばし始める。慌てたマスティーノ二世は、ヨーハン一世の動きに反発して一三三三年フェラーラ、ミラーノなどが結成したカステルバルド連合に参加、この厄介なお客をアルプスの彼方に追い返す。そのうえに権謀術数を尽して、アルプス南麓のトレンティーノからティレニア海岸にまで及ぶ広大な地域を支配する。だがその盛強ぶりがかえって仇となり、東のヴェネツィア、南のフィレンツェの反発を買ったばかりか、さらに西のミラーノまで加わった反デ・ラ・スカーラ戦線が結成され、マスティーノ二世はパラビアーゴの戦い（一三三九）で破れたのをきっかけに、領土をパドヴァ（カラーラ家）、ミラーノ（ヴィスコンチ家）とヴェネツィア共和国などに侵食され、次第にその独立性を失ってしまう。

フェラーラのエステ家

フェラーラは前章で述べたように、ヴェローナよりさらに南東に下ったエミリア・ロマーニャ州の市で、ロンゴバルド時代からの公爵領。一二四〇年代にドイツに本拠を有するエステ家の勢力範囲に入り、六四年にはオビッツォ二世が君主体制を敷く。そしてモデナ（一三八八）、レッジョ（一三八九）にも支配を拡げる。一方、娘ベアトリーチェをヴィスコンチ家のガレアッツォ一世に嫁がせて強力な同盟を形成する。アヴィニョンに教皇庁を移したフランス人教皇クレメンス五世とヴェネツィアが戦ったフェラーラ戦争（一三〇八〜一七）の間、一時エステ家は市を追われるが、民衆の支持を得て帰還することを得、以後ミラーノと共に、ボヘミア王となっていたルクセンブルグ家のヨーハン一世に対抗するカステルバルド連合（一三三一）に加わり、デ・ラ・スカーラ家のマスティーノ二世の膨張政策に対抗するパラビアーゴの戦い（一三三九）にも参加、半島北部の政治に重きをなす。

マントヴァのゴンザーガ家

マントヴァでは在地小貴族ゴンザーガ家のルイージ一世が一三二八年、先行するボナコルシ家を追い落して「市民軍司令官《カピターノ・デル・ポポロ》」となる。以後フェラーラのエステ家、ミラーノのヴィスコンチ家などとの縁組を通して半島北部に勢力を拡げていく。三一年のカステルバルド連合に加わって、自己の存在を脅かすルクセンブルグ家のボヘミア王ヨーハン一世を北に追い返したり、ヴェローナのマスティーノ二世を叩いたパラビアーゴの戦いにも参加するなど、ミラーノやフェラーラと連携してロンバルディーアの重要勢力となっていく。とはいえ、ゴンザーガ家が名を知られるのは、ルクセンブルグ家のシギスモンド皇帝から侯爵のタイトルを認められる一四三二年に始まり、国際的に認められるのはやっと十五世紀末の九五年、シャルル八世のフランス軍を破ったフォルノーヴォの戦い（一四九五）からである。

ボローニャとベルトラン・ド・プージェ

ボローニャでは、すでに何度も出て来たヨハネス二十二世の甥で教皇特使ベルトラン・ド・プージェ（ポジェット）が一三一九年から市を支配、教皇領を組織・拡大しようとして周囲の諸勢力と争いを繰り返す。しかもその動きには、およそ宗教人に似つかわしくない、その時々の政治情勢に偏り過ぎた無節操さが見られ、結局大した成果も上げられず、三四年に叔父のヨハネス二十二世が死んだのを期にアヴィニョンに呼び返されてしまう。

以後ボローニャとその周辺は、再び在地小封建勢力の抗争の場となり混乱が戻ってくる。真の教皇領の再編は、イノケンチウス六世がアルボルノツ枢機卿を半島に派遣する五〇年代半ばを俟《ま》たなければならない。

第3節　教皇庁ローマと南イタリアのナポリ
——停滞

（1）ローマ

教皇庁の不在

イタリア半島ルネッサンスの第二期、つまり一三〇二年から四八年のペストの流行までの時期において、ローマは半島では重要な位置を占めていない。それは前に見たように、教皇ボニファティウス八世の時代遅れの教会支配の理念が、時代を先取りして国家主権の確立を目指しつつあったフランスの「端麗王《ル・ベル》」ことフィリップ四世の政策と正面衝突、アナーニの屈辱（一三〇三）となってボニファティウス八世は憤死、そればかりか教皇庁自体が六年後の〇九年、フィリップ四世の傀儡であるフランス出身の教皇クレメンス五世（ボルドオ司教だったベルトラン・ド・ゴット）の時に、南仏はアヴィニョンに移転させられてしまうからである。(21)

教皇庁が去れば、その全ヨーロッパにわたる金融オペレーションから切り離され、教会官僚の活動も消滅して、ローマはちっぽけな地方都市に成り下がってしまう。ヨーロッパの君主に号令した大教皇イノケンチウス三世の栄華、それにも増して地中海世界の覇者だった古代ローマ帝国の首都という栄光の記憶が、時折ノスタルジックな記憶となってローマ賛美を呼び起こすのみとなる。シエーナの聖カテリーナが教皇達にローマ帰還を求める手紙を書いたり、三七年にペトラルカが初めてローマを訪れ、その荒廃ぶりに胸を打たれた書簡を保護者ジョヴァンニ・コロンナ枢機卿に送ったり、また四一年に芝居がかった「桂冠詩人」戴冠式をカンピドリオの丘で行ったりしているのがその好例である。ちなみに、四七年に、コーラ・ディ・リエンツォが古代ローマ護民官制度の復活を掲げ、誇大妄想的なローマ共和国の復活宣言を行うと、ペトラルカはその噂に興奮してコーラに合流しようと南仏を発ちローマに向かうが、途中ジェノヴァでコーラ失脚の報せを聞かされて急遽行き先を変更、半島北部の小君主達を訪れるという喜劇が演じられたのもこの時である。むろん四八年のペストはローマにも甚大な被害をもたらし、市の荒廃に拍車をかける。

ボファティウス八世が一三〇〇年に発明した巡礼イヴェント「歓喜《ジュビレーオ》の聖年《アンノ・サント》」が、五〇年に第二回目として催され、一時的にローマに人を呼び集めはする。しかし「聖年」を宣言した当の教皇の姿は見えないばかりか、巡礼者が帰り、騒ぎがおさまればローマは再び寂れてしまう。この市が活気を取り戻すのは、十四世紀も後半に入り教皇庁が戻ってくる一三七七年以降と言いたいところだが、じつはその後も「教会の大分裂《グラン・シスマ》」と言われる何人もの教皇が同時に並び立って権力争いを演ずる時期が続き、結局十五世紀も第一・四半期を

---

(21) ついでに言えば、フィリップはクレメンス五世の管轄下にあるテンプル騎士団の莫大な資産に目を付け、不当きわまりない弾圧と収奪を行う。その際、クレメンス五世は唯々諾々と、これを追認している。

過ぎた頃になる。

（2）ナポリ

アンジョ家ロベルト一世

一方、ナポリはといえば、フランス王朝アンジョ家の支配が続いていた。だが、一二八二年の「シチリアの晩禱《ヴェスプリ》」と呼ばれる民衆の叛乱、アラゴン家のシチリア領有を認めた「カルタベロッタの和議」（一三〇二）以来、両シチリア王国の半分に当たるシチリア島は回復されず、経済はフィレンツェ商人の手に握られ、かつ外来のフランス系王朝に対して、封建制の利権を固守する土着豪族達の主張と相俟って、国力盛強というわけにはいかなかった。それでも「賢王《イル・サッジョ》」ことロベルト一世が即位した〇九年から、その死に到る四三年頃までは、ボッカッチョが『デカメロン』で描いたような、地中海世界に展開する国際商業の中心として刺激に満ちた、享楽的な雰囲気があったことに疑いはない。だがこの景気はあくまでも消費的なもので、地場産業の育成や地域農業の生産向上、つまり国力の増進には繋がらなかった。

ロベルト一世とその息子カラブリア公カルロはまた、フランス王家の分家アンジュー（アンジョ）家の立場から、反皇帝・親フランスのフィレンツェに頼りにされ、たびたび市の主権を委ねられている。のみならずドイツで選ばれた皇帝がローマで戴冠のため南下して来るごとに、教皇派の頭目としてトスカーナばかりでなく、北部のロンバルディーアやロマーニャでも重きをなした。[22] しかし、アラゴン家相手のシチリア奪回作戦は目覚ましい勝利もなくて効を奏せず、また三四年頃から始まるフィレンツェの金融恐慌は、アッチャイウォーリ商会の破産や、父がバルディ商会のメンバーだったボッカッチョが、「後ろ髪を引かれる思いで」ナポリを去らなければならなかった事態が示すように、ナポリ経済にも少なからぬ沈滞をもたらした。これに四八年のペスト襲来が追い討ちをかける。しかもカラブリア公カルロが、すでにこれに先立つ二八年に病死してしまう。

ロベルト一世自身は、三〇年に孫に当たる五歳のジョヴァンナ（一世）を自分の後継者として指名することで、王朝の存続を図ろうとする。三二年にジョヴァンナ（当時四歳）の夫としてハンガリアのドゥラッツォ王家から次男のアンドレア皇太子（六歳）を迎える。また一七年にはシエーナからシモーネ・マルティーニ、三〇年にはフィレンツェからジョットを宮廷画家として招き、四一年のペトラルカを「桂冠詩人」として戴冠する際に試験官を勤めるなど、「賢王」のタイトルを奉られる文化人ぶりを発揮もしている。とはいえ、国内政治に関しては結局成功したとはいい難く、加えて後継者ジョヴァンナと夫の仲もうまくいかず、ロベルト一世の死

（一三四三）後に王国は分裂と混乱に陥り、ナポリも沈滞の淵に沈むことになってしまう。

(22)　一三一七年、ロベルト一世は教皇の代官としてフェラーラ支配を任されていたが、ポオ河の水利をめぐる教皇とヴェネツィアの対立、いわゆる「フェラーラ戦争」に捲き込まれ、ヴェネツィアの使嗾による民衆蜂起により市を追われている。

第3章

都市国家の成熟（一三四八〜一四二〇年）

1420年頃のイタリア半島

一三四八年春、ジェノヴァの商船により黒海クリミア半島周辺からもたらされたペスト（黒死病）は、まずイタリア半島南部に上陸、そこから恐ろしい早さで全ヨーロッパに蔓延して猖獗をきわめ、各地で人口の三分の一から半分以上の命を奪ったといわれる。イングランド・フランス間の百年戦争さえ、悪疫流行のあまりの激しさに両軍兵士が激減、一時休戦やむなきに立ち到ったほどである。この厄災がイタリア半島、とくにフィレンツェの住民に及ぼした社会的・心理的影響については、ボッカッチョ『デカメロン』にある有名な描写が、ルネッサンス精神の特徴である写実的な現実観察の好例を見せてくれる。

他方、ルネッサンスといえども、むろん先行する中世と無縁であるわけがなく、両者の間に切れ目なく続く心情が存在するのも当然である。したがってペストのような大災害に見舞われた人々の心に、これを「人間の驕り」に対する神の怒りの表れと観じ、内省的な傾向が現れるのも、また自然な成り行きと言わなければならない。じっさいペストを境に、時代の傾向を敏感に反映する美術作品には、「最後の審判」など終末論的な題材を取り上げる絵画や彫刻が多くなった事実は、美術史家達によって指摘されるところである。また『年代記《クロナカ》』の作者で兄のジョヴァンニをペストで失ったマッテーオ・ヴィラーニが、兄の後を書き継いだ『年代記』で記録しているように、民衆の間にも、己れの罪を悔いて改悛のしるしに体に鞭打ち、血を流しながらいく者達が行列をなして町を練り歩くといった光景が繰り広げられたことが知られる。この「鞭打ち講《フラジェランティ》」あるいはその他の宗教的な集団ヒステリア現象は、じつはすでに十三世紀末、「一三〇〇年はこの世の終りの年である」という考えが流行した時にも発生しており、カトリック教会はこうした動きを危険視して、しばしばこれを「異端」として取り締まり、弾圧もしている。

十四世紀後半の時期に入っても、異端の問題はなくなるどころか、かえって頻繁に起こっている。先に、一三二二年にミラーノのマッテーオ・ヴィスコンチが、当時アヴィニョンに在った教皇ヨハネス二十二世と対立した際、政治的理由もむろんあったとはいえ、少なくとも表向きは異端を容認した廉《かど》で、教皇から「十字軍」（！）を起こされたと書いた。わが国で一般に十字軍というと、十一世紀末から十三世紀後半にかけて七度に及ぶ、イスラム勢力から聖地イエルサレムを奪回するための軍事行動と考えられやすい。それが教皇と共に中世キリスト教世界の二大首長たる神聖ローマ皇帝から、ミラーノにおける代官《ヴィカリオ》にまで任命されたマッテーオ・ヴィスコンチを、教皇が異端と断じ、十字軍を呼びかけるというのも異常な事態である。この特殊な状況を理解するには、キリスト教における異端について最小限の知識を持っておく必要がある。そこでやや横道に逸れることになるが、異端の問題をキリスト教の発生から、駆け足でごく簡単に跡付けてみることとしたい。

第1節　イタリア半島をめぐる特殊な状況

(1)　キリスト教と異端

異端と破門、および十字軍

もともとキリスト教と「異端」とは、キリストの教え自体が本家のユダヤ教の異端として出発しているぐらいだから、切っても切れない関係にあった。キリスト自身は己れの教えを説くに急で、教団の組織化にはあまり関心があったとは見えない。だが弟子達、とくに発祥の地イスラエルより西に向かって地中海を取りまく古代ローマ世界に自分達の伝導拠点を設けようとしたペテロとパオロが、いわゆる「カトリック(=普遍)教会」の制度化に努める。ただ、制度なくして組織は存続できないのだが、かといって制度が固まり過ぎると今度は形式化し、制度を生み出した精神を圧殺しかねぬ事態に立ち到ってしまう。ローマ帝国初期の、キリスト教が少数派で受け身の立場にあった頃には、制度を確立するのが信仰維持のため必要であった。だがコンスタンチヌス大帝によりキリスト教が公認(三一三年、ミラーノ勅令)され、四世紀末頃の国教化(つまり教会主流派による思想独占体制の貫徹)が始まると、キリスト教が一神教であることもあってグノーシス派、アリウス派、ペラギウス派、モンタノス派、ドナトゥス派、ネストリウス派など、主流派以外の教理解釈を主張するグループは、みな異端の名の下に断罪されてしまう。しかし先回りしていえば、それでも異端はなくならず、中世に入ってはウイクリフ派、フス派、ベギン派等々、それこそ数え切れないほど多くの、それも宗教的情熱に燃えた運動が生まれる。かつそうした異端の最後にして最大のものが、ルネッサンスの経済革新と人文主義《ウマネージモ》の博言学的研究から生まれたといえる「抗議派《プロテスタント》」である。こちらも当初は異端とされ迫害の対象となったが、運動そのものがカトリック教会の手に余るほどの大きさに発展して、十六世紀前半〜十七世紀半ばにかけて独立の新教教会が各地に形成され、カトリック派としても遂にその存在を承認せざるを得ず、一六四八年ウエストファリア条約以後は、異端という言葉自体が意味を持たなくなる。

ローマ教皇制度の成立

時代を五世紀後半に戻すと、西ローマ帝国の滅亡(四六七)後の混乱期に、教会が社会の秩序維持に大きな役割を果したことが、その権威を高める。かつ教会が、一方では諸地域の支配的な政治権力と結びつき、他方では地方教会が相互に連携を取り合って教勢拡大を図る。その過程で、第一にローマが古代ローマ帝国の首都だったという権威を持ち、第二に祖師キリストによりペテロが後継者として認められたというペテロ派教団の伝承（『新約聖書』「マタイ伝」十六章）を踏まえて、そのペテロがパオロと共に殉教して葬られた場所[1]という由緒もあって、ローマ司教の重みが徐々に増してくる。そして八世紀後半、最高司祭長《ポンティフェックス・マクシムス》というタイトルを称し、カトリック教会制度の頂点に立つローマ教皇が出現する。しかし教皇はこの時点でもまだ、諸教会連合の首座とはいっても、全体の取り纏め役的な地位にとどまって、それほど大きな権力を持つ存在ではなかった。

教皇による神聖ローマ皇帝の聖別と戴冠

ところが八世紀後半、フランク族の大帝国を建設し、イスラム勢力下のイベリア半島を除く西ヨーロッパ全域に君臨したシャルルマーニュが、イタリア半島北・中部を支配しカトリック教会を脅かしていた、異端アリウス派[2]のロンゴバルド族を討ってカトリックに改宗させる。かつ自己の支配の権威付けに、古代ローマ皇帝の顰《ひそ》みに倣って、ローマで戴冠しようという気を起こすのである。

この時、ローマ司教のレオ三世が、シャルルマーニュに同行する。レオ三世は、その恣意的な振る舞いのゆえに市民によりローマを追われ、北ドイツのパデルボルンに在ったシャルルマーニュの宮廷に亡命していたのである[3]。そして七九九年のクリスマスに、ローマで開催されたシャルルマーニュ臨席の査問会で、自己の行動に関する釈明に成功、皇帝によって教皇と認められたところで、突然シャルルマーニュの頭上に王冠を置き「神聖ローマ皇帝」戴冠の儀式を演出する。シャルルマーニュにはこの儀式が何を意味するかがよく分からなかったようで、しかも自分の在世中はレオ三世が完全にその言いなりだったこともあり、深く問題にもしなかった。ところがシャルルマーニュが死んだ八一四年以降、レオ三世および歴代の教皇達は、ローマでの教皇による聖別と戴冠が神聖ローマ皇帝と認定される必須条件であると大々的に宣伝して、教皇の政治的重要性を強調する。だが古代ローマ皇帝の時代にそんな手続きがあったわけがなく、皇帝は伝統的に市民による推戴で選ばれていた。神聖ローマ帝国においても、

（1）ヴァチカンの聖ピエトロ寺院は、ペテロの墓の上に建てられている。
（2）キリストの神性を否定し、三位一体の教義を認めない宗派。
（3）おそらく自己のローマ帰還の手段として、ローマでの皇帝戴冠式という考えをシャルルマーニュに吹き込んだのであろう。

これが正しい戴冠方式ではなかったから、教皇による聖別・戴冠は不要とする考えは根強く、折あるごとに主張される。その最も有名な例が、一三二七年に書かれたマルシリオ・ダ・パドヴァ(4)の『平和の擁護者《ディフェンソル・パキス》』に他ならない。だが教皇側にこうした反論を認める気はもちろんなく、それどころか異教徒の古代ローマ皇帝ならばともかく、キリスト教を国教とする神聖ローマ帝国の皇帝は、地上におけるキリストの後継者ペテロの座を占めるローマ教皇の聖別を得て初めて皇帝たり得ると、教皇の皇帝に対する優位を主張するようになる(5)。

偽造文書『コンスタンチヌス大帝の寄進状』と人文主義

この頃また、『コンスタンチヌス大帝の寄進状《ドナツィオ》』問題が決着をみる。この文書はコンスタンチヌス大帝が、巨大化し過ぎたローマ帝国を効率的に統治するため、帝国全体を東西に分けた上、自分は（より重要だった）東半分を取ってコンスタンチノポリス（現イスタンブール）に奠都《てんと》（三三〇）、西半分の支配権を時の教皇シルヴェストル二世に寄進したという伝説があり、その証拠書類として広く流布したものである。その結果、教皇の世俗支配権の根拠として通用していた。だがこれも一四四二年、ルネッサンス人文主義の博言学研究の成果の一つとして、ロレンツォ・ヴァラが「寄進状」に使われているある種の表現は四世紀には存在せず、したがって「寄進状」は八世紀に書かれた贋物であるという文献学的論拠を挙げたことによって、その信憑性は否定されてしまう。

教会改革の試みと司祭叙任権闘争および破門

その一方、九〜十世紀におけるキリスト教会は、世俗化と権力化による腐敗が甚だしく、シャルルマーニュのカロリンガ王朝のドイツにおける後継者（フランスとイタリアでは、カロリンガ王朝はすでにその血統が絶えてしまっていた）ザクセン朝のオットー大帝は、教会の綱紀粛正を目指してイタリア半島に南下、半島北部に威勢を振っていたイヴレーア伯爵《コンテ》ベレンガリオを破って、九六二年にヨハネス十二世により聖別を受け帝位に就く。オットー大帝の後継者ハインリッヒ三世に到っては、気に入らぬ四人の教皇（いずれもドイツ人）を次々と罷免・交代させたほどで、教会は完全に皇帝に従属していた。

こうした状況から脱出しようと闘ったのが一〇七三から八五年にかけて在位した教皇グレゴリウス七世で、まず聖職者の妻帯・蓄妾・収賄などの悪弊を正して教会改革を推進、次いでいよいよ「司祭叙任権闘争《インヴェスティトゥーラ》」と呼ばれる聖職者の任命権を世俗支配者の皇帝から切り離し、教皇に帰属させることを目指して皇帝権との争いに乗り出す(6)。

その際有効な武器として用いられたのが「破門」である。

破門とは、教会の方針に反する振る舞いに及ぶ者を異端と断定し、キリスト教徒の共同体から追放する処置に他ならない。皇帝など政治権力者の場合、いったん破門されると、臣下は封建制度下では臣従の誓いをなして封土を与えられ、代わりに君主に服従する義務を負っていたのが、その義務から解放され君主に対して叛乱を起こしても差し支えないことになる。とくに神聖ローマ・ドイツ皇帝のように血統によらず、ドイツ諸侯の全体会議(7)で選出される帝位の場合には、必然的に政治的な駆引きを伴うため、破門はきわめて有効な攻撃手段となる。

グレゴリウス七世の場合、相手となったのはハインリッヒ四世で、血気に逸《はや》るこの皇帝は一〇七五年、グレゴリウス七世から聖職者任命権は教皇に属するという通告を受けるや、ただちにドイツ諸侯の国会を招集し、教皇の廃位を宣言する。対するにグレゴリウス七世も破門をもって応じ、両者の対立が表面化する。しかも日頃ハインリッヒ四世の高圧的な中央集権的政策に反発していたドイツ諸侯が、事態を奇貨としてグレゴリウス七世側に立ち、教皇との和解あるいは退位の選択をハインリッヒ四世に突き付ける。思いもかけぬ事態の展開に驚いたハインリッヒ四世は、慌てて少数の供回りを連れてアルプスを越え、教皇に和解を求める会見に赴く。折からトスカーナ地方を通過中だったグレゴリウス七世は、皇帝一行の南下の報に接して急遽（反皇帝派《ギベリーニ》の）トスカーナ女伯《コンテッサ》マティルデの堅固な山城カノッサ城に立て籠って、ハインリッヒ四世の到着を待ち受ける。真冬の一月というのに（二十五〜二十八日とされる）、雪の中を裸足で、宥免を請う罪人の姿で城門の前に立つ皇帝の態度に満足したグレゴリウス七世は、聖職者叙任の権限が教皇にあるのを認めることを条件に破門を取り消す。世に「カノッサの屈辱」として知られる事件である。

だが破門取り消しの目的を達したハインリッヒ四世には、はじめから聖職者叙任の権限を放棄する気など毛頭なく、ド

（4）一二七五〜一三四三。パドヴァ出身の政治哲学者、パリ大学総長、教皇の世俗権力志向に対抗して、政治権力の基盤は人民の意志に在ると主張、異端の廉で大学を追われ、皇帝ルードヴィッヒ四世の許に赴く。皇帝の戴冠を拒否する教皇ヨハネス二二世（在アヴィニョン）の主張を反駁して、皇帝と認められるのに教皇の聖別は必要ないと説いたのが『平和の擁護者』（一三二七）。

（5）ただこの慣行も、「神聖ローマ帝国」の存在意義自体が消滅してしまった十九世紀初の一八〇六年、オーストリア・ハンガリー皇帝フランツ一世により不必要と宣言され、廃止される。

（6）ただしこの改革には、元来司祭を始めとする教会の役職は、教会メンバーで構成される信徒会《シノド》によって選ばれ、これを世俗当局が承認する形を取っていたのを、教会体制の上位者による上からの任命に切り換えるという非民主化の側面もあった。

（7）諸侯の代表四人と聖職者の代表三人、計七人の選帝侯会議になるのは一二七三年から。

イツに取って返した上、自分の不在中にシュワーベン家のルドルフ大公を皇帝に立てた諸侯の叛乱を鎮圧（ルドルフはメルセブルグの戦いで敗死）、ドイツ司教の会議を開いて「メルセブルグの戦いこそ神の意志の顕れ」と宣言、グレゴリウス七世を異端と判定させ、一〇八一年に今度は十分な兵力を率いて再び南下、教皇をローマに囲む。グレゴリウス七世はサン・タンジェロ城に避難、当時南イタリアを切り取りノルマン人の王国を建設中の、アルタヴィルラ（仏語でオートヴィル）家のロベルト・イル・ギスカルド(8)に救援を求めざるを得なくなる。半島におけるドイツ勢力の強大化を恐れたロベルトは、援軍を率いてローマに迫り、ハインリッヒ四世は精強をもって知られるノルマン軍との決定的な対決を避けて包囲を解く。入れ代わりに市内に入った（サラセン傭兵を含む）ノルマン軍の暴行と、その前のドイツ軍の略奪行為に甚大な被害を受けたローマ市民は、原因となった教皇に対して激昂、そんなところに再びドイツ軍迫るとの噂が流れ、八四年グレゴリウス七世は市を脱出、ノルマン軍の後についてサレルノまでは辿り着く。だがここでノルマン軍からも放り出されて、翌八五年に流謫《るたく》のうちに亡くなるという経過である。

十字軍

十一世紀はまた、やっとヨーロッパが五世紀後半以来の混迷と衰退から抜け出し、外に向かって拡大する兆しを見せ始める時期でもある。この拡大の動きが、十六世紀ルネッサンスの「新大陸発見」と「世界一周」で頂点に達することになるのだが、その最初の動きが一〇九五年に第一回が行われた十字軍で、これはセルジューク・トルコのイスラム勢力によりキリスト教の聖地イエルサレムが占領され、巡礼者達がキリストの墓に詣でることができなくなった状況を打開するという名目で行われた。だがそれは、ヨーロッパが徐々に平和を回復し、それまで戦闘に明け暮れて来た騎士達が仕事にあぶれて、行きどころのなくなったエネルギーの捌け口を対イスラム戦に求める動きでもあった。第一回は、キリスト教軍の奇襲をうけたイスラム側に備えがなかったことも手伝い、十字軍が聖地奪回に成功する。だが以後六回にわたる侵攻でうまくいったのは第五回のみ、それもホーヘンシュタウフェン家のフェデリコ（フリードリッヒ）二世が、絶妙の外交交渉により一切血を流さずイエルサレムを開放させるのに成功、巡礼達が自由に聖地を訪れる約束を取り付けた回のみであり（ヨーロッパでは戦わなかったというので評判が悪く、フェデリコ二世はこの件で破門される）、その他はいずれも敗れている。それどころか一四五三年にはオスマン・トルコ軍にコンスタンチノポリス（現イースタンブール）を奪われ、東ローマ帝国自体が滅亡して十字軍は完全に失敗する。だがアマルフィ、ピーザ、ヴェネツィア、ジェノヴァなどイタリア半島海運都市の興隆を見ても、先進イスラム世界から受けた経済・文化的刺激が十字軍以後のヨーロッパに与えた影響は、じつに計り知れない。

ヨーロッパ復活の徴候と異端カタリ派

　ヨーロッパではこうした刺激に伴う技術革新もあって、まず耕地の拡大（これには聖ベルナールが組織したシトオ派修道会が活躍する）が見られ、農業生産性の向上と人口の増加が起こる。生産の拡大は、一方では社会全体の富の増加をもたらすが、他方ではごく少数の権力者の手に富の集中を招き、多数の貧困層を発生させる。この傾向に南ヨーロッパの地中海沿岸諸都市における対東方《オリエント》貿易の利益と知的刺激が拍車をかける。権力の側は自己の利権を護るために「正統」を主張し、より公平な富の配分を求めて異議申立を行う大衆層は異端の名の下に弾圧される。教会の場合、グレゴリウス七世の改革で組織強化が緒についた教皇権は、イノケンチウス三世（在位一一九八〜一二一六）の時に最高潮に達する。イノケンチウス三世は『世の中を軽蔑すること《デ・コンテンプトゥ・ムンディ》』を著し、現世の価値がいかに取るに足らぬかを強調する一方で、イングランドの「欠地王」ことジョンを破門したり、神聖ローマ皇帝ヴェルフ家のオットー四世を帝位に就けたり廃位したりして、ヨーロッパの政局を思いのままに動かし、権勢を振った。

　またこの教皇の頃に、政治権力化した教会に反発して、カタリ派というキリスト教の一派が南フランスの町アルビを中心に勢力を得てくる。「説教修道会《プレディカンティ》」と呼ばれ、異端審問官を多く出したので知られるドメニコ派修道会は、まさにこのカタリ派の教義を論破・改宗させる目的で、スペインの聖ドメニコが創設したものなのである。

　ここでは残念ながら原始共産主義にも通じるカタリ派の主張を解説している余裕はないが、イノケンチウス三世はこれを異端と断じ、折から北フランスで王権の強化に努め、自己の勢力を南フランスにも及ぼそうと狙っていたフランスの「尊厳王」ことフィリップ二世を語らって「アルビ十字軍」を宣言（一二一三）する。フィリップ二世はプロヴァンス地方の代官としてシモン・ド・モンフォールを派遣し、地域の独立を護ろうとするトゥルーズ伯爵レイモン六世を討たせるが、それは同時に、吟遊詩人《トゥルバドゥール》の四散など南仏文化に甚大な打撃を与えることにつながる。

---

(8) ロベルトは、ノルマン人の王国を建設する過程で教会と衝突、グレゴリウス七世から破門の宣告を受けたこともある。

アシジの聖フランチェスコ

この頃イタリア半島でも、イノケンチウス三世らに代表される教会の世俗権力化により、神の福音から切り離されたと感じる人々の数が増えつつあった。この民衆の満たされぬ感情のギャップを埋めることに力あったのが、アシジの聖フランチェスコ（一一八二?～一二二六）に他ならない。フランチェスコは、同時代のイノケンチウス三世のようにローマの名門コンチ家の出などではなく、一介の織物行商人ピエトロ・ベルナルドーネの息子で、青年時代を無頼に過ごすのだが、神の啓示を受けて回心する。全財産を抛《なげう》った無一文の清貧《ポヴェルタ》の生活と、イノケンチウス三世の『世の中を軽蔑すること』とは反対に、神の被造物であるがゆえに現実の世界もまた賛美に値する（『被造物の歌《カンティコ・デレ・クレアトゥーレ》』）と説いた。そして在俗の者でも、ひたすら神の賛美に心を尽くせば天国に昇れるとし、日々の生業に携わる者のために、男子・女子修道会以外に、第三信徒会という在俗信徒のための組織を設ける。清貧の教えは、日頃商業に携わり、教会が禁じる「利子」の問題に心を悩ませていた商人達に「すべてを寄進すれば！」という最後の希望を与えると同時に、被造物への賛美は、出家の決心まではつき兼ねる一般民衆に、現実と和解し生きる元気を与えた。

　イノケンチウス三世をはじめ教会の首脳達は、この一見とんでもない（情緒的で、宗教美術に大きな霊感さえ与えた）説教にショックを受け、一時は異端としての断罪をも考えたが、一般人の熱狂的な反応を見てむしろ教会公認（一二二一、ホノリウス三世）の宗派として監督下に取り入れる方が得策と判断する。この判断は当たって、当時とみに階層化・権力機構化の傾向を強めつつあった教会に大衆を繋ぎ留める役に立つ。だが清貧の教えを始め、フランチェスコ派の教団がもつ平民主義的な要素は晩《おそ》かれ早かれ教会の権威階層的傾向とぶつかる運命にあった。

　かつ皮肉なことに、フランチェスコ派の運動自体が初期キリスト教団と似た展開を辿る。じっさいフランチェスコ派が宗派として確立し組織化が始まると、運動の創始者聖フランチェスコは自派を小修道会《ミノーリ》と呼び、出家メンバーは謙譲《ウミルタ》の精神をもって修道士《フラーテ》にとどまり、神父《パドレ》となることさえならぬと遺訓したのである。にもかかわらず、同修道会の勢力を皇帝フリードリッヒ二世との政治対決に生かそうとする教皇グレゴリウス九世（一二二七～四一）の意向もあって、同派から司教など高位聖職者が任命されるようになる（後にはなんとシクストゥス四世（一四七一～八七）、同五世（一五八五～九〇）など、フランチェスコ会士の教皇まで出る始末である）。さらにまた一般信徒が、聖フランチェスコをいやが上にも賛美したいという無理からぬ希いもあって、アシジの地に壮大な聖フランチェスコ聖堂が建立され、その壁面をジョットとその工房が聖人の一代記を描いた大フレスコ画連作（一二九六～一三〇四）で飾るという仕儀にもなってしまう。

フランチェスコ派修道会内の対立と、その他の異端

こうしたフランチェスコ会の勢力拡大を推し進める体制翼賛型のグループが「協調派《コンヴェントゥアーリ》」と呼ばれたのに対して、あくまでも創始者の遺志に忠実に、清貧と謙譲の教えを厳格に守ろうとする「精神派《スピリトゥアーリ》」と呼ばれるグループが生まれるのも当然の成り行きである。両者は対立し、精神派が協調派を批判するばかりか、カトリック教会そのものの世俗化・権力化をも非難するに及ぶ。当然、教会上層部からは厳しい監視・干渉を受けるが、かえっていっそう先鋭化していく。その過激な者達が、やはり十三世紀後半にフランスで異端とされたピエール・ド・ヴォー(9)（イタリア読みピエトロ・ヴァルド）の影響下に結成された「ロンバルディーアの貧者達《ポヴェリ》」と呼ばれるグループと接触して、イタリア半島北部に大きな勢力を持つようになる。

さらに『年代記《クロニコン》』の作者サリンベーネ・ディ・アダム（一二二一～八八？）が語るところによれば、南仏プロヴァンスに起こった「サッカーティ」と呼ばれ、聖フランチェスコの清貧の誓いに従うことを誇示するため、粗布の袋《サッコ》に穴を開けて首と両手を通して着物の代わりとし、町を托鉢して歩いたグループが現れる。また一二三三年に半島中部ウンブリア地方で興るや、たちまち北イタリア全土を席巻した、神を称える「ハレルヤ！」というかけ声を唱えつつ町を練り歩く市民の熱狂的な行進があるかと思えば、一世代後の六〇年には、ペルージャの修道士ラニエリ・ファザーノによって「鞭打ち講」が始められる。こちらは懺悔の印にキリストの受難と人間の原罪を想い、双肌《もろはだ》脱ぎになって鞭で背中を打ち叩き、血を流しながら黙々と市中を進んでいくという、より激しいものであった。また、人々の心に大きな影響を及ぼした半島南部カラブリア出身の修道士ジョアッキーノ・ダ・フィオーレ（一一四五～一二〇二）の説教にある「一三〇〇年には、この世の終わりが来る、悔い改めよ！」という神秘主義的終末論なども登場し、社会変動の徴候によって、人々の心が不安に包まれていく。

十三世紀は、まさに異端の世紀であった。かつ経済の爆発も加わって、そうした変動がいよいよ本格化するこの世紀の最後の四半期にルネッサンスが緒につくのである。その直後、一三〇四～〇六年にかけて、ピエモンテとスイスが境を接す

（9）ドーフィネ地方出身でリヨンの織物工に勤勉と清貧とを説いた。

るセジアの渓谷を舞台に、フラ・ドルチーノという修道士の指導下でフランチェスコ派極左グループ「使徒派《アポストリ》」の武装蜂起（ウンベルト・エーコ『薔薇の名前』の時代背景）が起き、教会は同派を異端と認定、モンフェラート侯爵《マルケーゼ》によって弾圧される。これは、ダンテもその『神曲』地獄篇、二十八歌で言及している通り、当時の世を大いに騒がせた事件であった。

異端運動から抗議派運動へ

このような状況を踏まえて、一三二二年の教皇ヨハネス二十二世による、対マッテーオ・ヴィスコンチ「十字軍」が宣言されたのである。ただこの場合はすでに見たように、マッテーオ自身が異端であったわけではなく、教皇側による異端のレッテルを政治の道具に使う意図が一目瞭然で、かつヴィスコンチ家のミラーノにおける基盤が強固であったため、十字軍は不発に終る。一方、異端運動の方はもちろん無くなるわけではなく、十五世紀末のフィレンツェにおいて異端と断罪されたドメニコ派の修道士サヴォナローラの革命（一四九四〜九八）が噴出したのを見ても知られるように、十四〜十五世紀を通じて社会の底流には、世俗権力化した教会への不満が常に蟠《わだかま》っていた。

しかし、小君主《ティランノ》（半島北部）あるいは富裕商人《ポポロ・グラッソ》（中部）の支配が確立する十四世紀後半に入ると、北部のミラーノとヴェネツィア、中部のフィレンツェ、ローマ教皇領と、小規模なだけに監視・統制が貫徹しやすい都市国家《チッタ・スタート》の並立が固定化したイタリア半島では、精神的革新の社会的エネルギーや宗教的情熱は徐々に失われ、芸術の分野でも、すでにペトラルカにおいて見られた廷臣的で人文主義の知的遊戯的な側面、あるいは個人的良心の満足のためのパフォーマンスといった要素が勝ってくる。この傾向は、ピーコ・デ・ラ・ミランドラやマルシリオ・フィチーノなどの人文主義者の場合にも顕著に認められる。その後、むろん自己の信条のために、ローマはカンポ・ディ・フィオーレで異端審問裁判《インクィジツィオーネ》により焚かれたジョルダーノ・ブルーノ（一五四八〜一六〇〇）、二七年間ナポリの牢獄に繋がれたトマーゾ・カンパネルラ（一五六八〜一六三九）、またスイスに逃れモラヴィアで没したベルナルディーノ・オキーノ（一四八七〜一五六四）のような人々がいなかったわけではない。だが宗教的・知的革新の衝動は十五世紀半ばにはイタリア半島を去る。そしてその文献学的人文主義の成果を正面から受け止めたエラスムスやトーマス・モア、フアン・ルイス・ビーベスらアルプス以北の、より倫理性の強い新しい人文主義《ユマニスム》に受け継がれる。これがさらに十六世紀前半、ドイツのルッターやメランヒトン、スイスのツゥイングリやカルヴァンの「抗議派《プロテスタント》」運動という最大かつ最後の異端運動となり、宗教・政治的寛容の扉を開くことに繋がっていく。だが、それはもうイタリア半島ルネッサンスばかりでなく、ヨーロッパのルネッサンス自体の枠を越えた時期に属する展開となってしまうのである。

（2）傭兵隊長の登場

外国人傭兵隊長

異端の問題に加えて、イタリア半島ルネッサンスの第三期以降（さらに第四期、第五期を含む）は、もう一つ別の大きな問題を抱えていた。それは「傭兵隊長《コンドッティエーロ》」の問題である。

傭兵隊長とは、戦争が専門の技術者といえる。マキャヴェルリのいわゆる『戦争の技術《アルテ》』を駆使する戦争の専門家に他ならない。傭兵隊長は、かつて自治都市《コムーネ》が行った戦争を特徴付ける「郷土愛《カンパニリスモ》」、あるいは後続のアルプス以北で成立した国民国家《ネーション・ステート》の軍隊に見られる「愛国心《ナショナリズム》」といった、ある意味では情緒的な戦意とはまったく無縁で、雇主が支払う契約金の額に応じて、誰のためにでも己れの武力および戦争のノウハウを提供する技術者である。このような技術者はじつは古くから存在しており、それはギリシャのクセノフォン（紀元前五世紀）が『アナバシス』で語る、ペルシャの小キュロス皇太子に抱えられた一万人のギリシャ傭兵軍が辿った波乱万丈の運命を読んでも知られる。

十四～十五世紀のイタリア半島についていえば、傭兵隊長とその軍隊は各地に並立する都市勢力、またミラーノ、ヴェネツィア、フィレンツェや教皇庁、さらにはナポリ王国など、半島に割拠する地域勢力の手先となって、各地で戦闘を繰り拡げた。そればかりではない、すでに十三世紀の半ば、ドイツ系のホーヘンシュタウフェン朝に雇われて、イタリア人自身に先んじて外国人の傭兵隊長が登場して活躍する。これは戦争の形態としては、マキャヴェルリが『君主論《イル・プリンチペ》』や『軍事論《アルテ・デ・ラ・グゥルラ》』で指摘した通り、アルプス以北の王国が封建貴族制から出発し、国王に忠誠を尽す家臣によって構成される騎士団をもって戦争を行ったのとは大いに異なる。

そこで次に傭兵隊長という、イタリア半島においてルネッサンス期に栄えた職業を通して、当時の戦争のありかたをごく簡単に見ておくことする。傭兵隊長はイタリア語では「コンドッティエーロ（condottiero）」と呼ばれ、本来「行動する」または「遂行する」という意味の動詞「コンドゥルレ（condurre）」（英語の「コンダクト」、「コンダクター」（オーケストラの指揮者）」と同じ語源）に由来する。なんらかの理由で領土の支配権・相続権など、政治に関わる問題を解決したいが、そのために必要な自前の軍事力を持たない勢力が、配下に兵隊を抱える指揮官と一定の契約（給金・期間・戦利品の配分など）を結んで、戦闘の遂行を肩代わりさせるシステムで、この契約のことを「コンドッタ」と呼んだことから「コンドッティエーロ」の名が出た。

外国人傭兵隊の出現

すでに十三世紀中葉、ホーヘンシュタウフェン家のフェデリコ二世は主に警備上の理由から、言葉も宗教も違い、その存在を完全に皇帝の意向のみに負って謀反の怖れがない、サラセン人のみで構成された部隊を設置する。そしてこれに十分な待遇を与え、プーリア州に近衛軍として駐屯させている。これなども一種の傭兵隊で、じじつフェデリコ二世の死後シチリア王となった庶子マンフレーディは、その支配に逆らう在地貴族達の叛乱を制圧するのに、訓練の行き届いた精強なサラセン部隊を活用している。またサラセン人ではないが、ミケランジェロのデザインによる制服を着て、今日でもヴァチカン市の聖《サン》ピエトロ寺院の警護に当たっている、教皇庁のスイス衛兵も同じような理由で十六世紀に制定された傭兵軍といえる。

このように、イタリア半島における傭兵部隊の出現は十三世紀半ばに遡り、当初はイタリア人以外によって構成されていた。一二六〇年にフィレンツェとシエーナの間で戦われたモンタペルティの合戦で、シエーナの大勝利に貢献したのは、サン・セヴェリーノ伯爵ジョルダーノ将軍指揮下のドイツ軍重騎馬隊であった。戦いの前日シエーナの市民評議会で、ドイツ軍を励ますため給金を倍にする決議が提案されたが、即金で支払うだけの額が市になく当惑したところ、豪商として知られるサリンベーニ家のサリンベーネが己れの懐から用立てると宣言、倍額の報酬を前渡しされたドイツ兵は意気大いに揚がり、それが勝利に繋がったと、ニコロ・ヴェントゥーラの『年代記《クロナカ》』は記している。こうした状況を見ると、連中も一種の傭兵軍で、ホーヘンシュタウフェン家の皇帝に従って、アルプスの北からイタリア半島に南下した封建貴族の子弟が、そのまま戦争専門の軍事集団として居残り、傭兵化して皇帝派の都市に派遣される様子がうかがわれる。

他にも、己れのために王国を切り取ってしまったからスケールはずっと大きいのだが、十一世紀にノルマンディーから半島南部にやって来たヴァイキングの子孫アルタヴィルラ（オートヴィル）家も、教皇庁がシチリア島を異教徒イスラム勢力から取り戻す手段として呼び寄せた者達で、考え方によっては傭兵であったのが、南イタリアにノルマン人の「両シチリア王国」を建てたのである。また教皇クレメンス四世が十三世紀後半、ホーヘンシュタウフェン家のマンフレーディ王と対決させるため、フランス王「聖《サン》ルイ」ことルイ九世の弟アンジュー公シャルルを南イタリアに来させたのも、軍事力を持たないという教会の建前上そうせざるを得なかったからであるけれども、シャルルの前にイングランドのエドマンド皇太子の南下の可能性を打診して断わられているのを見れば、マンフレーディ王と戦ってくれさえすれば誰でもよかったわけで、アンジュー家のシャルル（カルロ）一世が南イタリアを制圧すると、たちまち教皇庁は脅威を感じてその力を抑えにかかった点で、ノルマン人の時と似たり寄ったりの傭兵政策とその結果であった。

　シャルルはベネヴェントの戦い（一二六六）でマンフレーディ王を破り、以後フランス重騎馬隊の名声がドイツのそれを凌ぐことになる。十四世紀前半を通じてナポリ王国を支配したアンジョ（アンジュー）家は、ベネヴェント以来の同盟者フィレンツェがトスカーナ制圧を目論んでシエーナやピーザと戦う際、または神聖ローマ皇帝に選出されたドイツ諸侯が戴冠のために南下して来るたびごとに、ナポリ（フランス）軍を貸し出している。またトスカーナやロンバルディーアの都市共和国にしても、市民兵部隊だけでは戦争に勝てず、しかも経済的な余裕が生まれたので、次第に傭兵を使って戦争をするようになる。しかもベネヴェントの戦いでマンフレーディ王が敗れ、主を失ったホーヘンシュタウフェン家の残党から、一三一一年にルクセンブルグ家のハインリッヒ七世に従って南下して来たフランス東北部の部隊で、ハインリッヒの病死（一三一三）後行きどころがなくなった者まで[10]、十三世紀末から十四世紀初にかけてイタリア半島には戦争のあぶれ者がうようよしていた。そこにまた、半島北・中部では都市国家が互いに勢力を争って戦闘の絶え間がなかった上、南のナポリ王国でも王位相続をめぐる内紛が多発した。そこで配下にこうした兵隊のグループを持ち、金を出してくれる雇主であれば誰とでも契約を結んで、武力をサービスとして提供する傭兵隊長という職業が生まれた。つまり十四世紀の半ば頃、戦争の契約《コンドッタ》が結ばれるようになった時、傭兵隊長が誕生するのである。

　ではそれ以前はどうだったかというと、兵士の集団は「マスナーダ」（一党、一隊）、そのメンバーは「マスナディエーロ」と呼ばれ、元来は別に悪い呼び名ではなかったが、なにせ荒くれ者の集団で、特に無防備の市民や農民に対して略奪・暴行を働くことが多かったので、次第に「ならず者、悪党」を意味する呼称となっていく。こうして自然発生的にできた「あぶれ者集団」を統制の枠内に納め、しかも昨日の敵であっても、より高い給金を払ってくれさえすれば、今日はそちらの側に付くという、純粋に戦争技術の販売業としたの

(10) 六八年のタリアコッツォの戦いでコラディーノが敗れた時にドイツから連れて来た兵隊、八二年の「シチリアの晩禱《ヴェスプリ》」に始まるアンジョ家に対する叛乱の応援にアラゴンから駆け付けたカタルーニャの兵士もこれに加わる。

がグループの指揮官、つまり傭兵隊長である。いったん戦争の請負をするようになると、傭兵隊長は武力を持っているだけに、条件などの交渉に関し、自分達の方が主導権を握れる立場にあるのに気が付くのにも時間はかからなかった。そうして雇主にとって傭兵隊を使っての戦争が、だんだん費用が嵩むものになってくるのは避けられないところとなる。とはいえ条件の交渉がいつも傭兵隊長側の言うなりになったわけではない。なぜなら有利な商売には競争が付きもので、契約も傭兵隊の数が増すにつれて、評判・実績・信用などを基準に雇主側からの査定の対象となったからである。

著名な外国人傭兵隊長

そこで歴史に名を留める傭兵隊長だが、まずウエルナー（イタリア語でグァルニエーリ）・フォン・ウルスリンゲン公爵が挙げられる。一三三〇年にボヘミア王ヨーハン・フォン・ルクセンブルグが北イタリアに侵入した際、部隊長として参加したウルスリンゲンが、王のボヘミア帰還後も居残って部下のドイツ兵を組織、旗印によってなんと「鳩印隊《デルラ・コロンバ》」と称した。その兵士達は「神と憐愍と慈悲の仇《かたき》」というモットーを記した盾を担いで行軍したという。ウルスリンゲンは、当時ローマで古代の護民官および共和制の復活を唱え、豪族《マニャーティ》の横暴を抑えて市民に絶大な人気を博したコーラ・ディ・リエンツォにより捕えられ、四七年に処刑される。

その前年一三四六年、アンジョ家出身のハンガリア王ロハス（ルイージ）一世が、ナポリ・シチリア女王ジョヴァンナ一世と結婚していた弟カラブリア公アンドレアを暗殺されたのに復讐するため、かつナポリ王国の王位簒奪を狙って軍をナポリに進める。この時に王に従った、それもなんと「フラ・モリアーレ」というから僧侶(11)身分であり、南仏はプロヴァンス地方出身のモンレアル・ド・アルバルノが傭兵隊（後に「大部隊《グランデ・コンパニーア》」）を組織する。ナポリでの戦闘が一段落したところで同部隊は北上、トスカーナやロマーニャ地方で活躍する。はじめは、五三年ロマーニャに派遣された教皇使節アルボルノッツ枢機卿の下で教会領《パパート》の平定のために働くが、次第に独立傾向を強めアルボルノッツと対立する。

折からローマではコーラ・ディ・リエンツォが誇大妄想に駆られて過激な政策を取り、紛争が絶えなかったので、フラ・モリアーレはそれに付け込もうと、これもやはり傭兵隊長だった弟達の誘いに乗って同地に赴く。しかしすぐにコーラと対立、弟ともども捕えられて処刑されてしまう。「大部隊」の指揮は、フラ・モリアーレの下にいたホーヘンシュタウフェン家出身の貴族で、伯爵を自称するコンラッド・フォン・ランダウ（イタリア語でランド）が引き継いだ上、六千人からの兵士を擁する騎馬集団となって大いに怖れられる。

ジョン・ホークウッドの大弓隊の戦い振り

だが、イングランド人ジョン・ホークウッド率いる「白部隊《コンパニーア・ビアンカ》」により、手痛い敗北を喫する。

ジョン・ホークウッド

このジョン・ホークウッド（イタリア名ジョヴァンニ・アクート）こそは、半島で活動した外国人傭兵隊長の中で最も知られた者である。イングランドのエセックス出身でイングランド・フランス間の百年戦争に参加、エドワード黒太子の下クレシーの戦いで功を立て、騎士に取り立てられたと言われるが、確かではない。一三六〇年にブレティニーの休戦成立に伴い、自分と共に職にあぶれた部下の兵士を、その制服の色で「白部隊」と呼ばれる傭兵隊に組織、ブルゴーニュ辺りを給金のよい傭主を求めて転戦する。北イタリアに来たのは、六三年にモンフェラート侯が教皇ウルバヌス五世の意を体してミラーノのベルナボ・ヴィスコンチと戦うため、フランスで募集した軍勢の一員としてであった。六四年にはピーザに雇われてフィレンツェと戦い、六七～七〇年には教皇軍に荷担してロマーニャの平定に働く。ホークウッドの部隊は、

（11）もっとも聖地に赴く巡礼を保護する「ヨハネ騎士団」のメンバーなので、僧籍に在っても軍事とまったく無関係ともいえない。

イングランドの郷士《ヨーマン》が用いた徒立《かちだ》ちで大弓を射る戦術を長槍隊と組み合わせるものであった。中世以来の重騎馬隊に闘いを挑み、敵の乗馬を射倒して乗り手が地上に転倒したところを槍隊が襲うという戦法で勝利を収め、名声を博した(12)。

教皇領が拡大し、周囲に脅威を及ぼすようになると、フィレンツェとの「八聖人戦争《オット・サンティ》」が始まる。ホークウッドは、はじめは教会方（一三七七年、身柄は保証するという条件で降伏したチェゼーナの住民を皆殺しにした残忍さで悪名を轟かす）だったが、よりよい条件を提示したフィレンツェに寝返って逆にロマーニャに侵入する。またこの戦争が、武力では勝っていたフィレンツェの外交的失敗に終り、失望した民衆の不満が七八年の毛梳工《チョンピ》の乱となって政権が覆り、一種の民主政体が成立する。その際、富裕商人層と民衆派《ポポロ》とが作った同床異夢の合同政権を、民衆派の政局運営不慣れに付け込んだ富裕商人層が次第に蚕食、遂には寡頭政権《オリガルキア》を成立させる。その過程でホークウッドは雇主である富裕商人層の手先となり、民衆派の弾圧に大いに貢献する。かつ寡頭政治成立後も、治安維持の手段として重用され、フィレンツェ市民権を与えられたばかりか、その死（一三九四）に当たっては市の費用で盛大な葬儀が営まれ、本寺の花の聖母寺院《サンタ・マリア・デル・フィオーレ》内に埋葬されるという破格の扱いを受ける。そしてイングランド王リチャード二世の要請で、その遺体が本国に移された後、ホークウッドの功績を称えるためパオロ・ウッチェルロが同人の騎馬像をフレスコ画で堂内の壁に描く（一四三六）という栄誉まで与えられている。外国人傭兵隊長として最も成功した、かつ最後の例となる。

イタリア人傭兵隊長

これまでに挙げた傭兵隊長は、ジョン・ホークウッド（イングランド）といい、フラ・モリアーレ（フランス）、コンラッド・フォン・ランダウ（ドイツ）といい、いずれもイタリア半島以外から来た他所者であった。それは半島のルネッサンスが、経済（商取引）を主軸に展開し、交易は社会（市場）の安定と当事者の合意を保証する平和なしでは成立し得ぬ以上、平和の維持をもっぱらとしたからで、べつにイタリア半島の人々が平和主義者だったわけではない。じじつ交渉が行き詰まれば、力による打開も必要となる場合もあり、第一期の自治都市の時代は市民自身が民兵隊を組織して実力行使に出ていた。だが戦争が次第に大規模かつ専門化し、都市の方も富裕となったので、外国人傭兵をもってことに当たらせるようになったのである。

ところが、傭兵隊長が金になる商売と分かってくると、今度は半島の住民の間からも、兵隊を集めて都市共和国に雇われ、戦争代行業をやろうという連中が出てくる。その先鞭を付けたのが、十四世紀前半のヴィスコンチ家傍系のロドリジオ・ヴィスコンチで、ウエルナー・フォン・ウルスリンゲンの「鳩印隊」に想を得て、「聖《サン》ジョルジョ隊」という部隊を組織する。そしてヴェローナの領主デ・ラ・スカーラ家のマスティーノ二世と組んで、なんとヴィスコンチ本家のアッツォーネとルキーノを相手に、パラビアーゴの合戦（一三三九）で戦う。しかしパラビアーゴの合戦はロドリジオに利あらず、捕虜にされて部隊は解散の憂き目を見る。

その後、ベルナボ・ヴィスコンチの庶子アンブロジョが一三七三年、同じ名前の「聖ジョルジョ隊」を組織するが、これも長続きしない。次が北イタリアはコモ湖付近の貴族の家柄バルビアーノ家出身のアルベリコで、その組織した「聖ジョルジョ隊」が本格的なイタリア傭兵隊の最初と言われる。じつはこの部隊も、はじめはホークウッドの指揮下に入って、チェゼーナの攻略と虐殺（一三七七）に関わっているが、後に独立したのである。アルベリコは有能な戦術家であると共に、封建武将の家柄の出身ということもあり、ホークウッドの持ち込んだ機動的な大弓隊の徒立ち戦術を廃し、中世貴族的な重騎馬隊を復活させる（馬から降りて徒立ちで戦うなどというのは、騎士のなすべき振る舞いではないという考え方が支配的だったのである）。アルベリコは教皇ウルバヌス六世に雇われて七七年、対立教皇クレメンス七世の傭兵軍を破り、七九年にナポリ王国の王位をめぐるアンジョ王家内の対立に関わって、アルバニアはドゥラッツォ家のカルロ二世に従い、ガスコーニュ兵とブルターニュ兵からなる敵方の傭兵軍を、ローマ近郊マリーノで破っている。その後もトスカーナなどに転戦、十五世紀初に再びナポリに呼ばれて、今度は若いラディスラオを支援してその王位奪取に貢献するなど、華々しい活躍をした後、一四〇九年に死んでいる。

イタリア人傭兵隊長の全盛時代

十五世期に入ると、外国人傭兵隊長はまったく姿を消し、イタリア人隊長の全盛時代となる。中には「頑張り屋《スフォルツァ》」と渾名されたムツィオ・アッテンドーロのような人物もいて、無学の農民から身を起こして有力な傭兵隊長となる。その息子フランチェスコもまた傭兵隊長として頭角を現し、父親の渾名「スフォルツァ」を姓としてミラーノの領主フィリッポ・マリア・ヴィスコンチのために戦い、その庶出の娘ビアンカ・マリアと婚約する（有能な傭兵隊長の引き留め策であった）。しかしフィリッポ・マリアはフランチェスコの有能さ

---

(12) これは十六世紀初頭に、スペイン軍の「大将軍」ことゴンサルヴォ・デ・コルドヴァが、歩兵火縄銃隊とアラブ軽騎兵の戦術を組み合せて編み出した、無敵の「三編制隊」のはしりといえる。

を怖れて結婚の実行を渋るばかりか、監視付きで軟禁する有様。フランチェスコも一四三三～三五年にかけて、反教皇のミラーノ軍指揮官としてアンコーナ市を攻略するのだが、教皇エウゲニウス四世の勧誘に応じてヴィスコンチ家から独立、教皇代官《ヴィカリオ・パパーレ》として同市をわが物にしてしまう。以後いろいろ曲折を経て、やっと四一年にビアンカ・マリアと結婚。五〇年にはフィリッポ・マリアの死（一四四七）に際して復活した「アンブロジアーナ共和国」内で起こった混乱を収束するため、ミラーノ市民評議会が必ずしも乗り気でなかったフランチェスコを公爵に指名、かくして一介の傭兵隊長から半島有数の君侯ミラーノ公爵フランチェスコ・スフォルツァが誕生する。

この例ほど華々しい出世を遂げた者はそう多くはないが、傭兵隊長の中には、ウルビーノを支配するモンテフェルトロ公爵家の庶子フェデリコ三世、あるいは悪名高いリミニの領主シジスモンド・マラテスタのような名家出身の者もいれば、またこちらの方が圧倒的に多数だが、農民出身ではじめはミラーノのフィリッポ・マリア・ヴィスコンチに雇われたが、その許を去ってヴェネツィアに仕え、戦功を樹てながら裏切りの嫌疑をかけられ処刑された「伯爵《コンテ》」ことカルマニョーラ、ジャンガレアッツォ・ヴィスコンチの突然の死（一四〇二）に際して、一時はミラーノ公国の命運を左右したファチノ・カーネ（フィリッポ・マリア・ヴィスコンチはファチノの死後、その妻でテンダ女伯のベアトリーチェを莫大な持参金と共に娶って政権を維持した）のような低い身分出の者もいる。ヴェネツィアに雇われヴィスコンチ家と戦い、「ガッタメラータ」の渾名で知られるエラスモ・ダ・ナルニもその一人。[13] またベルガモの山地出身で、これも「ガッタメラータ」の下でヴェネツィアに仕えた、バルトロメオ・コレオーニ。[14] さらにはペルージャ生まれのニコロ・ピチニーノなど、十五世紀の半島は全面的に多士済々のイタリア人傭兵隊長が活躍する舞台となる。

第2節　海運都市——地中海の女王ヴェネツィア

（1）ジェノヴァ

政治的独立性の衰退

十四世紀後半は、ジェノヴァが最も華々しい活動を展開した時期に当たる。すでに見たように、まず一二八四年メローリアの海戦で競争相手のピーザを蹴落して西地中海の覇権を獲得する。次いで一二九八年のクルツォラ島沖海戦では宿敵ヴェネツィア艦隊を撃破し、東地中海においても優位に立つ。だがこの時はヴェネツィアもしぶとく反撃して、両者共に一進一退の状況が続く。そしてその間、両者共に、地中海全域にわたって活発な活動を展開するのである。

そんなところに一三四八年春、当のジェノヴァ船団がクリミア半島から持ち込んだペストが、トルコ・ギリシャを経由して南イタリアに上陸、メッシーナ、夏にはフィレンツェに達して、そこから全ヨーロッパに拡がる。疫病によってジェノヴァはむろん、ヴェネツィアも人口の半分以上を失い、一時は船員にも事欠く有様であった。しかし世紀半ばを過ぎるとペストの流行も一段落となり、リグーリア沿岸やギリシャから水夫を補給したジェノヴァは商活動を再開する。状況はヴェネツィアも似たり寄ったりで、商業上の競り合いが始まり、またまた戦争に発展、対立する両海運都市は一三五〇〜五五年にかけて再び武力衝突を繰り返す。このたびも戦況は総体的にジェノヴァの有利に展開するが、ヴェネツィアも負けてはおらず、相手にかなりの損害を与えている。

だがそればかりでなく、前にも触れたようにジェノヴァには、平和的な政権交代のプロセスがなかった[15]。そこで市民の独立独行・個人主義的な気質も相俟って、ジェノヴァでは対立する党派間の合意がないまま、勢力争いに敗れた派閥は手段を選ばず、市外の勢力に頼ってまで自己の立場を強化しようとする。ジェノヴァ市政府はすでに十四世紀前半、こうした市内に打ち続く党派争いを抑える手段として、（トスカーナの自治都市が外部から調停役としてポデスタを招いたのと同じ発想で）ミラーノのヴィスコンチ家、ピエモンテのサヴォワ公やフランス王など、外部勢力に市の支配権を委ねている。しかし行政の専門家一人を招くのと違って、これはきわめて危険なやり方で、委ねられた相手が強大であればあるほど、委ねた側の計算とは別に、自分の勝手な思惑を押し付けてくることになる。じじつジェノヴァの場合、一二六〇年代にコンスタンチノープルを舞台にシモン・ボッカネグラとパレオロガス朝のミカエル八世の合作による、黒海からのヴェネツィア勢力追放、一二九八年マルコ・ポーロが捕虜になったクルツォラ島沖の海戦に次いで、一三五〇年から始まる対ヴェネツィア第三次戦役では、海戦自体はどちらかといえばジェノヴァに有利に進んでいたのに、五三年にミラーノ大司

(13) ローマはカンピドリオ広場のマルクス・アウレリウス皇帝の古代ブロンズ騎馬像以来初めて、ドナテルロがパドヴァのサント広場で復活させ、以後ヨーロッパの武将騎馬像のモデルとなった騎馬像の主人公。本書一九三頁の図版参照。

(14) カステルロ地区の聖ジョヴァンニ・パオロ教会前の広場にヴェロッキオの鋳込んだ騎馬像で知られる。本書一九四頁の図版参照。

(15) もっともこれは何もジェノヴァに限ったことではなく、ヨーロッパ諸国においても十九世紀に入って立憲君主制下で責任内閣が成立、選挙による政権交代の原則が確立するまでは実現されていない。

教ジョヴァンニ・ヴィスコンチに君主権を委ねたがため、ジェノヴァよりもミラーノの利益を優先するジョヴァンニが、不利な戦況打開のため裏側から外交取引を申し込んできたヴェネツィアの意向を認め、戦争を継続して有利な条件を勝ち取ろうとするジェノヴァに停戦を命じてしまう(16)。

じつは、こうした事態は以後も続くこととなり、その典型的な例が対ヴェネツィア第四次戦役におけるキオッジャの戦いの戦後処理に際しても見られる。一三五五年から二十余年を経てジェノヴァはもう一度ヴェネツィアに大々的な攻撃を仕かけ、七八年ジェノヴァ艦隊は大胆不敵にもアドリア海を奥深く遡上、ヴェネツィアと目と鼻の先のキオッジャ沖でヴェネツィア水軍を粉砕する。一時はヴェネツィア市政府も聖《サン》マルコ広場がジェノヴァ軍の占領するところとなるのではないかという恐怖に襲われたほどであった。

しかし、その後に戦況は逆転（詳細は、次項の「(2)ヴェネツィア」を参照）、ジェノヴァ軍はキオッジャの町に立て籠り長期戦に持ち込もうとする。ここでしたたかの定評あるヴェネツィア外交に出番が巡ってきて、今度もヴィスコンチ家やサヴォワ公にジェノヴァとの調停を説得、八一年にトリーノの和議が成立する。ただし、和平の条件はジェノヴァにとってもそれほど悪くはなく、今回の戦争のきっかけの一つであったテーネドス島（現ボツカーダ島）などは、いちおう中立のサヴォワ公家に帰属する形でジェノヴァもヴェネツィアと対等に寄港が認められるなど、ほぼ七八年以前の状況にヴェネツィアの要求を押し戻している。だが最大の問題は、このたびの戦争で政治単位としてのジェノヴァの力が消耗してしまったことで、戦いには優位を占めたものの、十分にその成果を獲得できない結果となった。揚句の果ては九六年、ジェノヴァはフランス王の支配下に入る。それはフランスがヴィスコンチ家との繋がりを通して、ジェノヴァに対する関心を呼び覚まされたからに他ならない。フランス支配は九六年から一四一一年まで、じつに十五年にわたり、騎士道の鑑といわれたブシコオ元帥（本名ジャン・ド・メングル）を総督《コンスル》としたが、中世封建主義の産物たる騎士道精神と、ルネッサンスの申し子ジェノヴァ市民とではメンタリティが合わず、両者の間には紛争が絶えなかった。かつこの間一四〇四年には、ジェノヴァは保護領の形で支配してきたサルデーニャ島を、ヴェネツィアの援助を得たシチリアのアラゴン家に奪われてしまっている。

この時期以後、独立の都市国家としてのジェノヴァは存在せず、本書でもジェノヴァだけを単独に扱うことはなくなるので、もう少し先の事跡を挙げておくと、フランスの次は一四二一年、ミラーノのフィリッポ・マリア・ヴィスコンチが傭兵隊長カルマニョーラを起用して、一一年に復活した民主制を倒し、三六年までジェノヴァの支配権を獲得する。その後には五九〜六一年がフランス、六四〜九九年がフランチェスコ・スフォルツァのミラーノが支配。一五〇六年まではルイ十二世のフランスが占領。二二年にはカール五世のスペイン軍の手に落ち、ひどい略奪を蒙るといった具合で、新たに登場するスペインとフランスという国家統一を成し遂げたヨーロッパの二大強国の角逐の舞台となり、カール五世の提督として名を馳せたアンドレア・ドーリアのような人物も出たことは出たが、もう都市国家としての政治的独立は失われてしまう。

ジェノヴァ人の活力と独行性

ただし、それはジェノヴァ人の活躍が衰えたということでは毛頭ない。すでに挙げた造船・航海術、約束手形、損害保険など、ジェノヴァが開発した数多くの新技術、またその船乗りや商人達が発揮した驚くべく旺盛な行動力のおかげで、十四世紀後半のジェノヴァ商人は地中海の覇者であったばかりか、大西洋にも乗り出し、またアフリカ西海岸や北海沿岸まで、いたる所にその足跡を留める。

しかしこうした活躍も、ジェノヴァ都市共和国の強大化には繋がらなかった。というのは既述のごとく、ジェノヴァ人はその個人主義的な気質のゆえに、獲得した利益を自家のためだけに用いて、公共に還元しようとしなかった。還元しないばかりか、有力な家柄の市民が、その豊富な資産運用のテクニックを利用して、海外に自己の事業の本拠を置いて税金を逃れるようになる。また任期制で選ばれる市の行政委員会のメンバーとなり、港湾施設その他の利用料、治安維持のための軍隊の給料など公共の支出を、直接税によらず「マオーナ」と呼ばれる債券の形で調達する財政方式を市に採用させる。そして自分達が「聖《サン》ジョルジョの家《カーザ》」（一四〇七、後に「聖ジョルジョ銀行《タヴォラ》」となる）と名付けられた一種の合弁会社に似た組織を作って、これを通してマオーナをメンバーに割り当てるが、それは今日の国債や株式証券同様、売買できるシステムになっていた。この方式により、マオーナの持主は国に対する債権者となり、公共の利益に反してでも自己の商売に不利となる施策を阻止、派閥の離合集散を繰り返して、ジェノヴァ共和国全体としての発展を阻害する結果となった。ヴェネツィアとの角逐でしばしば優位に立ちながらも、一つにまとまって勝利を決定的なものにすることができなかったジェノヴァは、力を使い果して十四世紀末に結局ヴェネツィ

---

(16) ジェノヴァ市民はこの結果に憤懣やる方なく、ヴィスコンチ家支配は一三五六年に打倒され民衆派の政権が成立する。しかしこの政権がまた内部抗争に翻弄されて、けっきょく国家としての政策に一貫性を与えることはできなかった。

アに地中海の覇権を奪われてしまう。これもジェノヴァ人の、独立独行的な性格のしからしむるところであった。

他方、一四五三年コンスタンチノープルがオスマン・トルコ軍の攻撃によって陥落し、小アジア一帯がイスラム化すると共に、東地中海・黒海（その沿岸カッファの陥落は一四七五年）におけるジェノヴァの活躍の場は狭まっていく。にもかかわらず、ジェノヴァ商人の活動は依然として目覚しく、今度は西に向かって地中海はいうに及ばず、北ヨーロッパやアフリカの西岸にまで及ぶ。だがそれよりも何よりも一四九二年十月、ジェノヴァ生まれのユダヤ人航海家クリストファー・コロンブス（クリストフォロ・コロンボ）が、統一スペイン・カトリック両王の艦隊を指揮して新大陸の発見に成功した事実が、ジェノヴァ航海術の優秀性を証して余すところがない。すでに挙げた、十六世紀のカール五世のスペイン軍における提督として名声を博したアンドレア・ドーリア、また十七世紀前半ネーデルランド独立戦争のスペイン軍司令官として、かのヴェラスケスの傑作「ブレダの開城」にその姿をとどめるアンブロジョ・スピノーラなど、行動派の人材を輩出している。これに対するに集団主義の傾向を持つといえるヴェネツィアでは、マルコ・ポーロ以後、これらに匹敵するような個性を持つ大型人物はみられないのである。

（2）ヴェネツィア

キオッジャの戦い

十四世紀の後半は、ジェノヴァ同様、ヴェネツィア商人にとっても栄光と抗争の時期であって、両者は地中海を舞台に熾烈な戦いを繰り拡げる。この争いが頂点に達したのが一三七八年に始まる第四次ジェノヴァ戦役で、この時は大胆にもアドリア海を遡り、ヴェネツィア潟の南端にあるキオッジャの町にまで到達したジェノヴァ艦隊によりヴェネツィアは完膚なきまでに叩かれる。加うるにアドリア海の東岸を制したハンガリア王と、半島内陸ではヴェネツィアと境を接するパドヴァを支配していたカラーラ家の敵意を受けて糧食を断たれて、一時はヴェネツィア本島までジェノヴァに占領されるのではないかと危ぶまれたほどであった。だがこの逆境にもめげず、ヴェネツィアは巧みな外交交渉力を発揮、ミラーノや教皇庁など半島内陸の勢力に働きかけ、その圧力を借りる一方、市内でも七九年には、貴族派の「元老院《セナート》」といえども背に腹は代えられず、民衆派のヴェットレ・ピザーノを防衛軍総司令官に起用することを認める。

この間の事情をもう少し詳しく説明すると、このピザーノは七九年五月、バルカン半島側対岸の町ポーラに配置され、遡上してきたジェノヴァ艦隊と戦って敗れる。これに貴族派から危険人物と見做されていたことも加わって、一時は敗北の責任を問われて投獄されていたのである。ところが民衆がこの決定に納得せず、敗戦の危機が迫り防衛艦隊を編成するため元老院が乗組員を募集しても、ピザーノが指揮せぬ艦隊には乗り込まぬと拒否する有様であった。事態がこうなっては、元老院もピザーノを起用せざるを得ないと判断、事態打開の方策としてまずピザーノを釈放、次いで八十歳になろうという総督アンドレア・コンタリーニがヴェネツィア軍総司令官に就任、しかし実質上の指揮は次席ピザーノが当たるという解決策を提案して民衆の説得に成功する。七九年十二月、ヴェネツィア軍はキオッジャに夜襲をかけ、ジェノヴァ軍の防衛線を破壊する。戦況がヴェネツィア側に有利に展開しようとしているところに、ジェノヴァの商業路線を分断すべく別動隊としてイオニア海に派遣されていたカルロ・ゼン率いるヴェネツィア第二艦隊が八〇年元旦に帰還、搭載していた新兵器の艦砲射撃の威力もあって、ジェノヴァ軍の士気を挫く。しかしキオッジャに籠城していたジェノヴァ軍は勇敢に戦い、その過程でヴェットレ・ピザーノは戦死、カルロ・ゼンも負傷する。だが六月にはジェノヴァ軍が降伏してキオッジャは解放され、ヴェネツィアはやっとのことでトリーノの講和（一三八一）に持ち込むことに成功するという展開である。

とはいえこのほぼ百年前、一二八九年のクルツォラ島沖の海戦の場合と同じく、ヴェネツィアはトリーノの講和で、アドリア海北部における主権だけは辛うじて確保したものの、東地中海や黒海での権益は大きく失われる。バルカン半島西部ダルマチア沿岸はハンガリア王に帰属することとなり、またトレヴィーゾがオーストリア大公の支配下、キプロス島におけるジェノヴァ人の活動は認めざるを得ず、ダルダネロス海峡の地中海への出口を扼《やく》するテーネドス島の要塞は撤去させられるといった具合で、この戦役は、ヴェネツィアの完敗であった。

地中海の女王

ところがなんと、先述のごとく一三九六年、宿敵ジェノヴァが内部抗争と内陸勢力の干渉により、フランス王の支配に服属して政治的独立を失ってしまうという事態が起こる。これに乗じてヴェネツィアはダルマチア沿岸を回復、東地中海はいうに及ばず西地中海、さらにはヨーロッパの大西洋沿岸にまで勢力を拡大する。つまりヴェネツィアは、そのしぶとさにより、ジェノヴァを筆頭とする他のすべてのイタリア海運都市との闘争に勝ち残って、十四世紀最後の四半期から十五世紀前半にかけては、まさに「地中海の女王」として君臨することとなる。それればかりではない、その活動範囲はさらに拡大して、ジブラルタル海峡を出てスペインやフランスの大西洋沿岸から、今日英仏海峡と呼ばれるに到った、大ブリテン島とヨーロッパ大陸の間の海峡を抜けてオランダやスカンジナヴィア、そしてバルト海沿岸諸国にも達するのである。この最盛期のヴェネツィアで、民衆の喝采によって選出された最後の総督《ドージェ》トマーゾ・モチェニーゴ（在位一四一四～二三）は、十六世紀の年代記作者マリン・サヌードが記録するところによると、死の直前に行った有名な演説において、当時におけるこの海運都市共和国の栄光を詳しく数字で挙げ、「ヴェネツィアは、年に一千万ドゥカーティに及ぶ投資を海外貿易に向け、百二十トン以下の船舶に乗組員一万七千人、百二十～六百トンの大型船三百隻に乗組員八千人、大型ガレオン船四十五艘に一万一千人の乗組員を擁している」と述べたという。

だがこの盛況も長くは続かない。というのは経済的に最盛期に達し、国力が充実したヴェネツィアは、今度はイタリア半島内陸部に向かっても勢力を拡大しようとしたからである。トマーゾ・モチェニーゴは同じ引退演説の終りで、自分の後任として総督に選ばれようとしているフランチェスコ・フォスカリの内陸的野心を批判、半島内勢力との戦いに乗り出すことの危険を警告している。それが半島ルネッサンスの第四期（一四二〇～九四年）が始まろうとする一四二三年のことであるのは、まことに象徴的といわなければならない。

これまでヴェネツィアは他の海運共和国、ピーザやジェノヴァとは角逐を繰り返したが、半島内部の政治情勢に関しては、自己の利害に触れない限り、傍観的態度を保ってきた。後述するように、第四期に入って、フィレンツェやミラーノが「都市国家《チッタ・スタート》」から「地域国家《スタート・レジョナーレ》」に勢力範囲を拡大しようとするのと軌を一にして、ヴェネツィアも海外に出かけて商活動に従事するのではなく、獲得した富を用いて貴族的な生活をしようと、半島内部にも領土を拡げる戦争に乗り出す。その際、市民軍ばかりでは足らず、戦争の専門家つまりカルマニョーラのような傭兵隊長を雇うのである。これには一三九六年バヤズイッド一世によるニコポリスでの対トルコ十字軍の殲滅から始まって、バルカン半島ばかりかアナトリアを含む小アジアにも勢力範囲を着々と拡げつつあるオスマン朝の圧迫や、一四五三年にはメフメット二世によるコンスタンチノープル攻略に帰結するオスマン朝トルコ軍の脅威も関わっていた。もともと遊牧民で陸上戦が専門のトルコ人ではあったが、南下するにしたがって次第に海上にも進出、海軍を建設してエーゲ海の島々を占領、東地中海のキリスト教徒商人による貿易を脅かしつつあったのである。だがこれはもう第三期を越えて、第四期に入る話なので、ここらで半島内陸都市に話を移そう。

第3節　内陸都市――フィレンツェとミラーノ

（1）フィレンツェ

民主政権とトスカーナ制覇の夢

十四世紀後半のイタリア半島中部では、海運都市と内陸都市と双方の性格を具えていながら、情勢の然らしむるところ次第に内陸都市化してしまったピーザ、中世以来の帝国都市ルッカ、他に先駆けて金融都市として大をなしたシエーナ、その他ピストイア、アレッツォ、トスカーナ以外でもオルヴィエート、ヴィテルボなど、多くの都市が健在で、それぞれの活動を展開していた。その中でフィレンツェのみが十四世紀前半、手を拡げ過ぎた金融業が英仏百年戦争のとばっちりを受けて蒙った連続倒産と、全ヨーロッパを襲ったペストという二大危機を乗り越えて、ますます活発に半島中部に覇権を確立しようとする拡大政策を取り、他都市と衝突を繰り返す。

一三四三〜四七年にかけてフィレンツェを襲った金融恐慌は、既述のごとくバルディ、ペルッツィ、アッチャイウォーリなどの大商会《コンパニーア》を倒産に追い込んだばかりか、中小の企業をも巻き添えにして、深刻な社会的危機をもたらした。さらにこの危機を回避しようと、富裕商人層がナポリ王の婿でアテネ公のゴーチエ・ド・ブリエンヌを君主として迎えた政策も、ブリエンヌ自身の資質の問題もあって失敗、四三年には民主制が復活する。これに四七年の大飢饉が重なり、さらに四八年のペストが追い打ちをかけた結果、十四世紀の初めから始まったイタリア半島ルネッサンス第二期は幕を閉じる。

これ以後フィレンツェは、政治問題を解決するのに外国の王侯を君主に戴いてその力に頼ることを止め、市内の党派相互の対立はあっても、自前の勢力だけで政治と外交を取り仕切っていくことになる。それだけ富裕商人層を中心とする共同体の実力が充実した証左に他ならない。ただ十四世紀半ばを境に、有力商人層にもメンバーの入れ替えがみられ、アルビッツィ、ストロッツィ、リッチといった家々が前面に登場し、メディチ家もやっと顔を出してくる。かつフィレンツェの発展は、この世紀前半に比べればより緩慢になったとはいえ、その活力が決定的な打撃を受けたわけではない。飢饉や疫病による人口減少によって労働者層の補充の問題が生じていたが、周辺領域《コンタード》からの農民の流入によりかなりの程度解決されることになったからである。

したがってミラーノのヴィスコンチ家のジョヴァンニ大司教が共同統治者であった弟ルキーノの死後、一三五一年に半島北・中部にヴィスコンチ帝国建設を目論んで兵をトスカーナに送った時、フィレンツェは自己の勢力下に取り込んだプラート、ピストイアなどを語らってこれに抵抗することを得た。その結果がサルザーナの和平条約（一三五四）で、これによりミラーノの南下は阻止されることになる。

またこの頃から軍事行動の主体を、市民軍ではなく傭兵隊長指揮下の職業軍人の集団に任せる傾向が、イタリア半島全体に拡まる。その結果、戦争は大きな出費を要し、かつ利益しだいでどちらの側にでもつく傭兵軍の行動を不断に監視しなければならない危険な事業となる。不断に監視しなければならないのは、新しく流入してきた労働者達も同様であった。組合《アルテ》に加入することも認められず、主要産業である毛織業の工場で劣悪な条件で働かされるだけの下積労働者《ソット・ポスティ》達の仕事振りをチェックするため、フランドルから外国人監督官まで呼び寄せられている。

こうした状況ではむろん市内の秩序確保が最優先となる。有力市民層の交代によって「中小組合《アルティ・ミノーリ》」の政権参加を認める民主政体が一時的にもたらされたが、徐々に「大組合《アルティ・マジョーリ》」中心の実質的寡頭体制《オリガルキア》に戻ろうとする傾向が見られる。その際、大組合また富裕商人層の代表がアルビッツィ家とリッチ家、それに対して中小組合また恵まれない労働者層の代表がメディチ家、という図式がだんだん定着してくる。新政権は大組合の利権を守る措置として、好ましからざる人物の市政参加を排除するため「説諭《アモニツィオーネ》」という方式を採用する。これは豪族に属する者や下層の不穏分子と見做される者が市政に参加を企てると、当人宛に説諭が送られるというもので、受け取った者は立候補を取り止めるか、さもなくば逮捕されるか、場合によっては国外追放を申し渡されることになる。

八聖人戦争

この間、一三六二年にフィレンツェは、再びピーザ支配を目指す二年間の戦争に乗り出す。一つにはトスカーナにおける覇権の確立のため、もう一つには自己の商品を海外に積み出す港を求めるためであった。だが、これは傭兵隊に莫大な費用を費やしただけで、望ましい結果は得られずに終る。そのうえ六八年は飢饉の年で、穀物を求めて飢えた労働者層の打ち壊し騒動が発生、さらに毛織業の染色工《ティントーリ》達の賃上げストライキ（この種のものでは最初）が起こる。

飢饉との関連では、一三七五年から三年間にわたって半島中部の別の勢力である「教会領」[17]（一二七八年、教皇ニコラス三世がアルブレヒト・フォン・ハプスブルグの皇帝戴冠をローマで行う約束と引換えに、トスカーナと境を接するエミリア・ロマーニャ州を獲得して成立）を相手に、八聖人戦争が行われる。これは、七七年に教皇庁がローマに帰還するに際して、当事者グレゴリウス十一世教皇が、教会領を再編成しようと欲したのに対して、北方に強力な政治勢力が出現するのを嫌うフィレンツェが、その阻止を図ったことに端を発する。フィレンツェと同じく飢饉に喘いでいた教会領が、領民の食料を確保するため、しごく当然な措置として穀物の輸出を禁止したのを、自己に対する挑発と見做して出兵したのである。この時フィレンツェが雇った傭兵隊長が、有名なイングランド出身のジョン・ホークウッドである。ホークウッドはその直前まで教会に仕えていたのに、契約金の問題で解雇されたのを恨んでフィレンツェに寝返ることを提案、ホークウッドの機嫌を損ねることを恐れた市が、これを受け入れたのである。むろん有力な傭兵隊を得たフィレンツェは軍事的に断然優位に立つ。だが受け身に立たされた教皇も、（十三世紀のホーヘンシュタウフェン朝との確執の時と同じく）フィレンツェを破門し、ヨーロッパ各地のフィレンツェ商人の財産没収が許可され、そのために貿易は甚大な損害を蒙る。にもかかわらず好戦的な民主政権は方針を変えず、戦争遂行のため設置された「八人委員会《オット》」の委員は「八聖人」と異名を奉られて戦意を煽る一方、市内の教会では聖体拝領や懺悔告解など宗教儀式が禁止され、宗務を行おうとする聖職者は迫害を受ける。さらに七五年からフィレンツェ政府書記官長に起用された人文主義者コルッチョ・サルターティなども宣伝に駆り出されて、フィレンツェが自由の擁護者で、教皇は圧制者であるという手前勝手な主張を展開する。

　しかし時が経つにつれ、理不尽な消耗戦を嫌う穏健な意見が大勢を占め、七八年にグレゴリウス十一世が亡くなり、ウルバヌス六世が登極したのを機に、和平条約が調印される。教会領内でフィレンツェが占領した土地はすべて返還され、宗教儀式は復活、聖職者に対する迫害も停止、つまり戦争はフィレンツェ側の完全な失敗に終った。かつ戦争により経済は消耗し、その影響をもろに受けた一般庶民の不満は高まる一方で、これが同じ年の一種の革命「毛梳工の乱」に繋がっていくことになる。

毛梳工の乱

すでに述べたように一三四八年の大ペスト以後、不足した労働力を補うため周辺領域から市内に流入して来た農民達は、組合にも加入を認められず、劣悪な条件で働かされるばかり

(17) この時期に生じた重要な変動として教皇の直轄領、つまり「教皇領《パパート》」の確立がある。この現象は、すでに折に触れていくつかの場所で取り上げてきたが、エミリア・ロマーニャ州を中心に、マルケ州、ウンブリア州などを舞台とする。なお、教皇庁の世俗権力化の問題であるので、フィレンツェを中心とするトスカーナに直接関わる事態が生ずる場合を除いて、第4節（1）「ローマ」の項で取り上げる。

の下積労働者の地位に甘んじなければならなかった。これに組合としての組織は認められていたが、市政からはまったくといってよいほど排除されていた中小組合メンバーの不満が加わる。七八年七月、「八聖人戦争」が何の戦果も上げることなく終ると、戦争から利益や待遇改善を期待していたこれら一般民衆は裏切られたと感じ、失望と怒りはその極に達する。フィレンツェの主要産業であった毛織業を担う労働者のうちで、染色工達がすでに六八年にストライキを打った例もあって、このたびは毛梳工《チョンピ》が指導者ミケーレ・ディ・ランドを押し立てて待遇改善を要求する。戦争責任を問われて退陣した政権の後を承け、新執行部には染色工と縫製工、および毛梳工を中心にする「細民《ポポロ・ミヌート》」の三つの新組合の代表が参加し、それにミケーレ・ディ・ランド、ならびにちょうどこの時に「正義の旗持ち役《ゴンファロニエーレ・ディ・ジュスティツィア》」を勤めていたメディチ家のサルヴェストロも加わって、新執行部の任期が切れる八月末までに改革を発足させることを決定する。(18)

ところが民衆のうちの過激派は、この改革日程では緩慢に過ぎるとして、八月二十日に武器を執り富裕商人層の邸宅に焼討ちをかける。騒乱は拡大して、二十二日には市庁舎にまで火が放たれる有様であった。しかし一方では、こうした急進派の過激化に危機感を抱いた中小商工業者達が、逆に今度は実力に訴えてでも最強硬グループを抑えようとして、改革派内部に分裂が起こる。この間ミケーレ・ディ・ランドらは、大組合に偏らない、新たに結成が認められた三組合をも加えた、すべての組合代表が平等な参加権を持つ新政府を速やかに樹立するという改革案を提出する。だが急進派はこれでも生温いとして納得せず、豪族と同様、富裕商人層の徹底的排除を主張、八月の終りには労働者政権樹立を目指して再び武力闘争に及んだのである。だが改革派内部の路線対立で、最強硬グループはすでに全体から浮き上がっており、そのうえさらに対立を最大限に利用した大組合側の工作もあって、ミケーレ・ディ・ランド自身が強硬路線を支持しないとなると、叛乱は孤立し徹底的に弾圧される。急激な革命に付き物の「急進派の跳ね上り」現象だが、叛乱鎮圧に最も熱心だったのはなんと急進グループにとっては昨日の仲間、改革派内の穏健グループであった。九月一日にミケーレ・ディ・ランドらの任期が切れると、大組合は自分達寄りの執行部を選出させることに成功、まず何よりも毛梳工を中心とする細民組合の廃止が決議されてしまう。

次いで富裕商人層はあらゆる機会を捉えて、いかなる改革の芽であってもこれを摘み取ろうとする。労働者の態度・能率・行動などを監視する外国人監督官がいったんは廃止されたにもかかわらず再導入され（一三七九）、「警備八人委員会《オット・ディ・クワルディア》」なる秘密警察も設けられる。かつ八二年初には、そうした統制強化に反対する中小組合の動きが露見したのをきっかけに、残る染色工と縫製工の二組合もまた廃止され、労働者色は一掃されることになる。結局、中小組合は、従前どおりの中小商工業者の組織に返ったのである。それでもまだ八二年は、年間を通して大組合と中小組合との間で、政治の主導権をめぐって綱引きが展開されるが、それも最終的には富裕商人層の勝利となり、多くの反大組合派が逮捕され、ミケーレ・ディ・ランドおよびサルヴェストロ・デ・メディチも年末には国外追放、大組合の完勝が確定する。

一二七〇年代初にフィレンツェ共和国の主役に躍り出た富裕商人層は、一二八二年には代表委員会《プリオラート》体制を発足させて以来、何度か危機を経験するがそのたびにこれを切り抜け、きっちり百年目の一三八二年に到って、大組合を中心とする寡頭政権（富商政権）を実現したのである。以後九三年までの十年間がその完成にあてられる。

寡頭政権の成立

富商政権を主導したのはアルビッツィ家のマーゾが中心で、その他にジーノ・カッポーニとニコロ・ダ・ウッツァーノの二人が有名である。政権はまず手始めにメディチ家のサルヴェストロばかりでなくその一門、リッチ家、さらにアルベルティ家といった有力商人であるが中小組合寄りの家族を政権から排除し、さらにまた封建貴族系の豪族との接近を図る。さらに超法規的権力を行使できるよう、「非常事態委員会《バーリア》」と呼ばれる大きな権限をもつ委員会を設置し、叛乱など特別かつ緊急な事態が生じたと判断される場合にはこれを招集、政府に代わって軍隊の出動を命じることができるようにしている。ただし特別かつ緊急の度合は寡頭政権の判断に任されている上に、事態そのものが挑発などの手段によりでっち上げられる可能性大であったから、最初から委員会の公正な運用は期待できるわけがなかった。

代表委員会体制の設置により制度的に担保されたはずのフィレンツェ民主共和主義体制は、ここにおいて骨抜きにされ、寡頭体制確立の準備が整ったのである。しかも同体制は、傭兵隊長のジョン・ホークウッドの死後は、万一の場合に備えて自派の市民警固隊に加えて、ジェノヴァ人の衛兵隊を雇って万全の態勢を敷いている。ただ寡頭政体は富商政権である以上、何より経済が中心課題で、政策はすべて大組合の利益

(18) ただサルヴェストロ・デ・メディチは、たまたまこの時「旗持ち役」であったというだけで、当時富裕商人層では中心的存在であったアルビッツィやリッチ、ペルッツィといった連中から見れば新参者、あまり信用の置ける人物ではなく、後年歴史家達が持ち上げたような、民衆派のチャンピオンとか、共和思想の持主といえるような人物ではなかったようである。

との関連において決定され、政治が経済政策を決めるわけではなかった（これは、すぐ後に来るアルビッツィ家や、次のメディチ家の独裁下のルネッサンス、さらには　後の北イタリアの小君主国、また十六世紀にアルプス以北で成立する強力な王権の主導の下に興ったルネッサンスとは根本的に異なる点である）。

再度ミラーノの脅威

とはいえ、いまやフィレンツェは自他共に認めるトスカーナ随一の勢力であり、否応なしに半島の政治情勢に捲き込まれざるを得ない。ミラーノのヴィスコンチ家はジョヴァンニ大司教の拡大政策以来、眈々とトスカーナ進出を狙っており、大司教からいえば孫の世代に当たるジャンガレアッツォが、叔父のベルナボを一三八五年に排除して主権を握り、着実に勢力を拡げる。そしてフィレンツェの執拗な妨害（一三九七年のボローニャ、フェラーラ、パドヴァなどとの同盟）にもかかわらず、九〇年からペルージャ、シエーナ、ピーザを次々と勢力下に収めて包囲網を完成させたジャンガレアッツォは、一四〇二年にボローニャをも屈伏させて、フィレンツェを完全に孤立させる。

いよいよ同年六月、攻撃も最後の段階にかかり、フィレンツェにはもはや降伏以外に選択肢はないかに見えたまさにその時、ちょうど七十四年前、フィレンツェを攻撃したルッカの僭主《ティランノ》カストゥルッチョ・カストラカーニに起こったと同様、ジャンガレアッツォもまた、突然ペストに罹って亡くなってしまうのである。フィレンツェにとって、じつに思いもかけぬ幸運であった（毒殺の噂も絶えなかった）。

ピーザの獲得

こうして一息ついた寡頭政体は、受け身から一転して再びトスカーナ制圧に乗り出す。フィレンツェの政治的優位は動かないとしても、トスカーナにはピーザ、シエーナ、ルッカなど、その支配下に入るのを潔しとしない都市がまだまだあったのである。すでに一三六二年から二年間にわたったピーザ攻めの失敗の後を承けて、寡頭政体三巨頭の一人ジーノ・カッポーニの息子ネーリの主導の下に、一四〇五年からピーザ獲得の試みが再開される。ジャンガレアッツォの死後、ピーザは庶子ガブリエーレ・マリアに与えられていたのだが、その悪政に不満を抱いたピーザ市民達は蜂起してこれを追放する。市を追われたガブリエーレ・マリアはフィレンツェに助けを求め、同年夏ひそかに市の支配権をフィレンツェに売り渡してしまう。むろんピーザ市民が、この議会の同意を得ない非合法な取引を承認することはなく、両市は戦いに入る。だがピーザは内紛もあってすでに往年の活力を失っており、半年に余るフィレンツェ軍の包囲に糧道を断たれて、一四〇六年九月遂に降伏せざるを得なくなる。

以後ピーザはフィレンツェの保護下に入り、その政治的独立は失われて永久に回復されることはなかった。一方、宿敵の屈伏は、フィレンツェ市民の自尊心を大いにくすぐったばかりでなく、ティレニア海への出口の確保にも繋がる(19)。フィレンツェはピーザばかりか、一四一一年ナポリのラディスラオ王からコルトーナを買収、一三八四年に当時の領主だった傭兵隊長エンゲルラン・ド・クーシィから支配権を買い取ったアレッツォとも併せて、アルノオ河流域全体を勢力下に置くことに成功する。

ナポリのラディスラオ王の脅威

ところがそのわずか三年後の一四一四年、フィレンツェはナポリのラディスラオ王と対立、かつてのカストゥルッチョ・カストラカーニ、さらにはジャンガレアッツォとの戦いの時に勝るとも劣らぬ危機に見舞われることになる。ラディスラオ王はアンジョ王家のカルロ三世と、ダルマチア（現在のアルバニア）を支配するドゥラッツォ家のマルゲリータとの間に生まれ、ナポリ王とハンガリア王のタイトルを兼ねた。波乱に満ちた幼少時代を送って政略に長け、武にも優れて野心満々であった。折から大分裂の渦中にあった教皇庁の衰えを奇貨として、一四〇八年ローマを占領、教皇アレクサンドル五世を追放し、「ローマ市の保護者《プロテットーレ》」を称する。

さらに北に向かって勢力拡張を狙うが、この時コルトーナをフィレンツェに譲る。ところが教会領を手に入れようとするラディスラオの野心が明瞭になると、フィレンツェはミラーノのヴィスコンチ家の拡大政策に直面した時と同じく反撥、アレクサンドル五世と並び立った対立教皇ヨハネス二十三世と組んで、ナポリでの叛乱を教唆してラディスラオ王に対抗しようとする。一方、ラディスラオ王はこうした妨害をものともせず、同じ一四一四年フィレンツェを包囲、市を降伏寸前に追い込む。フィレンツェ寡頭体制は和戦両派に分裂して、ともかくラディスラオ王の入市を受け入れ、ローマと同様に「市の保護者」とする協約を結ぶところまでいく。だが、これまたジャンガレアッツォ・ヴィスコンチの場合と同様、この年の八月に突然ラディスラオが病に倒れ、世を去ってしまう（このたびも毒殺の噂が流れた）。

寡頭体制から独裁制へ

こうして北に南にイタリア半島の諸勢力と角逐を繰り返す

(19) もっともアルノオ河の堆積土のために、ピーザの港は縮小の一途を辿っており、この点での利益はそう大したことはなかった。

間に、フィレンツェ寡頭体制を支えた指導者達が消えていく。まず一四一七年、自他共に寡頭体制のリーダーと認めたマーゾ・デリ・アルビッツィが亡くなり、跡を息子のリナルドが継ぐ。二一年にジーノ・カッポーニは世を去り、残ったニコロ・ダ・ウッツァーノも、すでに六十を越す老齢とあって第一線を退き、世代の交替が起こる。しかもこの交替は、単なる人の入れ代わりだけではなく、政治体制の変化をもたらすことになった。すなわち一四二〇年辺りを境に、寡頭体制の内でリナルド・デリ・アルビッツィが突出し始め、表面上は政体に際立った変化は見られぬながら、実質上リナルドの独裁体制が確立する。[20]

二一年、フィレンツェはジェノヴァからリヴォルノの港を買収、先のピーザと併せて、海外進出への足場をさらに固める。[21]同年にはまたジーノ・カッポーニが亡くなり、リナルド・デリ・アルビッツィの専権がますます強まる。

寡頭体制とはその名の通り、少数者による政治権力の掌握だが、少数とはいえ複数者の共同統治である以上、メンバーの間に一定の合意が成立しなければ政策は決定できない。かつフィレンツェのような商人階級の政権では、政策合意の基準は経済的利潤に他ならず、市民にとって儲かる見込みのない政策は支持されなかった。かつ寡頭体制の下、実際の政策立案は小数者の手に握られてはいても、富裕商人層全体の支持がなければその執行は不可能であり、失敗すれば責任が問われ、政権の座から追われてしまう可能性もあった（上述のごとく富裕商人の中には、政権の中枢から遠ざけられていても隠然たる勢力を保ち、一般市民に人気の高いメディチ一族のような家柄もあり、政策の決定や遂行の過程には常に監視の目が光っていた）。

したがってリナルド・デリ・アルビッツィのように寡頭体制の中で有力な地位を占める者ほど、極力己れの行動を束縛する制約を排除し、自由（独裁的）に振る舞いたいとの思いが強まるのもまた人情である。ただ政権の座にある者の一人が独裁的地位を占め、単独で政策の決定と実施を行うようになると、その者の方針が市民の儲けに優先するわけで、それは取りも直さず主権者の政策（政治）が市の利潤（経済）に先行することを意味した。イタリア半島中部の典型的な都市共和国フィレンツェは、商工市民の合議体から出発し十五世紀前半に到って、市政運営をそれまでの「経済中心志向」から、単独主権者の「政治権力志向」に転換していくことになったのである。

半島諸勢力との角逐

これにはまた半島内の諸勢力との関係が影響した。すでに見たように、幸い二度とも「死将軍」の助けを得て危機を脱することができたとはいえ、ミラーノのヴィスコンチ家ジャンガレアッツォが展開した拡大政策、続くナポリのラディスラオ王のごとき、強力な君主に主導される帝国主義的な圧迫に対抗するには、単なる商業主義でまとまりの悪い合議体制より機敏で、目先の利益だけにとらわれない中・長期的政治判断が必要とされる時代に入ったことは明白であった。じっさいジャンガレアッツォの死（一四〇二）後の混乱を収拾し、ミラーノの権力を掌握したフィリッポ・マリア・ヴィスコンチは父親の政策を踏襲、ロマーニャに侵入する。その脅威を阻止するべく派遣されたフィレンツェ傭兵軍は一四二四年にザゴナーラで敗北、隊長のカルロ・マラテスタは捕虜となる有様であった。慌てたフィレンツェは、ヴェネツィアやフェラーラのエステ家などと結んで、なんとかミラーノの進出を食い止めようとする。この試みは、父親ほど外交的才能を持たなかったフィリッポ・マリアの失敗もあって一応の成功を収め、ミラーノとの和平を成立させる。とはいえ、本当に利益を得たのはブレシャを獲得したヴェネツィアで、フィレンツェが得たのは単なる戦闘行為の停止だけであった。

それでもミラーノの進出を阻んだことに気をよくしたフィレンツェは、ジャンガレアッツォの危機が去った時と同様、またまたトスカーナにおける勢力拡大に乗り出す。前回のピーザに次いで、今度の目標はルッカであった。人文主義者のコルッチョ・サルターティやレオナルド・ブルーニらが鼓吹した「自由の擁護者フィレンツェ」の宣伝にもかかわらず、トスカーナ諸都市は経験的にフィレンツェの貪欲な帝国主義に不信を抱いたばかりか、だいたいフィレンツェ市民自身が「ルッカを取れば、次はシエーナ」と謳い文句のように唱えていたという話があるくらいで、この危惧には十分根拠があったと言わなければならない。

ルッカに対する攻撃の準備段階として、リナルド・デリ・アルビッツィの主導の下、「カタスト」と呼ばれる市民の不動産および動産に直接に課税する新税制（今日の固定資産税および所得税に相当）が二七年に導入される。カタストの記録は、当時のフィレンツェ市民の生活を知るに絶好の資料を

(20) 以後、このフィレンツェの実質的独裁体制は、権力がメディチ家に移っても変ることなく、一四九四年にメディチ政権が崩壊し、共和制がフィレンツェに復活するまで続くことになる。またトスカーナ制覇の夢の方は、政体が変っても一向に衰えず、十五世紀はむろん、十六世紀に入ってメディチ家がトスカーナ大公のタイトルを得る一五六〇年になって遂に完成する。

(21) この年に「海運奉行《プロヴォスト・ディ・マーレ》」なるポストが新設され、マザッチョの壁画で知られる「ブランカッチ礼拝堂」の装飾の注文主フェリーチェ・ブランカッチが任命されている。とはいえ、港湾設備や艦隊の建設は簡単には進まず、フィレンツェ商品の積み出しや買い付けは大部分、依然としてジェノヴァやヴェネツィア船団を通して行われた。

提供するので、歴史家達からは「近代的な税制」と称賛の的になっているが、じつは一般市民の反発を招かないよう税率は低く設定され、これによる歳入の増加は知れたものであった。その導入の本当の狙いは、むしろ収入の申告を通じて市民の動向を把握・監視することにあったと思われる（一般市民の活動に対する行政機構の無制限なチェックに対して、不十分ではあっても一応の歯止めがかけられるのは、やっと二十世紀になってのことである）。

ルッカ戦争

「カタスト」導入ばかりか、秘密警察といえる「警備八人委員会」また「非常時十人委員会《ディエーチ・ディ・バリーア》」などを強化し、内政における自分の足場を固めたリナルド・デリ・アルビッツィは、一四二九年の対ルッカ戦争開始に向けて寡頭体制内の意見を統一する工作に取りかかる。ところが、さしたる根拠もないまま、新たな征服戦争を始めることには指導者層の中でも反対があった。ジーノ・カッポーニ亡き後、前世代の指導者中唯一の生き残りニコロ・ダ・ウッツァーノは戦争の無謀なことを説くが、政権内では少数派に止まり、結局春には開戦が圧倒的多数で可決される。

かつこの時、民衆派《ポポロ》代表のメディチ家も開戦派であったのは注目に値する。しかもメディチ家の当主だったジョヴァンニ・ディ・ビッチは、開戦前の二月に亡くなっているので、この方針は後を継いだ息子コジモ（大コジモ）のものだったと考えられる。ルッカ戦役の失敗がアルビッツィ党の没落およびメディチ家の支配（一四三四）に繋がるのだが、じつはメディチ家も対ルッカ戦には十分責任があったのである。

独裁政治の到来

だが戦争の経過とその結果はさて措き、まずは次の事実を確認しておこう。カタスト税制が導入される一四二七年の前後から、遅くともルッカ戦役が始まる二九年春までに、フィレンツェの寡頭体制は事実上終り、リナルド・デリ・アルビッツィの独裁態勢が確立したと見られる。「態勢」と言って、「体制」と言わないのは、表面的には寡頭体制（一三八二～一四二七または二九）の約五十年間と制度上何の変化も見られないからである。しかし見かけは変らないとしても内容的には、アルビッツィ家支配（一四二七または二九～三四）と、これに続くメディチ家政権（一四三四～九四）の期間をも含む約七十年間、まったく別の「(疑似)独裁態勢」がフィレンツェを支配する。三四年に始まるコジモ・デ・メディチの支配は、リナルド・デリ・アルビッツィのやり口を（より慎重、かつ徹底的に）踏襲しているだけで、両者の間には実質的な違いはなんら見られない。しかも先述のごとく、フィレンツェにおける寡頭体制から（疑似）独裁君主制への移行は、十五世紀初頭のイタリア半島全体の政治態勢の推移に正確に対応していたのである。だが、ここでは政治をひとまず離れて、今度は半島ルネッサンスの第三期において、こうした変化を辿りつつあったフィレンツェで、どのような文化的展開があったかを見てみることにしよう。

人文主義運動の推進

一三四三〜四七年にかけ、英仏百年戦争がらみの金融恐慌がフィレンツェを襲う。これに四七年の飢饉が重なり、さらに四八年のペストが追い打ちをかけた結果、フィレンツェだけでなくイタリア半島全体に深刻な社会的危機が訪れる。十四世紀半ばをもってルネッサンスの第二期「英雄時代」は幕を閉じるが、その最後の大輪の花がボッカッチョの『デカメロン』（一三四九〜五一）に他ならぬことは、すでに述べた。

またこの変動の結果として、十四世紀後半のフィレンツェ絵画や彫刻では、世紀前半を特徴付けていた、ジョットを代表とする写実主義・合理主義・楽観主義は、内省的な神秘主義に席を譲り、「最後の審判」や「死の舞踏」といった暗い主題が取り上げられるようになってくる。

この傾向と、すでに十四世紀前半に新風としてピエトロ・ロレンツェッティ(22)、リッポ・メンミら(23)シエーナ出身の画家達がフィレンツェにもたらしたゴチック様式が、カマルドリ修道会士のロレンツォ・モナコ、あるいはアンドレア・オルカーニャ、さらに一四二〇年代初にフィレンツェにやって来るジェンティーレ・ダ・ファブリアーノといった芸術家達によって統合され、「国際ゴチック」と呼ばれるにいたる、貴族的な様式が造形芸術の主流を占めるようになる。

とはいってもニコラ・ピザーノらにより見出された古代彫刻（絵画は材質の関係ですべて煙滅している）の「クラシック」な造形と、ジョットらにより現実の観察を通して得られた「写実的」スタイルも、決してなくなったわけではない。そしてこれに力を与えたのが、十四世紀後半にペトラルカやボッカッチョらによって推進された人文主義《ウマジネーモ》運動である。

この運動は、すでに『デカメロン』の最終話「グリセルダの物語」の項で触れたように、中世カトリック教会によるアリストテレスの権威への盲従に対する批判として起こる。その拠り処となったのが、アリストテレスと並び立つ古代ギリシャの哲学者達、つまりソクラテスやプラトンと言いたいところだが、じつはヨーロッパでは十四世紀末までギリシャ語

(22) アンブロジョ・ロレンツェッティの兄。アンブロジョは一三四八年のペストで死亡。
(23) シモーネ・マルティーニの義弟。

を読める者はいなかったから、そのアラビア語の翻訳からの重訳か、あるいはギリシャ哲学を咀嚼してラテン語で著述したと考えられていたキケロやセネカの著作である。これらの作家はキリスト教が成立する以前、またはやっと成立したばかりの時代に属するからむろん異教徒で、教会からはあまり重んじられていなかった。そのうえローマ最大の詩人ヴェルゲリウスでさえ、その最高傑作『アエネイス』より、むしろ『農耕詩』の一節（キリストの到来を予言していると誤って解釈された）が重視された事実を見れば、キケロやセネカでさえ必ずしも正確に読まれていたとはいえなかった。

ペトラルカやボッカッチョによるラテン語表現

ペトラルカは、キケロが友人アッティクス宛に送った書簡をヴェローナで発見した時（一三四五）、興奮の余り自らがキケロ宛てに（むろん想像上での話だが）ラテン語で書簡（『近親書簡』二四―三と四）を書き送ったほどで、精力的に古代作家の写本を発掘している。

じつはこの二通の『近親書簡』については、ペトラルカの性格を示すきわめて興味深いエピソードがあるので、ここで紹介しておく。ペトラルカはまず二四―三で、自分が発見した「アッティクス宛書簡」をもとに、それまでブルネット・ラティーニの『宝鑑《ル・トレゾール》』以来、古代ローマ雄弁術の代表者として尊崇を集めていたキケロを批判している。すなわち晩年のキケロが、紀元前四〇年代、共和制末期から帝政成立期に、古代ローマの政治を動かしたポンペイウス、カエサル、アントニウス、オクタヴィアヌスといった政界の大立者達との接触の過程で示した狐疑逡巡、さらには阿諛追従《あゆついしょう》を痛烈に批判してみせたのである。

その二年後の四七年、コーラ・ディ・リエンツォの時代錯誤的な古代ローマ護民官制度復活に熱狂したのをみれば、この頃ペトラルカは観念的には共和主義者だったのであろう。かつペトラルカは、きわめて鋭敏な批判的知性の持主でもあった。そこでローマ共和主義の守護神キケロという自分が抱いていた像が裏切られた腹立ちと、あわせて自己の批判的才能を披露する機会という二重の動機から、この二四―三書簡を書いたと思われる。当時、有名人の書簡は知識人のサークルで回覧されるのが常識で、ペトラルカも人を雇ってまで自分の書簡の写しを作らせ、丹念に保存・整理している。問題の二四―三の末尾は、キケロの「アッティクス宛書簡」一〇を引用しながら「もうこれで、汝とは永遠にお別れだ！」と、芝居がかかった絶縁状を突き付ける形になっている。

ところがである、ペトラルカはそこまで書いたくせに、キケロを捨て去るに忍びなかったとみえて、二番目の二四―四では「おお、ローマの雄弁のこの上なき師父よ！」と、再びキケロに呼びかけ、政治家ないしは人間としての行動規範と、雄弁家としてのキケロの才能を切り離して、後者を持ち上げる。ここにある意味で人文主義の限界があって、言語は本来人間の思想の表現手段であるべきなのに、古代ギリシャ・ラテン文化の発掘が人文主義者の働きにより進むにつれて、一世紀前後の最盛期のラテン語表現の仕方、つまり文飾の方だけが思想とは独立に持て囃され、美文調で内容空疎な作品が、ただ文体のゆえをもって評価される傾向が生じてくる。

またペトラルカについていえば、一三五三年にヴィスコンチ家のジョヴァンニ大司教に招かれてミラーノを訪れると、共和主義思想はどこへやら、帝国主義的な拡大政策を推し進める大司教の説得に応じて、以後八年もミラーノに居を定める。そしてボッカッチョから、まさに自分の二四—三書簡にも似た、その変節を咎める手紙を送られると、苦しい弁明をしている。

そのボッカッチョであるが、ナポリに商業見習いに出されていた頃からペトラルカに憧れていたのが、念願が叶って、一三五〇年フィレンツェで、ローマに「聖年《アンノ・サント》」の巡礼に赴く途中のペトラルカに面会することを得ると、性来感激家だっただけに以後すっかり人文主義に改宗、ラテン語で著述を始める。だが、それらの著述がイタリア語作品に比べて見劣りするのは、『デカメロン』の見事なイタリア語散文を読めば明らかである。優れた異文化に接触してその刺激を受けるのは、自己を啓発するに望ましくかつ必要でさえある。しかし、惚れた余り相手にすっかり同化しようと試みるのは、もともと無理である上に見当違い以外の何物でもない。

そのことはラテン文化ばかりか、古代ギリシャ文化を理解することに憂き身をやつした人文主義についても言える。後年ギリシャ語が知られ、それに十分堪能なサンナザーロのような人文主義者でさえ、そのギリシャ語作品は古典ギリシャ文学の域に及ばなかった。きわめて稀な例外を別にすれば、しょせん自国語を離れて、真に生産的な文学表現に到達することはできないのである。

イタリア半島におけるラテン語の特殊な位置

ただイタリア半島の場合には、古代ローマ文明の故地という特殊事情があり、ラテン語はすでに崩れイタリア語が独立の言葉として成立していたとはいえ、ラテン語との共通点もまた少なくなかった。したがって別個の言語という違和感が比較的少ないラテン語を用いて、それも内心の感情を表白するのではなく、主に思想を伝えることを目指して書くには、語彙も豊富なだけにラテン語の方が楽であり、かつ博識を示すにも好都合という面もないわけではなかった。だがそれは結局、ダンテが『俗語論《ヴォルガーレ・エロクイオ》』で主張した己れの言葉を磨く努力を、借り物のラテン語により、さらに知識人の気取りにかまけて、怠たることに他ならず、そこに人文主義の問題があった。

ペトラルカについても、鋭利な自己分析というか、己れの人間性を抉り出した点で興味津々たるいくつかのラテン語書簡があるが、それらを除けば、当人の意識や気取りとは無関係に、その名を不朽にしたのがイタリア語作品であることは万人の認めるところである。またボッカッチョにしても、ペトラルカと出会って以後、最晩年に再び『ダンテ顕彰』（イタリア語）に戻るまでに、少なからぬラテン語作品を書くのに精力を費やす。しかしそれらは文学的価値という点で『デカメロン』とは到底比較にならぬばかりか、ある意味で人文主義にかぶれたことが、ボッカッチョの創作力を涸らしてしまったともいえる。事情がペトラルカとボッカッチョという二大天才についてさえそうであるのに、いわんや他の人文主義者においてをやである。

ただ、ここが厄介なところだが、たとえ人文主義が古代かぶれであったにしても、中世とは異なった新しい視点や知的刺激が、教会の学僧達だけでなく、世俗都市民出身の文献学者、そしてその文献学者を通して富裕商人層にまで植え付けられていったことの意義は大きい。わけてもイタリア半島の経済的繁栄に伴って成立した富裕市民層に属し、少数ではあるが開かれた知的関心を有する人々の心を、「衣食足りて礼節を知る」式に、古代文化に対する熱狂が捉えたことは、社会現象として注目に値する。加えて十四世紀後半、半島各地に割拠していた政治勢力が次第に統合され、「地域国家」になりつつある時期に、人文主義が政治宣伝の手段として有効であったことも見逃すことはできない。

市民的人文主義者という虚像

この時期の人文主義者を目して、積極的に政治に参加し共和制の自由を擁護した「市民的人文主義者」と評価したハンス・バロンのような見方もある。一三七五年フィレンツェ政府書記官長に採用されたコルッチョ・サルターティに始まり、レオナルド・ブルーニ、ポッジョ・ブラッチョリーニと続いた歴代書記官長を例に挙げて、彼らがペトラルカのような書斎人でもなく、また当時北イタリアの小君主国に仕えたり、十五世紀後半のメディチ家支配下に入って廷臣化してしまう御用人文主義者でもないという見方であるが、それは見当違いもはなはだしい。なぜなら上述の通り、第一に十四世紀後半の大組合支配に基盤を置くフィレンツェ富裕商人政権において、今日でいうような民主的自由があろうはずがなかったからであり、したがって第二に、そうしたフィレンツェを「専制と闘う自由のチャンピオン」と主張する人文主義者の言説自体が、富裕商人政権の拡大政策を支持するための宣伝以外の何物でもなかったからである。

それは、次のような出来事にも現れている。サルターティは一三七五年、時のグレゴリウス十一世教皇を相手に行われた八聖人戦争擁護のため、フィレンツェこそ「市民的自由」の守護者であると論陣を張った（これによりフィレンツェ市民は、自分の町が圧制に対して自由を護る女神だという自己暗示にかかってしまう）。ところが八五年、ジャンガレアッオ・ヴィスコンチが詐術をもって叔父のベルナボを捕え、自分がミラーノの僭主に納まるという事件が起こり、イタリア半島にジャンガレアッオ批判が渦巻いた時、（ベルナボ治下のミラーノの拡大を警戒していた）フィレンツェのみが、サルターティに筆を取らせて「稀にみる暴君」（＝ベルナボ）を滅ぼしたジャンガレアッオの偉業を称える。しかるに十年余りを経た一四〇二年、同じジャンガレアッオがロマーニャを制圧、鉄桶の包囲網を敷いてフィレンツェに迫ると、サルターティは一転あらゆる修辞を駆使して諸勢力に「専制君主の圧制に抗して戦うフィレンツェと共に対ミラーノ共同戦線結成」を呼びかけ、ジャンガレアッオをして「サルターティの檄文（政治信念ではない）は、千人の騎兵に勝る」と慨嘆させたという。この一連の事実を見れば、その御用人文主義者的な無定見は一目瞭然である。

十四世紀後半のフィレンツェで、ボッカッチョのサークルから育った第一世代の人文主義者だとて、別に他の時期と場所の人文主義者と別に異なるところはない。人文主義者にもいろいろあって一方で政治的自由擁護の信念をも含めて、人文学の本義である人間らしい生き方を目指す「市民的人文主義者」がいれば、他方ではギリシャ・ラテン古典の文献学的知識の獲得こそ人文主義の本領と心得る「学術的人文主義者」もいたのである。前者には、畏友ペトラルカに対してジョヴァンニ・ヴィスコンチ大司教との癒着を敢えて批判したボッカチョや、後年『新約聖書注解』を著して聖書の正確な意味を明らかにしょうとしたロレンツォ・ヴァラ、カトリック教会の異端審問の犠牲となりローマで焚かれたジョルダーノ・ブルーノ、アルプス以北ではエラスムスやトーマス・モア、ギョーム・ビュデ、ルフェーヴル・デタープルなどが挙げられる。後者の中にも、ひたすら古写本の収集を生き甲斐としたニコロ・ニッコリのような人物、君侯の功績を美文をもって讃えたピエル・カンディド・デチェンブリオやフランチェスコ・フィレルフォなど、また時の権力の意向に従って宣伝活動に従事したサルターティ、アントニオ・ロスキなどがいる。これらに加えて、アウグスチヌス派修道会士ルイージ・マルシーリを中心とする聖《サント》スピリト教会のサークル、『カマルドリ論叢』（一四二五）を著したクリストフォロ・ランディーノのごとく「観想的人文主義」を提唱する人々、その一方でジャンノッツォ・マネッティ、マッテーオ・パルミエーリやレオン・バッティスタ・アルベルティらのように、活動的人生を送ることこそが人文主義者の責務であると主張し、自己の説を拡めるためならば、いったんラテン語で発表した論考を、再度イタリア語で書き直すことも辞さない「啓蒙的人文主義者」といえる人々も出るという具合であった。

人文主義の国際性

だが人文主義はまた、古典ギリシャ・ラテン語の知識を前提とするその基本的性格ゆえに、限られた知識人層にのみ受け入れられても、広汎な大衆にとってはしょせん無縁な運動たらざるを得ない宿命を担っていた。とはいえ、その地域に限定されない学術的な性格（とくにラテン文明以外に、古典ギリシャ文化という第二の視点を提出し、中世以来のキリスト教一元論を相対化する拠り所を導入した意義は大きい）により、十五世紀末から十六世紀前半にかけ、イタリア半島を出てアルプス以北のヨーロッパ全域の知識人層に拡まることを得て、もって各地域のルネッサンスを生み出す知的な触媒の役割を果した事実を忘れてはならない。

ギリシャ原典の直接理解という点では、一三九七年から一四〇〇年までギリシャ人学者エマヌエル・クリソロラスが、コルッチョ・サルターティの慫慂《しょうよう》に応えてフィレンツェに滞在、ヨーロッパで初めて本格的なギリシャ語の教授を行ったことは特筆に値する。以後いろいろなルートを通して東ローマ帝国からギリシャ語写本がもたらされ、ホメーロスの叙事詩、プラトンの哲学、エウクリデスの幾何学など、異教文化がアラビア語の翻訳を通してではなく、直接原典で読めるようになる。かつ古典ギリシャ語ではないコイネと呼ばれるやや崩れたヘレニズム時代のギリシャ語も読める準備が整う。これにより『新約聖書』の原典批判が可能となり、単に中世スコラ哲学批判だけでなく、将来における教会制度そのものとの対決（宗教改革）への言語学的基盤が出揃うことにもなるのである。

造形芸術におけるゴチック様式とクラシック様式

造形芸術においてもまた、十四世紀半ばの金融恐慌とペスト流行のショックによって大きな変化があった。十三世紀後半、ニコラ・ピザーノらが吸収した古典彫刻の影響や、絵画ではジョットに代表されるロマニコ（ロマネスク）様式に根差しながら、同時に古典様式のモニュメンタルな造形をも取り入れた、写実的・合理的・楽観的で闊達な作風が一時影を潜める。

代わりに主流を占めるのが、疫病や飢饉に神の怒りの表れを見て、人生や富貴のはかなさ、死の恐怖を思って後生を願う、より内省的かつ神秘主義的なゴチック様式だったのは、すでに指摘したところである。ただし、イタリア半島ではクラシックといいゴチックといい、共に十三世紀後半から力を得て来た新風であって、一方が他方を駆逐するというような関係にはなかった。

ゴチック様式、その中でもとくに「国際ゴチック」と呼ばれるスタイルは、貴族的で豪華な側面を持ち、ゴチック発生の地フランスの影響が見て取れる（フィレンツェ商人の最大のお得意であったフランスの宮廷、フランス王権の後押しで十三世紀後半に南イタリアに成立したアンジョ王家の宮廷、ならびに同じフランスの圧力で十四世紀初からアヴィニョンに移った教皇庁などの影響）。じっさいフィレンツェの富裕商人階級が、その経済力にものをいわせて華やかな生活スタイルを誇ろうとすれば、お手本はフランス封建貴族の宮廷に代表されるゴチック様式を措いて他にはなかったのである。

一方、クラシック様式は、ジョットの死後に下火になっていたとはいえ、弟子のタッデオ・ガッディらがスタイルを守っていた。また十四世紀も後半に入ると、写実的・合理的・楽観的な作風にも復活の兆しが見られ、それにはフィレンツェにおける富裕商人層の世代交替と政治の状況が関わっている。

すなわち十四世紀半ば、アルビッツィ家、ストロッツィ家、アルベルティ家といった富裕商人達が政権の中で主導権を握ると、まずミラーノの拡張政策を代表するジョヴァンニ・ヴィスコンチ大司教との闘争を凌ぎ切る。次いで攻勢に転じて、トスカーナ制覇を狙ってピーザやシエーナと争ったのみならず、教皇庁と対立して八聖人戦争を始める。一三七五年からは人文主義者コルッチョ・サルターティを書記官長に採用し、フィレンツェを古代ローマ共和制になぞらえ「圧制に抗して戦う自由の闘士フィレンツェ」のイメージを大々的に宣伝させる。この古代ローマ・ブームは、折からの人文主義の興隆、また八五年以来ミラーノ君主となったジャンガレアッツォ・ヴィスコンチとの戦いにより、ますます増幅される。クラシック様式を受け入れる機運が高まりつつあったのである。

ブルネレスキの遠近法

クラシック様式の代表とされるフィリッポ・ブルネレスキは、一三七七年フィレンツェに生まれ、九歳年下のドナテルロと並んで、イタリア半島のルネッサンスの建築・彫刻における巨人である。二人ともはじめは金彫師として出発、同年代だが工芸家としては一歩先んじたロレンツォ・ギベルティの工房で働く。しかし間もなくギベルティから独立して、その競争相手となる。

ブルネレスキの肖像　フィレンツェ　花の聖母寺院のメダイヨン

とくにブルネレスキは一四〇一年に、「聖ヨハネ洗礼堂」の第二扉の浮き彫りのコンクールで、パネル課題「イサクの犠牲」の図柄でギベルティに勝りながらも、二人の共同制作を命じた市委員会の決定を不服とし、制作を辞退している。そして翌年に、ドナテルロと共にローマ旅行を行い、古代ローマの遺跡や彫刻に触れて本格的なクラシック様式に開眼、さらにパンテオンのドームに感嘆して建築への傾斜を強める。また数学（黄金分割など）にも関心を示し、一五年頃に遠近《プロスペッティーヴァ》法の理論を研究し出したようである。

すでに触れたように（第2章第2節（1）シエーナの「アンブロジョ・ロレンツェッティ」）、遠近法には十四世紀前半のゴチック様式由来のものがあり、それについては一四八一年にも、人文主義者クリストフォロ・ランディーノが「影による遠近法」という表現で言及しているくらいである。これに対して一四一五年頃ブルネレスキが発見したもの[24]は、「線遠近法」または「縮小遠近法」と呼ばれる。これは針孔写真機の原理と同じく、一個の小さな孔を通して見ると、物体の大きさが見る者の目から遠ざかる距離に応じて、一定の割合で縮小し最後には消えていく（一点消失）ように見えるという事実に着目、その割合を数学的に厳密に算定し画中に落すことにより、二次元の画面に奥行感を出す手法である。

ロレンツェッティの場合にも、単にランディーノが指摘した「影」（色の濃淡）ばかりでなく、部屋の床を飾るモザイク片の大きさを一定の割合で奥に行くにしたがって縮小したり、ゴチック教会の列柱の柱頭を奥に行くほど小さく並べるなどの方法を取ってはいるが、ブルネレスキが行ったとされるほどの厳密さで比率を計算しているわけではない。ブルネレスキ以降は、その数学的手法が画家達によって広く採用され、絵画において立体感を表現するのに大きく貢献することになる。これに影響された画家としては、まずマザッチョ、レオン・バッティスタ・アルベルティ（『絵画論』（一四三五）で同手法を数学的に解説）、ピエーロ・デラ・フランチェスカ、レオナルド・ダ・ヴィンチ、またドイツのアルブレヒト・デューラー、スイスとイングランドで活躍したホールバインなどが挙げられる。

ただし、遠近法は純粋に技術の問題であっただけに、芸術が目指す感動の表現にとって、補助の役割は果し得ても、それを知ればよい絵が描けるというわけでもない(25)。

じじつブルネレスキ的に視点を一つに定め、その点だけからすべてを見るという現実の切り取り方は万能ではなく、それにこだわり過ぎると、かえって現実の表現としては単調で一面的になってしまう。人間存在にとって、「場所」と共に基本的条件である「時間」をも勘定に入れると、次々と視点が移動し、異なった角度から物を見る方がむしろ自然である。さらにいろいろな角度から受けた印象を総合することによって感動が生まれると言えよう。それに気付いていた芸術家は少なくなかった。ブルネレスキの友人ドナテルロもそうであり、ブルネレスキの影響で遠近法に凝ったパオロ・ウッチェルロでさえ、聖マリア・ノヴェルラ教会附属修道院の回廊に描いた「ノアの大洪水図」、有名な「サン・ロマーノの戦い」でも線遠近法を採用していない。後代の印象派やキュビスト達ともなれば、それこそまさに写真的な事物の表現を拒否する地点から、その活動を始めているのは周知の事実である。

ブルネレスキの建築

ブルネレスキはまた、一四一九年から「最初のルネッサンス建築」と称せられる「孤児院」（一四五一年、死後完成）の建築に取りかかっている。サンティッシマ・アヌンツィアータ広場に面する長いロッジャに円形アーチを連ね、これを支える柱にはコリント式柱頭を載せ、一階と二階とを横梁で区切った造りである。

だが何よりもブルネレスキの名を不朽にしたのは、「花の聖母寺院《サンタ・マリア・デル・フィオーレ》」の壮大な丸天井《クーポラ》である（八三頁図版参照）。一二九六年にアルノルフォ・ディ・カンビオによって建築が開始され、丸天井もすでに支柱は建てられていたが、実際どのようにしてこれを造るのか、誰も知る者はなかった。

(24) その遠近法によって、二枚の板絵（「洗礼堂」「市政庁広場」）を描き評判をとったと言われる。ただし、現在は失われてしまった。

(25) これはブルネレスキが建築家となって、もっぱら技術的な問題の解決に目を向けるようになったことと無関係ではあるまい。換言すれば、情緒面の表現は彫刻家として名を成した友人ドナテルロに任せて、ブルネレスキはそちらには力を注がなかったということが結果的にいえよう。

そこでフィレンツェの大組合の中で最も富裕で有力な毛織物業組合は一四一九年、この問題を解決するための設計コンクールを開催する。ここでもブルネレスキとギベルティが競合するが、このたびはブルネレスキが勝ち、二一年から丸天井の建設に取りかかる。その際、かつてローマに赴いてパンテオン神殿のドーム（高さ四三メートル、直径四二・七メートル）や、ディオクレチアヌス帝の浴場（現在の聖マリア・デリ・アンジェリ教会）など古代の建築を調査したことが役に立ち、石造りのドームの外側に、煉瓦でできた覆い天井を重ねて、六七年に全体が完成する。

建築上の制約により完全に円形なクラシック・ドームではなく、やや先が尖ったゴチック様式のドーム（高さ三四メートル、直径四一・九八メートル）の様相を呈し、そのことをもって純粋なルネッサンス建築ではないと主張する者がいるが、クラシックとゴチックは共にイタリア・半島のルネッサンスを形づくる二大様式であって、ブルネレスキの偉大さは、これらにイタリア土着のロマニコ様式の要素をも加えて、古代ローマ以来これだけ大きなものは建設されたことがないというドームを完成させたところにある。ルネッサンスは決してクラシック一辺倒ではないのである。

ブルネレスキはまた、よりクラシック風のバジリカ型聖堂を、「聖《サン》ロレンツォ教会」（一四二一〜四〇）と「聖スピリト教会」（一四四一〜八一）で実現しているし、また未完に終るが縦横の軸の長さが等しい、ギリシャ十字架型の円形聖堂「聖マリア・デリ・アンジェリ」をも三四年に設計している。

ドナテルロの彫刻

一方、彫刻において、建築の分野でのブルネレスキに匹敵する成果を上げたのがドナテルロである。一三八六年頃の生まれ、年長の友人ブルネレスキと同様、一時ロレンツォ・ギベルティの工房で働いたが、すぐに独立。十五世紀の初めにブルネレスキと共に何度かローマに赴き、古代彫刻に深い感銘を受ける。一四一三年にはオル・サンミケーレ教会のために「聖マルコ像」を、一五年には「花の聖母寺院」の正面に置かれた「福音書作者聖ヨハネ」の座像を完成している。いずれも等身大以上の堂々たる作品で、ゴチック様式とクラシック様式が取り入れられ、顔の表情などにドナテルロ独特の写実的かつ英雄的な表現も見られる。また一七年には武具職人組合の注文に応じ、二メートルを超す大理石の立像「聖ジョルジョ」[26]が制作される。その台座には浅浮彫りで、「竜と戦う聖ジョルジョ」が取り付けられているが、これは当時ブルネレスキが発見した線遠近法を、浮彫りに取り入れた最初の作例として名高い。

さらに同じ時期、ドナテルロの代表作として知られる等身大のブロンズ像「ダヴィデ」が生まれる。これは古代彫刻以来、初めての完全な裸像（頭に被った兜と、足に穿いた長靴を除く）かつ壁面や龕《がん》に倚らない完全な立像である。傲慢な巨人ゴリアテの頭を左足に踏み付ける若々しい青年の姿で、その瑞々しい抒情的な表情が、暴力に対する正義の勝利を象徴している。また、二〇～三〇年代にかけては「花の聖母寺院」のために二メートルに及ぶ八体の予言者像が制作されるが、その中の「ズッコーネ」（南瓜頭）と呼ばれる「怒りの予言者ハバクク」像は圧倒的な迫力をもって見る者を打つ。端正な「ダヴィデ」像がクラシックな静謐を湛えているのに対し、こちらはその鋭い眼光によって内心の激情を表すのに

ダヴィデのブロンズ像　ドナテルロ作　フィレンツェ国立博物館蔵

ガッタメラータのブロンズ騎馬像　ドナテルロ作　パドヴァ　サント広場

(26) 聖人の顔は、ジョットの「オンニサンティ聖母子像」の聖母などと同じく、写実的な表情が見られるクラシック様式。注文主が武具職人組合というのもさることながら、つい最近までフィレンツェがナポリのラディスラオ王（一四一四年没）を相手に繰り拡げていた戦いの精神「自由を護るフィレンツェ」の意気込みが表されている。

バルトロメオ・コレオーニの騎馬像　ヴェロッキオ作　ヴェネツィア

成功、ゴチックとクラシックを併せてドナテルロ独自の表現に達している。これにフィレンツェの寡頭体制の大立者ニコロ・ダ・ウッツァーノの着色テラコッタ胸像（一四三〇年頃）が続き、この政治家の老獪な表情を見事に写し取っている。

ドナテルロはフィレンツェばかりでなく、ピーザ、シエーナ、プラートなどトスカーナ諸都市、ローマ、ナポリでも仕事をしたが、四三年から十年間はパドヴァに招かれ、聖アントニオ教会の祭壇を作った上、傭兵隊長ガッタメラータ（エラスモ・ダ・ナルニ）のブロンズ騎馬像（三・九×三・四メートル）の鋳造に成功する（古代ローマはカンピドリオ広場を飾ったマルクス・アウレリウス皇帝像以来初めての騎馬像となる）。以後、ヴェネツィアのバルトロメオ・コレオーニ像（ヴェロッキオ作）を始めとする近代騎馬像の模範となる作品である。

そして五六年フィレンツェに戻って、木造りの「マグダラのマリア」を仕上げる。これは若年の頃「聖クローチェ」教会のために彫った「キリスト磔刑像」に対応する作品で、イタリア土着のロマニコ様式を基盤としながら、人物にさらにいっそうの内的表現を付与したもので、改悛の情につき動かされ苦行にやせ細ったマリアの姿は、あらゆる様式を取り込みつつ、それらすべてを超えて、ミケランジェロから近代に到る彫刻そのものを体現している感がある。

マザッチョの絵画

絵画において、建築のブルネレスキと彫刻のドナテルロに対応するのが、マザッチョである。一四〇一年末、フィレンツェの南西三十キロほどのサン・ジョヴァンニ・ヴァルダルノオで生まれる。寡婦となった母親と共に十七歳頃フィレンツェに出て活躍するが、その期間はわずか十年ほど（実際に残っている作品の期間は六年弱）で、二八年にはローマに出かけるが、同地で原因不明の急死を遂げる。八十歳に及ぶ長寿を保ったドナテルロに比して、たった二十七年という短い生涯の間に、ジョットの遺産を継承し、ブルネレスキの遠近法を消化して、以後のルネッサンス絵画に絶大な影響を与えた。だがその短い生涯のために数少ない作品が、これまた散逸してしまっているので、その全体像を摑むのは容易ではない。

マザッチョの祖父はカッサイという姓を名乗っており、これは箪笥や長持など木箱《カッサ》を作る職人だったことを示す。当時、家具を扉絵などの装飾で飾るのはよく行われており、したがって絵画と関係のある職業であった。父親の方は刻苦勉励型の人物だったらしく、職人から公証人という知的な職業に転身しているが、マザッチョがまだ四～五歳の折に早世、母親は再婚するがまた夫を亡くす。そして、すでに画家としての修行を始めていた息子達（弟のジョヴァンニも画家になっている）の便宜のため、一四一七年末にフィレンツェに出て来たものと思われる。マザッチョは、（諸説あるが）フィレンツェで誰か特定の師匠に就いたようではなく、むしろ二十歳ほど年上のブルネレスキとドナテルロに見出され、二人に兄事したらしい。それは一九六一年になって、マザッチョの現存する最初の作品「聖《サン》ジョヴィナーレ祭壇画」（一四二二年の年記を有する）が発見され、そこにブルネレスキが開発した線遠近法が正確に採り入れられていることからも推測される。またマザッチョの死の報に接したブルネレスキが、「大変な損失だ」と惜しんだという話を、ジョルジョ・ヴァザーリが『画家列伝』（一五六八）で伝えている。

「聖ジョヴィナーレ祭壇画」は、四年後の一四二六年に制作された「ピーザ祭壇画」[27]の先駆をなすといえる。中央に幼児イエスを抱いて玉座に座る聖母マリアの表情が、ジョットの「ステファネスキ祭壇画」や「オンニサンティ聖母子像」に描かれた、写実的で理想化の度合の少ないトスカーナ女性

(27) こちらの台座装飾「東方三博士の幼児イエス礼拝」には、ジェンティーレ・ダ・ファブリアーノの国際ゴチック様式による同名作品の影響が見られる。

の顔を、さらに一段と推し進めた感がある。ここでマザッチョはブルネレスキとドナテルロに加うるに、（フィレンツェに特徴的な合理性というか写実主義というか、同じトスカーナでもシエーナ派の情緒的な理想主義とは判然一線を画した）ジョットの伝統を受け継ぎ、かつ若さもあってかそれを一途に徹底させ、優しいどころか、厳しい表情の聖母を描いて、その点では同じ写実でも、ドナテルロの「聖ジョルジョ像」や「ダヴィデ像」が示す英雄的な抒情性とは、また一味違った個性を示している。とはいえ、上述のごとくマザッチョはドナテルロとも親しかったようで、「ピーザ祭壇画」の製作中、やはりピーザで仕事をしていたドナテルロから借金をし、自分がした仕事の報酬の受取人にドナテルロを指定するという方法で返済を済ませた（教会が禁止する借金の利子支払いを偽装するため？）記録が残っている。

マザッチョとマゾリーノの関わり

マザッチョと関わりの深かったもう一人の画家にマゾリーノがいる。マゾリーノはマザッチョの生まれたサン・ジョヴァンニ・ヴァルダルノオとはアルノオ河を挟んで対岸のパニカーレ・ディ・レナッチ出身で、国際ゴチック風の絵を描き、ローマや外国の宮廷に招かれたり、広範な活動を行った。一三八三年の生まれだから、むしろブルネレスキやドナテルロと同世代で、一四二三年にフィレンツェに来ってマザッチョと知り合い、その才を認めて自分の仕事を分かち合うようになる。

一四二四年末に、聖マリア・デル・カルミネ教会附属のブランカッチ礼拝堂の壁画装飾の共同制作をマゾリーノが提案し、これがマザッチョの最大傑作に繋がる。しかし両人で取りかかったものの、二五年秋には注文主ブランカッチ家の財政事情から仕事は中断してしまう。それまでに「アダムとエヴァの誘惑」を仕上げていたマゾリーノは、ボヘミア王で神聖ローマ皇帝シギスモンドの傭兵隊長「ピッポ・スパーノ」（フィリッポ・ブォンデルモンティ）に招かれてハンガリアに旅立ち、後をマザッチョが単独で「楽園喪失」「貢の銭」など、イタリア半島のルネッサンスにおける絵画の最高傑作に数えられる作品を描く。マゾリーノは二七年にハンガリアから戻るのだが、ブランカッチ側の状況に変化はなく、未完の部分はそのままに、まずマゾリーノがローマに去り、次いでマザッチョも二八年六月までにはその後を追う。そして同年後半にはローマで、突然の死がマザッチョを襲うという経過である。

そこでマゾリーノとマザッチョの作品を比べてみると、むろんマザッチョの画面の方が、プロポーション、身振り、感情表現といった人体の描き方に躍動性があり、圧倒的に強い印象を与えることは否定できない。だがマゾリーノの作品も決して捨てたものではない。例えば「アダムとエヴァの誘惑」だが、「楽園喪失」に比べれば静的ではあるが、それは画題にもよるところであって、人物の表情や身振りなどは（ヴァザーリの酷評にもかかわらず）間然とするところがない。じじつこの作品は一時マザッチョに帰せられていた。こうしたマゾリーノから、マザッチョも学ぶところ十分あったと思われる。

上述の「東方三博士の幼児イエス礼拝」におけるジェンティーレ・ダ・ファブリアーノの影響、また小品ではあるが、シエーナ派またはビザンチン派に通ずるところなしとしない「聖母子像」とも併せて、マザッチョはあらゆる流派や動向から取り込めるものはすべて吸収し、さらにそれを自己の鋳型に流し込んで、独自の境地を拓くことに成功している。その結果、英雄的な確固たる人体表現が静的な造形に終らず、躍動感を帯びて強烈な内的衝動の表出に成功しているのである。その点でマザッチョは、短すぎた生涯ゆえに、いささか表現の幅に欠けるとはいえ、彫刻におけるドナテルロにも劣らぬということができよう。

かくて一方ではブルネレスキ、ドナテルロ、マザッチョ、さらにパオロ・ウッチェルロ、ピエーロ・デラ・フランチェスカなど強烈な革新派、他方ではロレンツォ・ギベルティ、ルーカ・デラ・ロッビア、ジェンティーレ・ダ・ファブリアーノ、フラ・アンジェリコ、そしてマゾリーノをも含む、より伝統的な芸術家達を擁してフィレンツェは、十五世紀最初の二十〜三十年間、造形芸術の領域でイタリア半島のみならず全ヨーロッパの頂点に立つ。それはまさに一世紀前、イタリア半島でルネッサンスが始動する十三世紀末から一三三〇年代にかけて、この町が経済の領域において占めたのと同じ地位である。どちらの分野においても、フィレンツェはこの高みに、二度と再び達することはなかった。

「楽園喪失」 マザッチョ筆 1426-27年頃 フィレンツェ ブランカッチ礼拝堂

デュファイの音楽

音楽の分野についても、造形芸術とまったく同じことが起こる。十三世紀末〜十四世紀初にかけて、従来の教会音楽の上に、「新優美体《ドルチェ・スティル・ノーヴォ》」詩派の世俗詩や、民衆的な歌謡に曲を付けた旋律的なイタリアの新音楽がトスカーナを中心に登場する。その後、一三〇九〜七七年にわたり教皇庁がアヴィニョンに移転したことによるフィレンツェ金融業の縮小、三〇年代半ばから始まった英仏百年戦争がもたらした恐慌（大商会の連鎖倒産）、さらに四八年に始まるペストの襲来など、たび重なる危機が十四世紀前半の楽観主義に翳《かげ》りを与える。とはいえ、これらの不幸もフィレンツェ人の心に内省的な傾向をもたらしはしたが、その活力を止めはしない。

生涯フィレンツェで活躍し、「盲目のオルガン弾き」と評判の高かったフランチェスコ・ランディーノ（一三二五〜九七）が、教会音楽の分野で新たな発展を示す。また美術で見られる、貴族趣味を特色とする国際ゴチック様式が、音楽ではフランスとフランドルが境を接するエノオ地方出身のギョーム・デュファイ（一四〇〇〜七四）によってもたらされる。デュファイは一四二〇年代初にパリで活躍を始めるが、純粋にパリの「新音楽《アルス・ノーヴァ》」に同化するのではなく、イングランドと近い出身地の関係もあって、歌唱を前提とするジョン・ダンスタブル（一三九〇?〜一四五三）の世俗歌曲の影響を深く受けたことが指摘されている。[28] ちょうどイタリア派の新音楽が、南仏における吟遊詩人の音楽の影響を受けたのと同様である。デュファイはまた、一四二八〜三七年にかけてローマで教皇庁礼拝堂付の作曲家・聖歌隊員をつとめており、教皇エウゲニウス四世が三六年に、フィレンツェの「花の聖母寺院《サンタ・マリア・デル・フィオーレ》」の献堂式を執り行った際に、その代表作とされる「コノ新シキ薔薇ノ花（聖堂）ヲ、教皇ハ天ノ処女（聖母マリア）ニ捧ゲマツル……」を演奏している。ヨーロッパの北と南の「新音楽」が十四世紀前半のフィレンツェにおいて融合し、まさに最高の表現に達したのである。

（2）　ミラーノとパドヴァ

ミラーノのヴィスコンチ家による支配

イタリア半島北部でも、中部で起こったのと同様な都市間の勢力争いが生じ、ミラーノを中心とした勢力圏と、徐々に内陸志向を示すヴェネツィアの影響下に組み入れられた都市グループとが、次第に明瞭な形を取り始める。後者の場合には、ヴェネツィアと至近距離にあるパドヴァが一時的にカラーラ家の支配に入ったことが、前述のように（第3章第2節（2）「ヴェネツィア」）ジェノヴァとの闘争にかなりの影響を及ぼした点が注目される。

加うるに教会の直轄地である教皇領が、この時期に次第に形を取っていくのだが、こちらについては第4節（1）「ローマ」の項で後述する。したがって、半島北西部に封建体制を留めたまま残っているサヴォイア（サヴォワ）公国とモンフェラート侯爵領を除くと、北部内陸都市のルネッサンスにあっては、ミラーノの重要性が断然突出し、この地域を代表することになる。

一二九一年、ミラーノを支配したヴィスコンチ家は、実質上の開祖オットーネ大司教が、甥のマッテーオ一世の協力を得て、対立するデ・ラ・トルレ家の排除に成功する。その後、マッテーオの息子ガレアッツォ一世、孫のアッツォーネを経て、ヴィスコンチ家の主権が確立する過程は、すでに見た通りである。アッツォーネが子どもを残さず死ぬ（一三三九）と、叔父のジョヴァンニ大司教とルキーノの兄弟が共同統治者として跡を継ぎ、さらなる領土の拡大に努める。この辺りからヴィスコンチ家は半島北部ロンバルディーア地方の中心勢力としての地歩を確かにするのである。

さて、いよいよ第三期に入って、一三四八年に始まったペストの流行は、むろんミラーノにも深刻な被害をもたらしたが、五〇年頃には下火となる。この間、四九年にルキーノが死ぬ（毒殺されたといわれる）と、やり手の兄ジョヴァンニ大司教は単独支配者となり、ヴィスコンチ帝国の建設を目指してまずボローニャを手に入れる。次いでトスカーナを窺うが、フィレンツェの警戒心を呼び醒まし、五一年に行われたミラーノの第一次トスカーナ侵入[29]は、フィレンツェを中心とするトスカーナ都市の強い抵抗に遭って、兵を返さざるを得なくなってしまう。一方、市内の党派抗争に苦しむジェノヴァが、「シニョーレ」（君主）としてジョヴァンニ大司教に支配権を委ねるのは五三年のことである。

さらにジョヴァンニは、ルキーノの息子「新《ノヴェルロ》ルキーノ」にミラーノの主権を譲らず、マッテーオ一世の弟シュテファノの流れに相続権を移すが、それでも一族の結束が崩れることはない。ジョヴァンニ大司教の死（一三五四）後、シュテファノの系統からマッテーオ二世、ガレアッツォ二世、ベルナボの三兄弟がヴィスコンチ家の領土を西部、ミラーノを中心とする中部、パヴィーアを首都とする東部に三分割して統治する。しかし、マッテーオ二世とガレアッツォ二世が死ぬ（一三五五、七八）と、ベルナボがヴィスコンチ領を一手に収めて、教皇ウルバヌス五世やルクセンブルグ家の神聖ローマ皇帝カール四世と戦い、再三破門や十字軍の対象となるが一向にへこたれない。じじつベルナボは残忍の評判があった

(28) 宗教曲のモテットと、世俗曲の『私が色蒼ざめた容貌をしているのは《セ・ラ・ファース・エ・パール》……』を、同じメロディを用いて作曲するなど。

(29) 第二次はジャンガレアッツォ（一四〇二）、これに第三次はフィリッポ・マリアの侵入（一四二四）が続く。

が有能な支配者で、ミラーノの街路を整備したり、道路の建設を行っている。

ジャンガレアッツォからフィリッポ・マリアまで

そうこうしているうちに、ガレアッツォ二世の息子で、幼時をフランスの宮廷で過したジャンガレアッツォ[30]が、一三七八年父ガレアッツォ二世の死にともなってパヴィーアに戻って来る。時に三十一歳であった。ジャンガレアッツォはまた、七二年に最初の妻イザベル・ド・フランスを失い、再婚の相手としては叔父ベルナボの娘カテリーナを押し付けられている。この結婚からはジョヴァンニ・マリアとフィリッポ・マリアという二人の息子が生まれる。

ジャンガレアッツォ・ヴィスコンチは優れた才能に恵まれた政治家で、人心収攬に妙を得、権謀術数を用いるのにも長けていた。叔父ベルナボはこの甥を警戒して、あわよくば殺害しようとしていたのだが、ジャンガレアッツォの方が先手を打って叔父の身柄を拘束し、毒殺（一三八五）した上で独裁体制を達成する[31]。九五年にルクセンブルグ家出身の神聖ローマ皇帝ヴェンセスラス四世（在位一三六一～一四一九）から公爵のタイトルを買って、ミラーノを完全な世襲君主国家とする。しかし気宇壮大なジャンガレアッツォはこの程度の成功に満足せず、ボローニャを制してロマーニャ州を獲得したばかりか、さらにいっそうの勢力拡大を目指す。すなわちトスカーナ制圧のため万全の包囲網を敷いてフィレンツェに迫るのである。だが惜しくも一四〇二年、もう一歩のところで死に襲われてしまう（その結果、統一イタリア国家の実現は十九世紀後半までお預けとなる）。

大きな夢が潰えて、ジャンガレアッツォの息子達、ジョヴァンニ・マリアとフィリッポ・マリアには半島南部のナポリ・シチリア王国、中部のフィレンツェと教皇領、海運共和国のヴェネツィアと共に、半島を五分する程度の地域で我慢するより他の選択肢はなかった。それとて半島北部だけを取っても、サヴォワ家のピエモンテと、その東のモンフェラート侯爵領、および海運国家ヴェネツィアは別格だし、それ以外にもヴェローナ、ブレシャ、フェラーラ、マントヴァなど、いくつかの独立小君主国の存在を認めざるを得ない有様であった。父が死んだ一四〇二年、ジョヴァンニ・マリアは十四歳、フィリッポ・マリアにいたってはまだ十歳にも満たなかった。ジャンガレアッツォの帝国は、主がいなくなるとたちまち瓦解、ジョヴァンニ・マリアが未成年のうちは妻のカテリーナ・ヴィスコンチが摂政を担ったとはいえ、夫が使っていた強力な傭兵隊長ファチノ・カーネを頼りにせざるを得なくなる。ジョヴァンニ・マリアは母と共にミラーノに在り、一方フィリッポ・マリアの方は、ヴィスコンチ家の領土の東の部分を与えるという父の遺志に従ってパヴィーアに送られ、ミラーノからは遠ざけられてしまう。

ところがこのジョヴァンニ・マリアは暴君で、一四〇四年に成年に達すると、それまで摂政としてヴィスコンチ帝国を護ってきた母親カテリーナを暗殺させ、自分が主権を握る。しかし、その粗暴で残酷な振る舞いが臣下の恨みを買い、一二年にミラーノの聖《サン》ゴッタルド教会で暗殺されて終る。残された弟フィリッポ・マリアは、いよいよファチノ・カーネの手に落ちるかと見えた。ところが同じ一二年、ファチノ・カーネ自身が死に襲われ、その妻のベアトリーチェ・ディ・テンダ（フィリッポ・マリアより二十歳も年上）を娶るという条件で、フィリッポ・マリアがファチノの軍隊と膨大な遺産を相続することとなる。しかも思いもかけぬことだが、フィリッポ・マリアは人を驚かすような政治的才能を発揮、六年後の一八年、政治に介入しようとしたベアトリーチェに姦通の罪を被せて斬首、ついにミラーノ公国の主（在位一四一二～四七）となる。第三期の終りに、独裁君主国としてのミラーノの開始を告げる事件である。

ミラーノの文化

十四世紀後半から十五世紀の第一・四半期にかけては、ミラーノがヴィスコンチ家の支配下、半島北部随一の中心都市に成長する時期である。ジョヴァンニ大司教はもっぱら外交と政治に追われて、それほど市の建設・美化には貢献していないが、一三五二年にペトラルカを招いてミラーノの文運隆盛の基礎を築いている。ペトラルカはジョヴァンニ大司教の庇護のもと、手厚い待遇を受け、時には外交使節としてミラーノの政策を宣伝するためにヴェネツィアに赴いたり、都合八年間もミラーノに滞在する。フィレンツェ愛国主義者のボッカッチョが、敢えて畏友ペトラルカに苦言を呈したのは、このフィレンツェの敵ジョヴァンニ大司教との癒着に関してである。しかしペトラルカにも言い分があって、已れが一時期熱狂した、ローマにおけるコーラ・ディ・リエンツォの失敗（一三四七）をみても、またジェノヴァ市の民衆共和派体制が、醜い利害関係の対立に堕しているのをみても、かえって君主体制の方が平和と秩序維持には有効であるという判断

(30) 一三四七年生まれ。九歳でヴァロワ王家のイザベル・ド・フランスと結婚。六六年、二人の間に娘ヴァレンチーナが生まれる。このヴァレンチーナがヴィスコンチ家に男系の相続が絶えた場合その領地を相続する権利を与えられ、かつオルレアン親王家のルイ一世に嫁いだため、後年フランス王家がミラーノ領有を主張する根拠となった。

(31) ミラーノの市民達は暴君ベルナボ逮捕を大いに歓迎したと伝えられるし、娘のカテリーナも父の死をあまり悲しんだ様子はない。

であった。

この点については、ジョヴァンニ大司教の死の翌々年、五六年にパヴィーアの市民がヤコポ・ブッソラーリというアウグスチヌス派修道士に率いられて、市を支配していたヴィスコンチ家の手先ベッカリーア家の腐敗政権に対して叛乱を起こし、一時は独立共和国を宣言するという事件が起きる。慌てたガレアッツォ二世はパヴィーアを包囲する一方、ペトラルカにブッソラーリの説得を依頼、これに応じてペトラルカがブッソラーリ宛に書簡を送っている(32)。当時は僭主支配を共和政体に比べてよりよしとする考え方も強く、ペトラルカもコーラ・ディ・リエンツォの事件後はこちらに宗旨替えしたといえる。こうした考えは他の人文主義者にもみられ、僭主派アントニオ・ロスキやピエルル・カンディド・デチェンブリオなどはジャンガレアッツォをイタリア半島に平和をもたらす救世主と見做し、共和派の人文主義者フィレンツェのコルッチョ・サルターディやレオナルド・ブルーニらから猛烈な攻撃を受けている。だが、僭主派といい共和派といいじつは雇主の意を受けてその立場を取るわけで、べつに個人的な信念が人文主義者達の間にあったわけではないのである。

ジャンガレアッツォはまた、外に対しては悪辣な戦略家ぶりを発揮したが、自分の領内においては公正さにもとづく有能さを示し、一三八六年にイタリア半島のゴチック様式建築の最大傑作といわれる「ミラーノ大聖堂《ドゥオーモ》」の建設を開始（完成は十九世紀初）させている。一方、パヴィーアの修道院はジャンガレアッツォが自家の墓所として建造させたもので、総体的にはゴチック様式だが、ベルナルディーノ・ルイーニなどルネッサンス美術を担うクラシック派の作品で飾られてもいる。またポオ河流域の湿地帯を干拓させたり、道路の建設を推進したりして、ヴィスコンチ領の整備を行い、農業・工業そのほかの産業の発展、通商の拡大にも大きく貢献している。十五世紀の初めには、ヴィスコンチ家支配下のミラーノは、名実共にロンバルディーア第一の中心となったのである。

パドヴァの情勢

ミラーノはこれぐらいにして、ヴェローナ、ヴィチェンツァ、ブレシャ、トレント、フェラーラ、マントヴァなど半島北部の小都市については、第二期と大きく変わった発展は見られず、ヴェローナのデ・ラ・スカーラ家の衰退後、次第にミラーノとヴェネツィアという二大勢力圏に組み込まれていくことになる。この経過の典型的な例がパドヴァで、もともとポオ河の河口近くに拡がる肥沃な沖積平野の中に在って、豊かな農業生産に支えられて繁栄、一三〇四年には金融業者スクロヴェーニ家のエンリコの依頼に応じてジョットが訪れ、

ゴチック建築のミラーノ大聖堂（ただし，全体が完成するのは 19 世紀初頭）

スクロヴェーニ礼拝堂の壁面をフレスコ画で飾っている。また、パドヴァ大学はその法学と医学の研究で名声をヨーロッパ中に轟かせていた。ルードヴィッヒ・フォン・バイエルンの神聖ローマ皇帝戴冠を認めようとしないアヴィニョンの教皇ヨハネス二十二世に対抗し、政教分離を主張する『平和の擁護者《ディフェンソル・パキス》』（一三二七）を著したマルシリオ・ダ・パドヴァの出身地でもある。

パドヴァでは一三一八年、近郊の在地領主ダ・カラーラ家が市内に居を移して勢力を張る。だが　ヴェローナのデ・ラ・スカーラ家に攻められて、二八年市を追い出される。しかしダ・カラーラ家のマルシリオは、ヴェネツィアとフィレンツェが協力してデ・ラ・スカーラ家を破るパラビアーゴの戦い（一三三九）に先んずること二年、両陣営の対立の間を縫って三七年にパドヴァに復帰する。そしてその曽孫に当たる老《ヴェッキオ》　フランチェスコ一世が支配する五五年辺りから拡大

(32)　十六世紀にアルプス以北で「王権神授説」の理論が編み出されるのだが、その後のフランス大革命やヨーロッパ諸王家の断絶をみても、人である君主に人間以上の役割を強いるこうした制度が、君侯や王家自身にとっても無理があり悲劇を生むことになるのは歴史に知られる。しかしまた、剝き出しの権力闘争は政治の不安定を招く以上、十九世紀半ばに、選挙の結果による無血の政権交替を可能にする、政党政治による議会システムが編み出されることになる。

政策に転じ、デ・ラ・スカーラ家に劣らぬ帝国的野心を発揮、七八年の第三次ジェノヴァ・ヴェネツィア戦役ではジェノヴァ方についてヴェネツィアを大いに苦しめる。

ただしパドヴァにとっての問題点は、半島北部の覇権を目指し東に勢力を伸ばそうとするミラーノと、西に向かって内陸志向に転じようとするヴェネツィアとの間に挟まれたことで、とくに地理的に強大なヴェネツィアに近過ぎたことが大きい。じじつダ・カラーラ家はその拡大志向が祟ってまず八八年、フランチェスコ二世がヴィスコンチ家のジャンガレアッツォに敗れてパドヴァを明け渡さねばならなくなる。だが半島北部に形成された反ヴィスコンチ連合の援助もあって、九〇年にパドヴァ帰還を達成。ジャンガレアッツォの死（一四〇二）に伴い、ヴェローナ、ブレシャを占領（一四〇四）、さらにヴィチェンツァにも触手を伸ばそうとする。ところが今度はヴェネツィアがこれに反発して戦争が起こる。最後の当主となったフランチェスコ二世は一四〇五年、子ども達と共に捕えられ、ヴェネツィアの獄中に死んだのでダ・カラーラ家は断絶。以後パドヴァはヴェネツィアの領有するところとなってしまう。

パドヴァ以外の小都市も、これほど劇的ではないにせよ、多かれ少なかれ同様の道を辿り、半島北部は次第にミラーノとヴェネツィアという二大勢力に統合されていくことになる。

第4節　教皇庁ローマと南イタリアのナポリ
——復活

(1)　ローマ

教皇のローマ帰還

半島北部の次はローマである。ヨーロッパ全土を襲った一三四八年のペストから、一四一四～一八年のコンスタンツ公会議にいたる期間、ローマの市に特筆すべき変化はない。市は教皇庁の不在あるいは分裂により、すっかり寂れてしまう。一三四七年にコーラ・ディ・リエンツォが誇大妄想的に古代ローマ共和国の護民官制度の復活を提唱、これに気紛れなローマ市民が熱狂的な支持を与えて、抗争を繰り返す在地豪族達を制圧するかに見えた。当時南フランスに在ったペトラルカが、観念的にこれに賛同してローマに向かうのはこの時である。だが途中で革命失敗の報に接すると、たちまち僭主派に転向した次第についてはすでに触れた。

コーラ・ディ・リエンツォはこの革命の失敗で囚われ、アヴィニョンの教皇庁に曳かれたが、イノケンチウス六世はコーラに政治的利用価値を認めてこれを罰せず、アヴィニョンに留め置く(33)。四八年には、他都市の場合と同じく、ローマでもペストが大流行する。五〇年にはイノケンチウス六世が抜け目なく「聖年」を宣言、四八年の疫病で死んだ兄ジョヴァンニ・ヴィラーニの『年代記《クロナカ》』を書き継いだ弟マッテーオは、同年ローマを訪れた巡礼は百二十万人に上ったと（やや誇大に）書き記している。

第三期に入っても、教皇庁は情勢不安定なローマよりも安全なアヴィニョンを離れたがらず、ペトラルカの人文主義的、あるいは聖《サンタ》カテリーナの宗教的説得にもかかわらず、容易に腰を上げない。やっと六七年、教皇ウルバヌス五世が十月にローマ入りを果すが、この間、教皇のローマ帰還に力を尽したアルボルノツ枢機卿がわずか二カ月前の八月に死んだこともあって、市の治安は一向に改善されず、復興も進行しなかった。嫌気がさしたウルバヌスは七〇年秋にはアヴィニョンに戻り、同年末には亡くなってしまう。続くグレゴリウス十一世がやっとローマ帰還に踏み切るが、この教皇の政治志向、つまり教皇領《パパート》を再編して領土と兵力とを背景に半島の政治に介入するという世俗支配政策がフィレンツェとの衝突を招き、フィレンツェ側では「八聖人戦争」（一三七五〜七八）と呼ばれ、傭兵隊長ジョン・ホークウッドらが悪名を轟かせた泥沼戦争が始まる。そうした中、教皇庁はついに、七七年一月、グレゴリウス十一世がローマに帰還する。

コンスタンツ公会議

一三七八年三月には主戦論者グレゴリウス十一世が死に、停戦に対する最大の障害がなくなったので八聖人戦争は終結するが、グレゴリウス十一世の後継者を選ぶことになって、フランス派とイタリア派の枢機卿の対立が激化する。イタリア派が選んだウルバヌス六世はローマに、フランス派が選出した対立教皇クレメンス七世はアヴィニョンに在って、教会は大分裂《グラン・シスマ》時代（一三七八〜一四一七）に突入する。むろんローマ復興どころの話ではなくなってしまう。この状態が一応の収束を見るのは、神聖ローマ皇帝シギスモンドの提唱により、一四一四年にスイスのコンスタンツで公会議が開催され、フランス派の主張する「公会議の権限が教皇権に優越する」という命題が公会議側に有利な決定を見て、マルティヌス五世の選出が行われる一七年である。しかし当然のことだが、いったん教皇に選出されるとマルティヌスは教皇権が公会議によって制約されることを望まず、公会議は結論を出せ

(33) コーラ・ディ・リエンツォは一三五四年アルボルノツ枢機卿に伴われて再びローマに戻る。そのさい、以前の地位である元老員議員の資格を得て、先年のローマ共和制再興の理想を鼓吹する。傭兵隊長フラ・モリアーレとその弟達を秩序を乱した廉で捉え、処刑したのはこの時である。その後コーラは先年同様に舞い上がって、実力を持つ貴族派を弾圧、また重税を科して民心をも失い自滅する。

ぬまま一八年に終る。(34)この時、ボヘミアの宗教改革者ヤン・フスを異端と認定するかどうかという件も議論されたが、シギスモンドの身分安全保障を得て会議に参加したフスは、異端として非合法に火刑に処され、この措置に抗議してボヘミア全土に叛乱が起こる。つまりどちらの問題も未解決のまま持ち越されたのである。

公会議の権限が教皇権に優越するというフランス派の主張の背景には、もちろんアナーニの事件以来、統一した国民国家の形成を求めて、教皇のカトリック（＝普遍）支配権を制約しようとするナショナリズムがある。だが当時のパリ大学（ソルボンヌ）のジャン・ジェルソンらが説いたように、キリスト教が本来信徒の共同体からなり、教皇の権力は絶対のものでないという主張にも真実が含まれており、後の宗教改革運動《リフォーメーション》に繋がっていく。またコンスタンツというドイツ語圏にある町に、初めて教会の代表および多数の人文主義者が集い、イタリア半島に展開しつつあったルネッサンスの空気をアルプス以北に直接伝えた意義も見逃すことはできない。

教会領

中世ヨーロッパ世界の政治的な枠組みとして、精神的な権威を教皇が保ち、世俗（政治）的な権力を皇帝が握るという構図は、ルネッサンス期にいたって教皇権の世俗化と、地域ごとの世俗権力の独立という二つの面で変革を迫られる。まず危機に直面したのが皇帝権で、イタリア半島に君臨していたホーヘンシュタウフェン朝の皇帝が、教皇庁と新興都市共同体の合作により、十三世紀後半に半島を追い出される。次いでこの勝利を通して、すでに世俗権力化の途を辿り始めていた教皇権も、十四世紀初頭にアルプスの北で国民国家の形成の歩みを開始していたフランス王家との争いに敗れて、ローマから南仏のアヴィニョンに移転させられ、同世紀の大部分にわたって半島から姿を消す。その間に中世的な枠組みから解放されたイタリア半島で、都市を母体とする諸ルネッサンスが開花するのは見て来た通りである。

一方、ローマを離れて南仏に連れ去られた教皇庁は、英仏百年戦争によって一時的に力が衰えたフランス王権の監視の緩みに乗じて、一三七七年にローマ帰還を果す。その際アヴィニョン滞在の経験から生じたのが、はたしてそれが正しいか否かは別として、周囲の世俗権力からの独立には、自己自身も世俗権力を獲得する必要があるという考えであった。

すでに一世紀前の一二七八年、教皇ニコラス三世は、ローマでの皇帝戴冠を望むハプスブルグ家のルドルフ一世から、便宜供与と引き換えにロマーニャの皇帝直轄領を教皇領とする承諾を取り付けていた。そして新たな領地から在地の小領主共の勝手な振る舞いを取り除き、教皇の統制を確立するため、甥のラティーノ枢機卿を派遣してことに当たらせる。しかしこの時は隣接するロンバルディーアあるいはトスカーナの情勢もあって、永続的な効果を上げることはできなかった。これが第一回目の世俗権力化への試みといってよい。

第二回目としては、教皇庁がアヴィニョンに移された後、ヨハネス二十二世が教皇特使として、これまた甥のベルトラン・ド・プージェ（ポジェット）をロマーニャに派遣、ミラーノやヴェネツィアと争い、かつ無節操にも皇帝派《ギベリーニ》のボヘミア王ヨーハン・フォン・ルクセンブルグと同盟するなど、教皇派《ゲルフィ》も皇帝派もない攻撃を各都市に仕かける。だが、こうした態度が災いして諸市の反撃に遭い、さらに一三三四年にヨハネス二十二世の死もあって、南仏に引き返さざるを得なくなっている。

三回目が一三五四年、アルボルノツ枢機卿の登場である。スペイン生まれのアルボルノツは、クレメンス六世の信頼を得て枢機卿に任命され、教皇特使としてコーラ・ディ・リエンツォを伴ってローマに入る。次いでラツィオ州北部のヴィテルボ、オルヴィエートなどを制圧、さらにリミニの僭主マラテスタ家を屈伏させ、マルケ、ロマーニャ両州をも獲得、またフォルリの君主として威勢を振るっていたフランチェスコ・オルデラーフィを降伏させて教皇領《パパート》の統一を完成する。一三五九年のことである。またこれに先立つ五七年、アルボルノツは自分の名を冠した「アルボルノツ条例」をファーノで公布、教皇領の確立を宣言している。これを受けて六七年春に、クレメンス六世の跡を継いで教皇位に登ったウルバヌス五世がローマに一時帰還するが、同年にアルボルノツが亡くなったことも手伝って、ローマも含めて教皇領全体が再び混乱に陥り、ウルバヌス五世は七〇年にアヴィニョンに戻る。この経過はすでに述べた通りである。だが去就の定まらないウルバヌス五世の振る舞いは別として、注目すべきは五四～六七年、実に十三年余りにわたるアルボルノツの不断の努力が実を結んで、これ以後、教皇領の輪郭が確定、内部における混乱にもかかわらず、その存在と帰属についてはイタリア半島のルネッサンスが終るまで、何人も意義を差し挟まなかった点である。

こうして教皇はルネッサンスの中心的傾向の一つである世俗化の流れに沿い、ニコラス三世以来の念願だった自前の領地を獲得する。ウルバヌス五世の後継者グレゴリウス十一世の時には、一三七七年一月のローマ帰還の前提であった教皇

(34)「公会議と教皇権のいずれが優越するか」という問題は、東方におけるオスマン・トルコの脅威、とくにコンスタンチノープル陥落（一四五三）に紛れて最終的な結論が出ず、教皇権至上主義が頬冠りのまま以後まかり通る。

領の再編が因《もと》で、フィレンツェから理不尽な「八聖人戦争」を挑まれても、よくこれを凌ぐ。以後、教会の「大分裂時代」の抗争、その他多くの曲折を経て、アレクサンドル六世（一四九二〜一五〇三）やユリウス二世（一五〇三〜一三）の時代には、半島五大地域勢力の一角を占めて、政治的にも文化的にも華やかな活動を展開する。しかしそれはまた、教皇庁が一般の地方領主となんら異ならぬ世俗権力となることを意味し、その精神的権威は地を払うという代価を支払ってのことであった。そしてまさにそのことがルッターの宗教改革運動（一五一七）や、カール五世のスペイン軍による「ローマの劫掠《サッコ》」（一五二七）に繋がっていくのである。

（2）ナポリ

ショウ・ケースとしてのルネッサンス

イタリア半島南部の両シチリア王国では、半島北・中部、また教皇領を獲得したローマ教皇庁におけるような体制の変化は見られない。じつはローマと同様、シチリアとナポリを含む両シチリア王国も政治・社会構造としては封建貴族制を取っており、都市の発展を妨げこそすれ、育成するような状況にはなかった。前代からの封建貴族の割拠体制が続き、領内のプーリア地方、またシチリア島の豊かな農業生産も、これを収奪して利益を得ようとする地元豪族、他所者（まずフランス人、次いで一二八二年以降はアラゴン人も、あるいはフィレンツェ、ピーザ、ジェノヴァの商人等）の餌食となるだけで、地元経済の活性化には向かわなかった。したがって両シチリア王国の消長やその首都の繁栄は、ひとえに国王の器量が臣下の横暴をいかに抑えられるかにかかっていたわけである。[35]

イタリア半島でルネッサンスが始まるきっかけとなったのは、ホーヘンシュタウフェン朝の両シチリア王国の崩壊（一二六六）だが、それに代わって王国を支配したアンジョ家もそのわずか十数年後の一二八二年に、圧制が祟って「シチリアの晩禱《ヴェスプリ》」と呼ばれる島民の叛乱が起こり、シチリア島はスペインのアラゴン家に奪われ、失地回復に悴心したカルロ一世は三年後の八五年には世を去る。話をナポリ王国のみに限ると、その首都ナポリが栄えるのは、カルロの孫、「賢王《イル・サッジョ》」ことロベルト一世（在位一三〇九〜四三）の治下である。ロベルト一世はよく豪族を抑えて平和を保ち、その宮廷にシモーネ・マルティーニやジョットを招いたばかりか、フィレンツェ第二世代の金融業者、アッチァイウォーリ家のニコラを宰相にまで取り立て、同家はギリシャのペロポネーソス半島に公爵領を獲得するほどである。そのことなどもあって、ナポリはまさに地中海貿易のセンターとなる。また、ボッカッチョが商売見習いのためペルッツィ商会の支店に送られたにもかかわらず、ペトラルカの知人の人文主義者達との交際に現《うつつ》を抜かし、『デカメロン』の種を仕入れたのもこの頃である。その享楽的なナポリでは君主ロベルト一世も人文主義者を気取り、ペトラルカの「桂冠詩人《ポエータ・ラウレアートス》」戴冠（一三四一）の試験官を買って出ている。この時期が「ショウ・ケース」としてのナポリ・ルネッサンスの第一幕である。

ロベルト一世以後の動乱

だがアンジョ家の王位が、まずロベルト一世の息子で皇太子、カラブリア公だったカルロの死（一三二八）、次いでロベルト一世自身の死（一三四三）により男系が絶えて孫娘ジョヴァンナ一世に移った頃から、ナポリの政情はイタリアやバルカン半島諸勢力の思惑が錯綜し、著しく不安定となり戦乱が絶えない。これにシチリアを占拠するアラゴン王家、さらに同じイベリア半島のカスティリア王家までもが加わり、その地中海政策の一環としてナポリ支配を目論む。ジョヴァンナ一世の四十年に及ぶ王位の間、国政は乱れに乱れ、ジョヴァンナ一世は最初の夫ターラント公アンドレアを暗殺させた疑いをかけられ、アンドレアの兄でハンガリア王のロハス（ルイージ）一世からは攻められるし、教会大分裂の際には対立教皇を支持した廉でウルバヌス六世からは破門され、最後は分家の従弟ドゥラッツォ（現アルバニア）公爵カルロの攻撃を受けて捕らえられ、一三八二年に死刑に処せられる。

王位はドゥラッツォ公爵カルロがカルロ三世となって継ぎ、その息子が猛将として名高いラディスラオ王（在位一三八六～一四一四）である。こちらはヨハネス二十三世と対立して教皇をフィレンツェに追いやった上、さらにトスカーナを攻略すべく兵を進めてフィレンツェを包囲するが、勝利寸前まで行きながらも、急病に倒れる（毒殺の噂が流れた）。

後を継いだのがラディスラオ王の妹ジョヴァンナ二世で、こちらも同名のジョヴァンナ一世に劣らず、政治は放ったらかして、愛人のために夫を殺させるなど不行跡で知られる。このジョヴァンナ二世が、王位を狙う（フランスの）オルレアン公ルイ三世に対抗するために、一四二一年アラゴン家のアルフォンソ五世（ナポリ王としてはアルフォンソ一世）を養子としてナポリに呼び寄せるのである。

ここまでが第三期におけるナポリ王国の変転きわまりない

(35) この王国は、一二世紀前半に、イタリア半島南部とシチリア島をイスラム勢力から解放するため、教皇庁によってフランス北西部ノルマンディーから傭兵として呼び寄せられたアルタヴィルラ（仏オートヴィル）家が建てたノルマン人の王国である。それが婚姻や相続、政治取引などの結果、ホーヘンシュタウフェン、アンジュー家と王朝が交代、一二八二年に半島南部のナポリ王国（アンジュー家、オルレアン家）とシチリア王国（アラゴン家）とに分裂した後、一四四二年アラゴン家によって再統一される。

動乱の期間で、首都ナポリはこの間、ロベルト一世治下のように、半島ルネッサンスにおいて独自の地位を占めるショウ・ケースとして輝くことはない。この都市が再び華やかさを取り戻すのは第四期に入って、アラゴン家のアルフォンソ五世（ナポリ王としてはアルフォンソ一世）の治世になってからのことである。

第4章

地域国家による情勢の固定化（一四二〇～九四年）

1490年頃のイタリア半島

イタリア半島におけるルネッサンスも、一四二〇年代から第四期に入る。この時期、半島には五つの地域勢力が形成される。すなわち（一）海運都市として一人勝ち残ったヴェネツィア、（二）半島中部トスカーナをほぼ制覇したフィレンツェ、（三）北部内陸ロンバルディーアを中心に勢力を張るミラーノ、（四）ルネッサンスの主要傾向の一つである世俗化の流れにのって、ついに教会領《パパート》の組織化に成功したローマ教皇庁、（五）シチリア島と半島南部を併せてアラゴン家が統一した、ナポリを首都とする両シチリア王国、以上の五大勢力である。以下にこれらのイタリア半島ルネッサンスとの関わりを見ていくこととしよう。

その際にもう一点、一四二〇年代から半島ルネッサンスの崩壊を告げる九四年のフランス軍侵入まで、七十余年にわたるこの第四期は、ほぼ真ん中に一大事件を抱えている。一四五三年のオスマン・トルコ軍によるビザンチン帝国（東ローマ帝国）の首都コンスタンチノープル攻略がそれである。第二期と第三期とを分かつ一三四八年の大黒死病は疫病、一方、第四期の真ん中にくるコンスタンチノープル陥落は戦争と、性質は異なるが両者が共に東方《オリエント》起源であることも共通している。かつそのインパクトは、いずれが勝るとも劣らないほど大きなものであった。いな、全ヨーロッパ人口の三分の一を奪ったペスト（黒死病）は大厄災に違いはなかったが、疫病の常として一過性だっただけでなく、その数年前、英仏百年戦争のトバッチリを受けて金融危機に見舞われていたフィレンツェのような都市にとっては、むしろ他都市との競合に一時休止をもたらした天の恵みともいえる事態であった。これに対してコンスタンチノープル陥落の方は、これが後代に与えた影響という点で、はるかに大きなものがあった。それはイスラムがヨーロッパ東端に橋頭堡を確立したことを意味すると共に、幾多の消長を経て、現代までバルカン半島に存在する東ヨーロッパのイスラム文化圏の発端をなした。さらに北アフリカと黒海における交易が十五世紀前半まではヨーロッパの地中海沿岸諸都市にとって依然として開かれていたのに、それが徐々に閉ざされていくきっかけとなったのである。

ただし、そういう広域にわたる影響はしばらく措くとして、話をイタリア半島における社会・政治体制に限ると、第四期では、コンスタンチノープル陥落以前に成立した地域国家《スタート・レジョナーレ》の独裁体制が、フィレンツェではアルビッツィ家からメディチ家へ、ミラーノではヴィスコンチ家からスフォルツァ家へ、ナポリではアンジョ家からアラゴン家へ移り、さらに言うならばヴェネツィアでは海運立国から内陸志向へ、またローマでは教皇権力の確立からいっそうの世俗権力化へと移行したものの、この七十余年を通じて、支配体制自体の形態に変化はなかった。そして変化がない分だけ、芸術や文化に安定と洗練がみられたということもいえるが、それは詰るところ初発性を欠いて独裁権力のお飾り的性格を強めつつ、徐々に固定化・保守化の袋小路に入り込んでいくことに他ならなかった。

じっさいこの第四期を前半と後半とに分かつコンスタンチノープル陥落にしても、その阻止のためヨーロッパはそれこそ指一本動かさなかった。東ローマ帝国滅亡を避けて、ギリシャ人学者達がイタリア半島にやって来たのだが、そのギリシャ人学者達のおかげでフィレンツェを中心に興った新プラトン主義さえ、保守化しつつある地域の独裁政権の思想管理体制に絡め取られてしまう。ロレンツォ・ヴァラ、パルラ・ストロッツィ、そしてごく穏健なギリシャ・ヘブライ・キリスト教思想の折衷を試みて、それでも教皇庁から異端の嫌疑をかけられたピーコ・デ・ラ・ミランドラなど、多少の例外もなくはないが、おおむね人文主義者《ウマニスタ》の知的遊戯の域を出ない。その革命的意義を、第四期の後半に半島を訪れて真正面から受け取り、社会改革あるいは宗教刷新の実践に乗り出すのは、もはやイタリア半島の住人ではなくて、オランダのエラスムス、フランスのビュデ、ドイツのロイヒリンといった、アルプスの北の人文主義者達なのである。

第四期についてもう一言付け加えることがある。それは、一般にはこの時期に、「イタリア・ルネッサンス」が始まったとされるという俗説である。だが我々の「イタリア半島ルネッサンス」の見取り図からいえば、ルネッサンスはすでに第四期に入っているのである（繰り返しておくが、我々は「イタリア半島ルネッサンス」と言って、「イタリア・ルネッサンス」とは言わない。イタリア半島のルネッサンスは都市のルネッサンスであって、「シエーナのルネッサンス」や「フィレンツェのルネッサンス」、「ジェノヴァのルネッサンス」等々はあり得ても、各都市が独自の性格を強く主張しているがゆえにすべてを包括する共通項が見出せず、それにだいたいイタリアという国自体が当時まだ存在しておらぬ以上、半島全域を総称して「イタリア・ルネッサンス」と言うこともまたできぬからである）。

この時点に到ると、半島の政治・社会体制は固定化し、もはや大きな変化は見られない。なぜならこの体制をもたらした勢力自体が安定志向で変化を望まず、現状の固定化を目指したからである。前述のように、一四二〇年代のイタリア半島には北部にミラーノとヴェネツィア、中部にフィレンツェと教会領、そして半島南部に両シチリ王国という五つの地域国家が割拠しており、体制はこの状況の維持を目指すものであった。じつは五者間の関係は決して友好的なものとは限らなかったが、かといってどれか一つが他を攻撃するような事態が起これば、全体のバランスが崩れて半島全体が混乱に陥る可能性があった。そこで五大勢力の指導者、少なくともその初期のリーダー達は、半島の覇権を目指して互いに争うより、さし当たり地域的な統一とそれがもたらした安定でよしとして、いうなれば「金持クラブ」的なグループを作り、メンバーの中の誰かが突出しようとすると、残りがこれを抑えに回るという体制を構築した。この体制はフィレンツェのコジモ・デ・メディチが提唱者となって五四年に締結される「ローディの和平条約」によって完成された。結果として、半島には一応の平和と安定がもたらされる。すると社会の上部構造である芸術や文化は盛況を呈し、それが一般に「イタリア・ルネッサンス」といわれる現象となる。

しかしこの盛況には、安定の枠組みを作った権力によってはじめからタガが嵌められていた。したがって十三世紀末から十四世紀にかけ幾多の困難にぶつかって悪戦苦闘しつつ、その過程で自己を実現した芸術家や思想家達の作品に比べると、こちらは社会の現実から切り離され、権力の「お飾り」となって、「飼い慣らされた」文化という感は否めない。

が、それはともかくとして、以下に第四期における各地域の動きを見ていくとしよう。

第1節　海運都市——ヴェネツィアの内陸志向

(1)　ヴェネツィア

勝ち残った海運都市

まず半島北部の海運国ヴェネツィアだが、ジェノヴァとの死闘（キオッジャ戦役、一三七八〜八一）からやっと脱出できたてホッとした途端に、なんと当の対立するジェノヴァがフランスの支配下に入り独立を失う（一三九六）という幸運に恵まれる。おかげでこの町は十五世紀初頭、名実共に地中海貿易の覇者となる。ヴェネツィアのドゥカート金貨がフィレンツェのフィオリーノ金貨を押し退けて、地中海世界だけでなく広くヨーロッパ全体で最も信用される国際通貨として流通したことが、この間の事情を雄弁に物語っている。

こうした経済的繁栄にはまた、ヴェネツィア共和国が賢明にも経済活動に関心を注いで、意識的にイタリア半島に燃熾《もえさか》る戦乱に捲き込まれぬよう、政治から距離を置いた政策が貢献している。本土と地続きのジェノヴァと異なり、ヴェネツィアは干潟立国という自然環境のおかげで、領土的野心から比較的自由で中立を保つことが可能であった。かつ長年にわたる東のギリシャ正教を奉ずるビザンチン帝国との絆により

メフメット二世の肖像　ジェンティーレ・ベリーニ筆
1480年　ロンドン　ナショナルギャラリー蔵

ローマ・カトリック教会からも独立した立場を取り得た。さらに内陸都市を襲った一三四八年のペストは確かに甚大な被害をもたらしはしたが、それは他の半島内陸都市も同じことであり、またフィレンツェの金融業に打撃を与えた英仏百年戦争に関連する銀行《タヴォラ》連続倒産は、この都市にはさしたる被害を及ぼさなかった。

コンスタンチノープルの陥落

とはいえ、ヴェネツィアを取り巻く環境にも徐々に変化が生じてくる。まず地中海貿易の主たるパートナーであった小アジア地域でのオスマン・トルコ勢力の興隆がある。一四〇二年、ビザンチン帝国パレオロガス朝のマヌエル二世が援軍を求めてヨーロッパ行脚に出かけている間に、オスマン・トルコのバヤズィッド一世はコンスタンチノープルを包囲する。しかしこの時はバヤズィッド一世の背後に、ムガール帝国の英主チムールが迫る。両者はアンカラ近郊で決戦、チムールが勝ってバヤズィッド一世は捕われ、獄死する。

バヤズィッド一世の死後、いったんは瓦解したオスマン・トルコは、メフメット一世、ムラト二世らの努力で統一を回復し、一四五一年にメフメット二世（以前にも父ムラト二世の代行としてスルタンをつとめた経験もある）がいよいよ正式に即位する。二十一歳の若いスルタンを与《くみ》しやすしと見たアナトリアの他のトルコ部族、またビザンチン帝国のコンスタンチヌス十一世も、首都エディルネ（現アドリアノポリス）に在ったメフメット二世に種々の要求を突き付け、その恨みを買う。

だがメフメットは雌伏して時機を待ち、二年をかけてアナトリアを平定、遂に一四五三年の四月コンスタンチノープルを包囲する。オスマン軍は十万、これに対するにビザンツ軍は多く見積っても一万人を超えなかったといわれる。しかも金角湾を挟んで宮殿の北側、ガラタ地区に居住地を有していたジェノヴァは、例のごとくビザンチン帝国側についたヴェネツィアに対する反発から中立を宣言したため、オスマン軍はこの方面にも陣地を敷くことを得た。さらに攻撃に先立ち、オスマン側が高給をもって召し抱えたハンガリア人（とはキリスト教徒）ウルバンという名の大砲鋳物師が作った巨砲も据え付けられた。他方、コンスタンチノープルの急を知らされたヨーロッパ諸勢力は長評定に明け暮れ、約束の援軍はいつまで経っても姿を現さなかった。にもかかわらずコンスタンチヌス十一世は、メフメット二世の再三の平和裡の開城勧告に応じず降伏を拒否する。五月二十六日には総攻撃の火ぶたが切られ、三日間にわたる激戦の末、戦火の中にコンスタンチヌス十一世の姿は消え、ビザンチン帝国の首都は千二百年に及ぶその歴史を閉じる。

　この事件は（コンスタンチノープル救援のためには指一本動かさなかった）ヨーロッパ全土に強烈なショックを与えた。だが実際にビザンチン側に立って、オスマン軍と戦ったヴェネツィアが受けた打撃はそんなことではすまされず、しばらくはオスマン帝国支配下の地域との取引は停止する。ただ時が経つにつれ、持ち前の交渉力を駆使して関係修復に努めた結果、ヴェネツィア商船団の利用価値を認めるオスマン側の軟化もあって両者の接近が実現し、ヴェネツィアの対東方貿易額は以前の水準以上に回復する。とはいっても強力なオスマン・トルコの出現は、経済活動をイスラム圏内で自給的に行うばかりか、自前の船団を建設し逆にキリスト教圏に対する商業活動を行うイスラム商船団という競争相手をもたらす。むろんヴェネツィアも東方ばかりではなく西地中海、さらにはジブラルタル海峡を抜けてイングランドやフランドル方面にも活動の舞台を拡げるが、もはやイベリア半島の海運国スペインやポルトガル、さらには大西洋岸の新興海運国イングランドやオランダのように、大航海を行って新大陸を発見する、あるいは東洋に到る直接航路を拓くだけのエネルギーはなくなってしまう。

ヴェネツィアの内陸志向

　このヴェネツィアの海上における活力の減退は、すでに一四〇二年ミラーノがジャンガレアッツォ・ヴィスコンチの死という危機に面した時、ヴェネツィアが傭兵隊長《コンドッティエーロ》を用いてロンバルディーアの政治に積極的に関与しようと試みた事実とも無関係ではない。当時ヴェネツィアが東方から輸入する商品の大きな買い手として、北方のドイツ圏が登場しつつあった[1]。

　だがそうはいっても、商品運搬ルートといえば、なんといってもポー河を西に遡ってフランスやスイスに出る伝統的な

（1）リアルト橋の袂にあるドイツ商人の商館《フォンダコ》の隆盛がそれを証明している。

ルートが重要であった。(2) すでに一三一〇年、この地域の有力都市フェラーラをめぐってヴェネツィアとクレメンス五世教皇との間に争いが起こり、破門されたヴェネツィアは多大の損害を蒙っているほどで、このルート確保はヴェネツィアにとって死活に関わる問題であった。ミラーノのような強力な地域国家が西に成立すれば、ヨーロッパ内陸部への交通に大きな影響が出るのは明らかだったので、ジャンガレアッツォの急死でミラーノが混乱に陥っている隙に、ヴェローナからトレント、チロル・アルプス南麓地域を支配下に収めるべく、ヴェネツィアは先手を打って軍隊を派遣したのである。ジェノヴァはフランス支配下に入って独立を失い、オスマン・トルコの脅威は未だ兆さず、地中海貿易を独占していたヴェネツィアには、高給を払って優秀な傭兵隊長を雇うだけの余裕があった。だが、ここで思い出されるのが、総督《ドージェ》トマーゾ・モチェニーゴが引退演説（一四二三）の終りで、後継者フランチェスコ・フォスカリら内陸侵攻派の拡大政策に反対して、「海運勢力にとどまれ、内陸に向かって勢力を伸ばそうとすると、ヴェネツィアは必然的に半島内の抗争に捲き込まれざるを得ない」、と述べた警告である。

はたせるかなパドヴァ、ヴィチェンツァ、ヴェローナ、トレヴィーゾ、さらに西に向かってブレシャからベルガモに到るまで、ミラーノとヴェネツィアとの間にロンバルディーアの諸都市の争奪戦が始まり、これに「教皇領《パパート》」やフィレンツェ、さらにはモンフェラート侯《マルケーゼ》爵やサヴォワ公爵も絡んで、半島北部に戦雲が立ち籠める。カルマニョーラやガッタメラータ、コレオーニなど傭兵隊長を用いて戦うと同時に、その傭兵隊長の監視をも兼ねたヴェネツィア市民軍の商人貴族達は、海上でアラブ海賊と戦うよりも陸上での戦闘が安全かつ楽なことを発見する。しかもブレンタ川沿いの平野の村々は、ヴェネツィアの干潟とは比較にならぬほど広々として快適な居住環境を提供していたし、土地から上がる利益が馬鹿にならぬことも分かってくる。そのうえヴェネツィアの富裕商人《ポポロ・グラッソ》達はすでに自ら遠隔地に出かけることを止め、商取引は海外の支店に派遣した手代に任せ、自分は本国にあって金融業を営むタイプが多数を占めてきていた。そんなところにコンスタンチノープルの状況が悪化してくるのである。

十五世紀半ばに海運都市ヴェネツィアは、近隣にフェラーラ（エステ家）またマントヴァ（ゴンザーガ家）といった小君主国との対立を抱えながら、自分も徐々に「本土」志向の半島内地域国家に転換していく。これがそれまで半島の政治には不介入を標榜し、比較的独立を保っていたヴェネツィアをして、イタリア半島の政治に抜き差しならぬほど捲き込まれる原因を作る。半島の政治を五分する地域勢力の一つとなったヴェネツィアが行き着くところは、一五〇九年のフランス・ドイツ・スペイン・教皇の連合軍に対するアニャデルロでの敗戦なのだが、それはもう半島のルネッサンスがすでに終らんとする時のことである。

かつポルトガル（エンリケ航海王子、一三九四～一四六〇）、またジェノヴァさえもが、ジブラルタル海峡を出てアフリカ海岸や大西洋に乗り出していく気配を見せているというのに、ヴェネツィアはそちらには、あまり興味を示さない。逆にオスマン・トルコ軍がプーリア州のオートラントに上陸、一三八〇年には町が一時占領される(3)という事態などに鑑み、半島本土に自己の領土を獲得する必要を感じて、上記カルマニョーラから始まって、ピチニーノ、ガッタメラータ、コレオーニなど、錚錚たる傭兵隊長を雇って、フェラーラのエステ家、ミラーノのスフォルツァ家、ロマーニャの教皇領、さらには勢力均衡を重んじるフィレンツェを相手に、十五世紀半ば前後から半島北部で本格的な領土獲得戦争に乗り出す。八二～八四年にかけて、身内贔屓《ネポティスタ》の教皇シクストゥス四世が、甥のジローラモ・リアーリオのために惹き起こした「フェラーラ戦争」に、ミラーノ・フィレンツェ・ナポリを相手に、ヴェネツィアが教皇側に立って参戦したのはその好例である（じつはこうした動きが、後年フランス・スペイン・教皇連合軍を向こうに回したアニャデルロの大敗北（一五〇九）に行き着くことになる）。

ここで想起されるのが、前に挙げた総督トマーゾ・モチェニーゴの引退演説（一四二三）で、モチェニーゴは、当時経済の絶頂期にあったヴェネツィアに対して、あくまでも海上勢力として留まり、内陸への野心によって戦争に捲き込まれるのを避けよと警告して演説を締め括っている。これはまことに卓見といわなければならない。だがそうはいっても、モチェニーゴの跡を襲って総督となったフランチェスコ・フォスカリが、一四二五年からミラーノ相手の戦いを開始したのも、これまた東方で次第に顕著になってくる手詰り状態に敏感に反応して、事態を西に向かって打開しようとした試みであって、もちろん時代の大きな潮流に逆らうことはできなかったし、半島内部における教皇領の確立（一三六七）後ではすでに時機を失していたとはいえ、地域勢力として可能な限りの努力をしたという見方もできる。だがそれはともかく、十五世紀も後半に入って、ヴェネツィアは「満ちれば欠け

(2) 他方で商品の輸送路には、ブレンタ川の水路を使ってトレントに出るか、またはアディジェ川でヴェローナに到り、ヴェローナからはやはりトレントに出てボルツァーノ、そしてブレンネル峠越えでチロル渓谷を辿る道が最もよく使われていた。

(3) メフメット二世はイタリア半島征服さえ考えており、オートラント攻略はその第一歩だったという説もある。しかし翌一三八一年、兵を率いて遠征に上ろうとした矢先、四十九歳の働き盛りで急死する。ヴェネツィアによる毒殺の噂も囁かれた。

る」という諺どおり、次第に緩慢な衰退の途を辿っていく。

第2節　内陸都市——地域国家に向けて

(1)　フィレンツェ

アルビッツィ家の隆盛

イタリア半島中部ではまずフィレンツェが問題となる。いくつかの都市（多かれ少なかれ自治権と政治的独立を保つ）を含みつつ、地域的な政治単位を成立させた勢力としては、トスカーナにおけるフィレンツェと、ロマーニャ・マルケからウンブリア、ラツィオまで跨がる教会領がある。ただ教会領はローマの教皇庁の国際的性格の関係で、完全に地域勢力と言い切れないところがあるので別に項を立てて触れる。

そこでフィレンツェの場合、トスカーナにおける地域国家といっても、ルッカなどでは貴族化した富裕商人の組合《アルテ》体制が十八世紀末のナポレオンの侵攻まで独立を守り続けるし、シエーナも一五五五年にフィレンツェ公となったメディチ家のコジモ一世（トスカーナ大公になるのは一五六七年）の攻撃に英雄的に抵抗したが及ばず、遂にその軍門に降るまでは独立を保ったほどで、トスカーナが決してフィレンツェ一色に塗り潰されていたわけではない。しかしこれらの都市は畢竟、地方勢力に止まり、トスカーナの動向を語るとなれば、やはりフィレンツェが主役となる。

一四二〇年頃になるとフィレンツェの寡頭体制《オリガルキア》にも世代交代がみられる。マーゾ・デリ・アルビッツィは一七年に死に、息子のリナルドが跡を継ぐ。ジーノ・カッポーニも二一年に亡くなり、この辺りからリナルド・デリ・アルビッツィの体制内での勢力が増し、表面上は合議制でも次第にその専制的な権力が目立ってくる。二七年の「カタスト法」と呼ばれる新税法の導入が、リナルド独裁体制の確立を示すようである。この税法は市民すべてに年収と固定資産を申告させ、それに対する査定を科して、低所得層には安い税率を、所得が上がるにつれて累進税率を設けるという、公平な近代的税法の見本のようにいわれる。だがじつはそれほどのことはなく、導入により市の収入が際立って増加した事実も認められず、むしろ市民、わけても政敵の状況把握に重点が置かれたらしく、課税基準の査定に関しては政治的な匙加減が行われていたようである。一方、メディチ家もジョヴァンニ・ディ・ビッチが二九年に死に、コジモ・デ・メディチが当主となっている。

当時ミラーノではフィリッポ・マリア・ヴィスコンチが政権の掌握（一四一八）に成功し、父ジャンガレアッツォの拡大政策の継承に乗り出す。傭兵隊長カルマニョーラに二一年ブレシャを攻略させたのがきっかけで、ロンバルディーアにはヴェネツィアとの関係で戦雲が立ち籠める。フィリッポ・マリアは南に向かってロマーニャの教会領にも触手を伸ばすが、これがフィレンツェにとっては脅威となる。二四年にパヴィーアの西二十キロのザゴナーラでミラーノ軍とフィレンツェ軍が衝突、傭兵隊長カルロ・マラテスタに率いられたフィレンツェ軍は大敗、マラテスタは捕虜となる有様である。急遽ミラーノに対してヴェネツィアと共同戦線を張ることにしたフィレンツェの政策は当たり、ベルガモ・、フェラーラ・、マントヴァも加えた連合軍は二七年、フィリッポ・マリアをともかくマクローディオの敗戦に追い込むのに成功する。

気をよくしたリナルド・デリ・アルビッツィは、人気拡大を当て込んでさらにルッカ攻めを寡頭体制に提案（一四二九）する。フィレンツェの強大化によって自己の独立が脅かされると感じていたトスカーナ諸都市がミラーノと同盟する可能性は常にあり、これをルッカ攻めで先制すべしというのがその理由であった。だが当時ミラーノは、フェラーラのエステ家の仲介による和平条約で、ブレシャのみならずベルガモまでもヴェネツィアに奪われ新たな戦争を始める余裕はなく、他方フィレンツェ自体がこれまでの戦争で財政が苦しくなっているのに、何もルッカ攻めまでする必要はないという意見が寡頭体制内にも聞かれた。ピーザ征服（一四〇六）の立役者ネーリ・カッポーニ（ジーノの息子）、さらには寡頭体制の有力メンバーの一人、ニコロ・ダ・ウッツァーノが討議の席上で反対意見を述べるが、もはや老人の取り越し苦労と相手にされず、勝てば多額の賠償金が入ると大衆の好戦気分を煽ったリナルドの主張に押し切られてしまう。第一期における富裕商人の政権や寡頭体制のように経済志向、つまり理詰めの損得勘定が政策を決め、思惑が外れれば合議による軌道修正が可能だった頃と違い、政権内で独裁的傾向が強まれば実力者の判断で方針が決まる。これはその好例である。

メディチ家政権の成立

ところがいったん戦争が始まってみると、シエーナからの援助を受けたルッカの抵抗は思ったよりも強く、また雇った傭兵隊長の無能もあり、そのうえルッカから救援を求められたのを幸便にフィリッポ・マリア・ヴィスコンチまでが介入、再びミラーノ相手の戦争が始まる。戦争が長引くにつれ戦費も嵩んで市民の負担が増大すると、民衆は一転戦争を非難し始め、一四三三年五月ルッカとの平和条約が締結されて終る。当時の「戦争十人委員会《ディエーチ・デラ・グェルラ》」のメンバーでルッカ攻めを承認し、当然戦争責任のあるコジモ・デ・メディチは、この状況を見るや六月にさっさとフィレンツェ近郊のムジェルロにある別荘に引っ込んでしまう。折も折、ニコロ・ダ・ウッツァーノまでが亡くなると、リナルド・デリ・アルビッツィはいよいよ一人で政府の全責任を負わなければならぬ立場に置かれる。ルッカ攻撃失敗の責任を追及する民衆にメディチ派が加わり、政権の交代を要求する声も出て来るようになる。

こうした事態に危険を感じたリナルドは、九月にコジモ・デ・メディチにフィレンツェ出頭するように求め、出て来たところを反逆罪の疑いで逮捕し、市政庁に監禁する。リナルドを頭領とする貴族党は、コジモを亡き者にして民衆派《ポポロ》を弾圧する肚であった。そういう際の常套手段は毒殺で、危険を十分心得ていたコジモは、独房で出される食事を運んで来た牢番が半分食べるのを見るまでは、自分も手を付けなかったといわれる。もちろんフィレンツェ市民の中にはメディチ家の支持者も数多く、いろいろな手段を用いてコジモの身柄釈放を求める。一カ月弱に及ぶ討議を経た上、九月二十九日、コジモは死一等を減ぜられて、向こう十年間パドヴァに国外追放と決まる。あやうく死を免れたコジモはパドヴァ方向に向かうが、ひとたびフィレンツェの国境を出れば後は自由で、行く先は（すでに資産の大部分を移動させてあった）ヴェネツィアで、メディチ家の支店に身を寄せる。ヴェネツィアの総督《ドージェ》はその到着を迎えるに、王侯に対するような礼をもってしたと伝えられる。

一方、コジモが追放されてもリナルドの人気は回復せず、となれば市政庁のメンバーを自派で固めるより他に政権を維持する手立てはない。だがこれがまた二カ月ごとの任期とあって事態は流動的で、ついに三四年九月改選でメディチ派が多数を占めると、コジモを呼び返す動議が採択されてしまう。ここにいたってリナルドは、クーデターを起こして反対派を粛正しようと企てるが、ちょうど教皇エウゲニウス四世が、教皇庁の大分裂《グラン・シスマ》で起こったローマの騒乱を避けて六月からフィレンツェに身を寄せており、両派の仲介に立ってコジモの帰還を認めるよう説得したのでリナルドも折れ、追放後きっかり一年後の三四年九月二十九日、コジモは民衆の熱狂的な歓迎を受けてフィレンツェに戻る。

入れ代わりにリナルドはフィレンツェを離れ、ミラーノのフィリッポ・マリア・ヴィスコンチを頼ってロンバルディーアに赴く。フィレンツェでは、残されたアルビッツィ派に対する（表向きコジモは無関係を装ったが）メディチ派の徹底的な報復が始まり、多くの人々の血が流される。これに対抗してリナルドも、フィリッポ・マリアにフィレンツェ攻めを説くがすぐには聞き入れてもらえず、やっと四〇年、傭兵隊長ニコロ・ピチニーノ指揮下のミラーノ軍がフィレンツェ攻撃のためトスカーナに侵入する。だが、その間にコジモ側も準備怠りなく人心の収攬に努めたので、市内には予期された反メディチ内乱も起こらず、攻めあぐんだミラーノ軍が兵を返す途中、今度はフィレンツェ軍がアレッツォ北東二十五キロのアンギアーリでこれを捕捉し、決戦が行われてフィレンツェ軍が勝つ。これがパオロ・ウッチェルロが描いたので有名な「アンギアーリの戦い」である。二年後の四二年にはリナルド・デリ・アルビッツィが失意のうちに死に、以後フィレンツェにおけるコジモとメディチ党の独裁政権は盤石となる。

安定志向と停滞

コジモ・デ・メディチは一四四〇年代初めになると完全に政権を掌握する。そのやり口は、研究者によって指摘されているごとく、リナルド・デリ・アルビッツィが取った手法を踏襲しただけで、豪族《マニャーティ》専権体制と疑似共和制という見かけの差はあっても、市民の合議体の上に超法規的に存在する特別委員会を設けて専制支配を貫徹する点にいささかも変りはない。つまり、このコジモ・デ・メディチは、これまで敷かれた路線を忠実に、より慎重なやり方で守ったに過ぎない。とはいえ、一つだけ違った点があって、それは、この体制を成立させた勢力が自己の在り方に満足して、それ以上の変化を望まなかったことである。

例えばコジモ・デ・メディチとミラーノのフランチェスコ・スフォルツァは、権力の座に就く以前からよき友人で、後者が一四五〇年市民の推戴によってミラーノ公爵のタイトルを獲得すると、互いに協力体制を確立することが、フィレンツェとミラーノ双方にとって有利であると判断、コジモは従来のヴェネツィアやサヴォワとの連携を棄てて、ミラーノと相互不可侵協定を結ぶ。イタリア切っての傭兵隊長であったフランチェスコは、コジモの政権にことがあれば武力をもって援助に駆け付け、代わりにフランチェスコは必要が起こればコジモの財政的援助を当てにすることができた。この協定はナポリとヴェネツィアに脅威を与え、こちらも独自の連携を結んで対抗しようとする。ところが、両陣営の間に小競り合いが始まろうとした矢先に、オスマン・トルコによるコンスタンチノープル攻略という大事件が起き、半島内の政局安定を達成するため、教皇庁も含めた五つの地域国家によるローディの和平条約（一四五四）が締結される。ミラーノとフィレンツェが手を握るというのは、十四世紀半ばにフィレンツェがトスカーナの覇権獲得の野心を抱き、一方、ミラーノではジョヴァンニ・ヴィスコンチ大司教が拡大政策を取って両者が衝突して以来、じつに一世紀を経てのことである。この一事を見ても時代の変化が知られる。

つまり、この時期に到ってイタリア半島の人々は、一二六〇年代から一四四〇年代まで続いた絶え間ない社会・経済・政治・思想の発展（変転）に倦み疲れ、さらなる変化への意欲を失って、安定を求める保守志向に転換したのである。だがそれはまた緩慢な衰退の始まりでもあった。むろん安定は平和をもたらすわけで、例えば彫刻家ドナテルロがコジモ（一四六四没）に心酔し、死後はその傍らに葬られたいと希い、じじつ聖《サン》ロレンツォ教会のメディチ礼拝堂に埋葬（一四六六）されたように、果てしなく続く権力抗争がもたらす人心の荒廃を目の当たりにして、何よりも平和を求めた芸術家の心情が、このような願いを表明させたといえる。

芸術・文化の洗練

　平和と社会の安定は、当然芸術や文化の開花と洗練を生み出す。コジモ時代のフィレンツェにみられる建築、その孫「豪奢殿《イル・マニフィコ》」ことロレンツォの時代における文芸や美術の盛況については、もうすでに有り余るほどの論考が発表されているので、ここではごく簡単にしか触れない。むしろ注意しておかねばならないのは、フィレンツェに限らずミラーノやローマでも、地域国家という狭くて閉じた専制国家に花開いたこれらの傑作は、当時の社会・政治の情勢を反映して、権力の意向におもねるとまでは言わないにしても、きわめて従順で、反抗的な素振りを見せることは絶えてない。それは人文主義《ウマネージモ》についても同様で、後にヨーロッパの思想に大きな影響を及ぼす新《ネオ》プラトン主義にしても、その観想的傾向が直接政治の変革とは結び付かないところが、新知識としてのギリシャ語のお飾り的要素もあって、コジモの気に入って流行したといえる。マルシリオ・フィチーノ（一四三三～九九）のプラトン学院《アカデミア》にしても、またその最も有名なメンバーのピーコ・デ・ラ・ミランドラの『人間の尊厳について《デ・ディニターテ・ホミニス》』（一四八六）も、異教古代とキリスト教、また東西の知の融合を提唱するが、決して現実の政治変革を求めたわけではない。(4)

　また古典ギリシャ語とならんで、『新約聖書』が書かれているヘレニズム時代のコイネ・ギリシャ語の知識がロレンツォ・ヴァラの『新約聖書注解』（一四四四）を可能にし、さらに中世ラテン語についての博言学的研究が深まって、中世以来、教会の世俗支配の根拠とされていた『コンスタンチヌス大帝の寄進状《ドナツィオ》の偽作性』（一四四〇）の証明に繋がる。これらの仕事はヴァラにおいて、むろんキリスト教の革新を求める気持ちと結び付いてはいたが、同時に博言学者の知的好奇心から自己の論証技術の腕前を披露する面もなしとしなかった。じじつ宗教人というより人文主義者であった教皇ニコラス五世（在位一四四七～五五）が、自らその基礎をおいたヴァチカン図書館の司書にヴァラを登用して、何の違和感もなかったことが、この事実を裏付ける。(5)

　このことは文学についても同様で、平和がもたらした洗練は、十四世紀初のダンテやボッカッチョの作品に見られる、湧き出で溢れ返る創作力ではなくて、そこはかとない憂愁につつまれている。当代最高の詩人であったフィレンツェのアンジェロ・ポリツィアーノ（一四五四〜九四）およびナポリのヤコポ・サンナザーロ（一四五六〜一五三〇）にしても、また「豪奢殿」ことロレンツォも、みな絶妙の詩句に乗せて人生の果敢なさを歌う。文学と絵画とジャンルこそ違うが、ボティチェルリの様式化された人体表現（「春《プリマヴェーラ》」「ヴィーナスの誕生」）の、この世にあらざる夢幻的な表情には新プラトン主義の影響が濃い。マザッチョの重厚なレアリスムの影響を受けつつも、国際ゴチック様式の貴族性と宗教性を失わず、穏やかな画風でフィレンツェの聖《サン》マルコ修道院やローマのヴァチカン宮殿（ニコラス五世礼拝堂）に傑作を残したフラ・アンジェリコ（一三八七〜一四五五）、さらにはすべての技法を自家薬籠中のものとして、往くところ可ならざるはなかったが、わずか三十六歳の若さで夭折したラファエルロ（一四八三〜一五二〇）といった多士済々の文人・芸術家達は、権力者の廷臣として飼い慣らされ、それを意識するしないは別として、はじめから発想の自由に枠を嵌められていた趣きが強い。

　むしろこうした洗練に背を向け、民衆的な題材を採り上げた作品が未来に向かって開かれた、より大きな可能性を示している。マントヴァのテオフィロ・フォレンゴ（一四九一〜一五四四）の、奔放奇怪なマカロニコ文体による冒険譚『バルドゥス』(6)、フィレンツェのルイージ・プルチの『巨人モルガンテ』、フェラーラのエステ家に仕える、うだつの上がらぬ官吏ルドヴィコ・アリオスト（一四七四〜一五三三）が中世騎士道物語に託して、ユーモアに溢れ、かつ晴朗な諷刺精神をもって人間の愚かさを揶揄した『恋に狂いしオルランド《オルランド・フリオーソ》』などである。

　さらにはもう次の第五期に入るが、十五世紀末から十六世紀初頭にかけて、イタリア半島ルネッサンスがまさに終らんとする時、その黄昏を象徴する巨人達が登場する。十五世紀末から十六世紀初の混濁した現実政治にドップリと漬かり、政治学の開祖といわれながら、自らは変転極まりないイタリ

(4) それでもピーコは教皇庁から異端の疑いをかけられ、一時投獄される有様である。

(5) 一方十五世紀末から十六世紀初にかけ、たとえヴァラの仕事が知的曲芸の面を持っていたにもせよ、その宗教的意義を正面から受け止めたアルプス以北出身の人文主義者達、エラスムスやルフェーヴル・デタープルなどが、極端に世俗化したカトリック教会の革新を最初は内部から、だが情勢の赴くところ教会と決裂して、宗教改革運動として教会の外で推し進めることになったのを見れば、この時期におけるイタリア半島の人文主義が、真に革新的というよりは、むしろ後の歴史の展開にとり触媒的な役割を果すものでしかなかったことが理解される。

(6) フランスのラブレーに影響を与えた。

ア半島の政局に翻弄されて、失意のうちに世を去ったニコロ・マキャヴェルリ（一四六九〜一五二七）、クラシックの枠をはみ出してバロックに向かったミケランジェロ（一四七五〜一五六四）、「豪奢殿」ことロレンツォの外交の駒として、ミラーノのルドヴィコ・スフォルツァの許に遣わされ、そこからフランソワ一世に請われてアンボワーズの宮廷に赴き、同地で一生を終えたレオナルド・ダ・ヴィンチ（一四五二〜一五一九）などである。

ロレンツォ・デ・メディチの政権

しかもこの時期、半島総体としては一応の政治的安定は保たれてはいたが、各地域国家内では、息の詰まるような統制に人々の心は鬱屈して、かなりの変動が起こっている。フィレンツェでは一四六四年に老練なコジモが死ぬと、決して無くなっていたわけではなかった反メディチ勢力が頭をもたげ、後を継いだ息子「痛風病み《ゴットーソ》」ことピエーロの政権を転覆させようと図る。この六六年の陰謀はメディチ党の対応よろしきを得て鎮圧され、さらに市を追われた者達がヴェネツィアの傭兵隊長バルトロメオ・コレオーニを起用して行ったトスカーナ侵攻（一四六八）も首尾よく撃退される(7)。

だが一四六九年末になるとピエーロが死に、いよいよ「豪奢殿」ことロレンツォの出番となる。その教養溢れる人文主義者、あるいは気前のよい文芸の保護者という外面と裏腹に、ロレンツォは内政ではきわめて強圧・専制的であった。政権を握った七〇年、プラートでフィレンツェを追われた政敵の扇動による叛乱が起こると、これを容赦なく弾圧、二十数人に上る血腥《ちなまぐさ》い処刑を黙認する。翌七一年フィレンツェの南西七十キロの小都市ヴォルテルラの鉱山採掘権をめぐる騒乱が起きる。紛争がフィレンツェに対する叛乱の性格を帯びて来ると、ロレンツォは傭兵隊長フェデリコ・ダ・モンテフェルトロに出動を要請、包囲戦の揚句、生命・財産を保障するという降伏条件にもかかわらず、傭兵隊が住民に対して流血の暴行を働く因《もと》を作っている。

また、フランチェスコ派の修道士ながら野心家かつ縁者贔屓のシクストゥス四世（在位一四七一〜八四）が教皇に登極すると、ロマーニャの教皇領の拡大を開始、ロレンツォとの対立が起こる。シクストゥス四世は甥のジローラモ・リアーリオにロマーニャのイモラ伯爵領《コンテ》を与えようと望み、この計画を財政的に援助したパッツィ家に教皇庁の金融管理、トルファの明礬《みょうばん》専売権などをメディチ家から移管させる。すでに様々な手段でロレンツォから圧迫され鬱屈していたフィレンツェ市内の反メディチ勢力は、これを機にパッツィ家を核に結集し、メディチ政権打倒の陰謀を企てる。この動きにシクストゥス四世とピーザ大司教のフランチェスコ・サルヴィアーティが同調したのである。七八年四月、花の聖母寺院《サンタ・マリア・デル・フィオーレ》でミサの真っ最中に襲撃され、ロレンツォは軽傷を負っただけで生命は助かったが、弟のジュリアーノは凶刃に倒れる有様、市は一時騒然となった。しかし大多数の民衆はメディチ家を支持、市政庁を乗っ取ろうと部下を率いて乗り込んだヤコポ・パッツィとサルヴィアーティ大司教は逆に捕らえられ、建物の窓から逆さ吊りに死体を曝される結果となる。教会の高位聖職者に対する暴行に激怒したシクストゥス四世はフィレンツェを破門、ナポリ王フェランテ一世を語らってトスカーナに侵入する。

折しもミラーノでは、ロレンツォと親交のあったガレアッツォ・マリアがその暴虐の振る舞いゆえに暗殺され（一四七六）、後を（ナポリ王フェランテ一世と友好的な関係にあった）弟の「黒ん坊《イル・モーロ》」ことルドヴィコ・スフォルツァが取り仕切っていた。したがってロレンツォは父や祖父の代のようにミラーノの軍事的バックアップを当てにできず、危機に立たされる。この時ロレンツォは状況を打開すべく、まずミラーノから不介入の保障を取り付けた上で、七九年末、単身リヴォルノから海路ナポリに赴き、フェランテ一世と単独講和交渉するという離れ業を演ずる。シクストゥス四世の強大化はナポリにとっても決して利益にならないというロレンツォの説得が功を奏し、二カ月余りのナポリ滞在と粘り強い交渉の結果フェランテ一世は講和に同意、危機を脱したロレンツォは八〇年二月、凱旋将軍のように迎えられてフィレンツェに戻る。シクストゥスは怒り狂いフィレンツェでの宗務停止の続行を命ずるが、同年末にメフメット二世のオスマン・トルコ軍が、プーリア州はオートラントに上陸、町を一時占領するに及んで、半島内での争いどころではなくなり、ロレンツォと和解する。

この危機から学んで、以後ロレンツォは恣意的な権力行使を慎み、イタリア半島内での勢力均衡維持に力を注ぐようになる。しかし教皇領との対立は解消せず、八二年に再びヴェネツィアと組んだジローラモ・リアーリオがフェラーラのエステ公爵領に侵入すると、ミラーノ、ナポリ、マントヴァ、ボローニャに呼びかけて半島内の勢力均衡を保とうと試みるが、戦争はシクストゥス四世が他界する八四年まで収まらなかった。次いで八六年には、新たに教皇となったイノケンチウス八世とナポリとの間に対立が生じ、再び半島に戦雲が漂う。このたびはロレンツォが中立を守って調停に回りつつ、

（7）一四六六年には、またミラーノでフランチェスコ・スフォルツァが死に、後を長男ガレアッツォ・マリアが継ぐ。ピエーロの息子ロレンツォはミラーノを訪れて新公爵と親交を結び、その子どもの名付け親たることを依頼されるほど両者の関係は良好である。

その一方でトスカーナ北部に勢力を伸ばす。またジローラモ・リアーリオが暗殺（一四八八）されると、その未亡人でミラーノのガレアッツォ・マリアの庶子、イモラ女伯《コンテッサ》であるカテリーナ・スフォルツァと、メディチ家の分家の一員で、専制的なロレンツォや息子のピエーロと違い共和主義的だったので「平民《ポポラーノ》」と呼ばれたジョヴァンニをイモラの代官《ヴィカリオ》に派遣、二人が結婚（一四九六）する素地を作って、教皇庁からの圧迫を最終的に解消する。(8)

勢力均衡の行方

こうした成功にもかかわらず、コジモの時代に最高に達していたメディチ家の運勢は次第に傾く。それには貴族的に育てられたロレンツォ自身の商売に対する軽視に加えて、アルプス以北の毛織業・金融業の発展に伴いイタリア半島の商人の優越性は徐々に失われ、さらにはオスマン・トルコの膨張により東地中海の商業にも翳《かげ》りが見え始めるといった、もっと大きなスケールでの状況の変化が背景にあった。ヨーロッパ各地、またイタリア半島内にある支店も次々と閉鎖の憂き目を見る。世紀末の享楽一方で明確な精神的方向性を見失ったフィレンツェの都市文化は、こうした人々の心に不安を掻き立てるこのような事態に直面して、人文主義者の知的遊戯ともいえる新プラトン主義だけでは何の救いももたらすことは出来なかった。じじつ一四九一年、フェラーラ出身のドメニコ会士ジローラモ・サヴォナローラが聖マルコ修道院にやって来て、市を覆う奢侈《しゃし》と異教的な風潮を厳しく批判し、悔い改めの説教を行うと市民から熱狂的な支持をうけたばかりか、ポリツィアーノやボティチェルリなど知識人までもが心を動かされ、九二年に死の床にあったロレンツォ自身さえサヴォナローラを招いて懺悔を求めたりする有様となる。

一四九二年四月にロレンツォは世を去るが、それと共に半島の勢力均衡による平和維持という時代遅れの政策は、その推進者を失う。しかも後に残ったのは各地域国家の、ロレンツォよりもっと視野が狭く、かつ自己の利益しか考えない支配者達で、その手前勝手な角突き合いが、チェック機能を失った分だけ激しく展開されることになる。いま「時代遅れの政策」といったが、それは同じ九二年の二月、アラゴンのフェルナンド皇太子（後に、アラゴン王としてはフェルナンド二世、スペイン王としてはフェルナンド一世）とカスティリアのイザベル女王の結婚（一四六九）により最終段階に入ったイベリア半島の国土回復運動《レコンキスタ》が、ついにイスラム勢力の最後の拠点グラナダを落して、スペイン統一に向けて大きく前進したからであり、さらに同年十月「カトリック両王」（アラゴン王となったフェルナンドとイザベル）の船団を指揮した、ジェノヴァ出身のユダヤ人航海家コロンブスが新大陸を発見して、世界は大きく転換しようとしており、半島諸勢力はこの流れに対応する術を知らなかったからである。

（2）ミラーノ

ジャンガレアッツォ・ヴィスコンチの急死

半島北部ではミラーノが問題になる。すでに見たように、一四〇二年のジャンガレアッツォ・ヴィスコンチの急死により半島北中部にまたがるヴィスコンチ帝国の夢が瓦解したばかりか、本体のミラーノ公国（一三九五年成立）自体が、相続争いにより分裂の危機に晒される。

ジャンガレアッツォは、最初の結婚相手フランス王ジャン二世の娘イザベル・ド・ヴァロワとの間に娘ヴァレンティーナを儲けている（既述のように、このヴァレンティーナが後年フランスのオルレアン親王家のルイ一世に嫁ぎ、ヴァレンティーナを溺愛したジャンガレアッツォは、自分の直系に男子が絶えた場合にはヴァレンティーナの子孫がミラーノ公国を継ぐという条項を結婚の取り決めに入れ、よってフランス王家にミラーノ公爵領の相続権が発生、十六世紀のフランス侵入の原因となる）。しかもイザベルは男子を産まず一三七二年に他界。一方、己れの死後ミラーノがフランス領となることを嫌ったジャンガレアッツォは新たな結婚相手を求めるが、叔父ベルナボに押し付けられて、その娘で従妹のカテリーナ・ヴィスコンチと結婚、ジョヴァンニ・マリア（一三八八）、フィリッポ・マリア（一三九二）という二人の男児を儲ける。[9]

ジャンガレアッツォが死んだ一四〇二年、長男ジョヴァンニ・マリアはまだ十四歳で、次男フィリッポ・マリアにいたっては十歳に達していなかった。ミラーノ公爵のタイトルは当然長男が継ぐが、母親のカテリーナ・ヴィスコンチが摂政として政務を取り仕切り、すでに触れたとおり次男のフィリッポ・マリアは父の遺言通りパヴィーアの町を与えられて、遠ざけられる。だがミラーノでは党派争いが熾烈で、ジャンガレアッツォに仕えた有能な傭兵隊長ファチノ・カーネがこれに介入、ジョヴァンニ・マリアを煽って摂政と対立させる。

（8）「分家」といったが、この結婚から「最後の傭兵隊長」といわれる「黒欅隊《デッレ・バンデ・ネーレ》」のジョヴァンニが生まれ、そのまた息子が初代トスカーナ大公コジモ一世なのだから、どちらがメディチ本家ともいえない。

（9）ただ、この従兄妹同士の結婚には遺伝学上問題があったらしく、カテリーナはジョヴァンニ・マリアの生まれる前すでに流産しているし、フィリッポ・マリアは有能ではあったが、肉体的（長い間立っていられなかった）にも異常だったようである。ジャンガレアッツォが、ヴァレンティーナは別として、以後子どもに名前を二つ与え、二番目にはいつも「マリア」と付けたのは、正常な出産・成長が叶うように、生まれた子を聖母マリアに献げると誓ったことによる。

ところが、長男ジョヴァンニ・マリアは〇四年、母カテリーナを捕えてモンツァに軟禁、二カ月の幽閉後毒殺し、主権を握る。若い公爵はミラーノの政治に大きな影響を発揮するファチノ・カーネとも決裂する。ファチノは〇九年、モンフェラート侯と組んでミラーノに軍を進め、一時は公爵を市から追い、翌一〇年にはフィリッポ・マリアのいるパヴィーアまで支配する有様である。しかし一二年ファチノ・カーネも病に倒れ、死が迫るのを感じて、自分の妻テンダ女伯ベアトリーチェ・ラスカリス（当時四十歳）を娶るという条件でフィリッポ・マリア（二十歳）を自分の相続人に指定する。折も折とて残忍の悪名高かったジョヴァンニ・マリアが反対派に暗殺され、フィリッポ・マリアにはミラーノ公爵のタイトルと、ファチノ・カーネの手兵、さらにベアトリーチェ・ディ・テンダがもたらした莫大な持参金が一挙に転がり込むという展開である。

フィリッポ・マリア・ヴィスコンチ

フィリッポ・マリアは、長時間の歩行や起立を不可能にしたクル病の徴候、不幸な生い立ちに由来する異常なまでの猜疑心や対人恐怖症、迷信といってもよいほどの神懸り、占星術狂い[10]、性的倒錯を示唆する小姓の群れなどの行跡から無能な君主と予想されたが、その見込みを裏切ってきわめて冷徹な政治感覚を発揮する。まず妻の持参金を用いて反対派を懐柔した上で粛正、次いでベアトリーチェ・ディ・テンダが政治に介入しようとすると、これに姦通の罪を被せ、愛人に仕立てた男と一緒に処刑するのが一四一八年。これで、フィレンツェでリナルド・デリ・アルビッツィが寡頭体制内で実質上の独裁権を獲得したのとほぼ同時期に、もともと僭主制《ティラニーア》を採用する場合が多かったミラーノでは、フィリッポ・マリアの独裁権が確立、以後君主制《プリンチパート》が十六世紀前半まで続くことになる。

　フィリッポ・マリアの支配を簡単に跡付ければ、自己の主権を安定させた上で一四二二年、フォルリの領主ジョルジョ・オルデラーフィの死に際して幼少の息子テバルドの後見人に選ばれたのを機に、南のロマーニャに勢力を拡大しようと試みる。しかしこれは教皇庁とフィレンツェの反発を招く。東に向かっての進出は、二一年に傭兵隊長カルマニョーラの働きでブレシャを獲得して始まるが、カルマニョーラはほどなくヴェネツィアに寝返り、二六年ヴェネツィア、マントヴァ、フェラーラの連合軍との戦いの結果ブレシャが失われ、反逆の名目で差し押さえられていたカルマニョーラの財産も返還せざるを得なくなってしまう。しかもこの状況に不満なミラーノ市民に押されて、二七年再びヴェネツィアと戦った揚句、マクローディオの敗戦でさらにベルガモまでもが失われる。この危機を逃れるためフィリッポ・マリアは翌二八年、サヴォワ家の支援を獲得すべく婚資なしでマリー・ド・サヴォワと結婚する。だがこれがまた、父のジャンガレアッツォが娘ヴァレンティーナの子孫にミラーノ公国の潜在的主権を認めたのと同様、サヴォワ家と縁続きのアラゴン家のアルフォンソ五世にミラーノに対する主権を主張する根拠を与えるきっかけとなる。この間二十五年に、愛人アニェーゼ・デル・マイノとの間に庶出の娘ビアンカ・マリアが生まれる。

　一四三一年にヴェネツィア出身のエウゲニウス四世が教皇に選出されると、いっそう教皇庁との対立が深まり、教皇にモンフェラートとサヴォワまでが加わった包囲網に押されたフィリッポ・マリアは、イモラとフォルリまで明け渡さざるを得なくなってしまう。この時フィリッポ・マリアに傭兵隊長として雇われていたのがフランチェスコ・スフォルツァで、その契約《コンドッタ》がちょうど切れようとするのを繋ぎ止めるため、三二年にまだ六歳のビアンカ・マリアに多大の婚資を付けて二十五歳年長のスフォルツァと婚約させるという手が打たれる。これが後にスフォルツァ家の興隆の基となるのだが、まずその来歴を見ておこう。

フランチェスコ・スフォルツァ

フランチェスコ・スフォルツァは、やはり傭兵隊長として知られ、その頑健さゆえをもって「頑張り《スフォルツァ》」と異名を取ったムツィオ・アッテンドーロの私生児の一人として、一四〇一年フィレンツェ近郊サン・ミニアートで生まれている。父親に従ってナポリのラディスラオ王に仕えて南イタリアを転戦、傭兵隊長の経験を積み若くして勇名を馳せる。すでに一八年にカラブリア州の貴族でポリセーナ・ルッフォという女性を妻にしており、この頃から父の渾名「スフォルツァ」を姓にしたようで、バジリカータ州のトリカリコに城を与えられ、「侯爵《マルケーゼ》」を称することを許されている。

　ナポリ王に傭兵隊長として仕えていたが、名声が上がるにつれて雇主が増え、教皇マルティヌス五世、フィレンツェ市、そしてフィリッポ・マリア・ヴィスコンチとも契約を交すことなる。だがフィリッポ・マリアは娘をスフォルツァと婚約させたのに、なお持ち前の猜疑心を捨てず、スフォルツァを一時監禁するほどであった。そこでスフォルツァも三三年、ミラーノのためにマルケ州のアンコーナ攻略に成功したものの、翌三四年にはエウゲニウス四世の誘いに応じ、ミラーノを捨て教皇代官《ヴィカリオ・パパーレ》の資格でアンコーナを支配する有様である。以後ヴィスコンチとスフォルツァの関係は、絶え間なく変転

(10) フィリッポ・マリアが作らせた「タロット・カード」というトランプの一種は、その凝った贅沢なデザインで有名。

フランチェスコ・スフォルツァ

する半島の政局に対応して目まぐるしく変わるが、最終的にペルージャ出身の傭兵隊長ニコロ・ピチニーノの脅威を前に両者の利害が一致した四一年十月、やっとスフォルツァとビアンカ・マリアの結婚が、それも警護上の理由からミラーノではなくてクレモーナで執り行われる。じつに婚約締結から九年後のことで、花嫁はわずか十六歳であった。けれどもビアンカ・マリアはただちに年に似ぬ政治的才能を発揮し、四二年に夫がナポリにアンジュー（アンジョ）家のルネ王の救援に赴いている間、マルケ州にあるスフォルツァ家の領地を摂政としてよく護り、人々の称賛を勝ち得ている。

一方、フィリッポ・マリアの方は、マリー・ド・サヴォワとの結婚で舅となったサヴォワ公アメデ八世を、フェリックス五世の名でエウゲニウス四世の対立教皇（一四三九～四九）に擁立したり、ナポリ王国の王位をめぐっては、フランチェスコ・スフォルツァとは逆に、これもサヴォワ公との関係で、アラゴン家のアルフォンソ五世を援けるために、上記の傭兵隊長ニコロ・ピチニーノ（高名な傭兵隊長のブラッチョ・ダ・モントーネの姪と結婚、モントーネの死後その手兵を引き継いで数々の勝利を収め半島全体に名を轟かした）を派遣したりしている。だがピチニーノの野心と過大な要求がフィリッポ・マリアをスフォルツァに近付け、（両者合意の上で）フィリッポ・マリアがピチニーノをミラーノに召喚している隙にスフォルツァがモントルモの戦い（一四四四）を仕かけ、それもピチニーノの手兵ばかりでなく、自分の息子で同名のフランチェスコをも叩いてしまう。力の根源を奪われたピチニーノは、同年ミラーノ近郊のクザーノで生涯を終える。

この後、フィリッポ・マリアはしきりにスフォルツァをミラーノに来させようとするが、スフォルツァは罠を警戒して近付かない。そうこうするうちにフィリッポ・マリアは体力の衰えを感じるようになり、そうなれば今度は死の恐怖に襲われて政治なぞどこへやら、後生《ごしょう》ばかりを考え、後継ぎも決めずに四七年八月に息を引き取ってしまう。ヴィスコンチ家の直系はこれで絶えることになるのである。

フィリッポ・マリアの死後、混乱に陥ったミラーノでは昔の民主制を復活させる動きが起こってアンブロジャーナ共和国が一時再建されるが、市内の党派争いに加えて、ヴィスコンチ領の相続権を主張するフランス王家、スペインとナポリのアラゴン家、さらにはヴェネツィアなどの思惑が絡んで収拾がつかなくなる。そこへ手兵を率いてフランチェスコ・スフォルツァが登場、ビアンカ・マリアの血筋のこともあり、市議会は、フランチェスコに対し市民軍司令官《カピターノ・デル・ポポロ》への就任を要請する。ビアンカ・マリアは「公爵でなければ！」と断然拒否を主張するが、フランチェスコ・スフォルツァは柔軟に対応してこれを受け、まず差し迫るヴェネツィア軍の攻撃を撃退、次いで三年をかけて共和派を抑え込む。五〇年にミラーノ市議会で多数を占めた貴族派は、フランチェスコに公爵のタイトルを与えることを決議する。皇帝または教皇の任命によらず、市議会の議決により公爵のタイトルが与えられるのは、じつにこれをもって嚆矢とする。むろん皇帝らは正式にフランチェスコ・スフォルツァを公爵と認めるのを拒否する。(11)

だが半島の諸勢力は、そんな形式上の問題にはこだわらず、着実に勢力を固めていくフランチェスコ・スフォルツァをミラーノ公として承認、ビアンカ・マリアという庶出の女性を絆にヴィスコンチ家と繋がるスフォルツァ新政権が成立する。フィレンツェにおけるアルビッツィ家の失政に伴い、コジモ・デ・メディチの疑似独裁政権誕生（一四三四）に遅れること十六年である。

ルドヴィコ・スフォルツァ

一四五〇年、皇帝の任命ではなく市民の推戴によりミラーノ公爵の座に就いたフランチェスコ・スフォルツァは、名ばかりの皇帝の認可の有無など気にせず、早速ミラーノとの同盟に踏み切ったフィレンツェのコジモ・デ・メディチの決断に支えられ、また妻ビアンカ・マリア・ヴィスコンチの内助の功もよろしきを得て、勢力を拡大する。中世封建的な因習にとらわれないイタリア半島の諸勢力も、続々スフォルツァのタイトルを承認して憚らない。フランチェスコ・スフォルツァの死（一四六六）に際して、ビアンカ・マリアは的確な判断を示し、長男のガレアッツォ・マリアを祖父ジャンガレアッツォの代からの縁で出仕させていたフランス王ルイ十一世の宮廷から呼び戻して公爵位を継がせ、スフォルツァ家の地位は安泰となる。

ところが不幸なことにフランチェスコ・スフォルツァとビアンカ・マリアの間に生まれた子ども達は、いずれも両親とは似ても似つかぬ不孝者ばかりで、中でも長男のガレアッツォ・マリアは、自己の相続を確保してくれた母親を邪魔者扱いにしてミラーノからパヴィーアに追い、二年後の一四六八

(11) スフォルツァ家が封建的な意味で正式の公爵家となるのは一四九四年のこと、時の皇帝マクシミリアン一世がフランチェスコ・スフォルツァとビアンカ・マリアの四番目の息子「黒ん坊」ことルドヴィコ・スフォルツァに公爵のタイトルを認めてからのことである。

ルドヴィコ・スフォルツァの肖像

年、自分とボーナ・ディ・サヴォイアとの婚礼に立ち会った後、クレモーナに戻るビアンカ・マリアがメレニャーノに立ち寄ったところで急死したのを幸い（息子による毒殺の噂も流れた）、権力を一手に掌握してメディチ家の「豪奢殿」ことロレンツォと親しく交際して大いに威勢を振う。しかし、その横暴の振る舞いには反発もまた激しく、七六年には臣下の陰謀によって暗殺されてしまう。残された息子ジャン・ガレアッツォ・マリアは当時わずか八歳、はじめは母親ボーナ・ディ・サヴォイアが摂政を勤めたが、八〇年からは肌の色が黒かったので「黒ん坊《イル・モーロ》」と呼ばれた叔父で野心満々のルドヴィコ・スフォルツァが、摂政とはいいながら実質上の君主となる。ルドヴィコは九一年、エステ家からルネッサンスの貴婦人の典型の一人といわれたベアトリーチェを妻に迎える。九四年にはジャン・ガレアッツォ・マリアの急死（これまたルドヴィコによる毒殺の疑いが強い）をうけてルドヴィコ自身が、（このたびは父フランチェスコと違って市民の推戴なぞによらず）莫大な献金と引き換えに皇帝マクシミリアン一世[12]（ハプスブルク家出身のオーストリア大公、神聖ローマ皇帝（在位一四九三〜一五一九））の御墨付を得た、正式の神聖ローマ・ドイツ帝国のミラーノ公爵の称号を獲得、その宮廷は豪華さをもって鳴り響いた。だが栄光の絶頂にあるかに見えたまさにこの時、ミラーノもまたヨーロッパの流れを変えようとする時代の変化を見極めることができず、九四年から始まる半島ルネッサンスの崩壊に立ち合うどころか、当のルドヴィコがその引き金を引くのである。その仔細は次章で述べることにする。

　権謀術数に長け、イタリア半島ルネッサンス破滅を招いた張本人の一人として、後世からは批判されるルドヴィコだが、それは後追いの評価であって、当時の水準からすれば十分ルネッサンス的な名君で、その治下ミラーノの街並みは整備され、交通網は拡大して商業は大いに栄える。八二年、フィレンツェのロレンツォがレオナルド・ダ・ヴィンチをミラーノに派遣したのもルドヴィコの要請に応えたもので、それはダ・ヴィンチの美術家としてだけでなく、土木技師としての

「受胎告知」 レオナルド・ダ・ヴィンチ筆 1472–75年頃 フィレンツェ ウフィッツィ美術館蔵

利用価値に目を付けてのものでもあった。「受胎告知」（一四七二〜七五頃）、およびブラマンテの設計にかかる聖マリア・デルレ・グラーツィエ教会の食堂《じきどう》に、かの有名な「最後の晩餐《ウルティマ・チェーナ》」（一四九五〜九七）が描かれたのもこの時である。

第3節　教皇庁ローマと南イタリアのナポリ
——隆盛

(1) ローマ

イタリア半島のルネッサンスを問題にする際に、必ずしもその創り手ではないが、しかしまたルネッサンスの展開とは

(12) マクシミリアンは、父親のフリードリッヒ三世皇帝が、ボヘミア王マティアス・コルヴィンにヴィーンを占領される一四八五年には、もう精魂尽き果てて引退を望み、かつ翌一四八六年に、同じマティアス・コルヴィンの勢力に恐れをなしたドイツ選帝侯達によってドイツ王（皇帝候補者）に選出される。その後一四九〇年、マティアス・コルヴィンの急死により、やっとヴィーンに帰ることを得た父親が一切の政治的権限をマクシミリアンに委譲して引退（皇帝位は死の一五〇八年まで名目上保持）、一四九三年からは、誰もが皇帝と認める存在となっていた。九四年には、ルドヴィコ・スフォルツァの姪と再婚（初婚はブルゴーニュ公シャルルの娘マリー・ブランシュ）している。

切っても切れない触媒のような働きをしたローマについて、掻い摘まんで触れないわけにはいかない。

いまローマがルネッサンスの「創り手ではない」と書いたが、それは町としてのローマには、ヴェネツィアやジェノヴァの海運業はもとより、フィレンツェの毛織業、シエーナの金融業といった特定の産業があるわけでもなければ、一方、ミラーノのように四通八達した交通・通商路の要にも位置せず、かつテヴェレ河下流域のマラリアが猖獗していた泥地帯は肥沃で農業生産に向いていたわけでもないからである。つまりこの町には、ルネッサンスという新しい時代を招来するための起動力となる産業が欠けていたのである。かつ十三〜十五世紀においてローマを牛耳っていたのはオルシーニ、コロンナ、コンチ、カエターニ、サヴェルリといった封建的な豪族達で、この連中は町の周辺に割拠して私兵を養い、互いの闘争に明け暮れて、町の住民がトスカーナやロンバルディーアの都市におけるように自治共同体を形成しようとしても、その動きを助けるどころか、むしろこれを圧殺する方向にしか動かなかった。

ただローマには、他のどの町にもない二つの特色があった。第一は、古代ローマ共和国・帝国の首都だったことで、かつて「世界の頭《カプット・ムンディ》」として君臨したという事実は、イタリア半島のみならずヨーロッパ世界の人々すべてにとって、絶大な象徴的意味を持った。第二は、キリストの後継者とされるペテロの座が、（当時は市外れ《まちはずれ》）テヴェレ河の対岸ヴァチカン地区、ペテロの墳墓の上に建てられた教会に置かれ、ローマ司教でカトリック教会の首長（ローマ教皇）と教会の行政機構（教皇庁）の本拠地がここにあったことである。

換言すれば（中世以後に次第に形を整えてくる）神聖ローマ帝国↓神聖ドイツ・ローマ帝国、およびカトリック教会という二つの組織は、前者が東欧を含むゲルマン語圏、後者が当時の西ヨーロッパ全体と、その包摂する地域も大きさも異なりはするが、いずれもイタリア半島の域を越えて拡がる組織であり、その中心がこの町に存在し、とくに教会については現在に到るまで存在し続けているという特殊事情は、半島のみに限定されない独特な国際的性格をローマに賦与することになった。

ローマ教皇と半島ルネッサンスの関係

そこでイタリア半島ルネッサンスとローマの関係をもう一度おさらいすれば、この町に司教座を有するローマ司教は、四〜五世紀頃から「教皇《パーパ》」を称し、十一世紀の教会改革・司祭叙任権《インヴェスティトゥーラ》闘争などを通してピラミッド型に組織された教会の長となっていく。かつ教会税の徴収・送金網を整備して十三世紀の経済爆発、つまりイタリア半島ルネッサンスの引き金を引き、ホーヘンシュタウフェン朝との闘争に勝利する。だが世俗権力化が祟って、すでに国民国家《ネーション・ステート》志向をあらわにしつつあったフランスの「端麗王《ル・ベル》」ことフィリップ四世と衝突、「神政政治」のチャンピオン教皇ボニファティウス八世はあえなく「アナーニの屈辱」（一三〇三）に塗《まみ》れ、その死後、教皇庁は十四世紀の大部分を南仏はアヴィニョンの町に拉致されることになる。すると、もともと地場産業のないローマは、教皇がいなければ収入は杜絶え、教会官僚も町を去って、たちまち寂れてしまう。この間、目立つ事件といえば、古代ローマ文明の中心だったというノスタルジックな追憶が、（観念的なペトラルカも一時引っかかった）誇大妄想狂コーラ・ディ・リエンツォの「護民官」制復活運動（一三四七〜五四）の舞台となって世間を騒がせた程度で、後は五〇年の「聖年《アンノ・サント》」（巡礼は「永遠の町《ローマ》」に集まったが、時の教皇クレメンス六世はアヴィニョンにいて、姿を現さない）と、ペトラルカやシエーナの聖《サンタ》カテリーナの、教皇に対するアヴィニョンからローマへの帰還要請ぐらいしかない。

　教皇の帰還がやっと実現するのは、英仏百年戦争の絡みもあってフランス王権の監視が緩む一三七七年だが、これもただちに町の復興には繋がらない。逆にこの動きが教会内の諸勢力の対立を惹き起こして、アヴィニョンとローマに別々の教皇が二人、時にはピーザの教皇も含めて三人までもが並び立つという、いわゆる「西方教会の大分裂」（一三七八〜一四一七）が起こってしまう。この状態に歯止めをかけたのがコロンナ家出身のマルティヌス五世（在位一四一七〜三一）で、この教皇は枢機卿だった時には、分裂を収拾するためシギスモンド皇帝が招集したコンスタンツの公会議（一四一四〜一八、フランスのジャン・ジェルソンが提唱、当時は教皇とされていたヨハネス二十三世が承認し、そのために廃位されることとなる）に参加、公会議の教皇権に対する優越性の主張に加担する。だが自分がひとたび教皇に選出されるやたちまち教皇権至上主義者に変身、強権を発動してローマに跋扈する無法者共を処刑することにより治安を回復、建築家を招き廃墟化した宮殿を修復したり、区画整理を行ったりして、ローマをやっと人の住める市に戻す。

エウゲニウス四世と新プラトニスム

とはいえ、そう簡単に市の復興は進まず、マルティヌス五世の後を受けたヴェネツィア出身のエウゲニウス四世（在位一四三一〜四七）は、荒れ狂う党派争いのために一再ならずローマを追われ、フェラーラ、ボローニャ、フィレンツェなど各地に流浪の生活を送らねばならなかった（この間一四三四年にはフィレンツェに在って、コジモ・デ・メディチの帰還を執り成したり、人文主義者達と知り合ったりする）。

特に一四三九年、またまた分裂の危機に晒されていた教会の状態を改革するために、三一年から開かれていたバーゼルの公会議で教皇権に対する公会議の優越が再び採択され、エウゲニウス四世は廃位寸前に追い込まれる。ところが折よくも、中近東におけるオスマン・トルコの脅威に直面した東ローマ帝国パレオロガス朝のヨハネス八世がカトリック教会の援助を求めてイタリア半島にやって来るということが起こる。ローマ・カトリック教会とギリシャ正教会の合同を議する「世界教会合同公会議《コンシリウム・エクスメニクス》」はまずフェラーラで開催される。しかしペストが流行して会場を移すことが必要となった時、コジモ・デ・メディチは自己のフィレンツェ復帰に力を貸したエウゲニウス四世を助けるため、フィレンツェでの開催を申し出る。おかげでエウゲニウス四世はバーゼル公会議を、もっと緊急な議題を論ずるフィレンツェの世界教会合同公会議に吸収するを得て廃位を免れ、かつコジモも公会議を主催したことで大いに権威を高めた。ただし教義上の対立もあり、東西教会の融和は結局成功しなかった。

しかしこれを機に、トレビゾンダ出身の神学者ベッサリオン（後にカトリックに改宗して枢機卿）や、コンスタンチノポリスからはゲミストス・プレトンといった面々がイタリア半島に来ってプラトンの学説を紹介する。とくにプレトンはコジモ・デ・メディチに説いて、プラトン学院の設置を進言したので知られる。これによってフィレンツェが新プラトニスムの発祥地となるのである。

エウゲニウス四世に話を戻せば、この教皇が恒常的にローマに定住することを得たのは、やっとその治世の最後の四年間だけであった。だがその後、教皇庁は徐々にローマに再定着、教会税の還流は市を潤して、ローマはその輝きを取り戻し始める。そうはいってもローマがルネッサンス文化の「ショウ・ケース」としての栄光を示すには、エウゲニウス四世の後継者ニコラス五世（在位一四四七～五五）やピウス二世（在位一四五八～六四）ら、人文主義者の教皇の登極を俟《ま》たなければならない。

人文主義者の教皇達

つまりローマは教会十分の一税、「歓喜《ジュビレーオ》の聖年」に巡礼して来る善男善女の喜捨、あるいは「免罰符《インドゥルジェンツァ》」の販売収入といった、いわば不労所得によって半島の諸都市ルネッサンスが生み出した成果をお飾りとして誘致、華やかな文化の「ショウ・ケース」となったのである。

ローマは、教皇庁がフランス王に拉致されアヴィニョンに置かれていた十四世紀の大部分（一三〇九～七七）、町の根無し草的な性格を露呈して、在地封建貴族の無法な振る舞いの餌食と化し、惨めな状況に陥る。だが教会には、十分の一税その他の現金収入があるので、いったんエウゲニウス四世、ニコラス五世、ピウス二世らがローマに居を定めると、人文主義《ウマネージモ》が盛んになる。さらに教会領の確立もあって教皇権は次第に安定し、ニコラス五世は五三年、コーラ・ディ・リエンツォに倣《なら》って、ローマに共和制をもたらそうとしたステファノ・ポルカーリとその一党を捕らえて、断固処刑している。また、ピウス二世はシエーナの大商人ピッコロミニ家の出身で、宗門に入る前には、艶なる恋愛小説『二人の恋人の物語』をラテン語でものした文人教皇でもあった。

これに教皇領の拡大を図って、フィレンツェの「豪奢殿」ことロレンツォと衝突した猛烈教皇シクストゥス四世（在位一四七一〜八四）が続き、スペイン系ボルジャ家出身のアレクサンドル六世（在位一四九二〜一五〇三）、シクストゥス四世の甥のユリウス二世（在位一五〇三〜一三）と、いずれも縁者贔屓・豪奢好み、建築好きの教皇達が、湯水のように金を費ってローマを飾り立てる。システィーナ礼拝堂はシクストゥス四世が建てさせたから、この名がある。シクストゥス四世は、また、ペルジーノ、ボティチェルリ、ピントゥルッキォ、ギルランダイォら、ウンブリアやトスカーナの画家達を招集して礼拝堂の壁面を装飾させた。ミケランジェロを起用し、天井のフレスコ画（一五〇五）を描かせたのはユリウス二世で[13]、この教皇はラファエルロをローマに来させ、ヴァチカン宮殿の「署名の間《レ・スタンツェ》」に有名な「アテネの学堂」（一五〇八）など一連の作品を注文もした。

こうした動きの総仕上げが、メディチ家出身のレオ十世（在位一五一三〜二一）の計画した聖《サン》ピエトロ寺院の大改築で、その資金集めのために考え出されたのが、かのドイツでの「免罪符」の売り出し（一五一六）である。これが引き金となり一五一七年ヴィッテンベルグ教会の大扉に、アウグスチヌス派の修道士マルチン・ルッターが九十五カ条の提題《テーゼン》を張り出すことになり、宗教改革運動が勃発するのであるが、それについてはドイツの章（第Ⅱ部第四章）で詳説する。何にしても十五世紀の後半、ローマはフィレンツェを凌ぐ半島第一の美術センターとなり、その豪奢ぶりは人の目を驚かせた。

（2）ナポリ

ナポリの情勢

最後に、南イタリアは両シチリア王国の首都ナポリについても触れておきたい。ローマの教会官僚制とは異なるが、両シチリア王国も社会構造としては伝統的封建貴族体制を取っ

(13) ただし、正面奥の「最後の審判」は、一五三〇年代半ば、ファルネーゼ家出身のパウルス三世の注文。

ており、自治都市《コムーネ》の発展を妨げこそすれ、育成するような状況にはなかった。領内のプーリア地方、またシチリア島の豊かな農業生産も、これを収奪して利益を得ようとするフランス人征服者、あるいはフィレンツェ、ピーザ、ジェノヴァ商人等の餌食となるだけで、地元の経済活動を活性化する方向には向かわない。イタリア半島でルネッサンスが始まるきっかけとなったのは、ホーヘンシュタウフェン朝の両シチリア王国の崩壊（一二六六）だが、マンフレーディ王に代わってナポリ・シチリアを支配したアンジョ家もそのわずか十数年後、統治がやっと安定しようという一二八二年、圧制が祟って「シチリアの晩禱《ヴェスプリ》」とよばれる島民の叛乱が起こり、シチリア島はスペインのアラゴン家に奪われ、回復に悴心したカルロ一世は三年後の八五年には世を去ってしまう。王国の残り半分の首都ナポリが栄えるのは孫ロベルト一世（在位一三〇九～四三）の治下で、シモーネ・マルティーニやジョットが訪れ、フィレンツェ（第二世代金融業者）アッチァイウォーリ家のニコラが宰相にまで出世、ギリシャに公爵領を獲得するほど地中海貿易のセンターとなる。ボッカッチョが商売見習いのため、ペルッツィ商会《コンパニーア》の支店に送られたにもかかわらず、ペトラルカの知人の人文主義者達との交際に現を抜かし、『デカメロン』のネタを仕入れた享楽的なナポリ、その君主で人文主義者を気取った「賢王《イル・サッジョ》」ことロベルト一世が、「桂冠詩人《ポエータ・ラウレアートス》」としてのペトラルカの戴冠（一三四一）の試験官を買って出た頃が、「ショウ・ケース」としてのナポリ・ルネッサンスの第一幕となる。

アラゴン王朝支配への移行

その後アンジョ家の王位継承権が、ロベルト一世の息子カラブリア公カルロの死（一三二八）により、孫娘ジョヴァンナ一世に移ったのが原因で、祖父ロベルト一世の死後、ナポリの政情はイタリアやバルカン半島諸勢力の思惑が錯綜して著しく不安定となり戦乱が絶えない。これにシチリアを占拠するアラゴン王家、さらにはイベリア半島のカスティリア王家までもが、その地中海政策の一環としてのナポリの支配を目指す。ジョヴァンナ一世の四十年に及ぶ王位の間、国政は乱れに乱れ、最初の夫ターラント公アンドレアを殺害したのではないかと疑われて、アンドレアの兄でハンガリア王のロハス（ルイージ）一世からは攻められるし、教会の大分裂の際には対立教皇を支持した廉《かど》でウルバヌス六世から破門され、最後は分家の従弟ドゥラッツォ（現アルバニア）公爵カルロの攻撃を受けて捕虜となり、八二年死に処せられる。

王位はカルロがカルロ三世となって継ぎ、その息子が猛将として名高いラディスラオ王（在位一三八六～一四一四）で、こちらはヨハネス二十三世と対立して教皇をフィレンツェに追いやった上、さらにトスカーナを攻略すべく兵を進めてフィレンツェを包囲、（ジャンガレアッツォ・ヴィスコンチの時と同じく）勝利寸前までいったのだが、これまた急病に倒れる。後を継いだのが妹のジョヴァンナ二世で、政治は放ったらかして愛人のために夫を殺させたり、不行跡で知られる。このジョヴァンナ二世が、王位を狙うフランスのオルレアン公ルイ三世に対抗するため、一四二一年にアラゴン家のアルフォンソ五世（ナポリ王としては一世）を養子にして、イベリア半島から呼び寄せるのである。アルフォンソ五世はよく戦って王国の大部分を切り従えるが、その高圧的な態度をジョヴァンナ二世に嫌われ、二三年にナポリを追い払われる。

しかしナポリがよほど気に入ったようで、何度も戻ろうとした揚句、三五年にジョヴァンナ二世が死ぬと王位継承権を主張して、今度はオルレアン公ルイ三世の弟で詩人として名高いルネと王位を争う。この時は、アルフォンソ五世が攻めたガエタを領するジェノヴァとミラーノ、フィレンツェ、ヴェネツィアの連合軍が、テラチーナ沖のポンツァ島海戦でアルフォンソ五世を撃破、アルフォンソ五世はジェノヴァ海軍に捕らえられてミラーノに送られる（一四三五年）。しかし、ここでまた変転極まりないイタリア半島政治の一幕が演じられ、アルフォンソ五世と意気投合したフィリッポ・マリア・ヴィスコンチは、相互援助条約と引き換えにアルフォンソ五世を解放する。三六年から再びナポリ征服に乗り出したアルフォンソ五世は、遂に四二年ナポリに入城、本国アラゴンの王位は弟のファンに譲ることを条件に四三年、王国の名目上の宗主エウゲニウス四世教皇からナポリ王として承認される。

以後、アルフォンソ五世は専制的であるが有能な支配者振りを発揮して「寛仁王《イル・マニャニモ》」のタイトルを奉られる。ここからがアンジョ家のロベルト一世治下には及ばないが、ルネッサンス・人文主義の「ショウ・ケース」としてのナポリの第二幕となる。じっさい（スコラ哲学を攻撃したためパヴィーア大学を追われ）アルフォンソ五世とほぼ時を同じくしてナポリに来り、三七年から四六年まで王の秘書を勤めたロレンツォ・ヴァラが、『自由意志論《デ・リベロ・アルビトリオ》』（手稿で流布、刊行は一八八二年）と、あの有名な『コンスタンチヌス大帝の寄進状の偽作性』[14]（一四四〇）を書くのは、じつにこのナポリにおいてなのである。

フェランテ一世の治下

アルフォンソ五世は、死の一四五八年まで、支配形態は依然たる封建制だが、それなりに有効で安定した政治を行い、ナポリを建て直す。アラゴン家の支配は、以後九四年まで庶

---

(14) 本書三二八頁以下の「ユマニスム（人文主義）」参照。

子のフェランテ一世が継ぎ、豪族の叛乱を制圧して特権を廃止するなど、治世の前半は開明君主の善政を敷いたので、市は大いに栄える。「新城《カステル・ノーヴォ》」の有名な凱旋門（一四六七）が建設されたのもこの時期である。フェランテ一世はイタリア半島の勢力均衡を宣言した五四年のローディの和平条約にも加盟、七八年教皇シクストゥス四世との争いで危機に立ったメディチ家のロレンツォが捨て身の外交交渉の相手に選んだのもフェランテ一世で、この当時は「イタリアの調停者」と称せられ、盛名があった。

その宮廷には「パノルミータ」こと、パレルモ出身のラテン語詩人アントニオ・ベッカデルリ、人文主義者として知られ、アカデミア・ポンタニアーナの主宰者であったジョヴァンニ・ポンターノ、そして何よりも淡い憂愁に満ちた牧歌物語《パストラーレ》『アルカディア』（一四八〇）の作者ヤコポ・サンナザーロなどが集って、その文運は半島に鳴り響いた。だが八〇年代に入ると、教皇庁、それに絶えず叛乱の機を窺う封建貴族、さらには相続によってアンジュー家の南イタリア領有権を受け継いだフランス王家、またそれを支持するヴェネツィアなどとの闘争に財政は破綻して、王国は徐々に危殆に瀕していくことになる。

第5章　半島ルネッサンスの崩壊（一四九四〜一五二七年）

1530年頃のイタリア半島

第1節　シャルル八世の半島侵入

（1）序　曲

ことのはじまり

一四九二年は、イタリア半島のみならず西ヨーロッパのルネッサンス全体にとって特別な意味を持つ年であった。その理由は、まず第一に同年の二月にカトリック両王（カスティリアのイザベル女王とアラゴンのフェルナンド王）がグラナダを落して国土回復運動を達成、これによりスペインの国家統一が完成すると共に、ヨーロッパからイスラム勢力が排除された事実がある。

第二に同年の四月、フィレンツェにおけるメディチ家の「豪奢殿《イル・マニフィコ》」ことロレンツォが亡くなる。これは基本的に現状維持を目指し、将来への展望を欠いていたとはいえ、それでもイタリア半島の平和を辛うじて保ってきた地域国家《スタート・レジョナーレ》間の勢力均衡政策が、その最も権威ある推進者を失って崩壊、以後は各勢力が自己の利益のみを優先する、無軌道かつ無原則な競争の幕が切って落されたことを意味する。

第三には同年の十月、カトリック両王が貸し与えた探検船団を指揮するジェノヴァ出身のユダヤ人航海家コロンブスが、新大陸に到達する。これによってスカンジナヴィアからロシア、アフリカ北岸から中近東、さらには漠然とではあってもインドから中国にまで及んだヨーロッパの世界像が、未知の新しい人種と文明と出会って、根本的な変革を迫られることになる。

以上の三点に（象徴的な意味では遥かに劣るとはいえ）同年八月、しこたま賄賂をばら撒いて教皇位を買収した、スペイン系ボルジャ家のアレクサンドル六世の登極を付け加えてもよいかもしれない。これにより、以前から問題になっていた教皇位の獲得をめぐるスキャンダルおよびローマ教皇庁の世俗志向は最高潮に達し、教皇の精神的権威はまずイタリア半島で、次いでヨーロッパ全土で地に堕ち、宗教改革に向かう兆しが生ずる。

一方、話をイタリア半島に戻すと、ことはまずミラーノから始まる。フランチェスコ・グイッチャルディーニ（一四八三〜一五四〇）はその『イタリア史』に、ロレンツォの死の翌年とは一四九三年、当時まだバーリ公爵であったが、甥ミラーノ公ジャン・ガレアッツォの後見として、公国の政治を取り仕切っていたルドヴィコ・スフォルツァが、フランス王ヴァロワ家のシャルル八世に使節としてカルロ・ダ・バルビアーノを送ったと記している。バルビアーノは王に向かい、「イタリアに来られて、もともとフランス王家の分流アンジユー家の領地だったナポリ王国〔原文ママ〕を取り戻しなされ。ことは至極簡単です」と焚き付けたのである。

父親ルイ十一世が、国家統一を完成（一四八二）、ヨーロッパ第一の強国に仕立てたフランス王国を、シャルル八世は八三年に受け継いでいた。シャルル八世は健康に恵まれず、病気がちの少年時代にシャルルマーニュの事跡を物語った武勲詩を読み耽って過し、異教徒相手の聖戦、とくに十字軍に憧れていた。そこへ「統一なって十余年、国力を充実させたフランスに、いよいよ外に向かって武威を輝かす時が到り、ナポリ王国を取り戻すのは、取りも直さず陛下がその先頭に立たれる十字軍のために、足場を確保することにも繋がります」というバルビアーノの説得が出て、大いに心動かされたのである。

このようなルドヴィコの動きに加えて、フランスの宮廷にはまたジュリアーノ・デ・ラ・ローヴェレ枢機卿（後の教皇ユリウス二世）がいて、これもシャルル八世に半島侵攻を働きかける。ジュリアーノは、スペイン系ボルジャ家出身の教皇アレクサンドル六世と対立、シャルル八世の許に亡命しており、アレクサンドル六世に打撃を与えるため、半島南下を強く慫慂《しょうよう》する。シャルル八世のイタリア半島遠征は、じつにこのルドヴィコ・スフォルツァおよびジュリアーノ・デ・ラ・ローヴェレという、二人の半島出身者が直接の仕掛人となるのである。

ミラーノの事情

ジュリアーノ・デ・ラ・ローヴェレの勧誘については、その動機は簡単明瞭だが、ルドヴィコがシャルル八世をナポリ攻めに誘ったことについては少し説明が要る。ナポリは当時アラゴン家の支配下にあり、アラゴン王家のフェランテ一世はルドヴィコとはじめは良好な関係にあった。じつは一四七六年に暗殺された兄ガレアッツォ・マリアの跡を八歳の長男ジャン・ガレアッツォが継ぎ、母親のボーナ・ディ・サヴォイアが摂政となると、叔父のルドヴィコはたちまち母子を追放しようと画策する。だが陰謀は露見し、七七年ルドヴィコの方がミラーノを追放される。それをナポリの宮廷に受け入れ、「バーリ公爵」のタイトルを与えたのはフェランテ一世に他ならない(1)。その後、ルドヴィコはミラーノでの党派争いのおかげで、一四七九年末にミラーノに戻ることを得たのみか、甥の後見人に指名されて、ジャン・ガレアッツォとフェランテ一世の孫イザベラとの結婚を取り決める。

この時期、パッツィ家が企てた暗殺計画（七八）をめぐり、教皇シクストゥス四世と対立したフィレンツェのロレンツォが、かつてのようにミラーノとの相互援助協定を当てにできず、単身フェランテ一世の許に乗り込み、ナポリと教皇との連携に楔を打ち込むという危ない橋を渡らなければならなかったのも、こうしたルドヴィコとナポリとの結び付きがあったからである。

また一四八二年、シクストゥス四世の甥ジローラモ・リアーリオがヴェネツィアと組んで、フェラーラのエステ家を攻撃した際、ルドヴィコはヴェネツィアと競合関係にある伝統的なミラーノの立場もさることながら、半島の勢力均衡の維持に腐心するフィレンツェのロレンツォの呼びかけにも応じて、ナポリと共にフェラーラの応援に加わっている。つまりルドヴィコはナポリと同盟関係にあったのである。

だが一四八〇年代半ばから、こうしたナポリやフィレンツェに対するルドヴィコの態度が変ってくる。八八年にジローラモ・リアーリオが暗殺され、その妻でルドヴィコにとっては姪のカテリーナ・スフォルツァがイモラでロレンツォの圧力に曝されると、ルドヴィコは姪の援護に回る。さらにナポリでフェランテ一世が豪族《マニャーティ》達の叛乱に悩まされても、援助の手を差し伸べようとしない。九一年ルドヴィコがフェラーラから、ブラマンテやレオナルドら芸術家の保護者でルネッサンス貴婦人の典型と唱われた、エステ家の才気煥発なベアトリーチェを妻に迎えると、俄然ジャン・ガレアッツォの妻イザベラ・ディ・アラゴンとベアトリーチェとの女同士の対立が激化する。つねづね叔父の後見を排除したいと思っていたジャン・ガレアッツォの意向がこれで掻き立てられ、ルドヴィコとナポリの関係はさらに悪化する。

フィレンツェのロレンツォやナポリのフェランテ一世らは半島内の勢力均衡を重視する政治家であった。だがそれより一世代下のルドヴィコは、より野心的で己れの威勢を高めるため国外の勢力を活用しようと考える。かつフィレンツェでもロレンツォの死後、息子のピエーロが勢力均衡政策の重要性を理解せず、新機軸を出そうとして一族の長老達の意見を無視、中立の立場を放棄してナポリとの同盟を強化しようとしたのも、ルドヴィコを外国勢力に頼る方向に追いやることになる。

そのうえ、すでに触れたが、ミラーノ公爵領はルドヴィコの曾祖父で初代のミラーノ公ジャンガレアッツォ・ヴィスコンチがイザベル・ド・ヴァロワと結婚した際、もし自分の直系の子孫に男子が絶えた場合には、ミラーノ公領の相続権はイザベルとの間の娘ヴァレンティーナ・ヴィスコンチ（後にフランス・ヴァロワ王朝の分家オルレアン家のルイと結婚）の子孫に移るという条項を結婚契約に入れており、それがル

（1）じつはナポリのアラゴン家と、ミラーノのスフォルツァ家とは、一四六五年にルドヴィコの姉イッポリタが、フェランテ一世の息子カラブリア公のアルフォンソ（後のアルフォンソ二世）に嫁いで以来、姻戚関係にあった。

ドヴィコにとり祖父に当たるフィリッポ・マリア・ヴィスコンチの代に現実となる。したがって当時フランスの王家であったヴァロワ家と並ぶ、親王家の筆頭オルレアン公ルイ（後のルイ十二世）は、フィリッポ・マリアの一人娘（それも庶子）ビアンカ・マリアが、氏素性もない傭兵隊長《コンドッティエーロ》フランチェスコ・スフォルツァと結婚して生まれたルドヴィコなぞよりも、はるかに正当な相続権の持主で、ルイが従弟のシャルル八世の同意とフランスの軍事力を用いてミラーノ公国の領有に乗り出せば、ルドヴィコにとっては容易ならざる事態となる。そこでシャルル八世をイタリア半島に呼び込むなら、その関心をナポリに向けさせることは至上命令だったのである。

ルドヴィコはすでに一四九二年頃から、両シチリア王国からの亡命者が多いフランスに、徐々に半島侵入の話を持ちかけており、その結果が上記九三年ルドヴィコのシャルル八世に対する正式申し入れとなる。多策なルドヴィコは、他方ドイツとも接触し、甥ジャン・ガレアッツォの死（九四年、ルドヴィコが毒殺?）で、いよいよ自分にミラーノ公となるチャンスが巡ってくると、ハプスブルグ家のマクシミリアン一世とも話を付けて、正式に神聖ローマ・ドイツ帝国の公爵位を手に入れる。というのも上述の通り、フランス王家はナポリばかりかミラーノ公領にも潜在的主権を有しているので、もしもそちらが表に出てきた時には、任命権者としての皇帝を持ち出して対抗しようという肚であった。

（2）　外国勢力の介入

遠征最初の戦い

いよいよ一四九四年八月、シャルル八世は騎馬隊一万八千、ヨーロッパ最強といわれたスイス傭兵隊を含む歩兵と砲兵隊二万二千、総勢四万（五万という説もある）の軍勢を率いてアンボワーズを出発、イタリア半島に兵を進める。リヨンからサヴォワ経由、モン・スニ峠越えでピエモンテに入り、サヴォワ母后ビアンカ・ディ・モンフェラートから最大級の歓迎を受けて同月五日トリーノに入城する。次いでアスティでルドヴィコとその妻ベアトリーチェの出迎えを受ける。美々しく着飾ったベアトリーチェの姿にすっかり魅せられたシャルル八世は、その絵姿を描かせて、王妃アンヌに送り届けさせている。そればかりか、ルネッサンスの華麗さの虜となり、ナポリに向けての進軍中、日々の見聞を記した手紙を王妃に書き送り、また祐筆のアンドレ・ド・ラ・ヴィーニュに逐一記録を付けさせてもいる。アスティの次はパヴィーア（ミラーノ公領第二の市）に向かい、病すでに重いジャン・ガレアッツォ公爵と妻のイザベラ・ディ・アラゴンに面会、ジャン・ガレアッツォからは息子フランチェスコ（五歳）の後見を頼まれ、これを引き受ける。だがイザベラが、父親である両シチリア王アルフォンソ二世(2)のために慈悲を乞うても、アンジュー家から受け継いだ両シチリア王国の宗主権を断固主張して耳を籍《か》さない。

この間、別動隊としてオルレアン公ルイの指揮下ジェノヴァから出港したフランス軍が、ジェノヴァ東南三十キロのラパルロで、アルフォンソ二世が派遣したナポリ軍と、今回の遠征で最初の戦いを交える。そして（当時イタリアではまだ知られていなかった）フランス・ジェノヴァ連合海軍の艦砲射撃と、上陸作戦を敢行したスイス歩兵隊により、ナポリ側は完膚無きまでに打ち破られてしまう。イタリア諸都市がフランス軍の精強に震え上り、マッテーオ・マリア・ボイアルドがその長詩『恋するオルランド』を、

かく歌ううちにも、オオ贖い主（キリスト）たる神よ、
かのガリア（フランス）の蛮族共めらの、
暴勇もて来りて、イタリア全土を
砲火と紅蓮の巷と化す見ゆ！（第三巻第九歌）

と、悲痛な叫びで中断したのは、まさにこの時である。

フィレンツェのメディチ家追放

一方、シャルル八世の方は、単なる友好訪問であってもフランス軍にミラーノ市内に入られては一大事と、ミラーノのルドヴィコ・スフォルツァが八方手を尽くしたおかげで、パヴィーアからピアチェンツァ経由、パルマの手前でターロ川の渓谷に入って、アペニン山脈を横断、トスカーナに出る。ルッカでは大歓迎を受け、ピーザでは（トスカーナの状況もよく分からぬまま）同市のフィレンツェからの独立と自由の回復を承認する。

問題はフィレンツェで、ピエーロ・デ・メディチはナポリとの同盟の手前、シャルル八世の事前の申し入れにもかかわらず、フランス軍のフィレンツェ領内通過を認めないと宣言しており、シャルル八世も当然軍事的抵抗を予想していた。ところが、いざ十月も終りに近付き、フランス軍がじっさいに姿を現すと、ピエーロはにわかに怖じ気づき、市議会の承認も得ぬまま密かに町を抜け出してシャルル八世の本営を訪れ、フランス軍の入市を認めたばかりか、ピーザ、サルザーナ、リヴォルノなどを引き渡す印として、これらの市の城門の鍵を渡してしまう。事後にこのことを知らされたメディチ一門の主だった者達は怒り、一般市民もピエーロの行動が、

（2）フェランテ一世は九四年一月没、息子のアルフォンソが王位を継いでいた。

フランス王の力を籍りて自分がフィレンツェの僭主《ティランノ》になろうとする謀《たくら》みではないかと疑って激昂、十一月九日ピエーロがフランス軍本営から戻り、市議会に結果を報告するため市庁舎に入ろうとすると、扉は閉ざされてしまう。そればかりか民衆がメディチ家の館に押しかけ、乱入しようとするのでピエーロは取る物も取り敢えず脱出し、館は略奪に任される。一四三四年に成立したメディチ専権体制は、ここに六十年であっけなく崩壊し、フィレンツェでは共和制が復活する。

イタリア半島の旧式な政治・軍事体制

この事件は二つの興味ある事実を示している。第一はイタリア半島北・中部に成立した都市共同体にあっては、今回のピエーロ・デ・メディチ、またメディチ政権に先立つリナルド・デリ・アルビッツィの失敗が示すごとく、都市国家《チッタ・スタート》が成立して以来の民主（自治）制志向が、ことあるごとに表面に出てくる点である。(3) じじつメディチ一族の中にも、カテリーナ・スフォルツァと結婚し初代トスカーナ大公を出す系統の、専制的なロレンツォや息子のピエーロと違い共和主義的だったので「平民《ポポラーノ》」と呼ばれたジョヴァンニのような者もおり、その点でロレンツォの祖父大コジモの取った「疑似共和体制」は市民の心情を的確に把握していたといえる。(4)

第二は、こちらはもっと重大で、地域国家や都市共和国に雇われて戦う傭兵隊システムは、十五世紀末にはすでに時代遅れとなりつつあったにもかかわらず、イタリア半島の諸勢力はそれを用い続けた事実である。まず兵員の問題だが、都市共和国や小君主国の雇える傭兵の数は、雇主が契約に払える金額の多寡、あるいは複数の雇主が連合して共通の敵に当たる場合などいろいろだが、単一の雇主では一時に数千ほどで万を超えることはまず無かった。というのも契約の額がまた常に吊り上げられる傾向にあったからである。のみならず契約の期間はいつかは切れるわけで、必要があれば契約を更新するか、あるいは新たな傭兵隊長を見付けてくるか、どちらかとなる。

一方、傭兵隊長の方も、少しでも高い金額が提示されれば、それが昨日の敵であっても、そちらの側につく。(5) しかも傭兵隊長にしてみれば、部下の兵隊はいわば貴重な財産であり、これを無駄に消耗するような戦闘はできるだけ避けた上、その一方で敵がいなくなれば傭兵自体の存在理由がなくなる道理で、敵を徹底的に殲滅することも控えることが多かった。結局、傭兵隊による戦争は作戦行動が主体となり、相手を出し抜き有利な陣地を占めた方から戦いを挑み、ある程度戦った上で適当に双方が兵を引くという優雅な戦いぶりが主体となる。それでも十四世紀末、英仏百年戦争の休戦期に仕事にあぶれて半島に流れ着いたジョン・ホークウッドが採用したように（一六三頁の図版参照）、実戦をくぐり抜けてきたイングランド郷士《ヨーマン》の、徒歩《かち》立ち大弓隊で敵の重騎馬隊に対抗するといった戦術もあった。しかし、それは次第に廃れ、むしろイタリア人傭兵隊長達が流行らせた、中世に逆戻りしたような騎馬隊を中心とした編成に[6]、雇主の町が下層市民の中から掻き集めて数だけ揃えた歩兵がつく、指揮系統もバラバラな軍隊が戦争を行っていたわけである。

ところが英国との百年戦争、さらにはブルゴーニュ公国といった大封建勢力との激しい戦いを経て統一国家となったフランスの国王が、自国の軍隊を引き連れて攻め込んで来るとなると、上述のごとく数万の兵員、それも騎馬隊・歩兵隊[7]、さらに攻城用の砲兵隊まで含まれていたのである。しかも命令系統は確立され、国王に対する忠誠で動く以上、期限付きの契約もなければ給金の額による取引きの余地のあろうはずもなく、かつ外国での戦いとなれば相手に容赦はない。近代的な意味の「国民軍」は、フランス大革命を経てナポレオン戦争で成立したというのが定説だが、じつはすでに十五世紀末、イタリア半島のルネッサンスが終りに近付き、アルプス以北でルネッサンスが始まろうというこの時点で、都市を中心とする地域国家と国民国家《ネーション・ステート》という二つの政治体制がぶつかり、前者が後者に呑み込まれていく過程でそれが生まれるのである。このことは、アンダルシアのイスラム勢力との戦いを通して国家統一を達成したスペイン、また英仏百年戦争とそれに続くランカスター家とヨーク家の間の薔薇戦争を経てチューダー王朝下に成立した統一イングランドなどが登場してくる時、いっそう明らかとなり、マキャヴェルリが『君主論《イル・プリンチペ》』で力説した市民軍の必要性も、まさにそのことを踏まえている。

シャルル八世のイタリア音痴

話をフィレンツェに戻せば十一月十七日、ホーヘンシュタ

---

(3) ミラーノでフィリッポ・マリア・ヴィスコンチの死に際して、「アンブロジャーナ共和国」の復活が一時起った例も挙げることができる。

(4) フィレンツェが君主制を受け入れるのはルネッサンスも終った一五三八年、コジモ一世がモンテムルロの戦いで共和制復活を狙う国外追放者達の叛乱を壊滅させて、従兄のアレッサンドロ・デ・メディチの悪政の始末を付けた時点でのことである。

(5) いったんある雇主の許で働いたら、一定の期間はその雇主を敵に回してはならないという取り決めもあったがなかなか守られず、実際に戦場で戦っている時に、敵方からのよりよい契約の申し出を受けて、現在の雇主を裏切る例もあった。

(6) 騎馬の戦闘員にその槍持ちと、補助要員の三人で一組が「槍《ランチャ》」と呼ばれる単位をなす。

(7) 歩兵隊の中には、ブルゴーニュ公を共通の敵として以来フランスの友軍となった、当時ヨーロッパ無敵の方陣をもって知られるスイス長槍隊四千人余りがいた。

ウフェン家に対抗してアンジュー家の南イタリア征服を支持して以来、伝統的に親フランスのフィレンツェ市民は、メディチ家の圧制からの解放者としてシャルル八世を大いに歓迎する。だがシャルル八世の方は事情もよく呑み込めぬまま「ピエーロ・デ・メディチも呼び戻してはいかが」などと、見当違いな発言をして市民を呆然とさせている。都市共和国とはいかなるものかは、シャルル八世の理解の範囲を超えていたのである。だが、何はともあれ友好裡にフィレンツェを発ったシャルルは十二月二日にシエーナ着、ここでも歓迎される。

　フランス軍の先陣はこの時もう教皇領のヴィテルボに達しており、シャルル八世はそこから教皇アレクサンドル六世に教皇領通過の了承を求める使者を派遣、むろん認められて一四九四年の大晦日ローマに入る[8]。ローマでの交渉の目的は、教皇領の通行安全保障が第一。教皇司式（じっさいはアレクサンドルの息子でヴァレンシア枢機卿のチェーザレ・ボルジャが、ナポリまで王に同行して式を代行する）による自己のナポリ国王としての戴冠が第二。第三に、将来の十字軍に向け、オスマン・トルコの王位争いに敗れてローマに亡命して来ていた、バヤズイッド二世の弟ジェム皇太子の身柄の引き渡し。第四番目として聖天使《カステル・サン・タンジェロ》城を王に譲りフランス軍を駐屯させること、の四点であった。第一点は了承されたが、第二点については後にローマからナポリに向かう途中でチェーザレ・ボルジャは姿をくらまし、任命権者教皇によるシャルル八世の両シチリア国王承認は得られない。第三点に関しては（バヤズイッドが監視料として、莫大な金額を教皇に支払っていた）ジェムの身柄は渋々引き渡されたが、ジェムはローマを発つとほどなく発病（チェーザレに遅効性の毒を盛られたという疑いが囁かれた）、二月にナポリで亡くなってしまう。第四点の聖天使城を王に譲る件はアレクサンドル六世もさすがに譲らず、自身が城に籠りスペイン近衛兵と共に徹底抗戦するというので、シャルル八世も折れた（同城の攻略は一五二七年、カール五世のスペイン軍により実現されることになる）。またこの間、フランス軍に含まれるスイスやドイツの傭兵には市民の生活を脅かす乱暴な行為が目立ち、娼婦と交わって梅毒をもらう者も出て、軍全体の評判がどんどん落ちていく。

ナポリ王国陥落

フランス軍は一月二十八日ローマを出発するが、同行のチェーザレ・ボルジャは上述の通り、ローマの南西四十キロのヴェレットリまで行ったところで蒸発してしまう。一方、シャルル八世はガリリアーノ川を渡って両シチリア王国に入る地点で国境防衛線にぶつかり、ここで初めてナポリ軍との戦闘が行われる。優勢なフランス軍はナポリ国境守備隊を問題にせず、モンテ・サン・ジョヴァンニの要塞が抜かれると、見せしめのためにも九百人余りの兵士・市民が処刑され、これを見た他の砦は震え上がって櫛の歯を挽くように城門を開いて降伏する。

　シャルル八世は二月十三日、ベネディクトゥス派修道会の総本山モンテ・カッシーノに近いサン・ジェンナーロでナポリ国王即位宣言を行う。一方、アラゴン家のアルフォンソ二世は、大貴族達の叛乱を苛烈に弾圧したことで人民の反発を買っており、身の危険を感じるほどだったので、フランス軍接近の報に自ら退位を宣言、王位を息子のフェランテ二世（フェルディナンド二世）に譲ってシチリアに逃亡する。フェランテ二世も王宮を捨てて、ナポリ湾内のイスキア島にある離宮に避難してしまう。シャルル八世は二月二十二日に市民の歓呼に迎えられて王としてナポリに入城する。教皇アレクサンドル六世がこの状況を評して、「フランス王は（地図の上に、ここからここまでは自分の領地と）白墨で線を引いただけで、ナポリを征服した」という警句を吐いたのは、この時である。この警句は当時人口に膾炙し、フィリップ・ド・コミーヌが『回想録』で引き、マキャヴェルリも『君主論』の第十二章に記している。シャルル八世の半島遠征の目的は、じっさい思ったよりも容易く達せられたわけで、またこの成功により、イタリア半島諸勢力の軍事力がもはや時代遅れで、見かけだけのものであったことが満天下に曝け出される結果となった。

フォルノーヴォの戦い

　シャルル八世はナポリで、アルフォンソ二世のかけた税金を廃止して人気を取り、アラゴン系の貴族の領地を没収してアンジュー系の家柄の者に返したり、アラゴン王家の収集にかかる美術品や書籍のコレクションに感嘆したりして四月半ばまでを過ごす。だがその間に、教皇、ヴェネツィア、ミラーノ、および半島におけるフランスの強大化を恐れたスペインのフェルナンド王、ドイツのマクシミリアン皇帝（ドイツ王選出一四八六年、皇帝戴冠一五〇八年）[9]までもが加わる反フランス同盟の結成が伝えられる。ぐずぐずしていては半島南部に閉じ籠められ、フランスに帰ることができなくなって

(8) 本来は翌一四九五年元旦に入市のはずだったのを、占星術師の進言で一日早めた！

(9) マクシミリアンは、父親で神聖ローマ皇帝のフリードリッヒ三世が、ボヘミア王マティアス・コルヴィンによって追い出されていた首都ヴィーンに、マティアスの急死によってやっと帰ることを得た一四九〇年、疲れ果てて実質上の権力をすべてマクシミリアンに委譲、政治から引退したので、この年からマクシミリアンが皇帝と目されることになった。

しまう。そこでシャルル八世は四月後半に、多量の掠奪品をフランスに送る決定をする。それらには美術品・壁掛・写本千百余冊・絵画・ブロンズ像ばかりか、なんと多数の金彫師、造園師、建築家、水道技師など、シャルル八世がすっかりその魅力の虜になったルネッサンス工芸の制作者までが含まれる（こうした作品・人的資源が、アンボワーズ城の庭園などフランス・ルネッサンスの形成に与えた影響は計りしれない）。全体は二つのグループに分けられ、一半はナポリ港から船便で直接フランスに向かい、残りは王と共に陸路で北上する。

しかし、はやくも半島の空気は一変していた。フランス軍はナポリのあるカンパーニャ、教皇領のラツィオ、中部のトスカーナまで、行く先々で往路とは打って変わった、敵意に満ちた対応を受けながらも、ともかく大した抵抗にも遭わずアペニンニ山麓まで辿り着く（一四九五年七月六日）。だが来た道を逆にターロ川の渓谷を遡り、狭隘な山道の行軍に隊列が細長く延びるフォルノーヴォに差しかかり、前衛のスイス歩兵隊が通り過ぎてシャルル八世の本隊と後衛の輜重隊が現れたところに、「傭兵隊長」の評判高い、マントヴァ侯爵《マルケーゼ》フランチェスコ・ゴンザーガ指揮するミラーノ・ヴェネツィア軍が襲いかかる。王を守護する重騎馬隊は勇敢に応戦するが、ヴェネツィアがバルカン半島でトルコ軍との戦闘から学んだ軽騎馬隊による捉えどころのない遊撃戦法には効果が薄く、足の遅い輜重隊はむろんのこと、一時は王の本陣までが危うい事態となる(10)。ただ傭兵隊長の常として、決定的に相手を殲滅しない方針のフランチェスコ・ゴンザーガは王が多大の損害は蒙りながらも、乱戦の中で血路を切り拓き脱出するに任せる（シャルル八世との事前の話し合いもあったことが、フィリップ・ド・コミーヌの『回想録』でも言及されている）。ひとたびロンバルディーアの平原に出れば、歩兵隊・重騎馬隊の援護を受けるフランス王に正面切って戦いを挑もうとする者はない。

とはいえ、いまや敵方に回ったルドヴィコの支配するロンバルディーアでは、市々は城門を閉してフランス軍を受け入れず、かつシャルル八世はフォルノーヴォの敗戦ですっかり怖じ気づき、フランス軍に加わっていた「傭兵隊長」ジャンジャコモ・トリヴルツィオの、ピアチェンツァに呼びかけて反ルドヴィコ勢力を結集してミラーノを攻めるべしというもっともな進言にもかかわらず、ひたすら先を急ぐばかり。露天にテントを張り川の水を飲んで十日余りで、やっとアスティに辿り着く始末であった。ここでルドヴィコを相手に、従兄オルレアン公ルイがノヴァーラでミラーノ軍に包囲されているのを解放させる交渉を行った上で、ピエモンテに入れば後は無事凱旋ということになる。フォルノーヴォの戦いは完全にフランス軍の敗北だったが、シャルル八世はナポリを征服した証拠に戦利品を見せびらかして勝利を言い立て、フランス人のイタリアに対する夢を大いに掻き立てた。

それだけではない。国に帰ってもイタリアの夢を忘れることができぬシャルル八世は、再度の遠征を企てる。だが三年後の一四九八年四月、不慮の事故(11)に遭ってアンボワーズ城で死去、後をオルレアン公ルイがルイ十二世として継ぐ。この王こそ、祖母にヴァレンティーナ・ヴィスコンチを持ち、ミラーノ公領に対しても相続権を主張することのできる立場にある人物であった。はたせるかなルイは即位するや、ただちに遠征の準備に取りかかるのである。

第2節　シャルル八世南下の波紋

（1）　ナポリ、ローマ

スペインの介入

この間、イタリア半島でも重大な変化が起こりつつあった。まずナポリだが、シャルル八世の去った後はすぐにアラゴン家のフェランテ二世が王位に返り咲く。とはいえ、シャルル八世は征服した王国に守備隊(12)を残していた。フェランテ二世としてはこれを追い払わねばナポリに戻ることはできず、そこに余人ならぬイベリア半島のアラゴン本家で、カスティリアのイザベル女王との結婚を通して統一スペインに君臨する強大な君主となりつつあったフェルナンド王が、弱いナポリの分家のために介入するきっかけがあった。

じっさい目先の利いたフェルナンド王は、一四九三年にシャルル八世から両シチリア王国奪回戦争の計画を伝えられると、中立の代償として提供されたルシヨンとセルダーニャ両地方はむろん受け取る（バルセローナ条約）。そのうえで早速、傭兵隊長《コンドッティエーロ》の戦争ごっこと違って、グラナダの対イスラム実戦で活躍した名将ゴンサルヴォ・デ・コルドヴァをシチリアに送り込む。近い将来におけるフランスとの対立を見越してのことである。はたせるかなシャルル八世撤退後の九五年六月、シチリアから攻め上ったフェランテ二世とゴンサルヴォは、カラブリアのセミナーラでドービニイ指揮下のフランス軍と戦う。これがヨーロッパの二大統一国家フランスとスペインが対決した最初の戦闘である。この戦いでは、まだ

---

(10) もしジエ元帥ピエール・ド・ロアンやロートレック子爵オデ・ド・フォワなどの獅子奮迅の働きがなかったならば、シャルル八世は戦死または捕虜になるところであった。

(11) 後出二六二―四、および三〇六頁参照。

(12) ナポリには副王としてオルレアン家のジルベール・ド・ブルボン＝モンパンシエ公、カラブリアには大元帥スチュワート・ドービニイを残していた。

サヴォナローラの肖像　フラ・バルトロメーオ筆　フィレンツェ　サン・マルコ修道院蔵

イタリアでの戦争に慣れぬゴンサルヴォは敗北する。しかし次第に経験を積んだスペイン軍は続く戦闘でフランス軍を圧倒し、ついには両シチリア王国をスペインの直轄支配に取り込むことになっていく。

しかも翌一四九六年にフェランテ二世が亡くなり、後を息子でアラゴン系ナポリ王朝最後のフェデリコ四世が継ぐ。しかしこの王も、九八年にフランス王となったルイ十二世が九九年から始めた半島侵入を受け、一五〇二年には国を失うことになる。こうした転変極まりない政情の動きに翻弄されて、この時期を境に、もともと「ショウ・ケース」でしかなかったナポリでは、ルネッサンスは衰えていかざるを得ない。

ローマの対応

次にローマであるが、シャルル八世のフランス軍侵攻の経験から、アレクサンドル六世は自前の軍事力を持つ必要を痛感する。これにはロマーニャ、ラツィオ、マルケ諸地域にまたがる教皇領の再編が必須である。そこで息子のチェーザレ・ボルジャがヴァレンシア枢機卿だったのを還俗させて教皇軍の司令官に任命、一四九八年にフランス王となりイタリア半島に強い関心を寄せていたルイ十二世と話を付けて、ナヴァール（フランス語、スペイン語ではナヴァラ）王ジャン三世の妹シャルロット・ダルブレと結婚させてヴァランチノワ公爵とする。つまりシャルル八世の時と違って、教皇がフランスと組み、世俗教会国家（なんたる言葉の矛盾！）の建設に乗り出したわけである。その結果がいかなるものとなるかは十六世紀に入って明らかとなる。

（2）フィレンツェ、ミラーノ

フィレンツェのサヴォナローラ共和国

トスカーナではシャルル八世の南下に際して、ピエーロ・デ・メディチの取った対応がフィレンツェ市民の反発を買い、メディチ家は追放されて共和制が復活した。共和制復活に与《あずか》って力あったのは、聖《サン》マルコ修道院長ジローラモ・サヴォナローラだが、このドメニコ修道会士はキリスト教原理主義者で、世俗化と奢侈《しゃし》が蔓延していたフィレンツェの状況を早くから批判し、ピーコ・デ・ラ・ミランドラやボティチェルリ、さらには「豪奢殿」ことロレンツォにまでも影響を与えている。物質的な繁栄がもたらされても、それだけでは満たされない精神的な空虚が、当時の人々の心を捉えていたのを如実に示す事態である。

共和制が復活した後のフィレンツェは、片や反メディチ寡頭体制《オリガルキア》を確立しようとする「憤激派《アラビアーティ》」（富裕層）、片やより民主的な体制を目指す庶民層の「泣き虫派《ピアニョーニ》」とに分かれて、激しい争いが続いていた。サヴォナローラは後者に属していたが、平和を望んで市政府を改組することはせず、代わりに「大評議会《マジョル・コンシリオ》」という五百人に上るメンバーを擁する最高決定機関を設置して、これが行政執行を司る諸委員会を任命する。一方、弛緩した市民の道徳意識を高揚させるため、予言者的な調子で、終末論の響きを帯びた激烈な説教を花の聖母寺院《サンタ・マリア・デル・フィオーレ》で行い人々の心を捉える（フィチーノやミケランジェロも群衆の中に交ってその弾劾に耳を傾けている）。そして風紀紊乱の恐れある（裸体などの）絵画や彫刻、また書籍を火に投ぜよと呼びかけ、じっさいに多くの作品が市庁舎広場に積み重ねられて燃やされる。だが民衆は、一時的にサヴォナローラの雄弁に深い感銘を受けはするが、いつまでも懺悔と改悛ばかりの生活には耐えられるものではない。興奮が醒めると、次第に人気もほどほどとなってしまう。

サヴォナローラはまた、当然のことながら教会、とくにローマ教皇庁の世俗化と腐敗を厳しく糾弾する。これが世俗主義者の最たる者であったアレクサンドル六世の気に障らぬわけがない。シャルル八世の南下から撤退まで、半島が大混乱に陥っていた間はアレクサンドル六世もフィレンツェの一説教師どころの話ではなかったが、一四九五年春にシャルル八世が北に向けて教会領《パパート》を通過し（この時アレクサンドルはローマを逃げ出しヴィテルボに避難している）、アルプスの彼方に姿を消すと、早くも七月には聖マルコ修道院長を異端の廉《かど》で告発し、説教を禁止する。サヴォナローラも一時は沈黙するが、翌九六年初に説教を再開、五月に破門の決定が下されてもなお、聖マルコ修道院で依然として説教し続ける。のみならず、教皇弾劾のための公会議開催まで呼びかける有様である。

そうこうするうちに一四九八年三月、弟子の者が反サヴォナローラ派のフランチェスコ会のロンディネルリ修道士の挑発に引っかかかって、「師は火の中を潜っても焼かれることはない」と広言してしまう。得たりや応と、市庁舎広場が会

IL PRINCIPE
DI NICOLO MA-
CHIAVELLI,
Al Magnifico Lorenzo di Piero
de Medici.
Con alcune altre operette, i titoli delle quali trouerai nella seguente facciata.
IN PALERMO
Appresso gli heredi d'Antoniello dagli Antonielli
a xxviij. di Gennaiò, 1584.

マキャヴェルリ『君主論』の扉

場に指定され、公開神明裁判の日は四月七日と定められてしまう。だがサヴォナローラは、もともと自分が言い出したことでもなく、また仲間の者達の制止もあって、その場に姿を現さない。奇跡を見ようと集まった群衆は失望し、一転サヴォナローラは嘘つきの詐欺師と怒り狂って聖マルコ修道院を襲う。市政府もサヴォナローラの追放（八日）を決め、誰からも見放された修道士は裁判にかけられ、五月二十三日には市庁舎広場で本当に火刑に処せられてしまう。

　サヴォナローラの登場から、権力の獲得、処刑に至るまで、民衆の熱狂が政治に及ぼす影響を冷徹な現実主義者の眼で観察していたマキャヴェルリは、『君主論』や『ティトゥス・リヴィウス論』[13]で、賛否相半ばする意味深長な論評を加えている。

ソデリーニ政権と書記官長マキャヴェルリ

サヴォナローラの破滅後、フィレンツェには名門ソデリーニ家出身のピエーロを首席とする政府が成立する。しかし富裕商人階級《ポポロ・グラッソ》と中産階級、それにサヴォナローラ時代に政権に参加した庶民階級の三巴の綱引きの上に乗り、かつソデリーニ自身の優柔不断な性格もあって、これはごく不安定な共和体制でしかなかった。当然半島の複雑かつ多難な情勢に翻弄され、大した成果を上げることはできない。ただその書記官に希有の人材ニコロ・マキャヴェルリを登用したことで、ルネッサンスの歴史に名を留める。マキャヴェルリの透徹した歴史把握は、古代ギリシャ・ローマの事例を頻繁に引くことで人文主義《ウマネージモ》の流れに棹差すとはいえ、メディチ政権の下で活躍した有閑知識人達の思考遊戯、新《ネオ》プラトン主義[14]とはまったく異なる、現実主義《リアリスム》に彩られたものであった。

　宮廷のお飾りとしてのルネッサンス美術の担い手達もまた、多事多難なフィレンツェを捨て、金持ちのパトロンと仕事のあるローマ、ミラーノ、ヴェネツィア、さらにはフェラーラあるいはマントヴァといった、比較的小さいが安定した拠点に流出していく。十五世紀末のフィレンツェは、徐々に知的にも芸術的にもルネッサンスの中心の一つとしての地位を失いつつあったのである。

ミラーノの隆盛

ナポリとフィレンツェが半島ルネッサンスのセンターの地位から脱落していくのに対し、逆にミラーノはルドヴィコ・スフォルツァの下、その一大中心となる。ルドヴィコは確かに変り身の早い利己主義者、権力欲の塊であったには違いないが、有能で優れた理解力を持つ為政者であったのもまた事実である。一四七六年に兄のガレアッツォ・マリアが不行跡のゆえ臣下の恨みを買って暗殺されると、ただちに他の兄弟を語らって、後を継いだ甥のジャン・ガレアッツォを追い出そうと陰謀を企て、それが露見して七七年ミラーノを所払いになる。だがナポリ王フェランテ一世の許に赴いてバーリ公にしてもらい、その間もミラーノの自己の党派を操って七九年末に復帰を果したばかりか、ガレアッツォ・マリアの未亡人ボーナ・ディ・サヴォイアと愛人アントニオ・タッシーニとの不行跡も手伝って、当時八歳の甥の後見人に指名される「遣り手」ぶりを発揮する。以来ルドヴィコは道徳的考慮に煩わされぬタイプのルネッサンス人の典型として、自己の権力が正統でないことを十分自覚し、それを保つためならどんなことでもやってのけた。その中にはミラーノの繁栄も含まれており、ポオ河流域に運河を開鑿《かいさく》して湿地帯を干拓し、同時にそれを交通の便にも役立てた。レオナルド・ダ・ヴィンチが一四八二年にミラーノに招かれたのは、芸術家としての評判もさることながら、同時に土木技師としての才能が買われた面が強いのはすでに指摘した。また、米など新しい作物の導入、養蚕による絹織物業の発達、牧畜・酪農の奨励を通して乳製品の生産増大と食肉産業の振興を図った。おかげで工業（武具の生産）や商業は大いに栄え、その人口は十三万にも達したほどである。

ルドヴィコはまたミラーノ市民の人気を取るために派手なイヴェントを計画、被後見人の甥ジャンガレアッツォとカラブリア公アルフォンソ（後のアルフォンソ二世）の娘イザベラとの結婚（八九）を華やかに祝う。しかし翌九〇年に若いカップルに息子フランチェスコが生まれ、ミラーノ公のタイトルが暗殺された兄ガレアッツォ・マリアの系統に受け継がれていく可能性が出てくると、自分もフェラーラのエステ公

---

(13)『ティトゥス・リヴィウス論』第十一章で、「サヴォナローラは神と直接言葉を交わしたと言い、〔欺されやすい〕田子作でもなければ呆《うつ》け者でもないフィレンツェの市民までがこれを信じた。さりながら、かかる大人物〔の言〕は敬意をもって扱われねばならない」と述べている。

(14) ピーコ・デ・ラ・ミランドラは一四九四年、フィチーノは九九年に死ぬ。新プラトン主義の学問は、後にアルプスの北に移って新しい人間像を生み出す契機となる福音主義とはほど遠かった。

爵家との縁組を急ぎ、九一年にベアトリーチェ・ディ・エステと結婚する。この婚礼の宴が、前のジャン・ガレアッツォとイザベラ・ディ・アラゴンの結婚の祝宴をはるかに上回る盛儀（乱痴気騒ぎ?）で、続く息子の誕生祝いもいっそう派手だったため、勝ち気なイザベラは正式の公爵夫人である自分が軽んじられたと怒る。そこにイザベラと同じぐらい才気煥発で自己主張も強いベアトリーチェがぶつかり、さなきだにルドヴィコの後見に自分達の活動が掣肘《せいちゅう》されていると感じる若公爵夫妻の反発が強まる。

ルドヴィコはかかる状況に直面して、抑制的に事態を改善しようとするのではなく、強行正面突破を考える。それがナポリを切り捨ててフランスに乗り換え、シャルル八世に南下を呼びかける政策である。この危険な方向転換を見て、フィレンツェの使節が故ロレンツォの半島勢力均衡政策を維持する立場から「イタリアの平和と安定を考え、御再考を」と求めたのに対し、ルドヴィコが「イタリア？　イタリアって何かね？　そんな物は、儂《わし》はついぞ知らんが」と嘯《うそぶ》けば、フィレンツェ使節もまた、ルドヴィコの言い分が正しいことを認め、黙せざるを得なかったという話が伝わっている。まさにこの時点で、（ペトラルカ『わがイタリア』からボイアルド『恋するオルランド』に到る）知識人の観念論は別として、まだイタリアというまとまった社会共同体は存在していなかったばかりか、（後世よく持ち上げられる）ロレンツォ「豪奢殿」の勢力均衡政策にしたところが、半島全体の平和と繁栄のためというより、むしろ没理想的な金持クラブの利権保持を狙う現状固定政策でしかなかったことがはっきり看て取れるのである。

だが、何はともあれルドヴィコの勧誘は見事に当たってシャルル八世は九四年半島に侵入し、アラゴン家を追い払ってナポリ王国を占領する。すると目的を達したルドヴィコは、たちまち掌《たなごころ》を返して、今度は教皇とヴェネツィア、スペインのフェルナンド王、ドイツのマクシミリアン王（後の神聖ローマ・ドイツ皇帝マクシミリアン一世）と組んで、九五年シャルル八世をフランスに追い返す（ただしシャルルに再びナポリ征服の意志ありと知るや、それがミラーノ公領に相続権を有するオルレアン公ルイからアスティ伯爵領を奪う手段になると判断、シャルルと縒《より》を戻してアスティから代官《ヴィカリオ》ジャンジャコモ・トリヴルツィオを追い出すのに成功する）。また九四年の八月に甥のジャン・ガレアッツォが亡くなると、一応は甥の息子フランチェスコ（五歳）を公爵に推す形を取るが、（じつはお手盛りで）市議会から諸般の緊張した政治情勢に鑑み、ルドヴィコ自身が公爵になるよう推戴させる（九月）。ただしすぐには受けず、今度はドイツのマクシミリアン王に莫大な献金を申し出て、フィリッポ・マリア・ヴィスコンチの死（一四四七）後絶えていた神聖ローマ帝国公爵位を獲得（九五年五月）、遂に名実共に念願のミラーノ公爵となる。じつにその得意や思うべしである。妻のベアトリーチェ・ディ・エステはお産が因《もと》で九七年に亡くなるが、ともかくミラーノは一四八〇年代から世紀の末に到る二十年間、その社会の活力と富により、またマントヴァやフェラーラと結んだ政治的同盟により繁栄を誇る。それに伴ってフランチェスコ・フィレルフォ、グァリーノ・ダ・ヴェローナ、ヴィットリーノ・ダ・フェルトレなどの人文主義者《ウマニスタ》、ダ・ヴィンチやブラマンテらに代表される芸術家達を引き付け、半島におけるルネッサンスの最も活発な拠点となる。

（3）　ヴェネツィア

本土政策

半島北部のもう一つの中心ヴェネツィアでも状況はミラーノと似たり寄ったりであった。十五世紀の半ば、スルタン・メフメット二世によるコンスタンチノープル占領（一四五三）は東地中海や黒海におけるヴェネツィアの覇権に影を落すが、オスマン政権との関係修復は成功し、八〇年にメフメット二世の軍隊が南イタリアに上陸しオートラントの町を占領した時も、ヴェネツィアは中立を守って静観している。メフメットは翌八一年に急死（毒殺？）し、息子バヤズイッド二世（これも毒殺の噂がある）を経て、一五一二年に「大帝」ことセリム二世が権力を掌握する一五二二年までは、東からの圧力は緩む。

しかし、コンスタンチノープル陥落に立ち会い、半島本土に根拠地を獲得する必要を痛感したヴェネツィアは、従来の本土での紛争不介入の政策を転換して、しきりに傭兵隊長を雇って領土獲得に乗り出す。すでにコンスタンチノープル陥落の翌五四年、フィレンツェ、ミラーノ、ヴェネツィア、ナポリ、ローマの間で結ばれた、勢力均衡政策のシンボル「ローディの和平条約」によって、ブレシャとベルガモを獲得していたが、八二年縁者贔屓《ネポティスモ》で知られた猛烈教皇シクストゥス四世が、甥のジローラモ・リアーリオのためにロマーニャの教皇領平定を企てると、ヴェネツィアは教皇と組んで八四年までフェラーラを攻撃する。かつナポリの王位をめぐりアンジュー家とアラゴン家との間で絶え間なく生ずる緊張に、これまた教皇やミラーノが絡んで起こる紛争にも積極的に介入し、九六年からブリンディシやオートラントといった、プーリア地方のイオニア海に面する港町を占拠している。

印刷術の都

文化的にも一四九四年、人文主義者・印刷業者としてヨーロッパ全土にその名を知られることになるアルド・マヌツィオ（一四五〇～一五一六）が、生地のローマ近郊セルモネータからヴェネツィアにやって来て、印刷所を開く。九九年にはドメニコ修道会士フランチェスコ・コロンナが、ギリシャ、ラテン、イタリア語をごちゃまぜにした奇妙奇天烈な混淆語[15]で書いた『ポリフィーロの愛の闘い《ヒプネロトマキア・ポリフィーリ》』をそこから刊行し、大ベストセラーとなる。また少し後のことになるが、一五〇六～〇九年にかけてイタリアを訪れたエラスムスが、喜んでその『格言集《アダージュ》』の校を正したのもアルドの印刷所においてであった。もともとアルドが志したのは、グーテンベルグにより十五世紀半ばにシュトラスブールで初めて試みられた当時最新のテクノロジー、活版印刷術を取り入れて、人文主義者に相応しくまずはアリストテレスやプラトンの全集を刊行してギリシャ古典の散逸を防ぐことだった[16]。だが次第に事業が拡大し、ラテン語、さらにはイタリア語の作品の翻刻にも進出、ダンテ『神曲』のアルド版（挿絵入り）は大ヒットとなる。そうなればもう古典の保存だけはでなく、写字生による手書きで作成に時間がかかるため高価かつ写し違いでテクストの異同が起こりやすい写本に比較して、大量生産が可能で、安価かつ正確な「八折り判《イン・オクターヴォ》」という、今日の文庫本にも相当する小型で持ち運びやすい判型を生み出す。これまでのゴツゴツしたゴチック書体ではなく、今日イタリック体と呼ばれる活字を用いた印刷本は、人文主義者だけの知的玩弄物だった古典作品を、字の読める者に限られてはいたが、それでも以前とは比較にならないほど幅広い層に行き渡らせることを可能にした。十三世紀末の経済革新が物質的な豊かさを半島の都市共同体に行き渡らせたのと同様に、印刷術は知的な豊かさを知識人の独占から解き放ち、一般人の間に普及させたのである。

ヴェネツィア文化の活力

一方、ヴェネツィア絵画ということになれば、ジェンティーレとジョヴァンニのベリーニ兄弟、その弟子カルパッチョ、ジョルジョーネ、ティツィアーノ、さらにはヴェネト地方の町マントヴァの公爵宮殿にその最大傑作を残したマンテーニャがいる。また教会からの思想的介入を断固拒否したヴェネツィア共和国では、教皇庁からは睨まれながらも、十五世紀の半島政治史に欠くことのできない内幕記録を『日記《ディアーリ》』に残した外交官・年代記作者マリン・サヌード（一四六六～一五三六）などが出て、十五世紀末から十六世紀おけるヴェネツィアは半島ルネッサンス文化の一大中心となった。

第3節　ルイ十二世の半島侵入

（1）ミラーノ、ナポリ、フィレンツェ

ルイ十二世の南下

一四九八年フランス王シャルル八世はアンボワーズ城の回廊の「まぐさ」に頭をぶつけるという不慮の事故で突然亡くなる。跡を襲ったのは王の従兄オルレアン公ルイ、すなわちルイ十二世である。ルイ十二世もまた、シャルル八世と同じくイタリアに取り憑かれており、半島南下を試みる。ただシャルル八世の場合はその南下が半島ルネッサンス崩壊の幕を切って落したとはいえ、期間が九四年九月から翌五年十月までと、一年余りの一過性であった。これに対してルイ十二世の半島介入はじつに十三年の長きにわたり、半島におけるルネッサンスを崩壊させるのに決定的な役割を果した。

じじつシャルル八世が退却した後でも、半島を五分するミラーノ、フィレンツェ、ローマ、ナポリ、ヴェネツィアの割拠状態は、衰えたりとはいえなんとか全体の枠組みと、支配機能を保っていた。ところがルイ十二世が去った後では、教皇庁とヴェネツィアのみが辛うじて（それも長くは続かぬ）独立を維持するばかりで、他の三勢力にいたってはすっかり外国支配に服する有様となってしまう。

ミラーノ攻略、ルドヴィコ・スフォルツァの没落

まずミラーノだが、すでに見たように、フランスのオルレアン家は、ルイの祖母ヴァレンティーナ・ヴィスコンチの血縁からミラーノ公領に正統な相続権を有しており、ルイ自身もかねてからそれを主張する意志を抱いていた[17]。ただ、シャルル八世は同じ親王家であっても、オルレアン家のミラーノ公領よりアンジュー家のナポリ王国に対する権利を優先した。先のナポリ遠征では自分を裏切りフォルノーヴォの敗戦の仕掛人であったにもかかわらず、その後、ナポリの再獲得に役立つと己れを売り込んだルドヴィコの口車に乗せられたわけである。むろんルドヴィコの意図は、自領のミラーノをルイの手から護ることにあったわけだが、ともかくシャルル八世の在世中、ルイはミラーノ公領に対する要求を持ち出すことができず、それどころかオルレアン家に属するアスティ伯爵領までルドヴィコに奪われる有様であった。ところが一四九

(15) テオフィロ・フォレンゴ（一四九一～一五四四）が冒険譚『バルドゥス』で奔放奇怪なマカロニコ文体を用いたのと同工異曲である。

(16) それには十四世紀からコンスタンチノープル陥落に到るまで、ギリシャ人亡命者がもたらした、ヴェネツィアのマルチャーナ図書館所蔵のギリシャ写本が大いに役立った。

(17) そうなればこそルイは、健康上の理由もあったが、シャルル八世南下の際にナポリまで同行せず、ピエモンテに留まりルドヴィコと対峙している。

八年四月のシャルルの死により、ルイがフランス王位に就くと、状況は一変する。

ルイ十二世は早くも九九年七月に、ルイ・ド・トレムーイ元帥と、フランス方の傭兵隊長ジャンジャコモ・トリヴルツィオに率いられたフランス軍をミラーノ公領に侵入させる。攻撃をなんとか喰い止めようと、ヴェネツィアに共同戦線を呼びかけても、ルドヴィコの自分勝手な裏切りが祟って、その対応は冷たく、同盟に応じようとしない。ルドヴィコは慌ててオーストリア大公マクシミリアン（後の皇帝マクシミリアン一世）の許に逃亡、その保護を求める。一方、ロンバルディーア諸都市はフランス軍の到着を歓迎し、次々と城門を開いて降伏する。はや九月にはルイ十二世自身が、ミラーノに君主として凱旋入城を行い、これにはチェーザレ・ボルジャ、その仇敵であるデ・ラ・ローヴェレ枢機卿（後の教皇ユリウス二世）、フェラーラ公、ヴェネツィア大使などが列席する。ただしルイ十二世はミラーノにはたった二カ月滞在したのみで、（ルイ十一世の娘ジャンヌを離婚の上）最近結婚した先王シャルルの未亡人でブルターニュ女公アンヌとの間に生まれる娘クロード（後のフランソワ一世の王妃）の誕生に立ち会うためフランスに戻る。

するとたちまち、フランス兵の占領地での乱暴な振る舞いが因で、ロンバルディーアの市々は叛乱を起こし、これに付け入ってルドヴィコが一五〇〇年一月、マクシミリアンから貸与されたドイツとスイスの傭兵を引き連れて戻り、ミラーノに入城する。だが態勢を立て直したフランス軍との戦闘が四月にノヴァーラで行われるや、スイス傭兵に裏切られたルドヴィコは捕らえられてフランス側に引き渡されてしまう。捕虜としてはじめはリス・サン・ジョルジュ、次いでロッシュの城の地下牢に幽閉され、やっと〇八年釈放された途端に、陽の目を見た喜びのショックで息絶えてしまう。享年五六歳、真に哀れな策士の最期である。

ミラーノについてはもうこれから独立の政治単位として扱われることはないので、その後の状況まで簡単に見ておこう。一五〇〇年のフランス軍による再占拠から一二年まではフランスの支配下に留まる。しかし一一年に、教皇ユリウス二世の反ルイ十二世の「神聖同盟《レーガ・サンタ》」が結成されると、フランスは一時撤退せざるを得なくなる。だが一五年にフランソワ一世が即位、同年マリニャーノ（現メレニャーノ）の戦いで、マクシミリアン一世の援助を得たルドヴィコの息子マッシミリアーノ・スフォルツァに大勝、再びフランスが北イタリアに威を振るう。だが一九年スペインのカルロス一世がカール五世として神聖ローマ皇帝に選出されるや、今度はハプスブルグ家のスペイン・ドイツ勢力が登場、二五年フランソワ一世のパヴィーアでの敗戦に到るまで、ロンバルディーアはスペインとフランスの角逐の舞台となる。そして二五年のフランソワ一世の敗戦以降、ミラーノは、まずスペイン、次いでそのドイツの分家であるハプスブルグ家の支配体制の下、半島ルネッサンスにおける地位はむろんのこと、政治的独立さえも（じつに十九世紀の後半に到るまで）失ってしまうのである。

両シチリア王国の滅亡

ミラーノの次はナポリである。一四九六年以来、ナポリにはスペイン本家の助けを借りて、ナポリ・アラゴン家のフェランテ二世、次いでフェデリコ四世が王位に返り咲いている。しかしルイ十二世はミラーノ奪回後、次はナポリをも占領する決心を固めていた。そのために先王シャルル八世同様、スペインの「カトリック王」ことフェルナンド二世と交渉する。ただルイ十二世には、（セルダーニャとルシヨンの割譲でフェルナンドのすぐ破られた中立を取り付けたシャルル八世のように）、もう振る袖がなかった。そこで（なんとアラゴン分家のフェデリコ四世の頭越しに）両シチリア王国を占領した暁には、同王国をフランスとスペインの間で分割する（！）という秘密の「グラナダ条約」（一五〇〇年十一月）をもって、それに代える。もはや半島内の勢力が、自己の運命を自分で決定できる時期は過ぎてしまっていたのである。

そうした上でルイ十二世は一五〇一年六月、ナポリ攻略に向けて進軍を開始、八月にはもうナポリに入城している。一方、そんな秘密協定があるとも知らぬフェデリコ四世は、例によりイスキア島に逃れるが、ヌムール公ルイ・ド・アルマニャック指揮下のフランス軍に包囲され、捕虜になってしまう。かつ皮肉なことに、当時教皇であったアレクサンドル六世との対立もあって、ナポリ復帰の果敢ない夢をナポリ王国の宗主権者であるスペイン寄りの教皇の調停に頼るよりは、むしろルイ十二世の善意に託す方を選び、八月四日にナポリを発ってフランスに向かう。[18] しかもフェデリコ四世は〇四年にはプレシス・レ・トゥールで世継ぎを残さず亡くなるので、両シチリア王国はこれで完全に亡び、後はフランスとスペインが直接ナポリ領有をめぐって争うこととなる。

グラナダ条約では、シチリアはむろんスペインの領有として、両シチリア王国の半島部については、北半分がフランスで南半分はスペインに帰属ということになっていた。だがいよいよ北と南の境界を決める段になると、たちまちルカーニ

(18) この時、『アルカディア』の作者ヤコポ・サンナザーロが、態勢順応型のナポリ人文主義者達の中でただ一人、王を見捨てずにフランスに同行している。サンナザーロは王の死後ナポリに戻り、以前の異教ギリシャ文学とは違い、キリスト教色の濃い『処女の出産《デ・パルトゥ・ヴィルギニス》』（＝キリストの誕生、一五二六）を書く。

ア（バジリカータ）の領有をめぐって争いが起こり、両者はカラブリアで対決する。すでに一四九五年セミナーラでアラゴン家・スペイン連合軍とフランス軍の対決があり、この時はフランスの勝利に終っている。同じセミナーラでの第二次対戦（一五〇二年末）でもフランス軍はスペインに対し勝利を収める。しかし次第に経験を積んだスペイン軍は〇三年四月、第三次セミナーラの戦いで、遂にフランス軍を破るのに成功、四月末のチェリニョーラの戦いで大勝する。これにフランス副王ジルベール・ド・ブルボン＝モンパンシエの失政によるナポリでの不人気、フランス本国からの補給の滞りもあって、フランス占領軍はナポリを捨てざるを得ぬ事態に追い込まれる。夏にはゴンサルヴォ・デ・コルドヴァが、バルレッタの港に向かって退却中のモンパンシエを、メルフィの南十五キロのアテルラに包囲して降伏に追い込む。さらに再び態勢を立て直したフランス軍を、〇三年十二月ガリリァーノの決戦[19]で破り、ガエタのフランス軍も降伏して、ルイ十二世は両シチリア王国のナポリ部分を諦めざるを得なくなる[20]。

以後ナポリはスペイン総督の支配に服し、サンナザーロと違ってフェデリコ王に対する節を全うしなかった御用人文主義者達が残ってはいたものの、ロレンツォ・ヴァラやパノルミータことアントニオ・ベッカデルリ、ジョヴァンニ・ポンターノらが活躍した時期は、もはや過去のものとなってしまう。あとは後年スペイン本国における異端審問裁判所の追及を逃れて来た人文主義者ファン・デ・ヴァルデスが、この地でエラスムス流の教会革新運動を展開（一五三二）したぐらいが特筆すべき事件であった。もともとルネッサンスを生み出す土壌である生産的市民階級を欠き、旧態依然たる封建的社会体制の上にのって、外国商人がもたらした商業的繁栄に乗って咲いた仇花であるナポリは、十六世紀初めをもってルネッサンスの歴史から消えていくことになる。

フィレンツェの退場

話をフィレンツェに移そう。ここではマキャヴェルリが書記官を勤めるソデリーニ政権が、イタリア半島を揺るがす大混乱の渦中を右往左往しながら漂っている。まず襲って来たのが教皇アレクサンドル六世の息子チェーザレ・ボルジャの脅威で、後述するようにチェーザレは、ルイ十二世の援助と父教皇の命を受けて教会領の強化に乗り出し、ロマーニャの平定に成功する。これだけでもフィレンツェにとって脅威であるのに、チェーザレはトスカーナの制圧も視野に入れていた。フィレンツェはこの危険から身を守り、併せてシャルル八世が一四九四年の南下の際にフィレンツェからの独立を認めてしまったピーザを再征服しようと躍起になる。そしてそれにはルイ十二世を味方にしておくのが有効であると判断、

マキャヴェルリをフランスの宮廷に派遣し交渉させている。(21)

ただしチェーザレ・ボルジャは、後盾の父、つまり教皇が一五〇三年八月に死に、同十一月には自分に敵対的なユリウス二世が教皇に選出されるとアッケなく没落、イタリア半島の舞台から姿を消してしまうので、こちらの危険は解消される。

だがチェーザレ・ボルジャの脅威はなくなっても、ボルジャ家とは不倶戴天の仇だったユリウス二世が、猛烈教皇シクストゥス四世の甥だけあって甚だ戦闘的な性格で、とくに教皇権の拡大という点ではアレクサンドル六世とまったく軌を一にしていた。そこで一五〇六年、自ら軍隊を率いてウンブリアのペルージャ、ロマーニャのボローニャなど、教皇領内にあってしかも教皇の権威に従おうとしない町々の征服に乗り出す。一方、ジェノヴァは〇二年以来のフランス支配に反発して〇七年に暴動を起こし、ルイ十二世に制圧される。フィレンツェはこうした半島内の勢力争いには参加せず、もっぱらトスカーナの覇権回復、それには必須（と自己暗示的に思い込んだ）のピーザ再獲得に精力を集中する。だがことはなかなか捗らず、戦費が嵩んだためソデリーニ政権はいわゆる「累進課税」を導入せざるを得なくなる。これが税金の負担増加を蒙る富裕市民層の不満を買い、政権は人気を落す。

この間ユリウス二世は、教会領を再編成しイタリア半島内の政治勢力としての足場固めを狙う動きを示すのだが、これがヴェネツィアに脅威を与え、両者の対立が激化する。ヴェネツィアに不満を抱くドイツのマクシミリアン一世、スペインのフェルナンド王、フランスのルイ十二世、それに教皇ユリウス二世といずれも半島の域を超えた勢力が、場所もフランスのカンブレーに集って、反ヴェネツィアのカンブレー同盟を結成する。軍事行動の指揮を任されたのはルイ十二世で、〇九年にアニャデルロの戦いでヴェネツィア軍を大いに破る。以後ヴェネツィアは半島制覇の野望を捨て、それまでに獲得した利権の保持に汲々とすることになる。その結果ピーザもまた、一四九四年以来十五年間のフィレンツェとの戦いに疲

(19) フランス軍の勇士バイヤールが、『三国志』の張飛よろしく、スペイン兵二百を相手に単身リリ川にかかる橋を守り切ったという伝説が生まれ、かつゴンサルヴォ・デ・コルドヴァが「大将軍（グラン・カピタン）」の名を奉られたのはこの戦いである。

(20) 形式上は一五〇五年のブロワ条約で、ルイが姪のジェルメーヌ・ド・フォワにナポリ王国を与え、ジェルメーヌがそれを婚資として、カスティリア女王イザベルを〇四年に失って鰥夫《やもめ》となったフェルナンドに嫁ぐという、ややこしい手続きで敗戦を取り繕う。

(21) ルイ十二世の宮廷に使いしてフランスの兵制を見聞したマキャヴェルリは、傭兵隊に頼らない自前の軍隊、つまりフィレンツェの場合には市民軍を編成する必要を力説、その実現方にも任命されるが、市民の意識改革などというものは一朝一夕に成るはずがなく、実際には何の役にも立たなかった。

れ果て、かつアニャデルロの戦いの後はヴェネツィアからの援助も期待できないとあって、同一五〇九年遂にフィレンツェに降伏する。

ところがアニャデルロの勝利でルイ十二世の権威が高まると、その強大化を恐れたユリウス二世がカンブレー同盟はどこへやら、ロマーニャ内の自分の領地を取り戻すと、さっさとヴェネツィアと単独和平を締結、ルイ十二世の抗議にもかかわらず同盟から脱けてしまう（マクシミリアン一世も同様）。しかも今度は「夷狄を半島から追い払え《フォーリ・イ・バルバリ》！」という標語《モットー》を掲げて、いわゆる反フランスの「神聖同盟」を結成、イタリア半島からフランスの追い出しを図る。ルイ十二世の方は一五一一年、これに対抗してピーザでの公会議開催を提唱、ユリウス二世の教皇廃位を狙う。だが会議にはフランス人以外では四人の枢機卿の参加しか得られず、とても成功とはいえないのに、これにソデリーニがフィレンツェの参加を決定、反教皇の立場を明らかにしてしまう。

フランスは一五一二年、ラヴェンナの戦いで教皇・スペイン連合の神聖同盟軍を大いに破り、うまくいけばローマに進軍して教皇の進退を問うことも可能だったが、勝利に酔って敵を深追いした総司令官ガストン・ド・フォワが戦死し、痛み分けとなる。ユリウス二世はさらに、マクシミリアン一世とフェルナンド王、それに今度はイングランドのヘンリー八世までをも同盟に引き入れ、南からは教皇軍、フランス東部ブルゴーニュへはドイツ軍、ピレネーの北麓にはスペイン軍、英仏海峡越えでイングランド軍と、四方からフランスを攻撃する。イタリア半島内に駐屯していたラ・パリス元帥指揮下のフランス軍も、配下のスイス傭兵隊がマクシミリアン一世の命令で引き上げると絶対的な兵員数不足となり、一二年夏には ロンバルディーアを捨てて、半島から全面撤退せざるを得なくなる。後にはルドヴィコ・スフォルツァの息子マッシミリアーノがミラーノ公爵として戻って来るが、それは公爵領が同人の死後ハプスブルグ家に帰属するという条件の下にである。

一方、フィレンツェには、ピエーロ・メディチの二人の弟、ジョヴァンニ（後のレオ十世）とジュリアーノが、ユリウス二世の命令で「大将軍《グラン・カピタン》」ことゴンサルヴォ・デ・コルドヴァ指揮下のスペイン軍に護衛されて到着する。そうなると、なす術を知らぬソデリーニは逃亡、市民は城門を開いて降伏、共和制は崩壊して、メディチ家の復帰が実現する。フィレンツェは以後スペインの圧倒的な影響下に置かれる。文芸・思想的にはニコロ・マキャヴェルリやフランチェスコ・グイッチャルディーニのような十五世紀後半に生まれて半島ルネッサンスの崩壊に立ち会い、その生証人として悲観的人間観を剛毅な筆致で描き出した思索家を生む。また美術ではミケランジェロやダ・ヴィンチのように、一世代前の調和的な美の追求の枠組みを超え、かつ半島の一地方都市になり下りつつあったフィレンツェの枠をも超えて、ローマやミラーノといったこの時期、イタリア半島ルネッサンス最後の光芒を放つセンターで活躍する超一流の芸術家、また既成の枠に収まらない無頼漢のベンヴェヌート・チェリーニのような彫刻家を輩出するが、十六世紀フィレンツェを活躍の舞台とした者としてはブロンツィーノ（一五〇三〜六三）、またジョルジョ・ヴァザーリ（アレッツォ生まれ、一五一一〜七四）といった、スケールの点で比較にならない二流の作家を出すにとどまり、フィレンツェは半島ルネッサンスの表舞台から姿を消し、緩慢な衰退に入っていく他なかった。

（2）　ヴェネツィアとローマ

一四九九〜一五一三年の間に、イタリア半島における政局の枠組みを形づくっていた五つの地域国家のうちで、ミラーノ、ナポリ、フィレンツェの三つが、ルイ十二世の半島侵入によって惹き起こされた動乱の渦中に呑み込まれ、ルネッサンスの表舞台から姿を消してしまう。後はヴェネツィアとローマを残すのみとなるのだが、これら二都市は上記の三地域とはやや違った運命を辿る。というのはヴェネツィアもローマも、それぞれ事情は異なるが、基本的には純粋に都市であって、領邦的な勢力ではなく、それが我々がいま問題にしている第五期（一四九二〜一五二七）をあまり遡らぬ時点でにわかに半島内で領土獲得に乗り出し、地域国家の地位にのし上がったという、似通った経緯があるからである。それゆえ、十五世紀末に始まる、半島を襲った大動乱の過程で、これらは、いったん獲得した領邦をすぐに失い本来の都市に戻ることになるのだが、かえってそのおかげで、ヴェネツィアは十八世紀の終りまで、ローマにいたっては今日まで、その命脈を保つことを得る。

ヴェネツィア

まずヴェネツィアだが、この市は十五世紀半ばオスマン・トルコのコンスタンチノープル攻略と東地中海制圧とにより、従来の海外貿易中心から国際金融に重点を移すという政策転換を行う。その結果ルイ十二世の侵入が始まる十六世紀初めの時点では、半島北部に進出して、本土に強力な拠点を持つ半島随一の領邦勢力となりつつあった。もちろん栄えれば文化の華も咲くが、また当然その強大化を恐れるミラーノや近隣フェラーラのエステ家などからも敵意を招く。

すでに「ローディの和平条約」（一四五四）でミラーノ公国と境を接するブレシャとベルガモを獲得していたのに、それだけでは満足せずアルプス以北の諸国との取引を安全にするため、トリエステを始めフリウーリの町々をハプスブルグ家と争う。そして一五〇八年、マクシミリアン一世が神聖ローマ皇帝に正式に選ばれ、戴冠のため護衛兵を率いてローマに赴こうとヴェネツィア領内の通過を求めると、これを拒否する有様である。南イタリアでは、メフメット二世の攻撃が惹き起こした混乱に紛れて、プーリアの港町（ブリンディシ、オートラント）をせしめる。さらにフランスがスペインと対立すると、スペインのゴンサルヴォ・デ・コルドヴァに対してアドリア海側からの補給を行ってその軍を勝利に導きルイ十二世の怒りを招く。また、ルイ十二世がフィレンツェと組んでピーザ攻略を狙ったのを妨害して、ここでもその憎しみをかう。さらに教皇ユリウス二世がロマーニャの教皇領制圧に乗り出すと、これに対抗して自分もロマーニャに兵を出すといった具合で、四方八方に敵を作ってしまった。

ヴェネツィアに不満を抱く教皇ユリウス二世、フランスのルイ十二世、ドイツのマクシミリアン一世は、スペインのフェルナンド王をも仲間に引き入れ、〇八年「カンブレー同盟」を結成、〇九年五月ルイ十二世の指揮する同盟軍がアニャデルロでヴェネツィア軍に大敗を喫せしめる。己れの実力に自信を抱いていたヴェネツィアにとり、この敗北は大変なショックであった。それまでヴェネツィアの支配に服していた内陸の諸都市も、ヴェネツィアにとっては喉元に当たるパドヴァまでもが、一斉に独立を宣言、一時はヴェネツィア自体が滅亡の淵に沈むかに見えた。だが国際貿易で鍛えたシタタカな外交力、長年にわたって蓄積した膨大な富を有する海運共和国はそう簡単には潰れない。まずユリウス二世と交渉し、ロマーニャの教会領内で占拠していた土地をすべて教皇に返還、赦免と和睦を請うて許される。次いでスペインのフェルナンド王にも使節を派遣、プーリア地方に有する港すべて（ブリンディシ、オートラントの他、ポリニャーノ、ガリポリ、モノーポリ、トラーニ）を引き渡すという条件で講和を成立させる。この間にも市全体、特に貴族階級の若手がパドヴァ奪回に総力を挙げ、八月初に夜襲をかけて、皇帝の名でパドヴァを占領していたマントヴァ侯フランチェスコ・ゴンザーガを捕虜にしてしまう(22)。さらに市壁の修復から糧食の搬入まで万端の準備を整え、遅れて来たマクシミリアン一世の攻撃を凌ぎ切る。フランチェスコ・ゴンザーガの身柄は、フェラーラから嫁入った妻イザベラ・ディ・エステの懸命の懇願もありユリウス二世が介入して解放され、マクシミリアン一世には領土その他で大幅な譲歩をするという条件で和睦が成り立つ。こうして単独講和を次々と結び、逆にフランスを孤立させてしまったのである。ルイ十二世は激怒し抗議するがどうにもならず、逆にこれが原因となって今度はユリウス二世の提唱で、反フランス神聖同盟の結成となるのだが、それは「ローマ」の項で詳述する。

市民の愛国感情

ところで、ヴェネツィア共和国が存亡の危機に立たされた時、市民が発揮した愛国の感情は注目に価する。この都市では、もともと島国であったこともあり、市民と政府との間に一体感が存在した。また総督《ドージェ》を始め元老院《セナート》も法の執行に心を砕き、社会的不平等が生ぜぬように心かけていた。このことは非常に重要で、アニャデルロの敗戦の後、一時はヴェネツィア支配の軛《くびき》を振るい落した町々の多くが、農民や一般市民の中の聖マルコ派（聖マルコはヴェネツィアの守護聖人）と呼ばれたグループの要求に押されて、再びヴェネツィア支配に復帰するという現象が見られる。自らの政府を拒否して、外国の植民地として留まる方を選ぶというのは一見奇異の感を与えるが、これは別にヴェネツィアの代官支配が特に人間的であったことを意味しない。むしろ外交官マキャヴェルリが本国フィレンツェ政府に報告しているように、当時はドイツ・フランスの傭兵達の掠奪、支配階級である封建貴族の恣意的な権力行使が横行していて、それに比べればヴェネツィアによる法の支配と調停の方が、まだしも社会の安定と平等の実現に近かったからである（かつて十三世紀の内陸都市共和国で、外国人行政長官《ポデスタ》の導入が見られたのと同様の現象である）。上記のマントヴァ侯フランチェスコ・ゴンザーガが奇襲に遭い、着の身着のままパドヴァ城外に逃れたところを農民に捕えられ、莫大な金額を提示して見逃してくれるよう頼んだにもかかわらず、村人によりヴェネツィアに引き渡された事件が端的に示すように、ヴェネツィアの支配は領内の一般庶民に評価されていたのである。

市外でもそうであるのに、ヴェネツィア本島ともなれば、市内で日常的な接触がある分だけ一般市民と政権の距離が近く、階級闘争的な性格を持つ毛梳工《チョンピ》の乱が起こったフィレンツェに比しても、治める者と治められる者との一体感がずっと緊密だったと言える。さらに海運立国という、船乗りの働きによって成立する貿易を生業とし、船中ではむろん上下関係による規律は守られなければならないが、しかし一介の水夫といえども同じ乗組員であって、漕ぎ手なしでガレー船は動かないように、下の者に対する配慮と一体感もまた、ヴェネツィア人の気質に組み込まれた感情であった。これが市民一般にも拡大されて存在したといえる。

大きな政治変動は、それが起こった社会に変革の可能性をもたらす。アニャデルロの敗戦はヴェネツィアに市民と政府との絆を確認させ、この一体感にヴェネト州やフリウーリ地

（22）傭兵隊長でフォルノーヴォの戦いの指揮官。

「聖なる愛と俗なる愛」 ティツィアーノ筆 1514年頃 ローマ ボルゲーゼ美術館蔵

方の広汎な庶民層までもが参加したのである。もしこの時ヴェネツィア政府が、敗戦前の単なる領土的野心のみに動かされた拡大政策ではなく、より広い視野に立つ、より人間的な政治運営を心かけていれば、あるいは半島北部に新たな政治体制が出現したかもしれない。

だが事態はその方向には展開しなかった。「大評議会の登録締切《ラ・セラータ・ディ・マジョル・コンシリオ》」（一二九七）から始まって、「十人委員会《ディエーチ》」と「ライオンの口」の設置（一三一〇）による密告の奨励を経て、なぜならばヴェネツィア政府自体が、『黄金の書《リブロ・ドーロ》』（一三一九）による元老院への参加資格の制限にいたるまでの展開が示すように、富裕商人階級による寡頭体制を変更する気がなく、しかも十五世紀半ばに始まる内陸領邦国家政策で、逆に貴族化の道を歩み始めていたからである。当然アニャデルロの危機に際して示された愛国心の発露を最後として、市民精神の活性化も持続できるわけがなかった。以後ヴェネツィアでは保守的な現状維持志向が支配的となり、領邦国家の夢は潰え、東地中海貿易は手詰まり、ジルラルタルを出て大洋に乗り出す意気もなかった以上、もとの島国に戻り沈滞と衰退に向かっていくほかはなかった。

とはいえその衰退の過程たるや、ナポリ、フィレンツェ、ミラーノに比べてずっと緩慢で、十六世紀初から半島内陸部でとっくにルネッサンスが終ってしまった一五七〇年代に到るまで続く。この間、文芸のピエトロ・アレティーノやピエトロ・ベンボ、さらにアルド・マヌツィオの印刷所などの活発な活動が行われる。絵画では、トスカーナにかなり遅れはするが、十五世紀の後半からヤコポ・ジェンティーレ・ジョヴァンニと続くベリーニ家の工房、ベリーニ家と縁戚関係にあったマンテーニャ、さらには一五〇〇年前後にヴェネツィアを訪れたアルブレヒト・デューラーやアントネルロ・ダ・メッシーナまでをも含めて、ジョルジョーネ、カルパッチョ、ティツィアーノ、ヴェロネーゼ、ティントレットと連なるヴェネツィア派の本流が活躍する。これにロドス島からやって来て（トレドに赴く前に）バッサーノの許で学んだ「エル・グレコ」ことドメニコ・テオトコプーロスなどが、色彩と光の生み出す微妙な表現や、群像を配した複雑な構図を発展させる。建築ではヤコポ・サンソヴィーノ、ブレンタ川に沿って純粋にクラシック様式の別荘を富裕商人階級のために建てたパラーディオの名を挙げることができる。

このような状況を見れば、この時期のヴェネツィアで、ルネッサンスは単に持続したというより、文化的にはむしろ栄えたと見えるかもしれない。だが見かけはどうあろうとも、何人も止めることのできない社会の衰退は確実に、ゆっくりと、ただし半島のどの町・地域でよりもゆっくりと始まっており、遂には十八世紀末の一七九七年、ナポレオン戦争でヴェネツィア共和国に引導が渡される時まで続いて行くのである。

ローマ

いよいよ最後にローマを見よう。イタリア半島を五分した地域国家のうち、ヴェネツィアまでもがルイ十二世の侵入が惹き起こした大濤《おおなみ》に呑まれ、危うく破滅しかけたというのに、ローマだけはかえってこれを契機として勢力を拡大、一四九四〜一五二七年までと三十年余りではあったが、半島随一の勢力にのし上がる。しかも前述のごとくローマは、ルネッサンスを成り立たせるに必要な生産活動も、それを支える活発な市民階級も持たず、教皇庁で働く官僚と、教会税という不労所得を運用する（市外出身の）金融業者の都市であった。かつ周辺部には旧態依然たる封建豪族が割拠して、市外領域《コンタード》さえ持たなかったのである。

こうした特異な現象を可能にしたのは、もっぱら二人の教皇、アレクサンドル六世とユリウス二世の強烈な個性に負うところが大きい。この二人に共通するところは、およそ宗教家にあるまじき世俗性、縁者贔屓、派手好み、とそれに役立つとみた美術保護《メチェナティスモ》、教皇権の確立への意欲など多々ある。とくに最後の教皇権の確立への執念は、二人とも強烈であった。ただしグレゴリウス七世からイノケンチウス三世を経てボニファティウス八世まで続く普遍的《カトリック》教皇権至上主義は、教皇庁のアヴィニョン捕囚（一三〇九〜七七）を経験した当時では、もはや完全に破綻していた。したがって二人が目指したところも、上記の大教皇達が掲げた中世的だが壮大な神政政治の理念とは打って変わって、矮小かつ没理念的な現実主義、イタリア半島内における世俗勢力としての教皇権の確立でしかなかった。だがその矮小な目標の実現にしても、まずロマーニャ州にある教会の世俗領土をしっかり統治し、権力の足場

チェーザレ・ボルジャの肖像

を固める必要があった[23]。

　アレクサンドル六世（在位一四九二〜一五〇三）も同じ問題に直面していた。この教皇は権力志向と「縁者贔屓」で有名で、教皇に選出（九二）された時、わずか十八歳でしかなかった次男チェーザレ・ボルジャをヴァレンシアの枢機卿に任命したさえあるに、長男ジョヴァンニが（恋愛沙汰絡みでチェーザレに?）暗殺されると、今度はチェーザレの還俗を認めて教皇軍の司令官に任命（九七）教会領の制圧を狙うが、それには兵力が要る。そこへ折よく、九八年に登極したルイ十二世が、まだオルレアン公だった頃、伯父のルイ十一世から（体に異常のある）娘ジャンヌ・ド・フランスを押し付けられていたのを、表向きは子どもができないという理由で、だが実際はブルターニュを失わないためという政治的考慮から、先王シャルル八世の妻ブルターニュ女公アンヌと結婚するため、教会の離婚承認を必要とするという事態が起こる。キリスト教では、結婚は神の秘蹟《サクラメント》の一つであり、とくにカトリック教会では司祭の長たる教皇の認可がなければこれを解消することができない（『新約聖書』「マタイ伝」十六章）ことになっている。ルイはアレクサンドルに、ジャンヌ・ド・フランスとの離婚を認める代わりに、息子のチェーザレ・ボルジャにローヌ河畔はヴァランスを州都とするヴァランチノワ公爵領を与え、かつ九九年王妃アンヌの宮廷に出ていたナヴァール王ジャン三世の妹シャルロット・ダルブレを（嫌がるのに）娶《めあ》わせた上で、フランス軍の提供を申し出る。

　アレクサンドル六世の息子、チェーザレ・ボルジャは、一四九九年、ルイ十二世から貸与された軍隊と、父教皇から提供された軍資金をもってロマーニャに侵攻、イモラとフォルリを制圧、さらにトスカーナに進出しようとする。ただしこの時は、ルイ十二世のナポリ王国奪回作戦（一五〇一）に参加するため一時作戦を中断せざるを得ない。だが翌〇二年九月にルイ十二世がフランスに戻ると、チェーザレはロマーニャに帰ってウルビーノその他の攻略を再開する。だがこの間に態勢を立て直した地方領主達の叛乱に遭い、平定はなかなか進まない。するとチェーザレは仲直りの宴を開くと称してシニガリアで〇二年の大晦日、かのマキャヴェルリ感嘆措く能わざる「騙し討ち」による叛逆者共の大量捕獲・処刑をやってのける。

　けれども〇三年八月、アレクサンドル六世が死ぬとチェーザレは後盾を失い、いったんはスペイン派の枢機卿を動員して傀儡教皇ピッコロミニ家のピウス三世の選出に成功する。

だが在位わずか一カ月で新教皇が他界した時、（折悪しく自分が病床にあったことも手伝って）ボルジャ家と不倶戴天の敵ジュリアーノ・デ・ラ・ローヴェレが教皇ユリウス二世として選出（十月一日）されるのを阻止することはできなかった。教皇となったユリウス二世はただちにチェーザレを教会軍司令官から解任して逮捕させるが、チェーザレはナポリに脱走して、ユリウス二世打倒の挙兵を図る。しかし教皇の依頼を受けたアラゴン家のフェルナンド王は、チェーザレをナポリで再逮捕、スペインに送る。だがここでも二年の牢獄生活の後チェーザレは脱走、妻のシャルロットの縁を頼ってナヴァール王の許に逃れる。ナヴァール王はチェーザレに兵を与えて、謀反中の家臣の討伐に赴かせるが、ヴィアーナの小村で行われた戦闘で受けた傷が因で〇七年、三一歳の若さで敢えなく命を落すことになってしまう。遺骸は一度はヴィアーナの教会に埋葬されたのだが、程なくパンプローナの司教の命により背教者として掘り出され、墓地以外の場所に埋められ行方が分からなくなったという。まことにミラーノのルドヴィコ・スフォルツァと並ぶ、一代の梟雄《きょうゆう》のあっけない最後という他はない。

ユリウス二世の半島制覇の野望

ボルジャ家の命運はこれで尽きたわけだが、その教会勢力を拡大する政策はユリウス二世によって引き継がれる。既述のように戦闘的なユリウス二世は、自ら兵を率いてウンブリアやロマーニャの教皇領制圧に乗り出すのだが、これに対抗して内陸政権としての足場固めを狙うヴェネツィアもロマーニャに兵を出し、両者の対決が始まる。

ユリウス二世は、ヴェネツィアの項で触れたごとく、積極的に領土を獲得しようとするヴェネツィア帝国主義に反発していたドイツのマクシミリアン一世とフランスのルイ十二世を語らい、スペインのフェルナンド王までをも引き込んで、反ヴェネツィアの「カンブレー同盟」を結成する。同盟軍は一五〇九年ヴェネツィア軍と対決、兵を実際に指揮したのはルイ十二世[24]で、アニャデルロでヴェネツィアに大敗を喫せし

(23)　教会のこの線に沿っての動きも、すでにダンテが「聖職売買《シモニーア》」の罪を犯した者達を落した『神曲』地獄篇、第十九歌（第八圏第三穴）で、同類ボニファティウス八世の到着を待ち受けるオルシーニ家出身のニコラス三世により、ハプスブルグ家のルドルフ大公から（一二七八年、皇帝戴冠の便宜供与と引き換えに）ロマーニャ州の皇帝領を教会の領主として獲得することで、開始されている。ニコラス三世は、この新たな領土の平定に甥のラティーノ枢機卿を派遣する。以後十四世紀後半、アヴィニョンにあったヨハネス二十三世（甥のベルトラン・ド・プージェ）、クレメンス六世とウルバヌス五世（アルボルノッツ枢機卿）、シクストゥス四世（甥のジローラモ・リアーリオ）も同様の試みをするが、いずれも成功しない。

める。これでフランス王の威勢は大いに揚がるが、教会による半島制覇を志すユリウス二世にしてみれば、この事態は望ましいことではなかった。そこでまずヴェネツィアがロマーニャで占拠した町をすべて教会に返還するという条件で和を請うて来ると、さっさとこれを受け入れ単独講和（一一年二月）を結んでしまう。すでに述べたようにマクシミリアン一世も、またフェルナンド王もこれに倣う。こうしてカンブレー同盟は瓦解するほかなくなる。

ルイ十二世は怒って一一年、ユリウス二世を教皇の座から引き摺り降ろそうと九月に宗教会議の開催を宣言、この報に激怒したユリウス二世は「夷狄を半島から追い払え！」というスローガンを掲げて、反仏同盟の結成を呼びかける。宗教会議はまず（フィレンツェがルイの力を借りて〇九年にやっと再征服した）ピーザで十一月に、次いでピーザ市民の敵意に遭って場所をミラーノに移して開催、教皇廃位を宣言する。だが実際に参加した枢機卿はフランス人以外ではたった四人とあって、会議としては失敗といわざるを得ない。

一方、ユリウス二世はルイ十二世を半島から追い出すために、ローマのラテラーノ教会に公会議を招集してルイ十二世を破門、ヴェネツィアのみならずドイツとスペイン、それにイングランド王になったばかりで野心満々のヘンリー八世までをも捲き込んで、ヨーロッパ規模でのフランス包囲網の神聖同盟（十月）を結成する。ルイ十二世とユリウス二世の直接対決は、ガストン・ド・フォワ指揮下のフランス軍と、スペイン兵を主体とする教皇軍との間で、一二年四月、ラヴェンナの戦いで行われる。この戦いではフランスの中世風重騎馬隊が最後の華を咲かせて教皇軍を粉砕、勝ちに乗ってローマに進軍してユリウス二世を廃位に追い込む可能性もあったのだが、ガストン・ド・フォワが逃げる敵を深追いし、スイス傭兵の槍隊に囲まれて戦死、結果として痛み分けになってしまう。そうこうするうちにユリウス二世の張ったルイ包囲網が効果をあらわす。フェルナンド王がピレネー越えで南仏に、マクシミリアン一世はブルゴーニュに侵入、六月にフランス軍はいったんイタリアから撤退せざるを得なくなる。十二月にはマッシミリアーノ・スフォルツァがミラーノに帰還、これにヘンリー八世の、ギヌガットの戦い（一五一三年八月）でのフランス軍に対する大捷《たいしょう》というおまけも付く。ユリウス二世の完全な勝利である。

ユリウス二世はその積極的な行動力、また外国勢力を巧みに操る能力により、かつ運にも恵まれて、ヴェネツィアのみかフランスまでをも打ち破るのに成功、十五世紀に入って徐々にイタリア半島を分割統治して、半島ルネッサンスに爛熟と廃頽とをもたらした五つの地域国家の内で、ローマのみが唯一、半島外勢力との競合において政治的独立を保つこと

「牧場の聖家族」　ラファエルロ筆　1506年頃　ウィーン歴史美術博物館蔵

を可能にした。これによりローマは、十五世紀末から十六世紀の第一・四半期にかけて、政治のみならず文化においても半島随一の中心となる。アレクサンドル六世に始まる教皇庁の極端な世俗化と派手好みとを受け継ぎ、ミケランジェロ、ラファエルロ、ブラマンテなどをローマに呼び寄せ、ヴァチカン宮殿その他の教会の建築や装飾に当たらせたのもユリウス二世である。ただそうはいっても一三年の二月には死がユリウス二世を襲い、生前も戦争に明け暮れていたこともあって、そうした天才達の傑作を十分楽しむ時間があったとは言い難いのではあるけれども。

ユリウス二世の半島制覇の野望には、「夷狄を半島から追い払え！」というスローガンが示すように、ナショナリズム的な側面があったことは否定できず、だからこそイタリア半島諸勢力の支持を受けた。だがそうした地域主義的傾向および世俗権力志向は、教皇庁が本質的に一都市・一地域の枠を超えた国際組織であり、かつその権威の源泉たる、精神的な普遍主義に反する。また、カトリック・ヨーロッパ諸地域の教会からの上納金に経済的基盤をおく以上、いかに半島に国家としての統一を達成しようとしても、そこにも根本的な矛盾がある。そもそも教会が地域的な世俗権力の獲得に乗り出すという発想自体が、際立って世俗的だったアレクサンドル六世とユリウス二世にして初めて可能だったわけで、それがこの時期のローマを一時的に、半島随一の政治勢力とし、ルネッサンス芸術の「ショウ・ケース」の位置に押し上げたということができよう。

ユリウス二世の死後は、平和主義者のジョヴァンニ・デ・メディチがレオ十世の名で教皇の座に就く。だがフランスと

(24) 当時、教皇も皇帝も傭兵隊を契約で雇う以外に常設の軍隊を持たず、常備軍があるのは国家統一を達成したフランスとスペイン、それに英国が少々ぐらいのものだった。

「ピエタ」 ミケランジェロ作 1498-1500年 ヴァチカン サン・ピエトロ寺院

の戦争はすぐには終らず、一五一三年五月にフランス軍は再びロンバルディーアに侵入する。しかし六月にノヴァーラで決定的な敗北を蒙って、ルイ十二世は半島を諦めざるを得なくなってしまう。フランスのイタリア介入政策の完全な破産である。加うるにイングランドに対するギヌガットでの敗戦の後始末として、一四年一月に王妃アンヌ・ド・ブルターニュを失って鰥夫《やもめ》となったルイ十二世と、ヘンリー八世の妹で、ルイ十二世にとってはなんと三十五歳も年下のメアリー・チューダーとの結婚が計画され、早くも十月に挙式が行われる。ルイ十二世は若妻の美貌に魅せられた上に、なんとか世継ぎの男子を得たいという願望が重なって房事に励んだ揚句が体力の消耗を招き、はや二カ月後の十五年元日にはこの世にいない。こうしてイタリア半島ルネッサンス崩壊劇の第二幕は、ルイ十二世の死をもって終りを迎えることとなるのである。

第4節 半島ルネッサンスの最終章

(1) ローマ

最後のルネッサンス都市

一五一三年六月、ノヴァーラの敗戦に続くフランス軍撤退をもって、イタリア半島のルネッサンスはいよいよその最終局面に入る。すでに繰り返してきたように、この時点で十五世紀に半島において政治・社会・文化の枠組みを形づくっていた五つの地域国家のうち、ナポリ・フィレンツェ・ミラーノはすでに外国の影響下に入り、ヴェネツィアもアニャデルロの敗戦（一五〇九）以降、辛うじて政治的に独立は保ったものの、緩慢な衰退期に入る。こうした状況の中で、ただローマのみが、国際政治の表舞台に躍り出て、文化的にもヨーロッパの一大中心となる。

この繁栄をローマにもたらしたのはアレクサンドル六世と

ユリウス二世という二人のやり手教皇だったが、その豪華と繁栄を享受したのは、メディチ家出身の二人の教皇レオ十世（在位一五一三〜二一）とクレメンス七世（一五二三〜三四）であった。ただクレメンス七世は、スペイン軍の「ローマの劫掠《サッコ》」（一五二七）以降、ヨーロッパ政治の目まぐるしい変転に翻弄されることになるのではあるけれども。

レオ十世の登場

アレクサンドル六世とユリウス二世は政治的駆け引きに優れ、ルネッサンスの君侯に相応しくその派手好き・豪華好みで、金に糸目を付けずローマの街を整備し、芸術家を呼び寄せてこれを飾らせもした。貨殖にも長け、聖職を販売したり、「歓喜《ジュビレーオ》の聖年《アンノ・サント》」（一五〇〇）を布告してヨーロッパ中から巡礼を来させたりして、かつてないほど教皇庁の金庫を潤わせた。

ユリウス二世の後を継いで、教皇レオ十世となったのが、「豪奢殿」ことロレンツォ・デ・メディチの次男ジョヴァンニである。戦闘的だったユリウス二世とは打って変り、ジョヴァンニは殺伐な戦争を好まず(25)、兄ピエーロの失敗のため市を追放されたメディチ家のフィレンツェ帰還を外交交渉により達成する。一二年に「大将軍」ことゴンサルヴォ・デ・コルドヴァ率いるスペイン軍がフィレンツェの城門に迫り、ソデリーニ共和政権が戦わずして崩壊したのは、ユリウス二世の命令もあるが、ジョヴァンニの根回しに負うところが大きい。ユリウスの死（一五一三）に際してジョヴァンニはまだ三十八歳と若く、教皇選出を予想する者はほとんどいなかった。だが他の候補者達が互いに潰し合い、お鉢が巡ってきたのである。教皇選出の報に接して、「神様の思召で教皇位を授かったからには、大いに楽しむとしようではないか！」とレオ十世は側近に洩らしたと伝えられる。

じっさい父の「豪奢殿」ことロレンツォの許で大家の若殿として育ち、教養にも趣味にも欠けるところがなかったレオ十世は、教会の神学校に人文主義者を呼び集めて、今日のローマ大学の基礎を作り、ユリウス二世がローマに来させたラファエルロやミケランジェロ、また建築家ブラマンテなどを重用して、多数の傑作を制作させる。さらにピエトロ・ベンボやビビエーナ枢機卿を起用、外交使節として諸王の宮廷に派遣もしている。また一五一三〜一七年にかけてラテラーノ公会議を招集し、保守派の反対に遭って失敗したとはいえ、教会の改革を実現しようと試みてもいる。ただ前任者と違い、

(25) 一五一一年ユリウスの命で教皇使節としてローマニャに赴き、フランス軍に捕虜にされミラーノに連行されたが、看守を買収して脱走した経験がある。

ヴァチカンの聖ピエトロ大聖堂　1520 年頃　ブラマンテによるギリシャ十字架型聖堂で，ミケランジェロの丸天井（クーポラ）が載り，マデルナによる 17 世紀初の改修以前の形を示す

浪費癖といってもよいほど金銭的に無頓着で、ブラマンテを起用してヴァチカンの聖《サン》ピエトロ聖堂の大改築を計画、また豪華な祝典を催したり、気前よく褒美を与えたりした。そのために教皇庁の財政は苦しくなる一方、増収を図るため主にドイツで免罰《インドゥルジェンツァ》符の発売を推進したのが、一七年にルッターの宗教改革運動を惹き起こすきっかけとなる。

フランスの介入、マリニャンの合戦

政治面では、すでに免罰符の発売に関わる論争がドイツで政治問題化していく気配を示す一方、フランスでは一五一五年にルイ十二世が死に、ヴァロワ・アングーレーム家のフランソワ一世が跡を継ぐ。この王もまたイタリアにおけるフランスの権益に多大の関心を寄せて、即位後ただちにミラーノ公領を再征服するためヴェネツィアと協調（パリ条約三月）、八月にはロンバルディーアに侵入する。一二年以来ミラーノを支配していたマッシミリアーノ・スフォルツァは、ドイツ皇帝マクシミリアン一世から供与されたスイス傭兵隊を率いてこれを迎え撃つが、九月十三〜十四日のミラーノ近在マリニャン（伊メレニャーノ）の戦いで大敗を喫し、父親のルドヴィコ・スフォルツァ同様フランスに連行されてしまう。[26]

二日間に及んだマリニャンの激戦はまた、二つの後世に残る結果を生む。一つは無敵を誇ったスイス歩兵隊の完全な敗北により、その無敗神話を崩壊させた点である。フランス軍は砲兵隊と騎馬隊とを組み合わせて、相手の長槍隊が作る方陣を押し潰すのに成功した。この戦い以後、スイス自由州連合はフランスと友好協定のフリブール和平条約を結び、以来フランスと戦うことは絶えてなくなる。二つには当時の貴族達、またルネッサンスの中世的な面を如実に表すエピソードで、フランソワ一世はこの戦いで示した武勇により、フランス騎士道の華と称せられた勇士バイヤールが執り行った儀式で、「騎士」に叙されるた点である。ただしこの騎士ぶりに気をよくしたおかげで、フランソワ一世は、二五年パヴィーアの戦いでも自ら剣を振るって戦場に立った揚句が、スペイン軍の捕虜になってしまう。以後国王が英雄気取りで自ら戦場に立ち、武勇をあらわそうとする、中世騎士道風の戦争観は影をひそめてしまう。

政教協約

マリニャンの勝利でフランソワ一世の威勢は大いに揚がり、レオ十世はフランスが教会の権威を侵食するのではないかと怖れ、一五一六年に「ボローニャ政教協約《コンコルダート》」を急ぎ締結する。この協約は、フランス王に高位聖職者の任命権を認める代わり、一般司祭その他、下級聖職者の発令とそれに伴って叙任された者が納める冥加金の方は教会の取り分という、主として財政的効果を確保しようとした協約である。(27) これにより、ローマの支配下に入ることを潔しとしない一般聖職者の不満が、後に宗教改革賛成派を生み、フランスで十六世紀後半に国を二分した宗教内乱に繋がっていく。この一六年はまた、ハプスブルグ家のフランドル大公カール（後の神聖ローマ皇帝カール五世）が、祖父フェルナンド一世の跡を継いで、カルロス一世としてスペインの王位についた年でもある。

宗教改革の狼煙

一五一七年には、レオ十世の免罰符を販売するという政策の現場責任者、ヨーハン・テッツェルのドイツにおける活躍と成功がルッターの反発を招き、ヴィッテンベルグ大学教会の大扉に、かの有名な九十五カ条の提題《テーゼン》が貼り出され、いよいよ宗教改革運動《リフォーメーション》の狼煙《のろし》が上がる。しかしレオ十世はその重要性を理解せず、頭の固い旧守派ドイツ修道士の戯言ぐらいにしか考えない。

(26) ただし父親と違って牢獄に繋がれることはなく、年金を与えられてパリの宮廷に出仕、一五三〇年に死んでいる。

(27) 遠くはシャルル七世がブールジュで一四三八年、フランス教会の聖職者叙任について教皇権からの独立を宣言した「国本勅令《プラグマチック・サンクション》」、近くはルイ十二世が一五一一年、ピーザでユリウス二世の廃位を議する（失敗した）公会議を開催した例などに鑑みてのことである。

この間ドイツ皇帝マクシミリアン一世の健康が衰え、後継問題が浮上してくる。神聖ローマ皇帝は、伝統的に選帝侯と呼ばれる七人（三人が聖職者、四人が世俗封建領主）のドイツ諸侯の選挙によって選ばれることになっていた。フランソワ一世にしてみれば、マクシミリアン一世の孫フランドル大公カールが相続によってスペイン王カルロス一世となった以上、なんとかして自分が皇帝位を獲得せねば、スペイン・ドイツ・フランドル・南イタリア（ナポリ王国）と、カールに四方から包囲されることになってしまう。そこでドイツ選帝侯の票を買収すべく運動を開始する。だがカールの方もむろん皇帝に立候補、こちらはハプスブルグ家の関係で、ヴェネツィアを通して国際貿易に進出して莫大な富を築いたアウグスブルグのフッガー家の資金援助を得て買収競争に勝利、一九年には神聖ローマ皇帝カール五世として帝位を獲得してしまう。その結果ヨーロッパの覇権をめぐってフランソワ一世とカール五世との間に争いが起こることになるが、イタリア半島はその主な舞台となるのである。

（2）　スペインの支配へ

シャルル・ド・ブルボンの叛逆とパヴィーアの敗戦

一五二二年四月プロスペロ・コロンナに率いられる皇帝軍が、ミラーノ近郊のビコッカでロートレック男爵オデ・ド・フォワ指揮下のフランス軍を破り、これにビアグラッソにおけるボニヴェ提督の敗戦が続くと、フランスは半島から撤退せざるを得なくなる。このビアグラッソで敗戦したボニヴェ提督はフランソワ一世の寵臣だったが、母后で遣り手のルイーズ・ド・サヴォワと組み、フランスの大元帥《コネターブル》で、フランス中・南部に広大な領地を持つ封建貴族シャルル・ド・ブルボンの領地を蚕食しようとする。これがシャルルをしてフランソワ一世を裏切り、カール五世の側につく原因となる。

二四年シャルルは皇帝軍を率いてスペインから南仏に侵入、マルセイユなどを包囲するが成功せず、ミラーノに入ってフランスと対峙する。これを討伐しようと軍を起こしたフランソワ一世は、二五年二月パヴィーアで皇帝軍と戦い、例の騎士道精神を発揮して、自ら戦闘の只中に飛び込んで奮戦する。だが王の血気を見越したフェルナンド・デ・アヴァロスの作戦に引っかかって完全な敗北を喫したばかりか、自身まで捕虜となる有様であった。一年余りに及ぶマドリッドでの虜囚の揚句、フランソワ一世は二六年、イタリア半島における自己の全権益を放棄することを認めるマドリッド条約に署名して、やっと解放される始末であった。(28)

この間にレオ十世が二一年十二月に亡くなり、その後にはカール五世の家庭教師を勤めたことのあるユトレヒト大司教、ハドリアヌス・フロレンティウスがハドリアヌス六世の名で教皇となる。ハドリアヌスはレオ十世と異なり、質素・倹約を旨とし、教会の綱紀紊乱を正すべく努力する。しかし歴代教皇の奢侈振りに慣れ、それに寄生して利益を得てきた消費都市ローマでは、粛正は市民も含めて大方の抵抗に遭って進まない。しかもハドリアヌス六世は六十三歳と老齢で健康が優れぬまま、在位一年余りで二三年に亡くなってしまう。人々は大喜びでその死を祝ったという。

クレメンス七世の登極

跡を継いだのがレオ十世の従弟ジュリアーノ・デ・メディチで、クレメンス七世を名告《なの》る。これまた世俗的な人物で、しかもレオ十世の在世中から教皇庁の外交を担当しており、カール五世とフランソワ一世との対立の合間を縫って、上手く泳ぎ切れると踏んでいた。ところがアルプスの彼方の国民国家《ネーション・ステート》は、イタリア半島の地域国家《スタート・レジョナーレ》ではもはや手に負えぬ力を付けてしまっていたのである。わけてもローマのように、地域国家の中でも自前の生産活動を持たず、信者の心に拠ると言い条、実際は教会税や聖職売買《シモニーア》、免罪符販売など、地域と関係ない国際的な収入源に頼って繁栄を保ってきた勢力の場合には、ひとたび信用を失うと、その凋落に歯止めが利かなくなってしまう。ドイツからの収入はプロテスタント運動の拡大に伴って減少、スペインは両シチリア王国を掌握したのみならずロンバルディーアまでをも支配下に収め、南北から教皇庁を締め付けてくる。フランスやイングランドでも、国民国家の成立と共に自国の利益を優先する傾向が強まってくる。

ローマの劫掠

登極時のクレメンス七世は、半島内で自分が直接圧迫を受けるスペインに敵対的であった。しかし一五二四年フランソワ一世がシャルル・ド・ブルボンを攻めてミラーノを占領すると、これにも脅威を感じて、カール五世寄りに鞍替えする。ところが今度は二五年、パヴィーアの敗戦でフランソワ一世が捕虜となりフランスの圧力が消滅すると、表向きはカール五世に従う（ナポリ副王シャルル・ド・ランノワとの合意）と見せかけつつ、スペイン強大化の危険を説いてまわる。そして、二六年一月にマドリッドから解放されるやただちにカール五世との条約を破棄してスペインに宣戦を布告したフランソワ一世、ミラーノに復帰していたフランチェスコ・スフォルツァ、ヴェネツィア共和国などを語らって、五月に「コニャック同盟」と呼ばれた反カール連合を結成する。

---

(28) カタロニア出身だがナポリ王国で活躍、ペスカーラ侯爵となった。

ピエトロ・アレティーノの肖像　ティツィアーノ筆　1545年　ピッティ美術館蔵

この振る舞いに激怒したカール五世は、クレメンス七世懲罰のため、ミラーノに在ったシャルル・ド・ブルボンに対して、ゲオルク・フォン・フルンツベルグ麾下のドイツ（新教徒！）傭兵隊と合流した上、ローマに進軍せよと指示する。だが軍隊の集結は容易に捗らず（この間十一月、教皇側の傭兵隊長メディチ家の「黒襷隊《デッレ・バンデ・ネーレ》」ジョヴァンニが、マントヴァ近郊ポオ河畔でドイツ軍部隊と遭遇戦中、流れ弾に当たって命を落としている）、翌二七年にやっと全軍が揃って、討伐軍がミラーノから発進、五月にはローマに到着する。総勢二万五千を数える大軍であり、そのうえ行軍途上の輜重補給は十分でなく、給料も滞りがちで、兵士の苛立ちは最高潮に達していた。教皇は怖れてヴァチカンに隣接する聖天使城《カステル・サン・タンジェロ》に立て籠るが、これを包囲した皇帝軍の総司令官シャルル・ド・ブルボンが、早朝の攻撃の際に何者かに狙撃されて戦死してしまい(29)、司令官を失って統制が利かなくなった皇帝軍の兵士は暴徒化、ローマの市を掠奪して住民を殺戮する。五千人以上の死者が出、教会や宮殿が襲われ破壊された。ヴァチカン宮も例外ではなく、ラファエルロの連作壁画で知られる「教皇居室《レ・スタンツェ》」の間でも、なかで兵士達が煮炊きをしたため壁面にフレスコ画で描かれた人物を損傷してしまった。これが世に「ローマの劫掠《サッコ》」として知られる大惨事である。

　クレメンス七世は待てど暮らせど到着しない、（オスマン・トルコ軍のバルカン半島侵攻の報せに怯えた）ヴェネツィアからの救援軍に見切りを付け、ローマ掠劫から半年余りを経た十二月初、ほうほうの態でオルヴィエートに脱出するが、その間にも占領軍は悪行の限りを尽し、ローマの市は廃墟と化してしまう。無秩序が惹き起こした衛生状態の悪化から疫病が発生、伝染を恐れた皇帝軍がスペイン支配下にあるナポリに向けてローマから撤退するのが翌二八年二月である。

　西欧キリスト教界の首座ローマの市が、それも神聖ローマ皇帝の軍隊によって蹂躙されるという前代未聞の事件は、全ヨーロッパの人心に深甚な衝撃を与えると共に、イタリア半島におけるルネッサンスの息の根を止める。この事件から十八年後の一五四五年末、ローマを訪れたヴェネツィアの画家ティツィアーノは、それでもまだ「永遠の都」と呼ばれたローマに残っていた美術品に感銘を受け、感嘆の辞を友人で事件の二年前の二五年にローマを去り、ヴェネツィアに居を移していたピエトロ・アレティーノに書き送る。これに対しアレティーノは、「いまのローマで見ることができる作品にさえ君が感嘆するならば、私が立ち去った当時のローマを訪れていたなら、いったいなんと言っただろうか！」と応じている。じっさい二七年の暴挙によって失われた富には計り知れないものがある。だがそればかりではない、それまでローマの繁栄を謳歌していた楽観的な心情が、この事件を期に一転して深刻な悲観論に変わったのである。それは一三四八年に全ヨーロッパを襲ったペスト（黒死病）が、人々の心に与えた変化にも匹敵し得る。

　すでに半島ルネッサンスは爛熟の極にあり、時代の変化に敏感であったラファエルロの絶筆「キリストの変容」（一五一七〜二〇）が、人々の心に密かに忍び寄りつつあった不安の念を描いているといえる。それまでの静的で調和に溢れる画面から、天に昇ろうとして中空に浮かぶキリストと、それを訝かるように見つめる群像の驚きを示す作品で、動き（不安）をはらむ画面への移行を感じさせる。一五二七年を境にルネッサンス絵画の特徴とされる晴朗さや安定・節度に代わって、ミケランジェロの作品に見られるような、もっと強烈で深刻な感情の力強い表現、あるいはそれとは正反対の奇想《コンチェット》を重んじて、冷ややかに対象を描くという、バロック的な画風が主流を占めていく。加うるに荒廃したローマを離れ、例えば比較的安定した政情を保つヴェネツィアなどへの、芸術家達の離散《ディアスポラ》が起こる。

　さらにローマという、半島ルネッサンス最後かつ最大のショウ・ケースの崩壊を象徴する事件の余波として、クレメンス七世の出身地で半島ルネッサンスを生んだ町の一つフィレンツェでは、一五二七年を機にメディチ家の支配が覆り共和制が復活する。マキャヴェルリは一二年のメディチ体制復活に際して失脚、一三年に『君主論』を新君主ジュリアーノ・デ・メディチに献呈、やっと二〇年に赦されて二君に仕えたものの、与えられたのは史官という閑職でしかなかった。そのマキャヴェルリが同二七年、自己の才幹を再び共和国のために捧げたいと申し出て、今度はメディチ体制に尻尾をふっ

(29) 籠城軍の一員だったベンヴェヌート・チェリーニは、その『自伝《ヴィータ》』でブルボンを狙撃したのは自分だと誇っているが、証拠はない。

カール五世のボローニャ戴冠行進　ニコラス・ボーゲンベルグ筆
1530年

た廉で共和国から拒否され、失意のうちに死ぬのもまた、この年の六月である。

さらにまたローマの劫掠を機に、フランソワ一世が「ロートレック元帥」ことオデ・ド・フォワに遠征軍を授けてナポリ征服を狙う。ロートレックはゴンサルヴォ・デ・コルドヴァを向こうに回してよく戦い、ナポリを包囲するところまでいく。しかし海上からフランス軍を援護するはずだったジェノヴァの提督アンドレア・ドーリアが、自己の領地を接収しようとするフランソワ一世の心ない行動に怒ってスペイン側に寝返り、またフランス陣営にペストが発生しロートレック自身が病死する有様で、二八年八月フランス軍は解体してしまう。クレメンス七世にとっては、もはやカール五世の前に膝を屈するより他に身を守る手立てはなく、バルセローナ条約（二九年六月）をもって全面降伏する。三〇年二月、なんと伝統の故地ローマではなくボローニャにやって来たカール五世に、クレメンス七世の方からわざわざ出向いて、その神聖ローマ皇帝としての戴冠式を執り行うという条件を受け入れざるを得ないことになる。

メディチ家によるフィレンツェ君主支配

そして、それこそ半島ルネッサンスの蛇足《エピローグ》にしか過ぎないのではあるが、カール五世とクレメンス七世との合意のうちには、メディチ家のフィレンツェ復帰も含まれていた。しかもその前年の一五二九年四月、フィレンツェ共和国は政府の主要メンバーの一人、ニコロ・カッポーニを裏切りの廉で追放していた。それはニコロが諸般の情勢の中で市が孤立するのを食い止めようと、クレメンス七世と秘密裡に交渉を行っていたからであった。したがって三〇年八月、フランソワ一世がカンブレーでカール五世と講和を結び、イタリア半島における自己の全権益を放棄した時には、フィレンツェは完全に孤立無援の状態にあった。同年八月十二日フィレンツェは神聖ローマ皇帝カール五世に降伏、皇帝の意向により一週間後の二十日にメディチ家の支配が復活、フィレンツェ共和国に引導が渡されて、クレメンス七世の遠隔統治が始まる。(30)

半島統一国家の幻影

かくして、ヨーロッパの他の地域に先駆け、一二六六年（ベネヴェントの戦い）をきっかけとして十三世紀最後の四半期から十四世紀初にかけて始動したイタリア半島の「都市ルネッサンス」は、一五二七年五月のローマの劫掠をもって決定的に終りを告げる。アルプス以北の諸国と違って、半島では統一国家の形成は遂にみられなかった。そしてこの状態は、じつに一八六〇年の「イタリア統一」まで続く。

半島を五分した諸地域勢力は、南のナポリと北のミラーノが副王による直接統治、トスカーナとローマ教皇庁はカール五世の強力な影響下というように、いずれもスペイン支配に服し、わずかにヴェネツィアのみが辛うじて独立、それも受け身の小心翼々たる独立を保つに過ぎない。一五一二年ユリウス二世が提唱した神聖同盟の「夷狄を半島から追い払え！」というスローガンは、フランスに対しては有効だったが、スペインについてはまったく効果がなかった。だがそれは、そもそもユリウス二世自身が本気でイタリア半島の統一と独立を目指してこのかけ声をあげたわけではなく、むしろ己れの権力拡大の手段として唱えただけだったのだから、それも当然のことであった。(31)

もう一人の統一国家主義者であるマキャヴェルリは、アルプス以北の諸宮廷に外交使節としておもむき、当時まさに成立しつつあった国民国家の実態を見聞して、傭兵ではなく市民軍の結成を主張していた。けれどもそのマキャヴェルリにして、アニャデルロの戦い（一五〇九）前後、戦況を視察するため派遣された半島北部からフィレンツェ共和国政府に送った報告では、ヴェネツィアの利己主義に対する不当に手厳しい批難を浴せている。ということはマキャヴェルリも、この時点ではあくまでもフィレンツェの利益を他のすべてに優先させ、アルプス以北からの攻撃には対抗し得るだけの強力な勢力が、イタリア半島内に出現するのを警戒しているわけで、「豪奢殿」ことロレンツォとあまり変わらない、偏狭なフィレンツェ至上主義者だったことになる。それがほんの数年後に書かれた『君主論《イル・プリンチペ》』（一三）の末尾になると、ペト

(30) メディチ家は世襲君主として、まずフィレンツェ公爵、次いでトスカーナ大公となる。
(31) また仮に本気でそう思ったとしても、マキャヴェルリが『君主論』で指摘したごとく、カトリック教会自体が本質的にナショナリズムとは相容れない汎ヨーロッパ的な制度である以上、かけ声だけですぐ統一イタリア国家を実現できるわけもなかったであろう。

ラルカの詩『わがイタリア』から

（イタリアの）剛毅が（蛮族の）凶暴に対して
武器を執らば、戦いは瞬時にして終らん。
それ、イタリア人《びと》の胸の裡《うち》に、
未だ古代《いにしえ》よりの武勇、失わざれば

が引用され、イタリア全体の観点に立って外敵からの独立と自由を希う著者の立場が表明されている。とはいえ、それは畢竟ペトラルカ、また前に引いたマッテーオ・マリア・ボイアルドにも見られる、理想実現のための実行手段を欠いた人文主義者の観念論の域を出ていない。あるいはむしろ『君主論』が書かれる前年、ソデリーニ共和政権が崩壊しマキャヴェルリは失脚したばかりか、反メディチ陰謀加担の疑いで投獄され拷問の憂き目に遭い、フィレンツェ政治の局外に放り出された時点（一五一二）に到って初めて、遅まきながらヨーロッパ全体の情勢の中でイタリア半島の置かれた危うい立場を認識したといった方が正確かもしれない。

　マキャヴェルリはまた、『君主論』の中で、シニガリアでの小僭主共の大量殺戮（一五〇二）に際し、チェーザレ・ボルジャが示した決断力に感銘を受け、運には恵まれなかったが、チェーザレこそがイタリア半島の救世主たり得る人物であったと惜しんでいる。しかしこの評価は贔屓の引き倒しというもので、チェーザレの人柄や行いを見てもせいぜい抜け目のない傭兵隊長どまり、とうてい国家の統一を達成し得る器とは考えられないというのが一般の評価である。

　こう見てくると半島ルネッサンスの数ある君主や政治家の中で、マキャヴェルリがチェーザレに与えたような評価が最もよく当て嵌るのは、『君主論』の中では一言も触れられてはいないが、[32]ジャンガレアッツォ・ヴィスコンチであろう。だが一四〇二年突然の病が、まさにフィレンツェを攻略しようとしていたこのミラーノの君主を襲い、半島北・中部の政治統一の芽は摘み取られてしまう。それは、イングランドとフランスが百年戦争のまっただ中にあり、イベリア半島の再征服《レコンチスタ》の完成（一四九二）には約一世紀を残し、教皇庁はやっとアヴィニョンからローマに帰還（一三七七）したばかり、両シチリア王国はアンジューとアラゴン両王家の争いと内紛に明け暮れていた時期、二百五十年にわたる半島ルネッサンスの歴史を、「自治都市《コムーネ》」（十三世紀末〜十四世紀初）から「都市国家《チッタ・スタート》」（十四世紀〜十五世紀初）を経て、「地域国家《スタート・レジョナーレ》」（十五世紀〜十六世紀第一・四半期）へと我々が通観して来た中で、唯一外からの干渉に煩わされることなく、より大きな集権体制への脱皮を実現する、まさに絶好の時点だったのだが。

好機が去って、後には己れの地域的な権力保持にしか関心のない、「豪奢殿」ことロレンツォ・デ・メディチ、ミラーノのフランチェスコ・スフォルツァ、ヴェネツィア共和国その他の勢力がローディの和平条約を締結（一四五四）して、半島の現状を固定化してしまう。固定された社会状況の中では一定の平和がもたらされ、それなりのお飾りとしての文化・芸術の開花がみられる。だがその華麗さと洗練は確かに瞠目に値するとはいえ、すでに権力に飼い慣らされた御用文化であって、都市国家ルネッサンスが本来持っていた初発性・思想性・創造性を失ってマンネリズムに堕していく気配が感じられる。[33] ことに人文主義は、社会の現実への参加を断たれ、またそれに甘んじたインテリ達は新プラトニズムの魔術的儀礼・道具立てに嵌って、単なる知的遊戯に向かう傾向が顕著となる。

十三世紀末から十四世紀初にかけての古代ラテン文化の発見、十四世紀末から十五世紀初にかけてのギリシャ古典の発掘によりもたらされた新しい理想や人間像を、西欧キリスト教世界の現実に合わせて消化し、換骨脱胎していく作業は、もはやイタリア半島においてではなく、その文化・思想的な刺激を真正面から受け止めつつ、新しく成立しつつあった科学・技術と、その発展により開発された工業生産や人・物の移動の迅速化、情報伝達手段の発達に相応しい国民国家という、より大きく、より活発な社会単位を形づくるのに成功したアルプス以北の勢力によって、十六世紀以降に担われることになっていくのである。

(32) フィレンツェの敵ミラーノの君主だったため（そうなると、やはりマキャヴェルリは偏狭なフィレンツェ至上主義者だったことになる）か、あるいは自己の時代とフィレンツェの政治にドップリ漬かっていたマキャヴェルリにとっては考慮の外にあったためであろうか。

(33) とはいえ、ミケランジェロ、ダ・ヴィンチといった希有の天才は、ルネッサンスと、イタリア半島地域国家の枠を超えて新しい境地を拓いていくのではあるけれども。

第II部　アルプス以北の諸国

序　章　アルプス以北のルネッサンス

1500年頃のヨーロッパ

第Ⅰ部で、我々はイタリア半島におけるルネッサンスの展開を跡付けた。これに続いて第Ⅱ部では、アルプス以北の地域におけるルネッサンスの展開を追うことになる。

そもそもルネッサンスは、十三世紀末にイタリア半島の中・北部に興った社会・文化・思想運動である。それが様々な事情により、十五世紀末から十六世紀初にかけてアルプス以北の地域に伝播することとなり、「アルプス以北のルネッサンス」が興る。これと「イタリア半島のルネッサンス」とをあわせて、一般に「西欧ルネッサンス」といわれる社会現象を指すわけである。

基本的性格

第Ⅰ部で指摘したように、ルネッサンス興隆のきっかけとなったのは、イタリア半島の諸都市が十三世紀末当時、「オリエンテ」と呼ばれ、東ローマ帝国およびイスラム文化圏に入っていた東地中海沿岸諸地域との交易によって受けた、経済的刺激であった。つまり、イタリア半島ルネッサンスは、基本的に「経済ルネッサンス」であり、かつ「都市国家《チッタ・スタート》ルネッサンス」だったのである。

これに対して、アルプス以北のルネッサンスは十五世紀末～十六世紀初、アルプス以北の勢力が、当時イタリア半島で割拠・対立していた、「都市国家」から発展してきた「地域国家《スタート・レジョナーレ》」を武力によって蚕食、イタリア半島ルネッサンスに終止符を打ったことに始まる。イタリア半島ルネッサンスの方はこれで終ってしまうのだが、それと同時に、この侵略から生じた刺激が、今度はアルプス以北の地域で、新しいタイプのルネッサンスを生み出すのである。それは「地域国家」よりずっと大きな政治単位である「国民国家」（ネーション・ステート）の形成に成功したフランス、スペイン、イングランドといった勢力を軸として展開する。つまり、アルプス以北のルネッサンスは、基本的に「政治ルネッサンス」であり、かつまた「国民国家《ネーション・ステート》ルネッサンス」なのである。

いま「フランス、スペイン、イングランドといった勢力を軸として」と述べたが、では今日、「西ヨーロッパ」と呼ばれる地域で重要な一角を占めるドイツはどうだったのかという疑問が出るかもしれない。じつはこちらは、中世以来「神聖ローマ・ドイツ帝国」という、建前としては汎ヨーロッパ・カトリック圏全体を包摂する政治形態の本拠地であったため、カトリック教会という、これまた建前としては全世界の包摂を標榜する組織の所在地イタリア半島と同様、十六世紀初の時点では、統一「国民国家」を形成するには至らなかったのである（ドイツが国家統一をなし遂げるのは十九世紀もようやく後半に入ってのこと、プロイセン主導で同帝国の西半分が、オーストリア、ハンガリーなど東半分を切り捨てる形で、やっと統一が可能となった。しかもそれは、イタリア半島そして日本列島とも、ほぼ時を同じくしてのことである)。したがってルネッサンスという観点からは、ドイツは順当な発展を遂げた地域とはいえない。

ただしそうはいっても、ドイツは一五一七年に「宗教改革」が勃発した土地であり、それがこの地におけるルネッサンスを短命に終らせる原因となったのではあるが、同時にまた、アルプス以北のルネッサンス全体にとっては重大な影響を及ぼすこととともなった。かつそれ以前にも、ここを本拠地とする神聖ローマ・ドイツ帝国が、イタリア半島ルネッサンスと深甚な関係を有していたこともあり、ドイツ抜きでルネッサンスを語ることはできないという事実は、じゅうぶん認識しておく必要がある。

その担い手

さて、イタリア半島ルネッサンスとアルプス以北のルネッサンスとを区別する最大の特徴は、前者が都市に住む商人によって担われる経済活動を起点として興った、いわば「下からの運動」であったのに対して、後者は市民階級と国王の合作というか、王権主導の「上からの改革」に市民階級が乗るという形で展開された点にある。むろんアルプス以北においても、イタリア半島からの刺激を受けて活発化した商業活動により力を付けつつあった市民階級が、それなりの役割を果したことに間違いはない。だが、もともと中世封建勢力の力が弱くて市民階級の台頭が比較的容易であったイタリア半島と異なり、封建領主の勢力が圧倒的に強かったアルプス以北では、市民階級が自力で社会改革を押し進めることはできなかった。したがって市民階級は必然的に、封建領主の最大の者でありながら、同時にまた、固有の封建的権利を主張して、必ずしも常に王の意に従おうとしない領主達を打倒しようと狙っている国王と組まざるを得なかったのである。この事情を国王の側からいえば、国王は自己の専制を実現するため、新たに興ってきた都市民階級の力を結集・利用して、国王主導の「上からの改革」を実現しようとした。したがって改革が成功した場合に出現するのは、いわゆる「絶対王制」であり、その下で市民階級が、絶対君主と自分達の中間に存在する。封建貴族や中世的修道院の諸権益・財産を侵蝕し、力を付けていくという展開となる。換言すればアルプス以北のルネッサンスは、イタリア半島型の「経済ルネッサンス」ではなくて「政治ルネッサンス」であるということができる（その到達点が、市民階級による王権自体の打倒、つまりチャールス一世を処刑したクロムウエルの清教徒革命と、ルイ十六世とマリー・アントワネットを断頭台に送ったフランス大革命なのだが、これはもうルネッサンス枠外の話である）。

かつまた、アルプス以北のルネッサンスは「国民国家ルネッサンス」であって、ちょうどイタリア半島にフィレンツェ、ヴェネツィア、ミラーノ、ローマ、ナポリ各都市ルネッサンスがあっても、標準型の「イタリア・ルネッサンス」なるものは存在しないのと同じことで、アルプス以北でも、それぞれが個性を強く主張するフランス、スペイン、イングランド、ドイツのルネッサンスはあっても、大ざっぱに東洋や新大陸、あるいは古代ギリシャ・ローマ、また現代中国などとの対比において論ずるというなら話は別だが、厳密な意味で「西ヨーロッパ・ルネッサンス」というようなものは存在しないのと同断である。

精神的背景

こうした大きな社会変革はまた、その発展を導いていく新たな精神的視野の転換をもたらす。イタリア半島ルネッサンスの場合には、まず経済活動の活発化があって、それに伴って非キリスト教的古典古代の発見（いわゆる人文主義）が、従来の修道的キリスト教の理想を完全に否定するわけではないが、それに世俗的価値を付け加えて相対化し、視野の拡大（つまり人間中心主義）を実現した。

これに対して、アルプス以北のルネッサンスにおいては、同じ人文主義が、その博言学的研究の深化により、初期キリスト教文献の発掘・解読に成功、当時世俗化が著しかったカトリック教会を（福音主義的に）改革しようと試みる。その結果が体制化したローマの教会からの離脱（宗教改革）に行き着くか、あるいは教会内改革に向かうかは各地域の事情によるが、すでに国家統一を実現していたフランス、スペイン、イングランドの場合でも、フランスとイングランドは改革のショックに耐えて国家統一を辛うじて保ち、紆余曲折を経て前者はカトリック教会内にとどまり、後者は宗教改革の道を採って、ルネッサンス後の近代国家への発展につなげるのに成功する。他方スペインでは、改革の芽は異端審問の弾圧に摘み取られて社会は停滞に向かう。その一方で、国家統一への動きが緒に就いたばかりのドイツでは、封建領主である選帝侯による選挙で選ばれる神聖ローマ・ドイツ皇帝がハプスブルグ家に世襲化したということはあっても、皇帝はドイツ統一を成し遂げるに足る求心力を持たず、政治状況は再び以前の小領邦国家並立の状態に戻ってしまうといった具合である。だがいずれにしてもこうした変動は、人々の心に信仰の内面化、およびそれに基づく個人意識の確立をもたらし、以後信仰は基本的に個人レヴェルでキリスト教精神の再生を目指す、つまり政教の分離という方向を目指す結果に繋がっていくのである。

かつそれと並行して、イタリア半島ルネッサンスにおける商人達の経験主義に発する合理的思考が、自然の研究にも適用されることとなり、一方ではコペルニクス、ガリレオ、ケプラーらの天体観測が宇宙や外界に関する法則の発見をもたらし、またその一方で、コロンブス、マジェラン、ヴァスコ・ダ・ガーマ、アメリゴ・ヴェスプッチらの大航海による新大陸の発見など、科学・技術的思考の発展の基礎を築くことになる。

ヨーロッパの新秩序、国家主権の確立と国際関係の出現

こうした諸々の変動が、都市単位ではなく国家単位で生起し、その結果として生ずる対立・衝突は、以後国家間の問題となり、その解決がしばしば国民軍の総力戦（その典型が、イタリア半島を舞台にしたフランスとスペインの角逐、あるいはイングランド侵攻を狙ったスペイン「無敵艦隊《アルマダ》」の壊滅である）の形を取る。揚句の果ては、アルプス以北のルネッサンスも終りに近づく十七世紀の第一・四半期に、キリスト教の新旧両派の対立という名目で、ドイツを舞台に、ヨーロッパ全体がプロテスタントとカトリックの二陣営に分かれて、一六一八年いわゆる「三十年戦争」に突入する。そして当事者達が長年の戦いに倦み疲れた結果、最終的には一六四八年の「ウエストファリア条約」として、「国家主権」の承認および国際法の成立に帰結するという経過を辿る。以下にその展開を、各国の事情に則して跡付けていくことにしよう。

第1章　フランスのルネッサンス（一四九四〜一六一〇年）

1610年頃のフランス

第1節　イタリア戦役

（1）国家統一への道程

ナンシーの戦い

フランスのルネッサンスの「引き金」を引いたのは、ブルゴーニュ公爵家の「猛進公《ル・テメレール》」ことシャルルがスイス連邦軍と戦って敗死したナンシーの戦い（一四七七）ということができる。これは、イタリアにおいて、マンフレーディ王が戦死したベネヴェントの戦い（一二六六）と似ている。ただ、ベネヴェントの戦いが生み出したのは、カトリック教会と並んでキリスト教理念によるヨーロッパ支配を担っていた神聖ローマ皇帝権の没落と、その結果イタリア半島に生じた政治・経済的空白を埋めるべく登場した「都市国家《チッタ・スタート》」だった。都市国家とは、共和制か僭主制であるかを問わず、（東方《オリエント》との）商業、あるいは（未だ初歩的な段階だが）毛織物などの生産業に立脚し、そうした活動の担い手である市民階級の政治的独立を標榜する体制に他ならない。これに対するに、ほぼ二百年後のナンシーの戦い、またスペインでも同じ役割を果すトーロの戦い（一四七六）、またイングランドのボスワースの戦い（一四八五）をみても、こうしたアルプス以北の地域における戦いが生み出したのは、第一に、それぞれの地域でいまだ巨大な権力を保持していた中世封建諸侯（ブルゴーニュ公家はまさにその典型だった）の王権による打倒であり、第二にその結果として、国王を戴き、国家統一と中央集権とを達成した「国民国家《ネーション・ステート》」だったのである。このアルプスの南と北で、歴史の転換点となる戦いの後に生まれた体制の規模と権力構造の違いこそが、イタリア半島とアルプス以北のルネッサンスとを分かつ点に他ならない。

ナンシーの戦いで、ブルゴーニュ家最後の大公、シャルルはスイス槍隊に対して、すでにモーラやグランソンで再三敗戦の苦汁を嘗めさせられていたにもかかわらず、（きわめて封建的に）相手を身分の卑しいスイスの百姓や牛飼どもと侮って無謀な攻撃を仕かけ、かえって自滅の途を辿る。

この時、漁夫の利を得たのは老獪なフランス王ヴァロワ家のルイ十一世であった。ルイ十一世は未だ若年の時、父親シャルル七世に対する叛逆の廉《かど》で追われる身となり、ブルゴーニュ公シャルルの父、「善良公《ル・ボン》」ことフィリップの許に一時身を寄せたことがある。したがっていったんその領内に入れば、国王の権力といえども如何ともすることができない大諸侯の威勢をつぶさに見知っていた。そればかりではない、一四六八年には同時代人から「古狐が自ら仕かけた罠に嵌った」と評されたように、自ら提案したシャルルとの会見を迂闊にもブルゴーニュ公国内のペロンヌで行っていた折も折、己れが密かに裏で糸を引いていたブルゴーニュ領リエージュ市の叛乱が勃発する。かつ叛徒との内応が露見してシャルルに身柄を拘束され、同市の鎮圧と味方の処刑に立ち合わされたばかりか、大幅な領地の割譲まで余儀なくされるという大変な屈辱を強いられる。したがってルイ十一世のシャルルに対する恨みは骨髄に徹していた。じつはスイス連邦軍のシャルルに対する叛乱そのものにも、ルイ十一世の使嗾《しそう》が大きく関わっていたとは、ルイの伝記作者として知られるフィリップ・ド・コミーヌが『回想録』に記すところである。

ブルゴーニュ公家の起源

もともとブルゴーニュ公家は、ルイ十一世に先立つこと四代前のフランス王、「善良王《ル・ボン》」ことジャン二世が、次男フィリップにブルゴーニュを与えて親王大公に封じたことに端を発する。以後、同家が北のバイエルンを本拠とするヴィッテルスバッハ家や、神聖ドイツ・ローマ皇帝を出したハプスブルグ家との婚姻を通じて、ドイツやオランダといった北方勢力と結び付いて、英仏百年戦争（一三三七～一四五三）に際してはイングランドと組みフランスを脅かす。

さらにブルゴーニュ公家自体は、シャルルの死後間もなく断絶するが、後を承けたハプスブルグ家が十五世紀末から十六世期初にかけてスペインのトラスタマラ朝（アラゴンのフェルナンド王とカスティリアのイザベル女王、いわゆるカトリック両王の属する王朝）と縁を結び、縁組から生まれたカール五世（神聖ローマ皇帝、スペイン王としてはカルロス一世）にいたって、同王朝の新大陸や東洋における領土をも相続する。かつ父方の祖父マクシミリアン一世（神聖ローマ皇帝）の関係で神聖ローマ皇帝にも選ばれるとあって一大勢力に発展し、ルネッサンス期を通じてフランス王家との抗争に深く関わっていくことになるのである。

ルイ十一世のフランス統一

さて一四七七年、シャルルの敗死により最大の敵から解放されたルイ十一世は、マキャヴェルリ以前にその『君主論《イル・プリンチペ》』を地でいったような権謀術数を発揮、また運にも恵まれて大変な政治的成功を収める。すなわち男系相続しか認めないサリ法典の定めるところにより、息子のなかったシャルル「猛進公」の所領のうちで、もともとフランス王家の領地だったピカルディとブルゴーニュがルイ十一世に戻ってくる。かつ八二年、シャルルの一人娘で相続人、マリー・ド・ブルゴーニュが、落馬で不慮の死を遂げる。そこでその娘で相続人マルガレーテ（当時二歳）と、自分の息子のシャルル（十二歳、翌年父の死によりシャルル八世として戴冠）

を婚約させ、マルガレーテの婚資として、戦わずしてアルトワとフランシュ・コンテを得るところまで漕ぎ着けたのである。じつにめざましい外交的勝利といわなければならない。

その他八〇年から翌八一年にかけてルイ十一世が、従兄のナポリ王アンジュー家（イタリア語ではアンジョ家）のルネとその甥シャルル両人の死に際して、同家の所領であったアンジューとメーヌ、またプロヴァンスをも相続するに及んで、王国としてのフランスの統一が完成する。かつルイ十一世にはイベリア半島に進出する野心もあり、最初の妻スコットランド王女マーガレットとの間に生まれたアンヌをブルボン家のピエール二世（ナヴァール国王でボージュー公）に嫁がせて、ピレネー山脈の南北斜面に跨がるナヴァール（フランス語でナヴァール、スペイン語でナヴァラ）王国を通してカタルーニャ地方に楔を打ち込むという手まで打っている。

ことほどさように一切の道徳的考慮に煩わされることなく、ひたすら政治権力の獲得に邁進する一方で、ルイ十一世にはパドヴァの聖アントニオに対する迷信的ともいえる信心、あるいは死の床に就いても、フランチェスコ派「極微《ミニミ》」修道会創設者、カラブリアはパオラの聖フランチェスコ（一四一六〜一五〇七）の祈禱が霊験あらたかと聞くや、教皇シクストゥス四世またアラゴン家のナポリ王フェランテ二世に依頼して、六十七歳の年老いた聖者を無理やりに南イタリアから呼び寄せたり、さらには遺されたその莫大な聖遺物の収集が示すごとく、中世的な面とルネッサンス的な面とが奇妙に混合していた。が、それはともかくこの王が一四八三年八月にプレシス・ラ・トゥールの城で没した時、フランスはヨーロッパ大陸随一の勢力となっていたのである。

フランス・ルネッサンスの胎動

ルイ十一世の跡を継いだのは、その五人の息子のうち唯一人生き残ったシャルルで、一四八四年にシャルル八世として戴冠した時、わずか十三歳であった。したがってその治世の初めは父の遺言により、十歳年長の姉アンヌ・ド・フランスが摂政となって取り仕切る。だがこの事態に不満を抱いたシャルルの従兄でヴァロワ王朝の分家オルレアン公爵家のルイ（シャルル八世より九歳年長、後のルイ十二世）は、シャルルをアンヌの後見から解放しようと、一四八八年に世に「無謀の乱」と呼ばれる叛乱を企てる。むろんこれは失敗、ルイは捕らえられて三年間も監禁の憂き目を見、解放されるのはやっと九一年、シャルル八世が成年に達し自前の政策を行えるようになってからのことである。

一方、シャルル八世は、九一年、先に述べたマルガレーテとの婚約を破棄し、ブルターニュ女公アンヌと結婚する。そうしなければ、すでにハプスブルグ家のマクシミリアンと結婚が取り決められていたアンヌはオーストリア大公家に嫁ぎ、フランスは東西からドイツ勢力に挟まれる危険があったからである。この件でシャルル八世はマルガレーテの婚資であったアルトワとフランシュ・コンテを失ったばかりか、娘マルガレーテとの婚約を破棄されたマクシミリアンの敵意をも買うことになってしまう。

シャルル八世はまた、若年の頃から中世の騎士道物語を読み耽り、騎士道的な武勇をあらわし、異教徒サラセン軍の手から聖地イエルサレムを奪回するという十字軍の夢に取り憑かれていた。そんなところに九三年、北イタリアはミラーノ公国の実権を握っていたスフォルツァ家のルドヴィコから、「ナポリ王国（原文ママ）を領していたアラゴン家を追い払ってはどうか、ことはきわめて簡単である」（グイッチャルディーニ『イタリア史』）という誘いがかかる。シャルル八世は、父王ルイ十一世の代にアンジュー家から譲られたナポリ王国に対する潜在的主権を有していたのである。

権謀術数に長けた「黒ん坊《イル・モーロ》」ことルドヴィコ・スフォルツァの狙いは、フランス王の力を利用して、若年の甥で正統のミラーノ公ジャン・ガレアッツォ・マリア・スフォルツァとその妻イザベラ・ディ・アラゴン（ナポリ王アルフォンソ二世の娘）を追い払い、これまで後見人として取り仕切ってきたミラーノ公国を、甥が成年に達する前に完全に自分の物とすることにあった。一方、シャルル八世は、イタリアに入ってナポリ王国を回復すると同時に、これを足場としてオスマン・トルコ帝国に対しエルサレム奪回の聖戦、「十字軍」を敢行することを夢見ていたのである。[1]

イタリア遠征の準備

この遠征中、後顧の憂いがないようにするため、シャルル八世はまずスペインのアラゴン王フェルナンド（カスティリアのイザベル女王の夫、アラゴン王としてはフェルナンド二世、スペイン王としてはフェルナンド一世）には、地中海に面するルシヨン地方と、ピレネー山脈東部にあるフランスとスペインにまたがるセルダーニャの両地域[2]を返還する（バルセローナ条約）。なにしろアラゴン王家の分家が支配するナポリ王国を、ヴァロワ・オルレアン家の潜在主権を盾に奪回しようというのだから、黙認料として相当の代価を支払う必要があったのである。

次にイングランドのヘンリー七世に二百万エキュという莫大な償金を支払う「エタープル条約」、またドイツはハプルスブルグ家のマクシミリアン大公（後の神聖ローマ皇帝マクシミリアン一世）には、例のアルトワとフランシュ・コンテの最終的返還を約する相互安全保障「サンリス条約」を締結する。そうした上でいよいよ一四九四年秋、ナンシーの戦い以来フランスと同盟関係にあるスイス歩兵隊を含む三万に上る軍勢を率いて、海陸からイタリア半島に進攻する。むろん従兄のオルレアン公ルイも加わり、ここにフランスは二代の王が初めてイタリアとその文化に直接触れて、それがルネッサンスに繋がっていく。フランス・ルネッサンスの始まり、始まりである。

（2）　シャルル八世、ルイ十二世のイタリア遠征

第一次イタリア戦役

遠征の詳細はすでにイタリアの項（第I部第5章）で触れたから、ここでは繰り返さない。ただ全体の行程を簡単に述べれば、一四九四年にシャルル八世の軍隊はリヨンに集結してサヴォワ（フランス語でサヴォワ、イタリア語でサヴォイア）地方を通り、モン・スニ峠経由で九月五日にトリーノに到着、その後アスティに進軍する。一方、ジェノヴァの東南三十キロのラパルロで、アルフォンソ二世が派遣した騎馬隊を主とするナポリ軍と、オルレアン公ルイ指揮下のフランス軍別動隊との、最初の戦いが行われるが、ナポリ側は完膚無きまでに打ち破られ、イタリア諸都市はフランス軍の精強に震え上がる。シャルル八世の方はアスティでルドヴィコ・スフォルツァの出迎えを受け、それからパヴィーアに赴き正統のミラーノ公ジャン・ガレアッツォ・スフォルツァとその妻イザベル・ディ・アラゴンと会見、次いでピアチェンツァ経由でターロ川の渓谷を下ってアペニンニ山脈を横断、トスカーナに入る。以後ルッカ、ピーザを経てフィレンツェ、シエーナと、古代ローマのカッシア街道を辿って教皇領に入り、九四年大晦日にローマに入市、教皇アレクサンドル六世に謁見し、ローマ市民の大歓迎を受ける。ローマには九五年一月まで滞在、次いでナポリ王国に向かって進軍する。国境での戦闘は兵員において圧倒的に優勢なフランス軍の完勝に終り、抵抗を試みたモンテ・サン・ジョヴァンニなどでは、住民を含む千人近い処刑が行われ、震え上がった諸都市は次々とフランス軍に城門を開き降伏する。ナポリ王はシチリアに逃亡、シャルル八世の遠征はいとやすやすと目的を達したことになる。

（1）オスマン・トルコ帝国のスレイマン大帝の死後、兄バヤズィッド二世との権力闘争に破れ、フランス、次いでローマに亡命していたジェム皇太子の身柄を、（バヤズィッド二世から送られてくる莫大な監視料惜しさに、引き渡しを渋る）教皇アレクサンドル六世と交渉して返還させた上、ジェムを押し立てようという考えだった。

（2）これらの地域は、一四六二年に父親ルイ十一世が、当時アラゴン王でカタルーニャ地方の叛乱に手を焼いていたファン二世を援助するという名目でイベリア半島に侵入、そのまま自分の物にしてしまったものであった。

しかしこの間すでに、イタリア半島のみならずヨーロッパの諸勢力が、フランス強大化を恐れて包囲網を敷く。教皇アレクサンドル六世、ヴェネツィア、そしてシャルル八世のイタリア南下を慫慂《しょうよう》した当のルドヴィコ、さらに中立のはずのスペイン王のフェルナンドにドイツ皇帝マクシミリアン一世までもが加わり、三月末には反フランス同盟が結成される。半島南部に閉じ籠められる危険に曝され、シャルル八世は五月半ばに帰国を決める。だが同時に、すっかりその魅力の虜となったルネッサンスをフランスに持ち帰ろうとする。多量の掠奪品と、造園家・職人などの人的資源までもが二手に分かれて、一隊は海路で、もう一隊は王と共に陸路でフランスを目指す。一行は来た道を通りアペニン二山脈をタ一ロ川に沿ったフォルノーヴォ経由で越えようとするが、ここで同盟軍との決戦が行われる。マントヴァ侯フランチェスコ・ゴンザーガ指揮下のヴェネツィア軍は、七月にフランス軍の本隊を襲い圧倒的勝利を収める。しかし最終的にはシャルル八世の本隊は、損害を受けつつも谷を抜けてロンバルディーア平原に出ることを得、命だけは助かる。ただフランス軍はロンバルディーア平野に出てからも、ルドヴィコの支配するミラーノ公爵領に入ったことでもあり、行く先々の都市から立ち入りを拒否され、アスティに着くまでは散々の苦労を嘗める。アスティに辿り着いてやっと一息入れたシャルル八世は、ノヴァーラの町に閉じ込められ包囲されていたオルレアン公ルイを救出、九五年末にフランスに辿り着く。軍事行動としては、シャルル八世のイタリア遠征は、往きは成功だが帰りは敗北と、得失が相半ばした。

だがシャルル八世にとり、またシャルルに同行しイタリアの空気に触れたフランス人達にとっても、ルネッサンスとの直接の接触は決定的で、以後イタリア風がフランスの宮廷や知識人を風靡する。シャルル八世自身についていえば、フォルノーヴォの敗戦からロンバルディーア平原での惨めな逃避行にもかかわらず、イタリアへの想いは衰えるどころか、再び遠征を夢見てスペイン王やドイツ皇帝との和平を取り付ける交渉にかかったとはコミーヌらの記すところである。シャルル八世はまたナポリから連れて来た建築家や石工を用いてアンボワーズ城の大改修を計画、テラス式庭園や、馬に乗ったままで城内に入ることのできるルネッサンス風大階段を作らせ、街並みの大幅な改造を行わせてもいる。

だがそんなところに、なんと九八年四月七日、シャルル八世はアンボワーズ城の空濠で行われていた球技「ポーム」の試合を見物しようと、濠を見下ろす外側の回廊に大急ぎで入ろうとした際、どちらかといえば小柄で、そう上背があったわけではないのに、それよりもさらに低い入口の石造りの「まぐさ」に額を強く打って昏倒、一時は回復するかに見えたが突然再び倒れ、回廊で寝かされたまま意識を失って夜半に絶命してしまう。かくしてシャルル八世の、そしてフランスの、イタリア半島ルネッサンスとの第一回接触は、まことに唐突な結末を迎えることになってしまう。

第二次イタリア戦役

シャルル八世のイタリアの夢は、その事故死によって、じつにあっけなく終りを告げた。しかしフランス王家のイタリアに対する野心はこれで終ったわけでは毛頭ない。シャルル八世の後を継いで王位に登るのが従兄のオルレアン公ルイで、ヴァロワ・オルレアン家出身ただ一人の王としてルイ十二世を名告《なの》る。これがまたイタリアに憑かれた人物であった。

ルイ十二世は曾祖父に当たり、スフォルツァ家より以前にミラーノを支配していたヴィスコンチ家の初代公爵ジャンガレアッツォ（在位一三九五〜一四〇二）が、娘のヴァレンティーナを、自分と同名の祖父オルレアン公ルイ（フランス王シャルル六世の弟）に嫁がせたところから、ヴァレンティーナの孫として自身もヴィスコンチ家の血筋を引いている。しかもジャンガレアッツォ・ヴィスコンチは娘を嫁がせる時、もし自分の直系に男子が絶えた場合には、ミラーノ公国の支配権はヴァレンティーナの血統に移るという条項を結婚契約に入れており、息子フィリッポ・マリアが一四四七年、跡継ぎの男子を残さずに亡くなった時、実際その事態が起こる。だが当時フランスは対イングランド百年戦争の最中で、ミラーノ介入どころの話ではなかったから、フィリッポ・マリアの庶出の娘ビアンカ・マリアの夫で傭兵隊長《コンドッティエーロ》フランチェスコ・スフォルツァが、神聖ローマ皇帝による正式の任命を経ず、市民会議の推戴により公爵位を獲得、コジモ・デ・メディチを始め形式より実力を重んずるイタリア半島諸勢力の承認もあって、ミラーノを手に入れたのである。ルドヴィコは、そのフランチェスコの、それも第四子でしかない。となればオルレアン公爵家はミラーノ公国に対して、ルドヴィコよりはるかに正統な主権を有することになる。じじつ先王シャルル八世のイタリア南下の際にも、ルイはナポリには赴かずにアスティやノヴァーラに留まってミラーノ攻略の機を窺っていたほどである。だがシャルル八世在世中はミラーノよりナポリの奪回が優先され、ルイは手をこまぬいて事態を静観しているより他はなかった。ところがシャルル八世の突然の死により王位が自分にまわってくるとなれば話は別で、ルイはたちまち王位に就いた翌年の一四九九年、イタリア侵入を開始する。だがその前にまず、ここにいたるルイの生涯にざっと目を通しておこう。

ルイ十二世の登極に到る軌跡

ルイは詩人として名高いオルレアン公シャルル・ドルレアンの息子である。シャルル・ドルレアンは百年戦争の犠牲者で、かのアジャンクールの戦い（一四一五）で捕虜となり、四十七年間もイングランドに囚われ、(3)やっと自由の身になり帰国してマリー・ド・クレーヴと結婚、ルイが生まれた時にはすでに六十歳を越していた。かつルイが生まれて三年後の一四六五年にはもう他界している。

したがって後見人としてルイの養育に当たったのは、伯父でヴァロワ家のフランス王ルイ十一世なのだが、これがまた記述のごとく老獪かつ奇嬌な人柄で、分家の男子で常に王位を脅かす立場にある被後見人に対し、ことごとに辛く当たったといわれる。二番目の妻シャルロット・ド・サヴォワとの間に生まれた娘ジャンヌをルイに娶《めあ》わせたのもそれで、王女を嫁に取らせるといえば厚遇したようだが、じつはジャンヌは足が悪くて健康も優れず、どうやら子どもができない可能性が高かったらしい。悪辣なルイ十一世は、この婚礼でオルレアン家の断絶を図り、側近に「新夫婦には子どもの養育で手間暇のかかることはあるまい」と言ったという噂さえ伝えられる。

じじつ二人の間に子は生まれず、ルイ十二世は即位の翌年の九九年、時の教皇アレクサンドル六世に対し「結婚は実際には成立していなかった」との理由で、その解消を申請する。もちろんジャンヌは反対で、これも哀れな話だが、慎ましくも「自分は他の女性より美しくもなければ健康なわけでもないが、それでも結婚の事実はちゃんと存在した」と異議を申し立てる。だがアレクサンドル六世は、息子のチェーザレ・ボルジャをルイ十二世が南西フランスはローヌ河沿いのヴァランチノワ公爵領に封ずるという条件で、ルイの結婚解消申し立てを正当と判定、ジャンヌとしてはブールジュの修道院に引き籠る他なかった。以後ジャンヌは、ブールジュで聖処女マリアの受胎告知を崇める女子修道会を主宰して一生を終る（結婚解消を認めたカトリック教会は、四百五十年後の一九五〇年、ジャンヌを聖女の位に列している！）。

さて、晴れて新たな結婚ができる身となったルイ十二世は、国王としてブルターニュを失うことはできないという事情もあって、先王の未亡人アンヌ・ド・ブルターニュと結婚、二女を設けるが、男子は生まれない。一五一四年の一月にアンヌが死ぬと、これも政略結婚だが、イングランド王ヘンリー八世の妹で、美女の誉れ高かった三十五歳も年下のメアリー・チューダーと同年十月に再婚する。しかし、若妻に惚れたのと、なんとか世継ぎを得たいという一心から房事に励んだのが祟って精力を使い果し、わずか二カ月後の一五年一月元旦に他界、結局オルレアン家はルイ十二世の一代をもって

絶えるのである。(4)

ルイ十二世の遠征

ルイ十一世が一四八三年に亡くなった時、オルレアン公だったルイは、まだ十三歳で成年に達していない皇太子シャルルの摂政には当然自分がなるものと思っていた。ところがトゥールで開かれた国会はルイ十一世の遺言を尊重、シャルルより十歳年長の姉アンヌ・ド・フランスを摂政に指名する。この決定に不満を抱いたルイは、前述の通り「無謀の乱」（一四八八）を企てる。しかし叛乱軍は大敗、ルイは捕らえられて九一年まで三年間も入獄させられる。牢を出られたのは同年、二十歳の成年に達したシャルル八世が親政を行うに際して恩赦を与えたからである（これを多としたルイは、以後シャルルの協力者となり、第一次イタリア戦争にも参加、半島ルネッサンスの空気に直接触れる）。こうしていろいろ苦労したがゆえに、ルイ十二世となってからも反対派に報復することをせず、国内を平和に保ち賢明な政治を行って、国民から「人民の父」という称号を奉られたほどである。

すでに述べたように、九九年ルイは即位するや、ミラーノ公領に権利を有するオルレアン家の後裔として、たちまち兵を発してロンバルディーアに攻め込む。じつはこの間にルドヴィコ・スフォルツァは、ミラーノの正統君主スフォルツァ家のジャン・ガレアッツォの死後、ミラーノ公爵におさまっていたのだが、ルイ十二世のフランス軍襲来の報を受け、宗主ドイツ皇帝マクシミリアン一世に援助を要請するなど八方

---

(3) 当時フランスで威勢を振っていたブルゴーニュ党やその同盟者であるイングランドはむろんのこと、百年戦争やシャルル五世の狂気などで混乱が続いていたフランス王家までが、身代金を払ってまでシャルルを解放することを望まず、逆にその虜囚を引き伸ばすよう働きかける有様であった。

(4) ちなみにこのルイ十二世とジャンヌ・ド・フランスの関係には、後述するイングランド・ルネッサンスで問題になる、ヘンリー八世とその最初の妻キャサリン・オブ・アラゴンとの関係に酷似する点がある。キャサリンの場合も男子が生まれず、ヘンリーから離婚の申立てを受けた教皇クレメンス七世は、ヨーロッパ最強の君主神聖ローマ皇帝カール五世の叔母に当たるキャサリンとヘンリーの離婚を、カールの意向に逆らってまで認めるわけにもいかず、さりとてイングランド国王の意向も無視できず、決定を引き延ばす作戦に出る。しびれを切らしたヘンリーは、それならばローマ教会と決裂して、自分の離婚を認めるイングランド自前の教会設立（一五三四）を主張、これがすでに始まっていたドイツの宗教改革（一五一七）と連動してヨーロッパ全体を揺るがす宗教改革という大変動に繋がっていく。こちらはヘンリー八世の勝手な自己都合の結果以外の何物でもないが、王室の結婚問題なぞというものは、ルイのメアリー・チューダーとの再婚問題を見ても知られるごとく、時の政治状況によりどうにでもなり得る話なわけで、となれば当時の風潮からすれば、世継ぎの男子を欲するヘンリーの行動にもあながち無理とばかりは言えぬ面もあったといえる。

手を尽して防戦に努める。しかし一五〇〇年、その策を弄する性格が災いして、これまで散々人を裏切ってきたわが身が、なんとマクシミリアン一世に貸し与えられたドイツ傭兵隊の寝返りに遭ってフランス軍に引き渡され、ロッシュ城の地下牢に八年も幽閉される。そしてやっと解放された時には、強い陽光の刺激と自由になれるという興奮の余り地上に出た途端に昏倒、そのまま息を吹き返すことなく最期を遂げてしまう。まさにチェーザレ・ボルジャの末路を想起させずには措かぬ、梟雄《きょうゆう》の末路である。

第三次イタリア戦役

他方ルイ十二世は、こうしてミラーノ公領を手に入れると、次は先王シャルル八世の政策を継いで両シチリア王国の征服を目指す。そのため一五〇〇年、アラゴン王でかつ統一スペイン王でもあったフェルナンドと「グラナダ条約」を結び、王国の首都ナポリに向けて南下、簡単にこれを占領（一五〇一）する（なんとフェルナンド王はこの時、自分の分家の支配する両シチリア王国をフランス王が征服するのを容認、後で分け前に与ろうとしたのである）。

しかしルイ十二世の征服後、王国の分割をめぐってフェルナンド王との間に争いが起こり、これにフランスの強大化を恐れた教皇ユリウス二世とヴェネツィア、およびドイツ皇帝マクシミリアン一世も介入して、再び反仏同盟が結成され、南イタリアでスペインとフランス間の直接対決が始まる。フェルナンド王はスペイン軍司令官に、グラナダのモーロ人との戦いに勇名を馳せたゴンサルヴォ・デ・コルドヴァを起用、大元帥《コネターブル》スチュワート・ドービニィ麾下の、重騎馬隊を主力とするフランス軍と対決させる。両軍の最初の正面切った戦闘は〇二年末、カラブリアの南部でシチリア島に近いセミナーラで行われ、この時はフランス軍の勝利に終る。だが翌〇三年四月にはゴンサルヴォ率いるスペイン軍がバルレッタに近いチェリニョーラで、軽騎馬隊と火縄銃隊の機動性を十分に発揮してフランス軍に完勝。さらに同年、カンパーニャ州はガリリァーノ川畔の戦いで、貴族重騎馬隊中心の中世風フランス軍が、鉄砲とアラブ風軽騎馬隊による波状攻撃を採り入れたスペイン軍の新戦法に決定的な敗北を蒙る。この勝利によりゴンサルヴォは「大将軍《グラン・カピタン》」と呼ばれ、以後その名はヨーロッパ中に轟くこととなった。

またこの結果ルイ十二世は、〇四年の「ブロワ条約」により、両シチリア王国についてのすべての権益を放棄せざるを得なくなってしまう。ただしナポリを諦めてフェルナンド王とドイツ皇帝マクシミリアン一世と和睦した代わりに、ミラーノ公国はルイ十二世に残ることになった。だがこれも、娘のクロード・ド・フランスをマクシミリアン一世の孫カール

（後の神聖ローマ皇帝カール五世）と娶わせる際に、婚資としてハプスブルグ家のものとするという条項が入っていたから、同条約は結局イタリア半島における全権益をフランスが諦めることを意味した。

ところがこの決定には（イタリアで血を流した）フランスの貴族や国民が承服せず、フランス軍がすでに両シチリア王国から最終的に撤退せざるを得なくなっているにもかかわらず、ブロワ条約は〇六年トゥールで開かれた国会で否決され、ルイ十二世は再びイタリア半島での戦争に乗り出すことになる（王のみならず貴族階級やフランス国民全体が、イタリアに取り憑かれていたのである）。同時に、クロード・ド・フランスのカールとの婚約も破棄され、将来クロードは王位継承権を有する、ルイ十二世の従弟でアングーレーム公フランソワ（後のフランソワ一世）と結婚することが決まる。

第四次イタリア戦役

じじつルイ十二世は一五〇七年、海運都市共和国ジェノヴァが、有力貴族同士の内紛からフランス支配に対して反旗を翻したのに乗じてイタリアに出兵、ジェノヴァを制圧する。またヴェネツィアが、打ち続くヨーロッパ列強のイタリア半島介入を目の当たりにして、従前の海運中心政策を転換、自前の領土と軍事力を半島東北部に獲得すべく陸上進出を開始するのだが、ルイ十二世はこれに対抗するため、なんと教皇ユリウス二世、皇帝マクシミリアン一世、それにスペインのフェルナンド王とも組んで「カンブレー同盟」（一五〇八）を結成する。そして翌〇九年、同盟軍の総司令官として自らフランス軍を率いてロンバルディーアに出陣、アニャデルロの戦いでヴェネツィア軍に大敗を喫せしめる。ブレシャ、ベルガモ、クレモーナなど、ヴェネツィアの勢力下にあった町々も次々とルイ十二世に降伏し、一時はロンバルディーアにおけるフランスの威勢は大いに揚がった。

ところがこの成功がかえって仇となり、かつ敗れたヴェネツィアの巧妙な外交駆け引きもあって、一〇年フランスの強大化を恐れる教皇ユリウス二世が「夷狄《フォーリ・ィ》を半島から・追い払え《バルバリ》！」というスローガンの下に反仏「神聖同盟《レーガ・サンタ》」を提唱すると、これに皇帝マクシミリアン一世、フェルナンド王ばかりか、イングランドのヘンリー八世まで加わって、ルイ十二世は包囲される。これに対してガストン・ド・フォワ麾下のフランス軍も、一二年ラヴェンナの戦いで教皇・スペイン連合軍を大いに破って、中世風重騎馬戦最後の華を咲かせる。だがガストン・ド・フォワは逃げる敵を深追いして、徒《か》歩《ち》立ちのスイス槍兵隊に取り囲まれて串刺しにされるという戦死を遂げ、時代の変化を如実に示す。

こうしたフランス勢力の弱体化に伴い、同年末にはミラーノに再びスフォルツァ家の政権が誕生する。そして翌一三年、ミラーノを取り返すため再侵攻したフランス軍がノヴァーラの戦いでスイス歩兵の攻撃の前に敗れるや、フランス自体がブルゴーニュ（皇帝軍）、ギヌガット（イングランド軍）、ナヴァール王国（スペイン軍）の各戦線で外国からの侵攻を受ける始末となり、その対応に追われてしまう。結局ルイ十二世は、最も強硬な敵ユリウス二世の死（一五一三年二月）に助けられ、イングランドとはヘンリー八世の妹メアリーと結婚することで和議を結び、他の方面でも賠償金などの支払いによりなんとか危機を切り抜ける。

こうしてルイ十二世は、「ルーアン枢機卿」ことジョルジュ・ダンボワーズ宰相の施策よろしきを得て国内は平和に保たれ、農業生産は向上、道路網の整備による商業の活発化、その他数々の内政上の成果を上げて「国民の父」と敬愛されはしたものの、対外的にはイタリアにおける全権益を失ったばかりか、国土防衛についても問題山積のまま一五年に世を去るのである。

フランス・ルネッサンスと人文主義

イタリア征服の夢に憑かれていたルイ十二世は、上述のごとく政治的・軍事的では活発な動きを展開したが、先王シャルル八世に見られた文化・芸術的側面に対する関心はそれほどではなかったようである。とはいえ、イタリアへのたび重なる介入は、人間あるいは文物の活発な流入を促さずにはおかない。ルイ十二世の宰相だったジョルジュ・ダンボワーズ枢機卿の居城、ガイヨン城のイタリア人建築家達による拡張や、司教区だったルーアンの大聖堂《ドゥオーモ》や噴水の装飾などがその好例である。またシャルル八世が一四九四年の遠征の際、ミラーノのルドヴィコ・スフォルツァの妻ベアトリーチェ・ディ・エステのルネッサンス風に美々しく着飾った姿に驚嘆し、その姿を絵に描かせ王妃アンヌ・ド・ブルターニュの許に送り届けさせたこともすでに指摘した。

こうした技術や造形美術と並んでイタリアの新しい学問である「人文主義」の導入も始まる。フランス人文主義《ユマニスム》の父とよばれるギヨーム・ビュデ（一四六七〜一五四〇）は、シャルル八世、ルイ十二世、フランソワ一世に秘書官として仕え、ユリウス二世やレオ十世の許に外交使節として赴くと同時に、ラテン語はむろん、ギリシャ語もヨハンネス・ラスカリスについてこれを習得した他、エラスムスをして「フランスの奇跡」とまで言わしめた博学多彩ぶりを発揮する。その『ユスチニアヌス法令集二十四巻注解』（一五〇八）、古代貨幣と度量衡の変遷を調べて、各時代における貨幣価値や尺度の関係を確定した『貨幣考《デ・アッセ》』（一五一五）、『ギリシャ語注解』（一五二九）などは、以後のヨーロッパにおける古代研究の基礎を置いた。

その他にもロベール・ガガン、ギョーム・ブリソネといった人々がイタリアを訪れ、フィレンツェの新プラトン主義などに感銘を受ける。これら知識人の著作はほとんど例外なくラテン語で書かれている。これはイタリア半島の都市ルネッサンスが、ダンテ『神曲』、ペトラルカ『歌集《カンツォニエーレ》』、ボッカッチョ『デカメロン』が、いずれも都市民の言葉つまり俗語で書かれた作品から始まり、その後でキリスト教中世の対立物としての古代ローマ・ギリシャ文明についての関心の高まりから、作品が古典風ラテン語で書かれるようになったのとは対照的である。換言すればイタリア半島では、まずルネッサンスを生み出した市民階級の言葉イタリア語で作品が書かれ、ラテン語の著述が多くなっても、それと並んで磨きをかけられた文章語としてのイタリア語が用いられ続けたばかりか、次第にラテン語に取って代わっていく。

一方、フランス（を始めとするアルプル以北の地域）では、ルネッサンスはイタリア半島の古典古代の復活を目指す知識人「人文主義者《ウマニスタ》」から刺激を受けて始まる。しかもフランスの人文主義者達は（わが漢文にも似た国際語としての）ラテン語で、古典古代それも最盛期のギリシャ・ローマの時代（異教時代）より、むしろ（制度化・世俗化した）カトリック教会やソルボンヌ大学に対立するものとして、『新約聖書』の原始キリスト教時代に光を当てた著作を発表しようとする。イタリア半島で十五世紀後半からロレンツォ・ヴァラやピーコ・デ・ラ・ミランドラらによって始められた宗教・道徳に関心を寄せる動きに感銘したのである。したがってフランスではイタリア半島とは順序が逆で、知識人達により一四九〇年代に（キリスト教的）「人文主義」がまずラテン語で伝えられ、次いでフランス・ルネッサンス的なラブレーの第二之書『パンタグリュエル』（一五三二）、次いで第一之書『ガルガンチュワ』（一五三四）などがフランス語で書かれるという展開となる。

例外はルフェーヴル・デタープルで、一四九一年と九九年

ラブレー『パンタグリュエル』初版の扉

の二度、それぞれ一年間にわたってイタリア（フィレンツェ、ヴェネツィア、ローマなど）に赴き、新プラトン主義の（キリスト教的）「人文主義」、特にその神秘主義的側面に感動する。そして民衆に真の聖書を伝えるべく仏訳（一五二三〜二八）を上梓する。これは例外的に早く、かつ知識人層を飛び越して直接国民レヴェルを対象とした、宗教改革を先取りする動きである。こうしてフランス語で書かれた国民ルネッサンス文学が緒に就く。だがその盛況は十六世紀半ば、マルグリット・ド・ナヴァール（ボッカッチョの顰《ひそ》みに倣った『七日物語《エプタメロン》』、一五四九）、ジョアシャン・デュ・ベレー（『フランス語の擁護と顕彰』、一五四九）、ピエール・ド・ロンサール（『オード詩集』、一五五〇）などの出現を俟《ま》たなければならない。

（3）　フランソワ一世のイタリア遠征

フランソワ一世の登場

ルイ十二世は、五十二歳というよい年をして、イングランドとの和睦という政略上の理由があったとはいえ、王妃アンヌ・ド・ブルターニュの死後わずか数カ月にしかならぬというのに、イングランド王ヘンリー八世の妹で自分より三十五歳も若く、かつ美貌のメアリー・チューダーと一五一四年十月に結婚する。そしてその魅力の虜になって精力を使い果し、結婚後これまたわずか二カ月にも満たぬ一五一五年一月元旦に亡くなってしまう。その跡を襲ったのがアングーレーム公フランソワで、すでに〇六年、ルイとアンヌ・ド・ブルターニュとの間に生まれた娘クロード・ド・フランスと婚約して王位推定相続人となっていたが、一四年には正式に結婚した上、フランソワ一世として戴冠する。

フランソワ一世は前任者ルイ十二世や、その前のシャルル八世、さらにルイ十一世と異なり、若くて壮健、かつ積極的であった。ルイ十二世は存命中、テニスに打ち興じるフランソワの姿を見て「あの若造は、吾らがやってきた仕事を台無

フランソワ一世の肖像　クルゥエ筆　1541年頃
パリ　ルーヴル美術館蔵

しにするぞ」と側近に洩らしたと伝えられる。こうした点でフランソワ一世の登場は、イングランドにおけるヘンリー八世（フランソワより三歳年上の一四九一年生まれ、一五〇九年即位）の登場に通ずるところがある。両者共に大柄で派手好き、先代の王達が苦労して纏め上げた国家統一の成果（平和の持続による産業と経済の発展、それに伴う人口の増加など）を当然のこととして受け継ぎ、洗練された教養・文化の何たるかを心得、またすでにイタリア文化の洗礼を受けていた若い世代からは、新風をもたらすリーダーとして大いに期待されたのである。

第五次イタリア戦役

はたせるかなフランソワ一世は即位の翌年一五一五年八月に、先王ルイ十二世が失ったミラーノ公国を回復すべく軍を率いてロンバルディーアに侵入する。そしてこれを迎え撃ったミラーノ公マッシミリアーノ・スフォルツァのスイス傭兵軍にマリニャーノ（今日のメレニャーノ）で大勝、ミラーノに入城する。

　時の教皇メディチ家のレオ十世はフランスの強大化に怯え、翌一六年フランソワ一世と「ボローニャ政教協約《コンコルダート》」を結ぶ。これは上級僧職（枢機卿・司教・大修道院長など）の任命権をフランス王に与え、一方、下級僧職者の任命権と僧職任用時の「お初穂」（任用される時に教会に納める奉納金）は教皇庁の収入とすることを取り決めた協定で、フランス・カトリック教会の一体性および独立性を弱める働きをした。すなわち一方では上級僧職者の任命権をフランス王に帰することにより、フランス教会《エグリーズ・ガリカンヌ》に対する王の権力を強化、かつ王に対する奉仕の見返りとして教会の高位を世俗人である（主として中・小）貴族に配分することによって、フランス教会の世俗性を増大させた。その一方で、教皇のためにはローマ教会の財政的利益を確保するという、いわば玉虫色の取り決めだったのである。

　だが王が僧職禄を自由に配分、また場合によっては没収して王室の財産に加える権限は、ローマ教会からの分離を強行したイングランドのヘンリー八世が修道会の解散（一五三四～三五）を命じその財産を自由に処分したのと同じ効果を、形は教皇の同意を得たより穏やかなやり方ではあったが、フランスでも実現することとなった（スペインでも、先ずフェルナンド王が、対イスラム聖戦というイベリア半島の特殊事情を盾に取り、イノケンチウス八世から一四八六年に新征服地における聖職者任命権を獲得する。次いでカール五世が、まさにこのレオ十世の「ボローニャ政教協約」に倣って、当のレオ十世の死（一五二一）に際して強権を行使、次期教皇になる気満々のイングランドの枢機卿トーマス・ウールジーを排除（後出三八一、四五四頁参照）して、自分が強力に推し教皇に選ばせたハドリアヌス六世(5)から一五二三年、イベリア半島と新大陸における聖職者任命権を獲得する）。こうした一連の王権の強化政策は、当然のことながら各国で強力な国王の下に、国民国家のナショナリズム高揚をもたらす。またフランスでは、この措置で高位聖職者となった貴族の横暴な振る舞いに晒されることとなっただけで、なんら得ることのなかった下級聖職者達の間に不平と批判が高まり、これが大貴族のうちの不満勢力とも結んで、「抗　議《プロテスタント》」（フランス語では「ユグノオ派」）運動が国内に浸透していく結果をもたらす。

一五一〇年、ユリウス二世がフランス王ルイ十二世に対抗するため「神聖同盟」を提唱したのに対抗して、ルーアン大司教ジョルジュ・ダンボワーズを中心にフランス派の枢機卿達はピーザに集まり、教皇を廃位して代わりにフランス教会の独立を認める「ガリア公会議」による新教皇の選出を反対提案したことがある。レオ十世は、この例が繰り返されぬように、「ボローニャ政教協約」に踏み切ったのである。だがこの措置は、中世ヨーロッパの二大制度、つまりカトリック（＝普遍）教会と封建貴族制度につき、前者の世俗化と、王権の強化による後者の弱体化という、社会変動期であるルネッサンスが向かっていく趨勢に、期せずして合致する結果をもたらすことになってしまった。

一六年にはまた、相続によりオーストリア・フランドル大公であったハプスブルグ家のカール（後の神聖ローマ皇帝カール五世）と、フランソワ一世の間でミラーノ公領占領を承認する「ノワイヨン条約」が結ばれ、翌一七年には同大公がアラゴン王フェルナンドの後を継いでスペイン王をも兼ねカルロス一世となったので、改めて「カンブレー条約」によりフランスとスペインおよびフランドルとの和平条約が成立、ヨーロッパの政情は安定の方向に向かうかに見えた。ところが一九年、神聖ローマ皇帝マクシミリアン一世の死により皇帝位が空席となると、これを獲得しようとしてフランソワ一世とカール大公が争う。両者共に皇帝選出権を持つ選帝侯を買収しようと努めるのだが、最終的には当時ヨーロッパ随一の資金力を誇ったアウグスブルグのフッガー家が、一つにはオーストリア大公としてのカールとの誼《よしみ》により、二つにはスペインの新大陸での権益にも目を付けて、カールの側に付く。その結果、神聖ローマ皇帝カール五世の誕生という事態となると状況は一変する。

フランスにとってフランドルは北西への門戸である。ここがカール五世の支配下なのはブルゴーニュ公国を引き継いだハプスブルグ家の領地である以上やむを得ない。だがそのフランドルを領するカール五世が、相続によりスペイン王となりピレネー山脈以南を手に入れ、併せてスペイン軍によりルイ十二世が追い払われたイタリアをも獲得するさえあるに、いままた神聖ローマ皇帝に選出されてドイツ諸侯にも君臨するとなると、フランスは完全に包囲されてしまう。以後フランソワ一世が行うイタリア戦争は、むろんイタリアの魅力に惹かれてということもあったが、それ以外にも新たな要素として、なんとしてもこの包囲網を打破したいという切実な政治的動機に突き動かされてのこととなる。

　ただこの時、じつはカール五世は神聖ローマに選出されれはしたものの、一つにはドイツにおけるルッターの宗教改革運動（一五一七～二一）が惹き起こした混乱、二つにはカールの皇帝就任という国際政治的野望の実現よりも、むしろスペイン国王カルロス一世として内政の安定と繁栄を優先させることを望むスペイン諸都市の反発が、いわゆる「コムネーロスの乱」と呼ばれる叛乱を誘発、フランス包囲どころの話ではなかったのである。

　しかしフランソワ一世は折角のチャンスを上手く利用することができなかった。ヘンリー八世との同盟を画策して、華々しい「金欄の陣」と呼ばれた二国王の会同を二〇年、カレー近郊で催したが、これは、イングランドの宰相ウールジーの策動もあって単なるお祭り騒ぎに終り、ヘンリー八世は帰途フランドルに在ったカール五世と密かに会見する有様で、かえってスペインとイングランドとの結び付きを強めるきっかけを作ってやったことにしかならない。

中世騎士軍の敗退

　一五二二年、ロートレック子爵率いるフランス軍は、ミラノ近郊ビコッカで、ペスカーラ侯爵《マルケーゼ》フェルナンド・デ・アヴァロス指揮下のスペイン軍に大敗する。四連火縄銃隊を中心に近代装備を整えたスペイン軍が、フランスの同盟軍であるスイス傭兵隊が伝統的な徒歩立ち密集攻撃戦法に固執して突撃したのを、三千に余る死者を出すほど徹底的に殲滅したのである。

　イタリアの詩人ルドヴィコ・アリオストが、その『恋に狂いしオルランド』（一五一七～二一）第九歌、悲運の王女オリンピア姫の運命を物語る条りで、個人的武勇によらず、遠くから勇士を撃ち倒すことのできる火器を使用する卑劣さを憤る騎士オルランドがチモスコ王を見事に打ち負かし、取り上げた火縄銃を「悪魔の発明」と断じて、

「オオ呪われたる、忌わしい飛道具よ、

（5）レオ十世の後継者で、カール五世の家庭教師でもあった。フランドル出身。

汝こそ、悪の権化たるベルゼブブの手により、
かの奈落の底にて、汝《なれ》を用いて、この世を
滅ぼす目論見もて、作られたりしよな。
汝の故郷なる地獄の底へと、いま送り返してくれる
わ！」

かく言いつつ、その火器をば水底《みなそこ》に向けて投げ入るる。

と、海底に沈める場面（第九一節）で語っているのは、当時のルネッサンス知識人達の、（ドン・キホーテよろしく）過ぎ去った騎士道の「よき時代」への郷愁と、そして新技術に対する嫌悪を如実に示して余すところがない。

シャルル・ド・ブルボンの反逆

ビコッカの敗戦後も、フランス軍は依然として戦闘行為を貴族の騎馬隊のみの特権とみなす伝統的思考を捨て切れず、歩兵隊と火縄銃を併用する近代的なスペイン軍に随所で打ち破られる（一五二一年にフランス軍をミラーノから追い出した、これもペスカーラ侯による奇襲。一五二四年に中世騎士道の典型といわれたバイヤールが狙撃されて落命したロマニャーノの戦い等々）。

それればかりか一五二三年にはフランスの大元帥《コネタ―ブル》シャルル・ド・ブルボンがフランソワ一世を裏切って、カール五世の側に寝返るという大事件が起こる。〇五年、フランスの中央山岳地帯を根拠地とするフランスきっての名家ブルボン家の一流、ブルボン・モンパンシエ家の出であるシャルル・ド・ブルボンが、シュザンヌ女公を娶る(6)。両家の所領を併せると、ブルボン家はフランス国内に王領にも匹敵する広大な地域を支配することとなり、これはヴァロワ王家にとっては一大脅威を意味した（とはいえ、シャルル・ド・ブルボンとフランス王家との関係は良好で、シャルル・ド・ブルボンはルイ十二世に従って一五〇九年のイタリア戦役にも参加しているし、一五年フランソワ一世によってフランスの大元帥に任命され、翌一六年マリニャーノの勝利にも貢献している）。

ところが二一年シュザンヌが亡くなると、シャルル・ド・ブルボンとの間には子どもがなかったのを奇貨として、政略家でかつ息子に対する影響力大であった母后ルイーズ・ド・サヴォワの勧めにより、フランソワ一世がブルボン・アルシャンボー家の相続分を王家に返還するようシャルル・ド・ブルボンに求めたところから、この事件が起きる。王の仕打ちに肚を据え兼ねたシャルル・ド・ブルボンは、カール五世と気脈を通じ二四年、ペスカーラ侯と共にスペイン軍を率いて南仏プロヴァンス地方に侵入、マルセイユを囲む。だが市の守りは堅くて攻略に失敗、いったんミラーノに退く。

第六次イタリア戦役、パヴィーアの敗戦

その翌年の一五二五年、フランソワ一世は裏切り者シャルル・ド・ブルボンを討ち、ミラーノ公領を回復すべく、自ら兵を率いてロンバルディーアに出陣、パヴィーアでスペイン軍と対戦する。しかし、フランス軍はペスカーラ侯爵の夜陰に乗じた攪乱作戦と、有名なスペイン三編制隊《テルシーオス》（槍兵隊・火縄銃隊・歩兵隊）の近代装備の前になす術を知らず、ボニヴェ、ラ・パリス、ラ・トレムーイなどフランス軍の華といわれた勇士が片っ端から討死してしまう。そしてフランソワ一世もこの自軍の劣勢に憤り、猛り立って戦乱のただ中に馬を駆って躍り入ったところ、乗馬を撃ち倒され、その下敷きになって身動きのできなくなったまま武装解除され、スペイン軍の捕虜にされる。まさに中世風武勇の終焉である。

囚われの身となったフランソワ一世は、当時まだ名もない小村であったマドリッドに監禁され、敗戦処理はフランソワ一世の母親ルイーズ・ド・サヴォワと、カール五世の叔母でフランドル総督だったマルガレーテ・ディ・オーストリアとの交渉に委ねられる。この間フランソワ一世は意気消沈の余り健康を害し、一時は生命も危ぶまれるところまでいく。肝心の捕虜に死なれては取引の手札が無くなり、かつ統一国家意識の浸透により、王の不在にもかかわらず大きな混乱・分裂の気配を見せぬフランスの恨みを買うばかりとあって、カール五世も取引に応じる構えを見せる。

二六年の「マドリッド条約」により、フランソワ一世はミラーノ公領に対するフランスの全権利の放棄、莫大な身代金、フランドルとブルゴーニュのハプスブルグ家への返還、かつ二人の王子を人質として差し出すほか、両国間の友好を保証するため、二四年に最初の妻クロード・ド・フランスを失って寡夫となっていたフランソワ一世と、ポルトガル王マノエル二世の寡婦でカール五世の妹、エレオノーラとの結婚（じっさいは一五三〇年に実現、この時人質だった二人の王子も帰国する）、という条件を呑まされた上で、一年余りの虜囚の後、やっと解放される。

第七次イタリア戦役

ただ、フランソワ一世にはもともと約束を守る気はなく、いったんフランスに戻るとただちにパリ高等法院を使って「強制の下に結ばれた条約に従う理由はない」という判決を出させる。一方、（国民意識に目覚めた）ブルゴーニュの州議会もフランスからの離脱を否決し、再びカール五世との対

（6）ルイ十一世の娘アンヌ・ド・フランスと、ボージュー公ピエール・ド・ブルボンとの間の娘で、本家ブルボン・アルシャンボー家の相続人でもあった。

決が始まる。しかもこの間、ヨーロッパの情勢は動いていた。すなわちフランスに代わって、今度はスペインが強大化するのを恐れたメディチ家出身の教皇クレメンス七世やヴェネツィア共和国などイタリアの諸勢力が、フランソワ一世と「コニャック同盟」（一五二六年）を締結、カール五世に対抗しようとする。

この動きを牽制すべくカール五世は、ミラーノに在ったシャルル・ド・ブルボンに命じて、チロルから南下する、（新教徒）ドイツ傭兵軍隊長ゲオルグ・フォン・フルンツベルグを伴ってローマに進軍することを命じる。クレメンス七世を威嚇するためである。ところが給料の支払いも十分でなかった皇帝軍は暴走、一五二七年五月ローマに到着すると、かの有名な「ローマの劫掠《サッコ》」と呼ばれる無差別略奪を数カ月にわたって行い、あまつさえ指揮官のシャルル・ド・ブルボンが、「劫掠」が始まった四日当日、教皇が逃げ込んでいたサン・タンジェロ城包囲戦で、流れ弾に当たって死ぬという事態となってしまう。キリスト教界の首都であるローマが、暴徒化した外国人部隊に徹底的に荒らされるという破天荒な事態に、全ヨーロッパは茫然とし、スペインに対する非難が轟々と上がった。

フランソワ一世はこの時、ヴェネツィアが「コニャック同盟」に非協力（バルカン半島にスレイマン大帝治下のオスマン・トルコの進出が見られたので、そちらに力を割かざるを得なくなった）なのに加えて、自己の財政上の不如意も手伝って、同盟に積極的な支援を与えなかったが、この事件を機に再びイタリアに乗り出す。ロートレック子爵オデ・ド・フォワ指揮下のフランス軍は、皇帝軍の主力がローマに行って不在のロンバルディーアに侵入、大した抵抗も受けずにミラーノを奪い返す。そればかりかジェノヴァの名提督として知られるアンドレア・ドーリアの協力を得て一気に南下、ナポリをも占領してしまう。

ところがこのたびもシャルル八世やルイ十二世の時と同様、フランスのナポリ占領は長くは続かない。一つにはアンドレア・ドーリアが、自分の勢力圏と考えていたサヴォワ公国をフランソワ一世に荒らされたのに腹を立て、カール五世の懐刀でピエモンテ出身のメルクリーノ・ガッティナーラの勧誘に耳を傾け、ナポリ湾の封鎖を解いたからである。もう一つには「ローマの劫掠」で悪化した衛生状態が原因で、中部イタリアに蔓延し、皇帝軍にも大損害を与えたペスト（黒死病）がフランス軍でも発生、ロートレック自身が感染し亡くなってしまったのである。指揮官を失い、疫病により多くの兵員を失ったフランス軍は、支離滅裂となってもはや降伏するより他に途はなかった。かつこの間に態勢を立て直した皇帝軍が、ナポリ救援に赴くためイタリアに入ったフランス軍を、パヴィーアとマリニャーノ（メレニャーノ）の中間にあるランドリァーノで破り、今回の遠征に決着を付ける。

この状況を見たクレメンス七世も、もはやカール五世に抵抗するのは無理と判断、自分の出身地フィレンツェに、メディチ家の政権復帰を認めるという条件で、カールの神聖ローマ皇帝戴冠を執り行わせることを約束した[7]「バルセローナ条約」（一五二九年六月末）を締結、コニャック同盟は崩壊する。その結果が「二貴婦人の和平」と呼ばれ、フランソワの解放を取り決めたマドリッド条約の交渉者と同じ、フランソワ一世の母后ルイーズ・ド・サヴォワとカール五世の叔母マーガレット・ド・オーストリアが再び話し合い、同年の八月初に締結の運びとなった「カンブレー条約」である。フランソワ一世はイタリアにおけるフランスの権益を全面的に放棄する代わりに、ブルゴーニュと「ローマの劫掠」の際に戦死したシャルル・ド・ブルボンのフランス国内における所領を獲得、かつ戦争の補償金をカール五世に支払うことが取り決められた。つまりフランスの完敗、イタリア半島におけるスペインの優位と、メディチ家のトスカーナ公爵領の成立（とはフィレンツェ共和制の終焉）が、これにより確定したのである。三〇年には、エレオノーラ・デ・スパーニャ（ハプスブルグ家）が、人質となっていたフランスの二王子を伴って、フランス王妃として到着することとなり、翌三一年にはルイーズ・ド・サヴォワが亡くなっている。

第八次イタリア戦役

こうしてフランス王家のイタリアに対する夢は破れたのだが、それでもフランソワ一世のイタリア半島に対する関心が無くなったわけではない。ただしイタリアの文化や芸術にもちろん惹かれてはいるのだが、それよりも遥かにヨーロッパの政治情勢の一角としてのイタリア半島の方が問題となってくる。つまりイタリアもまた、他のヨーロッパを形づくる諸地域の一つと考えられるようになったということに他ならない。換言すれば国際政治の重心が、イタリア半島からアルプスの北側に移ったのである。

西ヨーロッパにおいて中華の大国をもって任ずるフランスは、フランドルから始まって、スペイン・ドイツそしていまやイタリアをも手にして已れを包囲し、かつ新大陸の領土をも併せて、まさに世界帝国の様相を呈するにいたったカール五世の勢力の締め付けから、なんとしてでも脱出しようと試みる。

（7）ルイ十二世に義理立てして、皇帝に敵対的な態度を取り続けたピエーロ・ソデリーニの第三共和国が、これによって最終的に崩壊する。

ただカール五世の側にも弱みがないわけではなかった。一五三〇年代にはフランドルで、ルッター派の宗教改革運動絡みの不安定な政治的状況が生じてくる。すでに一五二二年、カール五世はフランス・ヴァン・ホリイを異端審問官に任命するが、その任命権をめぐって教皇クレメンス七世と争っている（結局ホリイは教皇庁により一五二四年に解任）。三五年には再洗礼派の叛乱がアムステルダムなどの都市で起こっているし、三七年にはレイデンで織物工達のストライキが発生する。こうした動きがドイツの宗教改革運動（一五三〇年にメランヒトンによる『アウグスブルグの信仰告白』の起草、三一年にプロテスタント運動を擁護するドイツ諸侯の連合「シュマルカルデン同盟」の結成）と連動して、神聖ローマ皇帝としてカトリック教の保護者をもって任ずるカール五世の手を縛っていた。さらに四〇年代に入ると、これにカルヴァン派の進出が加わる。かつイングランドでもヘンリー八世が最初の妻で、カール五世の叔母に当たるキャサリン・オブ・アラゴン（スペイン語でカタリナ・デ・アラゴン）を離婚しようと動きだし、これが三四年のイングランド国教会《アングリカン・チャーチ》の分離へと繋がっていく有様である。

しかもそのうえ、キリスト教内の分派行動とはまったく違う異教のイスラム勢力が、オスマン・トルコのスレイマン大帝の下、大いにその版図を拡大する。こちらは、一方ではバルカン半島に侵入して二九年にヴィーンを囲むかと思えば、またその海軍は、まず二二年ロドス島に拠るヨハネ騎士団を追い払って東地中海を制圧、次いで三三年に名提督として恐れられた「バルバロッサ」ことカイル・アッディンの帰順を得てアルジェを奪取、西地中海をも勢力下に置き、イベリア半島南東岸グラナダやヴァレンシアなど旧モーロ人地域を窺う。これに対抗してカール五世も三五年チュニスを攻略するが、四一年に自ら艦隊を率いて行ったアルジェ攻撃は完全な失敗に終り、チュニスも取り返されて、七一年のレパントの海戦まで（かつその後もルネッサンス期はむろんのこと、十九世紀に到るまで）、地中海の制海権はヨーロッパとトルコ、いずれにも帰することはなかったのである。

こうしたカール五世の側の問題にもかかわらず、ハプスブルグ勢力の重圧はフランソワ一世にとって堪え難く、なんとかこれを跳ね返そうとする焦りがフランソワを駆って、いわゆる「敵の敵は味方」という理屈で、すでにドイツのプロテスタント勢力を支援したさえあるに、今度はなんと三二年、スレイマン大帝との協力関係に駆り立てる。この無節操は、教皇を始めとするヨーロッパ諸勢力の批判を受けたが、フランソワ一世は一向気にする様子を見せなかった。また批判する側においても一応の批判はしても、クレメンス七世をして姪のカテリーナ・デ・メディチ（仏語でカトリーヌ・ド・メ

「アンリ二世とカトリーヌ・ド・メディシスの結婚」 ヴァザーリ筆 1550年 フィレンツェ パラッツオ・ヴェッキオ

ディシス）を、フランソワ一世の次男アンリ（長男のフランソワが一五三六年に死んで皇太子、四七年にはアンリ二世となる）と娶らせるのを一向に妨げなかった。十字軍を行わせた宗教的情熱とは、はるかに隔たった政治の季節の到来である（宗教的情熱の方は、権力者達のレヴェルを去って民衆の間に移り、この先一世紀にわたってヨーロッパを動乱に陥れる宗教改革の動乱へと繋がっていく）。

そして三五年十一月、ミラーノ公爵スフォルツァ家のフランチェスコ二世が死ぬと、フランソワ一世はミラーノ回復を狙って、翌三六年二月、まずサヴォワ公爵領に侵入、首都トリーノを占領する。しかしサヴォワ側の抵抗もあり、またヨーロッパ諸国の非難もあって、それ以上は進めず、三八年六月にカール五世と「ニース条約」を結び、両国の向こう十年間の和平を約束する。同年七月には南仏のエーグ・モルトで両者が初めて直接会見し、友好を誓い合う。そればかりかフランソワ一世は三九年に、ガンを中心とするフランドルの反スペイン独立運動を支援しなかったばかりか、これを制圧するためにカール五世が軍隊を率いて、最短距離でフランス国内を通行する便宜まで図ってやっているほどである。

第九次イタリア戦役

だが、こうしたカール五世との友好ジェスチャーにもかかわらず、スペインのフランスに対する圧力が厳しいことには変りがなかった。他方いろいろな問題を抱えていたカール五世も、フランスとの争いの種であるミラーノ公領の問題を解決すべく、これをフランソワ一世の三男でアングーレーム公シャルルに、上記フランチェスコ・スフォルツァの未亡人デンマーク王家のクリスティーナ、あるいは自分の庶出の娘マルガレーテ（後のパルマ公妃）のどちらかと結婚するという条件で譲ることを提案する。しかしこれはフランソワ一世の承諾するところとならず、カール五世はついに一五四一年、皇太子のフェリーペ（後のフェリーペ二世）をミラーノ公爵に指名、これがイタリアを舞台としたフランスとスペインの新たな対立に火を点けることとなる。

このたびは四二年に、なんと「バルバロッサ」ことカイル・アッディン指揮下のトルコ艦隊が公然とマルセイユの港に到着し、フランス軍と協力して当時カール五世の側についていたニースの町を攻め落すという事態まで起こっている。そしてそれ以外にも両国軍のいくつかの小競り合いの後、四四年四月にアンギアン伯爵シャルル・ド・ブルボン＝ヴァンドーム率いるフランス軍が、トリーノのほぼ南五十キロ、ミラーノ公領との境界に近いセリゾル（イタリア語でチェレソーレ・ディ・アルバ）でスペイン軍を大いに破る。ただしこの大勝利も、敗軍の将ヴァスト侯爵アルフォンソ・デ・アヴァロスの撤退作戦よろしきを得て、フランス軍のミラーノ領内へのさらなる侵攻には繋がらず、結局同年九月「クレピイの和議」により、フランスとスペイン両者共、三八年の「ニース条約」にほぼ戻った線で戦闘行為は停止される（ブルゴーニュはフランスに留まり、サヴォワとピエモンテはスペインの勢力圏）。

といっても、イングランドも加わった小競り合いは四六年まで続き、ヘンリー八世はドーヴァーの対岸ブーローニュを占領（一五四四）、フランスはその返還に莫大な償金を支払っている。一方、スペイン軍による小規模な南フランス侵入もあったが、こちらはおおむね失敗に終る。かつフランソワ一世とヘンリー八世がいずれも四七年に死に、残るカール五世の方はフランドルおよびドイツのプロテスタント運動対策、イタリア半島の慢性的な政情不安定、さらには対トルコ案件に忙殺されて、とても小競り合いどころの話ではなくなってしまったというしだいである。

イタリア戦役エピローグ

こうしてシャルル八世に始まり、ルイ十二世を経て、フランソワ一世に至ってはカール五世との個人的な「意地の張り合い」的様相さえ呈したフランスのイタリア戦役は、十六世紀の半ばにいたって、ようやく終りを告げる。その始めにおいては、イタリア半島で生まれたルネッサンスの魅力が、これら三人の王を捉え、アルプスを越えてイタリアの文物の移入が大量に行われたが、最後の段階では文化的な魅力よりも、むしろ政治的な領土問題の方が関心の中心になってくる。

その過程で、主としてイタリアを舞台とする戦闘を通じて、三編制隊がスペインの戦術家達により開発され、十五世紀末に「大将軍」ことゴンサルヴォ・デ・コルドヴァに採用される。この三編制隊の重要性が増大し、それによって重騎馬隊で構成される中世風騎士軍団の衰退を告げる。それはまた貴族階級、とくに封建的特権に基礎を置く大貴族勢力の凋落を意味したばかりか、戦功あるいは戦費調達に対する貢献に基づき王によって中・小貴族に取り立てられる新興階級の成立・誕生と、それを成り立たせる（絶対王政に向かう）王権の強化をもたらした。

もともと騎士道的な傾向を多分に有していたフランソワ一世でさえ、パヴィーアの敗戦の苦い経験をもとに、徒士隊と火縄銃隊を大きく取り入れている。後年、宗教戦乱でカトリック派の猛将として名を轟かせたブレーズ・ド・モンリュック（この人物こそ、中・小貴族出身の武人の典型である）が、その『回想録』の中で「（一五二三年、出身地ガスコーニュ地方でイタリア戦線のために募集した）歩兵隊には、石弩《いしゆみ》はあっても火縄銃は見たこともなかった」と述べているところに、フランスにおける当時の最新技術としての火器の導入の遅れが端的に見られる。戦士の個人的武勇によるのではなくて、身分や出自に関係なく誰でも用いることができる鉄砲の出現と、敏速な展開を可能にする軽騎馬隊の取り合せが、スペイン軍を当時最強の軍団となし、じつに十七世紀初にいたるまでヨーロッパに覇を唱えさせた事実を思えば、「戦コソ万物ノ父」（Bellum omnium pater.）というラテン語の格言の正しさに、思い半ばに過ぎるものがある。

このスペイン軍の優秀性は、もはや舞台はイタリアではなく北フランスで、そして役者もフランソワ一世の跡を継いだアンリ二世と、カール五世の隠退によってフランドル大公（一五五五）となったフェリーペとの間で、一五五七年の八月に行われたサン・カンタンの戦いで、余すところなく証明される。サヴォワ公エマニュエル・フィリベルト指揮下のスペイン軍の攻撃により、フランス軍は大敗を喫したばかりか、大元帥のアンヌ・ド・モンモランシーまで捕虜にされてしまう。この敗戦、および翌年のグラヴリンヌでの敗戦の結果、アンリ二世は五九年四月の「カトオ・カンブレシス和平条約」により、イタリアにおけるフランスの全権益を放棄するのである。

ただし同条約をもって、フランスはイタリアに対する介入を諦めたと説く論者がいるが、それは正しくない。確かにこれ以後、歴史的事実としてフランスとスペイン間でイタリアを舞台にした角逐はなくなる。が、それは決してフランス側にイタリア侵入の意志がなくなったからではない。もともとアンリ二世には、父親フランソワ一世の身代わりとして、早死にした兄のフランソワと共に三年間もマドリッドに人質に取られた苦い経験（特にフランソワ一世が「マドリッド条約」を否認後の、スペイン側の態度は急変した）から、スペインに対して恨みに似た感情を抱いていたことが知られている。じじつ四七年王位に就いてからのアンリ二世の行動は、トゥールとメッツおよびヴェルダンの三司教領を自己の保護地区とすることによってカール五世に対抗したこと、またカール五世が息子フェリーペをイングランドのカトリック女王メアリー・チューダーと結婚（一五五四）させると、それを牽制するため、五八年にスコットランド女王のメアリー・スチュワートを皇太子フランソワ（後のフランソワ二世）の嫁に取るなど、反スペイン色を露わにしている。

さらにはトスカーナに残るフランス領に上記ブレーズ・ド・モンリュックを派遣、五六年にはスペイン軍の攻撃を受けた教皇パウルス四世を救援するため、猛将フランソワ・ド・ギーズ公爵に一万人の兵を付けてローマに向かわせている。この時スペイン側の司令官となったのが、後にフランドルで勇名をはせるアルバ公フェルナンド・アルバレス・デ・トレドで、さすがのギーズ公もアルバを相手に苦戦を強いられていたところ、かのサン・カンタンの敗北（一五五七）が起こり、ギーズは急遽本国に呼び戻される。ただし帰国の途中五八年一月、行きかけの駄賃にイングランドが占領していたカレーを急襲・奪取して、敗戦に沈むフランス宮廷から大歓迎をもって迎えられ、以後ギーズの武名は大いに高まる。とはいっても続く七月のグラヴリンヌの敗戦もあって、遂に「カトオ・カンブレシス条約」（一五五九年四月）となるのだが、そのイタリア放棄条項にはメディチ家出身の王妃カトリーヌは憤懣やる方なかったと伝えられる。

先のフランソワ一世の「マドリッド条約」の否認をみても、いったん結んだ条約でも、都合が変れば御破算にするのは政治の常道で、アンリ二世の場合に同じようなことが起こったとしても、誰も不思議とは思わなかったと考えられる。歴史がそのように展開しなかったのは、この条約締結後なんと三カ月も経たないうちにアンリ二世が亡くなったためである。

カトオ・カンブレシス条約が取り決めた娘のイザベルとスペイン王フェリーペ二世、および妹マルグリット・ド・フランスとサヴォワ公エマニュエル・フィリベルトとの結婚という二重の婚礼を祝う催しに際して行われた中世以来の伝統的騎馬試合で、思いもかけずアンリ二世が相手の槍の破片を目に受け、かのノストラダムスの予言を有名にした、不慮の死を遂げる。アンリ二世の後を襲った長男フランソワ二世とその妻メアリー・スチュワートは強硬派カトリックの代表ギーズ家の影響下にあり、すでに国内に勢力を得つつあった「ユグノオ」と呼ばれるカルヴァン派新教勢力との対立が尖鋭化、フランスは外国イタリアを舞台とする戦争とは打って変った、国内での宗教戦乱の時代に突入していく。

四人の王とイタリア半島のルネッサンス

　シャルル八世、ルイ十二世およびフランソワ一世、そしてアンリ二世という、「国民国家《ネーション・ステート》」フランスの最初の四人の王達は、程度の差こそあれ、イタリア半島ルネッサンスの魅力に取り憑かれて、一四九四年から一五五九年の半世紀余りにわたってイタリア戦役と呼ばれる半島侵攻を繰り返した。これら四人のうち、イタリアの魅力に最も熱狂的に取り憑かれていたのはシャルル八世のようで、ナポリ王国で分捕った壁かけから彫像、書籍、それに工人や職人までを含む大量の略奪品を、フランスに持ち帰ることに成功、これがフランスにおけるイタリア熱を掻き立てたのはいうまでもない。城郭や庭園、城館の建築や飾り付けにイタリア風の流行が一挙に見られるようになる。ただシャルルの場合は、再びイタリア遠征を夢見ていたのが、そのわずか三年後、事故死により夢は突然消えてしまうので、カルチャー・ショックとしては強烈であったが、「最初の接触」というに止まる。

　次のルイ十二世（在位一四九八〜一五一四）は、もともとオルレアン家がヴァレンティーナ・ヴィスコンチを通してミラーノ公爵家と繋がる縁、また十五世紀前半にアラゴン家とナポリの領有をめぐって争ったアンジュー家との繋がりもあって、イタリアについては領土的また政治的関心の方が中心であったようである。むろんイタリアに派遣した外交官や教会人の中にルネッサンス文化に関心を示した人物が含まれ、これらがジョルジュ・ダンボワーズ枢機卿のように、イタリア風を持ち込んだのは事実としても、ルイ十二世自身は、半島における政治駆引や戦争そのもの、あるいは征服した都市への凱旋入城などといった、軍事的な威示行動などに、よりイタリア風の魅力を感じていた節がある。

　このことは一人おいて、アンリ二世（在位一五四七〜五九）についても当て嵌る。その突然の死を招いた騎馬試合をみても知られるように、アンリは文化的な面よりも政治やスポーツ（スポーツは模擬戦闘であった）に熱心であったとみえる。しかもその治世は、国外では世界帝国となったスペインとのヨーロッパの覇権をめぐる闘争、国内では新しく浮上しつつあった宗教改革運動をどう扱うかという二点にフランスの課題が絞られた時期に当たっていたので、当然イタリアとの接触は限られてくる。ただしイタリアの影響はアンリ二世の時代、さらにその死後も王妃カトリーヌ・ド・メディシス（カテリーナ・デ・メディチ）と、そのイタリア人の側近（アンリ二世のイタリア戦争の司令官となったピエトロ・ストロッツィ、リュイーヌ公爵家の祖となるレオーネ・アルベルティ、後にフロンドの乱で活躍するレッツ枢機卿を出すレッツ伯爵家の祖アントニオ・ゴンディなど）を通して大きなものがあった。

こう見てくると、十五世紀末から十六世紀半ばまでの間にフランスを治めた四人の王のうち、最もルネッサンス的だったのはフランソワ一世（在位一五一五〜四七）ということになる。じじつフランソワ自身が、政治や軍事だけでなく文化や芸術にも関心と教養を持ち、「文芸再興の父」という賛辞を奉られている。そしてその意味では当時の王様のうちで、ヘンリー八世（在位一五〇九〜四七、フランソワ一世と同様にイングランド国民からルネッサンス的君主の典型として迎えられ、派手好き、行動的、多芸という点では似ていても、文化・思想的には遥かに浅薄だった）、あるいはやはり典型的なルネッサンス君主といわれる、やや年下のカール五世（在位一五一九〜五六）が寡黙で保守的だったのに比べて、「ルネッサンス的」という形容詞がいちばんピッタリ合う人物だったように思われる。

じじつフランソワ一世は、登極後すぐに「フランス人文主義の父」といわれるギヨーム・ビュデを秘書官として登用、その請願（一五一七頃）に応えて、スコラ哲学に凝り固まった保守派の牙城ソルボンヌ大学神学部の反対にもかかわらず、ギリシャ、ラテン、ヘブライの三言語を在俗の教授が講ずる王立学院の設置（一五三〇）を認めている。設置には王の関心の薄さもあって、じつに十年余りもかかったし、その間ビュデが学院長として招聘を目指したエラスムスは、イングランドでのヘンリー八世との接触（一五一〇〜一四）を通して、王侯の学芸に対する関心は自己の権勢の飾り物にするため以外の何物でもないことを悟り、婉曲に断ってきた。だが、それでもイタリアにおけるロレンツォ・ヴァラの業績、さらにそれに触発されたエラスムス自身の新版『新約聖書』（一五一六）に見られる、教皇庁やソルボンヌ大学を始めとするスコラ的な聖書解釈の独占に対抗して、聖書の原典に立ち返り、より正確な意義を求める、自由な批判精神に基づく新しい学問の府の出現は注目すべきで、それが「王立教授団《レクテール・ロワイオー》」、次いで「コレージュ・ド・フランス」として、紆余曲折を経ながらも現代まで続いている事実は、他国のルネッサンスに比べて、この時点におけるフランス・ルネッサンスの成熟度を示す好例といえる。

ユマニスム（人文主義）

イングランドや、新たに統一なったスペインにおいてもそうであったが、フランスでもイタリア半島のルネッサンス文化との接触を通してまず見られるのが、服飾や工芸品（いわゆるモード）と、王侯や大貴族達が取り入れたクラシック・スタイルの建築様式で、これに続いてエリート知識階級の非（「反」ではない）教会的知識傾向で、いわゆる「ユマニスム（人文主義）」（英「ヒューマニスム」、伊「ウマネージモ」独「フマニスムス」）と呼ばれる運動である。

これはイタリアでは、すでに十四世紀前半にペトラルカやボッカッチョの古典発掘から始まり、主として言語（ギリシャ語、ラテン語そしてヘブライ語）の研究を通して古典古代の文化の正確な理解に到ろうとする動きであった。イタリアではこの運動は文化的なものと見做され、むろん一部の教会保守派からは常にキリスト教以前の異教的で、うさん臭い文物に対する関心として危険視されており、じじつ上記ロレンツォ・ヴァラの『コンスタンチヌス大帝の寄進状《ドナツィオ》の偽作性』（一四四〇）や『新約聖書注解』（一四四四、エラスムスにより、ヴァラ自身の手写本が発見され一五〇五年に出版される）など、中世キリスト教会の誤謬や無知を攻撃する作品も書かれていたが、十六世紀に入るまでは教皇達自身の中にも熱心な支持者を見出し、美術や建築の古代熱と手を携えて大いに持て囃されていた。

ところがイタリア半島ルネッサンスが爛熟し、教会も体制化して他の政治権力とあまり変らなくなったところに、その富に惹きつけられたアルプス以北の、統一を達成した国民国家の半島侵入が始まると、イタリアの象徴と目されたキリスト教の本山、ローマ教皇庁の世俗化と腐敗が人々の目を驚かせる。これに憤激して書かれたのが、かの宗教改革の出発点となるルッターのヴィッテンベルグ大学教会の門扉に貼られた九十五カ条の提題《テーゼン》（一五一七）であり、その八年前の、より控え目ではあるが同じくらい強烈なエラスムスの『痴愚神礼讃』（一五〇九）であった。

この辺りから「ユマニスム」は、古典古代の探求という、本来純粋に知的な欲求から発しつつ、中世風な解釈によるアリストテレス学説を絶対とするスコラ哲学以外は一切許容しないカトリック教会保守派と対立して、自由な探求とそれが導き出す批判精神を擁護し、論争的・倫理的傾向を帯びるようになる。ラテン語（聖《サン》ヒエロニムスの『ヴルガタ』聖書やラテン教父達の言葉）、ギリシャ語（とくに『新約聖書』が書かれているコイネ）、さらにはヘブライ語（古代ユダヤの『旧約聖書』の言語）の博言学的研究を通して、キリスト教の原典の意味を正確に把握し、それに従って生きようとする、それも制度としての教会の外にいる在俗の知識人達の実践的かつ原理主義的な運動が、各国における「ユマニスム」の主流を占めるようになってくる。人間を、知的な面ばかりでなく、道徳的な面においても総体的に捉え、かつ生き方の問題として思想の実践を重視する立場である。これらの人々は、キリストの福音を広く大衆に伝えようとする立場から、聖書の翻訳（ルッターの独訳一五二一～二二、ルフェーヴル・デタープルの仏訳二三～二八、ティンダルの英訳二五）を自国語で発表することにより、自ずからナショナリズムの推進に寄与することとなる。

その一方、古典ギリシャ・ローマの文学伝統を受け継ぎ、それを各国の言葉で表現しようと試みるナポリのサンナザーロ『アルカディア』（一四八一～八五）、スペイン語によるホルヘ・デ・モンテマイヨールの『ディアーナ』（一五五九）や、ポルトガル語によるカモンエスの国民叙事詩『ルシアーダス』（一五七二）といった作品も書かれた。この場合でも、さらにはペトラルカ風の抒情詩形「ソネット」の圧倒的な流行（ピエール・ド・ロンサールを筆頭とする「プレイヤッド派」一五五三年結成）に参加しながら、同時に自国の詩風の確立を主張したジョアシャン・デュ・ベレーの『フランス語の擁護と顕彰』（一五四九）や、スペインのクリストバル・デ・カスティリエーホやフアン・デ・ヴァルデスのナショナリスティックな議論も見逃すことはできない。

また中世のロラン伝説をルネッサンス風に仕立て直したアリオストやプルチのオルランド（ロラン）物に対して、フランスの庶民譚を換骨奪体して壮大なルネッサンス賛歌として歌い上げたフランソワ・ラブレーの『ガルガンチュワとパンタグリュエル物語』（一五三二～四二）を比べてみても、共に滑稽・皮肉を基調としながら、フランスのルネッサンスには、「ユマニスム」の思想・倫理的側面の強調がみられるところが、その特徴である。また上記ギョーム・ビュデの王立教授団の計画も、ある意味ではこの北の独自性とナショナリズムの線に沿ったものであり、そこに「ユマニストの王者」と呼ばれながら、その出自からむしろ無国籍なエラスムスがちぐはぐな感を抱き、招聘を断った理由があると思われる。(8)

イタリア美術との接触

「ユマニスム」と文学については以上のごとくであるが、美術、とくに絵画についてみると、この分野ではイタリアの影響が圧倒的である。けだしイタリア絵画は、すでに十四世紀前半から、様式化したビザンチンの、あるいは稚拙なロマネスクの描法を脱して、人物の表情に変化を持たせ、感情の表現に迫真性を獲得する。また古代彫刻に触発されて、彫刻のブルネレスキやギベルティ、絵画のマザッチョの頃から自然なプロポーションを持つ写実的な人体表現を行うようになってくる。これに古代ギリシャ・ラテン文化の流行が、都市共和国の公共建築あるいは地方君主の宮殿の装飾に、世俗的なオリンピア神話のモチーフを取り上げさせる。

教会も、知的エリートの媒体である文字を使った文学と違って、直接民衆に対して語りかける宗教画については、より厳しい監視を怠らなかったのだが、一般の好みに押されて次第にドラマチックな構図や表現が優勢になる。それがさらに、晴朗で調和に溢れたルネッサンス様式を経て、はや十六世紀前半、ラファエルロの後期作品やミケランジェロにいたってバロックの要素が現れてくる。

一方この時期、フランス美術はまだフランドル・ゴチック様式の強い影響下にあって、新来のイタリア美術の多様で質の高い諸要素を、感性面でも技術面でも簡単に消化するのはできない相談であった。いきおいイタリアから芸術家を直接連れて来るよりほか仕方がなく、美術の愛好家であったフランソワ一世が、金彫師のベンヴェヌート・チェリーニを招いて装飾品を作らせたり、すでに高齢（六十三歳）であったレオナルド・ダ・ヴィンチをアンボワーズの王城の近くに住まわせて丁重にもてなしたのは有名な話である（ダ・ヴィンチはアンボワーズで一五一九年に亡くなっている）。

こうしたイタリア美術との接触が、同じフランソワ一世によってイタリアから呼び寄せられた建築家のプリマティッチョや、奔放な画家のロッソ・フィオレンティーノが、その装飾に当たったフォンテーヌブロオの離宮の名を取って、「フォンテーヌブロオ派」と呼ばれる美術の流派を生んでいる。スペインでもそうであったように、イタリア美術の影響を消化してフランスが独自の画風を確立するのは、ルネッサンスを過ぎて十七世紀も半ば、ニコラ・プッサン（一五九四～一六六五）とクロード・ロラン（一六〇〇～八二）――二人共イタリアに勉強に行っている――や、カラヴァッジョの影響を受けたシモン・ヴゥエ（一五九〇～一六四九）、あるいは肖像画に長けたフランドル生まれのフィリップ・ド・シャンパーニュ（一六〇二～七一）などの出現を待たなければならない。

（8）このような考え方に立つユマニストはエラスムスの他にも、イタリア出身のジョルダーノ・ブルーノ、スペイン出身のファン・ルイス・ビーベスやミゲル・セルヴェートなど別の系列をなしており、これらはおおむね生涯を旅に送り、当時の国際言語であるラテン語で作品を著している。

第2節　宗教戦争

（1）カトリック派と新教徒

宗教改革の拡がり

ヨーロッパ全体として宗教改革運動が始まったのは一五一七年、アウグスチヌス派の修道士で大学教授、保守派・原理主義的傾向の持ち主マルチン・ルッターが、時のレオ十世治下のローマ教皇庁の集金政策であった「免罰符《インドゥルジェンツァ》」の販売を弾劾する九十五カ条の公開質問状を、東北ドイツはヴィッテンベルグ教会の門扉に貼り付けた時とされる。しかし教皇庁の堕落に対する攻撃は、エラスムスの『痴愚神礼讃』（一五〇九）、さらに遡って十四世紀英国のウイクリフ、ボヘミアのヤン・フス、さらにはルッター後も、十六世紀半ばのスコットランドのジョン・ノックスなどの例を見ても知られるように、ルッター以前・以後、またドイツ以外の地域でも盛んであった。

フランスでは、すでに触れたようにレオ十世とフランソワ一世との間で一五一六年に結ばれた「ボローニャ政教協約」が、ガリア（フランス）教会に対する王権の圧力を強化することでフランス教会の独立を弱め、かつ教皇の利権を保証したため下級聖職者達の不満を呼び起こし、宗教改革運動を受け入れやすい状況を作り出していた。ルッター派の教義はベアルン、ガスコーニュ、ナヴァール王国など、南西フランス[9]と、ドイツに隣接した地域を中心に根を降ろしつつあったのである。

下級聖職者や一般民衆ばかりではない、フランソワ一世の姉でナヴァール王に嫁いだマルグリット・ド・アングーレームは、正面切っての新教徒ではないが、その改革派に対する同情と好意は周知のことであった。またその娘で後のフランス王アンリ四世の母親となるナヴァール女王、アルブレ家のジャンヌ三世は公に新教徒に改宗、ともすれば宗教的にふらつきがちな夫のアントワヌ・ド・ブルボンを新教陣営寄りに押しやっている。かつ一五九三年、息子のアンリがフランス王位につき、国を統一するため新教から旧教に改宗するのだが、改宗と対になるように「ナントの勅令」（一五九八）を発布して宗教的寛容の政策を打ち出した背景には、この母の影響があった。こうした女性の一人にフェラーラ公爵家のエルコレ二世に嫁いだ、ルイ十二世の娘ルネ・ド・フランスを挙げることもできる。さらには先述のギョーム・ビュデやルフェーヴル・デタープル、ロデーヴ司教のギョーム・ブリソネが主催する「モオのグループ」のメンバーなどに代表される、在俗の知的エリートである人文主義者達の間にも、教会批判は渦巻いていた。

檄文事件

こうした改革派と教会保守派との対立に際してフランソワ一世は、王としての政治的立場からどちらの側につくとも明言はしないが、姉のナヴァール女王マルグリットの影響もあって、概ね改革派に好意的であった。ところが一五三四年十月に、フランソワ一世の態度を一変させた「檄文事件」が起きる。「檄文《プラカール》」とは檄を飛ばすという表現が示すように、政治的であれ芸術的であれ強い主張を持つ人物や党派が、己れの意見を激越な表現で宣伝する文書を作り、これを（ルネッサンスの新技術である）印刷術を用いて多量のビラに仕立ててばら撒き、広く一般公衆の賛同と決起とを呼びかける文章を指す。この場合、宗教改革派の指導者としてとかく血の気の多い人物という評判があったギョーム・ファレルの仲間で、スイスのヌーシャテルで活動していた牧師のアントワヌ・マルクールなる人物が事件の中心となった。そしてカトリック教会だけでなく、いくつかの改革派教会でさえ採用されていた聖体拝領の儀式のうち、パンと赤ブドウ酒が聖職者により聖別されるとキリストの肉と血に変るという、いわゆる「実体変化」の秘蹟《サクラメント》を指して、これが教会の民衆を騙すために用いる詐術に他ならないと煽ったのである。ビラはパリ、オルレアンなど、フランス諸都市で撒かれたばかりでなく、こともあろうに、アンボワーズ城に在ったフランソワ一世の寝室の扉にまで貼られた。

この跳ね上がり行動に激怒した王は、自己の安全にも関わる事件として、従前の改革派に寛容だった態度を一変、改革派を異端者と決め付けて弾圧に踏み切る。何人かの者が捕えられ、火炙りの刑に処せられたばかりか、一五三五年初にはパリでカトリック教会の主催による、このような瀆神行為に対する大がかりな贖罪パレードが催され、フランソワ一世も参加して公に聖体を拝領する。また見せしめのため、ノートル・ダム教会の広場で六人の新教徒が火刑に処せられている。以後勅令により、それまで認められていた出版・印刷の自由は先ず禁止、その後も厳重な検閲下に置かれて、新教は異端邪説と宣言される。同年半ばには、一時の興奮もやや収まり、「クーシーの勅令」で異端者狩りは中止されるのだが、新教徒は改宗するか、または六カ月以内に国外退去を命じられる。

穏健なユマニストの典型、当時すでに六十五歳だったギョーム・ビュデがこの事件にショックを受け、五年後の一五四〇年に亡くなるまで目立った活動をしなくなる。すでに二五

（9）ここはもともと十二世紀、カタリ派異端の故地でもあり、一般民衆の間にも改革を受け入れやすい素地があった。

年、フランソワ一世がパヴィーアの戦いでスペイン軍の捕虜となりマドリッドに幽閉された時、保守派は改革派に同情的でカトリックの教義を蔑しろにした王に対し神罰が下ったと公言して、異端審問裁判所の設置を教皇に請願する。さすがにこの時は、摂政であった母后ルイーズ・ド・サヴォワや、姉のナヴァール女王マルグリットの反対もあり実現しなかったが、「ユマニスト」達に対する圧迫は確実に強まりつつあった。

とはいえ、ユマニスト達の中にも血の気の多い者がいなかったわけではない。二九年にはフランスにおけるエラスムスの翻訳者、フランソワ一世の保護を受けていたルイ・ド・ベルカンが、エラスムスの敵でソルボンヌ大学神学部教授ノエル・ベダとの激烈な論争を経て、数度の投獄の後パリで火刑に処せられる。また多彩な活動で知られる出版業者のエチエンヌ・ドレが、やはりパリで縛り首の後、死体を火刑に附されている。ドレは、ソルボンヌ大学ばかりかエラスムスとも古典ラテン語の代表者キケロの文体に関して論争、ラブレーとはその作品の無許可出版で仲違い、さらに霊魂の不滅につき否定的な見解まで発表して無神論者のレッテルを貼られた人物であったのだが、わずか三十七歳の若さであった。

教会内部改革運動の挫折

後に新教のうちでジュネーヴを中心に拡がる「カルヴァン派」と呼ばれる宗派の指導者ジャン・カルヴァンが、弾圧を逃れてまずバーゼルに、次いでジュネーヴに脱出するのは、やはりこの「檄文事件」がきっかけである。弾圧は政治的に見れば改革派の熱狂を高揚させることにこそなれ弱めることにはならず、フランス国内における内紛を激化させた。そしてスペインの圧力に対抗して、カール五世が手を焼いていたドイツのプロテスタント諸侯とも同盟していたフランソワ一世の立場を弱めることにも繋がった。こうして穏健派ユマニストのギョーム・ビュデやエラスムス、トーマス・モア、さらにはフランソワ・ラブレーといった人々が抱いていた、カトリック教会改革を教会内部からの動きによって実現するという夢は脆くも潰え去る。そればかりか、すでにドイツやフランドルで始まっていた力による宗教対立抗争が、十五世紀末に国家統一を成し遂げて国力を充実し、イタリア半島にまで進出していった大国フランスにも波及、この国を宗教内乱によって引き裂き、戦乱の巷と化する種が、ここに蒔かれたのである。

カルヴァン派の新教

その前年一五三三年十一月、すでにユマニストとして名声高かったジャン・カルヴァンは、友人でパリ大学総長であったニコラ・コップの改革派的ではあるが、ごく穏当な新学年度開講演説を代筆する。しかしこれが保守派の弾劾するところとなって、コップはバーゼルへ、カルヴァンはアングーレームに退避するという一幕があった。そこへ三四年の檄文事件が起こり、弾圧を逃れたカルヴァンはバーゼルに赴き、同地で三六年三月にかの『キリスト教要綱』をラテン語で発表する（フランス語版は四一年）。その序文（三五年八月執筆）はフランソワ一世に宛てられており、まだ前月の「クーシーの勅令」で示された宥和政策に対する期待が見られる。

ところが同年ミラーノ公スフォルツァ家のフランチェスコ二世が亡くなり、この機を捉えたフランソワ一世は再びイタリア侵入を試みるので、とても宗教問題どころではなくなってしまう。カルヴァンはその間に、上記ギョーム・ファレルに誘われて共にジュネーヴに赴き、三七年いよいよ「カルヴァン派」の説教を開始する。だがいったんは市当局と対立して町を退去させられ、独仏の国境に位するシュトラスブールに移動（一五三八）、同地の改革派指導者マルチン・ビューツァーから、フランス人信徒に対する説教を任される。同時にドイツ教会の礼拝に触れて音楽に開眼、改革派だった詩人クレマン・マロオやカルヴァン自身の詩に、アルザス地方の民謡のメロディーに拠った曲を付けて、ルッターの賛美歌と並ぶカルヴァン派の賛美歌を作っている。

こうして着々とその教義体系が整っていくのだが、特に『キリスト教要綱』が明快に打ち出した「予定説」に基づく救いの教義は、ルッターの「信仰により義とされる」という主張と並んで宗教改革の二大潮流となり、フランスはむろん、フランドル、スコットランドなどにも浸透していく。四一年カルヴァンは再びジュネーヴに呼び返され、今度は市の実権を掌握。六四年の死（五十五歳）にいたるまで、スイスからヨーロッパ全体、さらには新大陸に移住したカルヴァン派の信徒達を指導していくことになるのである。

ただ、一個の党派を束ねるとなると、当然分派行動には厳しい態度を取ることになる。そんなところへスペイン人の人文主義者で医師、ミゲル・セルヴェート[10]が、神学上の論争で三位一体説に疑義を唱えたためカトリック教会から睨まれ、カルヴァンを頼ってジュネーヴに逃れて来るのだが、それを逮捕、異端者と断じ五三年、セルヴェートをジュネーヴ郊外はシャンペルの丘で火刑に処し、新教派の異端弾圧の最初の例としてヨーロッパの知識人に衝撃を与える。また、この処刑を非として『異端者は迫害さるべきか？』（一五五四）を発表、思想の自由を主張したバーゼルのセバスチャン・カス

(10) フランス読みミシェル・セルヴェ。英国のウイリアム・ハーヴェイに先んじて血液循環説を唱えたとされる。

テリヨンに対しても、カルヴァンはあらゆる手を使って迫害を試みる。かつては異端として迫害されていた者がいったん権力を握ると、今度は自前の異端者を製造するという、人間の非喜劇を演ずることにもなる。とはいえヨーロッパ社会全体が荒々しかったこの時代に、かのような振る舞いもやむを得なかった面なしとしない。カルヴァンの出現以後、フランスの新教徒はカルヴァン派となり、もともと貶められて「ユグノオ」（門徒）と呼ばれたものが、その一般的な呼び名として定着していく。

宗教対立の激化

他方、フランソワ一世は一五四七年に亡くなる。跡を継いだアンリ二世は、宗教的にいい加減だった父よりずっと厳格に、新教徒を取り扱う（新教徒は、フランスでは当時まだ「ルッター派」あるいは「改革派《レフォルメ》」とも呼ばれていた）。「炎の法廷《シャンブル・アルダント》」と異名を取った異端審問特別法廷を設置、有罪とされた新教徒は次々と火刑台に送られる。

犠牲者として有名なのは、パリ高等法院の審議官で博学の誉れ高かったアンヌ・デュ・ブールで、別に新教徒だったわけではないが、そのユマニストとしての思想的寛容の立場から、異端者に対する穏やかな取り扱いを主張したのがカトリック保守派に睨まれることになる。五九年六月に他の六人の審議官と共に高等法院内の査問で有罪とされ、身分を剝奪された上で「炎の法廷」に引き渡され、六人は審理の途中で死亡した者を除いて、いずれも自分の意見を撤回したが、デュ・ブールだけは譲らず、遂に火刑の判決を受ける。この間、六月末に行われた騎馬試合の怪我がもとでアンリ二世は死亡、跡を継いだフランソワ二世は刑の執行を躊躇う。ことのしだいを知った国外の識者からも処刑に反対の声が上がり、ラインの選帝侯からは新王に対して恩赦の要請と、釈放された暁にはデュ・ブールをハイデルベルグ大学の教授に迎えたいとの申し入れまで届く有様であった。だがフランソワ二世の宮廷で権力を握ったのは、王妃メアリー・スチュワートの叔父でカトリック強硬派、ギーズ家のフランソワとシャルルの兄弟で、刑の執行を断固命令する。デュ・ブールは五九年十二月にパリで火炙りになるが、最後まで勇気を失わず刑の執行を見に集まった人々に対して、キリストの愛の教えを説いて感銘を与え、かえって新教に対する共感と同情を呼び起こしたことで有名である。

カトリックとプロテスタントという立場の違いはあるが、四半世紀前の一五三五年、キャサリン王妃との離婚問題に絡んで、ヘンリー八世によって処刑されたトーマス・モアの場合と対をなす、個人の良心を人間の法が裁くことの当否を浮き彫りにした裁判といえる。

アンボワーズの陰謀

アンリ二世の突然の死に続くギーズ家によるカトリック強硬派の政策は、もともと健康に優れなかったフランソワ二世の突然の死（一五六〇年十二月）によってわずか一年五カ月で終る。しかしその短い間にも、はやアンリ二世の改革派弾圧政策によって抑えられていた新教派の不満が吹き出している。

すなわちフランソワ二世の死の九カ月足らず前の同年三月、アンボワーズ城に滞在していた王の宮廷をギーズ家の支配から解放し、より寛容な方向に転換させようと狙う新教徒のラ・ルノーディらを中心とする反ギーズ・グループの武装蜂起計画が起こっている。いわゆる「アンボワーズの陰謀」である。ただし陰謀は失敗に終り、新教派の首領コンデ公ルイ・ド・ブルボンは陰謀に加担した嫌疑で逮捕され、実行の首謀者達は新王と王妃の臨席の下、縛り首にされ見せしめのためアンボワーズ城外壁のテラスから吊される。人々は処罰の残酷さに驚く一方、カトリック派は武装蜂起という非常手段に訴えてまで自己の主張を貫徹しようとする新教側の態度に強い警戒心をおぼえて硬化し、両者の対立は深まるばかりとなる。

未成年のシャルル九世の即位に伴って、摂政として出番が巡ってきた母后カトリーヌ・ド・メディシスは、政治力学上ギーズ家の強硬弾圧路線とは距離を置き、新旧両派の宥和政策を主張する。カトリーヌにとり、フランソワ二世の死後の政情を混乱させぬためコンデ公を釈放させはしたものの、困難な状況であることに変りはない。

ユグノオ・カトリック・政治派

新教徒達はすでにフランス国内、とくに南西フランスにいたのだが、今度はドイツと境を接する東部にも広汎に拡がり始めた。こちらはジュネーヴのカルヴァンが説く教義に従う人々で、もはや「ルッター派」ではなく「ユグノオ」と呼ばれる。そして地域的な拡がりばかりでなく社会階層からいっても広汎に及んでいく。ユグノオに改宗ないし同調したのは、恵まれない下層聖職者や農民層ばかりか、ルイ十一世からフランソワ一世、アンリ二世と続いた中央集権を志向する王権に対抗して、自己の政治的独立を保持したいと望む封建大貴族勢力もそうであったし、また在俗と僧職とを問わず、知識階級のうちで教会改革を求める良心派もこれを支持する。

それに対して、教会保守派と、王権により取り立てられる可能性のある中・小貴族、さらに商工市民の富裕層は、体制の大きな変革を望まない現状維持のカトリック陣営を形成する。そのうえこのような複雑きわまりない力関係のバランスの上に乗って、総体としてフランス国内の平和と繁栄を実現しようと考える人々がカトリーヌの周りに徐々に結集し、いわゆる「政治派《レ・ポリチック》」と呼ばれる、第三の集団を形づくることになる。

ヴァッシーの虐殺

しかし情勢は決して楽観を許すものではなかった。ギーズ家は、フランソワ二世の死によって政権の中枢からやや遠ざかり、王妃メアリー・スチュワートはスコットランドに去ったとはいえ、カトリック強硬派の頭目として教会保守派と結んで依然として強大な勢力を誇っていた。そればかりか、ギーズ家のフランソワとシャルルの兄弟は、スコットランド女王でもあるメアリー・スチュワートの叔父であり、できることならスコットランドを通してエリザベスのイングランドをも勢力下に置き、カトリーヌ・ド・メディシスのフランス、あるいはフェリーペ二世のスペインに対抗する、国際的勢力としてのギーズ帝国の形成さえ夢見ていたのである。

これに対して、たび重なる弾圧や迫害に苛立つ新教派の方も、より公然と自分達の礼拝を行うようになり、これがいよいよ両派の武装対立を招く。一五六一年、新王シャルル九世の周辺で力を得てきた宥和派の動きに肚を据え兼ねたフランソワ・ド・ギーズ公爵は、抗議の意味で宮廷を去り所領に引き籠る。しかし両派のバランスを重んじ宥和を目指す宮廷は、翌六二年の「一月勅令」で新教徒の公式礼拝禁止を一時解除する一方、集会は市町村の城壁外で行う旨の決定を下す。同時にフランス親王家の筆頭で、新教派に同情的と目されていたナヴァール王のアントワヌ・ド・ブルボンが、なんとカトリック側に付くと宣言、これでギーズ公の面目が立つことになり、その宮廷復帰の条件が整う。

ギーズ公は三月一日、手兵を引き連れシャンパーニュ地方はショーモンの北五十キロほどの小邑ヴァッシーを通行中、城壁内にある農家の中庭で礼拝集会を行っていた六百人ほどの新教徒の集団とぶつかる。もちろんこれは勅令違反であった。公爵は状況を把握するために物見の兵を少数派遣するが、これが新教徒達を刺激し小競合いとなってしまう。部下が多勢の新教徒に取り囲まれ、石を投げ付けられるなど、暴行を受けたことに対するカトリック軍の怒りが爆発して、無防備の会衆に襲いかかり、殺戮、死者は六十人、怪我人を合せると二百人を超す犠牲者が出る有様であった。ギーズ公はことの成り行きになす術を知らなかったか、それとも部下の振舞いを黙認したか、なんら制止の試みをしなかったと伝えられる。

このニュースが各地に伝わると、旧教徒達は快哉を叫ぶが新教徒達は激昂し、その報復として四月二日、ナヴァール王の弟で、政治的考慮からカトリック寄りな態度を取り続けた兄と違って、血気盛んで野心的なコンデ公のルイ・ド・ブルボンが武器を執り、新教徒軍を率いてオルレアンの町を占領する。かくていよいよフランスにおける宗教戦争が始まることになる。

（2）第一次〜第七次宗教戦争

第一次（一五六二〜六三年）

一五六二年四月、コンデ公ルイ・ド・ブルボンの武力によるオルレアン占領は、大きな反響を惹き起こし、ロワール河流域のブロワやトゥールなどの町、また南仏のガスコーニュ、ラングドックといった諸州でも新教徒が次々と実力で都市を制圧するという事態が起こる。同年六月には、カトリックで「プレイアッド」詩派の首領ピエール・ド・ロンサールが『当代の惨状を論ずる』と題する長詩を国王シャルル九世とカトリーヌ・ド・メディシス大后に捧げて新教徒を論難、これに対し新教側からもアントワーヌ・ド・ラ・ロッシュ＝シャンデューらによる、責任は旧教徒にあるという激しい反論が発表される。

むろんこうした文筆による論争とは別に、カトリック側においても実力による報復を行えという意見が大勢を占めつつあり、危険を察したコンデ公はイングランドのエリザベス女王に連携を申し入れ、六二年九月の「ハンプトン・コート条約」でル・アーヴルを譲るという条件で英国軍出兵の約束を取り付ける。エリザベスとしては、北のスコットランドには女王メアリー・スチュワートが、ヘンリー七世の血に繋がる王位継承資格者かつカトリックとしてイングランドの王位をも窺っている上、当時フランス国内の実権を握っていた三頭政権（ナヴァール王アントワヌ・ド・ブルボン、ギーズ公、サン・タンドレ元帥）にもメアリーの叔父フランソワ・ド・ギーズが入っていたので、それまでスペイン王フェリーペ二世（カトリック）に気を兼ねて曖昧な政策を取り続けていたのを転換して、フランスの新教徒援助に踏み切ったのである。

戦闘としては、まず十一月に旧教軍によるルーアン奪回作戦が行われ作戦は成功。だが、指揮官アントワヌ・ド・ブルボンは狙撃されたのが原因で死亡する。次いで十二月にドリュー近郊の平原で、最初の新旧両軍対決となる。数的には圧倒的に優勢だったフランソワ・ド・ギーズ率いるカトリック軍に対し、コンデ公の新教軍が聖戦意識に燃えて果敢な戦いを挑み、両軍共に多大の損失（サン・タンドレ元帥は戦死、カトリック側ではモンモランシー大元帥、新教徒側ではコンデ公が共に捕虜）を蒙るが、最終的にはカトリック軍の勝利に終る。そして最後に翌六三年二月、オルレアンの攻城戦が来る。オルレアン自体はカトリック軍により奪回されるが、その前夜フランソワ・ド・ギーズ公爵は、先のアンボワーズの陰謀（一五六〇）の残党で新教徒のポルトロ・デ・メレの狙撃を受けて死亡する。

アンボワーズの和平と宥和への努力

こうして実力行使派の大立者達が、あるいは死にあるいは囚われの身となったところで、宥和派のカトリーヌ・ド・メディシス大后を中心とする宮廷の意向もあって、一五六三年五月コンデ公とモンモランシー大元帥とを当事者とする「アンボワーズの和平条約」が結ばれ、第一次戦乱は終息する。ただし新教側にもカトリック陣営にも恨みが残り、特に新教徒にとっては、いったん占拠した町の教会での新教礼拝は認められず、教会堂の建立も許されなかった。かつ礼拝ができるのは一つの行政区内で一カ所のみ、また領主の館での礼拝も、出席者は家族郎党に限られ、一般公衆に解放することは認めないなど、前に記した六二年に出された「一月勅令」よりも、はるかに後退した厳しい禁止条項を含んでいた。とはいえ、このアンボワーズの和平条約が、以後六七年に至る四年間にわたって、宰相ミシェル・ド・ロピタルを中心とする「政治派」による、新旧両陣営の妥協を実現し、もって王国内の平和と王権の確立を目指す努力が始まるきっかけとなった意義は大きい。摂政のカトリーヌ・ド・メディシス母后も宥和を演出するため、新王を伴い六四年一月から二年余りの国内大巡幸を行う。この間六二年に、前出のセバスチャン・カステリヨンが『荒廃し悲嘆に暮れるフランスに寄せる勧告』を著わし、六三年には十八年間も続き、はじめは新旧両教の和解を目指して招集された「トレント公会議」が、イエズス会の主導で新教徒を全面的に排除、反宗教改革の強硬路線を採択して閉幕する。一方、六四年五月には、ジャン・カルヴァンがジュネーヴで亡くなっている。

フランスにおける宗教戦乱は、この第一次を皮切りに一五六二年四月から九八年四月までの三十六年間に、じつに八回も起こっている。ただし八五年三月に始まり、すでに触れた九八年四月に新旧両教の共存を認める「ナントの勅令」発布をもって決着するまで、じつに十三年一カ月も続いた最後の第八次を除いては、当時の戦闘の仕方もあって、いずれも長くて二年余り、短いものは数カ月で終っている。かつ当然ながら、フランス国内での戦いなのでローカルな戦闘も多く、先述したイタリア戦役のように個別に取り上げることをせず、関係する重要事項を指摘するに止める。

第二次（一五六七～六八年）

一五六七年十一月にはサン・ドニの戦いでモンモランシー大元帥が戦死している。国際的にはスコットランド女王メアリー・スチュワート（カトリック）が、異母兄ジェームス・マーレイ（プロテスタント）との権力闘争に敗れてイングランドに亡命、エリザベスの保護（監視）下に入る。またフランドルでは、フェリーペ二世の派遣したアルバ公の強圧政策により、新教独立派のエグモントとホルン両伯爵が処刑されている。

第三次（一五六八〜七〇年）

この第三次は重要で、一五六九年三月のジャルナックの戦いにおいて新教軍の総司令官コンデ公ルイ・ド・ブルボンが戦死、以後ユグノオ側の首領には王国の海軍提督ガスパール・ド・コリニーがなる。十月にはモンコントゥールの合戦で、アンジュー公アンリ（後のアンリ三世）率いる国王軍がコリニー提督の新教軍に大勝する。しかし優位に立った旧教側のうち、母后カトリーヌ・ド・メディシスを中心とする宮廷は宥和政策を採用、翌七〇年の八月に「サン・ジェルマンの和議」を結び、初めてユグノオにラ・ロシェル、コニャック、ラ・シャリテ、モントオバンの四都市を「（新教）保障都市《ヴィル・ド・シュルテ》」として認める。七一年ミシェル・ド・モンテーニュは、友人エチエンヌ・ド・ラ・ボエシの遺著『自由意志による隷従について』と題する、国王による中央集権・独裁の弊害、およびその歯止めとして伝統的な地域高等法院の重要性を説いた論考を刊行する（当時、新教派のカトリック王権に対する批判に触発されて、アンリ二世の突然の死によって弱体化した王権の在り方が旧教側でもいろいろ論じられた、その一例である）。国外では、十月にギリシャのコリント地峡沖のレパントで、（フランスの同盟国である）オスマン・トルコ海軍と、フェリーペ二世の異母弟ドン・ファン・デ・オーストリア指揮下の、スペイン・教皇庁・ヴェネツィア連合艦隊が対決、キリスト教側の大勝利となる。

第四次（一五七二〜七三年）

このたびの戦いこそ、あの「サン・バルテルミーの大虐殺」に始まる内乱である。すなわち親王家の筆頭であるナヴァール王家のアンリ（新教徒、後のアンリ四世）と、シャルル九世の妹マルグリット・ド・ヴァロワ（後のマルゴ王妃）との結婚を祝って、コリニー提督をはじめ新教徒の首領達がパリに参集したのを狙って（カトリーヌ・ド・メディシス太后の指し金?）、旧教派の首領アンリ・ド・ギーズ公爵指揮下のカトリック軍が新教徒を皆殺しにする。新教徒の虐殺は全国に拡がり、九月にはアンリ・ド・ナヴァールは旧教に改宗を強いられる。

国際情勢では、一五七二年四月にフランドルの新教派「波のあぶれ者《ヴァーテルゲーゼン》」がアントワープの海への出口を扼《やく》するブリ

「サン・バルテルミーの虐殺」 フランソワ・デュボワ筆 1572-84 年 ローザンヌ美術館蔵

ルの町を占拠、反スペイン独立運動が本格化する。翌七三年五月にはアンジュー公アンリ（後のアンリ三世）が、ポーランド国会により国王に選出される。同年フランソワ・オトマン（新教徒）が、フランス民族派の立場に立って、フランク族の慣行に拠る王権の制限を主張する『フランク族のガリア』（ラテン語版、仏訳は一五七三年）を刊行している。

第五次（一五七四〜七六年）

この第五次内戦中の一五七四年五月、シャルル九世が没する。六月にはポーランド王アンリ（後のアンリ三世）が、当時ポーランドの首都であったクラコヴィアを脱出して帰国の途に就き、ドイツとイタリア経由でリヨンに到着（九月）。七五年の二月にフランス王アンリ三世として戴冠、九月には自分に出番がなかなか巡って来ないのにしびれを切らした王弟アランソン公フランソワが宮廷から逃亡、自前の軍を率いて分派行動に出ることを宣言する。八月にはミロオで開かれた新教派の会議で、「サン・バルテルミーの虐殺」で殺されたコリニー提督の後継者として、ジャルナックの戦いで戦死した初代コンデ公ルイの息子アンリ・ド・ブルボンが新教派の首領に選ばれる。七六年二月になると、今度はナヴァール王アンリ（後のアンリ四世）も宮廷から脱出、強制された旧教への改宗を否認してカルヴァン派に戻ることを表明する。

五月には「ボオリューの和平勅令」がまとまり、戦乱は治まる。絶対王権の理論的基礎を固めたジャン・ボダン（政治派）の『国制論六巻』が刊行される。

第六次（一五七六～七七年）

一五七六年十二月初めにブロワで「三部会《エタ・ジェネロオ》」が国王臨席の下に開かれ、十二月アンリ三世は評議会に対して、前年二月のランスでの戴冠式の誓言に従い、フランス王国の正統かつ唯一の信仰はカトリック教に他ならないと述べる。七七年五月、兄の登極に伴いアンジュー公となった王弟フランソワによる分派行動として、ラ・シャリテ（新教が保障されている四都市の一つ）の攻略と略奪が起こる。九月に「ベルジュラックの和議」が成立する。

国外では七七年二月に、フェリーペ二世からフランドルに派遣されたドン・ファン・デ・オーストリアが、フランドル諸州から総督として認められるため、スペイン軍の引き揚げを約束する「永久勅令」に署名している。ただしこの約束は方便で、果せるかなドン・ファンは翌七八年一月末、世代的には叔父甥の間柄だが年齢からいくと従兄弟相当、名将の名の高いパルマ公アレッサンドロ・ファルネーゼの来援を得て、フランドル新教軍をゲンブルーの戦いで大いに破る。しかし八月には疫病に罹ってドン・ファン自身が亡くなり、後任としてファルネーゼが任命される。ファルネーゼは卓越した外交的手腕を発揮して、いまのベルギーに当たる南部フランドル諸州を説得、カトリック信仰に留まる旨を誓う「アラス条約」（一五七九年一月）を結ばせるのに成功する。これに対抗して北部諸州（プロテスタント、現オランダに当たる）の方は二月、オラニエ（英語でオレンジ）公ウィレルム一世の主導の下「ユトレヒト条約」を締結し、スペインからの独立の意志を鮮明にする。同じ七八年八月、対イスラム聖戦とアフリカ征服の夢に取り憑かれたポルトガル王ドン・セバスティアンが、モロッコはアルカザルキヴィールの戦いで敗死する（これがもとで、ポルトガルは八一年スペインに併合されることになる）。

第七次（一五七九～八〇年）

一五七九年、コンデ公アンリ・ド・ブルボンがラ・フェールの町を占領し、第七次内戦が始まる。八〇年四月ナヴァール王アンリ（後のアンリ四世、コンデ公アンリとは一年違いの従弟）が新教陣営に加わって戦うことを宣言、カオールの町を占領する。国外ではスペインのフェリーペ二世が九月に、モロッコで敗死したドン・セバスティアン王の後を継いだエンリケ王（枢機卿）の死に際し、ポルトガル王国を併合する。同じ九月には、フランドル北部つまり「ユトレヒト条約」を

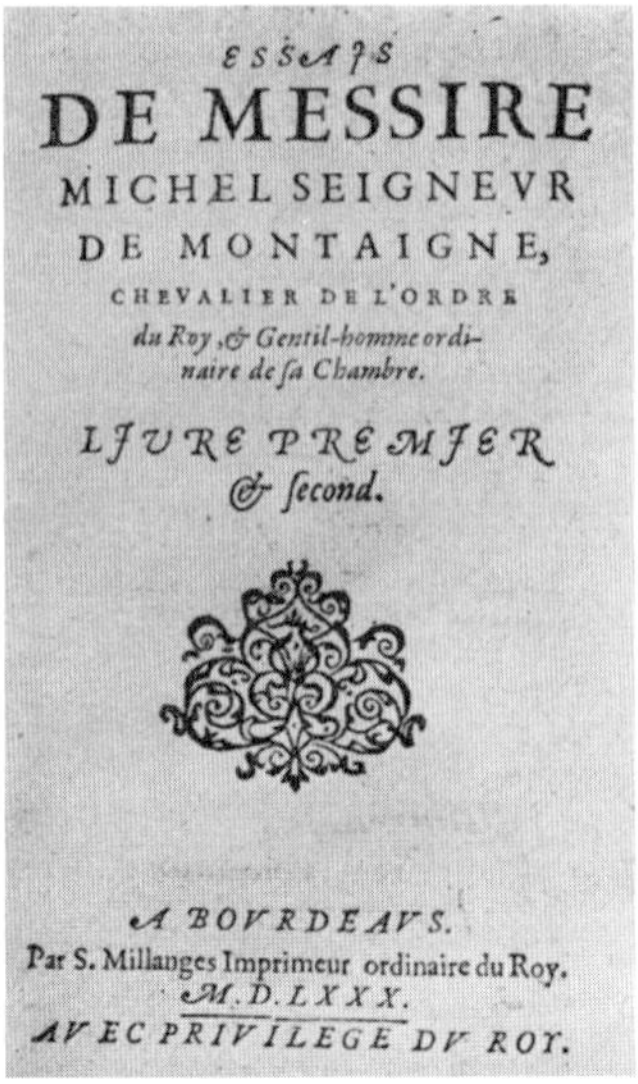
ESSAIS
DE MESSIRE
MICHEL SEIGNEVR
DE MONTAIGNE,
CHEVALIER DE L'ORDRE
du Roy, & Gentil-homme ordinaire de sa Chambre.
LIVRE PREMIER
& second.
A BOVRDEAVS.
Par S. Millanges Imprimeur ordinaire du Roy.
M.D.LXXX.
AVEC PRIVILEGE DV ROY.

モンテーニュ『エッセー（随想録）』初版（1580年）の扉

結んだ諸州（プロテスタント）が、王弟のアンジュー公フランソワに（スペインに対抗して）フランドル国王の地位を提供し、フランソワはこれを受ける（プレシス・ラ・トゥール条約）。十一月に「フレクスの和議」が調印され、内戦は終る。この年の三月にミシェル・ド・モンテーニュは、その『エッセー』（最初の二巻）を刊行している。また新教派の論客フィリップ・デュプレシス・モルネイの『反暴君論』（ラテン語、仏訳一五八一年）が出版される。

アンリ・ド・ナヴァールの王位継承権

第七次戦争は一五八〇年十一月をもって終るが、フランス内外の情勢は流動的で、八一年七月には「ユトレヒト条約」諸州が独立を宣言する。同年にはまたイングランドのエリザベス女王とアンジュー公フランソワとの結婚話が持ち上がり、一時は結婚の条件まで話し合われたが、結局エリザベス側が（フェリーペ二世の時と同じく）煮え切らず、沙汰止みとなってしまう。八二年七月、カトリーヌ・ド・メディシスが、フェリーペ二世に抗してポルトガル王位継承権を主張するクラート僧院長ドン・アントニオを援助すべく、アソーレス諸島に派遣した艦隊は、名提督サンタ・クルツ侯爵指揮下のスペイン海軍に完敗する。八三年一月、アンジュー公フランソワ麾下のフランス軍のアントワープ攻略失敗。八四年六月、王弟アンジュー公フランソワが病死する。これによりアンリ三世が男の子無しで亡くなった場合（その可能性は大であった）、フランス王位は筆頭親王家であるブルボン家のアンリ・ド・ナヴァール（新教徒）に移り、ヴァロワ王家は断絶することとなる。これがフランスにおける第八回で最後の宗教戦争を、それ以前のものと決定的に異なるものとすることになるのである。

（3）第八次宗教戦争

第八次（一五八五〜九八年）

いよいよフランス宗教戦争の最後の戦い、これまでと違ってじつに十三年一カ月に及び、外国軍も加わっての激しい戦闘が繰り拡げられた第八次戦争を見ていく番となった。だが

ならない。その前にまず、いくつかの前提条件を説明しておかなくては

サリ法典

フランス王朝の王位継承を規定する基本典範は「サリ法典」である。「サリ」なる名称は五世紀頃、古代ローマ帝国のガリア属州（今日のフランス）に侵入したフランク人の一支族「サリ族」に由来し、この部族から初代フランス王となるクローヴィスが出たので、その法典が以後フランス王家の基本法として守られることになる。ところでサリ法典は時代と共に何度か増補・改定が行われており、その中に含まれている「王位の継承は直系の男子に限られる」という条項も、本来のサリ法典にあったかどうかははなはだ疑わしいとされている。じじつフランク人の他の部族や、五世紀の民族大移動でヨーロッパに侵入して来たゲルマン系でフランク族以外の民族の後裔であるヨーロッパ各国の王朝でも、ルネッサンス期だけを例にとっても、カスティリアのイザベル女王や、イングランドでは（九日間の女王）ジェーン・グレイおよびメアリー、エリザベスの両女王、スコットランド女王メアリー・スチュワート、ナヴァール女王でアルブレ家のジャンヌなどを挙げることができるし、また後代ともなればオーストリアのマリア・テレジア、ロシアのエカテリーナ、英国のヴィクトリア女王、オランダのユリアナ女王などがすぐ頭に浮かんでくる。

しかるにフランク族の正統をもって任ずるフランスでは、代々国王は嫡出の男子でなければならず、現国王に男の子がいない場合に、その娘から生まれた男子、つまり男の孫でも王位継承から排除され、王統はいちばん順位の高い親王家の男子に移っていく定めになっていた。よってヴァロワ王家のシャルル八世がアンボワーズ城で不慮の事故に遭って急死、子どもは若死にして跡継ぎがなかった時、親王でオルレアン公ルイがルイ十二世として即位、王統はヴァロワ・オルレアン家に移ったのは当然として、そのルイ十二世がまた、四人の子どものうち女子は生き残ったが、男子は二人とも早死すると、王位はヴァロワ・アングーレーム家のフランソワ一世が継ぐ。フランソワ一世の二人の男の子のうち、兄のフランソワは父親在世中に亡くなり、王となった弟のアンリ二世はカトリーヌ・ド・メディシスとの間に四人の男子を設けるが、上の二人フランソワ二世とシャルル九世は子どもができないうちに死に、三人目のアンリ三世にも子どもができる見込みがないというのに、さらに四人目のアンジュー公フランソワがアンリ三世の在世中に病死（一五八四）してしまう。となるとアンリ三世の死後、ヴァロワ家は男系の子孫が絶えて断絶、フランスの王位は筆頭親王家であるブルボン家の当主

(ナヴァール王)アンリ・ド・ブルボン、つまり後にアンリ四世と名告る人物が継ぐ他ないという事態が起ったのである。

宗教と政治

そこに今度は宗教と政治の問題が関わってくる。すなわちアンリの母親で、アントワヌ・ド・ブルボンと結婚したナヴァール女王、アルブレ家のジャンヌ以来、また新教派の首領として宗教戦争の口火を切った初代コンデ公ルイ・ド・ブルボンもそうだが、ブルボン家は新教とは縁の深い家柄であった。じじつアンリ・ド・ブルボンも幼年時代は生まれ故郷のベアルンで新教徒として育てられるが、父親に呼ばれ一五六一年に七歳でフランソワ二世の宮廷に出た時はカトリックの教育を受けている。そして父の死(一五六二)に際してベアルンにいた母親の許に戻り、再び新教徒としての生活を送る。さらに七二年八月、カトリーヌ・ド・メディシスの娘でアンリ三世の妹、マルグリット・ド・ヴァロワと結婚するためにパリに赴くのだが、この婚礼を狙って起こった新教徒に対する「サン・バルテルミーの虐殺」の際に身柄を拘束された上、カトリックに改宗を余儀なくさせられる。だがその後宮廷から脱出して自領ナヴァール王国に帰還すると、再び新教に戻ると宣言するといった具合で、じつに目まぐるしい信仰歴を有している。一方その人柄はよく、新教派だけでなくカトリックであっても王家の政策に同調しない、いわゆる「不満派《メコンタン》」の間にも声望高く、反ヴァロワ勢力の一方の旗頭としても有力であった。

だがそうはいっても、ナヴァール王アンリ・ド・ブルボンが最有力の王位継承者ということになると、第一に国内で多数派を占めるカトリック教徒の、新教徒を王に戴くことに対する国民感情の反発があった。加うるに、これまで新教徒と武器を執って戦ってきた、ギーズ家を中心とするカトリック強硬派としては、かかる事態はまったく認め難いところで、なんとしてでも阻止しなければならぬことになる。となれば国内の平和と王権の安定を望み、カトリック信仰を唯一正統と認めながらも、ずっと新教派との交渉を続けてきた宥和派のアンリ三世および母后カトリーヌ・ド・メディシスとしても、アンリが新教徒というのは、すんなりと受入れ難い危険な事態だったのは見やすい道理である。

カトリック保守派とギーズ家

特にこのカトリック強硬派の危機感は強く、ギーズ公はフランドルの新教徒と連携しようと画策する新教派を牽制するため、すでに一五七〇年代の終り、当時フェリーペ二世がフランドル総督として派遣した異母弟のドン・ファン・デ・オーストリアを通して、ヨーロッパにおけるカトリック信仰のチャンピオンをもって任じていたフェリーペ二世との同盟を打診しているほどである。だがこの交渉は失敗する。

その理由は、アンリ二世がまだ在世中の五八年、皇太子フランソワ（後のフランソワ二世）とギーズ家の姪でスコットランド女王のメアリー・スチュワートを結婚させ、二人にイングランド女王およびその夫の資格でイングランド共同統治者（王）のタイトルを名告らせた事実があり、猜疑心の強いフェリーペ二世は、このたびの申出についても、ギーズ家の国際帝国への野望を実現するための手段ではないかという懸念を抱いたのが第一。第二には異母弟のドン・ファン・デ・オーストリアが、まず七一年レパントの対トルコ海戦に大《たい》捷《しょう》を博して名声大いに揚がった上、自ら進んでフランドル総督を買って出たのには、イングランドを切り取って英国王の位を得ようという野心があるからで（実現の可能性があったかどうかは別として、確かにドン・ファンにはその気があり、そう広言もしていた）、もしそうなれば自分のカトリック世界のリーダーの地位が脅かされる恐れがあるのに、そのうえさらにギーズ家と組まれては困るという警戒心。そして第三にはこの申し入れが、フェリーペ二世自身の抱いていた夢、すなわち故イングランド女王メアリー・チューダーと結婚していたように、（その可能性はまったく無かったにもかかわらず）今度はエリザベス女王と結婚してイングランドをスペイン帝国の勢力範囲内に置き、もってフランドル支配を強化するという狙いと競合する、以上三つの理由があってこの提案を退けたのである。

ところがドン・ファン・デ・オーストリアはフランドル北部諸州連合軍と交戦中に病死（一五七七）、フェリーペ二世自身にエリザベス女王と結婚するチャンスはまったく無いことが明らかとなり、それではというので、代わりに六八年以来エリザベスの虜となっていたメアリー・スチュワートを支援し、もってイングランドのカトリック勢力を蜂起させようという狙いもさっぱり実現せず（それどころかメアリーは、一五八七年に大逆罪で処刑されてしまう）、手詰り状態が出現する。そこへ八四年、王弟のアンジュー公フランソワが死に、これでアンリ三世が子どもを残さず亡くなれば、フランスの王位はヴァロワ家からブルボン家の新教徒でナヴァール王アンリに移る公算大となったのである。フェリーペ二世としても、これではギーズ側の申し入れに耳を傾けざるを得なくなる。そこで同年十二月、フェリーペ二世とアンリ・ド・ギーズとの間に「ジョワンヴィル条約」が結ばれ、さらに翌年三月の「ペロンヌ宣言」でスペインの大幅な援助（初めの七年間は財政的、最後の六年は実際の軍事介入）を当てにした「（カトリック）同盟《リーグ》」の蜂起・叛乱（第八次宗教戦争）の準備が整う。

ちなみにこの八四年の七月には、フェリーペ二世の懸けた莫大な懸賞金が功を奏して、フランドルにおける新教徒の首領オラニエ公ウィレルム一世が暗殺されている。これでもしイングランドどころかフランスが、スペインの支配とまでは行かずとも少なくともその強い影響下に入る（そうすればエリザベスも大陸から切り離され、フェリーペ二世に屈服せざるを得なくなる）となれば、父親カール五世以来の夢であるヨーロッパに冠たるスペイン・カトリック帝国は、まさに実現するかに見えた。

（カトリック）同盟《リーグ》

ここで最後に、「（カトリック）同盟」についても触れておかなければならない。「同盟」は基本的に戦闘的カトリック教徒の防衛組織であった。改革派《レフォルメ》、そして後にフランスの新教徒達がそう呼ばれることになったユグノオ達がローマ教会の腐敗と形骸化について行った批判、中でも目に見えやすい儀礼上の具体的な問題点[11]の改革を迫り、過激な実力行使に出たことに対する反発として、カトリック教の教義を実力で護るために同盟が結成される。つまり、はじめは難しい理論闘争の集会などではなくて、聖体に対する嘲弄や冒瀆、聖像の打ち壊しなどといった日常かつ実践的な宗教行為の場での衝突から、理論などに興味のない一般民衆や中・小貴族層が伝統を守るため、相互に連絡を取り合う考えもなしに地域ごと、また自然発生的に寄り集まってできたものである。だが新しい思想に取り憑かれて昂揚し、熱狂的にその実践を主張する改革派が、一般の抵抗に苛立ってますます過激な行動に走るようになると、それに比例する形で同盟もまた相互の連帯を強化し、次第に組織的・政治的な動きをし始める。

ところがこうした団体は、ルイ十一世以来王家に権力を集中し、もって国家統一を成し遂げようと努力してきた王権にしてみれば、統制外にある危険な私的組織以外の何物でもない。とくにそれが、「アンボワーズの勅令」（一五六三）が提示した新旧両教の宥和政策をなまぬるいと考える、反改革派の実力行使手段となってくると、なおさらのことであった。王権はしたがって、一五六〇年代半ばには同盟に対して黙認の態度を取るが、次第にこれを抑止する方向に向かう。しかしそれでも同盟の勢いは止まらぬどころか、むしろ盛んになるばかりとなって方向転換せざるを得ず、シャルル九世などは六五年と六八年の二度にわたって、またアンリ三世も七七年に、王自身が同盟の首領になり、これを単一の全国組織とすることで、運動をコントロールしようと試みるが失敗する。

こうした地方の「同盟」と並行して、パリやボルドオ、ルーアンなど大都市にも同盟が結成される。こちらは体制派の都市富裕層が現状維持を望んで教会保守派と連携、大都市につきものの下層貧困層の不満の捌け口を誘導して新教徒の改革路線攻撃に向かわせ、実力行使による弾圧に及ばせる場合が多かった。かつ当然このグループには教養があり、新教徒との理論闘争にも長けていたばかりか、中には高等法院のメンバーも含まれているところから、表立って王権の発布する宥和路線の勅令に反対はしないが、その登記（フランスでは勅令は高等法院により登記されて、初めて法令となる）や布告を故意に遅らせ、実施をサボタージュする動きも見られた。

ギーズ家の「同盟」

そこへさらに一五八四年、ギーズ家を中心とする「大貴族の同盟」が新たに付け加わる。この同盟は、すでに見たスペイン王フェリーペ二世の協力を得たことでも知られるように、きわめて政治的、それも国際政治的なものであった[12]。これが「カトリック信仰の擁護」、「フランスの王位に異端者の新教徒（アンリ・ド・ブルボン）を就けるな！」というスローガンを掲げて、ヴァロワ王家のなし得なかった同盟の全国的統一を達成するのだが、上記のごとく、その裏にはスペインとの協力により、「サリ法典」で正当な王位継承権保持者と認められているブルボン家を排除し、ギーズ家がこれに取って代わろうという王朝交替の意図も含まれていた（これは宗教的な意味以外にも、当時いよいよイングランド侵攻を決意しつつあったフェリーペ二世にとっても、好ましい選択だったのである）。

アンリ・ド・ブルボン排除の動きとペロンヌ宣言

そこで第八次宗教戦争を跡付けてみると、上記のスペイン王フェリーペ二世の支援を取り決めた「ジョワンヴィル条約」の締結が一五八四年十二月で、これを承けて翌八五年三月「ペロンヌ宣言」が出される。この宣言はブルボン枢機卿シャルルの名で発表され、筆頭王位継承権者ナヴァール王アンリ・ド・ブルボンを、その新教信仰のゆえに「たとえ向後カトリック信仰に改宗することがあっても」、この時点で王位継承権を完全に喪失した者と認定し、それに代わって叔父のシャルル枢機卿をもってするとしている。こういうと王位継承権はブルボン家に留まり、ただ直系ではなく傍系に移る

(11) 聖体拝領の際に聖餅と葡萄酒が、司祭の聖別によってキリストの肉と血に変るという「実体変化」の儀式や、聖像や聖遺物に対する迷信的な崇拝など。

(12) 同種の組織としては、すでに一五三一年、宗派は異なるがドイツのプロテスタント諸侯が、（フラソワ一世の支援の下）時の神聖ローマ皇帝カール五世に対抗して締結した「シュマルカルデン同盟」、また七一年にスペイン・教皇庁・ヴェネツィア共和国の間で結ばれ、レパントの海戦を準備した対オスマン・トルコの「神聖同盟」などが挙げられる。

かの感を与えるが、じつは枢機卿は当時すでに六十三歳、僧籍にあって子どもはなく、その死後王位は同盟の首領アンリ・ド・ギーズにいくチャンスが巡ってくることになる。ちょうどフェリーペ二世が八〇年、例の枢機卿でポルトガル王エンリケの死に際して、ブラガンサ公爵夫人カタリナとクラート僧院長ドン・アントニオという王位継承権者の上位二人を武力で強引に排除しポルトガルを併合、イベリア半島の統一を実現したのと同じ筋書である。かつ意味深長なことには、アンリ・ド・ギーズは国内向けには「カトリック信仰の擁護」を謳いながらも、国外では七六年、（すでにフランソワ一世やアンリ二世がやったように）カルヴァン派でバイエルン選帝伯ジャン・カジミールと接触し、王弟アランソン公フランソワら不満派の勢力とも連携、アンリ三世から「ボオリユーの和議」（第五次宗教戦争）を勝ち取るようなこともやっているのである。

同盟、ナショナリスト、アンリ三世の三巴

「ペロンヌ宣言」はフランス全土に多大の反響を惹き起こし、「同盟軍」は各地で新教徒の町を奪取、アンリ・ド・ブルボンの妻ナヴァール王妃のマルグリット・ド・フランスまでが、夫を捨ててアジャンの町に逃れて同盟側に付く有様であった。これに対抗して新教徒派の首領コンデ公が武器を取って立ち上がることを宣言、いよいよ第八次宗教戦争が始まる。とはいえ、「同盟」の圧力は、新教徒派もさることながら、むしろアンリ三世に向けられており、「同盟」の盛り上がりに弱気となった王は屈服し、七月に「ヌムール条約」を発布、新教徒に礼拝の自由ばかりか信教の自由まで認めないという線まで後退させられてしまう。新教徒は改宗するか、それとも六カ月以内に国外に退去するかの選択を迫られることになったのである。けれどもこうした強硬措置には批判も多く、加えて「同盟」のスペインとの合意までが知れ渡ると、それがかえってカトリック穏健派でかつナショナリスト達の反発を呼び起こす。その結果、翌一五八六年八月にはカトリック穏健派の首領アンリ・ド・モンモランシー公爵と、新教徒派の指導者コンデ公爵アンリおよびナヴァール王アンリというブルボン家の両アンリがベルジュラックに会同して、「我々は祖国のために武装蜂起しているのである」という布告を発表する。九月に入るとグレゴリウス十三世の跡を継いでローマ教皇となったシクストゥス五世がナヴァール王アンリ・ド・ブルボンを破門にする旨の教書を発布するが、これまた国外勢力の干渉としてナショナリスト達の反発を招くことに繋がる。

八六年は「同盟」、新教徒派を中心とするナショナリスト、これに両者の間に立って王権の回復を狙うアンリ三世が加わ

って、これらが三巴となって小競り合いが繰り返される。八七年に入ると、二月にエリザベス一世が遂に、スコットランド女王メアリー・スチュワートの処刑に踏み切る。フェリーペ二世の使嗾により自分を暗殺する計画に加担した廉で、十九年の監禁の後のことであった。これでフェリーペ二世のイングランド攻略の肚が定まり、スペイン無敵艦隊の艤装が加速される。パリでは「英国におけるカトリック教徒の受難」と題した絵が公開され、アンリ・ド・ブルボンが王位に就けば同じような事態が起こるときわめてドギツイ反新教徒宣伝が行われる。

クートラの戦い

そしてこの一五八七年の十月、ボルドオ東北は六十キロのクートラで、アンリ三世の寵臣ジョワィユーズ公麾下の王軍と、ナヴァール王指揮下の新教徒軍との間で正面切っての大会戦が行われる。結果はフランス宗教戦争において初の国王軍に対する新教派の大勝利に終り、ジョワィユーズ公は敗死する。新教派の意気は大いに揚がった。ただし、その後旬日を経ずして、新教派を援護するためエリザベス女王とデンマーク王、ドイツ諸侯らが提供した軍資金により編成され、東北フランスに侵入したドイツ・スイス傭兵隊が、ギーズ公指揮下の「同盟」軍に打ち破られ、同公の武名は大いに喧伝される。だがこの有様を見て、ギーズ公の人気があまりに高まるのを恐れたアンリ三世がドイツ・スイス傭兵と取引し、賠償金の支払いと引き換えに外国軍の撤退を承諾させてしまったため、このたびはそれ以上の勝利には繋がらなかった。

しかし、新教徒陣営におけるナヴァール王の場合と同様、カトリック側のギーズ公に対する期待は高まるばかり、他方これを邪魔したアンリ三世への批判は激化する。この状況に恐れをなしたアンリ三世は、ギーズ公にパリに入ることを禁ずる。その間に、戦死したジョワィユーズ公の場合もそうだったが、とかく家柄を盾にとって王家と同等の封建的身分を主張し、命令に従わぬ大貴族達を敬遠、むしろ出自にかかわらず小貴族から自分が取り立て、したがってまた自分に献身的に仕える「寵臣」を重用したことが大貴族派の反感を買い、また上記のクートラの会戦や外国傭兵相手の撤退交渉などに必要な資金を増税によって賄なわざるを得なかったため、パリその他の都市民の支持をも失う。そのうえさらに天候不順による不作が飢饉の追い討ちをかけて、アンリ三世の不人気は絶頂に達する。

ギーズ公の暗殺

一五八八年に入ると、三月に反「同盟」陣営の指導者の一人、新教派のリーダーであるコンデ公アンリ・ド・ブルボンが急死する（クートラの戦いで受けた傷が原因とも、また妻でトレムーイ家のシャルロット・カトリーヌに毒殺されたという噂も立った）。これによりナヴァール王アンリ・ド・ブルボンは名実共に新教派の頭領となる。五月ギーズ公が、「同盟」と保守派貴族の主張である、より強硬な新教徒対策をアンリ三世に申し入れるため、王の禁令にもかかわらず上京しようとする。折から憤懣鬱積していたパリ市民達は市中にバリケードを築き、ギーズ公の入市を阻止しようする王軍の展開を妨害する。それどころか歓呼してギーズ公を迎え入れる始末である。五月十二日「バリケードの日」として知られる市民の叛乱がこれである。不穏な状況に恐れをなしたアンリ三世は、密かにパリを脱出してブロワの王城に立て籠り、母后カトリーヌ・ド・メディシスを「同盟」との交渉に当らせる。七月半ばから八月初旬にかけて、いよいよスペインの無敵艦隊によるイングランド遠征が行われる。しかしイングランド海軍の果敢な攻撃と不順な天候も手伝って、遠征は惨憺たる敗北に終る（むろんこれでスペインの力がただちに没落するなどということはなく闘争はまだまだ続くのだが、フェリーペ二世とスペイン軍の不敗神話が崩れたのは確かで、フランスのみならずヨーロッパの新教陣営は大いに活気づき、従前より激しい反スペイン抵抗運動が行われるようになったのは間違いはない）。

この間、カトリーヌ・ド・メディシスとギーズ公との折衝は、最終的に「統一勅令《エディ・ド・ユニオン》」に帰結するが、この勅令では「同盟」の主張を全面的に受入れ、カトリック教がフランスの唯一で正当な信仰と宣言され、新教徒は一切の公職から排除される。またギーズ公は国王軍（王国軍ではない）の総司令官に任命されたほか、保守派貴族に対しても多くの利権が向こう六年間にわたって授けられることになる。事態は一見アンリ三世の完全な敗北のように見えるが、じつはこの国王軍（「新教軍」はその限りではない）の表現にも見られるように、文言の解釈にかなりの余地が残る玉虫色の決着だったようである。さらにカトリック教をフランスの唯一で正当な信仰と宣言したところで、それはもう「ヌムール条約」（一五八五）に記されていたし、新教徒の改宗あるいは六カ月以内に国外退去といっても、実施はむろん不可能であった。また「ペロンヌ宣言」が主張した、アンリ・ド・ナヴァールの王位継承権喪失を確定する条項をこの「統一勅令」に挿入しようとする試みも、これを審議するため招集された「ブロワの国会」でのアンリ三世の強力な反対に遭って成功せず、かえってパリの「バリケードの日」（五月十二日）から「ブロワの国会」（十月）までの間に起こった一連の事件は、アンリ三世に「同盟」の首領アンリ・ド・ギーズを排除する決意を固めさせ、「四十五人衆」と呼ばれる警護親衛隊を組織させることになる。

そしてこの八八年も押し詰まった十二月二十三日朝、己れの勢力を恃《たの》み、王の招きに応じてブロワに乗り込んだギーズ公が、十分な警護も引き連れずに王宮に登城して来たところを、親衛「四十五人衆」が取り囲み刺殺してしまう。弟のギーズ枢機卿など、「同盟」側の主領達もまた捕らえられ、処刑ないし投獄の憂き目を見る。「同盟」はむろんこの措置を「暗殺」と呼び激しく非難したが、すでにスペインとの「ジョワンヴィル条約」、王朝の交代を画策した「ペロンヌ宣言」、さらには王命に背いてパリに入った「バリケードの日」以来、ギーズ公が叛乱軍の首領として行動していたのは衆目の見るところでもあったので、新教側が事件を歓迎したことも併せて、総体的な評価は分かれるところであった。ただ相手の不意を襲って、有無を言わさず刺殺するというのはいかにも強引なやり方で、アンリ三世の不人気はいっそう高まった。また「同盟」も、一応ギーズ公により統一されたとはいえ、もともと自然発生的に地域ごとに組織されたグループの連合体だったところから、その勢力はパリをはじめ各地で一向に衰えを見せなかった。ただし長い目で見れば、この非常措置によりアンリ・ド・ブルボンの王位継承権は確保されたわけで、後のカトリック改宗（一五九三）を経てブルボン王朝の成立を可能にした転換点をなしている。以後、アンリ三世は「同盟」と決別し、アンリ・ド・ブルボンに改宗を強く要請しながら、新教徒およびカトリック穏健勢力（政治派）に連携を呼びかける。こうした社会状況を反映してか、ミシェル・ド・モンテーニュは、その『エッセー』のうちで最も意味深長ないくつかの章を含む第三巻をこの年に刊行している。

アンリ三世の暗殺

翌一五八九年の一月、母后カトリーヌ・ド・メディシスが遂に亡くなる。権謀術数に長けた陰謀家と必ずしも後世の評判は芳しくないが、王権の存続とフランス国内の平和・安定に尽くした功績は、決して過少評価されるべきではない。一方、首領の刺殺に怒り狂ったパリやルーアン、トゥルーズやリヨンなどの「同盟」は、王側と目される高等法院のメンバーを襲撃したり、治安を確立しようとする王軍に対してバリケードを築いて叛乱を起こす。しかし王軍もノルマンディーで起こった叛乱を撃破・鎮圧している。この間、アンリ三世はアンリ・ド・ブルボンに使節を派遣し、四月に両者の連携協約が合意され、十六日には新教軍が初めてロワール河をソーミュールで渡り、「イル・ド・フランス」と呼ばれる王国中原の地に入る。そして三十日、フランス・ナヴァール両王の歴史的な会同がプレシス・ラ・トゥールで実現し、それ以後、「同盟」は、完全な叛乱勢力と規定されることになった。

しかしカトリック側も危機を感じて、ローマ教皇シクストゥス五世は前のナヴァール王アンリ・ド・ブルボン破門に続き、今度はアンリ三世に対して破門をチラつかせた「戒告教書」(五月)を発布する。しかしいまやフランス国軍となった両王の軍隊は着々と進撃、サンリスを占領した後、七月の終りにはパリ郊外のサン・クルーに陣取り、パリ攻撃の準備を整える。

ところがなんとアンリ三世は八月一日、狂信的ドメニコ会士ジャック・クレマンの短剣に刺され、辛うじて息を引き取る前に後継者としてアンリ・ド・ナヴァールを指名した後、二日には亡くなってしまう。アンリ・ド・ナヴァールは翌々日の四日、国王軍の領袖達の強い要請により、フランス国内におけるカトリック教の維持を約束した上、六カ月以内に国会を招集して、その決定に従うという「宣言」に署名する。一方、亡くなったギーズ公の弟メイエンヌ公爵に率いられる「同盟」側は、ただちに五日ナヴァール王の叔父シャルル・ド・ブルボン枢機卿をシャルル十世の名でフランス国王と宣言、ここにフランスは二人の国王が並立することになり、内戦は新たな局面に入る。

「同盟」の劣勢、アレッサンドロ・ファルネーゼの救援

だが兄アンリ・ド・ギーズの跡を継いで「同盟」の首領となったメイエンヌ公には、将軍としての才能が無く、とうていアンリ・ド・ブルボンの敵ではなかった。じじつ早くも一五八九年九月、アルクの戦いで手痛い敗戦を蒙る。これに翌九〇年イヴリーの敗戦(三月)が続き、さらに五月、「同盟」側が擁立した国王シャルル・ド・ブルボン枢機卿の死が追い討ちをかける。王位に対する競争者がいなくなったアンリ・ド・ブルボンの立場は、これでいっそう強化される。アンリはパリを囲み激しく攻め立てたから、市内では食料が欠乏、八月にはパンを求める暴動が起きる有様となる。事態を打開すべくフェリーペ二世は、フランドルに在ったスペイン軍の総司令官アレッサンドロ・ファルネーゼに出動を命じ、三編制隊を指揮したファルネーゼは巧みな戦術でフランス軍を撃破、アンリは月末には包囲を解かざるを得なくなってしまう。だがこうして打ち続く戦闘に、市民の間にも厭戦気分が拡まり始める。

そんな「同盟」の立場を補強するため、九一年二月にスペイン軍部隊がパリに駐屯することになる。また教皇グレゴリウス十四世によって翌三月、再びアンリ・ド・ブルボンの破門が宣言されるが、前回の八五年シクストゥス五世による破門の時と同様さっぱり効果はない。猛り狂ったパリの「同盟」強硬派はメイエンヌ公不在を狙って十一月、社会の秩序と安定とを重んじなければならぬと主張するパリ高等法院議長ブリサック他三名を捕らえ縛り首にしてしまう（さすがにことの重大さに驚いたメイエンヌは、十二月初パリに帰還するや責任者を捕らえて死刑に処する）。

九二年初アンリ・ド・ブルボンは、今度はルーアンを包囲、市も一時は危ういかに見えた。だがこの際にもファルネーゼが、再びフランドルから招集され、首尾よく数において倍するフランス軍を破る（ただし今回は、ルーアンの近郊で四月に受けた狙撃が因《もと》でファルネーゼはフランドルに戻らざるを得ず、しかも傷が悪化して遂に年末にはその生涯を閉じる。名将を失ったことはスペイン軍にとって大変な損失であった）。

アンリ・ド・ブルボンの旧教改宗

一方、一五九二年四月にはアンリ・ド・ブルボンが、（改宗の含みを示唆する）「緊急措置」を取ると発表する。だが同じ春、改宗がなかなか実現しないのに業を煮した、「同盟」派ではないカトリック教徒達も「第三党派」を結成し、こちらは同じブルボン家だがコンデ公ルイの子ヴァンドーム枢機卿（つまりカトリック）シャルルを王位に推すとまで言い出す。この年の半ばに、再びアンリ・ド・ブルボンによるパリ包囲戦が展開される。

九三年に入ると、一月にパリで「同盟」側の「国会」が開かれ、アンリ二世の娘エリザベート・ド・ヴァロワとフェリーペ二世との間に生まれたスペイン王女イザベルを、フランス女王として戴冠させる案がスペイン大使フェリーア公から提出される。これは王位を男系のみに限る「サリ法典」には抵触するのだが、代わりに夫（＝共同統治者）としてフランス人の大貴族（具体的にはアンリ・ド・ギーズの息子シャルル）をイザベルに娶《めあ》わせるという線で妥協が図られていた。しかしまず「サリ法典」を重んずる伝統派の反対、第二にはシャルルの強力化を危惧する叔父メイエンヌの渋り、そして何よりもスペインの介入に反発するナショナリスト達の不支持があって、結局承認される運びとはならなかった（フランスの女王になり損ねたイザベル王女は、この後でオーストリアのアルブレヒト大公と結婚しフランドル公妃となる）。この時に、スペインの政治工作を諷する『スペイン製特効薬の効能に関するメニッポス風の諷刺』なる、数人合作の反《アンチ》「同盟」パンフレットが登場し、大いに持て囃される。五月にはブールジュの大司教ルノオ・ド・ボームが、アンリ・ド・ブルボン改宗のためのカトリック教義進講を行う旨を発表、六月パリの「国会」でスペイン派に対抗して、法律学者として令名高い評定官ギョーム・デュ・ヴェールが『サリ法典護持のための票決の勧め』なる演説を行う。そしてこれを承け、イザベル王女の夫としてフランス人貴族を選ぶ提案の審議を凍結する旨の決議が採択される。かつ時を同じくして、新教派も南仏モンペリエ北東三十キロのソンミエールに集合、王のカトリック改宗が同派にもたらすと見込まれる、宗教的また政治的影響について深刻な議論を闘わす（第二回は翌々一五九五年七月）。

そうこうしているところに遂に七月二十五日、アンリ・ド・ブルボン（アンリ四世）のカトリック改宗が、フランス王家代々の墓所であるサン・ドニ大聖堂で執り行われる。これによりフランス国民の大多数を占めるカトリック教徒にとって、ナヴァール王アンリ・ド・ブルボンを国王アンリ四世として受け入れる条件が整ったわけである。九四年二月、アンリはシャルトル大聖堂で国王として聖別され、三月後半には兵を率いてパリに入る。だが正式に市の代表者から国王入城の礼を受けるのは、九月半ばまで待たなければならない。

しかもそうなってもまだカトリック強硬派の敵意はおさまらず、十二月にはイエズス会士のジャン・シャステルが短剣を揮《ふる》って王を襲い、唇に怪我をさせる有様であった。翌日パリ高等法院は市からイエズス会の追放を決定、アンリ四世もこれを翌九五年初に承認、さらにこの大逆罪事件にフェリーペ二世の関与があったとして、一月十七日スペインに宣戦を布告する。その結果、王軍が六月五日、メイエンヌ公率いる「同盟」とスペイン連合軍に対して、ディジョン東北約三十キロのフォンテーヌ・フランセーズで戦い、大勝利を収める。この事態となって、もはや「同盟」の凋落は決定的となる。

内戦の終結とナントの勅令

ローマ教皇庁も事態がここまで来ては、いつまでもフランス王を敵に回しておくこともならず、一五九五年九月アンリ四世のこれまでの罪（！）を有免する儀式をヴァチカンで執り行う。翌九六年一月には、代わりに多額の下賜金を与える（体のよい買収）という条件で、「同盟」の首領メイエンヌ公以下が帰順を表明する。ただしブルターニュ公爵のフィリップ・エマニュエル・ド・メルケール（ロレーヌ家）だけは自領の宗主権に固執して投降せず、フェリーペ二世と提携し続ける。それもあってスペインとの戦闘状態は継続、四月にはオーストリア大公アルブレヒト（ハプスブルグ家）がフランドルから出兵、カレーの港を占領する。これに対抗して五月には、フランス・イングランド・フランドル連合諸州も軍事同盟を締結する。

一方、新教徒もこの頃しきりに会議を開き、王国における自分達の今後の立場に関する保障を強く要求する。これに応じてアンリ四世は九月、新たな「新教派に関する位置協定」を勅令の形で発布することを約束する。九七年に入ると、新教派のメンバーの中でカトリックに改宗する者が相次ぐ。三月にはスペイン軍がアミアンの町を奪取するが、九月にはフランス軍により奪い返される。こうして王国の大部分を制したアンリ四世は、勢いを駆ってブルターニュを制圧すべく兵を進める。この情勢を見たメルケールは、敵せずと判断して遂にアンジェで降伏（一五九八年三月）し、封建勢力によるスペイン絡みのブルターニュ独立運動も、かくて終りを告げることになる。アンジェでメルケールの帰順を受けたアンリ四世は、兵を率いてブルターニュとの境の町ナントに入り、ここで九八年四月三十日、かの信教の自由、カトリックとプロテスタントの信仰の共存を認めた、記念すべき「ナントの勅令」を発布する。(13) これにより、第八次だけでも十三年間以上にわたり、第一次（一五六二）から数えればじつに三十六年の長きに及んだフランスの宗教戦乱が終ることになる。翌々日の五月二日には、フェリーペ二世との間に「ヴェルヴァン条約」が結ばれ、対スペイン戦もまた終息する。しかもわずかその五カ月後、九月十三日にフェリーペ二世は息を引き取るのである。

アンリ四世の肖像　ヴェルサイユ宮殿蔵

（4）　宗教戦争以後

新旧教徒の対立

だがこれで戦争状態はやっと終結したとはいえ、フランス国内の人心はそう簡単に安定しなかった。第一に、これまで闘ってきた新旧両派のいずれにとっても、「ナントの勅令」は満足すべきものとは思われなかったという事実がある。旧教側にとっては、新教の礼拝が公然と認められるという事態そのものが不満の種であった。一方、新教側にしてみれば、例えばベアルン地方で旧教徒の礼拝の権利を認めた「フォンテーヌブロオ勅令」（一五九九）が示すように、新教地区で旧教徒の礼拝が保障されることは、せっかく勝ち取った新教の勝利を損なうように感じられた。それでも新教派の強い南仏では、新旧両教のバランスの取れた共存がある程度実現し

（13）パリの高等法院が登記するのは翌一五九九年二月。

たところもなかったわけではない。しかし、もともとカトリック勢力の強い北西部（都市ではパリやルーアンなど、それに圧倒的多数を占める保守的な農民層）には新教はなかなか浸透せず、それどころか徐々に後退していく。この状況に不満を抱いた新教徒の強硬派は、一六二〇年に新教のメッカといえるジュネーヴに移った新教詩人アグリッパ・ドービニェのように、時が経つにつれてフランスを去って行くことになる。

封建貴族の王政強化に対する反発

それればかりではない。信仰の対立もさることながら、戦場で武勇を顕し、手柄を立てて名誉と封土を獲得することこそ自己の本分と心得る大小の貴族達の目には、訪れた平和は無為の安逸と感じられた。また、この平和を維持すべく強制力を発揮し、必要とあらば力に訴えてでも抵抗勢力を制圧する、絶対権力への道を歩み始めた王権は我慢のならぬものと映ったのである。

早くも一六〇〇年、スペインの同盟者サヴォワ公カルロ・エマヌエーレに対してアンリ四世が起こした戦争の際、ギュイエンヌ貴族の名流、宗教戦争で勇名を馳せたビロン元帥シャルル・ド・ゴントオは、サヴォワ公と通じて王の命を奪う陰謀に加担した廉で、一六〇二年に首を刎《は》ねられている。その翌々年、今度はヴァロワ家の最後の一人オーヴェルニュ伯爵シャルル・ド・ヴァロワとアントラーグ一族の陰謀が起こる。そしてその二年後の一六〇六年になると、アンリ四世の戦友でもあった新教徒ブイヨン公爵アンリ・ド・テュレンヌ元帥までもが、〇四〜〇五年にかけてリムーザン地方で計画された叛乱への関与が露見して、一時はジュネーヴに逃れる有様である。こうした封建貴族階級の行き場の無くなったエネルギーは十七世紀の中葉、ルイ十四世の未成年時代に起こった「フロンドの乱」に、その捌け口を見出す。しかし、この乱も鎮圧されて、封建貴族の犠牲の上に「絶対王政」が成立する（だが、絶対王政もまた二世紀半を経て、一七八九年のフランス大革命によって終り、十九世紀に入って七月革命（一八三〇）、二月革命（一八四八）などを経て、最終的には市民階級の共和制に移行することになる）。

アンリ四世の暗殺

アンリ四世はまた、宗教戦乱がともかくも終息した一五九九年に、長い間不仲であった妻のマルグリット・ド・ヴァロワとの結婚を解消する。そして翌一六〇〇年、メディチ家のマリア（＝マリー・ド・メディシス）と再婚し、両者の間には皇太子ルイ（後のルイ十三世）が生まれる。だがアンリ四世には英雄色を好むところがあり、九九年に亡くなった寵姫ガブリエル・デストレ（毒殺の噂もある）との恋愛沙汰など女出入りが複雑、この面でもいろいろ問題があった。かつスペインを始めとするカトリック勢力もまた、あらゆる機会を捉えてアンリ四世を亡き者にしようと狙っていたから、王の暗殺はいつ起こっても不思議ではなかったのである。

事態がそんな有様の一〇年五月十四日、ルーヴル宮から馬車に乗ってバスチーユに向かっていたアンリ四世を、狂信的カトリック教徒ラヴァイヤックの凶刃が襲う。アンリ四世の死はむろん大きな驚きを惹き起こした。続く幼王ルイ十三世とそれを補佐する摂政マリー・ド・メディシスの治下、すでに触れた「フロンドの乱」を始めとする政治的混乱がなかったわけではない。しかし、それでいったん達成された新旧両教の共存と国内の平和がただちに崩れるということにはならなかった。それだけ「統一国家フランス」の意識が、人々の心に定着したと見てよいであろう（ただし、王権主導により国の再編が進められる過程で、アンリ四世の死後、宰相として国政を担った枢機卿――とはカトリックのリシュリュー、マザランら――を経てルイ十四世の絶対王権下において、最終的に国家統一が完成すると、「ナントの勅令の取消」（一六八五）が行われ、新教派は結局フランスに根付くことには成功しなかった。しかし、それはもうルネッサンスを遥かに過ぎた時点での話である）。

宗教戦乱と文学

話をルネッサンスに戻せば、一六一〇年のアンリ四世暗殺前後の時点で、フランスのルネッサンスはほぼ終焉を迎える。フランスと同じく宗教戦争を経験したドイツのルネッサンスが、一五一七年ヴィッテンベルグでルッターにより宗教改革の狼煙《のろし》が上げられてから「農民戦争」（一五二四～二五）に突入していく辺りまで、わずか十年弱の動乱で敢えなく潰えてしまうのに比べると、アンボワーズの陰謀（一五六〇）から始まって、ナントの勅令（一五九八）を経て十七世紀初に到る半世紀にわたって、内戦の動乱の影響を受けながらも、ルネッサンス的な営みが続けられてきたところに、国民国家としての統一に成功したフランス・ルネッサンスの強靱さが見られる。

とはいえ、これまで見てきたように、十六世紀の後半のフランスに重くのしかかった宗教戦争は、国土を戦乱と流血の巷と化す。当然フランソワ一世治下に花開いた美術や学問といった文化の営みは制約されざるを得なかった。まだ平和だった時代に（自分達が戦乱に陥れた）イタリア半島から輸入した影響を消化して、絵画や彫刻など造型美術の分野において独自の成熟を可能にする環境はもはや期待すべくもなかった。文学においては、表現手段が自国語のため比較的独自性

マルグリット・ド・ナヴァールの肖像　クルゥエ筆　シャンティイ　コンデ美術館蔵

を出しやすいので、イアリア起源のソネットなど新しい詩型を取り入れつつ『愛の詩』詩集（一五五二～五七）を発表していたプレイヤッド派のロンサールも、内戦期に入ると宮廷詩人としての立場から長詩『フランシアッド（フランスの歌）』（一五六四）を書いて、カトリック政権の代弁者となる。ルネッサンスの指標の一つである、あの限りない好奇心と知識欲を、フランス古譚にハチ切れんばかりに盛り込んだフランソワ・ラブレーの『ガルガンチュワとパンタグリュエル物語』（全四巻、一五三二～五二）は、十六世紀後半のカトリック異端審問所に睨まれ、まさにその奔放さのゆえに禁書の憂き目に会う。フランソワ一世の姉でナヴァール女王のマルグリット・ド・アングーレーム作で、ボッカッチョ『デカメロン』の顰みに倣った、開放的な『七日物語』（一五五九）も同様の扱いを受ける。マルグリットの秘書を勤めた詩人クレマン・マロオ（イタリアからフランスへソネットを招来した）も、新教的傾向のゆえにまずフェラーラに公妃ルネ・ド・フランスを頼って落ち延びた上、さらにジュネーヴに亡命（一五四一）する。ところが亡命先のジュネーヴで、今度は新教派の思想統制に引っかかり、最後はサヴォワのシャンベリに逃れて四三年に亡くなっている。ロンサールと共にプレイヤッド派を代表するジョアシャン・デュ・ベレー（『愛惜詩集』、一五五八）の場合は、当人のより文学的・抒情的な傾向、さらに早死（三十八歳）したこともあって、比較的波乱の少ない生涯を送ることを得た。

戦乱の間には、上記の『メニッポス風の諷刺』を筆頭とする政治パンフレットが乱れ飛び、政治駆け引きや御都合主義の改宗を弾劾する辛辣な諷刺文学は多く書かれたが、豊かな詩想を洗練された修辞に託した作品は見るべくもない。新教詩人アグリッパ・ドービニェは、ペトラルカ風のソネット集『春』（一五七一）から始めて、第六次宗教戦争（一五七六～七七）に際して、聖戦意識に燃える新教徒達の殉教を賛えた叙事詩『悲愴曲《レ・トラジック》』に着手する。だがこの作品では、作者が注ぎ込んだ宗教的情熱の激しさも手伝って、アリオストなどイタリア後期ルネッサンスの傑作に見られるような均整の取れた晴朗なトーンは失われ、内容だけでなく修辞においてもバロック的な要素が勝ってきている。

モンテーニュ『エッセー』と人間学

かかる困難なこの時期にありながらフランス・ルネッサンスの健在を証し、これを代表する作品となったのは、モンテーニュの『エッセー』（全三巻、一五七八〜八九）である。十余年にわたって書き溜められた、著者の省察を纏めたこの随想録風の作品は、一見その構成において雑然と見える。しかしじっさいそこに語られているのは、まさにルネッサンスの特徴である、あらゆる事象に対する旺盛極まりない好奇心と犀利な観察に他ならない。かつそれに加えて、人文主義の批判精神と道徳的思考の洗礼を受け、また宗教戦乱の動乱を通過して得られた政治派の結論、つまり主観的な正義感の独善を排し、言葉の最上の意味における「現実主義」に裏打ちされた「人間の限界」の意識がみられる。己れに関する省察に専念すべく、一切の公職から離れて自己の城館に引き籠ったモンテーニュは、座右の銘として書斎の梁に「Que sais-je?《クセジュ？》（私はいったい何を知っていようか?）」と記して、自分（人間）の認知能力には限りがあることを告白する。かつ、そうした中途半端な存在でしかない人間の信条なのに、それを熱狂的に主張することの愚かさを、「私は正しい意見とあらば、たとえ火の中・水の中、オットできることならそれだけは御勘弁！」（第三巻一章）と記して、思想に身を売ることをさりげなく拒否している。

興味深いのはフランスのルネッサンスを代表するもう一人の作家フランソワ・ラブレーもまた、モンテーニュに先立ち、表現も同じ「（正論のためなら）火炙り、いやそいつは真っ平御免蒙むる」（『パンタグリュエル』前口上など）と、思想（信仰）が人のためにあるのであってその逆ではないことを主張し、人間の主体性を回復している点で、期せずして両者共にフランス・ルネッサンスの「しぶとさ」とバランス感覚を示して余すところがない。

モンテーニュの肖像　ニューヨーク　グレインジャー・コレクション蔵

イタリア半島のルネッサンスが個人の強烈な自己主張を基調とし、時として自己の欲望達成のためなら公の利益を踏み躙って顧みない無慚さを示すのに対して、フランス・ルネッサンスにおいては人間の性《さが》についての鋭い思索を通して、個に立脚しつつ中庸をよしとするいわゆる「人間学《モラリスム》」が力を得てくる。十七世紀の後半に活躍するパスカル、ラ・ブリュイエール、ラ・ロシュフコオといった人々、いわゆる「モラリスト」と呼ばれる人々によって展開されるきわめてフランス的な思想的潮流があるが、モンテーニュはまさにそういった動きの源流に位置する。十七世紀に入ってデカルトが『方法序説』（一六三七）の冒頭で、「良識ないし理性こそは（神により）、すべての人間に等しく分かち与えられた恩恵」であり、これをうまく用いれば、人は神と等しい者になることさえ不可能ではないと主張するいわゆる「理神論」の、まさに対極に立つ考え方である。

「人間学」は思索の対象を人間の在り方に限定するという意味で、ある種の人間中心主義に陥る偏りなしとしないが、以後の西欧における科学・技術文明の発展と、現代におけるその行詰りとをもたらした理神論と相俟ってフランス文化の両輪をなし、もってフランスをして近代ヨーロッパ文明の中心的な存在となさしめた思想であって、じつにその出発点がフランス・ルネッサンスのうちに見出されるのである。

第2章

スペインのルネッサンス（一四九二〜一六一六年）

1610年頃のスペイン

第1節　世界帝国の夢

（1）　イザベルとフェルナンドの時代

スペインとイングランド

ルネッサンスを生み、爛熟に至らしめたイタリア半島に、フランスに次いで入って来たのはスペインである。いや「入って来た」というのは正確ではない。というのはスペイン、あるいは少なくとも今日スペインと呼ばれる地域にあった勢力が、イタリア半島に根を降したのはすでに一二八二年に遡るわけで、ドイツ系ホーヘンシュタウフェン家最後の王マンフレーディ敗死（一二六六）後十年余り、新来のフランス系アンジュー王家の圧政に抗して島民が烽起した「シチリアの晩禱《ヴェスプリ》」と呼ばれる叛乱の結果、同島がアラゴン家のペドロ三世を王として推戴して以来のことだからである。そのうえアラゴン家は一四五三年、「寛仁王《イル・マニャニモ》」ことアルフォンソ五世（ナポリ王としてはアルフォンソ一世）がシチリア島ばかりでなくナポリを首都とする、両シチリア王国の半島部分をも併合して、南イタリア全体を領有するに到っていたし、またつとに地中海勢力として活躍していたカタルーニャは、サルデーニャ島にも十四世紀以来進出していた。よってイタリア半島に、イベリア半島を根拠地とする勢力が、十五世紀後半以前に存在しなかったわけでは毛頭ない。

問題はむしろイベリア半島側にあった。十五世紀末には、スペインという国家はまだ存在していなかったのである。それどころか当時この半島が政治的にいくつかの、それも人種も信仰も言語も異なるグループの集合体であったことはいくら強調しても、し過ぎることのない事実である。この様々なグループが、あるいは融合され、あるいは排除されてスペインが成立し、独自のルネッサンスを展開することになるのだが、それには、じつに十五世紀末を待たなければならない。

ところで一個の政治単位が成立するきっかけは、現代までほとんど常に戦争であったし、残念ながらそうした事態は、今後もまだ当分は続くと思われる。ここで我々が取り上げるスペインという国家の誕生についても、事情はまったく変らなかった。しかも面白いことに十五世紀末、つまりルネッサンス前夜におけるこの国の状況は、もう一つの国民国家《ネーション・ステート》ルネッサンスを生んだイングランドと、ある意味でかなり似ていた。すなわちスペインとイングランドは、両国共にヨーロッパの辺境に位置し、一方が島なら他方は半島で、一方が狭いながらも海峡によって大陸から切り離されていたとすると、他方は大陸中心部と地続きではあったが、ピレネー山脈により隔てられていた。これら天然の障害物は、大陸中央部との交通を遮断はしなかったが、それでもかなりの程度これを阻害して両国の人々に外界から「閉じた」メンタリティを付与し、時に応じてこれが表面に出て来る。ただし両国を大陸から孤立させた分だけ、海に向かって開かせることにもなったのである。

そうはいっても両者の類似はここまでである。そこから先、イングランドは北大西洋に向かったのに対して、スペインはまずカタルーニャ地方が地中海に、次いでアンダルシア地方が中・南大西洋さらには太平洋に、その活動の舞台を拡げる。かつスペインは十五世紀末にアメリカ大陸を発見し、そこから得られる膨大な富を背景に巧妙な結婚政策を展開して、ヨーロッパにも広大な版図を占めるハプスブルグ帝国を成立させるわけだが、それにもかかわらず、その（カスティリア的な）孤立的かつ伝統墨守的気質が、宗教革新（＝脱宗教制度、個人の確立、世俗化）の流れから逸れた、時代の動向に背を向けた立場を取ったがため、帝国を維持すること自体に精力を使い果してしまう。その結果、すでに十七世紀前半に国は沈滞に向かい、イベリア半島に閉じ籠ったルネッサンスも、己れの挽歌を奏でざるを得ないことになる。

これに対してイングランドの方は、スペインにやや遅れて十六世紀初にルネッサンスが緒に就き、ヘンリー八世という国王の恋愛（それ自体が偶然にも脱宗教、世俗化という新潮流と合致してしまった恋愛）が、キリスト教の秘蹟《サクラメント》を踏み躙ってまで愛人アン・ブリンを王妃に迎え、世継ぎの男子を得たいという——皮肉なことに、結局は叶わなかった——現世的願望の追求に赴むかせる。そしてその結果生まれた娘であるエリザベス一世治下、まさに国の命運を賭けたスペインの無敵艦隊《アルマダ》との戦い（一五八八）に（これまた偶然の）「神風」が吹いて勝利、一挙にヨーロッパの強国にのし上がり、さらに勢いを駆って国力を充実、民心を開いてルネッサンスから産業革命へと発展を遂げ、その後の大英植民帝国への道を辿り始めることになるのである。

トーロの戦い

両国の比較はさて措き、いまはまずスペインの状況を見よう。スペインにおけるルネッサンス、その母体となるスペイン国家の出発点は、一四七六年のイベリア半島北西部ザモラの東三十キロで行われた「トーロの戦い」と見ることができる。かたやポルトガル王アルフォンソ五世と、対するにカスティリア女王イザベルおよびアラゴンの皇太子フェルナンド夫妻麾下の率いるカスティリア軍が衝突し、後者が勝利を収めた。この戦いは、じつは一四六九年、カスティリア王エンリケ四世の異母妹で、兄から王位継承者に指名されていたイザベルが、夫として当時アラゴン連合王国皇太子であったフエルナンドと結婚したことに端を発している（もう一人の夫候補者は、イザベルよりずっと年配のアルフォンソ五世その人であった）。またイザベルとフェルナンドの結婚については、二人の間に愛情はむろん欠けてはいなかったが、そこにはまた、特にフェルナンド側からの、政治的な計算も含まれていた。すなわちフェルナンドの父アラゴンのファン二世の立場は、連合王国の貴族達の力に押されて極端に弱体化しており、王家の威信を回復するために強力な同盟者を必要としていたからである。この事情を反映して、二人の結婚契約はイザベルに有利に取り決められており、フェルナンドはカスティリアに来って住むこと、二人は互いの王国の共同統治者であるが、イザベルの死後、カスティリアの王位は二人の間の子どものうちイザベルが選んだ者が継ぎ、フェルナンドはカスティリア王のタイトルを失うこと、などの条項が盛られていた。

一方、各々の利害からこの結婚に反対であった、フランス王ルイ十一世、イザベルを王位継承者に指名した当のカスティリア王のエンリケ四世、イザベルに袖にされたアルフォンソ五世などが、それならばイザベルの代わりにと、表向きはエンリケ四世の娘だが、その実はエンリケ四世の寵臣ベルトラン・デ・ラ・クエーヴァが父親であると、とかく噂の絶えなかった王女ファーナを推し、王位継承者とするよう画策したのである。一四七四年末にエンリケ四世が死ぬと、イザベルはただちに自分が女王であると宣言したが、反対派は納得せずに内乱が起こる。だがイザベルが見込んで夫に選んだアラゴンのフェルナンドは妻の期待を裏切らず、見事トーロの戦いで勝利を得る。(1)

これ以後、アルフォンソ五世はイザベルおよびフェルナンドのカスティリア支配を認め、自分はアフリカ経営に専念して「アフリカ王」の称号を奉られることになる。一方、ファーナ王女は修道院に幽閉される（もっとも王女はしばしば修道院を脱出、最後まで自己の手紙に「カスティリア女王ファーナ」と署名するのを止めなかった）(2)。さらに、いろいろ曲折はあっても、向後イザベルとフェルナンドのイベリア半島中・東部における主権に異議を唱える勢力はなくなる。

---

(1) ちなみに、マキャヴェルリがその『君主論』第二十一章でフェルナンドを次のように評している。「偉大ナ人物トサレルタメニハ、君主ニトリテ何（ヲナスノ）ガ相応シイカ」と題されたこの章の冒頭で、「我々の時代にはかのアラゴンのフェルランド、現スペイン王がいる。この人物は、ほとんど新（しく国を興した）君主と呼んで差し支えないのではあるまいか。というのも弱小の王から身を起して、その名声においても栄光においても、キリスト教界第一の王となったのであるから」と。

(2) イングランドとの対比をするならば、このトーロの戦いは、ヘンリー七世がリチャード三世を破ったボスワースの戦い（一四八五）のスペイン版ということができる。

同じ七九年、トーロの戦いから数カ月後に父ファン二世が死んでフェルナンドはアラゴン王となる。アラゴン、カタルーニャ、ヴァレンシアそれにサルデーニャ、シチリア、ナポリと様々な領土を含み、封建的な大貴族連合政権の性格が強かったアラゴン王国に対して、フェルナンドの権威もまた著しく強化されることとなる。これが後のスペイン国家の成立に繋がるのである。

再征服の完成

スペイン国家の成立に決定的な役割を果したもう一つの重要な要素に「レコンキスタ」（再征服）がある。八世紀初にアフリカからジブラルタル海峡を渡って、イベリア半島に侵入したイスラム軍が、七一一年南スペインはカディス近郊で西ゴート族のロドリゴ王を敗死させて以来、ほぼ八百年にわたり半島南部を支配していた。レコンキスタとは、そのイスラム勢力からスペイン国土の奪回を目指す運動である。

十世紀前半の最盛期にはイベリア半島の大部分を勢力下に置き、キリスト教徒を北のピレネー山脈の麓、ガリシア、レオン、旧カスティリア北部、ナヴァラ（仏語でナヴァール）地方に逼塞《ひっそく》せしめたイスラム勢力ではあったが、時代が下ると共に内部分裂が起こり、その力は次第に弱まる。代わって、徐々に勢力を取り戻したキリスト教徒達は、十三世紀からレコンキスタを大幅に推進、十五世紀後半ともなると、イスラム教徒の支配する地域は半島南端のグラナダを中心に分立する小王国の集団のみとなっていた。一四八二年、イザベルとフェルナンドはいよいよ異教徒に対する国土回復の聖戦に乗り出し、一四九二年一月グラナダを陥落させ、これによりイベリア半島は遂にキリスト教の信仰の下に統一されることとなった。かつカスティリア・アラゴン両王国の主導の下、ポルトガルとナヴァラの二王国を除くイベリア半島が一個の政治的単位として纏《まとま》り、スペイン王国となる基礎が置かれた。

大航海時代の開幕

この同じ一四九二年の八月、ジェノヴァ生まれのユダヤ系航海家クリストファー・コロンブス（スペイン語でクリストバル・コロン）がイザベルとフェルナンドの後援を受け、サンタ・マリア号を旗艦とする三艘の船団を率いて、西回りで東洋に向かう航海に乗り出す。十月十二日には西インド諸島のグワナハニ島（今日のワットリング島）に到達し、ここに新大陸発見が緒に就く。これがスペイン国家の成立に大きな役割を果した三つ目の要素である。まさにこの一四九二年こそ、スペイン国家とそのルネッサンスの出発点ということができる。

コロンブスによる新大陸の発見は、ヨーロッパの辺境に位するスペインを、一躍新しい世界秩序の中心に据える展望を拓いた。コロンブスは一五〇二年の最終航海までに四度もカリブ海域を訪れ、これによりスペイン本国との航路は確立され、イザベルとフェルナンドのみならず、当時の人々が思ってもみなかったほど大きな可能性を約束することとなる。すでに一四九四年、教皇アレクサンドル六世の裁定による「トルデシーリアス条約」で、アフリカ水域最西端のカーポ・ヴェルデ島の西三百七十哩《レーガ》を境として大西洋に南北の線を引き、その、東（含ブラジル）をジョアン二世のポルトガル、西（含チリ）をイザベルとフェルナンドのスペイン領と定め、ヨーロッパは勝手に新世界を分割する。

その三年後の九七年は、これまたルネッサンスを特徴付ける大航海運動にとり、特筆すべき年となる。この年、イングランド王ヘンリー七世の命を受けて、ジェノヴァ生まれだがヴェネツィアでも活躍したイタリア人航海家ジョヴァンニ・カボート（英語でジョン・カボット）が、北回りで東洋に出るルートを探そうとして、北米ラブラドールやニューファウンドランドに到達する。同年ポルトガルもまた自国の航海家ヴァスコ・ダ・ガーマの指揮する船団をアフリカ西岸に沿って派遣し、これが希望峰を回って東進、翌九八年には本当のインド南部はカリカットに到達、遂にヨーロッパ念願の、地中海経由以外（とはイスラム圏を経由せずに）で東洋の香辛料を獲得する航路を発見する（アルフォンソ・アルブケルケがセイロンからマラッカに到り、ポルトガル王のためにこれを占領するのは一五一一年のことである）。

さらに同じ九八年、今度はスペイン王の船団に、フィレンツェの人文学者で探検航海家アメリゴ・ヴェスプッチが乗船、三度にわたる新大陸への航海の第一回に乗り出している。ヴェスプッチの航海は、コロンブスが「インディアス」つまりインドを発見したと主張していたのに疑いが生じ、その真偽を確かめるためのものであった。その結果一五〇二年、二度目の航海の後に出された結論は、発見されたのはインドではなくて新しい未知の大陸、つまりヴェスプッチの名を冠して「アメリカ」と呼ばれることとなる土地に他ならぬというものであった。続いて一三年に、スペイン人バスコ・ヌーニェツ・デ・バルボアがパナマ地峡を横断して、ヨーロッパ人として初めて西側から太平洋を目にする。

これら地理上の発見はヨーロッパ人にとって、精神的また物質的にも、それまで考えられなかったような視野の拡大をもたらすことになる。コロンブスが、自分の航海を援助させるよう、イザベルを説得するのに用いた有力な論拠の中に、インド（とコロンブスは思っていた）にキリストの教えを拡めるという宗教的理由があったことはよく知られている。他方イザベルとフェルナンドは、自分達の利権を守るため早くも〇二年、新大陸すなわち「ヌウェーヴァ・イスパニア」にスペイン人以外の渡航を禁止する旨の勅令を出している（とはいえ、この禁令は必ずしも守られたわけではない）。

モーロ人の追放

だがトーロの戦い（一四七六）からグラナダの陥落（一四九二）を経て、イザベルの死（一五〇四）に到る四半世紀の間には、いくつかの、それも後のスペインを負の方向に規定することになる事態も生じている。その第一はレコンキスタそのものが、従来からの政治・経済的意味を超えて、イスラムに対する宗教的な戦いの感情を一般人の心に植え付けてしまった点である。これはルネッサンス全体が、（ローマ・カトリック教会に代表される）当時の硬化・形骸化・世俗化した宗教体制を批判して、宗教と政治を分けて考え、信仰を個人の良心の問題と捉えることにより、個人意識の確立を可能にした動きであったのに対して、スペインではそれに逆行する動きをもたらすこととなった。

かつ「モーロ人」と呼ばれたイスラム教徒達は、じつはイベリア半島の文化に多大の貢献をもたらしていた。中世のトレドはキリスト教世界とイスラム世界の接点であり、ここを通して単にイスラム文化（例えば数学、天文学、農業、建築）ばかりか、アリストテレスの哲学やヒッポクラテス、ガレヌスの医学など古代ギリシャの知識が、アラビア語の翻訳を通して西欧に伝えられることになったのである。だが、レコンキスタはモーロ人を不倶戴天の敵と見做し、これを追い払うことがキリストの御旨《みむね》にかなう敬虔な行為であるという、いわば（西方）十字軍的な閉じた考え方を、確かにそれが国家意識の醸成に役立ったとはいえ、一般スペイン人の心に植え付けてしまった。じじつレコンキスタ完了の翌々年、一四九四年に、ヴァレンシア出身の教皇アレクサンドル六世からイザベルとフェルナンドに対して、イスラム教徒からイベリア半島を解放した功績を賞《め》でて「カトリック王」なる称号が授けられ、以後代々スペイン王の正式称号となる。

じっさい対イスラム聖戦意識に燃えて国家統一を果したイザベルは懺悔聴聞僧として、対モーロ強硬路線を主張するフランチェスコ派修道会厳修派のフランシスコ・ヒメネス・デ・シスネーロスを選び、スペイン教会の首座トレドの大司教に任命（一四九五）する。このシスネーロスがグラナダの陥落後、モーロ人に信仰の自由を保障した協定（一四九一）を守り続け、融和共存政策を推進していた初代グラナダ大司教エルナンド・デ・タベラの方針を覆し、異教徒のキリスト教への改宗を強制することになる。これが一四九九年末に、モーロ人の人口が集中しているシエラ・ネヴァダ山脈南腹のアルプハルラス地域で最初のモーロ人暴動が発生した原因に他ならない。またイザベルは一五〇四年の死に際して、北アフリカにおける対イスラム十字軍推進をシスネーロスに遺言している（これを承けてシスネーロスは、一五〇五年に北アフリカ遠征を行っているが、折から王位をめぐってフェルナンドと、その娘の「乱心《ラ・ローカ》」ことファーナおよびその夫フィリップ（後のフェリーペ一世）との間に対立が生じ、フェルナンドがカスティリアを去りナポリに行ってしまうなど、スペインは緊急な国内問題への対応に追われ、アフリカ十字軍はお預けとなる。その後も、イタリア半島におけるアラゴン利権の拡大・強化、さらにはヨーロッパ政治を第一の関心事とするフェルナンドが、フェリーペ一世の突然の死（一五〇六）が惹き起こした混乱を回避するため、シスネーロス自身の要請により帰国し摂政となる。そして断固としてスペインの精力をアフリカに割くことを認めず、怒ったシスネーロスは〇九年にはアルカラに引き籠ってしまう。

ユダヤ人の追放、異端審問

第二にモーロ人と同じく、キリスト教徒からみれば異教徒であるユダヤ人に対する迫害が挙げられる。同じ一神教でもイスラム教の方がキリスト教よりユダヤ人に対して寛容であり、したがってアルプスの北のキリスト教諸国でユダヤ人の迫害・追放が起こった時、イベリア半島には危険を逃れて多くのユダヤ人が退避してきていた。その数は十万とも十五万ともいわれる。「マラーノ」と呼ばれたこれらユダヤ人達は、商業など経済活動に活発に従事し、地域の活性化に大いに貢献していたのである。しかし、レコンキスタが異教徒に対する聖戦の性格を帯びた以上、モーロ人同様、ユダヤ人も敵視されぬわけにはいかない。

イザベルとフェルナンドがグラナダ攻略に乗り出した一四八二年の翌年、セヴィリア地方からのユダヤ人追放を命ずる勅令がイザベルによって出されている。この地方のユダヤ人達は追放されるか、あるいはキリスト教徒に改宗するか、二者択一を迫られたのである。確かな数字は分からないが、多くのユダヤ人達が海外に逃れ、残った者達は改宗して「コンヴェルソ」と呼ばれた。しかしこれがまた別の問題を生む。表向きはキリスト教徒であっても、密かに祖先以来の信仰に心を寄せる者が跡を絶たなかったのである。したがってこうした「隠れユダヤ教徒」を根絶するために、異端審問所が設けられることになる。じつはフェルナンド自身の体内にもユダヤ系の血が流れていたことが知られている。しかも転向という現象によくあることだが、改宗して心底からキリスト教徒となったコンヴェルソの目には、隠れユダヤ教徒こそがかえって最も憎むべき存在と映ったようで、異端審問所の設置を強く推進したのは、むしろ当のコンヴェルソ達であったといわれている。イザベルとフェルナンドはすでに七八年にローマ教皇庁に対して異端審問所設置の申請を行って許可されており、八三年からはこれが王室直属機関となる(3)。そしてグラナダ陥落から三カ月も経たぬ九二年三月に、カトリック両王は自分達の（スペイン）王国から、ユダヤ人と称する者すべてを四カ月以内に追放することを決定するのである。こうしてイベリア半島全体から、金融・経済活動に最も活発な貢献をした一民族が排除されてしまった。そしてその後を埋めたのは、各国の海運都市と競い合い、イベリア半島の中ではいちばん商才に長けていたカタルーニャ人ではなくて、より資本力があり、王室に取り入ることを得たイタリア、特にジェノヴァの商人達であった。だが外国商人の常として、ジェノヴァ人は獲得した利益をスペイン国内で費すのではなくて、自分達の商取引の資本として、より大きな利潤を生む他所で再投資する方を選び、結果としてスペインの富を吸い取り、イベリア半島における中産市民階級の成立を妨げることに繋がった。

それだけではない。異端審問所の設置によって導入された、密告や情報提供を奨励するような、生活全般に及ぶ個人の行動に対する監視体制は、さらに第三点として、以後スペイン人の心に重苦しくのしかかる。そして先にも触れた辺境半島人の孤立的メンタリティとも相俟って、スペイン人に内向的で閉じた性格を付与するに力あったと思われる（やや大雑把すぎるかも知れぬが、イタリア半島に見られるような、どちらかといえば無責任で陽気、だが自由で開放的な考え方とは対照的である）。しかもユダヤ人に対する敵意は、本心から改宗してキリスト教を奉ずるようになったコンヴェルソに対しても向けられ、ユダヤの血が混じっている者は官職から排除されるなど、「血の純潔《リンピエーサ・ディ・サングレ》」と呼ばれる強固な人種的偏見をも作り出す（改宗者の問題は「コンヴェルソ」ばかりでなく、モーロ人のイスラムからの改宗者「モリスコ」に関しても、同様の事態が起こり、こちらは一六〇九年から十四年にかけて「モリスコ」の全面国外追放を惹き起こし、貴重な生産力の損失を見ることになる）。かつそれ以前、十六世紀に入って宗教改革運動がドイツを中心に始まり、神聖ローマ・ドイツ皇帝も兼ねたカルロス一世（カール五世）、さらに後を継いだフェリーペ二世の治下で、異端審問所をキリスト教の異端、つまりプロテスタントの弾圧の道具として用いることにもなる。そして異端審問所の判決によって、ユダヤ人や新教徒とみなされた者を火刑に処する、悪名高い「アウト・ダ・フェ」（信心行為）を生み出す源となるのである。他の西ヨーロッパ諸国と異なる、多民族・多宗教の土地イベリア半島を纏めて統一国家を作ろうとした、カトリック両王の政策の負の面がここに見られる。

カスティリア中心のスペインとその外交政策

が、何はともあれグラナダの攻略と新大陸の発見は新生スペイン国民の意気を大いに高揚させたばかりか、経済的にも多大の利益をもたらした。新たに征服された南部の土地（ヌエーヴァ・カスティリア、ヌエーヴァ・アンダルシア）は、モーロ人の農業技術を取り入れて生産性を向上させ、カスティリアの人口増加に繫がり、以後新旧カスティリア地域の半島における優位は不動となった。かつ征服地の配分から圧倒的な利益を獲得した有力貴族階級は勢力を増大させ、これが後になって王権による封建支配打破を困難にする。

一方、アメリカ大陸では、征服者の後を追って植民が行われ、初期には生活に必要な商品のほとんどすべてを本国からの輸入に頼っており、かつそれが新たに獲得された富による金に糸目を付けない需要だったため、受注したスペイン国内の産業は空前の好景気に恵まれた（ただ、それは十六世紀前半までのことで、以後入植者が現地での産業育成に力を入れるようになると、インフレで価格の吊り上がったスペイン産の製品は、新大陸ばかりかヨーロッパ内でも競争力を失う。さらに戦争や征服のみを高貴な仕事と心得て、生産に従事することを軽蔑した支配階級と、その風に染まった下級騎士達の「武士は食わねど高楊枝」式の生活感覚が国内における投資と技術革新を鈍らせ、次第に国力の減退を招いていく）。

カトリック両王の婚姻政策

既述のごとくイザベルは一五〇四年に死ぬが、両王はその前にヨーロッパ諸王室との縁組という外交手段を用いて、スペインの立場を強化しようと試みる。まず一四九〇年には、長女のイザベルをポルトガルの王子アルフォンソと結婚させるが、結婚後数カ月を経ずしてアルフォンソは亡くなってしまう。しかしイザベル王女は九七年には、新国王マノエル一世と再婚する。ところが今度はイザベル自身が王子ミゲルの出産で亡くなり、かつ王子の方もその二年後には死んでしまう。それでもカトリック両王は一五〇〇年に次女マリアを、マリアの死後は三女のレオノーラをマノエル一世と結婚させることにより、なんとしてでもポルトガルとの結び付きを強化しようと努めている。

次にフェルナンドが意を用いたのが、アラゴンの宿敵フラ

（3）ただし教皇庁自身は、異端かどうかの判定は教皇庁の権限に属するとして、こうしたスペイン自前の異端審問には反対であった。しかしルネッサンスを特徴付ける地域主権の主張、さらに国内にユダヤ人ばかりでなく、モーロ人という大きな異教徒集団を抱えるイベリア半島の特殊事情を認めるべしという主張が勝って、スペイン独自の異端審問所が、イザベルの懺悔聴聞僧であったトマス・デ・トルケマダを長として、一四八三年から発足する。

ンスに対抗するための手段として、ドイツのハプスブルグ家と提携することであった。一四九六年、五人の子どものうち(「乱心」と呼ばれることになる)次女ファーナをアントワープに送り、オーストリア大公で「端麗公《ディア・シェーン》」と称せられたハプスブルグ家のフィリップに嫁がせる。同時に長男のファンには、同じオーストリア家の神聖ローマ皇帝マクシミリアン一世の娘マルガレーテを嫁に取らせた。この二重の婚姻によってスペイン王家がハプスブルグ家と強い絆で結ばれることを狙ったのである。この狙いは確かに成功し、ファーナとフィリップとの結婚から息子カルロス(後のスペイン王カルロス一世で、神聖ローマ皇帝カール五世)と、もう一人フェルナンド(後のオーストリア大公フェルディナンドで、神聖ローマ皇帝フェルディナンド一世)が生まれることになるのだが、フィリップの方は早々と一五〇六年に病死、残されたファーナは愛する夫に先立たれた傷心から精神に錯乱をきたし、カスティリアに送り返されてトルデシーリアスの修道院で幽閉の状態のまま、その恵まれない生涯を終える。一方、カルロスは父の領地フランドルに留まって、叔母のオーストリア大公妃マルガレーテに育てられることになる。

だが、それにも増してイザベルとフェルナンドとの間に生まれた唯一人の男の子、王国の跡継ぎと期待された長男ファンが、これまた一四九七年に亡くなってしまう。両王の悲しみや思うべしである。マルガレーテはこの時すでに子どもを宿していたのだが、その子も死産で、よって両王に男系の孫が生まれる可能性はついに無くなる。その時点で、後に残ったカスティリア王位継承権者は末娘の「乱心」ことファーナと夫のフィリップ、その息子カルロスとフェルナンドのみということになってしまう。

残る末娘カタリナ(英語読みならキャサリン)は、早くからイングランド王ヘンリー七世の長男で皇太子のアーサーと婚約が成立していたのだが、チューダー王朝の権力が安定しないことに不安を感じていた両親はカタリナを簡単に嫁にやろうとせず、やっと一五〇一年になって嫁がせることに踏み切る。ところが、いったん結婚すると、今度はアーサーが数カ月後に肺結核で亡くなってしまう。そこでイングランドとの同盟の継続を望んでいたイザベルは、「兄の嫁を娶るべからず」という聖書「レヴィ記」の禁止条項にもかかわらず、時の教皇アレクサンドル六世から特別宥免状を取るという非常手段に訴えてまで、カタリナとアーサーの弟ヘンリー(後のヘンリー八世)との結婚を確保する。しかし今度はヘンリー七世の方が、イザベル死後のフェルナンドのカスティリアにおける立場を危ぶんで、二の足を踏む。こうした事情が重なって二人の結婚が実現するのはやっと一五〇九年、ヘンリーの戴冠式直前になってからのことであった。そしてこの無理が、後のヘンリーの離婚問題（一五三四）と、イングランド国教会《アングリカン・チャーチ》の成立およびローマ教会からの離脱、引いてはさらに後のフェリーペ二世と新教徒のエリザベス女王との対立のきっかけとなるのである。

スペイン王フェルナンド一世（アラゴン王フェルナンド二世）の業績

　話をスペインに戻せば、イザベルが一五〇四年に亡くなると、前述した結婚契約の条項によりフェルナンドはカスティリア王のタイトルを失うことになる。すでに長男のファンは亡く、他の娘達はヨーロッパの王家に嫁いでいる以上、王位に就くのは精神錯乱の気味のある娘ファーナと、その夫フランドル大公でハプスブルグ家のフィリップ「端麗公」以外にないことになってしまっていた。かつこの二人は、カスティリアの封建大貴族達の支持を当てにして、力に訴えてでもフェルナンドを追い払ってカスティリア王位、ひいては統一スペイン王位を獲得しようとする。カスティリア封建貴族達も、現地にあって王権を主張し、自分達の勢力を掣肘《せいちゅう》しようとするフェルナンドよりも、遠くにいるファーナとその夫の方を好んで、〇六年四月フィリップがラ・コルーニャの港に上陸すると一斉に寝返る。つまり、国民国家が成立するか否かは、「国家の中の国家」的存在である封建大貴族の抵抗を打ち破れるかどうかにかかっているということを、如実に示すような事態に立ち到ったわけである。このような情勢ではフェルナンドは戦うこともならず、いろいろ交渉による引き延ばしを策したものの、遂に同年六月レオンの南約一〇〇キロのヴィリァファーフィラでフィリップと会談し、王位を譲る協定に署名し、「よりよい時節」を待ってアラゴンに退き下がり、さらにアラゴン家の王国のあるナポリに去ってしまう。カスティリアの王位には、「乱心」ことファーナの共同統治者として、ハプスブルグ家のフィリップがフェリーペ一世の名で就くこととなった。

　ところがフェルナンドにとり、「よりよい時節」は思ったよりも早く訪れた。すなわちヴィリァファーフィラ協定のわずか三カ月後、九月には当のフェリーペ一世が急死してしまうのである。もともと錯乱気味のファーナ女王は、傷心の余り本当に正気を失い、間欠的に正常に戻ることはあっても政務を見るなどは論外、カスティリアの政情は混乱に陥ってしまう。国王不在の事態に急遽構成された執政会議を代表して、シスネーロス大司教がフェルナンドに帰国を要請することとなるのである。

　フェルナンドは当時ナポリにいた。このアラゴン王家の分家が領有していた南イタリアには、フランスのシャルル八世（一四九四）とルイ十二世（一四九八）が相次いで侵入、これに乗じてフェルナンドは、はじめはシャルル八世と組むことによって、一四九三年に無血でアラゴン王国にルシヨンとセルダーニャを獲得していた。しかしシャルル八世がナポリまでをも占領すると、今度は教皇アレクサンドル六世、ドイツ皇帝マクシミリアン一世、イングランド王ヘンリー七世を語らって対仏同盟を結成、イタリア半島からフランス軍を退却させている。次いでルイ十二世のイタリア遠征で再度ナポリがフランスの手に落ちると、フェルナンドはまた同じメンバーに、ヴェネツィアをも加えた「神聖同盟《レーガ・サンタ》」を呼びかける。そして「大将軍《グラン・カピタン》」と呼ばれた名将ゴンサルヴォ・デ・コルドヴァの活躍もあって、カラブリアは「セミナーラの戦い」（一五〇三）でフランス軍を破り、一五〇四年にはルイ十二世をアルプスの彼方へ追いやっている。

そればかりか、回復したナポリ王国を元の統治者の分家に返してやるどころか、かえってその統治能力の欠陥を指摘して、これをアラゴン王家直轄の領土としてまず自分が治め、次いで副王を派遣する体制にしてしまう。その際、セミナーラの戦勝後、総督に任ぜられていた上記のゴンサルヴォ・デ・コルドヴァを始め、カスティリア貴族達を解任（一五〇六）、アラゴン色を強めることも忘れない。このような変節自在の外交政策に驚嘆したマキャヴェルリは、その『君主論《イル・プリンチペ》』第十八章、「信義ナル物ハ君主ニヨリテ、イカナル具合ニ守ラルベキカ」と題する章において、「当代のある君公、ここでその名を挙げるのは差し控えるのがよかろうと愚考するが、その人物たるや、和平と信義以外のことは絶えて口にのぼされたる試しとてないが、じつはこの二つの物の、この上ない敵《かたき》にあらせられる。かつまたこの両者の一、あるいは他を守らるることでもあったとすれば、それが原因で自己の名声および領国をば、二つながらに失われることになったでもあろう」と評している。

さてフェルナンドは一五〇六年にカスティリア執政会議の帰国要請を受けるが、ナポリを建て直した後も容易に腰を上げようとはせず、カスティリアに戻ったのはほぼ一年を経た一五〇七年であった。まずカスティリアで、先に自分に敵対した貴族達を徐々に制圧し、一五一〇年にはトルデシーリアスに引き籠った娘ファーナに代わって、摂政として国を治めることになる。とはいえ、封建貴族達も影響力を行使して、フェルナンドの摂政就任に際して、任期は孫のカルロスが二十歳の成年に達するまでという条件を付けることを忘れない。だがフェルナンドは、南イタリアのナポリ王国と北のミラーノ公国の領有をめぐって、フランスを相手に四度の戦いを行って勝利を収める。新たにイングランド王となった婿のヘンリー八世を使ってフランスを牽制しつつ、一五一二年にピレネー山脈に跨がるナヴァラ小王国の南半分をも占領、新大陸の領有とも併せて、スペインをヨーロッパ随一の強国に仕立て上げた。こうして新旧カスティリア、アラゴン、カタルーニャ、ヴァレンシア、セヴィリア、グラナダなど、歴史も文化的背景も異なる様々な地域の統合を達成、イベリア半島の住民の大部分にスペイン人意識を持たせることを通して、国民国家としてのスペインを作り上げたのは、何人もこれを否定することができない、厳然たる事実である。

（2）カール五世の時代

カール五世の登場とシスネーロスの失墜

フェルナンド王は一五一六年に死ぬが、その直前までスペインの国王に、娘の「乱心」ことファーナが生んだ二人の息子のうち、長男のカールではなくて三歳年下の弟でスペイン育ちの（もう一人の）フェルナンドを後継者として指名するつもりであった。しかし寄る年波と周囲の反対に押し切られ、最後の土壇場でカールにカスティリアとアラゴン、つまりスペインの王位を譲ることを認めてしまう。この時カールはフランドルのガン（ゲント）に在って十六歳、すでに父方のハプスブルグ家からフランドル大公国を受け継いでいたのだが、今度は母のファーナを通してカスティリアとアラゴン両王国の他に、南イタリアのナポリとシチリア王国、サルデーニャ島、さらに新大陸の領土を相続することになったわけである。

カールは、叔母のオーストリア女公マルガレーテ[4]に育てられ、マリーヌ（フラマン語でメヘレン）の宮廷で成長、パリに滞在したこともあってフランス語は流暢であったが、スペイン語は一言も話せなかったといわれる。そして一五一七年にスペイン王カルロス一世として戴冠するためにアストゥリアスに到着した時も、半島内にはカスティリアを中心とする、弟フェルナンドを支持する勢力が強く、統治の展望は必ずしも明るいとは見えなかった。とはいえ、祖父のフェルナンド王が死んでからカールが入国するまでの間、摂政として国政を取り仕切ったトレド大司教で枢機卿のシスネーロス[5]が卓越した政治手腕を発揮し、十四歳のフェルナンド皇太子の身柄を貴族派から隔離するのに成功、おかげでカールは無事王位に就くことを得た。

シスネーロスの狙いはカールを、側近としてついて来るフランドル貴族から切り離して、自己のカスティリア派に取り込むことであった。ところが皮肉なことに、カールの後見人シィエーヴル公ギョーム・ド・クロワを筆頭とするフランド

（4）神聖ローマ皇帝マクシミリアン一世の娘で、かつネーデルラント総督であった。

（5）庶民出身。フェルナンド王の消極的な対アフリカ政策に不満を持ち、そのために王が推し、カスティリア貴族にも支持されていた弟のフェルナンド皇太子よりも、兄のカールを支持した。

ル貴族、またカールがスペインの王位継承者となるや、ただちにフランドルに赴いてその寵を得たカスティリアの大貴族達はまったく別の考えで、カールのスペイン到着と同時に、その名でシスネーロスに摂政を解任する旨の手紙を送らせてしまう。もっともシスネーロスは、この時すでに死の寸前――毒を盛られたという噂も立った――で、手紙を見たかどうかも判然しない。しかし手紙が書かれたという事実自体、カスティリア派の敗北を示している。また事態がこうなると、弟のフェルナンドはスペインに置いておくわけにいかず、カールの到着後間もなくフランドルに送り出されてしまう。

世界帝国の主

そうしたフランドル派とカスティリア派の思惑はともかく、客観的に見てもカールがカスティリア統治に専心することは有り得ない話だった。なぜならカールはハプスブルグ家の一員として、ドイツを中心とするヨーロッパの政治に深く組込まれており、スペインの一部にすぎないカスティリアだけにかかり切るわけにはいかなかった。そのうえ一五一九年、祖父の神聖ローマ皇帝マクシミリアン一世が亡くなると、帝位をフランス王フランソワ一世と争い、アウグスブルグの大金融業者フッガー家の資金力を借りて選帝侯達を買収、カール五世として神聖ローマ皇帝に選ばれる。こうなってはますますイベリア半島の統治だけにその注意と精力を向けることは不可能となる道理で、じじつ一七年にカルロス一世としてスペイン王位に就いてから、一九年の神聖ローマ皇帝選出を経て、五六年にハプスブルグ世界帝国の保持に精根尽きて退位するまで四十年弱の治世中、カール五世がスペインに滞在したのはその半分にも満たない十五年余りにしか過ぎなかった。

カール五世の神聖ローマ皇帝選出に大いに貢献し、側近かつ後に宰相も務めたメルクリーノ・ガッティナーラ(6)なども、新大陸の君主を兼ねるこの若い皇帝こそが、神の意志により世界帝国の主となるべく運命付けられた人物に他ならないといった予感を抱いて行動し、かつカール五世自身もそうした周囲の言動に暗示をかけられた節なしとしない。じじつこうした意識を持つようになって、はじめは後見人であったシィエーヴル公ギョーム・ド・クロワ、家庭教師のユトレヒト大司教ハドリアヌス・フロレンティウス（後の教皇ハドリアヌス六世）、大蔵大臣のジャン・ソーヴァージュなどの言いなりになっていたカール五世が、徐々に独自の個性を主張するようになっていく。

コムネーロスの乱

そうしたカール五世の国際志向に対するカスティリア（ス

ペイン）派の反発は、カールのスペイン治世初期の叛乱という形を取って現れる。神聖ローマ皇帝に選ばれたカール五世は、ドイツ諸侯の臣従の誓いを受けるため一五二〇年五月にスペインを離れる。するとフランドルの他所者や少数のカスティリア大貴族達のやり方に不満を抱いていた、トレド、セゴヴィア、サラマンカなど、カスティリアの都市民と一般貴族とが構成する「コルテス」という一種の合議体があるのだが、それが急進化した「コムネーロス」というグループ、およびヴァレンシアにおける同種の組織「ヘルマニーアス」（同胞団）とが蜂起する。しかしながら地域性の強いこれらの組織は互いに共闘しようとせず、またカール五世の首席顧問官ガッティナーラ、またユトレヒトの大司教ハドリアヌス・フロレンティウス(7)などの働きにより、聖職者や大貴族がこの運動に同調することなく、二一年四月コムネーロス軍と国王軍の、トーロ郊外はヴィリャラールでの対決は、国王軍の完勝に終る。またヘルマニーアスの方も同年十月ヴァレンシア近郊ペリスでの戦に敗れ、叛乱は鎮圧されることとなった。この二つの戦、わけてもヴィリャラールにおけるコムネーロス軍の敗退は、スペインにおけるカール五世の主権確立を意味し、その威信はますます高まる。ただし以後スペイン人は、自分達の君主が神聖ローマ皇帝となったことに誇りは感じながらも、その世界帝国の維持のため、スペインの資金と精力が使い果されることに対する違和感に、やりきれない思いを抱くこととなる。

改革の精神

この間、一五一七年にドイツで、アウグスティヴィヌス派修道士マルチン・ルッターにより宗教改革運動の烽火《のろし》が上げられる。カトリック教会の腐敗を快く思っていなかったカール五世も、当初ルッターに拒否的な反応を示したわけではなかった。しかし、この復古派の修道士の運動が北・中部ドイツ封建諸侯の政治・経済的利害と一致し、その支援を受けて急進化すると、ついていけなくなる。それどころか否応なしに宗教改革派弾圧に踏み切らざるを得なくなっていくのだが、それはスペインよりむしろドイツの項で触れることにする。

皇帝は反宗教改革に傾いたとして、ではスペインに教会改革的な思想や運動がまったくなかったかというとそうではない。スペインにも、ルッターや後のカルヴァンほど急進的ではないが、カール五世が生まれ育ったネーデルランドの大人

(6) 北イタリアはヴェルチェルリ出身。かねてからダンテ（『神曲』や『帝政論』等）に親しみ、国際感覚に優れていた法曹家。
(7) こうした名前を見ただけで、カールがいかに自分直属の人脈によってことを進め、カスティリア人やスペイン人を疎んじていたかが知られる。

文主義者エラスムスの説いた教会内改革路線、いわゆる「エラスムス主義」が浸透していた。これに共鳴したファン・デ・ヴァルデスやファン・ルイス・ビーベスといった進歩的知識人のグループがあり、カール五世の共感と支持をも得ていた。

しかし、なにしろレコンキスタでイスラムに対する聖戦意識に燃えたイベリア半島のことなので、カトリック教会を批判するような動きには異端審問所が常に警戒心を怠らず、かつカトリックを正統信仰とする神聖ローマ帝国の皇帝という立場上、カール五世が反宗教改革路線を確立する三〇年頃には、エラスムス主義もすっかり鳴りを潜めてしまう。ことに二二年から七年間にわたるスペイン滞在の後、イタリアに赴くためカール五世が二九年に再び国を離れると、それまでカール五世の意向によって抑えられていた異端審問所の活動が活発になる。もともと異端審問所は、すでに見たように、非キリスト教徒であったイスラム教徒とユダヤ教徒が、改宗を装いながら密かに異教の信仰を保っているのを摘発するため設けられた機関である。しかしグラナダ陥落後もアフリカにおける対イスラム聖戦の継続を主張したほど強硬派カトリックであったシスネーロス枢機卿の指導下、新教も含むあらゆるカトリック信仰に対する反抗を監視する強力な組織として成長して行ったのである。

知識人の人文主義（エラスムス主義）とは別に、大衆レヴェルでもまた、儀式・典礼などの形式よりも内面の信仰に重きを置く「敬虔主義《ピエティスムス》」が、羊毛輸出を通して接触のあったネーデルランドから伝わっていた。それに共感を抱く、「照明派《アルムブラード》」と呼ばれる組織がイザベル・デ・ラ・クルスとペドロ・ルイス・デ・アルカラスというフランチェスコ会の平信徒を中心に拡がる。しかし、これも二四年には異端審問所により摘発されている。加うるにこの組織と人文主義者達との間に交流があったことが指摘されると、両者に対して礼拝規律の厳格な遵守を要求する正統カトリック信仰の強制が実施される。これには、当時ドイツで激しさを増しつつあった宗教改革運動に対する恐怖が影を落としている面もあった。

すでにカトリック両王の時代、モーロ人とユダヤ人を改宗させてみたものの、彼らが生み出す厄介な問題を経験したスペインは、今度はキリスト教内部の異端という新たな事態に直面して、これを対話と討論を通して解決するのではなく、徹底的に力で弾圧するという後ろ向きな安定の方を選んだのである。カール五世治下のスペイン社会情勢が、国外での絶え間ない戦争にもかかわらず、即位直後のコムネーロスの乱を除いて比較的平和裡に推移し得たのは、こうした厳しい思想統制によって不平や不満が抑え込まれたからである。

しかし、その代償は大きかった。ピレネーの北では活発な批判精神の発現が見られ、それが時として流血の抗争に発展することを無しとしなかったにもせよ、他方では思想・科学・技術の発展に貢献し、もって後の近代ヨーロッパの隆盛を導いたのに対して、スペインでは「悪漢小説《ノヴェーラ・ピカレスカ》」の嚆矢でかつ最良の傑作である『ラーサリリョ・デ・トルメスの生涯』（一五五四年刊行、しかし書かれたのは早くも二〇年代とされる）が示すように、生産を軽んじる階級差別や形式化した教会の宗教的偽善に依存する社会と、そこに遍在する閉塞感とを、斜に構えた冷笑を浮かべつつやり過ごす、歪んだ精神的風土が形成されてくる。

また、五〇年代も終りに近づき、カール五世とフェリーペ二世の統治の境目辺りで、ヴァリアドリッドあるいはセヴィリアでプロテスタントのグループがいくつか発見され、統治者や異端審問所を驚愕させると共に、ただちに徹底的な弾圧が行われたことも付記しておかなければならない。

スペインの内政経済事情

これまで見てきたように、カール五世の治世はスペインにとって否応なしに国際政治に捲き込まれることを意味した（この事情はフェリーペ二世の時代になっても変らない）。ただカール五世治世下では皇帝登極の威信、相続により獲得された広大な所領、新大陸から上がるであろう利益、ヨーロッパ最強のスペイン軍の勝利などに対する期待がその信用を高め、世界政策の遂行に必要な費用を用立てるに当たっては、アウグスブルグのフッガー、ヴェルサー両家のような資本家がおり、なんとか財政難を糊塗するを得た。

だが、すでにカトリック両王の頃から、農業技術の改良が見られないのに、貴重な労働力であるモーロ人を追放し、かつ産業としては農産物より利潤が上がる牧羊[8]を奨励した結果、農業が疲弊して農民人口の減少が見られる。その一方で牧羊業者、とはすなわち羊の群の所有者である大貴族や修道院は、「メセタ」とよばれる組合を組織して、王室に献金を行うことによって免税権など大幅な特権を獲得し、農民に捨てられて荒廃した耕地を牧草地として取得する。土地を失った農民は都市に流れ込んで貧民層を形づくり、兵士の供給源ともなれば、また上記の『ラーサリリョ・デ・トルメスの生涯』の主人公ラザロのようなピカロ・タイプが出てくる。社会が少数の富める者と、多数の貧しい者とに二極分解していくのである。

ただし、まだこの時点では王国の財政は破滅的な状態にまで立ち到っておらず、また一五二六年にはカール五世が従妹

（8）十三世紀にアフリカから導入されたメリノ種の羊から取れる良質の羊毛を、フランドル毛織工業地帯に対して輸出した。

でポルトガル王女イザベラと結婚して莫大な婚資を獲得したこともあり、かつ（金はかかったが）戦争はほとんど国外で行われたので国内は平穏であり、しかも相次ぐ戦勝の報せに、スペイン人の意気は大いに揚がった。外交面で活躍したガッティナーラに対して、国内の行政を受け持ったのは、アンダルシアはウベダの庶民出身の役人フランシスコ・デ・ロス・コボスで、官僚機構を整え、税収を増やして財政を健全化しようと努めた（ただカール五世のあまりにも遠大な世界帝国構想を実現するには、行政機構を整備するくらいではとうてい追いつかず、また封建貴族の特権が、カール五世のどちらかといえば中世的な気質もあって、削られるよりはむしろ拡大する一方であった。いきおい対策としては新税を設け、人民の不人気を買う以外に方法はなかった）。

十六世紀前半のスペイン文化

こうした国際政治での積極的な動きに対応して、文化面ではイタリア半島のルネッサンスの影響を受け、ペトラルカ風ソネットなどを導入したファン・ボスカンとガルシラーソ・デ・ラ・ヴェーガなどの抒情詩人が出る。対するに外国風に反発したクリストバル・デ・カスティリエーホのようなナショナリスト、また『言語についての対話』（一五三〇年代後半）を（異端審問所の追及を逃れて）ナポリで執筆、「話すように書く」ことを主張し、行き過ぎた「外国かぶれ」を批判した、エラスムスの友人で人文主義者ファン・デ・ヴァルデスのような人物も欠けてはいない。しかし、ナポリでアラゴン家の王に仕えたイタリア詩人ヤコポ・サンナザーロの、一世を風靡した牧人物語《パストラーレ》『アルカディア』（一五〇四）の流れに棹さして、ポルトガル出身だがスペイン語で書いたホルヘ・デ・モンテマイヨールの『ディアーナ』（ヴァレンシア、一五五九）が示すように、詩の分野ではなんといってもイタリア半島の影響は圧倒的であった。

だが散文の世界には、前出の『ラーサリリョ・デ・トルメスの生涯』に代表される「悪漢小説」の流れがあり、これこそ正真正銘スペインのルネッサンスが世界文学にもたらした偉大な貢献の一つに数えられる。「牧人小説」のように感傷的な理想郷というフィクションを追いかけるのではなく、辛辣な目で現実を見据える写実主義と、社会体制が抱える矛盾と偽善を容赦なく抉り出す諷刺精神とに代表される悪漢小説のヴァイタリティは、後出マテオ・アレマンの長編『グズマン・デ・アルファラーチェ』（一五九九）や、フランシスコ・ケヴェド『ドン・パブロスの生涯』（一六二六）を生み、さらには英国に渡ってトーマス・ナッシュの『不幸な旅人、ジャック・ウイルトンの生涯』、あるいはデ・フォーの『モール・フランダース』などを準備したばかりか、不朽の傑作

プラテレスコ様式のサラマンカ大学講堂（金子里奈氏撮影 2013年）

であるセルヴァンテス『ドン・キホーテ』（一六〇五、一五）のサンチョ・パンサや、同じく『模範小説集』（「二匹の犬の対話」など）においても、したたかに息づいている。

建築では、すでにカトリック両王の頃から「プラテレスコ様式」が始まっていた。中世ゴチック様式とモーロ風のムデハル装飾に、新たにイタリア半島のルネッサンス様式が付け加わったもので、外壁、内装、家具などを、やや「ごった煮」的装飾で飾るスタイルで、貴族の大邸宅、修道院、大学などの大型建築に用いられた（これがエル・エスコリアル――四〇〇頁参照――に見られるような、余計な装飾を削ぎ落した純粋クラシック様式に変っていくのは、フェリーペ二世の治下に入ってからである）。絵画はまだ宗教から独立せず、見るべき作品は出ていないが、先ほどのエラスムス主義にも見られるごとく、カール五世の時代は、カトリック両王の治世ほどではないにしても、まだ十分に開放的でダイナミックだったということができる。

宗教と政治、コニャック同盟とローマの劫掠

宗教面では、カール五世の政策は一見カトリック教会と一体のように見えるが、じつは教皇庁との間に絶え間ない緊張関係が存在した。それはカール五世の帝国が強大になり過ぎ、フランスのフランソワ一世が感じたと同様、ローマ教皇達も自己の権力が掣肘されるのを恐れたからである。一五一九年カール五世が神聖ローマ皇帝に選出されて、シャルルマーニュ（カール大帝）やオットー大帝の顰《ひそ》みに倣ってカトリック信仰の保護者として行動し出すと、十三世紀のホーヘンシュタウフェン朝の例が思い出され、教皇庁は危機感を強める。

そうはいっても、二一年にルッターの宗教改革運動がドイツ諸侯の支援を得て政治勢力化すると、教皇としてもカール五世の武力に頼らざるを得ないわけで、事情は複雑となる。同じ二一年メディチ家出身のレオ十世が死ぬと、イタリア半島系の枢機卿の派閥争いで後継者が決まらず、業を煮やしたカール五世は自分の家庭教師だったユトレヒト大司教のハド

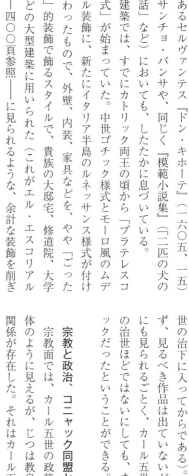

リアヌス・フロレンティウスを推して、ハドリアヌス六世として教皇に選出させる（この時イングランドの枢機卿トーマス・ウールジーも、ヘンリー八世の支持を取り付けて立候補している）。ハドリアヌス六世は謹直で芸術などには関心を示さず、もっぱら教会の改革を志向したから、当時の世俗的なローマ教皇庁には受けが悪かった。そのハドリアヌス六世がわずか二年の在位で他界した時には、息の詰まる思いをしていたローマっ子達は大喜びしたといわれる。

ハドリアヌス六世の後継者選びが始まると、イタリア系枢機卿の間に外国人教皇はもうこりごりという気分が拡がり、（したがってこのたびこそと、教皇位を狙ったウールジーにチャンスはなく）レオ十世の甥でメディチ家の庶子ジュリアーノが、一五二三年クレメンス七世の名で教皇となってしまう。クレメンス七世はメディチ家が伝統的に親フランスだった上に、自分と同じくカール五世の勢力拡大を恐れたフランソワ一世の誘いに乗り、一五二六年に反ハプスブルグの「コニャック同盟」（ミラーノ、ヴェネツィア、ジェノヴァ）に加わるのである。

ここで、この同盟の結成に至る過程を簡単に跡付けておくと、まず一五二二年フランソワ一世は、所領争いが因《もと》でフランスの大貴族で大元帥《コネターブル》でもあったシャルル・ド・ブルボンにカール五世の側に寝返られ、南フランスに攻め込まれる。シャルル麾下のスペイン軍のラングドック侵入（一五二三）、マルセイユ攻城戦（一五二四）はなんとか凌いだものの、自身が反撃に打って出たパヴィーアの戦い（一五二五）でまんまとスペイン軍に捕虜にされ、（当時はまだちっぽけな寒村だった）マドリッドに軟禁される。翌年、イタリア半島におけるフランスの権益をすべて放棄し、かつブルゴーニュもカール五世に譲った上、二人の王子を人質に差し出すという、屈辱以外の何物でもない「マドリッド条約」を結んでやっと解放される。だが、もともとそんな条約を守る気はなく、パリに戻るや高等法院に「強制された」条約は無効であると宣言させ、ただちに反スペイン同盟を呼びかけでき上がったのが、締結された場所の名を取って「コニャック同盟」というわけである。

反スペイン同盟に加わった教皇クレメンス七世を懲罰すべく、カール五世は軍隊をイタリア半島に派遣することにする（この時ローマを占領するのはもとより、略奪するという考えさえ、カール五世はむろんのこと、宰相のガッティナーラ、スペイン軍総司令官シャルル・ド・ブルボンにもなかった）。ゲオルグ・フォン・フルンツベルグ将軍率いる（ルッター派の！）ドイツ傭兵隊を含むスペイン軍は二万五千名を超す大軍で、一五二七年の春イタリアに入り、五月初にローマに到着する。この間、給料の支払いは滞りがちで不満たらたらだった兵士達の怒りがここに到って爆発、加うるにスペイン軍総司令官シャルル・ド・ブルボンが、攻撃の初日サン・タンジェロ城の城壁下で銃撃を受け死亡する。そうなっては、もはや統制の利かなくなったスペイン軍は暴徒と化して、一週間にわたり市を略奪・破壊し、クレメンス七世はサン・タンジェロ城に逃げ込んでやっと命を助かるという、かの「ローマの劫掠《サッコ》」として知られる、キリスト教界を震撼させた大惨事となってしまう。

バルダッサーレ・カスティリオーネの肖像　ラファエルロ筆　1514-15年頃　パリ　ルーヴル博物館蔵

この衝撃的な事件に際してカール五世が、もともとこうした事態を想定していなかったこともあり、また性来の鈍重な性格もあってか、沈黙を守り、はっきりとした態度を表明しなかったことが重大な結果を生む。というのは、この優柔不断がローマの被害を拡大させるのに繋がったからである。まず五月六日から約二カ月暴行が続き、混乱と無秩序から不衛生が生じ、ペストやコレラといった疫病でローマ市民と兵隊あわせて五千人が死んだといわれる。この状態に恐れをなしたスペイン軍は、七月には一度はマルケ地方に退避する。しかし九月にはまたローマに帰来し、翌年二月までの半年間、再び略奪が繰り返される。その間、暴行を制止するいかなる命令も出されず、ローマは完全な無秩序状態のうちに放置されたのである。

とはいえ、この事件に関しては議論が沸騰し、カール五世が賛否両論いずれの側に与《くみ》しても、非難を蒙る恐れがあったのもまた事実である。すなわち、一方ではスペイン軍の行動を是認し、今回の惨事の責任はすべて腐敗した教皇庁にあり、教皇を代えて教会を刷新すべきであるという、ガッティナーラや皇帝秘書官のアルフォンソ・デ・ヴァルデス（フアンの兄）のような主張（プロテスタントもこの線であった）があるかと思えば、他方で事件のきっかけや原因はともかく、兵隊の無差別な蛮行は許せないという、教皇特使として当時スペインに在り、かの有名な『廷臣論』の著者としてカール五世が尊敬措く能わざるバルダッサーレ・カスティリオーネのような反論も出された。さらには、英国のトーマス・モアは

『異端についての対話』（一五二八）で、いたく感情的に、全責任をドイツの新教派傭兵になすり付けるといった具合である。

こうした世論の分裂を前にして、教会の守護者をもって任じ、同時代人の中でも人一倍カトリックの典礼や制度を重んじたカール五世としては、いくら反スペインの「コニャック同盟」に加担した教皇を懲罰するという目的があったにせよ、カトリック世界の首都ローマが混乱と無秩序に陥れられ、キリスト教界の首長である教皇がサン・タンジェロ城に監禁されるというような事態を容認することはできない。しかし、こうした事態を惹き起こしたのは自分の軍隊であり、その行動を否認すれば、事件の責任は最終的にはスペイン軍の最高責任者である自分にかかってくる。けれどもこれを是認すれば、かねてから教皇庁の腐敗堕落を批判しているプロテスタント派の主張を正当と認めることになる等々、数々のジレンマに手の打ちようもなく、ローマの占拠は延々と続いた。すなわち一五二七年五月六日から、十二月初のクレメンスのオルヴィエートへの脱出を経て、略奪するものは略奪し尽し、混乱のもたらす非衛生的な状態から再び蔓延し始めたペストを避けてスペイン軍がローマを捨て、皇帝軍の拠点ナポリに向かうべく進軍を開始する二八年二月まで続いたのである。そしてこの頃になって、ロートレック子爵のオデ・ド・フォワ率いるフランス兵主体のコニャック同盟軍がやっと救援に駆け付けるが、そのナポリ攻撃も、フランスのために海上からナポリ湾を封鎖していたジェノヴァの名提督アンドレア・ドーリアが（ガッティナーラの説得で）カール五世の側に寝返り、さらに名将ロートレックがペストに罹って病死すると、もはや何の戦果を上げることもなく雲散霧消する。以後、イタリアにおけるスペインの優越は不動のものとなる。

この事件によって、中世以来続いてきた二つの世界権力、すなわち教皇権と神聖ローマ帝権のうちの一つが、ルネッサンスの激動の中で完全に普遍性《カトリック》を失う。残る神聖ローマ帝権の方も、分裂したまま国民国家の枠組みを達成し得なかったドイツに基礎をおくがゆえに、カール五世の死後になってスペインと切り離され、宗教戦争の混乱のうちに実体を失う。そしてその後には、イベリア半島にスペインとポルトガル、ネーデルランドにはオランダとベルギーという国民国家が、それぞれ誕生することになっていくのである。

新大陸の提起した問題

こうした動きと並行して、カトリック両王の時代から進行している新天地の発見と開拓に、宗教改革運動のおかげでヨーロッパに生じた失地を新大陸で回復しようとするカトリック勢力の狙いが絡んでいく。カール五世の治世に入ると、一五一九～二一年のフェルナン・コルテスによるメキシコ征服、一九～二二年のマジェラン艦隊の世界周航達成と東洋（フィリッピン）の占領、三〇～三五年のフランシスコ・ピサロとディエゴ・デ・アルマグロによるペルー征服といった具合に、スペイン帝国の版図は世界を覆うことになる。そればかりでなく、四五年に発見されたポトシ銀山（現ボリヴィア）は、水銀を用いるアマルガム法の精錬技術発見と相俟って、莫大な富をスペインにもたらすことになる（ただし、それはカール五世の時代よりも、むしろ次のフェリーペ二世の治世に入ってからのことである）。これと並行して、新大陸における教会制度の問題が起こってくるが、こちらもまたスペインのナショナリズムによる教皇庁からの独立と捉えることができる。スペインはつとにモーロ人に対する聖戦の過程で、異教徒との戦いを抱えるイベリア半島の特殊性を強調して、スペイン国王による聖職者任命権、および改宗者の信仰を判定する異端審問所の王権帰属の二点をローマ教皇庁に要求、教皇から着実に譲歩を獲得しつつあった。新大陸についても、この王権の独立性は完全に守られて、教皇庁はアメリカ大陸における宗教政策に関する発言権を完全に封じられることになってしまう。

だが同時に、キリストを否定するイスラム教徒と違って、これまでキリスト教なぞ知る由もなかったインディオ達に対して、キリスト教徒でないというただそれだけの理由で行われた非人道的な扱いに関して議論が起こる。五〇年にカール五世によりヴァリアドリッドで招集された会議において、当代一のスコラ学者ファン・ヒメネス・デ・セプルヴェダが、中世以来のアリストテレス無謬説を根拠に、その「先天的奴隷人説」を持ち出しインディオの奴隷化を正当化するのに対して、人道主義の立場から反対の論陣を張ったバルトロメ・デ・ラス・カーサスの行為は、スペインのルネッサンスの歴史を飾る重要な一コマをなしている。こうした努力により、非人道的な取り扱いは三〇年のインディオ奴隷化禁止の勅令から始まって、六〇年代にようやく終息する気配を見せることになる。ただしその間、ヨーロッパ人の持ち込んだ疫病のおかげで、病原菌に抵抗力のないインディオ達が激減する（代わりにヨーロッパにも、アメリカ大陸の風土病であった梅毒などが流入して猛威を発揮する）と、今度はアフリカから、はじめから奴隷にすることを目的とした、労働力としての黒人貿易が行われることになるのではあるけれども。

オスマン・トルコ問題

ローマの劫掠の結果として、教皇庁を制圧したカール五世は、次にイスラムとの対決を迫られる。いまやカトリック世界の保護者をもって任じるカール五世に対して、二つの脅威がのしかかる。第一はオスマン・トルコ帝国で、メフメット二世によるコンスタンチノープル攻略（一四五三）に端を発し、バヤズィット二世、エジプトのマムルーク朝を滅ぼしたセリム一世の後を承け、スレイマン大帝治下（一五二〇～六六）でもオスマン・トルコ帝国の膨張は止まることを知らなかった。しかも、それが西に向かってバルカン半島に侵入、さらにヴィーンを包囲すると、期せずして第二の脅威であるドイツにおけるプロテスタント運動の拡大を助長することに繋がる。イスラム教と新教、この二つのカトリック信仰に対する脅威に直面して、カール五世とスペインは、新大陸からの富の流入と、国内の平和による人口増加および経済規模の拡大にもかかわらず、絶えざる戦争の膨大な財政的負担に喘ぐこととなり、カール五世退位の翌年、一五五七年の国家破産に向かって突き進んでいくことになってしまう。

まずトルコとの関係を見ると、スレイマン大帝はスルタンとなった翌年の一五二一年、西に向けて軍を発しベルグラードを陥落させる。これでドナウ河に沿ってハンガリアに攻め込む拠点を獲得したことになる。二六年にはベルグラードを越えて、北から流れて来るドナウ河が大きく東に折れ、現在のルーマニアに入る地点、モハッチ平原の戦いでハンガリア軍に壊滅的打撃を与えたばかりか、フェルディナンドの義弟でハンガリア王ルードヴィッヒ二世を敗死させてしまう。そして二九年にはスレイマン自身の率いるトルコの大軍がヴィーンに迫り、これを包囲する（ただし、ハプスブルグ軍によるヴィーンの守りが堅かった上、何よりも厳しい冬の訪れがあって、十月半ばに兵を引いている。スレイマン大帝はもう一度、その死の年である一五六六年にハンガリアに侵入ヴィーンを目指すが、遠征途上で陣没している）。トルコ軍はさらに四一年ブタペストを占領、一六八六年までこれを保持することになる。こうしたイスラムの脅威は陸上ばかりではなく、次項で述べるように海上にも及び、キリスト教世界に与えた衝撃には計り知れぬものがあった。

しかも当時ヨーロッパ、特にドイツでは宗教改革運動（一五一七年のヴィッテンベルグ九十五カ条、二一年のヴォルムス国会）が緒に就き、ドイツのプロテスタント諸候はルッター支持に回ったところであった。むろんカトリック信仰の擁護者をもって任じるカール五世、その弟であるフェルディナンドも宗教改革運動には反対であったが、差し迫ったイスラムの脅威に対処するためには、プロテスタント勢力と争うどころか、その協力を得なければどうにもならず、この事情が新教派の立場に有利に働く。スレイマン大帝のヨーロッパ侵攻は、間接的に宗教改革運動を推進することになったのである。

地中海の覇権争い

　トルコの海上進出はどうかというと、第一回ハンガリア侵入の翌年の一五二二年、スレイマンは東地中海のロドス島を攻める。この島はヨハネ騎士団の根拠地で、同騎士団はイスラム商船を襲って略奪し、トルコ側から「キリスト教海賊」と恐れられていたのである。騎士団はトルコ軍の猛攻をよく凌ぐが、力尽きて翌二三年に島を明け渡し、マルタ島に立ち退かざるを得なくなってしまう。これで地中海の東半分がトルコの支配下に入る。東だけでなく西地中海も、アフリカ北岸からのイスラム勢力の出撃で、キリスト教船団ばかりか、マラガ、ヴァレンシア、バルセローナなど地中海沿岸の港はいつ襲われるかも知れず、決して安全というわけではなかった。

　こうした状況を打開すべく、カール五世の宰相となったメルクリーノ・ガッティナーラは一五二八年、フランソワ一世の不手際もあって、ジェノヴァの名提督アンドレア・ドーリアを説得して、それまで仕えていたフランソワ一世を捨ててカール五世の側につかせることに成功する。このアンドレア・ドーリアが百隻のガレー船を率いて東地中海に出撃、大胆にも三二年コンスタンチノープルに奇襲をかけている。

　だが、トルコ側でも一五三三年、「赤髭《バルバロッサ》」の異名で恐れられていた海賊カイル・アッディンとその弟ドラグゥがアルジェを占領（二九）、それまでの独立路線を変更してスレイマン大帝に臣従を申し出る。いまやオスマン・トルコの地中海艦隊総司令官となった「赤髭」は、アルジェを活動基地としてチュニスを奪取（三四）するなど地中海を荒し回る。そこでカール五世は三五年にチュニスを攻撃させ、首尾よくこれを奪回する。しかし三八年にはドーリア指揮下のスペインと教皇庁の連合艦隊が、ギリシャのエピルス海岸はプレヴェザ沖の海戦で「赤髭」ことアッディンに撃破され、次いで四一年カール五世自らが出陣したアルジェ攻撃は完全な失敗に終り、地中海におけるキリスト教側の制海権確立の望みはあえなく潰え去ってしまう。しかもヨーロッパ大陸においてカール五世の包囲網の厳しい締め付けにあったフランソワ一世が、こともあろうに異教徒のトルコに応援を求める。すなわちフランソワ一世の要請に応じて、なんと「赤髭」率いるオスマン・トルコ艦隊が四三年にマルセイユに入港、フランス軍と呼応して、当時カール五世の側についていたニースを攻略するという事態まで起こるのである（地中海に再び平穏が訪れるのはカール五世とスレイマン大帝の死後、一五七一年にキリスト教艦隊がレパントの海戦で華々しい勝利を収めた後である。フェリーペ二世はドイツにおけるプロテスタント問題に精力を奪われて、一方、オスマン・トルコは、マホメットの女婿アリを正統と認めるシーア派がペルシャに興隆したため、その対応に忙殺されて、両者共に地中海どころではなくなってしまったからである。かつその時点でも、地中海はイスラム教とキリスト教、いずれの側の一元的な支配に服することはなかった）。

プロテスタントと宗教改革

次に宗教改革であるが、カール五世の治世における最大の宗教問題は、教皇庁でもエラスムス主義でも、また異教徒オスマン・トルコでもなくて、じつは北ドイツはウイッテンベルグで一五一七年に始まり、ヨーロッパ全体に拡がったプロテスタント運動であった。カール五世は、最終的にはこの闘争に精根を使い果し、生前に帝位を捨ててユステの小村に引退することとなってしまう。

オスマン・トルコの場合と同じく、この問題も基本的にスペインとは遠く離れたドイツを舞台として展開した（ことほどさようにスペインは、カール五世を王に戴くことによって、自国以外の地域の問題に捲き込まれたわけである）。ただし、オスマン・トルコが完全にヨーロッパ外の勢力であるのに対し、ネーデルランドを含むドイツで起こった宗教改革運動は直接カール五世の領土内の事件で、かつそれに対処するための軍事・経済的負担はもっぱらスペインにかかったという点で、より深くスペインと連動する。

さらに時期的な問題がある。ルネッサンスはイタリア半島の影響下に、ドイツでも他のアルプス以北の諸国と同じく十五世紀末から始まっている。だがドイツにおいてのみ、農民戦争（一五二四〜二六）を始めとする宗教絡みの戦乱が勃発し、それに伴う混乱のために、ルネッサンスは三〇年代初めで突然終ってしまう。一方、宗教改革運動はそれよりもまだ一世紀余り後、打ち続く戦乱に倦み疲れたヨーロッパ諸国が、「喧嘩過ぎての棒ちぎり」的にウエストファリア条約（一六四八）を結ぶまで決着を見ることはない（ただ、十七世紀半ばとなると、すでに時期的にいってルネッサンスの枠組みをはみ出してしまう。そこで本書では、この問題についてはカール五世の治世中に一つの転換が起こり、かつフェリーペ二世の時代にもスペインのルネッサンスを論ずる際に重要ないくつかの事件が起きているので、それらのみを取り上げることにする。かつまた一五一七年のルッターによるウイッテンベルグ九十五カ条の提題提出、それが引き金となって宗教改革運動が始まってから、四〇年辺りまでの事件はスペインとはあまり関係がなく、こちらはドイツの章で触れることにする。したがってここでは、四四年にカール五世とフランソワ一世との間に成立した「クレピイ条約」以降が問題となる）。

クレピイ条約は「ニースの和議」（一五三八）をもとにして、カール五世とフランソワ一世の間で結ばれたものである。

四一年のトルコ軍のブタペスト占領とカール五世のアルジェ攻撃の惨澹たる失敗、四三年のフランスとイスラム海軍の提携によるニース攻略、四四年のチェレソーレ（仏語ではセリゾル）でのフランス軍の皇帝軍に対する大勝など、一連の危機に直面したカール五世が、態勢を立て直すべく懸案のドイツのプロテスタント陣営と正面切っての対決に乗り出そうとし、後顧の憂いをなくす必要からフランソワ一世と締結したものである。スレイマン大帝とも、巨額の賠償金を払うという屈辱的な条件で和を結んだカール五世は四五年に、北イタリアで反宗教改革の「トレント公会議」の開催に漕ぎ着ける（この会議は、本来は相対立する宗教的信念の融和を図るため、すでに三六年頃から提唱されていたのだが、いろいろな思惑が入り乱れて開催に至らず、やっと四五年に開かれた時には、新旧両教の融和どころか反宗教改革一色に塗りつぶされてしまっていた。さらに会議は、一時中断したり、開催地もボローニャに移ったりして、四五年から六三年まで延々と続き、結局は新教派の参加はなく、カトリック教会の正当性を一方的に宣言しただけで終る）。

カール五世の肖像　ティツィアーノ筆　1548年　ミュンヘン　アルテ・ピナコテーク蔵

カール五世は次いで賄賂と脅迫を用いて、ドイツのプロテスタント諸侯達を分裂させるのに成功する。他方でルッター派の信仰を守るため、ザクセン選挙侯ヨーハン・フリードリッヒとヘッセン方伯フィリップ、自由都市マグデブルグやブレーメン等が三〇年に結成し、次第にカール五世に対抗する政治同盟と化して、一時はバイエルン王に英仏、北欧三国などまで加わった「シュマルカルデン同盟」が勢力を得てくる。カール五世はこの同盟と四六年から四七年にかけて戦うことになる。「ミュールベルグの戦い」（一五四七）では、名将アルバ公率いるヨーロッパ最強のスペイン軍がエルベ河を泳いで渡り、対岸の新教同盟軍を完膚無きまでに撃破、ザクセン選挙侯ヨーハン・フリードリッヒやヘッセン方伯フィリップを捕虜にしている。この勝利でカール五世の立場は強化され、同年ファルネーゼ家出身のパウルス三世が亡くなったので、トレント公会議もカール五世の意のままになるかと見られた。そのうえ、同四七年にはヘンリー八世とフランソワ一世も亡くなったため、ヨーロッパを神聖ローマ帝国の下にカトリック信仰で統一するというカール五世の年来の夢は、まさに実現するかに見えた。

世界帝国の夢の瓦解

ところが、あまりの成功はかえってカール五世の強大さに対する反発と疑念を生じさせた。教皇には強烈な反ハプスブルグ派のカラファ家出身パウルス四世が選ばれて、フランソワ一世の後を継いだアンリ二世に対スペイン戦争を呼びかける。イングランドはプロテスタントのエドワード六世が王位に就き、そして肝心のドイツでは、ミュールベルグの戦いでは従兄ヨーハン・フリードリッヒと袂を分かってカール五世の側につき、戦後ザクセン公となったマウリッツが、再びプロテスタント陣営に寝返ってしまう。フランスのアンリ二世と「シャンボール条約」（一五五二）を結んだマウリッツは同年五月、兵を率いてカール五世とフェルディナンドが今後のハプスブルグ帝国運営について、荒れ模様の協議[9]をしていたインズブルックに向かって進軍する。

かつてパヴィーアの敗戦（一五二五）でフランソワ一世が遭ったのと同じ運命に今度は自分が陥り、フランスに囚われの身となり兼ねない危険を告げられたカール五世は、激しい痛風の発作に悩まされながらも輿に乗り、危機一髪でインズブルックを脱出し、ケルンテン州のヴィルラッハに避難するを得た。だがこの逃避行で、ドイツのプロテスタント勢力の敵意を思い知らされ、かつ弟フェルディナンドとの利害対立まで鮮明となって、もはや世界帝国の夢は諦めざるを得ないと納得がいったと思われる。

以後、カール五世は一身に兼ねていた数々のタイトルを、神聖ローマ帝位は弟フェルディナンドに、他は次々と息子のフェリーペに委譲していくことになる。特に自分の生地で、愛着を感じていたフランドルをフェリーペに譲ったことは、後の歴史の展開に重要な意味を持つ。祖父母フェルナンドとイザベル同様、活発な商業と繊維産業（カスティリア羊毛の大口輸出先）の中心フランドルを重視したカール五世は、祖父母が娘「乱心」ことファーナをフランドル大公フィリップに嫁がせ、その結果自分が生まれたのと同様、今度は息子のフェリーペをメアリー・チューダーと結婚（一五五四）させる。メアリー・チューダーは、新教徒のエドワード六世の死（一五五三）後、フランドルの玄関口に当たるイングランドの女王となり、しかもカトリックであった。しかし、この計画は政治的にも宗教的にも実を結ばず、二人の間に子どもが産まれることはなく、五七年メアリーの死後は新教徒のエリザベスがイングランド王位を継ぎ、スペインと対立していくことになる。だが、それはフェリーペの時代の話である。

イタリア半島をめぐるフランスとの角逐

ここで、これまたスペインを直接の舞台としたわけではないが、カール五世にとっては最重要の政治課題の一つ、イタリア半島の主導権をめぐりフランソワ一世を主たる相手として行われた、フランスとのたび重なる戦役について触れないわけにはいかない。

そもそも都市ルネッサンス末期の文化的・経済的に爛熟し切ったイタリア半島に、アルプス以北で新しく成立した国民国家として最初に侵入したのは、シャルル八世率いるフランスで、それは一四九四年のことであった。すでにイタリア半島とフランスの章で触れたように、野心家で無節操、典型的なルネッサンス君主であったミラーノの僭主《ティランノ》、「黒ん坊」《イル・モーロ》ことルドヴィコ・スフォルツァの招きに応じたシャルル八世は、都市国家《チッタ・スタート》の、給金で雇われた傭兵団とはまったく比較にならない兵員数の国民軍を率いて南下、その接近にイタリア半島に割拠する地域国家《スタート・レジョナーレ》はどれも慌てて降伏、フランス軍は抵抗らしい抵抗にもあわず、一挙にアラゴン家の分家が支配していたナポリに到達してこれを占領してしまう。両シチリア王国のイタリア半島部分であるナポリ王国はもともとフランスの親王家であるアンジュー家の領国だったことでもあり、ヴァロワ家出身のシャルル八世はここに潜在的な主権を有していたのである。しかしこの時はルドヴィコ・スフォルツァがたちまち掌《たなごころ》を翻して、アラゴン家のフェルナンド王（アラゴン王としてはフェルナンド二世、スペイン王としてはフェルナンド一世）、ドイツのマクシミリアン皇帝、教皇アレクサンドル六世らと語らって反フランス同盟を結成、フォルノーヴォの戦い（一四九五）を経て、シャルル八世をフランスに追い返す。しかしこれでイタリア半島諸勢力の弱体は、遍く世に知れ渡ってしまうことになった。

シャルル八世に次いで、今度はルイ十二世が九八年、前回の裏切りを理由に直接ルドヴィコを攻め、ミラーノを奪う。ルイ十二世はさらに兵を進めてナポリをも占領するが、この時も失政と疫病が重なってフランス軍は這う這うの態で本国に引き返す。ところがこれを奇貨として、今度はアラゴン家のフェルナンド王が、分家から両シチリア王国を取り上げて

（9）カール五世は息子のフェリーペに、自分と同じくスペイン、イタリア半島、新世界の領土の他に、神聖ローマ皇帝の帝位をも引き継がせたいと主張し、その見返りとしてフェルディナンドの息子マクシミリアンには、スペイン副王のポストを提供する意向であった。ところが一五一七年のコムネーロスの乱の絡みでフランドルに送り出されて以来、ずっとドイツの経営に携わってきたフェルディナンドは、それまでイベリア半島を一度も出たことのないフェリーペではなく、自分および息子マクシミリアンとその子孫が帝位を相続すべきであると主張して譲らなかった。

自己の直接統治の下に置き、最終的にナポリ王国は、ブロワの条約（一五〇五）でルイ十二世からアラゴン家のフェルナンド王に譲られることになる。とはいえ、ルイ十二世のイタリアに対する意欲はその後も衰えず、いろいろ出兵を試みる。これに対して今度は一五一一年に新しく選出された教皇ユリウス二世の提唱で、イタリア半島から蛮族（フランス）を追放するため、アラゴン家、ドイツ、それにヴェネツィアも加わっての「神聖同盟」が成立。ラヴェンナの戦い（一五一二）では神聖同盟軍は敗れたものの、翌年ノヴァーラの戦いではフランスを大いに破り、ルイ十二世は結局ミラーノまで失うことになる、以上がこれまでの大まかな経過である。

一七年にカール五世が祖父フェルナンド王の跡を継いでスペインの王位に就き、一方、フランスではその二年前の一五一五年、フランソワ一世がルイ十二世の後を襲って国王となると、前任者の争いを受けてイタリア半島を舞台にスペインとフランスの角逐が再燃する。まず即位直後のフランソワ一世がミラーノを攻め、マリニャーノでルドヴィコの後を継いだマッシミリアーノ・スフォルツァに大勝（一五一五）、スフォルツァ家のミラーノ公領支配に終止符を打つ。フランソワ一世の威勢は大いに揚がった。だがスペインとドイツはフランスのミラーノ占領に異議を唱え、とくにカール五世が神聖ローマ皇帝選挙でフランソワ一世を破り、その敵意を買ったばかりかスペインの王位とドイツの帝位を一身に兼ねたのだから、両者の対立は避けられなくなる。血気に逸《はや》るフランソワ一世は二五年、自ら軍を率いてロンバルディーアに侵入するが、パヴィーアの戦いでスペイン・ドイツ軍に破られたばかりか、当人自身が捕らえられ捕虜としてマドリッドに曳かれる体たらくとなる。その結果のマドリッド条約（一五二六）でフランソワが解放されてパリに戻るや、たちまち条約を破棄、再び戦争を始める経緯はすでに触れた。

かくて二人の君主の個人的な対立の様相さえ帯びるに到ったスペインとフランスの抗争は、火縄銃隊と長槍隊で構成され、歩兵を中心とする当時ヨーロッパ最強のスペイン軍団[10]のおかげで、おおむねカール五世にとって有利な展開を見ることになる。ただそうはいっても、カール五世があまりに強大になるのを恐れた教皇やイングランドなど、他のヨーロッパ勢力がどちらの側にも決定的な結果をもたらすような状況を回避すべく動き、またネーデルランドを含むドイツにおけるプロテスタント運動の拡大がカール五世の手を縛る。こうして実際の交渉に当たったカール五世の叔母でオーストリア大公妃マルガレーテとフランソワ一世の母ルイーズ・ド・サヴォワに因んで「二貴婦人の平和」と呼ばれ、フランソワ一世にミラーノ公爵領の放棄を認めさせた「カンブレー条約」（一五二九）から始まり、セレゾーレ（仏語ではセリゾル）

の大勝によりフランスがブルゴーニュの保持を確定した「クレピイの和議」（一五四四）、そしてこれはもうカール五世とフランソワ一世の世代を越え、両人の息子フェリーペ二世とアンリ二世の間で、両国間の戦争終結を確認した「カトオ・カンブレシス条約」（一五五九）に到るまで、スペインとフランスは三十年にわたって戦争に明け暮れたといっても過言ではない。しかもそれがほとんどスペイン国外で、かつドイツ戦線でも、また後に述べるネーデルランドでもスペイン優勢裡に終始した結果、スペイン軍はヨーロッパにおいて大いに恐れられたのである。

カール五世の治世

これまで見てきたようにカール五世は本人の資質というより、むしろ血統や相続などの偶然が重なって、シャルルマーニュのフランク帝国以後、ヨーロッパで最大の版図と勢力を有する、いな新大陸の領土を加えればフランク帝国はむろん、古代ローマ帝国よりも広大な大帝国の君主となった。ただ、そのことがスペインのルネッサンスにとってどういう結果をもたらしたかという点になると評価は分かれる。スペインがカール五世の時代にヨーロッパ政治において占めた圧倒的な重要性、また新大陸や東洋にも進出した積極性を認める論者は、この時期を「黄金世紀《シグロ・デ・オーロ》」と呼び、スペインの歴史のうちで最も輝かしい時代と誉め賛える。その一方で、そうしたカール五世の世界帝国志向がスペインの人的あるいは物的資源を濫費し、表面の華々しさと裏腹に、結果において国を破産寸前にまで導いた。そればかりか時代に逆行したカトリック正統意識が、新大陸の発見や世界周航という壮大な冒険の成功にもかかわらず、結局スペイン社会における、精神の自由と個人の確立を圧殺することに繋がったという批判もある。

これらの評価はいずれも一理あるのだが、それにはカール五世の性格が大きく関わっている。カール五世は基本的に、近代的というより中世的な考え方の持ち主で、それはフランスとの戦争にケリを付けるため、カール五世自身とフランソワ一世、つまり両国の王が決闘して、勝った方が相手の主張を認めることにしようと、それこそ中世の騎士道物語にでも出て来そうな果し状を、二度にわたり送り付けていることからも窺われる。一度は一五二六年、フランソワ一世がパヴィーアでの敗戦の結果として締結させられたマドリッド条約を破棄したことに怒って、もう一度は三六年、ミラーノ公領の所有をめぐってヴァロワ家とハプスブルグ家の争いが再燃し

---

(10)「テルシーオス（三編制隊）」と呼ばれる。「大将軍」ことゴンサルヴォ・デ・コルドヴァにより十五世紀末、ナポリ王国の領有をめぐるルイ十二世との戦いの過程で編み出された部隊構成。

た時である。戦争は国家間の問題というより、国王同士の個人的な争いと観念していたことになる。

むろん変化の時代であるルネッサンスのメンタリティには、中世的な要素が含まれていて当然なわけで、典型的なルネッサンス君主の一人であるカール五世にあっても、それはなんら不思議なことではない。だが、フランソワ一世、ヘンリー八世さらにはエリザベス一世といった、やはり典型的なルネッサンス君主と目される人々が、制度としてのカトリック教会に縛られず、むしろそれが近代国民国家の形成に邪魔になると考える立場であるのと比べると、カール五世の世界的なカトリック帝国は、後ろ向きに中世的理想を追っていた感が否めない。じじつそうであったがために、フランスやイングランドでは王室によって封建大貴族が特権を剝奪され、十七世紀に絶対王権の成立が可能になるのに対して、スペインでは貴族階級の抵抗を打破することができず、特権階級が「国家の中の国家」的な様相を呈して、階級間の壁や貧富の差もなくなるどころか、かえって増幅されるばかり。両国に比べて国民統一意識の醸成が遅れた。「スペイン意識」は、当時の人々の心に、個人の自立的な理解としてではなく、外国との戦争およびカトリック教会制度という二つの外的な枠組みによって担保されたものとして存在したということがいえる。

ここで思い出されるのが、かのセルヴァンテスの「憂い顔の騎士」ことドン・キホーテである。中世の騎士道物語を読み耽って現実と理想を取り違え、いろいろ珍妙な騒動をやらかした揚句、死期の近付きを感じて自己の誤りを認め、以後は穏和しくすると誓うのだが、するとなんとあのサンチョ・パンサ、現実主義者でピカロの典型のようなサンチョがポロポロ涙を流しつつ、「この世に理想がなくなっては、生きている甲斐のないものになってしまう」と掻き口説く。カール五世も、高貴な理想と信じ込んだ神聖ローマ帝国の実現に根気と体力を磨り減らし、死の二年前、一五五六年にエストラマドゥーラ地方はユステの小村に隠遁する姿を見ていると、何か憎めないものを感じさせられる。しかもその隠遁は、世のはかなさに悟りを開いて行い澄ますというようなものでは全然なく、ヒエロニムス派の修道院で黒づくめの、しかし豪奢極まりない自分の生前葬儀を出してみたり、息子フェリーペ二世に宛てた手紙では政治への関心はさっぱり衰えず、細々とした指示が溢れている。

それと並行して、カールは驚くほどの執心を食物に示している。ユステ近辺の鱒は小さくて美味しくないと、早馬で宮廷のあったヴァリアドリッドから大物を取り寄せ、一五五四年には教皇ユリウス三世から肉断ちの金曜日に肉を食べてもよいという特別宥免状を取り、あるいは朝のミサで聖体を拝領するまでは断食なのに、その前に物を食べてもよい許可を求めるといった具合である。また、かなり女好きでもあったようで、交渉を持った多くの女性が知られているが、そのうちフランドルでの愛人ヨハンナ・ヴァン・デア・ゲインストから二二年、庶子のマルゲリータが生まれる。マルゲリータは後にメディチ家の初代フィレンツェ公爵アレッサンドロと結婚するが、アレッサンドロが暗殺されると、今度はパルマ・ピアチェンツァ公爵オッタヴィオ・ファルネーゼに嫁いでパルマ公妃となり、二度にわたってネーデルランド執政を務めたばかりか、十六世紀後半にスペイン軍指揮官として名将の名を恣にしたアレッサンドロ・ファルネーゼを産んでいる。一方、ラティスボーン（レーゲンスブルグ）での国会の折に、手を付けてしまった裕福な町人の娘バルバラ・ブロンベルグとの間には四七年、ドン・ファン・デ・オーストリアが生まれている。後にオスマン・トルコに対するレパントの海戦を指揮、大勝利を収めた人物である。

第2節　スペインの隆盛と凋落

（1）フェリーペ二世の時代　その1

権力の委譲

フェリーペ二世は一五五六年、父のカール五世がまだ生前のうちにスペイン王位を引き継ぐ（一五五六〜九八）。二七年（「ローマの劫掠」の年）ヴァリアドリッド生まれだから、この時二十九歳だったことになる。父が一身に兼ね併せた数々のタイトルのうち、最も重要なものの一つを受け取ったわけである（もう一つの大きなタイトルである神聖ローマ皇帝位は、すでに述べたような事情で、フェリーペ二世にとっては叔父に当たる、カール五世の弟フェルディナンド一世と、その血筋に受け継がれることになっていた。カール五世はその翌々年一五五八年には、隠棲先ユステのヒエロニムス派の修道院で息を引き取る）。

とはいえ、カール五世がフェリーペ二世に重要なタイトルを譲ったのは、何もこの時が初めてではない。すでに一五四〇年、長年にわたってフランスとの紛争の種となっていたミラーノ公領を与えているし、またカール五世の指図により五四年にフェリーペ二世が初めてスペインを離れ[11]、ウィンチェスターで（カトリックの）イングランド女王メアリー・チューダーと二度目[12]の結婚をするに際し、引き出物としてナポリ

（11）母であるポルトガル王女イザベラと一緒にリスボンで過ごした幼少時代を除く。

（12）最初の妻、従妹のマリア・マヌエーラ・デ・ポルトガルは悲運の王子ドン・カルロスを産んだ時に亡くなっている。

カール五世は息子のフェリーペにネーデルランドを委譲し，退位への道を開いた　ブザンソン　民俗博物館蔵

とシチリア両国、つまり両シチリア王国の王位を与えている（ちなみにこれでハプスブルグ家のイタリア半島における領土は、すべてフェリーペ二世に任されたことになる）。

さらにカール五世はその翌年の五五年、いまやメアリー・チューダーの共同統治者としてロンドンに滞在していたフェリーペ二世を、自分がいるフランドルのゲント（ガン）に呼び寄せるが、それは今度はフランドルを譲るに際し、息子をこの地の臣下と対面させるためであった。フランドルは商工業の中心で経済的に重要だったのはいうまでもないが、そのうえカール五世にとっては自分の生まれ故郷でもあり、強い愛着を抱いていた土地だったので、ドイツは弟のフェルディナンドに渡しても、フランドルはぜひ自分の息子にと考えたのである。だがエラスムスの出身地ということでも知られるように、ここは先進的な土地柄で、宗教改革運動のような教皇庁の腐敗を批判する合理主義的思想を受け入れやすかった。そのためにカトリック信仰の擁護者をもって任じたフェリーペ二世と対立を重ね、その北半分つまりネーデルランドは最終的に新教化して独立したばかりか、その過程において多大の流血と財政的負担をフェリーペ二世およびスペインに強いることになる。

フェリーペ二世のカトリック信仰

このカトリック信仰の問題は、フェリーペ二世の人柄と行動を理解する上で重要な鍵となる。じじつフェリーペ二世は熱烈なカトリック信者だったが、その信仰たるや、信心と教会制度とを一体不可分のものと見做して、その間にいかなる乖離をも認めようとしない、きわめて非妥協的・保守的なものであった。父親のカール五世が、神聖ローマ皇帝という立場上、教皇庁に対する批判を認めない姿勢を取りながらも、信仰はまず何よりも内心の問題であるとするエラスムス的な思想に一定の理解と共感を示したのに比べても、またもっと御都合主義的というか、ヘンリー八世やエリザベス一世、さらにはこの時代の教皇達（！）までが、教会問題を宗教的無頓着ともいえる態度で扱ったのとはまさに対照的に、フェリーペ二世は生真面目に信仰と典礼・形式の厳格な遵守を自己に課し、また他にも要求した。この四角四面の信仰心がなければ、フェリーペ二世治下のスペインは、父カール五世の治世にも勝って「黄金の半世紀」の名に値したと思われる。というのは、当時スペイン軍はヨーロッパ最強を誇り、新大陸ではポトシを始めとする鉱山からの貴金属産出量が、一五七〇年代後半には飛躍的に増大していたからである。これをもってカール五世の無理なハプスブルグ帝国の政策がもたらした財政危機を乗り越え、スペイン社会に内在する諸問題（インフレの克服、農業の建て直し、産業の振興、人種問題、貧富格差の是正、貴族と教会に集中していた階級的特権の抑止、等々）を解決して、十七～十八世紀にイングランドやフランスが形成するのに成功した、市民階級に基盤を置く近代的な中央集権国家に転換する絶好のチャンスだったかもしれないのである。

しかし父親の、どちらかといえば王朝的・政治的なハプスブルグ帝国主義と異なり、カトリック信仰を擁護するというもっと純粋な宗教的動機からではあったが、フェリーペ二世もまた宗教的理由でフランドル、イングランド、オスマン・トルコ、フランスに対する戦争に乗り出すことで国力を使い果し、せっかくのチャンスを逃してしまう。しかもフェリーペ二世は猜疑心が強く、すべてを自分で取り仕切ろうとする傾向があった。ドイツは切り離されたとはいえ、それでもまだ広過ぎる領土における膨大な官僚機構に対して、その業務の隅々にまで自分で目を光らさなければ気が済まぬ有様。それがまた官僚を萎縮させ、スペイン政府は反応が遅く非能率的というので有名であった。その結果、じっさいにでき上がったのはフェリーペ二世の権威主義的な性格も加わって、政治・外交においては絶対専制君主体制のように見えながら、じつはそのスペイン社会自体が抱える諸矛盾（強固な貴族制、地域分権的傾向、階級差と貧困の拡大など）ゆえに、脆弱な基盤の上に立つ、はなはだまとまりの悪い王権ということになってしまった。

その典型的な例証として、早くもスペイン王即位の翌年、一五五七年にフェリーペ二世が出さざるを得なかった、債務利子を支払停止する宣言を挙げることができる。これは九八年にいたるその四十年に余る治世中に、なんと四回（一五五七、六〇、七五、九六）も出された支払停止の最初のものであった。国内の生産基盤の充実を疎かにして、海外からの貴金属の流入に頼った結果、物価は高騰するのに生産、特に農業生産が追いつかず、しかも貴族と修道院を中心とする上層

エル・エスコリアル修道院　マドリード　エル・エスコリアル修道院蔵

階級の租税免除特権は増大する一方とあっては、海外派兵の戦費を賄うために、公債の発行と外国銀行からの借入金に頼る以外に途はなかった。しかし、たび重なる債務履行停止の布告に国の信用は下がるばかり。それに反比例して、債務引受側の要求する利子率は上がっていき、フェリーペ二世の晩年には、その利息支払いだけでも歳入の四十パーセントに上ったといわれている。

もう一方で同じ一五五七年、当時フェリーペ二世の妻であったイングランド女王メアリー一世が国民の反対を押し切って派兵し、自国を対フランス戦争に捲き込んでしまう「サン・カンタンの戦い」に際して、フェリーペ二世自身も出陣するので神の加護を願い、勝利の暁には修道院を献堂する誓いを立てる。じっさいスペイン軍がフランス軍に大勝した結果、六三年からエル・エスコリアルに、後に自分の墓所ともなる壮大で威圧的な僧院かつ宮殿（一六八五年完成）を造営させるのだが、そんな振る舞いを見ていると、中世風の信仰と併せて一種の誇大妄想がフェリーペ二世の人格のうちに混在していたという感を禁じ得ない。

サン・カンタンの勝利後、なんとかして夫を引き留めてカトリックの皇太子を儲けたいという、十一歳も年上の妻メアリー・チューダーの切なる願いに、フェリーペ二世はいったんロンドンに戻りはするが、財政難に喘ぐ本国からの要請に応じて、五九年の秋には遂にスペインに帰国する（この間、五七年に上記の債務履行停止の布告が出され、五八年にカール五世が他界、その二カ月後にはメアリー・チューダーも、遂に子どもを産むことなく亡くなってしまう）。広大なハプスブルグ帝国内で起こる問題に対処すべく始終スペインを留守にしていたカール五世と違って、以後四十年にわたるその治世中フェリーペ二世はイベリア半島を一度も離れず、膨大な書類の山に埋もれてあらゆる報告に目を通し、自分で決裁して過ごすことになる。また六一年には、王国の首府をそれまでのヴァリアドリッドから、当時はまだほんの小村に過ぎなかった（一五二五年のパヴィーアの敗戦で捕虜になったフランソワ一世が幽閉された）マドリッドに移している。カスティリア中心の、その王国の性格がますます明瞭になるわけである。

イングランドをめぐるフェリーペ二世の政策

サン・カンタンの戦いに戻れば、この勝利と翌一五五七年のグラヴリンヌでの勝利でフランスを叩いた結果、フェリーペ二世とアンリ二世との間に「カトオ・カンブレシス条約」（一五五九）が結ばれ、フランスは全面的にイタリア半島から撤退、ハプスブルグとヴァロワ両家のイタリア領有をめぐる長年の紛争に終止符が打たれることになる[13]。

だが思いもかけぬことに六〇年、アンリ二世は騎馬試合の事故から落命、後を長男のフランソワ二世が継ぐ。フランソワ二世の妻はスコットランド女王メアリー・スチュワートで、メアリーの母はフランスの名家ギーズ家の出身。ギーズ家は後年フランスが新旧両教の対立から宗教戦乱の巷と化した時、カトリック派の「神聖同盟」の首領としてフェリーペ二世に接触、その支援のためスペインはまたまたフランスと戦うことになっていく。

だが、その前にメアリー・スチュワート自身の運命がフェリーペ二世とイングランドの関係に影響を及ぼす。というのは、この間イングランドでは、五八年エリザベス一世が王位に就き、以後紆余曲折はあってもイングランドがカトリック教会に復帰することはきわめて難しくなる。それは同時に、カール五世が企てフェリーペ二世も賛同していた構想、すなわちプロテスタント運動に汚染されたドイツを切り離し、フランドルとの連結をイングランドを通して確保、もってスペインとイタリア半島、さらには新大陸をも含むカトリック帝国を建設するという構想の破綻を意味する（とはいえ、それ

(13)　その印しとしてアンリ二世の娘イザベル・ド・ヴァロワがフェリーペ二世に嫁ぐのだが、この結婚が後にヴェルディの歌劇の題材となった、フェリーペ二世の最初の息子ドン・カルロスの悲恋の伝説を生む。

が決定的現実となるのは、無敵艦隊の敗北（一五八八）と、フランドルの北半分ネーデルランドの新教国家としての独立（一六四八）が達成された時のことになる）。

したがってフェリーペ二世も、はじめはエリザベス一世登極後のイングランドをなんとかカトリック信仰につなぎ止めようと、自身とエリザベス一世との結婚を提案してみたり、あるいは一五六〇年にフランス王フランソワ二世が死んで寡婦となったメアリー・スチュワートがスコットランドに戻り、とみに新教化しつつあるエリザベス一世の政策に対するイングランドのカトリック教徒の不満が、隣国の女王でイングランドの王位継承権をも有し、かつカトリックであるメアリーの担ぎ出しに動くと、逆にこれを抑えたりしている。だが次第にエリザベス一世との結婚に脈がないのが明らかになると、一転してメアリー支持に回り、メアリーが六八年スコットランドの新教派に追われてイングランドに逃れ、エリザベス一世がこれを生かすも殺すもならず監禁状態に置くや、その逃亡計画を幇助したり、エリザベス一世暗殺計画やカトリックの叛乱を煽った。そして遂にエリザベス一世が八七年メアリーを処刑すると、フェリーペ二世は上記の無敵艦隊によるイングランド攻撃に踏み切ることとなるのだが、その詳細は「イングランドのルネッサンス」の章で触れることにする。

オスマン・トルコとモリスコ問題

上述のような展開で、ヨーロッパ情勢は小康状態となったものの、父カール五世を悩ませたスレイマン大帝治下のオスマン・トルコの膨脹の方は、フェリーペ二世の時代に入っても止まなかった。地中海の制海権はオスマン・トルコ側にあって、スペインの商船、さらにその南岸の港町は常にイスラム艦隊の掠奪の危険に晒されていた。そこでフェリーペ二世は一五六〇年、オスマン・トルコに対する「神聖同盟」結成を提唱、ジェノヴァ、ヴェネツィア、教皇庁、サヴォワ公、（先年ロドス島を追い払われた）マルタ騎士団などがそれに応じて、アンドレア・ドーリアの甥ジョヴァン・アンドレア・ドーリア指揮下の二百隻に及ぶキリスト教艦隊が、同年三月チュニジア海岸はガベス湾に遠征、トリポリ制圧のための要衝ジェルバ島を奪取する。しかしスレイマン大帝もただちに反撃、五月にピアーレ・パシャの指揮する百二十隻のオスマン・トルコ艦隊を送る。両者の間に、ジェルバ沖の海戦が行われ、キリスト教艦隊は潰滅的な敗北を喫する。まさにカール五世のアルジェ攻略失敗（一五四一）に匹敵する、大敗北である。

これに力を得た北アフリカのイスラム勢力は、西地中海における行動範囲をますます拡大し、ヴァレンシア沖のバレアーレス諸島（マヨルカ、ミノルカなど）を襲い、住民を奴隷として連れ去るまでとなる。こうした状況に応じて、スペイン国内に住むキリスト教に改宗したイスラム系住民、「モリスコ」の問題が再浮上してくる。すでに半世紀以上も前の一四九九年（イザベルとフェルナンドの時代）、グラナダのイスラム王国滅亡に伴うイスラム教徒の問題が起こっている。これはシエラ・ネヴァダ山脈南麓アルプハルラス地域のモーロ人に対し、イスラム信仰の自由が保証されていたにもかかわらずキリスト教への改宗を強制した、シスネーロス大司教らの強硬路線が惹き起こした事件である。この第一次叛乱は鎮圧され、モーロ人達は国外追放かキリスト教に改宗かの二者択一を迫られる。アフリカに去った者も多かったが、いちおう改宗したことにしてスペインに止まる方を選んだ者もかなり多数にのぼり、これらの者達は「モリスコ」と呼ばれ、農業・絹織物業・土木灌漑事業などに携わって、スペイン社会でそれなりの地位を占めていた。カール五世が一五二五年、ヴァレンシアの「ヘルマニーアスの叛乱」に最終決着を付けた時、また三〇年、（カール五世がドイツに行って留守の間）摂政を勤めていた最初の王妃イザベル・デ・ポルトガルも、アラゴン連合王国の中で特にモリスコ人口が多かったヴァレンシア地域で、アンダルシアと同様の措置を取ろうとした際、モリスコ達はその厳格な適用を多額の上納金を支払って回避するといった事態がすでにあった。

しかし今回はイスラム勢力の攻撃活発化に伴い、国内のモリスコがこれに呼応し、叛乱を起こすのではないかという怖れがフェリーペ二世とその政府を捉える。折から六五年、異端審問裁判所が尋問したモリスコの自白により、同年スレイマン大帝が派遣したムスタファ・パシャ麾下のイスラム軍による大がかりなマルタ島攻略が成功した暁には、それと連動してグラナダにも攻撃が行われる計画があったことが発覚する。そこへ六八年、日頃自分達の扱いに不満を抱いていたモリスコの暴動が、こちらは自然発生的に、再びアルプハルラス地域を中心に起こったのである。暴動は連鎖反応的に広い地域に及び、一時はグラナダの町も危険な状態になったほどであった。驚いたフェリーペ二世は、異母弟のドン・ファン・デ・オーストリアを指揮官にして強力な軍隊を派遣、七〇年までにこの第二次アルプハルラス叛乱を徹底的に制圧したばかりでなく、モリスコ達を内陸地帯に強制移住させた上、人別台帳に登録させ、その言語や衣服・風習を禁止するという強硬措置を取った。だが、このような非人道的な強制だけでは、モリスコ達の心を服属させることはできず、その後もモリスコ問題は燻り続ける。

ドン・ファン・デ・オーストリア

ここで簡単にドン・ファン・デ・オーストリアに触れてお

くと、既述のごとくドン・ファンは、フェリーペ二世の父親カール五世がラティスボーン（レーゲンスブルグ）の町人の娘バルバラ・ブロンベルグに懸想して一五四七年に産ませた隠し子である。生後スペインに連れて来られ、出自を秘してヴァリアドリッド近郊の貴族の城で育てられ、五九年に父の遺言に従ったフェリーペ二世により、カール五世の庶子で自分の異母弟と認められてドン・ファン・デ・オーストリアの名で王族となる。皇太子のドン・カルロスおよび人質として送られて来ていたファルネーゼ公爵家のアレッサンドロ（共に一五四五年生まれで、ドン・ファンにとって、世代的な関係では甥に当たる）と共に育てられる。フェリーペ二世の考えでは僧職に就くはずであったが、本人は宗門を嫌い軍人となることを望んだ。六八年にまずイスラム海賊攻撃艦隊の指揮官に任命されて戦果を上げ、その功で六九年に第二次アルプハルラス叛乱鎮圧軍の司令官となる。それ以後、レパントの海戦（一五七一）に大勝利を収め、名声嚇々たるものがあった。だが同時に猜疑心の強いフェリーペ二世の嫉妬を買う。七三年にレパントの余勢を駆ってチュニスを奪取、また新教徒の叛乱に喘ぐフランドル総督となるのだが、それは以下に触れる。

モリスコの国外追放

話をモリスコ問題に戻すと、フェリーペ二世やその後を継いだフェリーペ三世、またカトリック教会も、モリスコにキリスト教を強制しながら、十分な宗教教育やキリスト教の習慣・制度への理解を進めるような同化措置を取らず、モリスコが一般キリスト教徒から差別され、社会的に不当な取扱いに晒されるままに放置した。しかもヴァレンシアやアラゴン地域のモリスコスが不平等に耐えかねて国外に退去しようとすると、いったん改宗した者が異教に戻ることは認められないという理由で許そうとしなかった。しかし、本音は貴重で安価な労働力を失うことを恐れたからである。このような状況ではモリスコ達の不満は募るばかり、アフリカからのイスラム船団の攻撃はモリスコの協力を得て仕かけられることが多くなり、そうした船団が離れる時、モリスコ達も一緒に乗り込んでアフリカに帰るというような事態も起こった。一五八四〜八五年にわたる、ムルシア州のカリョーサに対する攻撃では、三千を超すモリスコ住民のほぼ全員がこの地域を捨ててアフリカに戻ったといわれている。

モリスコ問題は、それだけにとどまらなかった。モリスコの中には本気でキリスト教徒となり、考え方もヨーロッパ的になった者もいたのである。これらの者達のうちには、スペインのカトリック政策に疑問を持ち、当時スペインが戦っていたプロテスタント勢力と共同戦線を張ろうという考えを抱く者も出てきた。新教陣営とは、まず無敵艦隊を破ることになるイングランドのエリザベス一世、さらにはスペインと国境を接するフランス領ナヴァール（スペイン語でナヴァラ）国王アンリ・ド・ブルボンを意味した。そのアンリが九三年、例の「パリはミサを聴くに価する！」という有名な科白を吐いてカトリックに改宗、アンリ四世としてフランス王位に就き、信教の自由を宣言する「ナントの勅令」（一五九八）を発布することになる。モリスコ達の中にはこれらの勢力と提携し、スペインのカトリック勢力に対抗しようと考えた者もあったのである。じじつアンリ四世には、フランス軍がアラゴンのモリスコの協力を得てスペインに侵入し、自分の出身地ナヴァール王国のスペイン側南半分[14]を回復しようという狙いがあった。しかしその計画立案中に、狂信的カトリックであるラヴァイヤックに暗殺（一六一〇）されている。そのほか一六〇八年にはヴァレンシアのモリスコが、モロッコ王位を狙うムーレイ・シダンを支持する見返りに、オランダの船舶によってイスラム軍を派遣する計画まで露われる。

　このような状況では、フェリーペ三世（在位一五九八〜一六二一）治下のスペインで、モリスコの全面追放が行われたのも不思議ではない。この動きは、モリスコとフランスの連絡が発見された〇四年頃から政府内部で論議され始め、〇八年頃からモリスコ人口の集中が著しいヴァレンシアでまず実施され、〇九年にスペイン全土に対して勅令として発布される。スペインから独立したネーデルランドと屈辱的な講和を結ぶ際、それから一般の関心を逸らすために、モリスコにスケープ・ゴートの役を押し付けたといわれ、じじつ講和締結と時を合わせてこの追放令も出されている。モリスコの中にはこの非人道的な措置に反対して、実力蜂起するグループもあり、とくに指導者の名を取って「ヴィセンテ・トゥリージの乱」と呼ばれた叛乱は、アイヨーラ渓谷を中心に起こった。この叛乱は大事に至らず鎮圧されるが、モリスコの追放はヴァレンシアからアンダルシア、アラゴンと拡大、一四年までに三十万人がイベリア半島を追われた。ヴァレンシア、ムルシア、アンダルシアの各地方に深刻な労働力不足を惹き起こしたこの民族迫害と追放の歴史は、ユダヤ人改宗者追放と並んで、スペインのルネッサンスにおける暗い面を示している。

レパントの海戦

スペイン国内のモリスコ問題でやや先走りしてしまったが、オスマン・トルコ自体との関連でいえば、前述の一五六〇年ジェルバ島沖海戦の後（この間、スレイマン大帝が一五六六

（14）一五一二年に、イングランドのヘンリー八世を捲き込んだアラゴン王フェルナンドの巧妙な戦略によって奪われた。

年に亡くなり、セリム二世が後を継ぐ）、フェリーペ二世はますます強くなるイスラムの地中海制海権をなんとか打破すべく、ローマ教皇のピウス五世と共に七一年、ふたたび対オスマン・トルコの「神聖同盟」を呼びかける。今度は、その前年にモリスコの第二次アルプハルラス叛乱の制圧に活躍したドン・ファン・デ・オーストリアが総司令官、さらに後年フランドル総督として勇名を轟かせることになるアレッサンドロ・ファルネーゼが副官、それにヴェネツィアも参加し、同年十月ギリシャはコリント湾の最も狭まった部分レパント（現ナフパクトス）で、アリ・パシャ指揮下のオスマン・トルコ艦隊と対決する。血気盛んな二十三歳のドン・ファンが主張した即戦即決作戦が奏功して、このレパントの海戦はキリスト教艦隊の完勝に終った。無敵のオスマン・トルコ海軍に対する初勝利にキリスト教界は沸き立ち、多くの伝説が生まれた（セルヴァンテスも海戦に参加し、左手に名誉の傷を負ったことを『ドン・キホーテ』の中で誇らしげに語っている）。

しかし、じっさいのところはオスマン・トルコ側の態勢立て直しは素早く、二年後の一五七三年にドン・ファンが勝利の余勢を駆ってチュニス攻略に成功したものの、はや翌七四年にはオスマン・トルコが再建した海軍に奪回されてしまう有様であった。

フランドル情勢と「波のあぶれ者」

この事態には、キリスト教側の教皇ピウス五世の死（一五七二）や、オスマン・トルコとの貿易が過度に損なわれることを恐れたヴェネツィアの消極的な動きも関係していた。だが、それよりも同じ一五七二年にフランドルで起きた、反スペイン蜂起の火の手が抑え切れなくなったというフェリーペ二世側の事情が大きく働いている。フランドルの蜂起には、ネーデルランドにおいて表向きは私的な海賊だが、そのじつはオラニエ（オレンジ）公ウィレルム一世の特許状を持ち、エリザベス一世が黙認した英国の船乗り達も参加し、ことさら悪ぶって「波のあぶれ者《ヴァーテルゲーゼン》」と称した新教徒の海軍が大きな役割を果している。この「波のあぶれ者」がロッテルダムの入口に当たるブリエル（ブリル）の町に迎え入れられ、反スペイン闘争の拠点となったのがきっかけとなって、南北ホラントとゼーラントの諸都市が同調したわけである。これがドン・ファン・デ・オーストリアのフランドル総督任命（一五七六）と、その要請によるアレッサンドロ・ファルネーゼの着任（一五七七）、ゲムブルーの勝利（一五七八）と展開しながら、最終的にはネーデルランド北半分の喪失に繋がっていくのだが、詳細は次項で触れる。

一方、オスマン・トルコ側にも事情があった。まずイランのシーア派サファーヴィ王朝の脅威と、それに加えて一五七四年のセリム二世死後、政治が宦官と愛妾（つまり王宮のハレム）により聾断されてしまった事実が上げられる。その結果として、スペインもオスマン・トルコも、もはや地中海の覇権を争っている余裕がなくなり、ついに七八年フェリーペ二世と時のスルタンであったムラト三世との間に和平条約が結ばれ、やっと地中海に平和が訪れる。

とはいえ、レパントの勝利により、ヨーロッパ内で大いに上がったスペイン海軍の名声も二十年と保たず、八八年に、もともとその地中海向けの「無敵艦隊」が、今日英仏海峡と呼ばれるに到った海峡の、カレー沖におけるイングランド側の攻撃で潰滅したのを契機として大きく低下してしまう。さらに、世界貿易の主流が地中海から大西洋に移ったことと、フェリーペ二世の対外戦争により膨大な財政的負担を強いられたスペインの経済が疲弊したことによって、大西洋海域におけるオランダとイングランドの海運が徐々に優位になっていくのである。

フランドル問題

先ほど「波のあぶれ者」のブリエル占拠（一五七二）の話が出たが、ことほどさようにフランドル問題はフェリーペ二世のカトリック帝国政策にとり、アキレス腱ともいうべき弱点をなしていた。それはヨーロッパ勢力としてのスペインを、「フランドル八十年戦争」と呼ばれる長い戦争に捲き込み、最終的には凋落させることとなるほどのものであった。フランドルはこれまで何度も指摘したように、当時のヨーロッパにおいて有力産業だった毛織物工業の中心地であり、同時にハプスブルグ大公家に属する伯爵領でカール五世の生まれ故郷、かつハンザ同盟の国際貿易システムに参加するアムステルダム、ロッテルダム、ハーレム、アントワープ、ブリュージュなどの海運都市を擁する、活発な知的交流活動の舞台でもあった。ただし、父親のカール五世が抱いていたような生まれ故郷に対する愛着は、イベリア半島育ちのフェリーペ二世にはなかった。だがヨーロッパ中央部に進出しようとするなら、陸路では（常に対立する）フランスを経由する以外ないスペインにとっては、（イングランドさえ友好的なら）海路で直接アクセスが可能なフランドルは、不可欠の拠点だったのである。

しかし十六世紀前半、アルプス以北でローマ教皇庁の制度的な硬直と腐敗を批判することを通して国民国家の台頭が見られた時期に、革新運動の精神的バネの働きをしたキリスト教再生運動（フランスの新教徒、イングランド国教会、ドイツのルッター派による宗教改革、スペインのイエズス会に代表される反宗教改革）は、その「うねり」にフランドルをも捲き込まずにはおかなかった。すでに十五世紀の終りに人文主義的な宗教革新の大立者エラスムスがロッテルダムから出ているが、ここにはそれより遥か以前、十三世紀にリエージュを中心に興った半俗修道会ベギン派の運動があった。また、どちらかといえば農民的なルッター派の影響が主としてドイツに限られたのに対して、一五四一年ジュネーヴで新教政権を確立したジャン・カルヴァンの、都市的な職業倫理を提唱する改革運動はフランドル、とくにその北部の精神的風土と合致して急速に拡まる。

これに対しカトリック教会のチャンピオンたるフェリーペ二世としては、歯止めをかけないわけにはいかない。そこでフェリーペ二世は五九年、サン・カンタンにおけるフランスに対する大勝利の後、父親カール五世と愛人ヨハンナ・ヴァン・デア・ゲインストとの（庶出の）娘でフランドル育ち、かつフェリーペ二世にとっては五歳年長の異母姉パルマ公妃マルゲリータをフランドル総督に任命する。しかしその時すでにこの地では、異端審問裁判所を強化するため行われた教区の組織変更と、新設メヘレン大司教職に強硬派アントワヌ・ペルノ・ド・グランヴェルが着任したことに対する不満とが燻っていた。そのうえフランドルは、カール五世が一五五五年にフェリーペ二世に譲ったことですでにスペイン領となっていたにもかかわらず、また新教派の制圧という目的も判然していたのだが、それでも外国兵であるスペイン軍の駐屯を決して歓迎しなかったのである。

マルゲリータ・ディ・パルマとアルバ公

マルゲリータ・ディ・パルマは一五二二年、ゲント（ガン）の南三十キロのオーデンアルデ生まれで、何よりフランドルの平和を重んじ、政治的利害の絡んだ新旧両教の対立を宥和しようと試みた。これに対して、グランヴェル大司教の主導する大貴族中心の「国事評議会《ラード・ヴァン・シュターテ》」は、新教派の強硬弾圧を主張して譲らなかった。それゆえ、グランヴェルは六四年に解任され、不人気なスペイン兵も本国に召還される。しかし新教側も六六年夏、熱狂的なカルヴァン派が偶像崇拝打倒を唱えて教会を襲い聖像や聖遺物を破壊する「ベールデンシュトルム」と呼ばれる暴挙に出たので、マルゲリータとしても治安維持のため軍隊を導入せざるを得ず、緊張が高まる。その後、マルゲリータの努力により事態はすでに沈静化に向かいつつあったにもかかわらず、事件を重く見たフェリーペ二世は力による解決を主張するので有名なアルバ公フェルナンド・アルバレス・デ・トレドを、一万人のスペイン軍団と共に六七年ブラッセルに送る。フランドル人の性格を知悉し、強硬政策に賛成できないマルゲリータは、武力行使は事態の解決にならないとフェリーペに警告した上、皆に惜しまれつつ領地の北イタリアはパルマに引き上げてしまう。

代わって総督となったアルバ公は、はたせるかな徹底的な弾圧に出る（自分が悪役を引き受けて強烈な弾圧を行い、新教派の首領を一掃し終ったところへフェリーペ二世がフランドルに来て恩赦を布告し、スペイン支配の人気を回復するという計画だったという説もある）。まず新教徒を断罪する特別法廷として「騒擾《そうじょう》問題会議」（「血みどろ会議」とも呼ばれた）を招集し、一方的に新教徒を反逆罪で処罰する。フランドル貴族で、政治的リーダーの中で最も人気のあったオラニエ公ウィレルム一世が召還に応じないとみるや、これを叛徒と宣言して財産を没収し、期せずして反スペイン闘争の旗頭に仕立ててしまう。

オラニエ公ウィレルム一世

このウィレルム一世は口数が少なく、「寡黙公《ツヴィーガー》」と渾名された人物だが、一五三三年ドイツのラインラントはコブレンツの東南付近を本拠とするナッサウ伯爵家に生まれる。父親も同じヴイルヘルムという名であったから、その長男は国王としてはオランダ読みのウィレルム一世でも、伯爵としては二世ということになる。ナッサウ家は新教ルッター派で、当然ウィレルム一世も新教徒として育てられる。だが四四年、南仏のオランジュ公爵であった、分家の従兄ルネ・ド・シャロン＝ナッサウが跡継を残さず死亡したので、ウィレルム一世がオランジュ公のタイトルを相続することになる。[15] 当時まだ十一歳であったウィレルム一世の後見人には、血縁の関係からカール五世がなり、カール五世はウィレルム一世がカトリックの教育を受けるように命ずる。つまりウィレルム一世は新教徒として洗礼を受け、旧教徒として成人したわけである。この経緯が後に、宗教対立に引き裂かれたフランドルにおける、ウィレルム一世の立場に大きく影響することとなる。ウィレルム一世は、カール五世の妹でフランドルの摂政だったマリア・デ・オーストリアの、ブラッセルの宮廷に送られて成長する。カール五世はウィレルム一世の人柄を愛して、五五年にはフランドル騎兵連隊の指揮官、および十七州を統括する「国事評議会」のメンバーに取り立てる。

カール五世の退位後、スペイン王となったフェリーペ二世もまたウィレルム一世を重んじ、五九年サン・カンタンの勝利の後、本国に帰る前に大陸の布陣を再編成するに当たって、ウィレルム一世をホラント、ゼーランド、ユトレヒトそしてフランスはブルゴーニュの総督に任命、その政治的重みを増

(15)「オランジュ」はオランダ読みなら「オラニエ」、後にこの家が英国の王家になったため一般に知られるようになった英語読みなら「オレンジ」である。

大させている。だが、その一方でフランドル育ちのウィレルム一世は、フェリーペ二世と正面切って対立しないまでも、国民国家台頭の機運に棹さして、次第に外国であるスペイン勢力（軍隊の駐留、行政官の任命など）の存在に反発を強めるフランドルのナショナリスト側に傾斜していく。とくに宗教問題では、新教生まれで旧教育ちということでもあり、新教か旧教どちらか一方でなければならぬというのではなく、信仰の自由を認めようとする立場から、スペイン＝カトリック勢力が異端審問裁判所を用いて行う弾圧に対して批判的であった。さらに、伝統的にカトリック派の大貴族層に対して、中小貴族が団結したことを機会に、グランヴェル大司教と共に新教弾圧を行ったシャルル・ド・ベルレモンにより仏語で「あぶれ者」（gueux）呼ばわりされたのを逆手にとって、自ら「波のあぶれ者」と称した新教派の艦隊を支援する。フェリーペ二世の命により強硬政策を推進すべくアルバ公がブラッセルに到着すると、ウィレルム一世は衝突を避けてナッサウに引き上げる。[16] アルバ公のこうした強硬措置に対抗してウィレルム一世の弟ルイの率いるドイツ傭兵軍がフランドルに侵入し、六八年五月の「ヘイリゲルリーの戦い」で北部諸州長官アーレンベルグ公爵のスペイン軍を破る。だがアルバ公はただちに反撃、七月「ジェミンゲンの戦い」では新教側が完敗する。この二つの戦闘こそ、オランダ独立に到る「八十年戦争」の口火となる。

オラニエ公ウィレルム一世の肖像　パリ　フランス国立図書館

　一五六七年から六年間に及ぶアルバ公の武断政治の下、戦況のはじめはスペイン軍に有利に展開した。しかし当時、スペインの皇太子ドン・カルロスの事件（祖母の「乱心」ことファーナと同じように、精神状態が不安定で錯乱の気があり、一五六八年一月にフランドルの新教派と内応を画策した嫌疑でフェリーペ二世自身により逮捕・監禁されて、翌六九年七月に不審死）や、モリスコスの第二次アルプハルラス叛乱（一五六八〜七〇）、オスマン・トルコ海軍との対決（一五七一～七四）のため、フェリーペ二世はフランドル派遣軍にまで十分な軍資金などの手当をすることができなかった。そのうえ、エリザベス一世が黙認した、スペイン輜重《しちょう》船団に対するイングランド艦隊の海賊行為もこれに輪をかける。届かぬ戦費を現地調達するためにアルバ公が六九年、あらゆる商品の売上に対して課される一種の消費税（スペイン本国では「アルカヴァーラ」と呼ばれた）および固定資産税を導入しようとしたことが引き金となって、反スペインの気運がフランドル全土に拡まる。これに乗じて「波のあぶれ者」によるブリエル占拠（一五七二）に端を発するフランドル北部の蜂起が重なると、もはや力による弾圧政策の破産は覆うべくもなく、アルバ公は七三年に帰国を命ぜられる。

その代わりにミラーノ総督《コンスル》で、より宥和的なルイス・デ・ズニガ・イ・レスケンスが着任する。翌七四年六月には、異端その他の罪のため処罰の対象になっていた者達に対する恩赦令も発布されるが、十一月に「スペインの狂気」と呼ばれた、給料不払いに荒れ狂ったスペイン軍団のアントワープ略奪が起こって帳消しとなり、反スペイン感情は高まる一方であった。そのうえフェリーペ二世は七五年、二度目の自己破産宣言を出さざるを得ない羽目に追い込まれる。フェリーペと取引していたセヴィリアやジェノヴァの銀行は倒産、ドイツの金融業者もアウグスブルグのフッガー家を除いて、新しい貸付け要求を拒否する。

ドン・ファン・デ・オーストリアと「寡黙公」ウィレルム一世

そんなところに一五七六年、レスケンスが急死する。フランドル次期総督として派遣されたのが、第二次アルプハルラス叛乱鎮圧ではグラナダを攻略、七一年のトルコ艦隊に対するレパントの海戦にも大勝利して名声赫々たるフェリーペ二世の異母弟ドン・ファン・デ・オーストリアであった。ドン・ファンはもともとこの任命に気が進まず、自分がイングランドに侵攻[17]するのを認めるという条件で、やっと引き受けたのである。男盛りの三十歳、かつ神聖ローマ皇帝カール五世の血を引きながら隠し子であったという劣等感、それにグ

(16) ゲーテの戯曲『エグモント』とベードーヴェンの序曲で有名な、神聖ローマ帝国の「金羊毛騎士」エグモント伯とホルン伯が皇帝権による裁判以外には服する義務がないという特権を恃《たの》んでフランドルに留まっていたのが、宴席から拉致されて処刑される事件が起こるのもこの時である。

(17) ドン・ファンはイングランドに侵入してエリザベス一世を追放し、囚われのメアリー・スチュワートを解放してこれと結婚、イングランドとスコットランドの王位に就く——という計画を持っていた。これはフェリーペも密かに狙っていたところでもあった。

ラナダやレパントでの功名の自負などが複雑に混じり合って、一国の主になりたいという気持に逸っていたと思われる。一方、フェリーペ二世の方は、フランドルの叛徒を平定したいのは山々だが、戦いの成り行きでドン・ファンの人気が高まり過ぎると、自己の権威に対する脅威となるため、猜疑心をもってその行動を見守ることになる。

この間、「寡黙公」ことウィレルム一世の方はブラッセルに在って、フランドルからスペインの撤退を要求する「ゲント（ガン）の和平」と呼ばれる協約を諸州と締結し、これを既成事実としてドン・ファンに突き付けようと計画する（ウィレルム一世はこの間の七三年頃、もっぱら政治的理由から、生まれた時にそうであったルッター派から、同じ新教でもフランドル北部諸州において優勢になりつつあったカルヴァン派に移る）。スペイン撤退については十七州の合意は得られたが、新旧両教の対立が解けず、協議が長引いているところにドン・ファンが到着(18)（一五七六）、フランドルの「国事評議会」との交渉に入る。一般の予測に反して七七年二月、ゲントの和平の骨子（スペイン軍の退去、行政職にはフランドル人のみを採用など）を盛った「永久勅令」にドン・ファンは署名し、自身は「総督」として承認されて、五月にはブラッセルに入城する。事態がこうなっては、ウィレルム一世としてもブラッセルを退去せざるを得なくなる。だが、自己の権力行使を何よりも望むドン・ファンは、永久勅令の制限条項に我慢できるわけもなく、七月になると兵を率いてナミュールを占領、フランドル全土を敵に回すことになってしまう。ウィレルム一世が歓呼の声に迎えられてブラッセルに帰還したのはいうまでもない。

同七月、ドン・ファンはスペインから援軍と、その指揮官として幼少の頃からの仲間で、パルマ公爵領に帰っていたファルネーゼ家のアレッサンドロを送ってくれるよう要請するために、秘書官ファン・デ・エスコベードをフェリーペ二世の許に送る。エスコベードは、もともとフランドルにおけるドン・ファンの行動を監視すべく派遣されたのだが、次第にドン・ファンの人柄や考え方に共鳴し、その熱烈な支持者となっていた。フェリーペ二世は性来の猜疑心から、エスコベードが自分を異母弟の支持に引き入れようと、説得に力を入れれば入れるほど、かえって対応が鈍くなり、交渉の報告を受けたドン・ファンをがっかりさせている。

これにはエスコベードの保護者でフェリーペ二世の腹心、フランドル問題に関しては宥和を主張するエボリ公爵の一派であったアントニオ・ペレスの動きが関わっていたようである。ペレスはフェリーペ二世の耳にドン・ファンの王朝的な野心について、疑念を萌させるような情報を吹き込んだ節がある（これに苛立ったエスコベードが、折から未亡人となったエボリ公妃とペレス自身との情事を嗅ぎ付けてペレスを脅す。それが引き金となって、ドン・ファンの件でエスコベードを疑うにいたったフェリーペ二世も加わったとされる、七八年のエスコベード暗殺事件が起こる。だが、その後で、それもエスコベードの件ばかりでなく行政処理上でも、ペレスの怪しからぬ所業が露われたので、本人は生国アラゴンに逃亡する。そしてこれが、アラゴン叛乱とその鎮圧という大事件に発展するのだが、それは後で触れる[18]。

フェリーペ二世とギーズ家のカトリック同盟

この一五七七年にはまた、以後のフェリーペの対外政策に重大な影響を及ぼすことになる事件が起こっている。すなわちこの頃、一方ではウィレルム一世がフランドルにおける自己の立場を強化する目的で、スペインの仇敵であるフランス（およびその新教徒）の支持を得るべく、アンジュー公フランソワ（カトリーヌ・ド・メディシスの第四子）をフランドル国王に推戴する協議を開始していた。これに対抗してフランス国内のカトリック派の頭目であるギーズ家が、ドン・ファンを通じフェリーペ二世との接触を求めて来たのである。

一五七二年六月のサン・バルテルミーの虐殺は、ヴァロワ家のマルグリット王女とナヴァール王アンリ（新教徒、後にカトリックに改宗してアンリ四世）との結婚を祝うため新教徒がパリに集まったのを狙って決行されたのだが、これをきっかけにフランスは本格的な宗教戦争に突入する。もし時の国王シャルル九世、兄のフランソワ二世、その弟で後のアンリ三世、またアンジュー公フランソワ、いずれにも男の子がなかった場合（その見込みは大いにあったし、事実そうなった）、伝統的にフランク族の「サリ法典」に依拠し男系相続しか認めないフランスの王位は、新教徒であるナヴァール王アンリ・ド・ブルボンの手に渡ることになる。これは到底カトリック側の容認できる事態ではない。そこでそれまでは、姪のスコットランド女王でエリザベスの囚われ人、メアリー・スチュワートを軸に、自家の王朝的野心を実現しようと狙うギーズ家の動きを、冷ややかに見ていたフランスの旧教派も、一挙にギーズ家を中心に結集することとなる。ギーズ家もまた自己の宗教的使命に目覚め、そうなればヨーロッパにおけるカトリック信仰の旗頭をもって任ずるフェリーペ二世に協力と援助を要請するしだいとなったのである。

七七年末、駐フランス大使からこの報告を受けたフェリーペ二世は、大いに乗り気のコメントを報告書の欄外に記して

(18) その前にルクセンブルグに行き、十月にラティスボーンから、ここに移り住んでいた母親のバルバラ・ブロンベルグと初めて対面している。

いる。ただ事態はフェリーペ二世の思惑どおりには展開せず、ギーズ公のフランソワとアンリの父子はいずれも暗殺され、メアリー・スチュワートはエリザベスにより処刑（一五八七）、自分とアンリ二世の娘エリザベートとの間に生まれたイザベル・クララをフランス女王にしようという企ては、「サリ法典」を盾にとるフランスのナショナリストに阻まれ、結局はナヴァール王アンリが旧教に改宗（一五九三）、アンリ四世として即位したのは周知の展開である。だがそれは飽くまでも結果論であって、この七七年のギーズ家からの連絡をきっかけとして、フェリーペ二世のフランス宗教戦争への介入[19]が始まることになる。

だが、それはともかく、このような種々の事情はあったものの、フェリーペ二世は最終的にはドン・ファンの要求を容れ、フランドルにスペイン軍を送り、アレッサンドロ・ファルネーゼにフランドルに赴くよう指示している。これでいよいよ名将アレッサンドロの登場となるのだが、いまはドン・ファンの生涯を見届けておこう。ファルネーゼは七七年十二月にフランドルに到着するや、たちまち持ち前の果断と勇気を発揮して、ドン・ファンを助けて、「ゲンブルーの戦い」（一五七八年一月）でフランドル軍を大いに破る。だが、これだけでは戦況は好転せず、同年八月にはドン・ファン自身がメヘレンの近くリーメナナムの戦いに敗れて、ナミュール郊外はブージュの陣営に兵を引き、軍の立て直しを図っていた矢先、疫病（チフスといわれている）に罹ってしまう。そして国王の冷淡さを恨みつつ、失意の中にその数奇な一生を終える。その生前は、異母弟の願いを十分に叶えてやったとはいい難いフェリーペ二世だが、ドン・ファンが死に、もはや政治的危険のなくなった上は、遺骸を丁重に本国に送るよう指示し、王族に相応しい立派な墓に葬っている。その墓は、今日もエル・エスコリアルの王家の墓所に見られる。

ファルネーゼ家

ここで、もうたびたび登場しているファルネーゼ家について簡単に触れておこう。ファルネーゼ家は十世紀に遡る、中部イタリアはラティウム州の名家で、十五世紀辺りからローマに出て教皇庁で権勢を振う。ジュリア・ファルネーゼはロドリゴ・ボルジャ、すなわち教皇アレクサンドル六世の愛人として知られる。そのジュリアの弟アレッサンドロが一五三四年、パウルス三世の名でローマ教皇となる。この教皇はイエズス会の公認（一五四〇）、異端審問裁判所設立（一五四二）、トレントの宗教会議開催（一五四五）など、一連の反宗教改革路線の推進者として有名だが、同時にまた、スペインとフランスというヨーロッパの二大強国の間にあって、教皇庁の独自路線を主張しようと試みたのでも知られる。もう一つよく知られているのは、パウルス三世がじつに臆面もない身内贔屓《ネポティスム》の実行者だった事実で、例えば長男で跡取りのピエル・ルイージのためパルマ・ピアチェンツァ公国という公爵領を新しく設定して与えている。そんなところに三八年、カール五世の庶子のマルゲリータが[20]、再婚の相手としてピエル・ルイージの息子オッタヴィオの許に嫁入って来る。時に二二年生まれのマルゲリータは十六歳であった。四五年には長男アレッサンドロが生まれている。これでフランドル問題の二人の重要登場人物、マルゲリータ・ディ・パルマとその息子アレッサンドロ・ファルネーゼが出揃うことになる。

カール五世はマルゲリータをオッタヴィオと結婚させた時、パルマ・ピアチェンツァ公のタイトルをピエル・ルイージからオッタヴィオに譲らせる意向であった。しかしピエル・ルイージはそんな意向を無視し、積極的に自己の勢力範囲を武力で拡大して、カール五世の不満と警戒心を喚び起こす。そこにファルネーゼ家の拡大政策に対する地方小領主達の反発、当時カール五世のためにミラーノ総督を務めていたゴンザーガ家のフェランテがピアチェンツァに食指を動かしていたこと、さらにカールの差金もあって、ピエル・ルイージの暗殺（一五四七）が起こる。ピアチェンツァはゴンザーガ家に奪われ、息子オッタヴィオが受け継いだのはパルマ公爵領だけであった。したがってマルゲリータはパルマ公妃となったわけである。前述のようにマルゲリータは五九年、カール五世の跡を継いだ異母弟フェリーペ二世によってフランドルの総督に任命され、十四歳のアレッサンドロを伴ってブラッセルに到着する。甥を気に入ったフェリーペ二世は、当時滞在中のフランドルからスペイン帰国に際してアレッサンドロをマドリッドに伴い、以後アレッサンドロは、同年だがカール五世晩年の隠し子なので、世代的には叔父に当たるドン・ファン・デ・オーストリアと、四七年生まれで二歳年下の従弟で皇太子のドン・カルロスと共に、スペインの宮廷で育てられた。この三人組は、どうもフェリーペ二世にとり油断のならない若者達だったようである。じっさいフェリーペ二世がアレッサンドロをマドリッドに連れて行ったのは、甥を気に入っていたこともあったが、同時に自主独立的なファルネーゼ家の当主オッタヴィオが、フェリーペ二世にとって信頼できる異母姉マルゲリータの不在中に好ましからざる動きをせぬよう、跡取りのアレッサンドロを人質に取っておくという考

(19) 本格的な武力介入は、一五八八年のギーズ公アンリの暗殺以降となる。

(20) マルゲリータは、最初の結婚でフィレンツェ公アレッサンドロ・デ・メディチに嫁いだが、暴君だったアレッサンドロが従弟のロレンツィーノ（十九世紀フランスの劇作家アルフレッド・ド・ミュッセの『ロレンザッチョ』の主人公）に暗殺され、未亡人となっていた。

慮が働いていたと思われる。じじつアレッサンドロはその後ずっとスペインで暮らし、パルマに帰るのはやっと六六年で、フランドルの政治情勢がカルヴァン派の「聖像破壊騒動《ベールデンシュトルム》」で不安定になったのを避けてイタリアに戻ったのである（その前の六五年には、母親マルゲリータは息子アレッサンドロとポルトガル皇太子ドゥアルテの娘マリアとの結婚を、自分が総督を務めるブラッセルの宮廷で盛大に祝ってやっている）。アレッサンドロとマリアとの間には、六九年生まれの息子ラヌッチョのほか、二人の子どもを儲けるが、妻のマリア・デ・ポルトガルは七七年に亡くなる。

一方、母親のマルゲリータはすでに見た通り一五六七年、フランドルの統治が新旧両教徒の対立によって困難となり、フェリーペ二世がアルバ公を起用して強硬政策に踏み切ったのを機に、ブラッセルを去ってパルマに戻る。これと入れ違いにアレッサンドロの方は、七〇年からスペインに戻り、ドン・ファンと共にトルコ海軍相手のレパントの海戦に参加する。その後いったんはパルマに帰るが、七七年末にはフランドル総督となったドン・ファンの要請に応じて再びブラッセルに赴き、七八年の「ゲンブルーの戦い」の勝利に貢献する。ドン・ファンは同年八月に病没するのだが、死に際して自分の後継者としてアレッサンドロを指名していた。しかし物事をすべて自分のコントロール下に置きたいフェリーペ二世の考えはまた別で、すでに五九年からアルバ公の到着までの七年間フランドル総督を務めた、アレッサンドロの母親マルゲリータ・ディ・パルマを再起用して行政の責任者とし、軍隊の指揮の方はそのままアレッサンドロに任せるという案であった。じじつマルゲリータは八〇年にフランドルに到着し、行政権を掌握しようとする。しかしアレッサンドロが、戦時態勢下のフランドルにおけるそうした権力の分割を断固拒否したため、母子間の話し合いの結果マルゲリータは八三年にはパルマに引上げ、フェリーペ二世もまたアレッサンドロの総督就任を承認せざるを得なかった。ただ、このことがフェリーペ二世の裡《うち》に、アレッサンドロに対しても、かつてドン・ファンについて抱いたのと同種の警戒心を呼び覚ますことになったのは想像に難くない。

じっさいアレッサンドロもドン・ファンと同じく、イングランド侵攻の意志を表明しており、イングランドのカトリック教徒の内応があればことは十分可能と踏んでいた。アレッサンドロは名門ファルネーゼ家出身で、ドン・ファン同様カール五世の血を引いており、ポルトガル王女と結婚したほどで、パルマ公国の主ぐらいで終るのでなくて、イングランド王国を手に入れても決しておかしくない身分だったのである。しかし、フェリーペ二世はこれを抑えて、自分のイングランド侵攻計画が十分整うまで許可を与えず、いよいよ実行とな

アレッサンドロ・ファルネーゼの肖像　1590 年　ブリュッセル　ベルギー王立美術館

った時には「無敵艦隊」の潰滅（一五八八）という不運に見舞われてしまう。この時、無敵艦隊の到着に合わせて、オランダ駐屯のスペイン軍を率いてオステンドに集結せよというフェリーペ二世の指示に（イングランド・オランダ艦隊の妨害にあって）すぐに対応できず、その間に例の無敵艦隊の敗北が起こることになるのだが、この時のアレッサンドロの行動につき、フェリーペ二世に対する日頃の不満からサボタージュをしたという（事実無根の）声が上がったことは、アレッサンドロとフェリーペ二世　の関係に緊張があるという見方が、当時のスペインの人々の間にはあったことを示して注目に値する。

ドン・ファンの死後、アレッサンドロの獅子奮迅の働きで、一時はフランドル全土にわたるスペイン支配が回復されかけるところまで行く。八五年アントワープ攻略の功績に対して、アレッサンドロはフェリーペ二世から、かねてから問題になっていたピアチェンツァを返してもらっている。[21] しかしフェリーペ二世の方は、後に触れるポルトガル併合問題、アラゴン統合問題、また「無敵艦隊」のイングランド侵攻失敗、さらには八五年頃から始まるアンリ三世、アンリ・ド・ギーズ、そしてアンリ・ド・ナヴァールが三巴になってフランスの主導権を争った、いわゆる「三アンリの戦い」に介入するなどで多事多端、とてもフランドルにまでは手が回りかねてアレッサンドロを支援できなかった。それどころか、八六年に父親オッタヴィオと母親マゲリータが共に亡くなり、アレッサンドロが帰国を求めても、余人を以て代え難いという理由でこれを認めない。かえってアンリ・ド・ギーズの暗殺（一五八八）、翌年のアンリ三世暗殺を経て、新教徒のアンリ・ド・ナヴァールが優勢になってくると、これを牽制するためアレッサンドロに、フランドルはひとまず措いてフランスの

(21) これでファルネーゼ家は、再びパルマ・ピアチェンツァ公国を領することとなるのだが、アレッサンドロ自身は最後までフランドル戦線に在って、一度も自領を治めたことはなかった。

旧教徒救援に赴くよう指示する有様であった。アレッサンドロは、一度目はパリ（一五九〇）、二度目はルーアン（一五九二）で、いずれも自軍に倍するフランス新教軍の包囲網を見事に打ち破る。

すると、その目覚ましい勝利に警戒心を抱いたフェリーペ二世は、密かにアレッサンドロの更迭を指令する。ただしアレッサンドロ自身はそれを知らず、ルーアン戦線（コオ・ド・ベック）で腕に負傷、息子のラヌッチョに軍の指揮を任せて、自分はアラスの陣営に戻り加療するが、病状が悪化して十二月には陣没してしまう。後に父親と自分に対するフェリーペ二世の仕打ちを知り、肚に据えかねたラヌッチョはさっさとパルマに引き揚げ、以後ファルネーゼ家とスペイン宮廷の関係は冷え切ったものとなってしまうのである。

（2）フェリーペ二世の時代　その2

フランドルの分裂

ここで一五七八年のフランドルに話を戻すことにしよう。ドン・ファン・デ・オーストリアが「寡黙公」ことウィレルム一世の「ゲント和平」（スペイン軍の撤退とフランドル人のみの行政官採用）をいったんは容認して「永久勅令」を発布しておきながら、すぐにこれを破ってナミュールを占領した振る舞いにより、フランドル諸州はすっかり硬化し、反スペインに凝り固まってしまった。スペイン軍の指揮権を掌握したアレッサンドロ・ファルネーゼは、そのフランドル諸州を相手にすることになる。しかし明敏なアレッサンドロは、一見一枚岩のように見えるフランドルの「国事評議会」内にも、新旧両教の対立という亀裂があり、特にワロン地区と呼ばれる南部諸州（今日のベルギーに当たる）にはウィレルム一世の宗教的共存路線に賛成しないカトリック貴族の「不満派《メコンタン》」があることに着目する。七九年にアレッサンドロは「アラス条約」を提案して、これら南部諸州の賛同とフェリーペ二世に対する忠誠表明を取り付け、もって自己のコントロール下に置くのに成功する。

するとそのわずか三週間後、今度はウィレルム一世率いる北部の七州（ほぼ現在のオランダに当たり、新教カルヴァン派が多数を占める）が、「ユトレヒト条約」を結んでこれに対抗する。両者の中間地帯にあるゲント、メヘレン、イープル、ブリュージュなどの諸都市が抗争の焦点となるが、おおむねアレッサンドロの作戦よろしきを得て、次々とスペイン軍の占領するところとなる。(22)

ネーデルランドの独立

このような状況に危機感を持ったウィレルム一世と「ユトレヒト条約」を結んだフランドル諸州は一五八一年、遂に

「忠誠破棄の誓い」に署名して、自分達の地域ではスペイン王を廃位することを宣言、代わりにフランスの王弟アンジュー公フランソワを「軍政長官《シュタットホールダー》」として受け入れることに同意する。事実上の独立宣言である。(23)

このような事態に直面したフェリーペ二世はウィレルム一世を反逆者と宣告、法治権外に置き、その首に莫大な賞金をかけて暗殺を奨励する。これを承けて八二年、スペイン人フアン・デ・ハウレーギの試みがなされるが失敗。だが八四年フランス生まれのカトリック修道士バルタザール・ジェラールによる、デルフトでの狙撃は成功してウィレルム一世は死亡する。リーダーを失ったフランドル北部は潰滅し、全フランドルがスペイン支配に戻るかに見えた。

フェリーペ二世にとっては、この見込みには根拠があった。まず八一年にポルトガル併合に成功してイベリア半島を統一し、一時的に首都をリスボンに移す。八二年七月にはポルトガル王位継承権を主張していたクラート僧院長アントニオを支援するため、カトリーヌ・ド・メディシスが派遣したフランス艦隊を撃破する。一方、七〇年代の終りからアマルガム法の適用による銀鉱石精練法が軌道に乗り、南米からの銀輸入が飛躍的に増大する。またポルトガル併合によりブラジルや東洋の植民地からの香料その他の物産の流入も増加する。これらの好条件が重なって、次第に財政的信用が回復してくる。つまり、これで五七年の即位以来、まず父親から引き継いだ借金、さらにはフランス、次いでオスマン・トルコとの戦争遂行に必要な財政負担などのために、じつに三度（一五五七、六〇、七五）も債務不履行宣言を出さざる得なかったほどに苦しみ続けた財政的困難から、フェリーペ二世はやっと脱出することをも得たのである。それはまた同時に、念願のカトリック帝国の実現に、いよいよ国際的なレヴェルで踏み出す可能性も見えてきたことを意味した。

フランドルについていえば、こうした財政状況の改善により、フェリーペ二世はアレッサンドロ・ファルネーゼ麾下のスペイン軍に、以前よりずっと安定した支援をすることが可能になったわけである。はたせるかな十分な準備を整えることのできたファルネーゼは八四〜八五年にかけて、いよいよ

(22) ただし、スペイン軍の撤退を約束した「アラスの条約」の実行、またちょうどこの時、ポルトガル併合の好機が訪れたフェリーペ二世にとって、一五八〇年までにスペイン兵をリスボンに集結させる必要もあったので、それ以上の北部攻略はひとまず沙汰止みとなってしまう。

(23) フランソワは一五八二年二月にフランドルに入り、フランス軍も年末には到着、フランスとの反スペイン同盟は成立するかに見えた。ところがフランソワは、まずその専制志向と宗教的無関心の故に人々の反発を買う。そのうえアントワープを武力で制圧しようと試みるなど、勝手な振る舞いがあって不人気となり、八三年六月にはフランスに帰ってしまう。

中部フランドルの中心都市アントワープ攻略に取りかかる。完璧な包囲網を敷いて外からの援軍を絶ち、一年余りの市民軍の頑強な抵抗があったとはいえ、食料の尽きた町を新教徒市民は二年以内に退去するという条件で降伏させたのである。いったん降伏した町がスペイン兵の略奪の場と化したのは、戦争の習いとはいいながら無惨なことであった。

エリザベス一世の方針転換とマウリッツ・ヴァン・ナッサウ

ところがこうした成功が、フランドルのスペイン化という事態をなんとしてでも食い止めたいイングランド女王エリザベス一世に方針の転換を迫る。エリザベス一世はこれまでの非公式なフランドル援助から、一五八五年になると公然たる軍事介入に踏み切り、愛人のレスター伯爵ロバート・ダッドレイを総指揮官とする一万五千のイングランド軍を、新教徒支援のため八五年にフランドルへと送り込む。将軍としては無能なダッドレイは、大した戦果も上げられず八七年に帰国し、大方の非難を浴びる。しかし、このイングランド軍の進駐が、一方ではスペイン軍の北上を妨げ、他方ではフランドルのナショナリストへの刺激ともなっていく。

同じ一五八五年、北部諸州を支配していた富裕な商人層出身で、諸州のスポークスマン（Landsavocat）であるヨーハン・ヴァン・オルデンバルネヴェルトの提唱により、暗殺されたオラニエ（オレンジ）公ウィレルム一世の次男マウリッツ・ヴァン・ナッサウが「軍政長官」に選出される（時にマウリッツはわずか十八歳、かつこの選択は、じつは「軍政長官」のポストを提供されたエリザベス一世とアンリ三世が、共にスペインと公然と対立するのを嫌って断った結果の苦肉の策であった）。しかし、マウリッツは有能な将軍であることを、次々と実戦で証明する。特に攻城戦に優れ、九〇年にはブレダを奪取、翌年あのアレッサンドロ・ファルネーゼを向こうに回し一歩も引かず、アーネムを守り通している。しかもこの間、八八年夏には、スペイン「無敵艦隊」によるイングランド侵攻が、荒天のゆえもあって失敗。ファルネーゼ自身も参戦しようとしながら、マウリッツの従弟ユスティヌス・ヴァン・ナッサウの率いる新教艦隊に阻まれてカレーに到着できず、本隊との合流を果せなかった。そのうえファルネーゼは、フランスにおける新教派の総帥となったナヴァール王アンリ・ド・ブルボンの優勢がはっきりしてくる九一年には、フェリーペ二世の命令でフランスに赴かざるを得ず、以後フランドルに関わることはない。しかも九二年にルーアン戦線で受けた傷が因でファルネーゼが死ぬと、有能な指揮官を失って弱体化したスペイン軍に対して、マウリッツはゲールトリュイデンベルグ攻城戦（一五九三）、トゥルンハウトの戦い（一五九七）、ニィユポールトの戦い（一六〇〇）で大勝利を収め、スペイン支配下の南部フランドルに対して、北部の低地帯（ネーデルランド）の独立を実質上勝ち取る。その結果、この地域はフェリーペ二世のカトリック帝国構想にもかかわらず、新教化して南部から分離する。この南北フランドルの分離態勢が、政治的にヨーロッパのレヴェルで承認されるには一六四八年のウエストファリア条約を俟《ま》たなければならないとはいえ、もはや北部がスペイン支配に戻ることはない。(24)

話をマウリッツに戻すと、その軍事的優位は長く続かなかった。一六〇三年にジェノヴァ出身のアンブロジョ・スピノーラがスペイン軍司令官に着任すると、スペイン側の態勢が立て直されて、戦況は膠着する。そこにマウリッツの反対にもかかわらず、オルデンバルネヴェルトの主導で、スペインとの「十二年和平」（一六〇九～二一）が締結され、そのうえさらにカルヴァン派内の「ゴーマリスト」と「アルミニアン派」との対立が絡むと、マウリッツとオルデンバルネヴェルトの対立は避けられなくなる。マウリッツは一八年、オルデンバルネヴェルトを逮捕・処刑して、以後二五年の死に至るまで独裁者としてネーデルランドに君臨するのだが、それはもうルネッサンスの枠を越えた時点での話である。

イベリア半島の統一、ポルトガルの併合とアラゴンの叛乱鎮圧

フランドル問題では、その展開の関係からスペインのルネッサンスの枠組みをはみ出す時点にまで到ってしまったが、もとに戻って他の地域に目を向けてみよう。今度取り上げるのは一五八〇年を中心とするポルトガル併合問題と、一五九〇年にクライマックスを迎えるアラゴン叛乱事件の二つである。これらはほぼ同時期に発生したものだが、重大な問題となった時期には少しズレがある。けれども共に、フェリーペ二世治下におけるイベリア半島統一という政治的課題に属する事件なので、一つに纏めてここで扱うことにする。またこれらはフランドル問題を見た際、スペイン政治の枠外でも相互に関連し合う要素を含んでいるので、すでに簡単に触れたところもある。

まずポルトガル併合問題だが、フェリーペ二世とポルトガルの関係は、父親のカール五世とポルトガル王マノエル一世（アヴィス家）の第三子イザベラ王女との結婚に始まる。こ

(24) この間、フェリーペ二世は一五九八年に亡くなるのだが、その直前に自身の甥で、ドイツ皇帝マクシミリアン二世の息子であるアルブレヒト大公（フェリーペ二世の娘クララ・エウヘニアと結婚、すでに九六年からブリュッセルに派遣されていた）に、名目上とはいえ全フランドルの統治権を譲っている。

の結婚から生まれたのがフェリーペ二世だから、その体内にはポルトガル王家の血が流れており、順位はともかく王位継承権があったことになる。次に最初の結婚（一五四三）でフェリーペ二世自身がポルトガルの王女マリア・マノエーラを娶っている。だがマリアは王子ドン・カルロスの出産（一五四七）で亡くなり、ドン・カルロス自身も周知の死に方をしているから、この関係では王位継承権はない。その後フェリーペ二世は二度目に（そしてここまでは父親カール五世の指図で）イングランド女王メアリー・チューダーと結婚（一五五四）。三度目からは自己の意志というか、ヨーロッパの政治情勢のしからしむるところにより、フランスとの「カトオ・カンブレシス和平条約」（一五五九）の結果としてアンリ二世の娘エリザベート・ド・ヴァロワと、最後の四度目は八〇年に従妹のアンナ・デ・オーストリアといった具合に、婚姻関係ではポルトガルとは縁がなかった。

ところが七八年、アフリカ進出に意欲的だったポルトガル王セバスティアン一世が、モロッコはアルカザルキヴィールの戦いで跡継ぎのないまま敗死、その後を承け叔父のエンリケも高齢のため二年後の八〇年に死ぬと、アヴィス王朝の直系は絶えてポルトガル王位は空席となる。候補者の中には、セバスティアン一世の叔母ベアトリスの息子でサヴォワ公のエマヌエル・フィリベルト、またセバスティアン一世の叔父ドゥアルテの娘マリアがアレッサンドロ・ファルネーゼと結婚して産んだ息子ラヌッチョなどもいたが、有力だったのは三人であった。その筆頭がブラガンサ公爵夫人カタリナ、[25] 次がマノエル一世の第五子ルイスの庶子だが、正嫡と認められたクラートの修道院長ドン・アントニオ、そして最後が母親のイザベラを通して王位請求権を有するフェリーペ二世だった。

フェリーペ二世は、自分より優位だが、政治的には劣る他の候補者の弱味に付け込み、ポルトガルの有力貴族層を買収し、カスティリアに敵対的な民衆感情がドン・アントニオを核に結集していた反スペイン勢力を潰すため、ネーデルランド統治失敗で本国に召還（一五七三）された猛将アルバ公を起用する。軍を率いてポルトガルに侵入したアルバ公は八〇年にリスボンの戦いでポルトガル民族派軍をいとも簡単に打ち破り、フェリーペ二世のイベリア半島統一政策を実現する（ただ、アルバ公自身は一五八二年、リスボン近郊のトマールで病没している。そして生前、「国王というのは、臣下を蜜柑同様に取り扱う。国王はその汁を呑むのだが、いったん呑み終ると、（用の済んだ）皮の方は投げ捨てて顧みない」と述懐したといわれている）。

このポルトガル併合は、フェリーペ二世にとっては曽祖母に当たるトラスタマラ王家のイザベル女王が抱いていた、カスティリアの主導の下にイベリア半島を統一するという夢を、ハプスブルグ家の代になって実現したことになる。それのみか、ポルトガル王国の海軍力およびその支配下にあったブラジルや東洋の植民地を手に入れることをも意味し、そこから上がる香料や貴金属の収入は、対外戦争により常に窮乏していたフェリーペ二世の財政を、十分ではないにしても大いに潤した。その一方、ネーデルランドと違って言葉も習慣もスペインと近く、かつ新教にも染まっていなかったポルトガルの場合は、政治的併合としては互いに相手の立場を尊重する安定的なもので、一六三四年から始まる反スペイン運動の結果、四〇年にポルトガルが独立するまで、六十年間にわたって存続するを得た。

アラゴンの騒乱

一方、アラゴン連合王国の場合、事情はもっと複雑である。アラゴンとカスティリアの結び付きはすでに一四六九年、共にトラスタマラ家出身のカスティリア王位継承権者イザベルとアラゴン連合王国皇太子フェルナンド（いずれも当時）の結婚によって現実されてはいた。しかし、この二人がいずれも配偶者の国においては共同統治者でしかなく、その権力行使は、真の主権者である相手の同意によって初めて可能であったばかりか、相手が死ねば配偶者の国におけるタイトルまで失って己れの故国に帰らなければならなかった。そしてそうなった暁には、アラゴンとカスティリアはそれぞれ独自に自己の国王を選ぶ権利を有する、つまり分離・独立する権利を保有すると取り決められていた。これを見ても分かるように、その結び付きは純粋に王と女王との個人的性格のものだったのである。かつアラゴン連合王国は、その名が示すようにアラゴン、カタルーニャ、ヴァレンシアという三つの王国が緩い統合の下に、各々独自の法律・慣行を保持しながら連帯しているに過ぎず、とうてい一つのまとまった政治的単位といえるような代物ではなかった。その一例として、カール五世の治世の初めに起こったハプスブルグ家の外国支配に対して、ヴァレンシアで「ヘルマニーアスの乱」が勃発しても、アラゴン、カタルーニャはまったく同調せず、カスティリア軍によるヴァレンシア叛乱制圧を見殺しにした事実を挙げることができる。

とはいえ地中海で勢力のあったアラゴン連合王国は、「ハ

(25) カタリナはマノエル一世の末子で、セバスティアン一世の叔父ドゥアルテの娘、かつフェリーペ二世の妻マリア・マノエーラの妹、したがってエンリケの姪に当たり、ブラガンサ公に嫁していた。ついでに言えば結局このブラガンサ家が、十七世紀に入って独立を回復したポルトガル王国の王家となり二十世紀初まで続くことになる。

ンザ同盟」を通して同じく海上勢力であったフランドル育ちのカール五世とウマが合うところもあり、カール五世の宮廷では初期においてはフランドル人と共にアラゴン人が起用されることも多かった。だが、それも時が経つにつれて内陸カスティリア出身者が多数を占めるようになり、ましてやカスティリア育ちのフェリーペ二世の政府では、その傾向がいっそう強まっていった。それにはまた、アラゴン王国の分離独立的な性格も決して無縁ではなかった。なぜならアラゴンでは、カスティリア化した王権に対して「地方特権」、つまり中世以来の貴族を中心とする勢力が振りかざす自治権がきわめて強かったからである。しかもそれぞれが配偶相手の国では共同統治者にしか過ぎなかったカトリック両王と違い、外国王家出身のゆえに初めて地域性を超えて統一スペインの君主と認められたカール五世でさえもが、この地方特権を尊重する方針を取る。フェリーペ二世もまた、父親のこうした方針を踏襲し、アラゴンの特権を細心の注意で尊重した。したがってイングランドやフランスで、封建大貴族の取り潰しを通して王室による中央集権が進んだのとは逆に、スペインではかえって貴族階級の立場が強化され、王権の直接支配は貫徹されるどころか、ずっと不徹底だったのである。

そこにアラゴン生まれのアントニオ・ペレスの事件が起こる。ペレスは、フェリーペ二世の秘書官として絶大な信用を得ていながら、パトロンだったエボリ公ルーイ・ゴメスの未亡人ドニャ・アンナ・デ・メンドーザとの恋愛や、ポルトガルの併合、さらにはフランドル総督に任命されていたドン・ファン・デ・オーストリアの秘書官ファン・デ・エスコベードの暗殺（一五七八）に絡んで、フェリーペ二世の猜疑心を呼び醒した。この未だ詳細不明の陰惨な事件で、ペレスはエボリ公妃と共に逮捕されて投獄（一五七九）されるが、奇妙なことにはじめは在宅謹慎に処せられたのみであった。けれども、最終的にはエスコペード暗殺事件に関わった罪で再逮捕（一五八五）され、拷問にかけられるが脱獄（一五九〇）して、自分の出身地のサラゴーサに逃亡する。かつアラゴンの、「意志表明」と呼ばれる訴訟手続きにより自己を守ろうと試みる。「意志表明」とは、王権の訴追を受けたアラゴン人が、王ではなくアラゴン大法官の裁定に従う意志を表明する手続きで、そうなれば被告はアラゴンの法廷で裁かれることとなり、ペレスが有罪とされる可能性はほとんど無くなってしまう。そこでフェリーペ二世は追及の手を緩めず、この件をアラゴン法（つまり地方特権）の埒外にある異端審問裁判所に移管して、あくまでペレスの断罪を図ろうとする。ところが、すでにこの時までにペレスは、スペイン国王による自治権介入を反対する闘争のシンボルになってしまっていたのである。じじつ九一年九月、被告をサラゴーサ司法所の未決監から異端審問裁判所の監獄へ隠密裏に移送しようとした護送隊は、興奮した群衆に取り囲まれて、ペレスは解放されてしまう。激怒したフェリーペ二世が、威嚇の目的もあって、アロンソ・デ・ヴァルガス指揮の下にカスティリア軍をアラゴンの国境に集結させると、自由になったペレスの方は、フランスに逃亡しようとしていたのに大衆の支持を見て強気となり、サラゴーサに戻ってフェリーペ二世がアラゴンの主権を犯そうとしていると民心を煽って叛乱を企てる。ところが、遂に十月に入ってカスティリア軍が国境を越えると、一般民衆は動かず、またカタルーニャもヴァレンシアもアラゴン支持には回らなかった。その結果はペレスのフランス逃亡と、叛乱を支持したアラゴン大法官および有力なアラゴン貴族の処刑で終る。フェリーペ二世はフランドルにおけるアルバ公の強圧政策の失敗に鑑みてか、折角のチャンスであったにもかかわらず、アラゴン制圧後もその中世以来の地方特権の廃止には踏み切らず、それどころか逆に地方の自治権を尊重する方針を堅持し、これをもって各地方の動揺は回避し得たものの、統一国家スペインの建設とは反対の方向に行ってしまったのである。

反エリザベス一世路線

不徹底ではあったがアラゴンの叛乱を鎮圧し、こちらは大成功であったポルトガルの併合（一五八〇〜八一）を成し遂げることでイベリア半島を政治的に統一し、スペインは強力な海軍を手に入れた。これに植民地（ブラジルと東洋）から上がる利益と、さらに一五七〇年代からアマルガム精練法の導入で飛躍的に増加した南米（メキシコとペルー中心）からの貴金属の輸入量も加わって、七五年の財政危機（第三回目の債務履行停止）からやっと脱するを得たフェリーペ二世は、フランドル問題で触れたフランスの「（カトリック）同盟《リーグ》」からの援助要請（一五七七）を一つの契機として、イングランドに対する政策の転換を考えはじめる。

　そもそもフェリーペ二世とイングランドとの関係は、父カール五世の代に遡る。ヨーロッパにおけるカトリック勢力の指導者をもって任じた父カール五世には、カール五世自身にとって叔母に当たるカタリナ・デ・アラゴン（キャサリン・オブ・アラゴン）を離婚してまで恋人アン・ブリンとの正式な結婚を望むヘンリー八世の我儘により、カトリック教会から離脱してしまったイングランドを、再びカトリック世界に引き戻したいという願望があった。ヘンリー八世の死（一五四七）後、跡を継いだ新教徒のエドワード六世が早世（一五五三）し、代わりにカタリナ・デ・アラゴンの娘でエドワード六世の異母姉、かつ旧教徒であるメアリー・チューダーが王位に就いたのを機に、息子のフェリーペ二世に、十一歳も年上であるメアリーとの結婚を命じている。さらに別の事情があった。それはカール五世が自分の生国として一方ならぬ愛着を抱いていたフランドルが、折から新教徒勢力の増大してきたドイツに接しており、これをカトリック・ハプスブルグ帝国の領土として確保するにはイングランドが戦略的に重要で、そのために息子フェリーペのメアリー・チューダーとの結婚が役に立つということがあったのである。

しかし、そうしたカール五世の目論見は外れ、メアリーは遂にフェリーペとの間に嗣子を儲けることなく五七年に他界、その後を新教徒のエリザベス一世が継ぐ。メアリーの存命中のみという条件でイングランドの共同統治者の資格を与えられていたフェリーペは、自身が父親からスペイン王位を譲られたこともあって、五九年秋にはイベリア半島に戻らざるを得ない。とはいえ、今度は父親ではなく自前の政策を遂行する立場に立ったフェリーペ二世も、カール五世よりもっと強烈なカトリック信仰に燃えて、ローマ教会から離脱したイングランドをカトリック信仰に引き戻そうと決心する。まずイングランド王位登極直後のエリザベス一世が、国内に多数存在するカトリック教徒達を公然と敵に回さぬため、新教と旧教とどちらの陣営に対してもはっきりした支持を示さないでいるのを、なんとかして自陣に引き入れるため、エリザベス一世に結婚まで申し込むのである。ところが、「首長令《シュープリーム・アクト》」の発布（一五三四）からエドワード六世の死（一五五三）に到るまで、はや二十年近くも新教国となっていたイングランドは、社会の大部分がエリザベス一世のカトリック教徒との結婚には反対である上、ましてや最近のメアリー女王治下におけるスペイン人の国政関与が惹き起こしたアレルギーもあって、フェリーペ二世との結婚には断固反対であった。こんな状況ではエリザベス一世としても、フェリーペの申込みに対して曖昧模糊とした返事を繰り返し、引き延し作戦に出るより他なかったのである。

このエリザベス一世の煮え切らない態度に業を煮やしたイングランドのカトリック勢力が、折から夫のフランス国王フランソワ二世の死（一五六〇）に遭って、自国に戻ったスコットランド女王、かつカトリックでイングランド王位継承権も有するメアリー・スチュワートを担いで叛乱を起こそうとする。カトリック教徒にしてみれば、教会の認めない結婚から生まれたエリザベス一世は、私生児以外の何者でもなかったのである。だがフェリーペ二世は、上記の結婚申込みのこともあって、しきりにそのような動きを抑えにかかる。それにはまた、メアリー・スチュワートが（反スペインで知られる）フランスはロレーヌ地方の大貴族ギーズ家出身であることも関係していた。ギーズ家は、ヴァロワ王家を倒してフランスを手に入れ、女王であるメアリー・スチュワートを通してスコットランドを奪い、さらには国内のカトリック勢力と結んでエリザベス一世を追放してイングランドをも得て、もってギーズ帝国を樹てようという野心を有していた。フェリーペ二世はこれを警戒していたのである。

ところがメアリー・スチュワートが、その奔放な性格からスコットランドの統治に失敗し、従姉エリザベス一世の保護を求めてイングランドに亡命（一五六八）するという事態が出来《しゅったい》する。メアリーを生かすも殺すもならず、処置に窮したエリザベスはこれを監禁しておく。その間にフランスの宗教戦争が激化し、新教徒ナヴァール王アンリ・ド・ブルボンが王位継承者になる可能性が強まると、この事態を受け入れることができないカトリック勢力がギーズ家の下に「（カトリック）同盟」を結成（一五七七）、時のフランドル総督でフェリーペ二世の異母弟ドン・ファン・デ・オーストリアを通してスペインとの協力を求めてくる。七八年のドン・ファンの死後、フランドル総督となったアレッサンドロ・ファルネーゼの働きによりフランドル南部カトリック諸州の連合が成功すると、これに対抗してオラニエ公ウィレルム一世に率いられるフランドル北部（オランダ）新教勢力の独立運動が公然化（一五七九～八一）する。この間、エリザベスの政策はますます新教寄りとなり、スコットランドも新教化が進む。またジョン・ホーキンスやフランシス・ドレークなどが、エリザベスの黙認を得て建造した私設艦隊が、新大陸から貴金属をもたらすスペイン船団を略奪したり、オランダ艦隊と協力してフランドルのスペイン軍に物資を輸送する輜重船団を攻撃するというようなことが重なる。

このような事態に、もはやイングランドと妥協の余地なしと見切りを付けたフェリーペ二世は、一転して反エリザベス一世路線に切り替えてイングランドのカトリック叛乱を密かに援助したり、エリザベス一世の暗殺計画に手を貸したりし始める。じじつイングランドの秘密警察長官フランシス・ウォルシンガムの諜報網によってスロッグモートン（一五八四）、およびバビントン（一五八六）の女王暗殺計画にフェリーペ二世の関与があったことが露われ、スペイン大使はイングランドから強制退去、両国の関係は険悪となる。またこうした動きがいずれも囚われのメアリー・スチュワートを念頭に置いて計画されていることに危惧を抱いたウォルシンガムや宰相セシルなどイングランドの新教派はメアリーの処刑を要求、嫌がるエリザベス一世も遂に押し切られて、八七年には死刑判決に署名してしまう。もはや両国の間には武力による衝突より他に途は無くなってしまうのである。

イングランド侵攻

スペイン軍による陸海からのイングランド侵攻は、すでにドン・ファン・デ・オーストリアがフランドル総督就任（一五七六）を承諾する際の条件にも出ていたし、またドン・ファンの後任としてフランドル総督となったアレッサンドロ・ファルネーゼも同様の考えを抱いていた。一方、海上からの攻撃は、七一年のオスマン・トルコに対するレパントでの勝利により、大いに意気揚がったスペイン海軍が「無敵艦隊」を建設して地中海に威を示した頃から話題になっていた。さらに、ポルトガル併合の際に、フェリーペ二世の対抗馬であったクラートの僧院長ドン・アントニオを側面援助する目的で、アゾーレス諸島占領のため派遣されたフランス艦隊を、名提督サンタ・クルツ侯爵ドン・アルヴァロ・デ・バザン率いるスペイン海軍がテルセイラ沖の海戦（一五八二）で大いに破った後、バザン自身によってフェリーペ二世に提案されている。

いよいよ武力行使しかないと肚を決めたフェリーペ二世は、イングランド侵攻向けの無敵艦隊の建設を開始する（これには莫大な費用がかかり、新大陸からもたらされた王室収入の大部分が費やされたという）。この時ルイス・カブレータなどにより、地中海域での対オスマン・トルコ海軍用の艦船と違って、波の荒い大西洋での海戦、また吃水の浅い海峡での作戦用の艦船では構造を変える必要があるとの意見も出されたが採用されず、これが後の大敗を招くことに繋がる。艦隊建設が進むにつれて自然に情報が漏れ、これを妨げるためフランシス・ドレークによるカディスとリスボンのドック急襲が一五八七年春に行われる。攻撃は成功し建造中の船舶が多数焼き払われたため、侵攻計画は一年延期の羽目となる。しかも八八年初にバザンが病死するという不運まで加わるのである。急遽司令官に任命された陸戦の将軍メディナ・シドニア公爵の指揮下、無敵艦隊は八八年五月末リスボンを出港するが、途中で嵐に遭って大きな被害を蒙り、いったんラ・コルーニアの港に避難、装備を整えた上で今日英仏海峡と呼ばれるに到った海峡に到着したのがやっと七月二十九日（イングランドで使用されていた旧暦では十九日）のことであった。

フェリーペ二世の作戦は無敵艦隊がカレー沖に待機して、当時ヨーロッパ最強を誇る、アレッサンドロ・ファルネーゼ麾下の三編制隊軍団《テルシーオス》の到着を待ち、これを無事にイングランドに送り届けるというものであった。しかし当時の情報伝達の技術では、無敵艦隊の海峡到着の時と場所を、フランドル南部に部隊を率いて待機中のファルネーゼに連絡するには時間がかかった。ファルネーゼはブリュージュ東北十五キロほど（今日のフランスとベルギーの国境の町）スリュイス辺りに部隊を集結し、オステンドかダンケルクから海峡を押し渡って、対岸ケント州のマーゲイトに上陸作戦を展開する積りであったらしい。そのため兵員運搬用の吃水の浅い軽舟艇を用意していたのだが、不用意に漕ぎ出せば、ユスティヌス・ヴァン・ナッサウ指揮下、ダンケルク近辺でおさおさ警備を怠らぬオランダ海軍の恰好の標的とされてしまう。だからこそ、無敵艦隊の援護が絶対に必要だったのである。

無敵艦隊の敗北

その一方、無敵艦隊はイングランドの監視網により、海峡の入口に当たるブリテン島南西端のリザード岬からその姿を発見されたのが七月二十九日、プリマス港から出撃したドレーク指揮下のイングランド艦隊との小競合に多少手間は取られたが、八月六日にはカレー沖に至る。そこで総司令官メディア・シドニア公はそれより先に進もうとせず、ファルネーゼの方がカレーに来るよう求める。というのはブーローニュ、ダンケルク、オステンドなど沿岸の港町のうちで、フランス領のカレーがスペインに対して最も好意的で、食料や飲料水などの補給の便を図ってくれたという事情があった。ファルネーゼはこの報せを受け取ると、オランダ海軍の攻撃を避けつつ、兵員輸送用の舟艇を伴って無敵艦隊と合流するには一週間は必要と回答する。そこで無敵艦隊はファルネーゼ軍の到着を待つ間、艦艇同士を纜《ともづな》で結んで半月形の船隊を組み、カレー沖で過ごすことになる。というのはカレー港は水深が浅く、無敵艦隊の大型ガレオン船は吃水の関係で港内に入ることができなかったからである。

この状況を見たイングランド艦隊の提督ホワード・オブ・エッフィンガムは、ドレークらの進言を容れて、（赤壁の戦いよろしく）北風が強く吹いた八月七日の夜陰に乗じて八隻の火薬など爆発物を満載した老朽船に火を放ち半月形に陣を組んでいた敵艦隊の真ん中に送り込む。木造帆船で構成されていた当時の艦隊は火に弱く、慌てたスペイン船は纜を切って陣形を乱しバラバラになったところを、船足の軽いイングランド艦が、舷を接触させて敵艦に乗り移って戦うスペイン得意の斬り込み戦を避けながら、銃火を浴びせるという形で戦いが行われた。戦闘は日が昇った八日も終日続けられたが、そのしだいはイングランドの章で詳述するので省略する。無敵艦隊にはかなりの被害が出たが決定的というほどのことはなかった。しかし、むしろ風向きの変化と嵐が起こったことによって、結果として艦船のほぼ半数が難破するという大敗となる。それを知ったファルネーゼも軍を返し、このたびのフェリーペ二世のイングランド侵攻計画は失敗に終った。

スペインの威信凋落

無敵艦隊の敗戦は、いろいろな意味でオスマン・トルコに対するレパントの海戦とよく似て、かつ対照的なところがある。まず思いもよらない敗戦に、レパントの海戦の勝利以来、大いに意気揚がっていたスペインの国論が逆転し、すっかり消沈してしまう。逆にヨーロッパでは、レパントでオスマン・トルコ海軍の常勝神話が崩れたように、今度はスペインの無敵神話が崩れ、フランドルやフランス、ドイツのプロテスタント勢力が一斉に反攻に転じる（フランス新教徒軍の猛将フランソワ・ド・ラ・ヌーは、イングランドの諜報長官フランシス・ウォルシンガムと勝利を慶賀し合っているし、国王アンリ三世はこれに力を得て「旧教同盟」の首領アンリ・ド・ギーズの暗殺（同じ一五八八年十二月）に踏み切る）。その心理的反響の方が、物質的な損害よりも遥かに大きかったのである。じっさいレパントで負けたオスマン・トルコ海軍が別にそれで決定的潰滅に至ったわけではなく、すぐ反攻に転じてチュニスを奪回したように、八八年の敗戦でフェリーペ二世のイングランド攻めの意志が挫け去るどころか、第二、第三次の侵攻のため新たな艦隊の建設がすぐに開始される（ただし、これらも悪天候に災いされたりして難破し、結局イングランド征服は実現しなかった）。

レパントの海戦後、スペインとオスマン・トルコの間でさらなる対決が行われなかったのは、フェリーペ二世にとってはフランドル問題が、スレイマン大帝にとってはシーア派勢力の問題が浮上し、共に新たな緊急課題に追われたからである。今度の場合は無敵艦隊の敗戦後の、アンリ三世によるギーズ公の暗殺が示すように、フランスの宗教戦乱が新たな課題として緊急化し、そちらへの対応に追われることになったことが最大の原因である。じつはこの問題は、フェリーペ二世が目論んでいたヨーロッパのカトリック帝国化政策にとり、決定的な破綻をもたらす事件となったのである。

フランス問題

ルネッサンス期におけるスペインとフランスとの抗争は、フェリーペ二世の曽祖父アラゴン王フェルナンドの時代に始まり、父親のカール五世の治世においては最大の外交課題であった。フェリーペ二世の治世にあっては、まさにそれがスペインの完勝によって終るところから始まる。すなわちフェリーペ二世がスペインの王位に就いて二年もたたない一五五九年、アンリ二世のフランス軍を相手に、サン・カンタンおよびグラヴリンヌで得られた大勝利の結果、「カトオ・カンブレシス条約」が結ばれ、これによりフランスはイタリア半島におけるすべての権益を放棄することを約束し、以後スペインのイタリア半島における優位は決定的となる。同時にフェリーペ二世はアンリ二世の娘イザベルを娶り、紛争の種の無くなった両国の間には、おおむね平和が保たれる。

この状況に変化が起こるのは、上述のフランドル問題が原因で、七七年頃に時のフランドル総督ドン・ファン・デ・オーストリアを通じてフェリーペ二世に、フランスの旧教勢力の頭目アンリ・ド・ギーズ公爵から「旧教同盟」に対する援助の打診があったことに端を発する。これは、フランスの王位継承権者に新教徒のナヴァール王アンリ・ド・ブルボン（後のアンリ四世）がなる可能性が大となったので、これを否とする旧教勢力がギーズ家の下に結集して旧教同盟を結成（スペインと結んだ「神聖同盟」の方は一五八五年成立）し、そうなればまた必然的に摂政だったカトリーヌ・ド・メディシスとも対立することになる。こうしてフランスは、新教派・ヴァロワ王家・旧教同盟《リーグ》による三巴の宗教戦乱に突入したのである。ただ、この間の事情はすでにフランスの章で詳述したから、これ以上触れない。

　アンリ・ド・ギースの申し出を受け、ヨーロッパにおけるカトリックの総元締をもって任ずるフェリーペ二世は、もともとギーズ家の王朝的野心に警戒心を募らせていたのだが、ヨーロッパの大国フランスが新教化するというのは、それ以上に重大な事態なので、旧教同盟の援助に踏み切る。とはいえ、はじめはフランドルの新教徒対策（オランダやイングランドの船隊の海賊行為も含む）、イングランドに囚われの身となっているメアリー・スチュワートの処置をめぐるエリザベス一世との駆け引き、さらにはメアリー処刑（一五八七）後の武断的解決としての無敵艦隊によるイングランド侵攻などの諸問題を抱えて、ギーズ家に対する援助は主として財政的なもの、および多少の兵員の派遣に限られていた。しかるに、まず思いもかけぬ無敵艦隊の潰滅（一五八八）と、それに付随してフランドルまたドイツにおける反スペイン運動の昂揚が起こる。次いでフランス王アンリ三世の命によるギーズ公の暗殺（同年十二月）、それに対する旧教同盟の報復としてのアンリ三世暗殺（一五八九年八月）がつづく。これにより、かえってアンリ・ド・ブルボンの登極に途を開いたばかりか、有能な将軍でもあったアンリ・ド・ブルボン率いる新教軍が各地で弱体化した旧教同盟の拠点を抜き、九〇年には首都パリに迫る勢いを示す。堪り兼ねたフェリーペ二世は、フランドルでマウリッツ・ヴァン・ナッサウ指揮下のプロテスタント軍と攻防を繰り返していたアレッサンドロ・ファルネーゼにフランスへの出動を命ずる。ファルネーゼは、パリを包囲していたフランス新教徒軍の背後を突き、首尾よく囲みを解かせるのに成功する。そればかりか九二年一月には、今度はルーアンを囲んでいた、数において圧倒的に優勢な新教徒軍と戦って見事にこれを破る。しかし、この時右腕に受けた銃撃が因で発病し、四月にアラスの陣営に引き返し、十二月には没する。むろん名指揮官を失ったスペイン軍が弱体化したのはいうまでもない。そればかりかファルネーゼの二度にわたるフランス戦線での武勲を妬んだスペインの宮廷がフェリーペ二世にファルネーゼの解任を進言、持ち前の猜疑心も手伝ってフェリーペ二世もこれを認め、その召還が決定される。すでに述べたように、死の床にあったファルネーゼはこの決定を知らずに他界するが、軍の指揮を代行するために呼び寄せられていた息子のラヌッチョは、この王の亡恩の振る舞いに肚を据え兼ねて、パルマに引き上げ、それ以後ファルネーゼ家とフェリーペ二世の関係は冷えきってしまったことはすでに述べた通りである。

一方、この間にフェリーペ二世は、自分と三番目の妻イザベル・ド・ヴァロワ（フランスとの平和の印として、カトオ・カンブレシスの和議に基いて輿入れした、アンリ二世の娘）との間に生まれた娘イザベル・クララ・エウヘニアを女王としてフランスの王位に就かせようと計画する。(26) しかし、男系相続を定めた「サリ法典」を盾に取るフランスのナショナリスト達は、パリの高等法院をはじめ各地でこれを違法と判決する。そうこうするうちに九三年、政治家として自己の宗教的信念よりフランス国内の和平と統一を優先させたアンリ・ド・ブルボンが、かの「パリはミサに価する」という一句を吐いて旧教徒に改宗。これにより旧教同盟のアンリ登極に対する異議の根拠が消滅してしまう。同年にアンリがブールジュの大司教から宥免を受け、スペインの強大化を危惧する教皇クレメンス八世も九五年にこれを支持するに到って、ともかくもフランスの新教化だけは食い止めたものの、もはやフェリーペ二世のフランス介入は失敗する他なかった。

最後の処置

それでもなおフェリーペ二世は諦めず、フランスに関わろうとする。いまや統一されたフランス軍を率いて、外敵スペインと組む叛乱軍としての旧教同盟と戦う立場となったアンリ四世と、ブールゴニュはフォンテーヌ・フランセーズ（一五九五）あるいはアミアン（一五九七）で対決するが、いずれも打ち破られる。しかも旧教同盟に対する援助や軍隊の派遣だけでなく、失敗に終ったイングランド侵攻および無敵艦隊の再建、フランドルでのますます激しくなる新教徒との戦いなどは、いずれも膨大な財政的負担を必要とした。これらの事業は、一五八〇年代にいったんは立ち直る気配を示したスペイン財政を、再びすっかり枯渇させてしまう。その結果フェリーペ二世は九六年、生涯で四度目かつ最後の自己破産宣言を出さざるを得ない状況に追い込まれ、かつ健康の衰えを感じて、やっと戦線の縮小を考え始める。まず九八年、「ヴェルヴァン条約」をフランスと結んで、フランス介入に終止符を打つ。またフランドルについても、娘のイザベル・クララ・エウヘニアを、甥でドイツ皇帝であるマクシミリアン二世の息子アルブレヒト大公と結婚させて、二人にその主権を譲っている。(27) 一方、イングランドについては、九六年エリザベス一世の愛人エセックス伯爵ロバート・デヴルーが、八七年のドレークの顰みに倣って、再びカディス港を焼き払ったこともあり、フェリーペ二世としてはどうしてもエリザベス一世と和平条約を結ぶに忍びなく、両国間の戦争状態の終結はフェリーペ二世とエリザベス一世の死後、一六〇四年の「ロンドン条約」の締結を俟たなければならない。

スペインにおけるルネッサンスの終焉

このような具合で、スペイン主導によるカトリック帝国建設というフェリーペ二世の夢は、当時のヨーロッパ最強の陸軍と最大の艦隊、希代の名将と名提督達を擁しながら、また新大陸からもたらされた莫大な富を得ながらも、遂にフランドル、イングランド、フランス、いずれの地域においても実現に到らなかった。フェリーペ二世自身は一五九八年九月、自ら建設させた王墓の町エル・エスコリアルで統治に疲れ果てて息を引き取り、スペインの凋落が始まる。一方その同じ年、フランスではアンリ四世が新旧両教の信教の自由を保証した「ナントの勅令」（四月）を発布し、フランスの国家統一と平和回復、およびブルボン王朝治下の強大化へ向けて第一歩を踏み出すのである。

当時、すでに十六世紀前半に自前の教会を作ってしまった

イングランド、あるいはフランスやフランドル、スイスまたドイツなど各地で、イタリア半島の商業都市国家から生まれた合目的・現実主義的というか、経済的利潤を何よりも優先するメンタリティを持つ中産市民階級と中・下級貴族が実力を付けはじめる。この二つのグループは婚姻関係などを通して、しばしば同じ社会階層を形づくったが、その活力が中世ヨーロッパの二大制度であったカトリック教会と神聖ローマ帝国という超地域的かつ封建的な社会の枠組みと衝突し、前者すなわち中産市民階級が国家統一を成し遂げた王権と結び付いて、後に「国民国家」と呼ばれることになる政治・社会的単位を成立させる方向に進みつつあった（ドイツに関しては、諸般の事情により統一国家の実現には到らなかったが）。これに対してスペインでは、カール五世とフェリーペ二世に

(26) じじつフェリーペ二世は一五九二年、旧教同盟の代表者と締結した「ラ・フェールの約定」で、制限付きではあるが、イザベル・クララ・エウヘニアをフランス女王として推戴する約束を取り付けている。

(27) とはいえ、両人の統治が及んだのは今日のベルギーに当たる南部カトリック諸州のみで、北部プロテスタント諸州は独立して再びスペインの支配に戻ることはない。そしてその北部とも、フェリーペ二世の死後になってしまうが、一六〇九年に上記「十二年の和平条約」が結ばれ、戦争状態は一応の終結を見る。かつスペイン経済はその二年前の〇七年、フェリーペ三世治下にもう一度、債務不履行宣言を出さねばならない事態に立ち到るのである。

よるカトリック帝国の建設という、いわば時代の流れに逆行する理想の実現のため、イベリア半島の人的・経済的資源は浪費されていった。しかも新大陸から流入した、いわば「あぶく銭」的な所得が惹き起こしたインフレも手伝って、社会の富を生産する中産階級が発達せず、一方では封建大貴族や修道院の特権増大、他方では中間層の破壊と貧困化という、社会総体から見れば二極分解の方向に行ってしまったのである。フェリーペ二世の死後、その財政破綻を引き継いだ息子フェリーペ三世とレルマ公爵の政府が一六〇七年、じつに五度目の債務不履行宣言を出さなければならなかったのは、すでに述べたところである。

別言すれば、中世的で汎ヨーロッパ的制度であったローマのカトリック教会が、教義面においてはルッターやカルヴァンのプロテスタント運動により、また政治面では国民国家の形成を目指すアルプス以北の諸地域の圧力により権威と強制力を失い、新旧両教陣営に分裂することを余儀なくされたわけである。これと軌を一にして、世俗権力で経済制度でもある神聖ローマ帝国の方も、まずカール五世の、次いでフェリーペ二世の「スペイン・カトリック帝国」の構想によって生き延びようと試みながらも、イデオロギー的には王権神授説に代表される「絶対王制」と、それに結び付いた各地域のナショナリズムの興隆（および、その興隆に刺激を受けた地域の生産性向上）によって、最終的に破綻（破産）してしまう。

十三世紀末にイタリア半島に興り、十五世紀末にアルプス以北に伝播したルネッサンスという思想・文化、政治・経済の一大変動が十七世紀半ばに終りを告げた時には、イタリア半島はローマ教会の所在地であるとはいえ国民国家の形成に失敗し、イベリア半島も神聖ローマ帝国を担って政治的統一の枠組みを作ることはできたが、国民意識と生産活動の近代化には失敗していた。そして宗教戦争に引き裂かれて沈滞するドイツと共に、十九世紀後半までいわゆる「近代化」の潮流に取り残されてしまうのである。

文学と美術

スペインにおけるこの下降線を辿る状況は、前に「悪漢小説」との関連で触れたユダヤ人改宗者マテオ・アレマンの『グズマン・デ・アルファラーチェ』（一五九九）に見事に描かれている。さらにいえば、スペイン文学の最高傑作セルヴァンテスの『ドン・キホーテ』（一六〇五〜一五）でさえも、その横溢する活力と普遍的な人間描写にもかかわらず、総体的にみると一種の幻滅小説なのである。またスペイン演劇を代表するローペ・デ・ヴェガの傑作である『フエンテ・オベフーナ』、『国王こそ、これ至高の法官』、『ペリバーニェスとオカーニャの地頭』（いずれも一六〇四〜一四頃）では、農

巡廻劇団「ボヒガンガ」

常設劇場に登場する「コンパニーア・デ・ティトゥロ」（勅許劇団）

EL INGENIOSO
HIDALGO DON QVI-
XOTE DE LA MANCHA,
Compuesto por Miguel de Ceruantes Saauedra.
DIRIGIDO AL DVQVE DE BEIAR,
Marques de Gibraleon, Conde de Benalcaçar, y Baña-
res, Vizconde de la Puebla de Alcozer, Señor de
las villas de Capilla, Curiel, y
Burguillos.

Año, 1605.

CON PRIVILEGIO,
EN MADRID, Por Iuan de la Cuesta.
Vendese en casa de Francisco de Robles, librero del Rey nro señor.

セルバンテス『ドン・キホーテ』（1605年版）の扉

民に横暴を働く封建貴族と、これを抑える王権の介入が描かれ、とくに『フエンテ・オベフーナ』では農民一揆的な状況まで取り上げられ、封建的特権を振りかざす貴族の糾弾と王権賛美が行われているが、それが社会体制の変革や中央集権の推進には繋がらない。

ただし、一五九〇年代前半のマドリッドに、プリンシペ座とクルス座という二つの常設芝居小屋が設けられると、ローペ・デ・ヴェガの優に千を越す劇作のほかに、フェルナンド・デ・ローハス（『ラ・セレスティーナ』）、ローペ・デ・ルエダ、ファン・デ・ラ・クエヴァ、ティルソ・デ・モリナ（『セヴィリアの色事師と石の客人』）などの作品が上演され、これにいわゆる「外套と剣《カッパ・イ・スパーダ》」と呼ばれる活劇が加わって大衆演劇が大いに盛んとなる。

美術の面では、エル・エスコリアルのクラシック様式の宮殿を見ても知られるように、フェリーペ二世はイタリア半島のルネッサンスからの直輸入の美術を愛好し、父親のカール五世と同様、ヴェネツィアの画家ティツィアーノに愛顧を与え、その作品で宮殿を飾っている。さらに七五年、生まれ故郷のクレタ島からヴェネツィア経由でスペインに来って、トレドを本拠と定めたドメニコス・テオトコプーロスことエル・グレコをも引き立てている。だがヴェラスケスの最初の師匠で伝統的スペイン画派のフランシスコ・デ・エレーラや、その次に師事したといわれる、イタリア（クラシック）派フランシスコ・パチェコ・デル・リーオなどは問題にされていない。

イタリア半島においては、すでに三〇年代にルネッサンスが過ぎてしまった後、ヴェネツィアだけは十六世紀半ばに、ティツィアーノ、ヴェロネーゼ、ティントレット等を輩出し、ヴェネツィア派という遅れた大輪の花を咲かせる。それと似て、スペイン絵画もまた、ティツィアーノ、あるいはエル・グレコといった大画家の影響を受け、またイタリア半島のカラヴァッジョ、さらにはフランドルのルーベンス（一六二八年マドリッド訪問）らの刺激もあって、遂にスペイン最大の巨匠ヴェラスケス・ダ・シルヴァ、あるいはツルバラン、ムリュリヨなどが登場し、その頂点を究めるのは、一六四〇年代になってからのこと。当然そのスタイルも、もはやルネッサンスをはみ出した、バロック様式の時代の美術ということになってしまうのである。

第3章　イングランドのルネッサンス（一五〇九〜一六一六年）

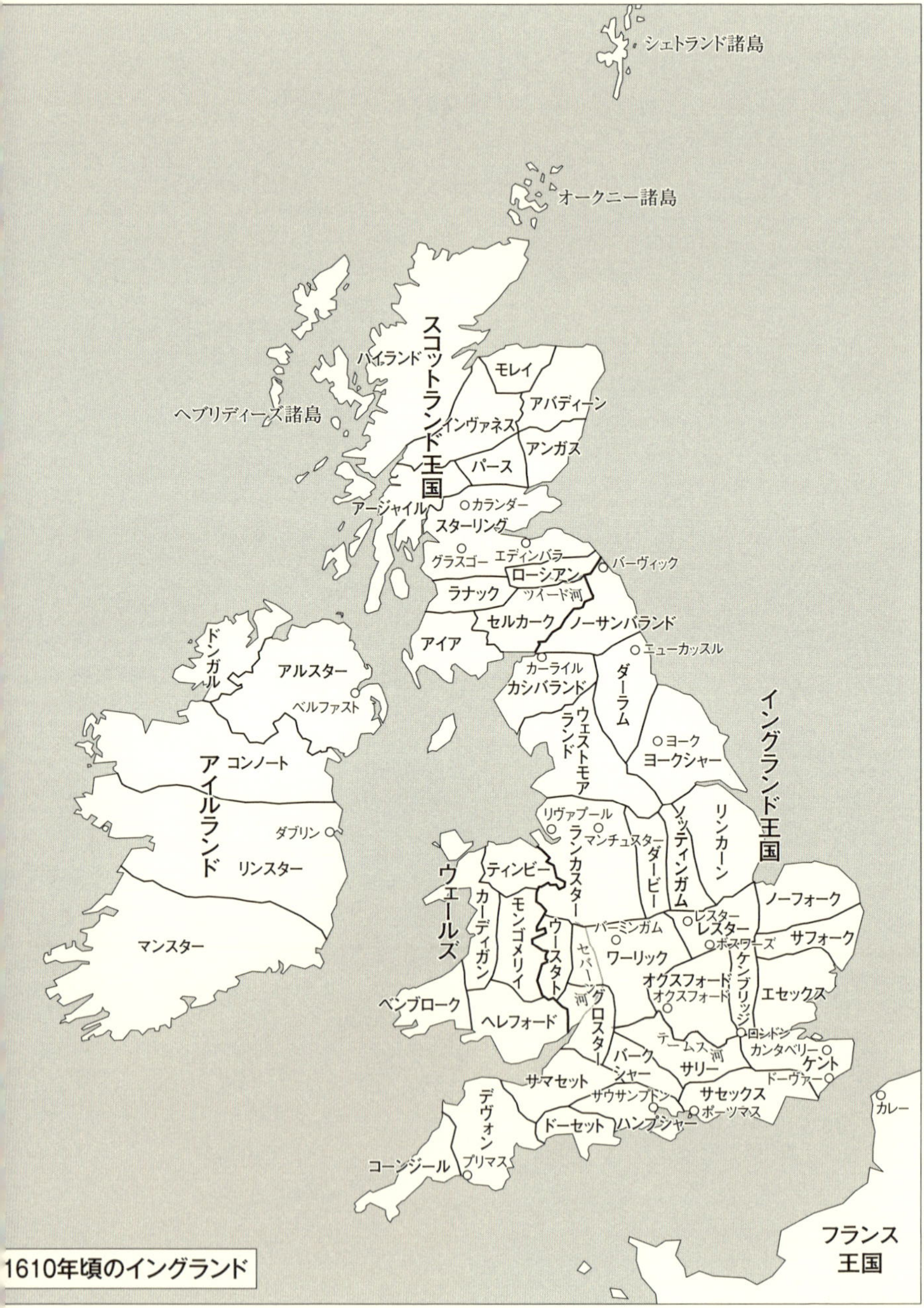

1610年頃のイングランド

第1節　ルネッサンスへの助走

（1）チューダー朝以前

天然の防壁としての海峡

グレイト・ブリテン島はわが国と同様、ユーラシア大陸から海峡により隔てられている。海峡は、航海技術の発達していなかった時代にあっては、たとえそう広いものでなくとも、交通にとって天然の障害と同時にまた防波堤となり得た。例えば、わが国と朝鮮半島を隔てる玄海灘は十三世紀の終り、台風という偶然があったとはいえ、二度にわたる蒙古軍の侵入を防ぐに力あったし、さらに日本列島を取り捲く海は十七世紀以降、徳川幕府がわが国を海外との交流から、ほぼ完全に遮断する鎖国を可能にした。一方、グレイト・ブリテン島とヨーロッパ大陸を隔て、今日「英仏海峡」と呼ばれるにいたった海峡は、幅二十二マイル（三十五キロあまり）と玄海灘とは比べものにならないほど狭く、水温を別にすれば人が容易く泳いで渡れる距離である。かつ現在ではトンネルが掘られて、海底では地続きとなってしまったほどだ。しかし、それでも十九世紀初にナポレオンの英国侵攻を妨げたばかりか、歴史上、外からの侵入をわずか二度しか許さなかった。カエサルやハドリアヌスに率いられたローマ軍団の侵攻と、一〇六六年におけるノルマン軍の征服である。それほどに防壁としての役割を果してきたのである。

ただ、そうはいってもこの海峡は、その狭さゆえに、ユーラシア大陸からグレイト・ブリテン島を完全に孤立させることはなかった。島の人々は、いつでも外敵の侵入の可能性があると感じていたし、また海峡の向こう側で何が起こっているかを常に知ることができた。とはいえ、それは対岸、つまりフランスのノルマンディーを経てパリ辺りまで、あるいはネーデルランド、イベリア半島北部、南仏辺りまでのことで、アルプスを越えてイタリア半島での事態となると、そう簡単にはいかなかった。

大陸との交流

西暦四〜五世紀頃から徐々に本格化するグレイト・ブリテン島におけるキリスト教化の歴史は措くとして、十三世紀に入ると、イタリア半島のローマ教皇庁からの働きかけがある。教皇イノケンチウス三世は積極的にイングランドの政治に介入し、意のままに「欠地王《ラック・ランド》」ことジョンを破門（一二〇九）、そして復位（一二一三）させたりする。

一方で、一二五四年にイタリア半島の覇権をめぐる教皇とホーヘンシュタウフェン朝との抗争が最終段階に入ると、教皇イノケンチウス四世はイングランド王ヘンリー三世を説いて、シチリア王位を与えるという条件で次男エドモンドをイタリア半島に南下させ、南イタリアに威を振っていたマンフレーディ王と戦わせる約束を取り付ける。イノケンチウス四世の後継者アレクサンドル四世は、この企てのための軍資金に、イングランドにおける教会税を当てることを認める。これは教会史上、聖地回復の十字軍以外の目的に、教会税を流用する最初の例となる。だが、遠征を強いられるイングランド諸侯は、教皇の提案に乗るのは無謀と強く反発し、一二五八年に改革派によって王権の恣意的な決定に対する掣肘《せいちゅう》の動きが主導され、それが内乱にまで発展、一時は国王ヘンリー三世が叛乱軍に捕らえられる事態も発生した。この内乱は、最終的には国王側の勝利に終るが、結局エドモンドの南イタリア遠征は実現しなかった。そして代わりに起用されたのが、フランス王弟アンジュー伯爵のシャルルだったのは、すでに見たところである。

イタリア商人と貨幣経済

いずれにせよ十三世紀半ばからは、イタリア半島との交渉には、イングランドでは教会より商人が主役になる。エドモンドのイタリア遠征計画についてもイタリア商人が教皇と国王の保護の下、教会税の徴集権を抵当に軍資金を用立てる。だが、こうしたやり方は、人民の目には当然、自分達の収入を他所者に収奪されると映る。「ロンバール」（＝北イタリアはロンバルディーアの住人の意だが、イタリア商人全体の代名詞となった）が、東方《オリエント》の奢侈《しゃし》品に対する宮廷の需要に応じたり、毛織物工業の原料として、良質のイングランド産羊毛を買付けるといった商取引以外に、王侯や上流貴族を相手とする金貸業にも手を出すようになると、ユダヤ人に対すると同様の憎しみと反感が、イタリア商人にも向けられることとなる（これは単にイングランドばかりでなく、全ヨーロッパで同じ事態になる）。ボッカッチョの『デカメロン』（一三五〇頃）の冒頭を飾る第一日第一話、プラート出身の悪徳商人セル・チャペレットの物語は、イングランドではなくてフランスのブルゴーニュを舞台にしてはいるが、この間の事情を見事に描き出している。

じじつヘンリー三世の長男で父の後を継いだエドワード一世は、一二七二年から九四年にわたりルッカのリッカルディ商会《コンパニーア》から三九万二千ポンドを借入れた揚句に、いろいろな理屈を付けて借金を踏み倒したばかりか、ついには同商会のイングランドにおける資産を差押え、商会の関係者全員を国外追放にするようなことをやっている。エドワード一世の孫であるエドワード三世のフランス侵入（一三三八）に端を発するイングランドとフランス間の百年戦争の場合も、当初イタリア商人は両国の王に軍資金を用立てるという、まさに「死の商人」の役割を果していた。だが、このダブル・ディーリングがフランス側の知るところとなって、イタリア商人は宮廷から追放され、イングランド一辺倒となるのである。そして一三四三年、このエドワード三世が、フィレンツェのバルディ商会とペルッツィ商会から借り入れた金貨百万フィオリーニを越す金額の返済不能を宣言するのだが、それが引き金となって、これら二大商会ばかりか、イングランドとは取引がなかった三番目のアッチャイウォーリ銀行、また関連の中小商会までもが連鎖倒産し、金融恐慌を惹き起こすという事態にまで発展してしまう。ひとたび強大な政治権力との付き合いに入ると、退くに退けなくなって深みに嵌り、最後は倒産するという、現代にも通じる国際金融業者の破滅の典型的な例がすでに見られる。

チョーサーのイタリア半島探訪

だが、それればかりではない。イングランドとイタリア半島の関係は、フィレンツェを中心とする毛織物工業の発展と共に羊毛の買い付けと輸送の点でますます緊密になっていく。特にジェノヴァ商人ニコロ・スピノーラが一二七七年にジブラルタル海峡を抜けて、直接イングランドやフランドル地方にいたる航路を拓くと、取引はいっそう活発化する。

『カンタベリー物語』で有名なジョフロワ・チョーサー（一三四三？〜一四〇〇）は町人階級の出身で、エドワード三世、リチャード二世、そしてヘンリー四世に仕え、外交使節として一三七二〜七三年（ジェノヴァとフィレンツェ）と七八年（ミラーノ）、二度にわたってイタリアを訪れる。それは羊毛輸出に関わる、関税問題を協議するためであった。当時イタリアでは、すでに「都市国家《チッタ・スタート》」としてのルネッサンスが大輪の花を咲かせていた。その空気に触れたチョーサーは、『カンタベリー物語』の第一話「騎士の物語」で、ボッカッチョの小説『テセイダ』に題材を仰いでいるし、さらに「学僧の物語」は　同じくボッカッチョの『デカメロン』の大尾である十日目第十話を、ペトラルカが感心してラテン語に訳したもの（チョーサーはイタリア語がそれほど得意ではなかった）に由来するといった具合である。

上流階級のイタリア半島との接触

さらに百年戦争の後半から薔薇戦争の時期に当たる十五世紀に入ると、ヨーロッパ貴族子弟が教育の総仕上げとして行う修学旅行《グランド・ツアー》、つまり家庭教師を伴うイタリア半島旅行のはしりも見られる。あるいはまた、フィレンツェの書籍商で、活版印刷が普及する十五世紀末まで写本制作工房も経営したヴェスパシアーノ・ダ・ビスティッチ（一四二一〜九八）という人物がいる。ビスティッチは職業柄、当時のフィレンツェ人文主義の空気に触れ、『当代著名人列伝』という作品を書く。古代ギリシャ・ローマの古写本の収集に努める中、自分の店と接触のあった百二十人余りの顧客の簡単な伝記を記した作品だが、メディチ家の大コジモや教皇ニコラス五世ら、イタリア半島のルネッサンスの歴史に名を留める有名人と共に、何人かイングランド貴族の名が見える。

ウースター伯爵ジョン・ティップトフト（一四二七〜七〇）もその一人で、エネア・シルヴィオ・ピッコロミニ（後の教皇ピウス二世）は、ティップトフトのラテン語のあまりの見事さに、涙を流して感激したと伝えられる。ティップトフトはまた、フィレンツェでビスティッチに写本を注文し、一四六一年の帰国の際に、これを持って帰るといった具合である。エリーの司教になったウイリアム・グレイ（一四〇八〜七八）も同様で、まずドイツのケルンで論理学・哲学・神学を学んだが、人文学を身に付けるにはイタリア半島にしくはないと判断し、フェラーラのグァリーノ・ダ・ヴェローナの許で学ぶ。勉学を終えた四五年、ヘンリー六世により教皇庁におけるイングランド王の代理人に任命されてローマに滞在、この間も写本の収集に努める。五四年に帰国して宮廷で重きをなすが、前年にイングランドの敗戦をもって百年戦争が終結。行きどころのなくなった貴族の不満がランカスターとヨーク両家による薔薇戦争に発展すると、政治に捲き込まれるのを避けて自己の教区エリーに赴き、後にオックスフォード大学のベリオル・カレッジ図書館の基礎となる写本コレクションの充実にいそしむ。

（2）ヘンリー七世の登場

薔薇戦争の終結

こうした上流階級の貴族や聖職者のイタリア訪問、イタリア商人達のイングランドでの活動、ローマ教会との宗教・政治的な交渉などを通じて、イタリア半島におけるルネッサンスの動きが少しずつグレイト・ブリテン島に伝わっていたのは事実である。だが、十五世紀初頭における一般庶民レヴェルでの影響となると、これはごく限られたものでしかなかった。とくに百年戦争（一三三七〜一四五三）の敗戦が、イングランドに還流した貴族とその部下の将兵の不満を掻き立て、ランカスター家（紅薔薇が紋章）とヨーク家（白薔薇が紋章）に分かれて戦う薔薇戦争（一四五五〜八五）を惹き起こす。この内戦は、ランカスター家のウエールスにおける分家である、チューダー伯爵家出身のヘンリーがヨーク家のエリザベスと結婚し、「ボスワースの戦い」でヨーク家のリチャード三世を敗死させた上で、ヘンリー七世の名で戴冠（一四八五）して終結する。これによって両薔薇が統一され、新たなチューダー王朝が興るわけである。だが、それまでは打ち続く戦乱のため、商業や産業の発展は大幅に阻害され、社会の繁栄はヘンリー七世の次男がヘンリー八世として登極（一五〇九）する頃までは、どちらかといえば慎重なヘンリー七世の性格もあって、きわめて緩慢であった。

1485年ボスワースの戦いで死亡したリチャード三世の遺骨　2012年レスター聖堂跡から出土　DNA鑑定で，本人のものと確認された．リチャード三世はクル病に罹っていて，背中が曲っていたといわれるが，この遺骨でも背骨に湾曲がみられる．

とはいえ、チューダー家の下で平和を取り戻したイングランドが、ルネッサンスの開花に向けて着実に準備を整えつつあったのも事実である。ヘンリー七世は登極前、薔薇戦争の過程でウォーリック家など、反抗的な大領主を打倒してその所領や財産を没収し、王家のものとする。そして封建勢力に対抗するため、下級貴族、郷士《ヨーマン》、また商人階級（都市民）に頼った結果、社会の中で大領主に代わってこれら三グループが力を得てくる。またヘンリー七世は、将来のイングランドにとって海洋進出が重要であることをも認識していた。そこで外洋航海に耐える堅牢さを持ち、船首と船尾に司令塔を設け、海戦にもまた商船としても役に立つ船の建造を進める。そしてコロンブスの航海に遅れること五年の一四九七年、ジエノヴァ出身だが主にヴェネツィアで活躍した航海家ジョヴアンニ・カボート（英名ジョン・カボット）を大西洋に派遣し、新大陸はカナダのニュー・ファウンドランド島、ボナヴィスタ岬に到達させている。こうしたことが次の世紀に入ってフランシス・ドレーク（スペイン「無敵艦隊《アルマダ》」に対する勝利と世界一周航海）やウォルター・ラレイ（新大陸のヴァージニア植民）の活躍に繋がっていくのである。

新しい学問

この時期にはまた「新しい学問《ニュー・ラーニング》」（人文学）が緒につく。

トーマス・モアの肖像　ホールバイン筆　1527年　ニューヨーク　フリック・コレクション蔵

ウイリアム・グローシン（一四四六?〜一五一九）は一四八一〜九一年にかけてイタリアに赴き、トルコ軍のコンスタンチノープル攻略の難を避けてフィレンツェにやって来たギリシャの学者デメトリオ・カルコンディラスと、イタリアの詩人・古典学者として名高いアンジェロ・ポリツィアーノについてギリシャ語を学び、帰国してオックスフォード大学でギリシャ語を講ずる。九九年ギリシャ語の習得のためにイタリア半島行きを願って果せなかったエラスムス（一四六七〜一五三六）は、当時アルプス以北で唯一ギリシャ語の学習が可能だったオックスフォード大学を目指したのである。トーマス・リナカー（一四六〇〜一五二四）もポリツィアーノの下でギリシャ語を習得し、ガレヌスの医術書を英国に紹介する。さらにイングランドの人文主義者《ヒューマニスト》の中で最も有名な一人ジョン・コレット（一四六七〜一五一九）は、富裕な商人でロンドン市長をも務めたヘンリー・コレットの息子で、九三年頃にフィレンツェを訪れ、キリスト教的新プラトニスムを説いたピーコ・デ・ラ・ミランドラに傾倒した。

　こうした経過によって英国の人文主義は、異教ギリシャ・ラテン古典古代の復興よりも、むしろ初期キリスト教の福音主義復興の傾向が強い。コレット自身もオックスフォード大学で教えた後、ロンドンに出てセント・ポール教会の首席司祭となり、教会の改革のために熱烈な説教を行う（同様な傾向を有するエラスムスが、コレットとの交遊に感銘を受けたのも当然である）。その他に教会人の中では、ロチェスターの司教ジョン・フィッシャー（一四六九〜一五三五）と、カンタベリー大司教ウイリアム・ウォーラム（在任一五〇三〜三二）が、エラスムスを始めとする「新しい学問」の推進者を精力的に援助し、保護している。

　コレットとならんで、イングランドが誇る人文主義者トーマス・モア（一四七八〜一五三五）は、イタリア半島に滞在した経験はない（エラスムスは一五一七年、バーゼルの印刷業者フローベンにモアの『ユートピア』を送った際の書簡で

「あのモアの見事な才能が、もしもイタリアで磨かれ、今日ひたすら学芸のためだけに向けられていたなら！（どんなに素晴らしいことになったであろうか）」と、意味深長なコメントをしている）。だが、モアは一五〇四年、議会がヘンリー七世の緊急財政援助要請を否決した際に主導的役割を果して王に睨まれ、フランドルに一時退避したのをはじめ、その後もヘンリー八世の外交使節として何度か大陸に赴き見聞を拡める。じつは傑作『ユートピア』も、作者がアントワープで（実在の）航海家ペーター・ヒレスを訪れた際に出会った船乗りで、アメリゴ・ヴェスプッチのアメリカ発見航海に加わったラファエル・ヒュトロダェウスなる（こちらは架空の）人物から聞いた話を取り次ぐという形を取っている）。

さらに、ウイリアム・カクストンはグーテンベルグが発明（一四五〇）した活版印刷術をフランドルで習得し、印刷機と共に一四七六年に英国に持ち帰る。印刷術はまたエラスムスによる『聖《サン》ヒエロニムス著作集』や『新約聖書』（バーゼルで印刷、いずれもラテン語、一五一六）の先蹤に倣い、ウイリアム・ティンダルによる英語訳『聖書』（ドイツで印刷、一五二五）へと連なっていく。

ただ、人文主義者達はいずれも中世以来の知識人の言葉であるラテン語を用い、その影響は汎ヨーロッパ的ではあっても少数の知的エリートに限られていた。さらに、（モアやエラスムスは別だが）イングランドの人文主義者の大部分が、キケロら西暦一世紀前後、つまり最盛期の古典ラテン語への回帰を目指したイタリア半島の人文主義者の衒学的傾向に倣ったため、広汎な大衆に直接訴えかけることはできなかった。英語によるイングランド国民文学の成立を担うのはもう一世代後、ペトラルカ風のソネットを英語に移したトーマス・ワイアット（一五〇三〜四二）、ヘンリー八世に対する大逆罪で刑死したサリー伯爵ヘンリー・ホワード（一五一七？〜四七）、そして少し先回りすることになるが、エリザベス朝のリリー（一五五三？〜一六〇六）、クリストファー・マーロウ（一五六四〜九三）、シェイクスピア（一五六四？〜一六一六）、ベン・ジョンソン（一五七二〜一六三七）らの登場を俟《ま》たなければならない。

スペインとの婚姻政策

ヘンリー七世はまた、ヨーロッパ大陸の大国であるフランスやスペインとの力関係を考えて、皇太子アーサーの婚姻を通して、国外に同盟者を得ようと目論む。今日、「英仏海峡」と呼ばれるにいたった海峡を挟んで最も近い、シャルル八世治下のフランスは、ある意味でイングランドの宗主国でもあり、かつ百年戦争の敗北の記憶も新しかったので敬遠される。そこで花嫁候補に選ばれたのがカスティリアのイザベル女王とアラゴンのフェルナンド王、つまり「カトリック両王」の末娘カタリナ（キャサリン）であった。一四八八年にスペインのメディナ・デル・カンポで取り交わされたスペインとの条約に両人の婚儀条項が挿入される。当時アーサーはわずか二歳、キャサリンは二つ年上の四歳であった。イザベルとフェルナンドは一四六九年に結婚してから、他の競争者を押し退け七九年にはカスティリア・アラゴン両王国に主権を確立する。そして遂に九二年二月、イベリア半島に残ったイスラム教徒の最後の拠点グラナダを陥落させてスペイン王国の基を確固たるものにする。さらに同年十月には西廻りでインドに到達する計画で送り出したコロンブスの新世界発見の報を受けて、じつに名声赫赫たるものがあった。したがって二人は、イングランドにおけるチューダー王朝の基盤がどの程度確かなものか、十分見通しがつくまでは積極的に動こうとはしなかった。そして結局、王位継承権を騙った（?）パーキン・パーベックと、こちらは本当にヨーク家の血筋を引く、エドワード四世の甥でワーヴィック伯爵エドワードが両人共に処刑され、以後ヘンリー七世の王位に異議を唱える者が完全にいなくなる九九年に到って初めて、具体的な結婚の細目に関する交渉に入る有様だったのである。

だが、ともかく交渉はまとまり、花嫁は一五〇一年にガリシアはラ・コルーニャの港から乗船し、悪天候の船旅の後、やっとプリマスに到着する。皇太子アーサーとの婚儀は無事執り行われたが、もともと健康が優れなかったアーサーは早くも翌年、結婚後わずか五カ月余りで他界してしまう。この報を受け、自分も当時すでに病気がちだったカスティリアのイザベル女王（一五〇四年に死去）は、イングランド王家との縁戚関係を保つため、アーサーの代わりにその弟で、キャサリンより六歳年下だが、いまや王位継承者となった皇太子ヘンリーとの結婚を実現すべく動き出す。キャサリンがアーサーと実質的に夫婦でなかったことを証明させようとしたり、また兄嫁との結婚を禁ずる『旧約聖書』「レヴィ記」の条項が適用されぬよう、スペイン人教皇アレクサンドル六世を説いて、なんとか一五〇三年、この件に関する宥免状の取得に漕ぎ着ける（これによりヘンリーとキャサリンの婚約が、ヘンリーが皇太子としての資格を得る十二歳に達する直前に可能となる）。

しかし今度は、イザベル女王が死ねば、カスティリアは容易にアラゴン王フェルナンドの意のままにはなるまいと読んだヘンリー七世が、二人の結婚を引き延ばしにかかる。だが、フェルナンド王は大戦術家ゴンサルヴォ・デ・コルドヴァを起用してフランス系アンジュー王朝の支配からナポリ王国を奪い、己れの直接統治下に置くことに成功、スペイン王としての地歩を固める。そのうえ、ヴェネツィアに対抗して、フランス王ルイ十二世、ローマ教皇ユリウス二世、神聖ドイツ・ローマ皇帝マクシミリアン一世を誘って、「カンブレー同盟」を結成、その結果一五〇九年、アニャデルロでヴェネツィア軍を完膚無きまでに敗北させる。こうした状況を踏まえてフェルナンド王は、ヘンリー七世に対して、キャサリンとヘンリー皇太子との結婚を成立させるよう強い圧力をかける。とはいえ、結局両人が結婚するのはヘンリー七世の死（一五〇九）後で、同年に皇太子がヘンリー八世として戴冠するわずか二週間前のことである。キャサリンはイングランド到着以来、女王になるまでじつに七年余りも待たされたことになる。

（3）　ヘンリー八世の登場

イングランド・ルネッサンスの開花

さて、一五〇九年六月のヘンリー八世の戴冠こそ、一四八五年のボスワースの戦いによる薔薇戦争終結にも増して、イングランドのルネッサンスの開幕を告げる事件であった。苦労人の父王の宮廷における倹約を旨とした質実なスタイルに対し、ヘンリー八世は子どもの時から廷臣達に取り捲かれて育ち、万事に付けて派手好みの上に、病弱だった兄アーサーと違い、大柄で美男、スポーツ好きで才気煥発であった。自分の戴冠式を皮切りに華やかな宮廷生活を展開するが、これがまた刺激を欲していた国民の熱狂的な歓迎を受ける。

新王はイタリア半島から英国にも伝わっていた人文主義の洗礼を受けており、キャサリンの侍従をつとめていたウイリアム・マウントジョーイ卿は、トーマス・モアやジョン・コレット、ジョン・フィッシャーらを語らい、当時ローマにいたエラスムスに、ヘンリー八世の知的資質を最大限に称える有名な書簡を送り、すぐにもロンドンに来って福音主義的キリスト教の理想の実現に力を貸すよう要請する。すでに一四九九年、エラスムスは最初のイングランド訪問の際にマウントジョーイ伯爵邸で、当時まだ兄アーサーが存命で、王位が巡ってくることになろうとは誰も思っていなかった九歳のヘンリー皇太子に会い、その知的早熟振りに感銘を受けていた。そこで一五〇九年にユリウス二世（在位一五〇三～一三）が君臨する教皇庁の世俗権力志向に幻滅を感じていたことも手伝って、ローマを去りロンドンにやって来る。一四九九年、一五〇五年に続いて三度目のイングランド訪問である。その諷刺文学の傑作『痴愚神礼讃』は、この訪問が機縁となって、トーマス・モアの慫慂《しょうよう》によりモア邸で書かれた。

だが、ほどなくエラスムスは、ヘンリー八世の古代ギリシャ・ラテン文明や初期キリスト教に対する興味や関心は、じつは世間の評判になっている物なら何でも手に入れてみたいと思う、王侯の移り気で貪欲な好奇心以外の何物でもないこ

ヘンリー八世の肖像　ホールバイン筆　1536-37年　ルガーノ　ティッセン＝ボルネミッサ・コレクション蔵

カタリナ・デ・アラゴンの肖像　ロンドン　国立肖像美術館蔵

とを見出して失望する。[1] とはいえ、ヘンリー八世の登極とエラスムスの来訪を機に、イングランドの人文主義が大いに盛り上がったことに疑いはない。すでに触れたように、一六年にはトーマス・モアの『ユートピア』が書かれている。

対外政策

ヘンリー八世はまた、戦争に慎重であった父王とは異なって、力の外交に意欲的であった。その第一歩が、岳父スペイン王フェルナンドの要請に応じて、だが実態はその抜け目ない外交戦略の手駒となって、スペインとフランスの国境地帯、ピレネー山脈の両側にまたがるナヴァール（ナヴァラ）王国攻略の手助けをすることであった。一五一二年には、南西フランスのギュイエンヌ地方に接したパサーヘス港に兵を送る。もともとギュイエンヌ地方は、ウイリアム征服王のノルマンディー家、次のプランタジネット家に次いで、三番目のイングランド王朝となったアンジュー家の領地だったから、ヘンリー八世とすれば百年戦争で失った大陸における領土を回復するという野心もあったわけである。だが、あのマキャヴェルリが『君主論《イル・プリンチペ》』で「あらゆる約束を破り、信義を踏み躙った君主」と評したフェルナンド王にしてみれば、フランスとの国境にイングランド軍を駐屯させたのは、フランスを牽制して、自分がナヴァール王国のスペイン部分を手に入れるための手段に過ぎなかった。じっさいフェルナンド王は、イングランド軍がギュイエンヌ地方に侵攻してからは必要な援軍を送らず、一方、ナヴァール王国では巧妙なクーデターを演出し、同王国のスペイン側を手に入れると、さっさと軍を引き揚げてしまう。後に取り残されたイングランド軍は、戦いひとつすることができないのに業を煮やして暴動を起こし、王命を無視する形で帰国する。ヘンリーの最初の外交的失敗である。フェルナンド王に対しては、不信感を抱いたのはいうまでもない。

　ヘンリー八世はこの失態を取り繕おうと、前に父親が使っていたイスプイッチの町人の息子、活動力に溢れて有能だが、権力志向の権化でもあったトーマス・ウールジーを取り立てる。そして、その進言により、フランス王ルイ十二世が強力になり過ぎるのを恐れた教皇ユリウス二世教皇と神聖ドイツ・ローマ皇帝マクシミリアン一世が、老獪なスペイン王フェルナンドをも語らって結成した「神聖同盟《レーガ・サンタ》」に加わり、一三年にフランドルに出兵する。このたびは、ヘンリー八世自身が軍を率いて出陣しトゥルネイの町を攻略し、ロングヴィル公爵ルイ・ドルレアンを「ギヌガットの戦い」で捕虜にして凱旋する（ただし、ヘンリー八世は、この大陸への出陣の時から足に壊疽《えそ》に似た腫瘍を抱えることになり、これが一生ついて回る）。その間、スコットランドのジェームス四世がルイ十二世の要請に応じて、ヘンリーの留守を狙って侵入して来たのを、摂政キャサリンの下、後にノーフォーク公爵となるトーマス・ホワード率いるイングランド軍がフロッデンに迎え撃ち、血気に逸《はや》るジェームス四世を討ち取るというおまけまでつく。

　とはいえ、こうした軍事的成功も、隣国フランスに一泡吹かせた青年王として民衆の人気を高めるには役立っても、経済的になんら得るところはなかった。また、外交的にもヨーロッパ列強の一角たらんとする野心を抱くにいたったヘンリー八世を満足させるには程遠かった。しかもロングヴィル公爵の巧妙な外交手腕と、ルイ十二世からの通報によって、じつは教皇・ドイツ皇帝やスペイン王らがヘンリー八世の背後でルイ十二世その人と連絡を取り、決定的勝者も敗者も出ないように和平交渉を行っていた事実を知らされる。自分は若気の一本槍で、フランスを相手に神聖な戦を遂行していると思いこんでいたヘンリー八世の怒りは、一転して老錬な君主達に向かう。その中にはむろんキャサリンの父でスペイン王のフェルナンドも含まれていた。ヘンリー八世はたちまちフ

（1）エラスムスは、一五一一年にケンブリッジ大学にギリシャ語の講座の教授に任命されはしたが、このたびはついにヘンリー八世に謁見の機会を与えられることもなかった。

ランスと和を結び、一四年には、それまでオーストリア大公カール（後のスペイン王カルロス一世、次いで神聖ローマ皇帝カール五世となる）と婚約していた妹のメアリー・チューダーを、一転してフランス王ルイ十二世に嫁がせるという豹変振りを発揮する。こうした経験を積みながらヘンリー八世は、権謀術数に満ちた外交術を身に付けていくのである。

キャサリン王妃との離婚問題

この間、キャサリンにとって結婚上の不幸な事件が続いていた。ヘンリー八世との間の最初の子どもは死産であったし、一五一一年に生まれた子も生後六週間で亡くなってしまう。結局ヘンリー八世との間にできた七人の子どものうち、生き残ったのは、一六年に生まれた女児メアリーだけであった。

こうした事情が重なって、世継ぎの皇太子を望むヘンリー八世は次第にキャサリンを疎んじ、二九年にはキャサリンをキムボールトン城に住まわせて別居した上、先に兄アーサーの寡婦との結婚を認めた教皇アレクサンドル六世の宥免状の有効性を問題とし、結局三三年、密かに女官アン・ブリンと結婚してしまう。ただ、キャサリンを公に離別するとなると、それに反対する国民感情もあれば、宗教上の手続きとして、ペテロの座にあるローマ教皇の許可も得なければならない。ところが時の教皇でメディチ家出身のクレメンス七世は、ヘンリーとキャサリンの結婚を無効とする裁定を下すことに踏み切れなかった。なぜなら、スペイン王カルロス一世（一五一九年に神聖ドイツ・ローマ皇帝に選ばれ、かつ新大陸の領土も加わってヨーロッパ最強の君主となっていくカール五世）が自分の叔母キャサリンのイングランド王妃としての地位、さらにその娘で、自分には従妹に当たるメアリーの王位継承権を守ろうと反対するからである。ヘンリーの命を受けて交渉に当たった、宰相かつ枢機卿トーマス・ウールジーの努力にもかかわらず、この理不尽な交渉は失敗に終り、それが原因で、ウールジーは　濡れ衣を着せられ、失脚させられる（一五二九）。

この手詰り状況を打開すべく、ヘンリー八世は、ケンブリッジやオックスフォード、パリ、ルーヴァンなど諸大学に離婚の当否を判断させる[2]という方策を提言したトーマス・クランマーを取り立て、自分に有利な裁定を出させようとする。だが、イングランドの大学はヘンリー八世の圧力の下、パリ大学はフランソワ一世の口添えもあって、どうにか離婚に好意的な判定を下すが、他の大学は態度を保留。一方、教皇の特別使節としてイングランドに派遣されたカンペッジョ枢機卿はギリギリまで裁定を延ばした揚句、最終的には離婚調停をローマ教皇庁裁判所に付託する旨の決定（一五二九）を下してしまう。

ローマ教会からの離脱

こうした交渉の遅延にしびれを切らしたヘンリー八世は、すでにアンが身籠っており、(希望的観測で皇太子と思っていた) 生まれてくる子どもを嫡出子とするため、ついに一五三三年、キャサリンとの離別を公に宣言する。それと共に、教皇の破門宣言に先手を打って、お手盛りのイングランド国教会《アングリカン・チャーチ》を作って、王がその首長となるという「首長令」(一五三四) を発布してしまう (その際ヘンリー八世は、国王の訴えを国外の司法機関の裁定に委ねてもよいのかという、きわめてナショナリスティックな議論で反教皇庁的な国民感情を煽った)。

一五一七年にルッターの宗教改革運動が始まった時には、自らルッターを反駁する論文を草して、教皇レオ十世から「(カトリック) 信仰の守護者」という称号 (一五二一) を授けられた当の人物が、今度は自分の都合で分離教会を立てることになったわけである。さらに、この離婚に反対した廉《かど》で、ケンブリッジ大学総長で、かつエラスムスを招聘した、ロチェスターの司教ジョン・フィッシャー (キャサリンの懺悔告悔僧でもあった)、また大法官まで務めたトーマス・モアをロンドン塔に幽閉し、三五年には二人とも斬首刑に処してしまう。キャサリンもまたその恵まれない生涯を、三六年にキムボールトン城で終えることになる。

ヘンリー八世の結婚遍歴

ただ、そうはいっても、ヘンリー八世の結婚生活が幸福であったかというと、決してそうではない。キャサリンに始まって、スキャンダルとなった女官アン・ブリンとの二度目の結婚からは後のエリザベス一世となる女の子が生まれただけで、失望したヘンリー八世は口実を設けてアンを離婚し処刑してしまう (一五三六)。三番目の妻ジェーン・シーモアは、後のエドワード六世となる男の子を産むが、自身が産後の肥立ちが悪くて死亡 (一五三七)。四番目はドイツ・プロテスタント諸侯の盟主クレーヴ大公の娘アンヌであったが、その容色が気に入らないという理由で、結婚式からわずか半年というのに、王妃の代わりに「王妹」というタイトルを与えられて離別 (一五四〇) される有様である。かつこの件で、新旧両教対立という国際政治の観点からアンヌとヘンリー八世の結婚を推進して、絶大な権力を振っていたトーマス・クロムウエルも失脚し、首を刎《は》ねられている。五番目に王妃となるのはキャサリン・ホワードだが、これまた以前の恋人との

(2) 一四三一～四九年、公会議と教皇権の優劣を問題にしたバーゼル公会議で採られたのと同じ方法である。

密通という理由で斬首（一五四二）。最後の六番目となるキャサリン・パーもその新教的傾向のゆえに、ヘンリー八世がもう少し生きていたらどうなっていたか分からないところだったが、幸いその寵が薄れないうち、四七年にヘンリー八世の方が先に死ぬ、といった具合である。

　話がつい先回りしてヘンリー八世の結婚生活に行ってしまったが、その捲き添えを喰って起こり、しかもヘンリー八世治下における最大の事件となった、国教会のカトリック世界からの分離問題をもう少し詳しく跡付けておかねばならない。

第2節　教会分離問題

（1）ヘンリー八世の時代

ヨーロッパの政治情勢

まず十五世紀末から十六世紀初における、ヨーロッパ大陸の社会・政治的な状況をおさらいしておくと、イタリア半島ではすでに十五世紀の後半にルネッサンスがその第二期の頂点に達していたばかりか、世紀末には爛熟と退廃の兆しさえ見せており、ローマ教皇庁もすっかり世俗化して、その精神的権威は地を払っていた。とはいえ、イタリア半島の文化と富の魅力はヨーロッパ中に知れ渡っており、アルプス以北の諸勢力の垂涎《すいぜん》の的となっていたのである。それにもかかわらずイタリアは、北からミラーノ公国、ヴェネツィア共和国、中部のメディチ政権、ローマの教皇庁、南のナポリとシチリアを併せた両シチリア王国がそれぞれ勢力圏を拡大して、五つの地域国《スタート・レジョナーレ》家群を形成しつつはあったが、各々が互いに牽制し合い、マキャヴェルリが『君主論』で危惧したように、イタリア半島を政治的に統一して、外敵の侵略に対抗し得る強力なリーダーシップと軍事力を有する政権成立の見込みはなかった。

　しかもアルプスの北では、いずれも十五世紀の最後の二十年間に、フランスではブルゴーニュ家断絶（一四八二）、イングランドでは薔薇戦争終結（一四八五）、スペインではグラナダの陥落と新大陸の発見（一四九二）といった事件が次々と起こって、各国が王権の主導の下に国内統一に成功、いわゆる国民国家《ネーション・ステート》に向けての第一歩を踏み出していたのである（ただし、ドイツだけはイタリア半島に似て、しかしこちらは都市共和国や僭主国家ではなく、中世以来の神聖ローマ・ドイツ皇帝の選出権を持つ選帝侯を筆頭に、封建領主が支配する小領邦国家に分裂しており、統一国家の形成にはほど遠かった）。

　一方やや大まかな統計であるが、イングランド、フランス、スペイン三国の十六世紀初頭における人口をみると、フランスが約千四百万、スペインが八百万に対して、イングランドは三百万と推定されており、国土の大きさからいっても、またスコットランドやウエールス、アイルランドを相手に、いつ戦争が起こるか知れぬ不安定な状態にある点からしても、この二大国とはとうてい比較にならなかった。十六世紀初頭のイングランドは当時、フランスやスペインに比すれば、二流の勢力だったのである。

このような状況下において、イングランド王国を統一したチューダー王朝初代君主ヘンリー七世は、ヨーロッパの強国を目指すというよりは、むしろフランスとスペイン、さらには神聖ローマ帝国といった列強に伍して自国の安全をいかに護るかを考え、まず皇太子アーサー（アーサー死後は次男のヘンリー）と、スペインの君主イザベルとフェルナンドの娘、キャサリン・オブ・アラゴンとの結婚を取り決めたのである。この状況はヘンリー皇太子がヘンリー八世となっても変らなかった。とはいえ、役者が交代すれば、ヨーロッパの政治情勢にもまた変化が生じざるを得ない。この十六世紀初頭の半世紀前、フィレンツェで老練な大コジモの後を孫の「豪奢侯《イル・マニフィコ》」と称されたロレンツォが継いで、華やかなメディチ・ルネッサンスを演出した。同じように、アルプス以北ではまさにこの時点で、老練かつ打算的政治家であり、だからこそまた国家統一を達成し得た王達が相次いで他界（一五〇九年ヘンリー七世、一五年ルイ十二世、一六年フェルナンド一世、一九年マクシミリアン一世）し、代わりに先代の努力のおかげで結集された富と権力を労せずして手に入れ、国家統一に到るまでの苦労を知らず、かつ功名心だけは満々の世代が王位に就くことになったのである。イングランドでは兄アーサーの病死で王位にありついたヘンリー八世がそうだが、フランスでもルイ十二世に直系の息子がなかったため、傍系のアングーレーム家から一四年に婿入りしたフランソワ一世（即位は一五一五年）、スペインではフェルナンドとイザベルの結婚政策の結果、王位継承者となったフランドルのハプスブルグ家の大公カールが、一六年カルロス一世となる。カールの場合はさらに、これも血縁関係で祖父のマクシミリアンの東南ドイツでの権益を受け継ぎ、さらに新大陸の領土を併せた上で、一九年に神聖ローマ皇帝カール五世として戴冠するというところまでいく。

これら三人の君主達は父や祖父達が溜め込んだ富、そして国家統一によって平和を取り戻した社会・経済的な発展を背景に、国際的には子どもじみた野心を、また国内では自己の野放図な権力欲を、権謀術数の限りを尽して追求することとなる（マキャヴェルリが『君主論』で描いたルネッサンス的君主の典型チェーザレ・ボルジャと同様だが、より大規模に展開される）。

イタリア戦役とイングランド

このような状況下で、二流勢力のイングランド王として、自己の存在をいかに他の競争相手にアッピールするかが、ヘンリー八世に科せられた課題となる。ヨーロッパの二大強国、フランスとスペインのいずれとも正面切って対決するのは、イングランドの実力からして問題外であった。だが逆に、これら二つの勢力が拮抗するように仕向けて、自分はそのいずれにも付かず、両者間の均衡を取って双方から頼りにされるように持っていくというのが、以後ヘンリー八世とその宰相ウールジーの対外政策の基本となる。しかもちょうどこの時、フランスとスペインが対立するような事態が、かつイングランドとしては地理的な条件から手を出したくとも出せない場所、イタリア半島を舞台として勃発する。

まず、スペインに先駆け国家統一を達成、ヨーロッパ随一の強国となったフランスが、イタリア半島の魅力に取り憑かれたシャルル八世のイタリア遠征（一四九四）で半島争奪戦の幕を切って落とす。ミラーノ公爵で甥のジャン・ガレアッツォ・スフォルツァと、その妻でナポリ王フェランテ一世の孫娘イザベラを、イタリア都市国家の常套手段であった外国勢力の介入を利用して追い出し、己れがミラーノの僭《ティラン》主《ノ》に納まろうと謀った「黒ん坊《イル・モーロ》」ことルドヴィコ・スフォルツァの招きと、時の教皇ボルジャ家のアレクサンドル六世と対立していたデ・ラ・ローヴェレ枢機卿（後のユリウス二世）の半島侵攻の誘いに、シャルル八世が乗ったのである。シャルル八世は、ルドヴィコが煽ったナポリ王国征服の夢を追って南下し、分裂していたイタリア半島諸勢力の無策もあって、一四九五年にやすやすとナポリに入城、元来フランス王家の分家アンジュー家のものであったこの王国を、アラゴン家から奪回してしまう。

とはいえ、ナポリに入ったフランス軍も、その無統制な略奪行為に対して一般民衆が反発し、さらにことの重大性に気付いたスペイン、ドイツ、教皇庁、ヴェネツィア共和国、加うるになんとフランス南下の仕掛人ルドヴィコ自身までもが加わった「反フランス連合」が成立するに及んで、イタリア半島から撤退せざるを得なくなる。こうして最初の危機は去る。だが今度は九八年、シャルル八世の急死後、フランス王となったルイ十二世が、前回の危機を招いた張本人ルドヴィコが支配するミラーノ公国に対するオルレアン家の領有権を主張してアルプスを越える。慌てたルドヴィコは、ヴェネツィアまたドイツのマクシミリアン一世に助けを求めるが、前回の豹変振りが祟って誰からも本気で相手にされず、なんとマクシミリアン一世から貸し与えられたスイス傭兵の裏切り（一五〇〇）によってフランス軍に引き渡され、その波乱に満ちた生涯をフランスはロッシュの獄中で終えることになる。

だが、それはともかく、このフランスの二度にわたるイタリア半島への侵攻は、イタリア半島諸勢力の軍事的弱体を全ヨーロッパに曝け出すこととなった。ミラーノはこの時から一五二五年まで多かれ少なかれフランスの勢力下に入り、その後も自立した勢力とはなり得ず、じつに十九世紀後半までスペインとドイツのハプスブルグ家の副王の統治するところとなる。もう一方のナポリは、シャルル八世の撤退後アラゴン家の支配に戻りはするが、政情の不安定は変らず、それに付け込んでルイ十二世が〇四年に再びナポリを奪取する。しかもそれは、親類であるナポリのアラゴン家を裏切った、スペイン本家のフェルナンド王の同意を得た上でのことである。しかし、いったんは勝利したフランス軍が、スペインの大戦術家ゴンサルヴォ・デ・コルドバの活躍もあって敗退すると、今度はフェルナンド王自身が乗り出して、〇四年以降ナポリ王国を分家から取り上げ、スペインの副王が支配する直轄領にしてしまう。

そしてフランス、スペイン、教皇、ドイツ皇帝が「カンブレー同盟」を結成し、教皇庁と共にイタリア半島内でただ二つ、政治的独立を保っていたヴェネツイアを「アニャデルロの戦い」（一五〇九）で、粉砕するに及んで、イタリア半島から強力な政治勢力は姿を消し、スペイン軍の「ローマの劫掠《サッコ》」（一五二七）を経て、イタリア半島自体は十九世紀後半まで、じつに四世紀半続く外国勢力の支配と角逐の舞台となってしまうのである。

金襴の陣、英仏両王の会同

こうした情勢の下、先述のように十六世紀初頭にイングランド、フランス、またスペイン・ドイツで、それぞれ王位についた三人の若い君主達（ヘンリー八世は一五〇九年に十八歳で、フランソワ一世は一五年に二十一歳で、カール五世は神聖ローマ皇帝として一九年に十九歳で、それぞれ戴冠）は、互いに軍事力と宮廷の豪華さを誇示し、相手を出し抜こうと競争を繰り拡げる。

一五二〇年、（当時はイングランド領だった）カレーの近く、ギュインヌの平原で、ヘンリー八世とフランソワ一世が初めて会同を行った際のパレードや騎馬試合は、善美を尽した天幕設営のゆえに「金襴の陣」と呼ばれ、その豪華さで人目を驚かせた。この会見では、万事に付け派手好みの両国王が、互いに相手を豪奢振りで圧倒しようと試みたのだが、その裏ではいまやスペインとドイツの主となったカール五世に対抗する同盟を結ぼうという政治的交渉が行われていたことも知られている。

それればかりかヘンリー八世はこれと並行して、会見の前後にカール五世とドーヴァーおよびグラヴリンヌで、フランスに対する連携を強めることを密約、その保証としてキャサリンとの間に生まれた娘メアリー（当時四歳）を将来カール五世の妃とすることまで取り決める有様である。この取り決めは、もし実現すればイングランドをスペインと結び付ける結果となり、もしヘンリー八世に男子の相続者がいなかった場合には、王位継承者として最優先の権利を保有しているバッキンガム公爵を排除することに繋がるため、国内の大貴族からは批判が起こる。だが、ヘンリー八世と宰相トーマス・ウールジーは反逆罪を口実に、翌一五二一年にバッキンガム公爵を逮捕、翌年ロンドン塔で斬首してしまう。

トーマス・ウールジーの野心

この事件でも見られるように、教皇レオ十世から枢機卿（一五一五）に任じられたウールジーは、ヘンリー八世と協力して反フランス親スペインの政策を推し進めたのだが、それにはカール五世とヘンリー八世の後押しを得て、自分が将来ローマ教皇の位に就こうという野心が働いていた。しかしこの間、同じ一五二一年に突然レオ十世が他界、後継教皇にウールジーの名も上る。しかしほぼ時を同じくして開かれた、スペインと対フランス軍事同盟を議するブリュージュ会談（一五二一）でウールジーの野心を見抜いたカール五世の意向が働き、また急の事態にイングランドは教皇選出の母体である枢機卿会議に対する根回しができなかったという事情も加わって、カール五世の根拠地であるオランダはユトレヒト出身のハドリアヌス・フロレンティウスがハドリアヌス六世として教皇に選ばれてしまう。

とはいえ、ブリュージュ会議での対フランス戦争の取り決めは守られなければならない。折から二一年、フランスが（以前にフェルナンド一世に切り取られた）ナヴァール王国のピレネー山脈南斜面を回復しようとしたのがきっかけで、スペインとフランスの間に戦端が開かれる。[3] イングランドも出兵せねばならぬが、先立つものは戦費である。独裁を好んだ宰相兼枢機卿ウールジーが、自分の在任中ただ一度だけ開催した二三年の議会は、その徴収を認めさせるためのものであった。だがトーマス・モアが議長を務めていた議会はこの要請に賛成せず、大幅な減額をもって応じる。また準備にも手間取ってイングランド軍がフランスに攻め入り、パリに近付いた時には、もう冬が来てしまっていた。決定的な対決を回避する政治家の本能から、ウールジーは司令官サフォーク公を呼び戻して外交交渉に切替え、自分がヨーロッパの平和の調停者として振る舞う場を作ろうとする。いまやフランスからもスペインからも頼りにされる立場に立ったウールジーの得意や思うべしである。

しかも、この時わずか在位一年でハドリアヌス六世が死に、再び教皇選出となって、今度こそウールジーの出番が巡って来たかに見えた。だが前回と同様カール五世の意向は別で、さらにローマ民衆の外国人教皇に対する拒否反応、多数派を占めるイタリア人枢機卿グループのハドリアヌスの一徹な教会改革路線に対する反発もあって、（そんな改革志向だけはまったくなかったにもかかわらず）ウールジーはぜんぜん問題にされず、教皇に選ばれたのはメディチ家の庶子ジュリアーノすなわちクレメンス七世であった（一五二三）。

大陸政策の手詰り

ところが、こうしてイングランドがフランスとの協調路線に転換しようとしていた矢先に、今度はフランスの大元帥《コネターブル》であったブルボン家のシャルル二世の反逆が起こる。すなわちシャルル二世の妻であったイザベルの死（一五二一）に際して、その莫大な遺産を（相続者の男子がいないという理由で）フランソワ一世が強権的に王領に接収しようとする。これに反発したシャルル二世はカール五世の許に走り、一五二四年にスペインからの援軍を率いて南仏はプロヴァンス地方に侵入する事態となったのである。だが、スペイン（皇帝）軍のマルセイユ包囲は不発に終って、シャルル二世はいったんミラーノに入りフランスは安泰に見えた。これに気をよくしたフランソワ一世は、二五年にブルボン家を懲罰するためにミラーノ攻めを行おうと、自ら兵を率いてイタリア半島に出陣する。しかし皇帝軍とパヴィーアで会戦して敗れたばかりか、己れまでが捕虜にされる惨澹たる敗北を喫する。

いまや身動きが取れなくなったフランスは、ヨーロッパの政局に口を出すことができない。カール五世は、自分を裏切ってフランスと交渉しようとしたイングランド、とくにウールジーを許さず、誰にも邪魔されずに単独でヨーロッパを取り仕切ろうとする。まず自分と、ヘンリー八世とキャサリンの間の娘メアリーとの結婚の条件である婚資を六十万ダカットと決め、その支払いを要求する。これをヘンリー八世が拒否すると結婚契約は無効となり、カール五世は以前から意中の人であった従妹でポルトガル王女のイザベラと、それも百万ダカットの結納金付きの結婚に踏み切る。ただ、それには従兄妹同士の結婚を認める教皇の特別宥免状が必要だったが、パヴィーアの戦いの後ではクレメンス七世には、とてもこれを拒否する勇気のあろうはずがなかった。

このカール五世の裏切り（とヘンリー八世の目には映っ

（3）この戦いで、スペイン軍の一員として参加したイグナチウス・デ・ロヨラが負傷、それが契機となって回心が起こり一五三四年のイエズス会創立に到る。ただそれはもうルネッサンスではなくて宗教改革の話である。

た）行為に対する報復として、ヘンリー八世はウールジーの献策に従い、従来のフランスに対抗する政策を変更して、親フランスに転ずる。また妻キャサリンの侍女エリザベス・ブラウント（当時十五歳）に手を付けて子を産ませ、すでに当時六歳になっていた庶子ヘンリー・フィッツロイをリッチモンド卿[4]とし、正嫡の男児が生まれなかった場合に王位継承者にする構えをみせる。これがスペインの出であるキャサリンとの間の王女メアリーの王位継承権を脅かすことになるのは明らかで、キャサリンにとってははなはだ苦い決定であった。またフランスとの関係においては、フランソワ一世が不在の間はフランスに侵攻しないという約束をすることで、自己との同盟を高く売り付けようと図り、その代償としてすでにイングランド領であったカレーに加えてブーローニュをも獲得しようとする。しかし、老巧な政治家でもあった摂政ルイーズ・ド・サヴォワ母后の下、フランスはヘンリー八世の領土要求に応ぜず、金銭による解決を貫いてしまう。加うるにカール五世もまた、ドイツにおけるプロテスタント対策に忙殺されて、さらなるフランスとの対立を好まず二六年、二人の王子を人質とするという条件でマドリッド条約を結んだ上で、フランソワ一世を解放し、帰国を認めてしまう（むろん多額の賠償金や領土の割譲の約束を盛り込ませた上である）。以後、フランソワ一世は、今回の失敗に鑑み軍事的冒険を避けるようになり、ヘンリー八世もまたフランソワ一世の失敗を目の辺りにして、力の外交には慎重となる。かくてスペインはイングランドの協力を必要としないほど強大となって、ヨーロッパの政治的均衡の調停者たらんとするヘンリー八世やウールジーの出番はなくなってしまうのである。

王妃キャサリンの離別

これまで見てきたヨーロッパの政治情勢、とくにフランソワ一世のパヴィーアでの敗戦後、それまでの親スペインから反スペインへのヘンリー八世の政策転換は、王妃キャサリンにとっては大きな打撃であった。自らはスペイン王家の出であり、ヘンリー八世との間の娘メアリーを、甥のカール五世と結婚（両者は従兄妹で、十六年の年齢差があった）させたいと望んでいたからである。

ちょうどこの一五二四年頃、ヘンリー八世との結婚生活十五年を経て、四十歳（一四八五年生まれで、ヘンリー八世の六歳年上）に手が届こうというキャサリンに新しい子ども、それも国内外の政治駆引に不可欠と考えられていた皇太子が生まれる可能性はまず無いとなって、ヘンリー八世はますますキャサリンとの離婚を考えるようになっていく。ヘンリー八世にとっては、先に触れたエリザベス・ブラウントとの間に男子ヘンリー・フィッツロイが生まれたことも、キャサリン以外の他の女性を王妃にして、男の子を産ませる能力があるという自信を深めたことも無関係ではないかもしれない。チューダー家の存続を望むヘンリー八世は男子、それも嫡出子が欲しくてたまらなかったのである。

ブリン家の女性達

それだけではない。色好みなヘンリー八世は、さほど美貌でなかったキャサリンに飽いて、フランス宮廷仕込みで才気喚溌なブリン家の姉妹に次々と手を出すことになる。(5) まず姉のメアリーだが、以前にヘンリー八世が妹メアリー・チューダーをフランス王ルイ十二世に嫁がせた時、メアリー・ブリンは王妃付きの侍女としてパリに行き、次いで父親のトーマス・ブリンがフランス大使として派遣されたこともあって、一五二〇年の「金襴の陣」まではフランスの宮廷に留まり、ルネッサンス風の洗練を身に付け、またパリで「粋な女」として浮き名を流していた。(6) 新興のブリン家はウールジーなどと同じく、もともと町人階級の出だが、王家の忠実な召使としてトーマスの父親の代から貴族に取り立てられ、ヘンリー八世の手足として働いていた。したがって自分の腹心の部下の娘として、メアリー・ブリンがヘンリー八世の目にとまる機会は十分にあった。ヘンリー八世は帰国してきたメアリーに、夫としてウイリアム・ケアリーをあてがい、実質上はメアリーを自分のものとした。この事実は宮廷でも当然知られていたと思われるが、この頃になるとキャサリン王妃も、夫の浮気を諦めの目で見るようになって、大きなスキャンダルにもならなかったようである。

アン・ブリンとの関係

しかし一五二六年の半ば頃、ヘンリー八世の心はメアリー・ブリンを離れて、妹のアンに移りつつあった。アンはこの時十九歳（ヘンリー八世は三十五歳）で、二二年までフランスに留まるが、ヘンリー八世が二度目の対仏戦争を始めたのでイングランドに引き揚げてきたのである。はじめは姉や父親の関係で、宮廷の集まりなどに招かれているうちにヘンリー八世の目にとまったらしい。だが、その二二年当時はまだ十五歳で、キャサリン王妃の侍女に加えられたにすぎなかった。ウールジーなどは、ブリン家がもともとアイルランドの出で、同地の貴族オーモンド家と所領争いをしていたこと

(4) 父親ヘンリー七世が登極する前に称していたタイトルで、しかも伯爵を公爵に格上げした。
(5) じつはヘンリー八世は皇太子時代に、姉妹の母親でホワード家出身のエリザベスとも関係があったという噂もある。
(6) フランス王フランソワ一世と関係を持ったともいわれ、同王はメアリーを評して「儂《わし》の英国産の乗馬」と言ったという話も伝えられる。

もあって、アンをオーモンド家の長男と結婚させてことを丸く納めようと試みたりしている。

ところがアンには華やかなロンドンの宮廷を離れる気はサラサラなく、それどころか同じ宮廷でウールジーの扈従《こしょう》をしていたノーサンバランド伯爵家の跡取りパーシーと言い交すようになってしまう。しかし、王がアンに惹かれていることを知ったウールジーは、無理に二人の仲を裂き、父親ノーサンバランド伯と相談の上、パーシーをシュリュースベリー伯爵の娘と結婚させるよう取り計らってしまう。パーシーは結婚はしたものの、傷心の余り身を持ち崩してしまうし、アンもまた、自分の不幸の因《もと》となったと思い込んだウールジーに激しい敵意を抱くようになる（これが後に王のキャサリン王妃との離婚問題で、ウールジーが破滅に追い込まれる遠因の一つとなる）。アンはパーシーとの関係が破れた後、かつて姉のメアリーがそうであったように、ハプスブルグ家のオーストリア女公マルガレーテの許に侍女として仕えるためフランドルに出され、二五年にフランソワ一世のパヴィーアでの敗戦後に帰国、父親の屋敷のあるヒーヴァーに引き籠もって暮していた。そこにヘンリー八世が時ならず訪れてくるようになるという経過である。

アンは、男女関係にルーズであった姉のメアリーと違い、（姉に対する周囲の批判を見ていたゆえもあってか）身持ちがずっと厳しく、かつ聡明で意志の強い、烈しい性格の女性だったようである。ヘンリー八世は、はじめは姉のメアリー同様、一時の楽しみの相手として、簡単にアンが自分に靡《なび》くと思っていたらしい。ところが案に相違してアンは、ヘンリー八世の意向は重んじながらも、断固として王の意のままになることを拒否した。ヘンリー八世が自分を手に入れるとしたら、それは正式の妻として以外ではあり得ないというのである。ヘンリー八世は女性の側からのこのような抵抗に、かつて出会った試しがなかった。もともとキャサリンとの結婚にしてからが、親の決めた感情抜きの政治的取引に唯々として従ったままでである。しかもアンはキャサリンよりずっと美貌であったばかりか、フランス仕込みで才気煥発、男が女性に奉仕するというロマンチックな「宮廷恋愛《アムール・クルトワ》」の理論に染まっていた。惚れた弱みで、自分もよく理解できない神秘的でかつ流行の愛の理論にすっかり参ったヘンリー八世は、熱烈なラヴ・レターを書いて、すっかり深みに嵌ってしまう。アンの方も、その野心的な性格もあったが（じじつ近親をも含め、周囲から「思い上がった野心家」という非難を浴びた時期もある）、それよりもむしろ自分を一途に好いてくれる年上の王を憎からず想うようになってしまう。先に触れた嫡出の皇太子を得たいという気持と、このアンの正式の妻でなくてはたとえ王であっても貴方の思い通りにはならないという要求とが重なって、ヘンリー八世はいよいよキャサリン王妃を離別する決心を固める。

離婚の調停

ところが、カトリック教会の規定によれば、いったん神の前で婚姻の秘蹟《サクラメント》により夫婦の契りを結んだからには、（『新約聖書』「マタイ伝」十六章の説くところにしたがい）キリストの一番弟子ペテロの後継者たるローマ教皇の許しを得なければ妻を離別することはできないという難問があった。一五二七年、教皇に離婚を認めさせる交渉をするよう命ぜられたウールジーは、そこまでヘンリー八世が思い込んでいると知って愕然としたが、王命とあっては逆らうわけにいかず、従うよりなかった。その際、論拠として持ち出されたのが、『旧約聖書』「レヴィ記」十八章十六節「兄弟の妻を娶ってはならぬ」という禁止条項である。このことは、キャサリンにとり本来の結婚相手だったアーサーの死（一五〇二）に際し、イングランドとの同盟継続を望んだカスティリアのイザベル女王が、時の教皇で同じスペイン出身ボルジャ家のアレクサンドル六世から宥免状を取ったことで、もう解決済みのはずであった。だが、すでに心がキャサリンから離れていたヘンリー八世は、キャサリンとの間の子どもが死産であったり、また女子しか生まれないことも手伝って、宥免状の有効性に疑義を呈し、じつは結婚は神に呪われたものなのだから解消されるべきで、さもなければ自分とキャサリンとは罪深い堕地獄の関係を続けることになると手前勝手な理屈を付けたのである。

ウールジーは、先にも触れた二三年の教皇選出の際のカール五世の反対や、本命の自分の代わりに（と、ウールジーは思い込んでいた）選出されたクレメンス七世に対する反発もあって、決して教皇庁に好意を抱いていたわけではない。しかしイングランドの政治、なかんずくそのヨーロッパ政策を預かる者として、カトリック教会を基軸に全方位外交を展開していたのもまた事実である。むろん一七年、ドイツはウイッテンベルグ教会の大扉に、マルチン・ルッターなるアウグスチヌス派の、少し頭のおかしい修道士が、教会を非難する九十五カ条の質問状を貼り付けて以来、教会に対する批判や分離的な傾向が高まりつつあったのは誰の目にも明らかだった。しかしイングランドでは、少数の熱狂的な抗議《プロテスタント》派を除いて、当時カトリック教会からの離脱を本気で思ってみた者はまず無かった。一方で教皇も、内心では教会の有力な檀家であるイングランド王の離婚要求を認めるのに吝《やぶさ》かではなかった。ただ、他方でパヴィーアの戦い（一五二五）以降、スペインの圧倒的優勢下でイングランドがヨーロッパにおける勢力均衡の調停者としての影響力を失ってしまい、とくに二七年の皇帝軍による「ローマ劫掠」後、教皇自身が完全にカール五世の傀儡と化して、ヘンリー八世による叔母キャサリンの離別を認めようとしない皇帝の意向を無視しては何事も行うことはできなくなっていた。したがって交渉は難航せざるを得ない。さらにトーマス・モアやジョン・フィッシャーを始めとする国内の良識派の人々、さらに長い間王妃に慣れ親しんできた一般民衆の感情も圧倒的にキャサリン支持、アン・ブリン反対であった。

板挟みとなったウールジーとクレメンス七世は共にひたすら調停を長引かせ、ヘンリー八世の気持や状況の変化を待つ作戦に出る。そのためイングランドと関係が深く、かつ清廉をもって知られるロレンツォ・カンペッジョ枢機卿を教皇使節としてロンドンに派遣し、離婚裁判法廷を設置（一五二八）して、延々と審理を長引かせる。かつウールジーと共にノーフォーク公トーマス・ホワードがキャサリンの許に出向いて、修道院に入って世を捨ててはどうかと勧めたりする。だが、キャサリンの王妃としてのプライドがこの解決策を断固として拒否すると、事態は完全に手詰りとなってしまう。離婚法廷は二九年、アンにせっつかれたヘンリー八世の要求により、判決を出さなければならない事態に追い込まれる。離婚の不当を切々と訴えるキャサリン王妃の陳述を無視し、結婚の無効が言い渡されようとしたまさにその時、突然カンペッジョ枢機卿が裁判長の権限を行使して、この件に関する所に移すという宣言を行う（七月二十三日）。教皇庁に裁決イングランドでの審理を打切り、問題をローマの教皇庁裁判が委ねられるとあれば、ヘンリー八世に勝ち目はない。ウールジーのこの件についての扱いは、完全に破綻していたことになった。

もともとウールジーは有能な人物で、政敵のトーマス・モアでさえ認めたように、内政・外交すべてにわたって超人的な能力を発揮した。しかし当時、大問題であった商業経済の発展による土地の集中管理、つまり貴族などの土地所有者が小作農民を追い出し、生産性の観点だけからすれば、より有利な羊毛生産用牧草地に切り換える、いわゆる「囲い込み《エンクロージャー》」を抑えようと試みて、保守的な富裕層を敵に回していた。加えてノーサンバランド伯爵家のパーシーとの間を裂いたことでアン・ブリンからも憎まれる。さらにパヴィーアの勝利で強大になり過ぎたスペインを牽制するためフランスと組むといった外交政策は、自分の野心を満足させるための行動と見られ、反フランス的な一般民衆の反発を買う。とりわけスペイン支配下にあるフランドル地方の毛織物業者との羊毛取引に損害が出る商人達の反対は大きかった。要するに四面楚歌となってしまったのである。

トーマス・ウールジーの失墜

そこに登極してから二十年間、（まさにウールジー自身の働きによって）一度も国内問題で己れの意向に反対されず、専制君主となりつつあったヘンリー八世の怒りが爆発したのである。王はもはやウールジーに会おうとしなかった。それまで王権に対するチェック機能を果してきた大貴族の勢力を削ぎ、人民の意向を代表した国会を開かず、ひたすら王の名において自己の政策を専断的に押し通してきたウールジーが、権威の拠り所であった王の信頼を失った時、自分を護ってくれる者は誰もいなかった。一五二九年八月初、フランスを代表して母后ルイーズ・ド・サヴォワ、皇帝側の全権としてカール五世の叔母であるオーストリア女公マルガレーテ、この二人がカンブレーに会して結んだフランスとスペイン間の和平条約、いわゆる「二貴婦人の和議」もまた、ヨーロッパの調停者たらんとした、ウールジーの外交方針に追い討ちをかけた。

失脚した宰相は、腹心トーマス・クロムウエルの働きによって命だけは助けられたが、あらゆる権威と、それまで営々と溜め込んだ全財産を没収され、辛うじて宗教上は自己の管轄区であるヨーク司教区に引退を認められた。だが、それとても翌三〇年、有能な大臣を失って不便を感じたヘンリー八世が、ウールジーを惜しむような発言におよぶと、ノーフォーク公に率いられる反対派はその復活を恐れて、反逆罪の廉で追訴を行い、ウールジーをロンドン塔に拘引しようとする。しかし、その心配は杞憂でしかなく、すでに赤痢に罹って健康の衰え著しかったウールジーは、護送途中レスターの修道院で息を引き取ってしまうのである。

とはいえ、有能なウールジーの手にさえ余った教皇庁との離婚交渉に、ウールジー亡き後に政権を握ったノーフォーク公らが、なんらかの解決策を見出すことのできようはずもなかった。三三年、ケンブリッジ大学で神学を教授していた学僧トーマス・クランマーが、オックスフォードやケンブリッジをはじめヨーロッパの有力大学に、この問題に関する判断を仰ぐという奇策を提案したのはこの時である（それがきっかけとなって、クランマーはヘンリー八世の寵を得て、ついにはカンタベリーの大司教にまで昇る）。しかしその策も大した効果をもたらさず、事態は完全に行き詰まる。[7]

（7）ただし、クランマー自身は、その知的傾向のゆえに心情的には教会改革に好意的であり、かつトーマス・モアなどとは対照的な、無節操スレスレの妥協的な性格もあって、キャサリンとの離婚を始めとするヘンリー八世の身勝手な反カトリック教会的行動に、形式上の正当性を付与する役割を唯々諾々として担うこととなる。

トーマス・クロムウエルの登場

このような膠着状態に直面した時、まったく思いもかけない発想の転換を進言し、以後ウールジーに代わってヘンリー八世の片腕となったのが、トーマス・クロムウエルである。クロムウエルの提言は、教皇庁の離婚反対を変えられない以上、英国に国王を首長とする自前の教会を設立して、その判定によりヘンリー八世の離婚を正当と認定すればよいではないか、というものであった。確かに皇帝なり王といった最高政治権力者が、教会の首長をも上回る宗教的権威を掌握するのは、何も古代エジプトやペルシャ帝国の例を俟たずとも、同じキリスト教を奉じた東ローマ帝国がそうであった。またローマ教皇庁から独立した地域的な教会を建てる動きも、ルッターの宗教改革運動（一五一七）以来、ヨーロッパ各地に拡まっていた。だいたいヘンリー八世自身が、国王の離婚問題を国外のローマ教皇庁の法廷が裁くというのは、（まさにこの時期に成立しつつあった）「国民国家」の主権に対する侵害に他ならないと考えており、つとに教会の十分の一税徴収や聖職者の腐敗に強い不満を抱いていた民衆の反教皇という感情を煽っていたのである。こうしてヘンリー八世は、カトリック教会から離脱したいなどとは毛頭思っていなかったにもかかわらず、次第にローマ教会からの分離独立の方向に押し流されていくこととなる。

この流れを推し進めるのに決定的な働きをした、トーマス・クロムウエルの人物については毀誉褒貶が激しい。どちらかといえばウールジーに似て権力欲旺盛で、トーマス・モアやジョン・フィッシャーをロンドン塔に送った、血も涙も無ければ良心の呵責とも無縁で、さらには王の意向とあらばなんでも聞く、冷酷かつ卑劣な打算家という否定的な評価が大方である。だが、そういう感情的な判断とは裏腹に、ウールジー同様に低い出自から身を起こし、イタリア半島に赴いた経験も持ち、最初は商業に携わっていたのを、ウールジーにより才能を見出されて宰相に仕える身となったこの人物は、生涯を通じてウールジーのような派手好み、蓄財欲のかたまりといったところはなく、禁欲的な生活を送った。ウールジーに仕え始めた頃、後に枢機卿に任命されることになる名門貴族ポール家のレジナルドに対し、マキャヴェルリの『君主論』（一五一三年に執筆、一三年頃から流布）こそ枕頭の書、行動の指針とすべき書物であると説いて相手を驚かせたという逸話がある。これが示すごとく、クロムウエルには、与えられた条件下で達成すべきと判断した目標に向けひたすらに邁進し、そのために必須と認めた方策は、いかなる感情や理想にも煩わされず容赦なくこれを遂行する、冷徹な現実主義の官僚といった趣きがある。

上述のようにウールジーは宰相になった時、まだ若かったヘンリー八世を指南しつつ、同時に自己の支配欲を実現する手段として、専制的王権を強化し、大貴族や議会・民衆などの王権に対抗する勢力を次々と挫いていった。だが、その揚句にキャサリンとの離婚問題を機に、チェックをまったく受けなくなった絶対君主から放り出されて失脚する羽目になる。一方でヘンリー八世は、ウールジーの失脚後、いよいよ絶対専制君主としての全貌を現すことになるが、もう誰の後見をも受ける気はサラサラなかった。したがって有能な現実主義者クロムウエルは、ヘンリー八世にとっては自己の欲望実現のために最適かつ忠実な道具だったわけである。じじつヘンリー八世は、ウールジーに対する時と違い、後には宗務代理官《ヴィカー・ジェネラル》にまで任命（一五三五）されるクロムウエルを常に下僕として扱う。他方でクロムウエルはといえば、そうしたヘンリー八世の、ある意味では中世封建的な身分制度を引き摺った侮蔑に唯々として、いわば「蛙の面に小便」的な無感覚さをもって従いつつ、その実は逆に自分の立てた目的遂行のために、ヘンリー八世を引き廻してしまったということが言える。

では、その目的は何かといえば、ヘンリー八世とキャサリンの離婚問題が引き金になっているとはいえ、最終的にはイングランドにおいて、宗教的制度である教会を、純粋に行政的な観点に立ってローマ教皇庁から引き離し、王権という国民国家の世俗権力の支配下に置くことだったと要約できよう。これはじつに、古代ローマ帝国がキリスト教を公認し正統派の教義を確立したニケアの公会議（三二五）以来、またそれほど遡らなくとも神聖ローマ皇帝としてシャルルマーニュがローマで戴冠（八〇〇）して以来、ヨーロッパを動かしてきた枠組みとの決別を意味した。アン・ブリンとの恋にかまけて、ひたすらキャサリン王妃との離婚の手段を模索していたヘンリー八世に、このような歴史的重大性が理解されていたとはむろん思われない。宗教的に無関心であったクロムウエルにしても、自己の政策の持つ意義をむしろ純粋に行政的な効率の面のみから考えていた節があって、上述のように精神・文化的な観点から推進したわけではないようである。例えば、一五三〇年のトーマス・モアやジョン・フィッシャーの処刑も、個人的な怨恨や道徳的な評価ではなく、ひたすら国内におけるカトリック教会の支持勢力に最も効果的な打撃を与えるために、誰を犠牲に選ぶべきかという考慮から実行されたと思われる。ただし、人々はクロムウエルのように感情抜きの計算だけではなく、理想の有無や情緒的な好悪といった基準でも物事を判断する。したがってこの二人の処刑は、結果的には当時のイングランドのみならずヨーロッパ全体、さらには現代の我々にとってさえ、それもクロムウエルばかりか、これに承認を与えたヘンリー八世の生涯にも汚点を残すことになる。これは「時」の判断の然らしむるところで、これこそ歴史の皮肉というほかはない。

修道院の廃止

だが、いまは先を急がず離婚の経過を跡付けてみる。クランマーの大学の権威に頼ろうとする姑息な解決が無効となれば、後はクロムウエルの強硬手段以外にはない。ヘンリーは一五二九年、「宗教改革議会」と世に呼ばれ、じつに七年間にわたって延々と続く議会を招集し、離婚問題に関して国民の支持を得た体裁を取り繕ろおうとする。そのための餌に選ばれたのが、修道院であった。修道僧の腐敗に対する反感がある中、民衆に評判の悪い修道院を廃止し、その財産を没収して国庫に入れるという政策である。これには、教皇がこれ以上キャサリンとの離婚に関する決定を遅らせると、教会の勢力を削ぐぞという脅しと共に、とかく不如意な王室の財政を潤おそうというクロムウエル一流の一挙両得の計算もあった。むろんイングランドの宗教界ばかりか教皇庁の抵抗も強かったので、ことはまずキチンとした管理がなされている大修道院は除外し、綱紀紊乱と判定された比較的小さな修道院から手を付ける形で進められた。

その過程で三一年、ヘンリー八世が国教会の最高首長であることを認めさせる法令は、教会側が辛うじて「キリストの法の認める限りにおいて」という、さしたる役にも立たぬ一項を挿入し得たのみで国会を通過してしまう。翌三二年五月、こうした動きに賛成できなかったトーマス・モアは大法官の職を辞する。モアはいかに腐敗していようと、カトリック教会こそが半ば野蛮人だった当時のイングランドばかりか、ヨーロッパ人すべてを教化して人間的な存在にすることのできる、唯一の制度であると信じ、それに賭けたのである。この点でモアは、ある意味で中世的であり、また（それ自体は称賛すべきことに違いないが）あまりに社会にコミットし過ぎた感がある。すでにモアは、ルッター派に対する反論（一五二一）を発表しているが、それが（エラスムスによるウルリッヒ・フォン・フッテンに対する反駁『フッテンの泥水を拭うためのスポンジ』の節度ある調子と比べてみても）不必要に激越な文章であることから、そうした思いが深まるのである。じじつエラスムスは早くも一七年八月二十五日付、ベルギーのルーヴァンからバーゼルの出版業者ヨーハン・フローベン宛に、モアの『ユートピア』を送った時の手紙で「あのモアの見事な才能が、もしもイタリアで磨かれ、今日ひたすら学芸のためだけに向けられていたなら！（どんなに素晴らしいことになったであろうか）」と書き送っている。これは、その後のモアの生涯を辿ってみる時、じつに「予言的な」響きを持っていたことが知られる。

二番目の王妃アン・ブリン

同じ一五三二年八月にはカンタベリー大司教のウィリアム・ウォーラムが死に、ヘンリー八世とアン・ブリンにとり、離婚問題に関していちばん手強い障害が無くなる。イングランドにおける教会の最高位、カンタベリー大司教の後任には、普通の順序で行けばウィンチェスターの主教シュテフェン・ガーディナーが任命されるところだった。だが、ヘンリーとアンはこのポストにコチコチのカトリックであるガーディナーより、自分達の言いなりになるクランマーを据えることを考え、教皇庁と交渉に入る。

また十月になると、ヘンリー八世はフランス王フランソワ一世とカレー（当時イングランド領）で会同するが、その席にペンブローク女侯爵のタイトルを与えられたアンを連れて臨む。フランスの宮廷は困惑しながらも、アンに対するに王妃なみの待遇をもってする。アンの得意や思うべしである。これがまた海外での認知によって、アンの王妃登極を国内に認めさせる布石でもあったのである。ちなみにこの会見の狙いは、フランソワ一世にとっては、パヴィーアの敗戦（一五二五）後、自分の代わりにマドリッドに人質に送られた二人の王子の身代金を捻出するためヘンリー八世に財政的援助を求めることであり、ヘンリー八世にとっては、その見返りとしてローマ教皇クレメンス七世にキャサリン王妃との結婚無効の裁定を出すように、フランソワ一世から働きかけてもらうことであった。かつヘンリー八世とアンは、このフランス行きの際にいよいよ肉体的に結ばれたらしい。翌年の一月にはアンがヘンリー八世の子を身籠った兆しが現れる。生まれてくる子どもを嫡出子とするために、アンとの結婚を正式なものとする必要はますます急となる。

そして三三年三月、ローマ教皇の勅書がやっと届き、トーマス・クランマーがカンタベリー大司教のポストにつく運びとなる（教皇庁では、クランマーが書斎人風で争いを好まず、かといって権力志向も欠けてはいないため、権力にはきわめて妥協的であるという人柄が十分分かっていなかった節がある）。しかし、クランマーはイングランドにおける教皇の代理者であるカンタベリー大司教になると密かに、それも自ら進んで王の意向を忖度して、イングランド内での問題に関してはローマ教皇よりもヘンリー八世を教会の最高指導者と認めると誓約する。結果として五月二十三日、ヘンリー八世とキャサリンの結婚を無効とする国教会の裁定が発表される（反対はロチェスター司教でトーマス・モアの親友、ジョン・フィッシャーただ一人であった）。さらに、その五日後の二十八日、今度はすでに同年一月に、宮廷の一室でアウグスチヌス派の修道僧ブラウンの司式により執り行われていた、ヘンリー八世とアンの「秘密の結婚」が有効であると宣言される。かくていまやすべての準備が整い、五月三十一日にウエストミンスター聖堂でクランマーの手によりアンに王妃の冠が授けられ、盛大な戴冠式の祝宴が繰り拡げられる。だが、招待客の中には前大法官トーマス・モアの姿は見られなかったし、宮廷を別として一般民衆の反応は、アンを「妾」「娼婦」と目して、はなはだ冷やかなものであった。

ヘンリー八世の破門

こうした敵対的な雰囲気を威圧するためと、教皇庁にさらなるプレッシャーをかけることを目的として、一五三三～三四年にかけて矢継ぎ早に二つの「上訴法」が可決される。これらは、イングランド国内における宗教上の問題の裁定を求めて、国外の法廷、具体的にはローマ教皇庁の裁判所に訴え出ることを禁止するという法令である。これによりヘンリー八世は国教会の人事権と教会財産の管理権を獲得することになる。

一方、このような敵対的な態度に直面して、スペインの影響下にあるクレメンス七世は、ついに三三年七月にヘンリー八世の破門を通告する。ローマ教会との対立は、いまや抜き差しならぬ段階に立ち到ったのである。とはいえ、国王や皇帝に対する破門は、グレゴリウス七世による神聖ローマ皇帝ハインリッヒ四世の破門（一〇七六）や、イノケンチウス三世によるイングランドの「欠地王」ことジョンの破門（一二〇九）の例に見られるように、世俗権力側が教皇に恭順の意を表すれば修復可能であり、ヘンリー八世もこの時点ではまだ完全にカトリック教会からの分離・独立を考えていなかったといえる（実際は、死ぬまで思ってみなかったであろう）。九月にはアン王妃が出産するが、生まれたのはヘンリー八世が待ち望んでいた皇太子ではなく、未来のエリザベス一世となる女児であった。ヘンリー八世はがっかりしたものの、まだアンに対する愛情は薄れておらず、次に生まれる子に期待を繋ぐことになる。

チューダー家の子ども達

しかしながら女児の誕生が、皇太子を求めていたヘンリー八世に対して、アンの立場を弱めたことに間違いはない。ただ、これは何もアンの責任ではなく、むしろヘンリー八世、ひょっとするとチューダー家の血統に何か原因があったのかもしれない。

というのは既述のごとく、最初のキャサリンとの結婚からは、男女取り混ぜて七人の子ができたのだが、死産や生まれてから数週間での夭折が続いて、結局成人したのは女児のメアリーただ一人であった。そのメアリーもスペインの皇太子だったフェリーペ（後のフェリーペ二世）と結婚したものの、すでに四十歳近くだったこともあって子どもは生まれていない。二番目のアンとの結婚からは、女児エリザベスと死産だった男の子一人（エリザベス・ブラウントとの間の庶子、リッチモンド公爵ヘンリー・フィッツロイも虚弱で喀血性、一五三六年に十七歳で死んでいる）。三番目のジェーン・シーモアとの間からは男の子が生まれるが、後にエドワード六世となるこの子も身体が弱かったようで、王位についてから六年足らず、一五五三年に十六歳で死ぬといった具合である。

それにキャサリンの本来の結婚相手だったヘンリー八世の兄、アーサーが〇二年四月、キャサリンとの結婚後わずか五カ月で、十六歳で死んでいる。ヘンリー八世自身にしてからが、一三年のトゥルネイ攻略戦に出陣した時に発病した足の壊疽が一生ついて回り、これが感染なのか、それとも遺伝的なものなのか判然しない。一方、ヘンリー八世の妹達は、スコットランド王ジェームス四世に嫁いだマーガレットも、サフォーク公チャールズ・ブランドンと結婚したメアリーも、ちゃんと生き長らえている。十六世紀の医学や衛生状態の問題だったかもしれないが、チューダー家は男子に恵まれない血統だったのである。そしてヘンリー八世自身（また周囲、とくに宮廷に駐在する外国の大使達も）、そのことを十分意識していた節がある。

だが、何はともあれ男の子を求めて、かついったん結婚してしまえばアンの魅力の新鮮さも薄れて、ヘンリー八世は他の女性に惹かれることとなる。これはアンに取っては非常な脅威であった。なぜなら、すでに自分が王妃となるためにキャサリンを別離させるという先例を作った以上、皇太子を産まなければ今度は自分が離婚されてしまう可能性も十分だったからである。そうした心理的恐怖も手伝って、アンは三四年春に妊娠をヘンリー八世に告げるが、出産願望による想像妊娠と判明する。これはヘンリーの心証をさらに悪くする結果にしかならなかった。ヘンリー八世はたちまち宮廷の女官との浮気に走り、これを知ったアンが激怒して相手の女性を追放しようとすると、ヘンリー八世が王の意は絶対であると宣言して、これを差し止める騒ぎとなったりしている。こうして次第に二人の間は冷めていくことになる。

首長令の発布

とはいえ、この間に「継承法」、つまりアンとヘンリー八世の間に生まれ、また将来生まれるであろう子どもに、イングランドの王位継承権を認める法律が議会を通過する。したがって、これを遵法する誓約を立てることが全員に科せられた義務となる。この法律は必然的にヘンリー八世とキャサリンとの結婚を無効とする（したがってその娘メアリーの王位継承権を剝奪する）内容を含んでいたので、かねてから離婚に反対であったトーマス・モアにとっては、とうてい承認し得るものではなかった。一五三四年三月、モアはすでに大法官の職を辞して私人に戻っていたのにランベス宮に召還され、誓約の署名を求められる。しかし再度にわたってこれを拒否し、そのままロンドン塔に送られるが、さすがにヘンリー八世もクロムウエルも、すぐにはモアを処刑することをしなかった。

だが、さらに同年四月から五月にかけての議会で、国教会の首長をイングランド国王とすると規定した「首長令」が成立し、これに賛同の誓約をしない者は反逆者と見做されることとなる。モアの場合には三月の投獄から十一月に至るまで厳しい尋問と脅迫また大きな誘惑を受けるが、両法についての反対を最後まで翻さず、遂に大逆罪の判決が下り、三五年七月に処刑され、その五十七歳の高潔な生涯を終える。この時、同じ罪に問われたジョン・フィッシャーも共に処刑された。

全ヨーロッパは、この二人の名士の非業の死を悼み、イングランド王の理不尽な振る舞いを非難した。フランソワ一世は「モアほどの人物を得るためなら、フランスの都市を一つ失っても惜しくはない」と言ったと伝えられる。カトリック教会は、ヘンリー八世に対するあて付けの意味なしとしないが、フィッシャーを枢機卿に任命している。こうした外部の反応は、ヘンリー八世をますます感情的に反ローマ教会の方向に追いやり、冷徹なクロムウエルはこれを利用して、国教会に対する世俗統制をいっそう厳しくしていく。

「恩寵の巡礼」の叛乱

一五三六年になると、かねてから問題になっていた小修道院の解散が議会で可決され、実施に移される。この措置はカトリック教会に同情的であったイングランド北部の大貴族達の反発を惹き起こし、「恩寵の巡礼《ピルグリメージ・オブ・グレース》」と呼ばれる叛乱に発展する。三万におよぶ兵を擁した叛乱軍が、修道会に関する政策の変更と、ローマ教会との対立することを止め、キャサリンの娘メアリーに王位継承権を保障すること、さらにクロムウエルの罷免とを要求して、ヨークシャに迫った。しかし、クロムウエルは王側についた軍隊を率いるノーフォーク卿に交渉を指示して時間を稼ぎ、叛乱の指導者ロバート・アスケがヘンリー八世に目通りを許されることになる。アスケは、必要とあらばいくらでも寛容で魅力的な顔をすることができるヘンリー八世の言葉に騙されて、曖昧な譲歩を呑んで帰還し、それに納得した叛乱軍が解散すると、一転して凄まじい弾圧が開始される。これにより北部のカトリック勢力は壊滅的な打撃を受けるのである。

話は少し先に飛ぶが、三九年には大修道院の取り潰しも決議され、それが所有する土地および財産は直接王家の物となったり、または一般に売却された。その代金が王家に入ったのは言うまでもない。こうしてイングランドには、カトリック教会の重要な制度である修道院は存在しなくなると共に、この措置から利益を受けた世俗の貴族・市民階級が、自己の権益を守るため反ローマの陣営に加わることになる。

キャサリンの死とスペインとの関係修復

つい先走りしたが、同じ一五三六年初に、じつは二つの重要な事件が起こっている。第一は二九年の離婚裁判以来、キムボールトン城に体よく軟禁されていた王妃キャサリンが、この年の一月、遂に息を引き取ったのである。キャサリンは健康が優れなかったのだが、じつは遅効性の毒薬を用いて、徐々に死に至らしめられたのではないかという疑いさえ、まことしやかに囁かれた。一方、ヘンリー八世は、キャサリンとの結婚は無かったという自分の建前を貫くため、二十七年も連れ添った女性の死に際して喪に服せず、アン王妃と共に派手な黄色の衣裳を着て、陽気に舞踏会を催したりする有様であった。

ヘンリー八世のそうした自己中心的な振る舞いは別として、薄幸なキャサリンの死は、結果的にイングランドとスペインの関係改善にとって最大の障害を取り除いたことになる。ヘンリー八世との離婚を認めず、絶対にイングランド王妃としての権利と尊厳を譲らないというキャサリンの主張がある限り、その甥であるカール五世にとってヘンリー八世とは政治的に交渉する余地はまったく無かったばかりか、両国の間には戦争の可能性さえあった。一方、ヘンリー八世としても、カール五世との話し合いが可能となれば、キャサリンとの離婚を教皇に追認してもらうことでローマとの和解もないわけではなく、またフランスとの交渉にもより強い態度で臨むことができる。クロムウエルはといえば、純粋に政治的な観点から、（場合によっては修道院に対する締め付けを遅らせてでも）キャサリンの死がもたらした可能性をフルに活用しようという気持があったと見られる。これはまた教皇庁の側も同じことで、ヘンリー八世を破門したメディチ家出身のクレメンス七世は三四年に死に、後をファルネーゼ家出身のパウルス三世が継いで、プロテスタント運動により失われたカトリック教会の勢力を回復したいという気運が興っていた（パウルス三世は、一五三四年に結成されたイエズス会を四〇年に公認する）。イングランド王国が教会の陣営に戻って来るとなれば、それは大いに歓迎すべき事態だったのである。

アン・ブリンの斬死

ところが第二の事件として、同じ一五三六年一月にアンが男子を死産するということが起こる。もともと親フランスで、このたびの死産により皇太子を産むのに失敗したアンにしてみれば、スペインとローマとの和解によって、母親のキャサリンと同じくカトリックであるメアリーの王位継承権が復活するのを恐れるのは当然である。アンの兄ジョージを中心にプロテスタントに傾いていたブリン家の党派、また国教会の独立を推進してきたクランマーなどの改革派、さらには先の小修道院の解散によって利益を得て、大修道院も取り潰されるということになれば、さらなる利益が見込める世俗勢力にとっても、スペインやローマと縒《より》を戻すのは、とても呑めるところではなかった。そこでこれらのグループは必然的に、ヘンリー八世の反スペイン感情を煽ることになる。しかもヘンリー八世の心がアンを離れて、目を向け出した相手のジェーン・シーモアの家が、ブリン党とは反対の貴族・カトリック派であったのだから、ことはさらに厄介になる。

こうして何に付けてもヘンリーの意向御尤もであったクロムウエルが、珍しくヘンリー八世と対立するという事態が起こる。というのはクロムウエルは、先ほどから指摘しているように、官僚の権化として、すべてを行政的な効率の観点から判断しており、そこに宗教的な考慮の入る余地はまったくなかった。スペインおよび教皇庁との関係修復についても、それが国内外の政治情勢の安定の役に立つというなら、これを推進するのも一向に構わないというのが、その基本的立場であったと思われる。

一方、クロムウエルとはまた別の意味で深い宗教的感情とは無縁で、宗教を政治・社会制度の一つぐらいにしか考えていなかったヘンリー八世の方は、己れの感情をすべてに優先させて、前王妃キャサリンに関するわだかまりを引き摺って母親と同じくらい忠実なカトリックであった娘メアリーに、きわめて冷淡であった。王の新たな寵愛に力を得て、目通り禁止であったメアリーをヘンリー八世に引き合わせ、その王位継承権の復活を試みたジェーン・シーモア（ジェーンは女官時代、メアリーと親密であった）に対し、ヘンリー八世は「そんなことよりも、これから我々二人の間に生まれてくる子どもの王位継承権の方を考えろ！」と叱ったと伝えられる。そしてクロムウエルがカール五世の英国駐在大使ユスターシュ・シャピュイを相手に、スペインとの話し合いを開始しようと試みるのを、断固差し止めてしまうのである。

もともと皇太子を産むことができなかったアン・ブリンは、キャサリン同様離別される危険があったわけで、それは本人も十分に心得ていたと思われる。しかし離婚されるのと、大逆罪で処刑されるのとでは、だいぶ話が違う。しかもアンを追い詰めていく手はずを立て、逐一遂行したのはクロムウエル当人である。なぜそうなったのであろうか。それには自分の立てたスペインとの和解政策をヘンリー八世から頭ごなしに否定され、政治家・行政官としての誇りを傷付けられた怒りがクロムウエルにあったのかもしれない。それによって、政治力学に合わない王の反スペイン感情はアンとブリン党に起因するとクロムウエルに判断させ、原因の根絶を追求するようになっていった可能性がある。あるいはまた、すでにヘンリー八世の心がアンを離れてジェーンに傾いているのを知ったクロムウエルは、キャサリンの時のように単なる離婚ではなく、アンを姦通と大逆罪の廉で告発し処刑することによって、王に対する自己の忠誠と能力の証を立てようとしたのかもしれない[8]。いずれにしてもヘンリー八世の方は、そうした（ある意味では必要以上に）熱心な部下の行動に直接には関わらず、ことがうまく運べばこれをよしとし、不首尾に終ったならば、責任は容赦なく部下に取らせるという、狡猾な権力者にしばしば見られる行動様式を選んだということかもしれない。

　何はともかく全国に密偵を配し、あらゆる情報を一手に握っていたクロムウエルにとり、宮廷音楽家のマーク・スミートンを拷問にかけてアン王妃との密会を自白させ、加うるにアンとその兄でルッター派的傾向に染まっていたジョージ・ブリンとの近親相姦、さらにジョージの親友であったヘンリー・ノリス他二名との乱交を立件するのは、ごく容易いことであった。またキャサリン王妃に同情的で、つねづね新教がかった若者達の跳ね上がりの振る舞いを苦々しく思っていた貴族階級も、事件を冷ややかに眺めるだけだった。五人の若者がまず血祭りに上げられ、次いでアン自身もロンドン塔に曳かれて尋問される。起訴の事実を断固として否定したにもかかわらず、結局は有罪の判決を受けて、三六年にロンドン塔の入口の芝生で、リッチモンド卿ヘンリー・フィッツロイ、諸卿ならびに市民の見守る中で首を刎ねられる。しかし、その前日に公開処刑された五人の最後の言葉や態度、またアンの悲惨な最期を目にした一般市民にとり、この裁判が途方もないでっち上げであることは明白であった。以前には、人々は王妃を「娼婦」と罵ったにもかかわらず、いまや王権を恐れて明らさまにではなかったにせよ、同情は翕然《きゅうぜん》とアンに集まった。巷ではアンに同情的な発言がもとで、牢に繋がれた者も後を絶たなかった。と同時に民衆は、ヘンリー八世にお

（8）ちょうどクランマーがカンタベリー大司教に任命されるや否や、密かに（それもヘンリー八世の意図を必要以上に忖度して）、国王こそイングランド国教会の首長であり、教会の首席である自分は国王に絶対的忠誠を尽すという宣誓をしたのと似た状況である。

いて初めて出現した、絶対王権の恐ろしさに愕然とした。王の恣意によって何人たりとも、たとえそれが王妃であっても、いとも簡単に命を奪われる事態となったのである。

三番目の王妃ジェーン・シーモアとエドワード六世の誕生

すでにアンの生きている間から、ヘンリー八世と次の王妃となるジェーン・シーモアの関係は始まっていた。そして一五三七年、待望の皇太子エドワード（後のエドワード六世）が生まれる。ヘンリー八世の喜びや思うべしである。宗教的な観点からいうと、このエドワードは母親ジェーンのカトリック信仰にもかかわらず、異母姉で廃嫡されていたメアリーとの関係や、英国が当時フランドルでカール五世のスペイン軍と戦っていたこともあり、非カトリック的な教育を受け、英国の新教化に寄与することになる。だが、それはヘンリー八世の死後で、いまはジェーン・シーモアに話を戻すと、哀れなジェーンは、当時の医学・衛生学の未発達による産褥熱のためか、それともふとしたことから引き込んだ風邪のゆえか、エドワード誕生から二週間も経たないうちに、はや息を引き取ってしまう。生前においても控え目で、そうなればこそアンのジャジャ馬的な性格に手を焼いたヘンリー八世の目に留まったジェーン・シーモアであったが、その目立たない性格に相応しく、三六年に、アンが処刑された数日後に王妃となってわずか一年九カ月で、ヘンリー八世の子どもを産んだという以外には、さしたる事蹟も無く政治の表舞台から、そして人生からも、ヒッソリと姿を消すのである（強いて目立った点をあげるならば、その純粋なカトリック信仰のゆえ、折もあろうに「恩寵の巡礼」の叛乱が最高潮に達し、ロンドンにも危機が迫ると思われた最も間の悪い時点で、ヘンリー八世に修道院の再建を請願するという非政治的行動に出て、にべもなくはねつけられるといった事件を起こしたぐらいである。これはまた、ヘンリー八世がいかに自分の領内に、カトリック勢力の復活を望んでいなかったかを如実に示す事件でもある）。

新教徒弾圧と絶対王権

ヘンリー八世は、アン・ブリンとの結婚のためにキャサリン王妃を離婚してローマ教皇庁と決裂し、ジェーン・シーモアの王妃在位中に「恩寵の巡礼」という保守的カトリックの叛乱を弾圧して国内のカトリック教会勢力を粉砕した。そして今度は、ルッター派などに代表される新教運動を押さえ込もうとする。プロテスタント達もまた、キリストあるいは聖書の権威を王権に対峙させて、世俗権力の至上性を否定しようとする輩だったからである。これに対し、ジェーン・シーモアの修道院復活の請願を断固拒否した態度にも見られたように、ヘンリー八世が望んでいたのは王としての自己に勝る権力は、たとえ神であってもこれを認めないという王権絶対主義以外の何物でもなかった。

ただし、一方ではローマ教皇の権威が国内問題に介入するのに激しい嫌悪を示すが、他方で心情的にはカトリック教会の儀式や典礼に慣れ親しんでいたヘンリー八世は、プロテスタントが主張するカトリックの秘蹟に対する攻撃に反撥する。そして教理専門家はだしの衒学振りを発揮して、従来のカトリック教会の儀礼に多少の変更を加えただけの、「国教会」自前の「六カ条の法令」(9)（一五三九）を議会で満場一致で可決させている。同法は、形式上はこれらの絶対順守と、違反者とくに再犯者に対する火刑を規定していてきわめて強圧的に見えるが、違反者には大赦が適用されるなど、実際の運用は緩やかであった。聖書の英訳についても、ティンダルの翻訳（一五二五）はルッター派の臭いが強すぎるとして禁止するが、その一方でカヴァーデールに命じて修正させた改訂版を公認訳として一五三九年に出版させる。しかも、その扉には ちゃんとイングランドにおける教会の首長は王に他ならず、国民が神の御言葉を自国語で読めるのは、ひとえに王の恵みに他ならないと記させるといった具合である。この間、一五三八年十二月には、ヘンリー八世ならびにイングランドは、遂にローマ教会から公に破門されるのである。これを要するにヘンリー八世は心情的にはカトリックだが、政治権力が宗教から分離して世俗化していく時代の変化を本能的に嗅ぎ取って、それが自己の権力に抵触しない限りにおいて、改革派的であったということができようか。

四番目の王妃アンヌ・ド・クレーヴ

こうしたヘンリー八世の行き方は、宗教的信念にはあまり関心がなく、もっぱら政治・行政的効率に関心のあったクロムウエルにとっても受入れ可能な行動基準であった。したがって、ヘンリー八世のもう一つの非理性的な行動原理、すなわち女性に対する感情さえなければ、この二人三脚はうまく機能したはずであった。しかしヘンリー八世には、アン・ブリンとの関係の初期に見られたように、いったん思い込むと自己の感情を押し通さねば気が済まないという、自己の意志に異を唱えられたことのない者がもつ特有の我儘があり、それがウールジーの失脚に繋がったのはすでに見た通りである。似たり寄ったりの事態がクロムウエルの場合にも起こる。ただし状況は正反対で、アンの時にはヘンリー八世が惚れて、理性的な観点からウールジーは反対したのだが、それが押し

(9) 聖体全質変化、聖体パン拝領式、聖職者独身義務、修道誓願、私的ミサ、懺悔告悔の六項目を骨子とする。

切られて破滅の原因となった。今回はクロムウエルが、これまたきわめて妥当な政治力学的な考慮からヘンリー八世のために選んだ花嫁が、生憎とヘンリー八世の好みに合わず、そのミス・マッチの責任を取らされて失脚する。これがヘンリー八世の四度目の結婚である。

ジェーン・シーモアは産後の肥立ちが悪く、皇太子エドワードが生まれてからわずか二週間足らずで世を去る。その後ヘンリー八世は、表向きには「もう結婚は沢山、再び妻は娶らぬ」と宣言しながら、王妃なしでは済まなかった。クロムウエルの方も、政治的動物たるに相応しく、ヘンリー八世がヨーロッパを動かしている諸勢力の中のどれかと婚姻関係を結び、英国が国際政治において新たなる重みを獲得する絶好の機会と、この状況を捉えた。というのもこの時、戦いに飽いたフランスとスペインは和平を求めていたのである。じじつ新教皇パウルス三世は一五三八年、イングランドの邪魔立てにもかかわらず、南仏のエーグ・モルトでフランソワ一世とカール五世の会見を実現させ、ニースで両者の間に十年間の休戦条約を取り交わさせることに成功する。この件についてイングランドには何の相談もなかった。フランスとスペインという二大強国が手を結べば、二流勢力のイングランドにヨーロッパ政治に口を出す余地は無くなってしまう。それどころかカトリック教会から離脱しているイングランドに対して、教皇の主導のもとに侵攻が行われる可能性さえ出て来はしないかという恐れが、ヘンリー八世を捉える。じじつ一五三九年には、このカトリック同盟との戦争を想定して軍事費を可決し、戦時体制を整える議会が招集されているほどである。

そうした上でさらにいっそうの安全のため、これら二大勢力のどちらかと早急に同盟して、他を牽制する必要がある。それにはフランスかスペインのいずれかから王妃を迎えるのが早道、というのがヘンリー八世の考えであった。しかしスペインは、カール五世の妹クリスティーナ公女（後のロレーヌ大公妃）がヘンリー八世の結婚歴を知っていて承知せず、考慮の対象から外れてしまう。フランスについても花嫁候補の物色が行われるが、ヘンリーの性格をよく知り、アン・ブリンのでっち上げ処刑の報に接した時、「あの男からは、何かよいことが出てくることは有り得ない」と評したと伝えられるフランソワ一世はさっぱり乗り気になってくれない。そこでもっぱら政治的観点からクロムウエルが目を付けたのが、当時ドイツ新教徒同盟のリーダーで、ウエストファリア・北ラインランドを支配していたクレーヴ（ドイツ読みならクレーヴェ）大公の妹アンヌ・ド・クレーヴである。写真のなかった時代、折からクレーヴ大公家のお抱え絵師ルーカス・クラナッハ（父）が病気で仕事ができなかったため、ハンス・

ホールバイン（子）（一五二六年に初めてロンドンを訪れ、トーマス・モアの家族を描いて以来イングランドと縁が深くなり、一五三三年にはヘンリー八世の宮廷画家に任命されていた）がクレーヴに派遣されて、花嫁候補アンヌの肖像を描くことを命ぜられる。

しかも同じ一五三九年秋になると、カール五世がフランドルにおける新教徒の騒乱を静めるために自ら出陣するに際して、最短距離であるフランス経由の陸路を取るというニュースが入る。先般のニースでの休戦条約の建前からいって、カール五世が友好国フランス国内の通過を求め、フランソワ一世がこれを承認するのは当然と考えられるが、専制君主に特有な猜疑心に取り憑かれていたヘンリー八世の目には、これがイングランド侵攻の予行演習と映った。そしてそれに対抗して、これまではあまり積極的でなかったのに、俄然アンヌとの婚礼に興味を示し、クロムウエルに交渉を推進するよう強く命令する。もちろんクロムウエルに反対があろうはずもなく、十二月には花嫁は大陸のイングランド領カレーに到着、四〇年の正月に花婿と対面する運びとなる。カール五世にとって、自分の出身地フランドルに境を接するドイツ新教徒の大公家とイングランド王が縁を結ぶという報せはきわめて不愉快であり、一時は安眠を妨げられるほどであったという。クロムウエルの外交政策は成功したかに見えた。

しかしやがてフランスからフランドル地方に入ったカール五世は、ガンの町を始めとする同地の新教徒の拠点を制圧したばかりか、クレーヴ大公に対しても十分な威圧を与えると同時に懐柔も行う。ドイツの新教勢力と結んだことは、スペイン勢力を牽制するのに大して役立たなかったばかりか、ヘンリー八世はかえって明白にカール五世を敵に回す危険を冒したことになる。加うるに歳もすでに三十五歳、取り立てていうほどの美人でなかったアンヌ・ド・クレーヴは、自身も五十に手が届こうというくせに、相手には美貌とセックス・アッピールを求める好色なヘンリー八世の目に、十分期待に添うだけの魅力ある配偶とは映らなかった。だが、すでに花嫁がイングランドに到着している以上、いまさら引っ込むわけにも行かず、ともかく結婚はしたものの、ヘンリー八世はアンヌの体に一指も触れようともしなかったという噂も立ったほどである。そしてこの気に染まぬ結婚を押し付けられた不満を、ひとえに取り持ち役クロムウエルに向けたのである。

キャサリン・ホワードの登場とクロムウエルの処刑

この状況を見るや、カトリック派のロチェスター司教シュテフェン・ガーディナーや、保守貴族派の棟梁ノーフォーク公爵らは、クロムウエルが推し進める新教側への傾斜に対して揺り返しを謀る。一つにはヘンリー八世の心をアンヌ・

ド・クレーヴからいっそう遠ざけるために、ノーフォーク公爵の姪で当時十八歳という、なんと長女メアリーよりも六歳も年下、ヘンリー八世にとっては娘同然の年齢の美女キャサリン・ホワードを引き合わせて、王の歓心を買わせる。もう一方でノーフォーク公爵は、フランスに使節として派遣されると、フランソワ一世の腹心となった保守派カトリックの将軍で大貴族モンモランシー元帥と肚を割って話し合い、フランスとスペインに英国侵攻の意図がないという確証を得て帰国し、ヘンリー八世に報告する。これによって、クロムウエルのドイツの新教勢力と手を結ぶという政策の二つの柱は、両方共にすっかり掘り崩されてしまったわけである。

むろんクロムウエルの方も手を拱いて事態を見ていたわけではなく、一つには国内に残ったカトリック勢力の団体である「ヨハネ騎士団」の解体を宣し、二つにはそれによって同騎士団の所有する莫大な資産を吸い上げ、これをもってヘンリー八世の懐を潤すという荒技で点を稼いだ。だが、なんといってもクロムウエルにとり、アンヌ・ド・クレーヴ自身が如何ともなし難いアキレス腱となる。キャサリン・ホワードにすっかり心を奪われ、なんとしてでもアンヌをお払い箱にしたいヘンリー八世は一五四〇年六月、うまい解決策を見出せないでいるクロムウエルを反逆罪で告発、ロンドン塔に送る。民衆は、恐怖政治を敷いた成り上がり者宰相の失脚を歓呼の声で迎え、カトリック保守派は勢いづいた。ごく簡単な裁判の結果、有罪と判定されたクロムウエルは、はや七月に、その平民の出自（パートニーの鍛冶屋の息子だったといわれる）のゆえに、一般の犯罪人が処刑されるタイバーン広場で首を刎ねられるのだが、その前にヘンリー八世の命により、アンヌとの結婚が完全に適法ではなかったのに、自分の恣意的な裁量でこれを取り決めたという自供書に署名させられている。これでアンヌとの離婚の手はずが整ったのである。

アンヌ・ド・クレーヴの処遇

とはいえ、いくらヘンリー八世でもイングランドの新興貴族の娘アン・ブリンなどとは違い、ヨーロッパの有力な大公家出身の女性であるアンヌ・ド・クレーヴを、右から左に始末するわけにはいかない。しかもアンヌはローマ・カトリック教会ではなく、ヘンリー八世自身がその長である国教会で、正式の婚礼の儀式（一五四〇）によってヘンリーと結ばれていたのである。もしも最初の王妃キャサリンの時のように、アンヌに離婚を拒否されたなら、再びヨーロッパ中のスキャンダルになることは目に見えている。そこでヘンリー八世はクロムウエルの調書を根拠に、この婚姻が自分の完全な意志によらず、押し付けられたものであったという理由でこれを解消するが、代わりにアンヌ・ド・クレーヴに「王妹」のタイトルと、宮廷で王妃に次いで二番目の席次を与え、リッチモンドその他の荘園に、さらに年に四千ポンドの年金を提供するという条件を提示する。現代流にいえば、いわゆる「協議離婚」に持ち込もうとしたわけである。

ヘンリー八世にとっては幸いなことに、アンヌはキャサリンと違って意地を張らず、交渉はきわめてスムーズに進展、わずか半年後の七月に結婚の無効が議会で宣言される。この現実的な展開に、アンヌを浅薄で無思慮と評する意見もあった。だが、実はそのような意見こそ、アンヌの後ろ盾になるクレーヴ大公に、妹のためにイングランド王を相手どって争うだけの実力がなく、またアンヌにしても、キャサリンのように英国で軟禁の身となるか、あるいは「出戻り」としてラインラントに帰るよりは、自尊心（それもヘンリー八世の仕打ちの不当なことは万人の日に明らかだった以上、そう傷つかなかった）を別とすれば、イングランドの宮廷で高い位置を占めた方が有利という事情を考慮せぬ、浅薄な判断といえる。また、それよりももっと穿った見方として、じつはアンヌはヘンリー八世との離婚を歓迎していた。自分より十五歳も年上で、足を壊疽に冒され、体力的にも衰えが見え始めていたヘンリー八世に大して魅力を感じていなかった（自惚れもよいところだったヘンリー八世自身には、思いもつかなかったことであろうが）というのがある。こちらも大いにあり得ることと思われる。そしてもしそうだったとすれば、アンヌはヘンリー八世と結婚した女性のうちでただ一人、自己の判断によって一五五七年、ロンドンのチェルシー宮で亡くなり、正式にウエストミンスター・アベイに葬られたことまで入れて、比較的幸せだった人物ということになる（最期を全うしたというだけなら、六人目の王妃キャサリン・パーもそうだが、こちらは後述するように、たまたまヘンリー八世が一五四七年、先に死んでくれたおかげで危うく助かったという事情がある）。

カトリック反動とその限界

さて、クロムウエルの失脚とアンヌ・ド・クレーヴとの離婚、それに伴うノーフォーク公爵の政策決定の要である「枢密顧問会議」における主導権の掌握によって、イングランドにおける教会改革派の企ては完全に破産した、というのが世間の見方であった。じっさいカトリック派の捲き返しにはかなりのものがあった。しかしこの見方は、二つの重要な要素を見落している。

第一は顧問会議の上に君臨し、教皇庁に代表される外部からの干渉を断固排除して、絶対君主の位置を確保したいと望むヘンリー八世の権力欲が、自国において己れの言いなりになる、国教会の確立をひたすら目指していた事実である。これはイングランドが島国で、何かに付けて大陸の諸国とは違った独自の制度や慣行を保ちたいと思っている、現代にも通用する島国的なナショナリズムに合致して、大衆の支持を受けた点である。そして第二は、修道院など教会諸制度の解体により利益を得た世俗勢力が、世俗王権の下に置かれた国教会を支持して、ローマ教会への復帰を望まぬようになってしまった事実である。これら二点に加えて第三としてもう一つ、王権と新興世俗勢力、つまり当時イングランドのルネッサンスを担った二つの勢力のいずれもが思っても見なかったことだが、ティンダルによる聖書の英訳（一五二五）、そのカヴァーデールによる改訂（一五三九）によって、聖書との直接の接触を通してローマ教会のキリスト教義・聖書解釈の独占を打破する動きが、広汎な民衆の間に生まれてきた事実も付け加えてもよいかも知れない。これは、エラスムスやトーマス・モアらが考えたカトリック教会内での改革とまったく同じではないが、しかしよく似た結果をもたらすことになった。後に、この分離派的傾向の最も先鋭な形が、清教徒《ピューリタン》運動となって出てくるのだが、すでにその種はここで播かれていたわけである。

とはいえ、カトリック側の反動も相当のもので、例えばアンヌ・ド・クレーヴに代わって五番目の王妃となったキャサリン・ホワードは、伯父のノーフォーク公爵トーマス・ホワードと同じカトリックで、この頃次第に新教徒的傾向を強めていたトーマス・クランマーを、カンタベリー大司教の座から追おうと試みる。しかしヘンリー八世は、自分を首長に戴く国教会にクランマーが寄せる全面的支持を知っており、断固これを阻止する。だが一方、外交政策には親カトリック的な動きが現れて、反教皇派の外交官、例えばトーマス・ワロップ（駐フランス）、トーマス・ワイアット（駐スペイン）、ラルフ・サドラー（駐スコットランド）らが召還されて、逮捕される（ただしキャサリンは、己れのヘンリーに対する人間的な影響力を行使して、これらの人々のあまりに政治的な処刑は阻止している）。

五番目の王妃キャサリン・ホワードの処刑

ところがこの間、キャサリンの不義密通の情報が、今度は新教側からヘンリー八世に伝わるということが起こる。すなわち王妃キャサリン・ホワードは、ヘンリー八世の娘メアリーよりもさらに六歳も年下という若さであり、しかもヘンリー八世との交渉が始まるずっと前、ランベス宮で義理の祖母ノーフォーク公爵未亡人の付き添いであった頃から、男女関係では奔放な振る舞いが多かった。加うるにヘンリー八世の五番目の王妃となってからも、寄る年波に男としての魅力が減退し始めた王に満足できず、愛人トーマス・カルペパーとの関係を思い切れなかったのである。例えば一五四一年夏、恒例の宮廷の北部巡幸が行われ、旅先のこととて人目が緩やかになったところで、キャサリンは不用意な恋文をカルペパーに送るという具合である。

事態がこのような四一年、新教徒で自派の弾圧について不満を持つジョン・ラッセルズなる下人が、クランマー大司教にキャサリンの若い時の行状を告げてことが始まる。ノーフォーク公爵とカトリック勢力の力を削ごうと狙うクランマーは事情を調査し、宮廷が十月にロンドンに戻るのを待ってヘンリーに報告する。年内は秘密の調査に費やされ、王と結婚前のキャサリンの不行跡が証明されたばかりか、王妃となってからのカルペパーとの関係までが明るみに出ると、もはや悲劇は避けられなくなってしまう。自分は好色なくせに、相手には貞潔を要求するヘンリー八世は、前に潔白だったアン・ブリンを不当に断罪した時とは違い、証拠が十分に揃っている今回は大袈裟な公開審査に訴えて、キャサリンと関係した男達を徹底的に追及し、断罪させる。キャサリン自身も四二年二月、ロンドン塔で斬首され、二十歳になるかならぬ短い生涯を終える。ヘンリー八世の好色、およびチューダー王朝の存続を確実にするために、すでにジェーン・シーモアからエドワード皇太子を得てはいても、さらにもう一人嫡出の男子を設けたいという願望、これら二つの要因が惹き起こした再度の王妃処刑にも、じつは新教と旧教の対立が影を落しているのである。キャサリンをヘンリー八世に取り持ったノーフォーク公爵トーマス・ホワードも、この件を機に王の寵を失い、政界の中心から後退するし、カトリック派の影響力も次に王妃となったキャサリン・パーの新教的傾向もあって、大幅に減退する。

この事件でもう一つ注目すべきは、キャサリンが一切自分の弁護をしなかった点にある。アン・ブリンの場合には、アンが理知的で、強い意志の持ち主であった上、自己の道徳的な無実に確信を抱いていたから、非公開の審理においても、また臨終の際においても自分に向けられた姦通の告発に対してはっきりと異議を申し立てている。これに対するに、キャサリンは自己の落度をはじめから認めて、一切言訳をせず、代わりに自分の有り余る愛情の捲き添えとなって死に至らしめられたカルペパーを始めとする男達に、心から赦しを乞うたのである。むろん男達の中にヘンリー八世は含まれていない。ヘンリー八世がこの顚末の報告を受けて、どう反応したかは伝えられていない。しかし、年老いて（すでに五十歳を越していた）ようやく、いかに権力の座にあって人を己れの意志に従わせることはできても、愛情まで左右するのは叶わぬことであると思い知らされたのではなかろうか。

最後の王妃キャサリン・パー

じじつ娘同然のキャサリンに裏切られたヘンリー八世は、かといって女気なしでは済ますことはできず、六人目となる王妃として白羽の矢を立てたのが、これまでとは違ってすでに二度の結婚歴[10]があり、年齢もヘンリー八世よりは二十近く下とはいえ、すでに三十をまわっていた宮廷の女官キャサリン・パーであった。とはいえ、ヘンリーがキャサリン・ホワードの裏切りに好色遍歴をすっかり諦め、キャサリン・パーに家庭的な慰めと、王室を切り回す家政婦的才能だけを期待したという説は誤っている。当時キャサリンは、ヘンリー八世に嫡子エドワード（後のエドワード六世）を産んだ王妃ジェーン・シーモアの弟、トーマス・シーモアと交際しており、十分な女性的魅力を備えていた。そしてヘンリー八世から結婚の申し込みを受けた時、愕然として「王の愛人ならともかく、王妃になるのは真っ平！」と叫んだという逸話が残っているくらいである。これを見てもキャサリン・パーはヘンリー八世の妻となった六人の女性のうちで、自身が名門の出であったアンヌ・ド・クレーヴと共に、王妃の座の魅力に惑わされなかった一人ということになる。

そうはいっても絶対王政下、専制君主の意に逆らうことはできない相談で、キャサリンは差し当たりトーマス・シーモアとの交際を諦め（ただしヘンリー八世の死後、トーマスと結ばれ、一女を設ける）、一五四三年にハンプトン・コート宮でヘンリーと結婚する。キャサリンは母親（モウド・パー・グリーン）の教育よろしきを得て、古典の教養（ギリシャ語、ラテン語）に通じ、トーマス・モアらが推進した新しい学問派の考えに近く、制度化してしまったカトリック教会に批判的で、当然新教徒に理解と同情を抱いていたようである。しかもバランスの取れた知性の持ち主で実際感覚もあり、ヘンリー八世を説いて疎遠な関係にあった長女メアリー、次女エリザベス、そして虚弱な皇太子エドワードとの王家の団欒（一五四三年夏）を実現させ、宮廷に駐在していた外国の大使達を驚嘆させている。じっさいメアリーの心を和らげ、エリザベスに強い好印象を与え、エドワードからは母のように慕われたといわれる。その意味では生活に温かみや潤いを求めたヘンリー八世の期待を裏切らなかったといえる。メアリーとエリザベスは、各自の母親との結婚をヘンリー八世により無効とされて庶子扱いとなった結果、王位継承権を失っていたが、それを議会で復活（第三次王位継承法、一五四四）させたのもキャサリンの働きによる。それのみならず実際政治の上でも四三年、ヘンリー八世による最後の対フランス戦役に際してキャサリンは摂政に任命され、カンタベリー大司教トーマス・クランマーやハートフォード伯爵エドワード・シーモア（後のサマセット公爵でエドワード六世の摂政）などの協力を得て国内の治安を維持し、遠征軍のための補給を確保、もって緒戦ブーローニュにおけるイングランド軍の勝利に貢献している。(11)

トレント公会議とカトリック派の動き

この間、一五四五年に北イタリアの町トレントで、以後十八年の長きにわたって続くことになる「トレント宗教会議」が開催の運びとなる。これは本来、新・旧教に分裂したキリスト教界の和合を目指して、一五二〇年代の終り頃から教皇庁や神聖ローマ皇帝カール五世の肝入りで計画されていたのだが、ずっとヘンリーが反対を続けていた会議であった。ヘンリーにとって、和平が成立しては己れの列強の調停者としての出番がなくなるばかりか、ローマ教会からの分離独立を主張するイングランドに対してヨーロッパ諸国の風当たりが強まるのを恐れたからである。しかも時が経つにつれて、カトリックとプロテスタントの宗教的対立は深まるばかりで、教皇も三四年にパウルス三世が選ばれると、むしろ教皇権の確立と新教に対する圧力を強化する方向に変っていった。自分が首長の国教会に外部からの介入を認めたがらないヘンリー八世は、ますます公会議反対の立場を鮮明にして、対外的にはプロテスタントを応援し、会議がまとまらないように画策、国内ではカトリック勢力を抑えにまわる。

にもかかわらず、カトリック保守派のウィンチェスター司教シュテフェン・ガーディナーやロンドン司教のエドモンド・ボナーなどは、キャサリンの新教徒に対する好意的な態度に反発して、策略を企てる。四六年、聡明で理知的なキャサリンが新教的な立場から教理上の議論で自分と対立し譲らなかったのに怒ったヘンリー八世が、我儘の腹立ち紛れにキャサリンに対する逮捕状に署名したのを奇貨として、三九年に制定された「六カ条の法令」の信仰規定に対する違反の罪で、キャサリンを逮捕しロンドン塔に連行しようと試みる。しかし、事前に状況を知らされたキャサリンは、危機一髪のところで素早く「あの議論は、右脚の壊疽の痛みに苦しんでいる陛下の気持を逸らすために、ワザと仕掛けたものです」と釈明し和解が成立。王妃逮捕に四十人の衛兵を従えてやって来たカトリック派宰相サウザンプトン伯爵トーマス・リオスレイは、いまやすっかり気の変ったヘンリー八世から散々の罵声を浴びせられてスゴスゴ退散するという一幕があった

(10) 前夫は二人とも死亡、二番目のラティマー卿はまさに一五四二年他界。いずれの結婚からも、夫がすでに年長だったこともあって、子どもは生まれていない。

(11) ブーローニュは確保したが、全体としては失敗だった。特に財政的に大赤字を国庫に強いて、通貨の悪改鋳による国際信用の低下を招いた。

ことが知られている。専制君主の気紛れが、宗教対立と絡んで三度目の王妃処刑という無法無体の結果を生み出しかねないところであった。ヘンリー治世末期のイングランド宮廷における、まさに薄氷を踏むような状況を示す事件である。

ヘンリー八世最後の日々

そしてとうとう一五四七年、ヘンリー八世にも年貢の納め時がやってくる。この年の一月二十八日にヘンリー八世は遂に息を引き取る。ただし、その前にチューダー家の王権を確保すべく、あらゆる口実を設けて、王位継承権を主張することのできる家柄の人間を抹殺している。

まず槍玉に挙がったのがプランタジネット家最後の生き残り、すでに七十歳になろうとしているソールスベリー伯爵夫人のマーガレットである。この老婦人は、エドワード四世とリチャード三世双方にとって姪に当たる。よってウエールス出身で、ランカスター家のそのまた分家でしかないチューダー家の王達よりずっと正統のイングランド王朝の血を引いていた。かつ由緒ある貴族のポール家に嫁して、ローマ教会の枢機卿となったレジナルド(12)を産んでいる。レジナルドは、ヘンリー八世の長女メアリーとの結婚話も出たぐらいであった。ヘンリー八世とサリスベリー伯爵夫人との関係は、ヘンリーの即位当時は良好で、マーガレットは公務で忙しい王妃キャサリンに代わり王女メアリーの家政を切り盛りし、母親代りの役を務めている。しかし、ヘンリーがキャサリンとの離婚を推し進めてローマ教会から離脱し、かつ治世の終りに近付き猜疑心が強くなってくると、反逆の廉で伯爵夫人を捕えてロンドン塔に幽閉、二年に余る惨い扱いの後、四一年に斬首させてしまう。

ヘンリー八世の臣下のうち最も有力な一人だったホワード家の第三代ノーフォーク公爵トーマスと、その息子でサリー伯ヘンリーも同様な目に遭う。サリー伯はエドワード皇太子の若年の遊び友達であり、詩人トーマス・ワイアットの顰《ひそ》みに倣ってイタリアの抒情詩型ソネットをイングランドに導入した人物であるが、イングランド王室に連なる者のみに許された、「懺悔王《コンフェッサー》」ことエドワード（一〇〇二〜六六）の紋章を自家の紋所に加えたという理由で、また父親のトーマスの方はそれを黙認したという廉で、共に一五四六年にロンドン塔に曳かれる。ただ、これは言いがかりで、ホワード家はプランタジネット王朝のモウブレイ一族に連なる家柄として「懺悔王」の血筋を引き、ずっと以前から「懺悔王」の紋章を自家の紋所に付け加える権利を持っていたのである。しかし、初めから危険人物を除こうと決めていたヘンリー八世は、でっち上げ裁判でサリー伯ヘンリーに有罪を宣告させ、四七年一月二十日（ヘンリー自身の死のわずか一週間前）に処刑させる。父親のトーマスも同じく死罪の判決を受け、こちらは国の名門貴族であるということで手続きに手間取り、ヘンリー八世の方が判決文に裁可の署名をする前に死んだため、危うく助かっている（しかし、トーマスは、王位を継承したエドワード六世の治下は反逆罪の疑いでロンドン塔に囚われたままで、釈放されるのはやっとメアリー一世が即位した一五五三年になってからのことである）。

ヘンリー八世の人柄

以上、ヘンリー八世の生涯を追うような形で、イングランドのルネッサンスにおける最大の事件、カトリック世界からの離脱を跡付けたわけだが、それは国教会の成立に際してヘンリー八世という人物の個性が決定的に作用したからで、換言すればヘンリー八世がいなければイングランドはカトリック教会のうちに留まり、西ヨーロッパの歴史も大きく変っていたと思われるからである。では、そのヘンリー八世はどのような人物であったろうか。美男で大柄、スポーツに秀で、リュートをよく奏で、かつ少年時代にエラスムスを感心させたほどの早熟な知性を発揮し、二番目の皇太子として教会入りを予定されていたこともあって、衒学的な細かい神学論争を好むなど、多彩であったが、どうも深みに欠けた人柄だったようである。薔薇戦争の陰惨な殺し合いに飽いていたイングランドの人々は、ヘンリー七世治下に戻って来た平和を喜び、それに相応しい華やかな象徴を求めていた。ヘンリー八世はこのような期待にぴったり当て嵌る君主として登場し、熱狂的に迎えられた。それが様々な暗い事件を起こしながらも、最後にいたるまでヘンリー八世の人気が衰えなかった理由であろう。

じっさいこの人物は、兄アーサーの夭折によって転がり込んだ王としての地位の魅力もあって、そうしようと思えば、明敏なトーマス・モアさえもが抗がい難いと感じたほどの気立てのよさ、愛嬌、気取りのなさをもって人に接することができた。だが、心底からそういう人柄であったかというと、決してそうではなく、そうした態度を装うことができたと言えるだろう。（ルネッサンス的君主の何人かに見受けられるように）そのカリスマ的な優雅さ、派手さの下には、恐るべき自己中心的な性格、その欲望を達成するためなら何物を犠牲にしても顧みない冷酷な打算が潜んでいた。そのような人物であるヘンリー八世が、中世的な秩序・身分制度が崩れて、個人に立脚した新しい行動様式が生まれ出ようとしているル

---

(12) レジナルドはカトリックで、「首長令」などに象徴されるローマ教会との対立の気配に身の危険を感じて、一五三二年にローマに移り住み、ヘンリー八世の動きを批判するパンフレットを発表しているほどである。

ネッサンスという変動期のイングランドに登場したのである。そしてフランスとの百年戦争、それに続く薔薇戦争の過程で殺し合い、没落しつつあった封建大貴族に代わり、新興貴族・郷士・町人が新たに現れてくる中、国際組織であるカトリック（＝普遍）教会からの独立の過程を通して、もともと島国で孤立性の強いイングランドに「国民国家」としての意識を植え付ける役割を果した。それも本人には、そのような歴史意識は毛頭なく、ただ単に自己の絶対権力の確立という欲望に突き動かされてそうなったといえようか。

その治世は、じっさいイングランドのナショナリズムが高揚した時期に当たっていた。ヘンリー八世の有能な二人の宰相ウールジーとクロムウエルは、ヨーロッパ政治の中でフランスとスペインという二大強国の角逐を助長し、両国間のバランスを取ることによって、イングランドの重要性を国際的に高めることを狙い、その政策は国際情勢の展開も幸いしてかなりの成功を収めた。ナショナリズムを掻き立てる手段として、ヘンリー八世は戦争も採用し、こちらはおおむね失敗に終ったばかりか、経済的には甚だ好ましからぬ結果も生んだが、その一方で「戦争はあらゆる物の父」とラテン語の格言にもある通り、イタリア半島など大陸から技術者を受け入れ、イングランドの造船技術など産業の開発・育成に役立ったことに間違いはない。ヘンリー八世の治下、対フランス戦争に出撃した途端に沈没してしまった旗艦メアリー・ローズ号などもあったが、イングランド海軍の艦船保有量は、ヘンリー七世時代の五隻から、なんと五十隻を超すまでに膨張している。これが後年のフランシス・ドレークの活躍によるスペイン無敵艦隊撃破や世界一周航海、ウォルター・ラレイによる北アメリカのヴァージニア植民を準備したのである。またフランスやスペインに代表されるカトリック勢力の攻撃に対処するための、ワイト島や海岸線の防禦工事についても同じことが言える。ヘンリー八世の戦争道楽や豪華な宮廷生活、祝宴などは、国庫を疲弊させ、さらに通貨を改悪してイングランドの国際信用を落したため、一般民衆は貧困となり、社会における貧富の格差は拡大したが、資本が一部の人々の手に蓄積される結果を生んだのも事実である。

同じことは、旧勢力であるカトリック教会の重要な制度であった、修道院の解体にも当て嵌る。修道院を解体されたカトリック教会と、それに前述の大貴族などに代表される封建勢力が弱まったからこそ、新興勢力の登場は容易になり、その流れに乗ったヘンリー八世の王権は、宗教戦争とフロンドの乱を経てルイ十四世（一六六一～一七一五）にいたってやっと成立するフランスの絶対王権より一世紀半も早く絶対的な様相を呈する。そしてメアリー一世治下（一五五三～五八）のカトリック反動期にも堪えて、エリザベス一世の時代

（一五五八〜一六〇三）に頂点に達するのである。[13]

絵画と文学

芸術の分野においては大陸のルネッサンスの影響が著しい。絵画においてヘンリー八世の時代を代表するのはイングランドの画家ではなくて、ニュールンベルグ生まれでスイスはバーゼルに住んだドイツ人画家ハンス・ホールバイン（子）である（イングランドの画家は、中世・ルネッサンスを通じて、絵画の一大中心であったネーデルランドに圧倒されて振るわなかったのかもしれない）。ホールバインは一五二六年にロンドンを訪れ、トーマス・モア家の客になっている。二八年に、いったんバーゼルに帰るが、三二年に再び英国に戻り、ヘンリー八世の宮廷画家として、ヘンリー八世自身やアン・ブリンを始めとして、それこそ無数の英国貴族・淑女の肖像画を描いたばかりか、アンヌ・ド・クレーヴの場合に見られるように、写真のなかった時代にヘンリー八世の花嫁候補の絵姿を写しに、ヨーロッパ各地に派遣されている。そのヘンリー八世の肖像画は有名であるが、これを真似て三七年頃に描かれたと思われる、ほとんど同じ構図の作者不明のヘンリーの立ち姿の図がある。それを見ると、派手な生地に金銀の糸で縫い取りを施し、いたるところに宝石を散りばめたイタリア風の衣装を身にまとい、背景になっている龕《がん》の上部には貝の形を象ったルネッサンス式装飾が取り付けられていて、室内装飾や建築にも大陸からの様式が取り入れられ始めたことが知られる。いまは残っていないが、「アミアン平和条約」を最終的に批准するため集まった外国使節を饗応するため、一五二七年にグリーニッチに祝祭ホールが建造された。その祝祭ホールの入口にはローマ風の凱旋門が建てられ、大ホールの天井には、ハンス・ホールバインが描いた、新《ネオ》プラトニスム占星術の影響を受けた黄道十二宮の図があったことが下絵から分かっている。

文学については、「新しい学問」派であるトーマス・モアの『ユートピア』（一五一六）や、モア家で書かれたエラスムスの『痴愚神礼讃』（一五〇九）が挙げられる。これらは、人文主義者の言葉であるラテン語の作品だが、モアは英語でも歴史書『エドワード五世、リチャード三世の歴史』[14]（一五一三）を著し、近代散文英語の確立に貢献している。韻文では、外交官でイタリアにも派遣されたトーマス・ワイアット

(13) そうはいっても、フランスにおけるような理論的・軍事的な宗教戦争を経験しなかった分だけ、時代が進むにつれて新旧両教の対立は先鋭化し、オリヴァー・クロムウエルの清教徒革命と国王チャールス一世の処刑にまで行ってしまう。だが、それはもう我々の扱っている時期からは外れてしまう。

(14) 最初はラテン語で書き、英語に翻訳したのかもしれない。ただし、出版されたのは婿のローパーにより一五四七年。

（父）が、ペトラルカ風のソネットを試み、あるいはアン・ブリンを想って作られたのかもしれない「忘れないでおくれ……」で始まる、哀愁に満ちた作品を残している。そしてそのワイアットの顰みに倣ったサリー伯ヘンリー・ホワードが、もっと自由な無韻詩《ブランク・ヴァース》行を導入してシェイクスピアの抒情詩を準備するが、これらの作品が印刷に付せられ、一般に知られようになるのは『トッテルズ・ミセラニー』（一五五七）においてである。

第3節　国力の充実、精神の解放

（1）　エドワード六世、ジェーン・グレイの時代

エドワード六世治下の新教色

さてヘンリー八世が死ぬと、後を息子のエドワード六世が継ぐ。だが当時エドワード六世はまだ九歳で、実際の政治権力はその母ジェーン・シーモアの兄のサマセット公爵エドワード・シーモアが摂政となって握る。すでに述べた通りジェーン・シーモアは敬虔なカトリックであったが、シーモア家と対立するホワード家の第三代ノーフォーク公爵トーマス・ホワードがカトリック派の首領だったこともあって、シーモア家が養育の面倒を見たエドワード六世はプロテスタント寄りの教育を受けた。サマセット公爵は政策決定の要である枢密顧問会議から、首席だったカトリック派のウィンチェスター司教シュテフェン・ガーディナーを外し、プロテスタント色を露わにしつつあったカンタベリー大司教トーマス・クランマーと組む。そして国教会の典礼をカトリック教会の公用語であったラテン語から英語にすべて切換え、一五三九年の「六カ条の法令」を廃止、代わりに「三十九カ条の信仰規定」を提出（公認は一五五二年）し、英語の「公禱書《コモン・プレーヤー・ブック》」を導入する。ガーディナーは、こうした改革は三七年生まれのエドワード六世が成年（十六歳）に達する前に行われたものので、みな無効であると宣言したため、ロンドン塔に監禁される。

しかし、一般民衆もまた急激な教会改革に反対で、かつ従来からの貧困化や「囲い込み」に対する非難を掲げて叛乱（一五四九）を起こす。優柔不断なサマセット公爵はこの民衆の要求に譲歩する姿勢を見せたため、教会弾圧によって利益を得た新興貴族階級や富裕町人階級の支持を失ってしまう。しかもこの間、エドワード・シーモアの弟で権力志向の強い野心家サッドレイ男爵トーマス・シーモアが、兄の権力に対する嫉妬から、甥のエドワード六世と姪のジェーン・グレイを結婚させて権力を握ろうと企て、王の身柄を確保しようと試みる（トーマス・シーモアは、ヘンリー八世の死後三カ月

経つか経たないというのに、前王妃キャサリン・パーと以前のよりを戻すために強引に言い寄り、周囲からの不謹慎という批判を押し切って、まんまと結婚してしまうというやり手ぶりを発揮している)。だが、この謀《たくら》みは失敗に終ってトーマスは逮捕され、兄が庇ったにもかかわらず処刑される。そして四九年にはサマセット公爵自身も、「囲い込み」反対を掲げたノーフォーク地方を中心とする叛乱鎮圧を通して台頭してきたワーリック伯ジョン・ダッドレイ（後の初代ノーサンバランド公爵）の圧力で退陣を余儀なくされる。そして間もなく反逆罪に問われて逮捕、五二年にはロンドン塔で処刑されてしまう。

九日間の女王ジェーン・グレイ

権力を握ったジョン・ダッドレイは、一五五三年にエドワード六世が成年に達すると、その直接統治を宣言する。しかしじっさいは自分が支配を継続し、ヘンリー八世時代からの対フランス戦争を止め、逼迫する財政を建て直すために賠償金を取ってブーローニュをフランスに返還する（これで大陸におけるイングランド領としてはカレーを残すのみとなる）。かつ結核の気があって、もともと虚弱なエドワード六世の健康が優れないのを看て取ると、ジョン・ダッドレイは自身の末子のギルフォードと王位継承の血筋であるジェーン・グレイを結婚させた上、メアリーが女王になるとカトリック勢力復活に繋がると主張し、[15] エドワード六世が後継者無しで他界した場合にはメアリー、エリザベスの順序で王位を継承させると定めたヘンリー八世の遺言を破棄、二人を飛び越してジェーン・グレイを次期王位継承者とするようにエドワード六世を説得、ついにその決定をエドワード六世に出させ、枢密顧問会議の承認を取り付けた上、公表してしまう。まことに権力欲剝き出しの身勝手というほかない振る舞いである。

当のジェーン・グレイは、父親のチャールス・ブランドンが出自からいえば郷士クラスでしかなかったとはいえ、たまたまヘンリー八世と無二の親友となったところから、初代サフォーク公爵に取り立てられ、フランスのルイ十二世に嫁し（ルイ十二世が死ぬまでのわずか三カ月ではあっても）フランス王妃にまでなったヘンリー八世の妹メアリーに惚れられて結婚し、二人の間に生まれた娘フランセスの、そのまた娘である。したがって確かにチューダー王家の血を引いており、公女として育てられ、その新しい学問、すなわち教会改革派的学識の深さに、当時の人文主義者達を驚嘆させたほどの才

(15) 一五五四年当時、すでに三十八歳で熱烈なカトリックであったメアリーは、同じカトリック教徒を夫とするであろうし、結婚しても子どもができないであろうから、夫の影響力が増して国のカトリック化が進むというのがその根拠。

媛であった。しかしまさにその王家の血筋のゆえに、不幸な運命を辿る。信仰心などではなく、ひたすら権力欲の塊として反カトリックで、後に義父となるノーサンバランド公爵ジョン・ダッドレイと、父親のドーセット卿でサフォーク公爵でもあったヘンリー・グレイおよび母親フランセスらの、飽くなき政治権力を追求するための陰謀の道具にされてしまったのである。

メアリー一世の戴冠とカトリック復帰

じじつ一五五三年七月六日、わずか六年の短い治世の後、後世に残る事跡としては十八校の上級学校《グラマー・スクール》の創設（それもその在世中には実現しなかった）ぐらいしかないエドワード六世が死ぬ。そしてその三日後、嫌がるジェーンがノーサンバランド公爵によって女王と宣言されると、たちまち全国に反対が捲き起こる。その激しさに驚いたノーサンバランド公爵は、次期王位継承者としてヘンリー八世から指名されていたメアリーの身柄を拘束しようと試みるが、メアリーはすでに東アングリアはサフォーク郡のフラムリンガムに移っていて、カトリックばかりか新教派のうちからも自分の支持者を着実に集めていた。そして秘されていたエドワード六世の死がジェーンの戴冠によって確実となると、自己の王位継承宣言を全国に発布し、女王となるべくロンドンに向かって兵を進める。事態の急転に驚いた枢密顧問会議も、掌を返すようにメアリーを女王と宣言する。ジェーンの治世はわずか九日しか保たなかったわけである。この事態を見てエリザベスもメアリー支持の態度を明らかにし、さらに元王妃アンヌ・ド・クレーヴも加わり、王室に属する高位の女性三人が揃って三十日にはロンドンに到着、メアリーはロンドン市民から女王として歓呼をもって迎えられる（メアリー一世として、正式の戴冠は十月一日）。ノーサンバランド公爵は卑怯にも変節してカトリックに改宗することを誓い、メアリーの女王推戴支持に回るが、捕えられてロンドン塔に送られ八月に首を刎ねられる。ジェーンも、父親のヘンリー・グレイおよび夫のギルフォードと共に逮捕され、ロンドン塔に幽閉される。ただしこの時点でメアリーには反逆者達を厳重に処罰する気はなく、父親のヘンリー・グレイはノーサンバランド公爵に引き摺られて叛乱に与《くみ》したという判断で、その所領シーンに引退することを条件に釈放してやったほどである。

だが、そうはいってもジェーンは確かにメアリーの対立女王であったに違いなく、（ジェーンが反対したにもかかわらず）共同統治者と宣言されたギルフォード・ダッドレイと共にロンドン塔に留め置かれ、反逆罪で十一月に死刑の判決を受ける。ただしその女王即位は父親や義父に強いられてのことだったのは誰の目にも明らかだったので、メアリーもすぐには判決の施行を命じなかったし、そのままことが無ければ、いつかは大赦により釈放されたかもしれない。ところが不幸なことに、これまた彼女とまったく関係ないところで政治・宗教絡みの事件が起こり、これがジェーンの運命を決することになってしまう。

というのは熱烈なカトリックのメアリー一世は、父親ヘンリー八世が行った国教会の分離独立に対する罰として、教皇クレメンス七世により国全体が破門(一五三三)されていたのを、カトリック教会の懐に戻そうと全力を挙げたばかりか、王朝の存続を確保する嫡子を儲ける方策として、自国を母親キャサリンの生国スペインと結び付けようとする。その手段が、神聖ローマ皇帝でスペイン王カール五世の息子であったフェリーペ皇太子(後のフェリーペ二世、当時三十八歳であったメアリーより十一歳年下)との結婚である。この政策は、すでに新教的傾向を有する多数の人民を抱えている上、島国で独立志向の強いイングランド人にとって、国を外国の支配に委ねるものと映った。メアリーが即位と同時にロンドン塔から解放し、ウィンチェスター司教に戻した上で、宰相に登用したシュテフェン・ガーディナー、またスペインから結婚交渉のために派遣されていた大使シモン・ルナールも、そのことは十分心得ていて、イングランドの国民感情を刺激しないように様々な手を打った。だが民心は安定せず、早くも五三年八月には多かれ少なかれ新教的傾向をもった、民族主義的性格の反スペイン武装蜂起がいくつか起こる。その中でも最も危険だったのは詩人のトーマス・ワイアットと同名の息子、ワイアット(子)が率いた叛乱である。

ワイアットの叛乱

トーマス・ワイアット自身はカトリックであったが、父親の駐スペイン大使時代(一五三六)にイベリア半島に住んでの異端審問の残酷さを目の辺りにしたことで反スペインとなり、かつコチコチのカトリックで知られるフェリーペに強い反感を抱いていた。ワイアットは、メアリー一世のフェリーペとの結婚計画を知ると、これに反対してエリザベスの女王擁立を主張する仲間を募ってケントで叛乱を起こした。この動きはたちまち多くの支持者を獲得、その勢いは侮り難いものとなった。一時はメアリー一世自身も身の危険を感じて、ロンドン市民に自分を支持するよう強い呼びかけを行ったぐらいである。

だが結局、叛乱は鎮圧され、ワイアット自身も処刑される。一味の旗印として、勝手に担がれたエリザベスにも疑いがかかり、一時はロンドン塔で尋問を受けたばかりか、メアリー一世の在位中はウッドストックの屋敷に、監視付で軟禁される羽目となったほどである。ところがなんと、この叛乱にジェーン・グレイの父親で、メアリー一世の情けによりシーンの別荘に隠棲するだけで済んでいたヘンリー・グレイが関わっていたのである。叛乱が起こるとヘンリーは仲間を語らってワイアットの動きに合流しようとしたが失敗、捕えられるとロンドン塔で処刑される。この事件が、ジェーンにとってはまったく無関係でありながら、しかし決定的な意味を持ってしまう。というのは、メアリーはすでにフェリーペと結婚しようと決心しており、その交渉のためにスペイン大使としてシモン・ルナールがフェリーペにより派遣されていた。そのシモン・ルナールが、フェリーペの身の安全を慮って、新教勢力を弾圧するばかりでなく、エリザベスさえあるに、すでにいったんは女王となり、いつまた叛乱の旗印に担がれるかもしれないジェーンを処刑すべきであると、強力に進言したからである。フェリーペとの結婚をすべてに優先させていたメアリー一世は、ついに死刑判決の執行に踏切り、ジェーン・グレイは一五五四年二月に首を刎ねられる。宗教対立と権力闘争の挾間で、無実の命を失った女性がここにもいるのである。

（2）　メアリー一世の時代

スペインとの結婚

さて、女王となったメアリー一世は、スペインの皇太子フェリーペとの結婚を固く心に決めていた。十六世紀半ばのヨーロッパでも、政治は男でなければならぬという考えがまだ支配的だったのである。だが、ヘンリー八世の男の子といっては、いずれも早死したエドワード六世と庶子のヘンリー・フィッツロイあるのみ。それ以外でチューダー家の血を引く王位継承権者としては、まずキャサリン・オブ・アラゴンとの間に生まれたメアリー一世と、アン・ブリンとの間に生まれたエリザベスの二人が直系で、次にヘンリー八世の姉マーガレットの孫娘メアリー・スチュワート（親フランスでカトリック、イングランドと対立しているスコットランド王家の跡取り）、さらにヘンリー八世の妹メアリーがサフォーク公チャールス・ブランドンと結婚して産んだフランセスと、そのフランセスの娘ジェーン・グレイも入れて、いずれも女性ばかり五人で、女王が国を治めるより他なかった。代わりに国民、議会、また政治家達も、女王が少しでも早く適当な配偶者を選び、結婚することを望んでいたのである。

むろんイングランド女王の配偶で共同統治者のポストに就こうという志願者は、国内はいうに及ばず、当時のヨーロッパにも沢山いた。だが、カトリック教会から離脱したばかりのイングランドは、内部にきわめて緊張した宗教的対立を抱える社会であり、国民の大多数の合意を得て、国に政治的安定をもたらすことが見込めるような結婚相手を選ぶのは至難の業であった。一方、メアリー一世は、父親のヘンリー八世が、熱心なカトリックであった母親キャサリン・オブ・アラゴンとの離婚を求めて、無理無体にローマ教会からの分離独立を強行するのを嫌悪の情をもって見ていたから、つとにイングランドを再びカトリック教会の懐に連れ戻そうと心に決めていた。さらに母親の生国スペインに憧れを抱いており、一時は婚約相手(16)でもあったスペイン王で神聖ローマ皇帝を兼ねるカール五世の政治的助言に従い、その息子フェリーペを結婚相手として選んだ。

だが、フェリーペを夫に選ぶのは、ヘンリー八世、エドワード六世と続いた反カトリック政権の下で勢いを増しつつあった新教派にとっては教会改革の後退を意味し、かつ国民のナショナリズムからも、また教会改革の一環として行われた修道院の解散によりその財産を獲得した新興貴族・町人階級の目からも好ましくないと映った。むろん大陸の反スペイン勢力であるフランスやヴェネツィアも、あらゆる機会を捉えて、この結婚の望ましからざる所以を宣伝した。そしてワイアットの乱（一五五四）が起こり、その結果イングランドにカトリック教の再興を望んでいたレジナルド・ポールでさえも、この選択は危険であると反対の意を表明していた(17)。しかし、中世的といってよいほど一途な性格だったメアリー一世の決心は変らず、かえってこの叛乱を奇貨として新教派の弾圧に踏み切る。かつエリザベスを一時はロンドン塔に幽閉し、一五五四年四月に召集したメアリー一世治下の第二回議会でメンバーの大幅な入替えを行い、自分とフェリーペとの結婚を承認させる。フェリーペは七月、スペインを発ってサウザンプトンに着き、ウィンチェスターでロンドンから出迎えに来たメアリー一世と初めて会う。すでに述べたように、二人の間には十一歳の違いがあった（メアリー一世の方が年上で当時三十八歳）。そして同月二十五日、二人の結婚がウィンチェスターのカテドラルで、司教シュテフェン・ガーディナーの司式の下に執り行われる。

「血みどろ」メアリー一世の新教弾圧

かくていよいよイングランドのカトリック教会復帰と、以後メアリーの渾名となる「血みどろ《ブラッディ》」の宗教弾圧が開始される。まず一五五五年二月、スミスフィールドでジョン・ロジャースが火刑に処せられ、幕が切って落とされる。新教派の大物、カンタベリー大司教のトーマス・クランマーは、すでに

(16) ただし、これはヘンリー八世が画策した政治的婚約で、じっさいは年齢の差があり過ぎて実現しなかった。
(17) そのために英国に帰還しようとしていたポールは、カール五世の命によりブラッセルに足留めされ、メアリー一世とフェリーペの結婚が終るまで英国に入ることを許されなかった。

五三年にメアリー一世の登極と共にその座を追われ、ロンドン塔に囚われていた。だが、ローマ教皇によって直接任命された大司教という身分のゆえに、教皇庁裁判所の判決なしには身柄に手を出すわけにいかず、囚われのまま五四年四月には、高名な説教師ヒュー・ラティマーおよびロチェスター司教であったニコラス・リッドレイと共にオックスフォードで開催されたカトリック神学者との教義討論に引き出され、さんざん攻撃されるが、新教の信仰を変えない。ラティマーとリッドレイは五五年十月半ばにオックスフォードで焚刑に処せられるし、クランマーも三年余りの牢獄生活の後、教皇庁裁判所の身分剝奪の判決を受けて、五六年にロンドンで火刑に処せられる。これ以外にもハドレイで処刑された著名な新教牧師ローランド・テイラーを始めとして、多くの有名無名の人々が信仰のために命を落とし、その数は三百人を超すほどの有様で、ヘンリー八世の治下に処刑された者をはるかに上回ったといわれる。またその凄まじさを見て、異端審問の国スペインから来たフェリーペでさえ、迫害を和らげるようメアリー一世に忠告したほどである。

一方、カトリック教会への復帰は五四年十一月、ヘンリー八世により反逆罪の廉で永らく国を追われていた枢機卿レジナルド・ポールが、いまや教皇使節として王家差し回しの船の舳先に銀の十字架を立ててテームス河を遡り、ウエストミンスターに到着する。そして己れの過ちを悔い改めたイングランドに対し、教皇ユリウス三世が発布した宥免状を読み上げる。ただし、それにはメアリー一世の意に反して、解散させられた修道院の財産を取得した者達に、その返還を求めないという条項が付帯していた（議会および枢密顧問会議が、この条項無しでは国民がカトリック教会復帰に同意しない、と強硬に主張した結果である）。

しかし、メアリー一世のカトリック教再興の熱意は一向に衰えなかった。宰相かつウィンチェスター司教でもあったガーディナーは、三五年に発表した著書『真の服従』で、（そのカトリック信仰にもかかわらず）時の君主ヘンリー八世の教会分離政策に合わせて、「イングランドにおいては、教皇の権威は王の権威に及ばない」とする主張を展開していたが、五四年のキリスト降誕祭に際した説教で、公式かつ全面的に撤回させられている（それでもガーディナーは宰相の地位に留まるが、翌一五五五年には亡くなる）。加えてメアリー一世は、修道院や聖ヨハネ修道会の再建、ならびにこれらに対する国庫からの財産付与を認可したりしている。

メアリー一世とフェリーペ二世

そうこうするうち、メアリー一世に懐妊を思わせる兆候があり、一五五四年に宮廷は喜びに湧いたのだが、ほどなく想像妊娠に過ぎないことが判明、フェリーペとの結婚から子どもを得たいと願っていた女王の落胆は非常なものであった。のみならず夫のフェリーペも、もはや四十歳に手の届くメアリー一世に子どもができる可能性はまずなく、またカトリック教を復活させようとする政策に強い抵抗を示されては、イングランドに留まる気も失せたようである。メアリー一世の懇願、さらにはスペイン大使シモン・ルナールの反対にもかかわらず、フェリーペは父親カール五世から譲られたフランドルにおける新教徒問題を解決するため(じっさいその必要があった)五六年八月にイングランドを離れ、五七年にもう一度、四カ月間だけ戻って来たのを除けば、両人は再び会うことはなかった。フェリーペはイングランドを去るに当たり、エリザベスを大切にするようメアリー一世に勧めて行ったことが知られている。これは自分とメアリー一世との間に子どもが生まれる見込みがない以上、もう一人のイングランド王位継承権を有する女性で、スコットランド女王メアリー・スチュワート(すでにフランス王家のフランソワ皇太子(後のフランソワ二世)との結婚が決っていた)に対抗する手駒としては、もはやエリザベスを措いて他になかったことと無関係ではない。じじつ衆目の見るところ、宮廷におけるエリザベスの重要性、さらにエリザベスに対する国民の期待と支持は、増大の一途を辿ることになる。

この事実からも知られるように、フェリーペ二世(一五五六年に即位)の念頭には常に、己れのハプスブルグ家とフランスのヴァロワ王家との競合があった。五七年三月にイングランドに戻って来たのも、ヴァロワ家のアンリ二世治下のフランスを牽制するため、イングランドを対フランス戦争に参加させるためであった。メアリー一世はフェリーペの意を迎えて、同年四月に起こった、トーマス・スタッフォード[18]が起こした叛乱をフランスの使嗾《しそう》によるものと断定し、エドワード六世時代に結ばれたフランスとの平和条約を破棄して、六月に対フランス戦争に突入する。満足したフェリーペ二世は、七月にドーヴァーを発ってサン・カンタンの戦い(八月、スペイン軍の大勝利)に赴き、もう二度とイングランドの土を踏むことはなかった。一方、メアリー一世の対フランス戦争の決定はイングランド国民や議会の強い反発を買い、戦費の承認は得られず、兵士達の戦意もまったく上がらぬまま、五八年一月にギーズ公に率いられたフランス軍によってカレーを奪取されてしまう。メアリー一世の「イングランド王冠を飾る最も美しい宝石が失われた!」という悲痛な叫びにもかかわらず、奪回のための反撃はなく、ついに大陸におけるイ

(18) ヘンリー八世によりロンドン塔で処刑(一五二一)されたバッキンガム公爵の孫で、フランスに亡命していた。

ングランドの最後の拠点は失われてしまったのである。

女王メアリー一世の人物

この頃からメアリー一世の健康は頓《とみ》に悪化し、一五五八年四月には遺書を作成させているほどなので、死の近いことを自覚していたと思われる。かつメアリー一世が最も信頼していた助言者の一人、神聖ローマ皇帝カール五世が九月にスペインのユステで亡くなったことも精神的な打撃となったであろう。十一月には最後の異端者の処刑が行われるが、その一週間後にはメアリー一世は四十二歳で息を引き取り、同日にエリザベスがイングランド女王と宣言される。枢機卿のレジナルド・ポールも、同じ月に亡くなっている。

メアリー一世は、王女という公的な身分に生まれつき、もともと家庭的な温かさに触れる機会が少なく、母の愛に飢えていた上に、その母親を父のヘンリー八世が（アン・ブリンとの結婚を実現するために）不当に離婚し、かつカトリック教会から離脱したのに対する反動として、熱烈なカトリック信者となる。そのために父王の不興を買って、一時は生命危険に晒されたこともあったほどである。さらに母キャサリンの後ろ盾となったスペインに強い親近感を抱き、それが（年齢の差にもかかわらず）メアリー一世をスペイン皇太子フェリーペとの結婚に踏み切らせることになったのだが、これは当時のイングランドの政治・社会的情勢を考えると、大きな誤りであったといえる。じじつ五年に満たぬその治世（特に一五五五年以降）は、血腥《ちなまぐさ》い宗教的弾圧とスペインに偏った不必要な戦争に明け暮れ、社会は分裂し、国家財政は疲弊して国民の支持を失ってしまった。父親のヘンリー八世は、権力欲と好色という世俗的価値を追い求めて、まさにそのゆえに政治的には無節操ともいえる柔軟性を示し、晩年の対フランス戦争を除いて、国の安定を保つことを得た。これに反発したメアリー一世の方は、宗教・政治に関して、中世的ともいえる非妥協性を示して国民感情を刺激し、かえってイングランドを新教陣営に追いやることになってしまったばかりか、「血みどろ」メアリーという、その本来の資質には甚だそぐわない呼び名をもらうこととなってしまった。惜しむべきことといわなければならない。

（3）　エリザベス一世の時代

エリザベス一世の登場

メアリー一世が息を引き取ったのは一五五八年十一月十七日の早朝であるが、その日の昼前には、はやエリザベスが女王と宣言されている（一五五九年一月十五日に、エリザベス一世として正式に戴冠）。したがって王位の継承はスムーズに行われたわけである。とはいえ、当時エリザベス一世が引き継いだイングランドは、祖父のヘンリー七世が一四八五年に薔薇戦争を終結させて以来、最低の状態にあったといわなければならない。ヘンリー八世の治世の末期に行われた無用の対フランス戦争は、宮廷の奢侈と相俟って、国庫を涸渇させたばかりか、戦費を調達するために行った貨幣の悪改鋳はイングランドの国際的信用を下落させてしまっていた。続くエドワード六世の治下の、サマセット公エドワード・シーモアや、その弟のサッドレイ男爵トーマス・シーモア（ヘンリー八世の最後の王妃キャサリン・パーと結婚）、またノーサンバランド公を称したジョン・ダッドレイといった権臣達の勢力争いに起因する新教派の失政が、イングランドの大陸の足場であるブーローニュを失わせる。次いでメアリー一世のカトリック復帰政策が惹き起こした新・旧両教の対立と、新教派への弾圧による流血、加うるにメアリー一世の夫フェリーペ二世によってイングランドが引き摺り込まれた、これまた無益な対フランス戦争のおかげで、最後のカレーまでフランスに奪われて英仏海峡の制海権は完全に失われてしまっていた。

一方、国内におけるカトリックとプロテスタントの対立は激化するばかりで、和解の見込みはまったく無かった。そのうえすでに五八年、ジェームス五世の娘でスコットランド女王メアリー・スチュワートが、フランスの皇太子フランソワ（後のフランソワ二世）と結婚するに際し、フランス王アンリ二世は嫁のメアリーのイングランド王位継承権を明示するため、イングランドの紋章をメアリーの盾に付け加えさせ、当時のイングランド女王メアリー一世の権威に挑戦させている。これが新教寄りのエリザベス一世が王位に就いたいま、国内のカトリック派がメアリー・スチュワートと結ぶ可能性を生み、新たな脅威として付け加わる。以後数年間、エリザベス一世にとって、主たる外敵はフランスとなる。祖父ヘンリー七世が、その娘マーガレットとジェームス四世の結婚（一五〇二）を通して、イングランドとスコットランドを結び付けた政策に倣って、父親ヘンリー八世がソルウエイ・モスの勝利（一五四二）の後、当時六歳の皇太子エドワードと生後間もないメアリーとの婚約を締結させようとした狙いは、これで完全に破綻したわけである。

宗教感情と国際情勢

このスコットランド問題は複雑であると共に、じつはエリザベス一世の治世を揺るがしかねない大問題に発展することになる。だが、まずその前に二十五歳のエリザベス一世が即位と同時に直面した、宗教絡みの政治危機に触れておく必要がある。メアリー一世の苛烈な新教弾圧は国民一般の反発を買い、女王はその治世の末期にはまったく孤立の状態におかれていた。だが国民は総体として、ヘンリー八世の推し進めたような完全な分離教会を望んでいたわけでもなかった。むしろ心情的また儀礼的には、伝統的にローマ教会の方式に馴染んで大きな変革は歓迎せず、ただ教皇権の国内問題に対する干渉はできるだけ排除（それも完全にというわけではない）したいぐらいのところだったと考えられる。

だが、メアリー一世の「血みどろ」な異端禁圧政策は、ドイツのルッター派・フランスのカルヴァン派を始め、国外プロテスタント派の活発な教会改革運動の展開とも相俟って、国内でも新教派の急進化を招く。その一方、カトリック側でも、メアリー一世の死、さらにエリザベス一世の新教的傾向が不安要因となり、教皇パウルス三世による「イエズス会」の承認（一五四〇）やトレントの公会議[19]（一五四五～六三）といった一連の反宗教改革運動の加速にも支持されて、強硬路線の突出を招く。両者の対立が高まれば、さなきだに分裂と抗争に明け暮れるイングランドは、フランスやスペイン、また教皇庁といった国際勢力の代理戦争の場と化し、国としての独立が保てなくなる恐れがあったのである。

エリザベス一世の宥和政策

一五五八年十一月十七日の即位（正式の戴冠は一五五九年一月十五日）から一年を経ぬうちに、エリザベス一世は二つの重要な法令を議会に発布させることに成功する。その一番目は「第二首長令」であり、これは父親ヘンリー八世が三四年に出した「首長《シュープリーム》令《アクト》」に準ずるもので、メアリー一世がイングランドの教会をローマ教皇の支配下に戻したのに対し、今後は国教会の首長は国王／女王であることを改めて確認したのである。ただし、父親が自分を「首長」と宣言したのに、エリザベス一世の方は「世俗ならびに教会の一切の事項における、王国最高の統治者」という持って回った表現を採用し、「この法令遵守の宣誓は、聖職者と公的権力の行使に関わる者のみに限られる」とした。国内事情に気を使いつつ、宗教を口実にした国外からの干渉を一切排除する根拠をこうして獲得したことになる。

二番目はヘンリー八世が出した二度の勅令に次ぐ第三「礼拝《アクト・オブ》統一《ユニフォーミティ》令」で、こちらは教会における礼拝の使用言語は（ローマ教会のラテン語ではなく）英語としたが、祈禱書その他でカトリック派が問題としていた表現を削り、両派が受け入れ可能なものとしている。かつ女王が首長である教会の礼拝に国民全員が出席することを義務付けたが、それを欠席した場合の科料は高くはなく、また厳格に徴収されなかったようである。これにより極端な急進的分子は別として、表立って法令に反対するような言動に及ばぬ限り、新旧教徒共にそれぞれの信条に従って礼拝を行うことが、かなり容易になったわけである。

原案否決などいろいろ反対はあったが、修正を経てこれら二つの法令の議会による最終的承認は国内情勢の安定をもたらした。まさにエリザベス一世最初の政治的勝利ということができる。この勝利をもたらすに力あったのが、エリザベス一世の宰相として名高いウイリアム・セシルである（一五五八年に王位に就くとすぐセシルを登用したこと、セシルの推輓により五九年、後にイングランド全土に強力な諜報網を張り巡らすことになるフランシス・ウォルシンガムを採用したこと、さらにレジナルド・ポールの死後空席になっていたカンタベリー大司教の座に、新教寄りだが柔軟なマシュー・パーカーを配したことにおいて、エリザベスの人を見る目の的確さが証される）。この勝利が、次に訪れたスコットランド絡みの軍事・外交的危機を間一髪の形で回避することに繋がる。

スコットランド女王メアリー・スチュワート

一五五九年四月、エリザベス一世は（イタリア半島におけるフランスとスペイン間の、戦争終結を宣言する）「カトオ・カンブレシス条約」を批准する。この条約には、エリザベス一世の困難な状況を考慮したフェリーペ二世の配慮により、イングランドも含まれていた。これによりカレーは決定的に失われたが、メアリー一世以来、交戦状態にあったイングランドとフランスの間にも和平が実現する。

ところが同年七月、騎馬試合での不慮の事故が因でアンリ二世は亡くなり、フランソワ皇太子が国王（フランソワ二世）の座に就く。いまやフランス王妃となったスコットランド女王メアリー・スチュワートは、強大なフランスの国家権力を背景に、イングランド女王をも称することになる。かつ娘メアリー・スチュワートがフランス宮廷にいる間、スコットランドに在って摂政を務めていた母親のマリー・ド・ギーズが、フランスとの連携を強化すべく、暗黙のうちにフランス軍がスコットランド南部の港町レイスに進駐することを認める。フランス軍がイングランドとの国境に進出するのを合図に、イングランド北部のカトリック派が蜂起する手はずになっていたのである。だが、この時はエリザベス一世のイングランドとの連携に期待をかけていたスペイン王フェリーペ二世が、カトリック派を抑えたので蜂起は回避された。一方、ジョン・ノックスに率いられたスコットランドの新教派は、カトリックで外国軍であるフランス部隊と戦い、エリザベスもこれを海陸に助けて、六〇年の「バーウイック（二月）お

(19) 一五六一年、エリザベス一世はイングランドがこれに参加するのを拒否する。

よびエディンバラ（七月）両条約」（フランス軍のスコットランド退去、新教（長老派《プレスビテリアン》）のスコットランド国教宣言）をもって、紛争は終る（この間、六月十一日に摂政のマリー・ド・ギーズが亡くなっている）。この時、フランスとスコットランドの代表はエリザベス一世のイングランド王位を認めているのだが、メアリーもフランソワ二世も同条約を断固承認しなかった。ただそうはいっても、同年三月にフランスで起こった、フランソワ二世をギーズ家の影響下にあるアンボワーズ城から移し、自分達の陣営に引き込もうと狙った新教徒の、いわゆる「アンボワーズの陰謀」が端的に示すように、フランス自体でも国内の宗教対立が激化して、国外に軍隊を派遣する余裕はなく、火種は残ったままであった[20]。しかしエリザベスは、この六〇年の紛争を通じて、スコットランド国内に、ナショナリズムと結び付いた親イングランドのプロテスタント派を獲得することとなる。

メアリー・スチュワートのスコットランド帰還

そこへ一五六〇年十二月、もともと病弱であったメアリー・スチュワートの夫フランソワ二世が亡くなるという事態が出来《しゅったい》する。メアリーにとってはわずか二年八カ月の王妃在位で、フランス宮廷内で力を獲得するにはあまりにも短い期間であった。しかも王家には故アンリ二世の妃でメディチ家出身、かつ辣腕をもって知られるカトリーヌ・ド・メディシス（カテリーナ・デ・メディチ）がおり、フランソワ二世の後を継いだ次男のシャルル九世（十歳）が成人に達するまで摂政となる以上、メアリーの出番はなくなってしまう。

それだけではない。摂政ともなればカトリーヌは当然、フランス宮廷で重きをなすギーズ一門と競合せざるを得ない状況も出てくる道理で、ギーズ家と血の繋がるメアリーの存在は、政策遂行に必ずしも都合のよい要素とはいえなかった[21]。したがってカトリーヌはメアリーに自国スコットランドに戻るよう働きかけ、フランス宮廷における居心地がよいとはいえぬメアリーも六一年、十九歳の若い女王として生まれ故郷に帰国（八月）する運びとなるのである。

メアリー・スチュワートの生い立ち

メアリー・スチュワートは、ヘンリー七世の娘でヘンリー八世の姉に当たるマーガレットとスコットランド王ジェームス四世の結婚からジェームス五世が生まれ、そのジェームス五世が今度はフランスの大貴族でカトリック派の頭目の一人ギーズ公の娘マリーと結婚して生まれた王女である。よって血統からいえばヘンリー七世の曾孫に当たる。かつチューダー家のメアリー一世とエリザベス一世は、父親ヘンリー八世の身勝手からとはいえ、それぞれの母親との結婚が正当と認められず、一時は廃嫡《はいちゃく》された経歴があるので、ますますその王位継承権に難癖を付けられる余地があった。特にエリザベス一世は新教徒と見做され、カトリック派はエリザベス一世を正統な王位継承者とは認めなかった。これに対してメアリー・スチュワートはカトリックで、由緒正しい王家の正統な結婚から生まれており、あの（九日間の女王であった）ジェーン・グレイと比べても、遥かにイングランドの王位に就く権利があったことになる。

父親ジェームス五世は、ヘンリー八世にソルウエイ・モスの戦いで敗北し、失意のうちに世を去る（一五四二年十二月十四日）のだが、その死がまだ物心もつかないメアリー（同月八日生まれ）を反イングランド陣営に追いやる。ヘンリー八世のおためごかしの宥和政策、つまりエドワード皇太子との婚約提案にもかかわらず、一五四三年秋メアリーはスターリングで、ローマ教会からの分離を進めるヘンリー八世に対抗するため教皇が派遣したビートン枢機卿により、生後わずか九カ月でスコットランド女王として戴冠される。かつ六歳の四八年、母親マリー・ド・ギーズの縁でフランス皇太子フランソワの婚約者としてフランスに渡り、イタリア半島が戦乱の巷と化した後は、ヨーロッパ有数の華美を誇っていたアンリ二世のフランス宮廷で成長する。五八年、予定通りアンリ二世とカトリーヌ・ド・メディシスの長男であるフランソワと結婚、しかもすでに見たごとく翌五九年、アンリ二世が騎馬試合で受けた傷が因で不慮の死を遂げ、皇太子がフランソワ二世として即位したので、メアリーはフランスの王妃となる。ただ、フランソワ二世は病弱で、わずか二年余り王位にあったのみで六〇年に死亡、翌六一年メアリーは一九歳でスコットランドに帰還する。時にイングランドのエリザベス一世は二十八歳（一五三三年生まれ）という状況であった。

(20) 逆に一五六二年には、コンデ公に率いられたフランス新教派の要請に応え、エリザベス一世が、援軍を送る条件として、ル・アーヴルの港町を英国に割譲することを求めている。ル・アーヴルは一時的にフランス新教軍によって占領されたが、フランス国王シャルル九世が自ら出陣しての奪回作戦を展開して、新教軍も返還交渉に応じざるを得なくなり、イングランド軍は空しく帰国している。

(21) じっさいカトリックとプロテスタントの均衡の上に立って自己の権力を保持しようとするカトリーヌの政策は、ギーズ家を次第にヨーロッパにおけるカトリック派の首領と目されるスペインのフェリーペ二世の側に追いやる。カレー攻略の立役者フランソワ・ド・ギーズ公爵が、一五六二年にヴァッシーで起った新教徒の大量虐殺に対する報復として、新教徒により暗殺（一五六三）された後、代わって一門の首領となった息子のアンリ・ド・ギーズは、シャルル九世の夭折後フランス王位を継いだ弟アンリ三世（とカトリーヌ皇太后）の命により、八八年にブロワで誅殺されるほどである。

両女王の結婚事情

当時、フランスはヘンリー八世の治世の終り頃からイングランドと対立しており、エドワード六世の時にブーローニュを、メアリー一世の時にはカレーを次々と奪取し、イングランドのヨーロッパ大陸における足がかりをすべて消してしまっていた。そのうえ、王位継承権を持つスコットランド女王メアリー・スチュワートを通してイングランドの獲得をも狙い、まだアンリ二世の存命中から、皇太子夫妻はイングランド女王とその国王のタイトルを称していた。そのメアリーが、いまやイングランドと地続きのスコットランドに戻って来たのである。しかもメアリーは若くて美貌の上、才気煥発で行動的かつカトリックでもあったから、イングランド北部の旧教派にとっては絶好の旗印となり得た。そのことはエリザベス一世自身がいちばんよく心得ていて、メアリーの帰国当初はきわめて融和的態度を取り、その再婚相手として自分の寵臣（愛人）であったレスター卿ロバート・ダッドレイ（ジェーン・グレイを担いで叛乱を起こし、ロンドン塔で首を刎ねられた新教徒ノーサンバランド公爵の息子）を推薦しているほどである。

一見奇妙なこの仲人口には、実はエリザベス一世だけでなくメアリー・スチュワートも否応なしに捲き込まれていた、ヨーロッパの政治情勢が関わっていた。すなわちエリザベス一世は結婚したくとも、結婚できなかったのである。もし新教徒であるダッドレイと結婚すれば、国内のカトリックが黙っておらず、カトリック教徒との結婚となると、すでにメアリー一世のスペイン皇太子フェリーペとの結婚がその無謀さを証明していた。また新教徒・旧教徒を問わず外国の国王／皇太子との結婚は、盛り上がりつつあったイングランド国民のナショナリズムがこれを許さぬことも明白であった。

事情はスコットランドにしても同様であった。各種の経緯からいったんはカトリック国フランスの王妃であったメアリーも、寡婦となって戻って来たいま、スコットランドが以前よりずっと新教化していることを認めざるを得なかった。じっさい当時最も有力であった貴族の一人の異母兄ジェームス・マーレイ(22)は新教派のリーダーであり、老練な政治家としてメアリーを補佐し、新女王がカトリックのミサに出席するのに憤激する急進的プロテスタントを抑え、宗教的に寛容な政策を取って事態を丸く収めるのに成功する。両者の協調は順調で、マーレイはメアリーにより翌一五六二年、初代モーレイ伯爵のタイトルを授けられる。もしこの時メアリーが新教寄りの立場に移っていったなら、メアリー自身だけでなくスコットランド、イングランド、ひょっとすればヨーロッパ全体の運命も変っていたかもしれない。

だが、ギーズ家の出身でもあるメアリーは、自己のカトリック信仰を断固として主張する。スコットランド女王で前フランス王妃、かつカトリックとなれば、当時メアリーにとり可能な結婚相手としては、スペインのフェリーペ二世と皇太子ドン・カルロス、オーストリア大公フェルディナンド（後の神聖ローマ皇帝）ぐらいしかいない(23)。かつそのいずれとの結婚も、スコットランドと地続きのイングランドにとって重大な脅威をもたらすばかりか、ジョン・ノックスに率いられ、日増しに勢力を伸ばしつつある国内プロテスタント勢力の蜂起は必至。これにエリザベス一世が加担すれば、スコットランドの存在自体が危うくなる。なればこそエリザベス一世も、メアリーがカトリックなのは仕方ないとして、せめて夫に新教徒で信頼がおけるダッドレイを推したわけである。

ヘンリー・スチュワートとの結婚

だが、決断も早ければ行動も果敢なメアリーは、エリザベス一世の意に反して、カトリックで、かつチューダー王家と血の繋がりのある、ダーンリィ卿ヘンリー・スチュワートを結婚相手に選ぶ。ダーンリィ卿はメアリーより二歳年下であり、ヘンリー七世の娘マーガレットが、最初の夫のスコットランド王ジェームス四世のフロッデンでの敗死後、アンガス伯爵と再婚して産んだのが娘のマーガレット・ダグラス、そのマーガレット・ダグラスがレノックス伯爵と結婚して生まれた息子がダーンリィ卿であった。となれば、ダーンリィ卿もヘンリー七世の曽孫でメアリーとは従姉弟同士で、かつアンガス家がジェームス五世に敵対して国を追われ、当時ダーンリィ卿は両親と共にロンドンの宮廷に亡命していたのである(24)。

この結婚によってメアリーのイングランド王位継承権、ならびにエリザベス一世にとっての脅威は強まる一方であった。じじつこの結婚から生まれた男の子がスコットランドではジェームス六世、イングランドではジェームス一世となって、チューダー家に代わって最終的にスコットランドとイングランドを統一するスチュワート王朝を開くことになるのである。

---

(22) ジェームス五世がお気に入りの愛人マーガレット・アースキンに産ませた庶子。

(23) フランソワ二世の弟シャルル九世とは、すでにヘンリー八世が兄アーサーの妻だったキャサリンとの結婚で問題を起した例からも論外であった。それにフランス宮廷での権力保持を望む摂政カトリーヌ・ド・メディシスが、これを認めるはずもなかった。

(24) すると奇妙なことに、この時点でエリザベス一世はダーンリィ卿とその両親のスコットランド帰国を認めたことになる。なぜならウォルシンガムが張り巡らしたスパイ網により、イングランド内の人の動き、とくにダーンリィ卿のような高位の家柄の人物の動静は、細大洩らさずエリザベス一世に報告されていたはずで、ダーンリィ卿達がロンドンからメアリーのいるエディンバラの宮廷に行けたとすれば、それはエリザベス一世が承知の上でなければ有り得ないからである。

メアリー・スチュワートの肖像　クルゥエ筆　ロンドン　ナショナル・ギャラリーズ蔵

一方、政治的にはスペインのフェリーペ二世も、はじめはメアリー・スチュワートの持つフランスとの繋がりを警戒してむしろエリザベス一世を支持していたが、エリザベス一世の新教的政策が具体化し、かつフランスでギーズ家がカトリーヌ・ド・メディシスに対抗してスペインとの関係強化を求めてくると、次第にメアリー支持に回るようになる。

　こうした事態に直面したエリザベス一世は、メアリーのダーンリィ卿との結婚に異議を挟もうと試みるが間に合わず、両人は一五六五年七月正式に結ばれてしまう。そこでエリザベス一世は、今度は二人の結婚に反対のジェームス・マーレイに新教派の蜂起をけしかける。だがこれを察知したメアリーは同年十月、先手を打って叛乱軍の本拠を急襲し、不意を突かれた貴族達は降伏、マーレイは国境を越えてイングランドに逃亡を余儀なくされる始末となる。名高いメアリーの「奇襲追撃《チェイス・アバウト・レイド》」と呼ばれる事件である。自分が仕組んだ叛乱の首領がロンドンに逃げ込んで来て、神聖な（スコットランド）王権を転覆しようとした真の使嗾者は、じつはイングランドの女王だということが誰の目にも明らかとなり、エリザベス一世もさぞかし困惑したことであろう。だが、それでも表向きは何も知らなかったことにして、エリザベス一世はマーレイを厳しく譴責《けんせき》した上でメアリーに執り成すという芝居を打ち、メアリーも従姉の顔を立ててマーレイを赦してやるということで、この件は落着する。いわば狐と狸の騙し合いである。

結婚の破局、ダーンリィ卿殺害

ただ、この間にダーンリィ卿は未熟な上に傲慢かつ粗暴な振る舞いによって、メアリーの愛情を失ってしまう。特にメアリーとの密通というあらぬ疑いを、ピエモンテ出身のイタリア人音楽家でダヴィデ・リッチョという、メアリーが目をかけ、その事務処理能力を買って秘書に取り立てた男に向けると、一五六六年にルースヴェンなる貴族を唆《そそのか》し、メアリーの眼前で刺殺させるという振る舞いに及ぶ[25]。そのうえルースヴェンは、リッチョが教皇庁の回し者であるという疑いもあり、この機会にメアリーの身柄を拘束して、カトリックといったところで確固たる信仰の持主でもないダーンリィ卿を通して、スコットランド王権を新教派の影響下に置くという企てに利用されていた（この企てには、おそらくマーレイも無関係ではなかった）。しかしながらリッチョの暗殺後、ルースヴェンらによってエディンバラのホーリールード城に監禁されていたメアリーは、忠実な支持者達の助けを得て脱出に成功、この時すでにダーンリィ卿の子どもを身籠っていた（五カ月）にもかかわらず、馬を乗り継いで東海岸のダンバー城に入る。その際、敵に叛乱の旗印を与えないため、夫のダーンリィ卿を連れて行くことも忘れない。こうなってはルースヴェンを始めとする反逆者達、さらにはリッチョ殺害を天罰であると早とちりに公言して回ったジョン・ノックスらも、国外逃亡せざるを得なくなる。

　ところがちょうどこの時に、ボーズウエル伯爵ジェームス・ヘップバーンという、向こう見ずで荒っぽい貴族が登場する。ボーズウエルとメアリーは、すでにメアリーの帰国（一五六一）以来、面識があったと思われるが、六五年のマーレイ追い落しの「奇襲追撃」、今度のホーリールード城からの脱出に際して、その命知らずの手勢を率いての活躍により、ボーズウエルに対するメアリーの好意と信頼が増大する。だが、そうこうするうちにメアリーは六六年六月、後にジェームス六世（イングランドではジェームス一世）となる男子を無事に出産する。この報せを受けたエリザベス一世は、結婚できず、したがって跡継ぎを設けることも叶わぬわが身を傷んで、「スコットランド女王がちゃんと男子を授かったというのに、私は枯れた切り株にしか過ぎないのだ！」と悲嘆の叫びを上げたと伝えられる。

　しかしながら皇嗣を儲けて王位を安泰にしたメアリーは、それに満足せず、飽くまでもリッチョ殺害の恨みを晴らそうとする。折からリッチョ刺殺の真の首謀者として、すでにメアリーからすっかり愛想を尽かされていたダーンリィ卿は病気になり、エディンバラ郊外カーク・ア・フィールドの一軒家に滞在していた。六七年二月の夜この家が何者かによって爆破され、家の外にはダーンリィ卿の扼殺された死体が発見される。誰が犯人であるかは正確には知られていないが[26]、当

(25) その美貌の故、メアリーの身辺にはこうした事件が絶えなかった。一五六四年にもシャステラールというフランス人で、やはりメアリーお気に入りの詩人が、女王の寝室に忍び込んでいるのが見つかって処刑されている。

(26) 恐らくリッチョ殺害に加担しながらダーンリィ卿に裏切られて恨みを抱いていた貴族達と、ダーンリィ卿から解放されたいと願うメアリーの希望を叶えてやりたいと思ったボーズウエル伯爵との合作といったところであろうか。この陰謀にメアリーがどれ

時の大方の意見はボーズウエル伯を目して犯人とし、ボーズウエルは裁判にかけられたが、メアリーの介入もあってか、証拠不十分で無罪とされる。

ところが、ダーンリィ卿の殺害からわずか三カ月後、（ボーズウエルに身柄を略奪された形で、それも新教の儀式で）メアリーがボーズウエル伯と結婚するや、カトリックとプロテスタントとを問わず、一斉に非難の声が上がる。そして同年、マーレイに率いられた叛乱軍と、いまやオークネイ公となったボーズウエルの指揮する女王軍との決戦がカーベリイ・ヒルで行われるが、女王軍の兵士は戦うのを拒否。敗れたボーズウエルは逃亡し、メアリーは降伏する（ボーズウエルはオークネイに逃れるが、その後亡命してノルウェイ、デンマークと渡り歩き、最後は『ハムレット』の舞台とされるドラゴスホルム城で、長年月の監禁の上、遂に発狂して死ぬ。ちなみにシェイクスピアの傑作には、この事件の反映が色濃く翳《かげ》を落している）。メアリーは時にいまだ二十五歳。二度寡婦となり、三度結婚していても、その美しさはまったく衰えなかったと伝えられる。身柄はロッホレーヴェンの古城に移され、退位して王位をまだ二歳の息子ジェームスに譲ることを認めさせられる（むろん摂政になるのはマーレイであるが、そのマーレイもまた一五七〇年に暗殺されてしまう）。

メアリー・スチュワートのイングランドへの脱出

とはいえ、メアリーは支持者に助けられて一五六八年にロッホレーヴェン城を脱出、再び兵を挙げてマーレイに戦いを挑む。だが、またしてもグラスゴー近郊ラングサイドの戦いに敗れてイングランドに逃げ、カーライル城に入ってエリザベス一世の保護を求める。エリザベスは女王として、叛乱軍に追われたもう一人の女王を支持するべき義務と、叛乱を指揮したマーレイの党派が自分の援助したプロテスタントであり、メアリーの方はカトリックであるばかりか、強力なイングランド王位継承権者でもあるというジレンマに陥る。そして態度を決定できず、この後じつに十九年の長きにわたってメアリーを囚人同様の扱いで監禁した揚句、結局自分を暗殺する陰謀に加担したという理由を持ち出して一五八七年に処刑することになる。

だが、それは先に行っての話で、以後の事態の流れは、メアリーの立場からすれば、囚われ人としての、いわば受け身の展開であって、これまで見てきたようなフランスとの連携でエリザベス一世とイングランドの政情に関与した時期は、この時点をもって終る。我々は再びエリザベス一世の政治に戻らなければならない。

エリザベス一世の治世

エリザベス一世は一五五八年末、イングランド女王（戴冠式は一五五九年一月）の位に就いて以来、賢明な人材登用と寛容な宗教政策によって国内の動揺を静める。さらに通貨の改革を行い、無用な出費を伴う戦争を極力避け(27)フランスとスペインという当時のヨーロッパの二大勢力の均衡を保つ政策によって時を稼ぎ、着々と統治の実績を上げていったのはすでに見たところである。

一五六一年、スコットランド女王メアリー・スチュワートのエディンバラ帰還後、メアリーのイングランド王位継承権がエリザベス一世を脅かして種々の問題を生むが、その過程でエリザベス一世の身にもしものことがあった場合、後継者が誰となるかが政情安定のキー・ポイントとして浮上してくる。とくに六二年末にエリザベスが疱瘡《ほうそう》に罹り、結局は回復したものの一時は生命が危ぶまれるような状態が起こると、周囲の不安は増大する一方で、王位を安定させるためにエリザベス一世が適当な配偶者を娶ることを要求する声が上がる。ところが、前にも述べたような事情で、エリザベス一世は国内にも国外にも夫を得ることが難しい立場にあった（できるなら若い頃からの愛人で、レスター卿に取り立てたロバート・ダッドレイと結婚したかったところであろう）。国民や議会からの強い結婚要請に対し、六六年には「結婚は考えるが、相手や時期に関しては個人の問題であるから干渉しないで欲しい」と答えて、「女王という公的な立場におられる以上は、議会が関わらざるを得ない」と主張したピーター・ウエントワースなぞは、一時ロンドン塔に投獄されたほどである。

そのうえ、エリザベス一世は自分の結婚を、己れの勢力圏

エリザベス一世の肖像　ニコラス・ヒリアード筆　1590年頃　ロンドン　ヴィクトリア・アンド・アルバート美術館蔵

ほど関与したかは謎である。

(27) ただし、すでに述べた一五六〇年のフランス軍のスコットランド進駐に際しては、側近の危惧にもかかわらず断固たる強硬姿勢で臨み、フランス国内の宗教対立も幸いして、かえって大規模戦争に至らずに済んでいる。

内にイングランドを取り込みたいと望む国外勢力の長に対して、巧妙に手玉に取るための餌に使う外交戦略を推し進めていく。最初はスペインのフェリーペ二世とその息子ドン・カルロス、次にスペインと敵対するようになってからはフランスのアンジュー公アンリ・ド・ヴァロワ（後のフランス王アンリ三世）とその弟アランソン公フランソワ、さらに教皇とスペインに代表されるカトリック勢力に対抗するためには新教国スウェーデンのエリック皇太子（後の国王エリック十四世）、ホルシュタイン公アドルフ等々である。しかも相手に気を持たせるために婚約を濫発した後、臆面もなく破談にしてしまい、交渉に当たった各国の大使達を唖然とさせ、袖にされた君主達を怒り狂わせて憚らなかった。一方、国内では先述のロバート・ダッドレイを始め、デヴォンシャー伯爵ヘンリー・コトネイ、ウイリアム・ピカリング、エセックス伯爵ロバート・デヴルーらが候補に取り沙汰されたが、エリザベス一世は遂に結婚することなく、例の永遠の「処女女王《ヴァージン・クイーン》」のタイトルに相応しく四十年を越すその治世を終えることになる。

イングランド毛織業の覇権

こうしたエリザベス一世の狡猾ともいえる婚姻政策により国内に平和が保たれている間に、イングランド社会にとって重大であった貧困問題の対策が緒に就く。すでに一五六一年、エリザベス一世は毛織産業の発展（それ自体は国力増大の証しでもあった）が必要とする羊毛生産の拡大のための「囲い込み《エンクロージャー》」と、それに伴う「追い立て《エヴィクション》」により、農村を離れて都市に集まってきた貧民をどう救済するか、その方策を検討する委員会を発足させている。変革の時代に必ず起こるこうした貧富の格差増大と、それが生み出す不満層の存在を解消しなければ、いったん叛乱が起こると手が付けられなくなり、社会の安定を達成することはできないからである。翌六二年には地域の自治を拡大し、行政担当者に権限を付与して不穏分子を取り締まると共に、困窮者の救済を義務付ける措置を定める。七二年には法律として制度化し、これが最終的には一六〇一年、かの有名な「貧民救済法《プアー・ロー》」の制定に繋がるのである。

並行して、農業技術の革新が食料生産を旧来に比べて倍増させ、「囲い込み」によって失われた耕地の減少を上回り、毛織業の隆盛は離村した失業者の吸収に役立った。すでにトーマス・デローネイは、その短編『ジャック・オブ・ニューベリー』（一五九七〜八）で、ヘンリー八世の治下に、大がかりな織物業をニューベリーで営んだ初期資本家ジャック・ウインチコムなる男の生涯を物語っている。フィレンツェを中心として十三世紀のイタリア半島中部に興ったこの産業は、最初はイングランド産の毛足の長い、良質な羊毛を求めてやって来たイタリア商人達によりもたらされた。そして英国でも徐々に自前の毛織業の成立が見られ、しかもここでは新来の業種であったため、中世的な組合《ギルド》の枠に縛られない、活発な資本主義的経営を可能にしたわけで、そのことは注目に値する。かつ一五六六年にスペインのフェリーペ二世がフランドルにおけるカトリック支配の貫徹を目指して、新教的傾向を強めていた同地住民の自治権を弾圧する目的で、残忍をもって知られるアルバ公を総督に任命すると、これがスペインからの独立を目指す叛乱を誘発し、六七年には戦乱が始まる。こうした不安定な社会状況のため、有力な競争相手であったフランドルのブリュージュやアントワープは衰え、代わりにイングランドの毛織業がいっそう発展する結果をもたらす。

一方、エリザベス一世はスペインを牽制し、かつ新教派を援助するため、イングランドの義勇軍が大陸に渡って参戦、船乗りが英仏海峡を航行するスペイン船を襲って海賊行為に及ぶのを黙認した。さらにアルバ公がその尊大さのゆえにフェリーペ二世の不興を買って七二年に本国に召還された後、ルネッサンス期の名将の一人でパルマ公のアレッサンドロ・ファルネーゼがフランドル総督として着任。激しい攻城戦の後、八四年についにアントワープを陥落させ、市を廃墟と化するに及んで、フランドルの毛織業の衰退は決定的となる。この時、アントワープの毛織業者の三分の一が、スペイン軍の虐殺を逃れてロンドンに移住、ここにイングランド毛織業のヨーロッパにおける覇権が確立するのである。

イングランド北部の叛乱

この間、イングランドでは新教と旧教の対立が高まる。一五六二年にフランスのヴァッシーで起こった新教徒の虐殺に端を発する宗教戦乱に際して、ギーズ家に率いられるカトリック軍が勝利した場合、メアリー・スチュワートを通じイングランド国内でも旧教派の圧力が高まる恐れがあった。そこでエリザベスは中立外交の原則を破り、ル・アーヴル譲渡と引き換えに、コンデ公に率いられる新教軍に援軍と戦費を提供する「ハンプトン・コート条約」に踏み切る。

しかし、結果は旧教側の勝利に終り、これに力を得た教皇ピウス四世がエリザベス一世の「礼拝統一令」による「(新旧両派の)共通祈禱《コモン・プーレヤー》」は教会分離を推進するものと宣言し、英国内の旧教徒がこれに出席することを禁止する教書を発布してしまう。これまで、なんとか新旧両派の対立点をボカして、両者の融和を図ろうとしてきたエリザベス一世の努力が水泡に帰したわけである。これに対抗して議会は翌六三年に「宣誓令《テスト・アクト》」を発布し、従前はあまり厳格に適用されなかった、庶民と聖職者を問わず官職に就く者は礼拝統一令に従うという宣誓の義務を明確化し、違反者には刑罰をもって臨むことを決定する。これによって英国の新教化にとって、大きな一歩が踏み出されたことになる。

一方すでに見た通り、スコットランドでは、摂政のマーレイとの協調により宗教的寛容の路線を採用していたメアリー・スチュワートが、カトリックのダーンリイ卿ヘンリー・スチュワートと結婚（一五六五）、こちらはカトリック路線を鮮明にする。しかもこれに反対し、蜂起を計画したマーレイを始めとする新教派を、例の「奇襲追撃」で国外に追放。ただしすぐにダーンリイ卿に愛想を尽かしてこれを殺害させ、犯人と目されるボーズウエル伯と結婚したために国民から見捨てられて亡命し、スコットランド女王として、イングランド女王エリザベス一世の保護を求める。このメアリーの存在自体が、国内のカトリック教徒に絶好の求心点を与えることになる。

こうした事態をうけて、六九年にイングランド北部の叛乱が起こる。これはエリザベス一世の新教寄り政策が、内外の状況に押されたものではあれ、着実に強化されていくことに対する反発から生まれた。北部地方の貴族を中心とするカトリック勢力が、スペインの援助を当てにして、まず当時タットブリー城に監禁されていたメアリーを解放。次いで、四代目ノーフォーク公爵トーマス・ホワード[28]をも解放して、エリザベス一世に代わって二人をイングランドの王位に就けようと狙った企てである。首謀者は七代目ノーサンバランド伯トーマス・パーシーおよび六代目ウエストモーランド伯爵チャールス・ネヴィル、これにノートン家、ダーカー家といった錚錚たる貴族達が加わった。しかし陰謀は事前に把握されており、まだ準備が十分整わないうちに、叛乱軍は蜂起を余儀なくされてしまう。それでも一時はかなりの勢いを得てダーラムに入城、十一月には大聖堂《ドゥオーモ》でカトリック典礼によるミサを盛大に執り行うなど、その勢力を誇示した。

しかし、当てにしていた中・南部のカトリック教徒、さらにはスペインも動かず、十二月後半になると数において断然優勢な政府軍を前に後退を強いられ、叛乱軍は年末には雲散霧消してしまう[29]。ノーサンバランド公はスコットランドに逃れるが、摂政マーレイの手に落ちてエリザベス一世に引き渡され、七二年にダーラム城で首を刎ねられる。ウエストモーランド伯はフランドルに逃げおおせるが所領は没収され、スペイン王の下賜した年金で細々と暮し、最後は困窮のうちに没する。政府軍と一戦を交えたのはダーカー家のレオナードのみだが、このレオナードがまた内股膏薬で、うまく立ち回るつもりが諸般の事情で戦闘に追い込まれただけであった。じじつカトリック側をも裏切るような振る舞いをしていたことが露見し、追手を逃れてフランドルに辿り着きはしたものの、ウエストモーランドと似たり寄ったりの末路を辿る。こうして四十年にわたるエリザベス一世治下最大の内乱は終り、(旧教徒も含めて) 人民が宗教対立よりも国民国家としてのイングランドの独立・安定を優先していることがあらためて明らかとなる。

エリザベス一世暗殺計画とメアリー・スチュワートの処刑

とはいえ、国外からの宗教絡みの圧迫がなくなったわけではない。一五七〇年、教皇ピウス五世はエリザベス一世を異端者と認定して破門、カトリック教会により聖別された君主として、その命に従わねばならないという義務から国民を解除する (この教皇の教書は、本来は「北部の叛乱」(一五六九) に間に合い、英国全土のカトリック教徒を蜂起させる手はずであったが、届いた時には叛乱はすでに鎮圧されていた)。

また「北部の叛乱」を最後に、確かに公然たる武装蜂起は後を絶つが、今度は密かに女王の命を狙う暗殺計画がこれに代わる。例えば「北部の叛乱」の際には投獄されていたのが幸いして、叛乱とは無関係ということで釈放されたノーフォーク公は、一五七二年にフィレンツェ商人ロベルト・リドルフィの名を冠した女王暗殺計画に連座して、ロンドン塔で処刑される。ほかにも八三年の「スロックモートンの陰謀」を挙げることができる。これらはみなローマ教皇やスペイン王が関わった事件であり、七二年にエリザベスの右腕であったウイリアム・セシルが大蔵卿となり、後任として国務相となった、新教徒で強烈なナショナリストのフランシス・ウォルシンガムが、その優秀な諜報網を駆使して摘発したものである。そしてこうした陰謀に関連して、常にメアリー・スチュワートの名が陰謀の旗印として引き合いに出された。特にネーデルランドで八四年、オラニエ (オレンジ) 公ウイレルム一世がカトリック教徒に暗殺されて以来、世論と議会はエリザベス一世にも暗殺の危険が迫っていると考えるようになり、その可能性をもたらす人物、つまりメアリー・スチュワートの処刑を求めるようになっていく。

だが総体的にいって、メアリーのこうした事件への関与は受身で、むしろ運命によってカトリックとプロテスタント両派の抗争の象徴とされてしまった悲劇の女王というのが当たっている。そのことは、八六年に発覚した「アンソニー・バビントンの陰謀」に端的に表れている。この事件は、二つの

(28) ヘンリー八世によりロンドン塔で処刑された、詩人サリー伯ヘンリー・ホワードの息子。彼とメアリー・スチュワートとの結婚をスペインが画策したのが、ウォルシンガムの張り巡らした諜報網に引っかかり、叛乱に先立って投獄された。

(29) ヘンリー八世治下の「恩寵の巡礼」とよく似た展開となる。

女王暗殺の陰謀が合体したものである。一つはカトリックの司祭で北フランスのランスで教育され、イエズス会の英国におけるカトリック宣教活動開始に伴い帰国したジョン・バラードなる人物が、「スロックモートンの陰謀」に関わった廉でイングランドを追放されていたスペイン大使ベルナルディーノ・メンドーザとパリで計画したもので、もう一つは国内で計画され、ジョン・サヴェージという兵士上がりの男が関わったものである。アンソニー・バビントンは陰謀の名義人となったが、じつはメアリーを計画に引き込むためにバラードが秘書として送り込んだ連絡係に過ぎない。二つの計画は初期の段階からウォルシンガムの諜報網に把握されており、ウォルシンガムの本来の目的は、当人に罪はなくともエリザベス一世暗殺の旗印となるメアリー・スチュワートを抹殺することにあった。そのために二つの計画は合体するに任せられたばかりか、メアリーの関与を決定的にするため、混み入った暗号（ウォルシンガムの使ったダブル・エージェントが提供した疑いさえある）を用いた秘密通信をメアリーに書かせて暗殺者側に送らせた上、これを差押えて裁判で証拠として利用した、いわばでっち上げ事件である。今日とは捜査基準が異なっているとはいえ、ウォルシンガムは誘導尋問や拷問など、あらゆる秘密警察的な手段を遠慮なく用い、八六年の六月から七月にかけてメアリーとバビントンの間に交わされたエリザベス暗殺計画に関する暗号文の手紙を根拠に、バラードとバビントンを追求、九月に二人を有罪として処刑する。さらに同じ証拠をメアリーに対しても提出して、議会に有罪を宣告させる（十一月二十二日）。しかし女王を断罪するのは、同じ運命が自分にも降りかかる可能性を認めることになると心得ていたエリザベス一世は、死刑宣告に署名することをなかなか承知しなかった。だが、議会の強い要請と、陰謀の報道に激昂した民衆の怒りに押されて、一月余りの逡巡の後やっと、それも憤懣やる方なく、なぐり書きのサインをしたという。メアリー・スチュワートは八七年二月八日にフォーサリンゲイ城で首を刎ねられている。四十四歳であった。

だがメアリーが亡くなり、イングランドにとってエリザベス一世暗殺の最も直接の動機は消えたかもしれないが、今度はスペインとの本格的な戦争が表に出てくる。というのは、メアリーは死に際して、自分のイングランド王位継承権をスペイン王フェリーペ二世に遺贈していったからである。スペインの無敵艦隊との海戦で知られるこの戦争については、もう少し先で論ずることにする。

「海の豺」の略奪

メアリー・スチュワートの処刑は、確かにイングランドとスペインの関係を悪化させはしたが、この件だけが両者の対決を一挙に表面化させたわけではない。すでに見たようにメアリーがスコットランドに戻り、ギーズ家がフランスの摂政太后カトリーヌ・ド・メディシスの新旧教両派の均衡政策に対抗してスペインを頼るようになると、フェリーペ二世もギーズ家に繋がり、かつカトリックであるメアリー支持に傾き、したがってエリザベス一世に敵対的な立場に移っていく。この動きは、すでに一五六〇年代後半から始まっていた。

加えてフェリーペ二世は一五六七年、フランドル総督として新教勢力を弾圧するために猛将アルバ公を派遣、イングランド毛織業者の競争相手であると同時に、イングランド毛織製品を、フランスを始めヨーロッパ各地へ輸出する中継基地でもあるアントワープ、ブリュージュ、ロッテルダムなど自治都市の制圧に取りかかる。これに対抗してエリザベス一世はスペイン大使の抗議にもかかわらず、フランドルの新教軍にイングランドから義勇軍が参加するのを黙認する。また英仏海峡を通過してアルバ公の軍に補給物資を運ぶスペイン船（六八年の拿捕が有名）を、「海の豺《シー・ドッグ》」と呼ばれるイングランドの半海賊が掠奪するのを制止するどころか、その分け前にも与っている。

また、スペイン出身の教皇アレクサンドル六世が裁定した「トルデシーリアス条約」（一四九四）で、新世界がスペインとポルトガルに分割されると、イングランドはそこから締め出された代わりに、条約に縛られない活動を行う。プリマス出身のジョン・ホーキンズらに代表される冒険的船乗り、つまり「海の豺」達がアフリカ西岸に進出して、ポルトガルと新大陸向けの奴隷貿易で競合（一五六二）し、またメキシコの銀やペルーの金を本国に運ぶスペイン船を襲って、財宝をイングランドに持ち帰るようになる。もちろん女王に分け前を献上し、嘉納されたのは言うまでもない。そしてこの連中の中にフランシス・ドレークもいたのである（エリザベス一世はドレークの活動を嘉《よみ》して、「サー」の称号を授け貴族に列するのだが、これがまたフェリーペ二世の神経を逆撫でする）。

さらにフランドル、アフリカ西岸に加えて、北方スカンジナヴィアやロシアとの貿易も開始されており、有名な東インド会社の原形となるモスクワ商会が、すでにメアリー一世治下の五四年に設立されている。こうした活発な交易や掠奪と、国内での毛織業を中心とする産業の隆盛とが相俟ってイングランド経済を興隆させ、六六年のトーマス・グレシャムによるロンドンの王立取引所《ロイヤル・エクスチェンジ》の設置に繋っていく。

フランシス・ドレークの活躍

一方、ドレークは、マジェランによる人類最初の世界一周航海（一五一九〜二二）に対抗して、一五七七年に自分も希望岬を回りマジェラン海峡を通過して太平洋に出、アメリカ西海岸のカリフォルニアに到達して同地をイングランド領と宣言する。その後、モルッカ海峡など香料の産地を経由、アフリカ南端を回って八〇年にイングランドのプリマスに戻る。二人目の世界一周航海者となり、それもマジェランが帰途フィリッピンで現地人と戦って殺され、壮挙半ばで倒れたのに対して、ドレークは見事に一周を果しての生還である。また八七年には大西洋からジブラルタル海峡に入る手前、スペイン南海岸の港カディスを急襲、同港に集結しつつあった、イングランド攻撃を目指す無敵艦隊に大損害を与える。そのためにスペインでは、同艦隊の出撃が一年延期される始末である。

このような「海の豺」達の活躍を見ると、正規の海軍ではないにもかかわらず、イングランドの海戦能力が相当のものだったことが知られる。当時のイングランドには陸軍も海軍も正規軍はなく、兵力としては戦闘に応じて駆り出される民兵か、戦いに参加する貴族や郷士《ヨーマン》が率いる従者達か、あるいは給料を払って集められた傭兵隊がいただけだった。ついでに言えば、事情は他のヨーロッパ諸国でも同じだったが、スペインだけは例外で、戦争を専門とする職業軍団を持っていた。それは新大陸から流入する莫大な富によって可能となり、同時にカール五世からフェリーペ二世へと相続された広大な領土を維持するための間断なき争いによって不可欠となっていた。じじつ当時のスペイン軍は、ヨーロッパ最強を誇る軍団だったのである。

無敵艦隊によるイングランド侵攻

スペイン王フェリーペ二世は、いよいよ一五八四年頃にイングランドに対する戦争に踏み切る。イングランド海賊によるスペイン船へのたび重なる襲撃、エリザベス一世の国内における新教推進政策とフランドルの新教徒叛乱軍に対する援助、メアリー・スチュワートの処刑、その他もろもろのスペインに対する挑発に報復するためである。この計画では、当時フランドルで新教叛乱軍を粉砕しつつあったパルマ公アレッサンドロ・ファルネーゼ指揮下の陸上軍を、百三十隻からなる無敵艦隊の護衛の下にイングランドに渡し、ロンドンを攻略するというものであった。無敵艦隊の指揮にはスペイン切っての名提督、サンタ・クルツ侯爵アルヴァロ・デ・バザンが当たることになっていた。サンタ・クルツ侯は、オスマン・トルコ海軍を相手にキリスト教連合艦隊が勝利を収めたレパントの海戦（一五七一年）で活躍、またポルトガル王国併合（一五八〇年）にも力あり、何よりもスペインのイングランド侵攻をフェリーペ二世に進言した人物である。ところが、当のサンタ・クルツ侯が八八年、イングランド侵攻の直前に病気で亡くなり、代わりに陸戦の指揮で知られたメディナ・シドニア公爵が総司令官に任命される。

八八年五月の出帆予定が諸種の事情で遅れて、七月半ばにラ・コルーニアを出港、ワイト島に向かう。しかしプリマスに集結していたイングランド海軍提督ホワード・オブ・エッフィンガム麾下で、ドレーク指揮する艦隊がイングランド西南海岸に対する攻撃を阻止するため出撃したため、上陸作戦は諦め英仏海峡に向かう。ドレーク達は、大型ガレオン船を含む百三十隻におよぶスペイン艦隊に伴走する形で海峡を北上、両艦隊は七月末カレー沖合に到る。ここでメディナ・シドニアはパルマ公の陸上軍一万六千名の到着を待ち、これを護送してイングランド東南マーゲイト岬附近に上陸させる手はずであった。当時パルマ公はアントワープ近郊に在って、大規模な部隊と、それを乗せて海峡を押し渡るのに必要な輸送船をカレーまで集結させるに約一週間を要し、その間スペイン艦隊はカレー沖に停泊を余儀なくされた。沖というわけは、第一にカレーの港は浅く、吃水の深い大型ガレオン船は港に入ることができなかったからだが、その他にも宗教対立によって惹き起こされた内乱で身動きが取れなくなっていたとはいえ、フランスはスペインに敵対的であり、フランスの港は必ずしも安全でなかったという理由も挙げられる。

イングランド海軍の攻撃

こうしてカレー沖に百隻に余る船団が、互いに帆綱で船体を結び付け、半月形に停泊しているところへ、ドレークらは八月八日の真夜中、（赤壁の戦よろしく）夜陰に乗じて燃料を満載した老朽船に火を放ち、北西風に乗ってスペイン船団の真っ只中に送り込む。火災の危険に慌てふためいたスペイン船団が纜《ともづな》を切ってバラバラになり陣形を乱したところへ、イングランド艦隊が奇襲をかけるという形で戦闘は行われた。イングランド側は船足の軽い小型船が主で、スペインの大型船が身動きもままならぬところに接近しては砲火を浴びせ、敵が反撃してくると離れるという戦法で相手に損害を与えた。

夜が明けてからも海戦は続き、戦いはほぼ互角であった。スペイン船は遠洋航海に耐える頑丈な造りで容易なことでは沈まず、大型ガレオン船は三隻が沈没、他の三隻が航行不能に陥っただけで、後は中型・小型船併せて三十艘程度の損害であった。しかし人員の方は千人近くが死亡、負傷者も多数で戦意の喪失が拡がり、それはメディナ・シドニアにも及んだ。加うるに暮れ方になって南からの強風が起こり、英仏海峡の南端はイングランド側が抑えていることもあって、無敵艦隊は海峡を北に追い上げられる形で、ただしそのおかげでイングランド艦隊の射程から逃れることを得て、戦場から離れ去った。後にメディナ・シドニアは、「神のお慈悲により、天候の変化のおかげで救われた」と報告している。

それでもスペイン艦隊には、まだ百隻に近い艦船が軽度の損害を受けただけで残っていたわけで、イングランド側は敵が陣容を立て直して再び南下して来るのではないかと緊張していた。しかし実際に起こったのは、戦意を失ったスペイン艦隊が海峡を北に抜け、スコットランド北端を回りアイルランド西海岸に沿って、本国に戻ろうとする動きだった。しかも間の悪いことに北海に台風が捲き起こり、疲れ果てた艦隊をスコットランド北岸の絶壁に叩き付け、アイルランドに上陸すれば住民から追われて掠奪された。ようやく本国に辿り着いた時には、無敵艦隊は六十余隻を数えるのみ、一万を超える死者を出していた。とはいえ、その損害の大きな部分はイングランド海軍よりも、むしろ台風など自然の力によってであり、そのことはイングランド側も承知していたと見えて、海戦の勝利を祝ったメダルには「神が風を起こしたまい、かの（スペインの）者共は吹き散らされぬ」と記したものもあった（「神風」のおかげとはいいながら、勝利は危うく得られたもので、何かことが起これば、いつでも神風が吹いて国土を守ってくれるだろうという、どこかの神風思想とは、まったく違った考え方である）。

スペインの権威低下

無敵艦隊の敗北は、フェリーペ二世とスペインの権威に重大な打撃を与えた。これによってフランドルやドイツのプロテスタント、フランスの新教徒《ユグノオ》の意気は大いに上がり、またそれまでフランスやスペインに比して、辺境にある弱小勢力という地位に甘んじていたイングランドが、一挙にヨーロッパの大国の一つとして重きをなすことにも繋がった。とはいえ、フェリーペ二世が、敗戦責任を問われたメディナ・シドニアを庇って、「余は卿を（敵国）人と戦うために派遣したのであって、天（候）に抗《あらが》うためにではない」と言ったといわれる言葉が示すように、フェリーペ二世は決してイングランドに負けたと思っておらず、再度の遠征（一五九六〜九七）を企てている。だが、この時も無敵艦隊はカディス港で、今度はエセックス伯ロバート・デヴルー率いるイングランド艦隊の焼き討ちにあい、それでもやっと出帆したものの、ビスケー湾で嵐に遭遇して大損害を蒙って引き返し、遠征は失敗に終った。かつフェリーペ二世は、一五八八年の失敗に誘発されてヨーロッパ各地で起こった新教徒の叛乱対策に精力を使い果し、第二次遠征失敗の翌年九八年に亡くなってしまう。するとフェリーペ二世の死と共に、広大過ぎる版図を有したハプスブルグ・スペイン帝国もまた分解が始まり、イベリア半島のスペイン本国は、新教徒やイスラム系住民（モリスコス）の追放などの政策に追われて衰弱した結果、二十世紀にまで及ぶ長い沈滞の時期に入って行くことになる。

エリザベス朝の黄金時代

一方、スペインの危険が去って、意気軒昂たるイングランドはエリザベス朝の黄金時代に入る。スペインの脅威はイングランドの人々を民族意識の下に一つの国民国家に纏めた。新教のイングランドは、プロテスタント的傾向の強い国教会を正統教会と宣言し、カトリックあるいは新教急進派の清教徒達も、これに公に異議を唱えることはできなくなった。だが同時に、カトリック教会や国教会をも含めて、宗教的制度というものがじつは形式に他ならず、信仰は個人の内心に存するという意識が強くなってくる。これに関連してまた、ヘンリー八世らに代表される「神聖王権」という、ある意味で宗教的信仰に近い王権に対する尊崇も、メアリー・スチュワートの処刑などを経ると弱まってくる。まさにエリザベス一世が予見した通りである。社会面では貧民救済の施策は次第に形を取るようになり、議会の力は強化され、エリザベス一世の抵抗にもかかわらず、女王の特権的な利権は次第に制限される。時代を見る目のあったエリザベス一世は一六〇一年、抵抗しても勝目なしと看て取ると、少なくとも表向きは優雅に、権利を下賜する形で臣民の要請を受け入れ、これがまたいうなればスター的な女王の人気をさらに高める。

ドレークの顰みに倣って北米の植民に乗り出した航海者で詩人でもあったサー・ウォルター・ラレイが、舗装が完全でなく水溜りだらけのロンドンの道路に、己れの緋のマントを拡げて馬車から降り立つ女王の足を汚さず、その寵愛を得たという逸話が示すように、エリザベス一世はまさに国民のアイドルだったのである。スポーツ・ウーマンであり、リュートを巧みに奏で、数カ国語を流暢に操り、ロンドンにやって来た異端の哲学者ジョルダーノ・ブルーノとは神秘主義哲学を論じ、「超技巧文《ユーフェミズム》」の語源となった小説『ユーフューズ』の著者リリーを相手に、持って回った言葉遊びに興じ、宮廷で派手な祝宴を催させて悦に入っていたのも、孤独な「処女女王《ヴァージン・クイーン》」の気晴らしだったのかもしれない。

音楽の変転

すでにヘンリー八世の項で触れたように、イングランドのルネッサンスは絵画・彫刻・建築など造形美術の分野では、さして見るべき独自の成果を生み出さなかった。豊かになった商人の家にはイタリア風の露台が設けられるし、大貴族の郊外の邸宅にはフランス風の並木や庭園がしつらえられ、女王を迎えての祝宴には噴水が吹き出し花火が打ち上げられたが、これらはみな大陸風を真似たものであった。肖像画家としてホールバインを越える者はついに出なかったし、フランドルの大家達、ルーベンスやその弟子アントン・ファン・ダイクに匹敵する画家もいない。建築や室内装飾にクラシック様式が採用されるが、むろんこれはイタリア半島のルネッサンスに由来するものである。

　音楽については、まず教会音楽であるが、ヘンリー八世の治下では、最初の二十数年間はイングランド独自の伝統的ソールスベリー典礼によるラテン語のカトリック・ミサが用いられた。ヘンリー八世がアン・ブリンと結婚するため教会分離を行った一五三四年から、[30]次のエドワード六世治下までの国教会では、英語を使い、大陸の新教派の教会音楽を加味した礼拝用の音楽が演奏された。次のメアリー一世の統治期間は、カトリック教会に復帰したことにより、また元のラテン語ミサ曲、エリザベス一世の時代になって、初めの十年ほどは新旧両教の音楽が併立、その政策の新教的傾向がはっきりしてきた六〇年代半ばからは、英語を用いた礼拝に伴う音楽といった具合に、目まぐるしい様式の変転を経験する。そのため、熟成した宗教音楽の確立には向かなかった。

　むしろ民衆的な要素を含む世俗音楽の方が活発で、ヘンリー八世は音楽・舞踏を好み、リュートその他の楽器演奏に秀でていたほか、自身で（イタリア半島由来の）マドリガーレを作曲したり、（宮廷舞踏が盛んであったフランス経由の）クーラントやサラバンドを踊っている。動乱のエドワード六世やメアリー一世の時代には、音楽も派手に行われるべくもなかったが、四十年を超すエリザベス一世の長い平和な統治期間は、女王自身がリュートやヴァージナルなどいろいろな楽器をよく演奏し、華やかな祝宴を好んだこともあって、ジョン・ダウランドなど、優れたリュート奏者が出ている。

文学の隆盛

　しかし、エリザベス朝の文化を代表するのは、なんといっても文学、わけても詩と演劇、それに物語である。トーマス・ワイアット（父）とサリー伯ヘンリー・ホワードがイタリア半島からもたらしたペトラルカ風抒情詩の流れは、シェイクスピアの十四行詩《ソネット》に結実する（ただし、大陸の四・四・三・三行ではなくて、四・四・四・二行の詩形）。シェイクスピアの『ヴィーナスとアドニス』（一五九六）においては、ギリシャ・ラテン古典の題材を扱いながら、イングランドの自然が溢れている。現代の目から見るといささか古風の感なしとしないが、紛う方なきイングランドの感性を示している作品も見られる。アリオストらの長編叙事詩に倣って、しかし現実の君主エリザベス一世を称えたスペンサーの『妖精の女王《フェアリー・クィーン》』（一五九六）、あるいはナポリのサンナザーロ『アルカディア』（一四八五）やスペインのモンテマイヨール

『ディアーナ』(一五五九)の流れに棹さす牧人物語《パストラーレ》でありながらも、同じスペンサーの『牧人のカレンダー』(一五七九)は、さらに判然とイングランドを歌っている。

だが、何よりも演劇こそが、クリストファー・マーロウとシェイクスピアの天才を擁して、イングランド文学を世界の最高峰の一つに押し上げる。マーロウ(一五六四〜九三)は、中世ゲルマン世界に広く伝わる伝説で、知識欲のために魂を悪魔に売って破滅する『ファウストゥス博士』(一五八八?)で、ゲーテに先立つこと二百年前、すでにイングランドの観客を沸かせているし、チムール大帝を採り上げた『タムルラン』(一五八七)は、英雄の無限の征服欲が惹き起こす壮大な悲劇を描いて、シェイクスピアよりも力強い。

これに対してシェイクスピア(一五六四〜一六一六)の作品は、マーロウほどの形而上学的な壮大さはないが、人の心の深みに分け入り、心理と行動の過不足のないバランスを保って、人間の姿を描き切った点で、比類ない完成度を示している。エリザベス一世の平和の時代に生きた関係で、いかなる悲劇的な題材を扱っても、作品の根底には均衡の取れたルネッサンス的晴朗さが支配しており、かつスペインとの戦争がもたらした国民精神の高揚を反映して、史劇『ヘンリー五世』でアジャンクールの戦いを前にしたヘンリー皇太子のドラマチックな長科白や、『ジョン王』を締め括って庶子のフィリップ・フォーコンブリッジが言う次の科白[31]、

このイングランドこそ、自ら己れを傷付ける振る舞いに
　及ばぬ限り、
勝ち誇る征服者の足下に、かってひれ伏したこともなく、
またこの先だとて、ひれ伏す気遣い、サラサラなし……
折も折とて諸侯方が(新王の許に)戻られたるいま、
世界の三隅より、軍《いくさ》を起こして来たらば来れ、
奴等に、目に物見せて呉れようわい!
もしもイングランドの、真の魂を留むる限りは、
(奴等が)我等に嘆きをみせられようか。
(『ジョン王』)

が端的に示すように、ナショナリスティック、かつ保守的な面も併せ持っている。

シェイクスピアとほぼ同時代にはトーマス・キッド(『スパニッシュ・トラジェディ』、一五八七)、その後にはベン・

(30) この間にクロムウエルの修道院解散があり、したがってカトリック宗教音楽は大打撃を蒙る。

(31) この科白を、すでに引用した(二四九頁)マッテーオ・マリア・ボイアルド『恋するオルランド』の悲痛な叫びと比べてみられたい。

シェイクスピアの『真夏の夜の夢』2幕1場，妖精の女王タイタニアとその夫オベロンとの口論の場面
ノエル・ペイトン筆　1595年　エディンバラスコットランド国立美術館蔵

シェイクスピアの『マクベス』冒頭，主人公マクベスと友人のバンクオが3人の魔女と出会う場面のもとになった『ホリンシェッド年代記』の挿絵　1577年　英国図書館蔵

ジョンソン（『ウォルポーネ』、一六〇七）やジョン・ウエブスター（『マルフィ伯爵夫人』、一六二三）などが続く。エリザベス一世自身の芝居好みもあって、『十二夜』（一六〇〇）などの傑作は、宮廷あるいは大貴族の邸宅で上演されたし、テームス河の対岸には「ローズ座」、「スワン座」あるいは「グローブ座」といった最初の公衆劇場が建てられ、イングランドの演劇はこの時代に空前の盛況を迎えた。

散文の物語も、まずサンナザーロら大陸の牧人物語の影響を受けて、サー・フィリップ・シドニーが『アーケイディア』を書くが、表面的には感傷的な自然描写の体裁を取りつつ、内容においてかなり教訓的・道徳的な面を含んで、大陸物とは一線を画している。また持って廻った技巧的な文体で知られたリリーの『ユーフューズ』などが出る。その一方、パンフレット作者のはしりトーマス・ナッシュは、英文学最初の悪漢小説《ピカレスク・ロマンス》である『不幸な旅人《アンフォーチュネート・トラベラー》』（一五九四）で、また哲学的思考法としての帰納法を確立したフランシス・ベーコンはトーマス・モア『ユートピア』の先例に倣って、しかしより現実的な視点から――したがってユートピアとしては未完に終らざるを得なかった――『ニュー・アトランティス』（一六二二）で、それぞれ夢物語ではなく、現実を把握しようと試みる。

イングランドのルネッサンスの特徴

以上駆け足で見てきたように、イングランドにおけるルネッサンスは、ヘンリー七世による薔薇戦争の終結（ボスワースの戦、一四八五）から十七世紀の第一・四半期まで、ほぼ百四十年にわたる。その中でもヘンリー八世の登極（一五〇九）に始まり、エリザベス一世の治世（一五五八〜一六〇三）の少し後、シェイクスピアの死（一六一六年）辺りまでの百年余りが中心となる。このルネッサンスはイタリア半島からの距離を反映して、まず知識人による人文主義（ギリシャ・ラテン古典古代に関する知識の復活）の刺激を受けて起こる。つまり文化・思想的に上層知的エリートから始まり、それが技術や産業の大陸からの移転および自国での消化につれて、次第に中産階級以下の大衆に浸透していったと捉えることができる。これはまず商・工業者が勃興して富を蓄積し、その余裕が世俗的知識人を生み出し、ホーヘンシュタウフェン朝の没落（一二六八）辺りから、フィレンツェ第三共和国の崩壊（一五三〇）までの二百五十余年にわたったイタリア半島のルネッサンスと比べると、期間としては半分ほど、かつ社会における伝播の方向としては逆である。これがイングランドのルネッサンスの第一の特徴といえる。

しかも第二の特徴として、イタリア半島のルネッサンスでは比較的後に出てくる「キリスト教の原点に還れ」という宗教的動機（例えばサヴォナローラの運動、一四九四年）が、イングランドでは最初から主導的モティーフとなっているのだが、それがフランスやドイツの場合と違って、制度としての教会の在り方をめぐる抜き差しならぬ内乱に発展しなかった点が挙げられる。これにはヘンリー八世という人物の歯止めの利かない欲望充足の志向が、王妃キャサリン・オブ・アラゴンとの離婚問題を惹き起こし、中世的権威の一つであるカトリック教会と衝突するに到ったという個人的事情がある。それに島国という地理的条件が醸成する、ともすれば大陸からの分離・独立を求める島国気質《かたぎ》が重なって、国民国家としてのイングランドならびに宗教的制度としての「国教会」という、二つの制度の確立を、お互いに地続きの大陸諸国においてよりも、ずっと容易に実現することができたという事情が付け加わる。

さらに第三として、イングランドがフランスやスペインに比して、先ほどから指摘している島国という地理的状況に規定された孤立的勢力であったため、この二国にローマ教皇を併せた三大勢力が、ヨーロッパの覇権を巡って繰り拡げる角逐に、否応なしに捲き込まれる危険が少なく、高みの見物を決め込んだり、状況しだいではキャスティング・ヴォートを握る立場に立つことができたのと無関係ではない。ヘンリー八世は王権の求心力を高める手段として、メアリー一世は夫フェリーペ二世への愛情に引かれて対外戦争を行ったが、いずれも成功したとはいい難い。かえって賢明に戦争を回避したエリザベス一世が、治世初の最初の三十年間の平和の間に国力を充実させ、最大の危機であったスペイン無敵艦隊の襲来を、天候に助けられたとはいえ撃退することを得て、それがイングランドと国教会の存立を国内に分裂を惹き起こさずに、実現することに繋がった点が挙げられる。

こうして安定した社会的枠組みの中で、イングランドのルネッサンスは海運と商業を発展させ、それにより国民総生産を増大せしめたばかりか、王権と教会に対する中世的信仰からの解放を人々の心に植え付けて、ルネッサンスが人間にもたらした最も高貴な贈り物、つまり個人の自由と自律の精神を自覚させ、美術よりは文芸を主とした独自のルネッサンスを展開した。また中世において圧倒的な権威を誇ったスコラ哲学の先験的観念論を離れて、新大陸発見などによる人間地平の拡大という現実に即した、帰納的思考法による自然科学への途をも拓いた。さらにそれはイングランドが、フランスと共に、その後に発展していくための、いわば地慣らしをする力となった。都市ルネッサンス繁栄の後、分裂と外国支配の場と化してしまったイタリア半島、さらには新大陸発見により莫大な富を獲得し、一時はヨーロッパ最強を誇ったにもかかわらず、あまりにも広大な版図維持のために、かえって国家としての精力を消耗し沈滞に向かったスペインと違って、イングランドは名誉革命（一六八九〜一七〇二）や産業革命（一七七〇年代）の激動に耐え、十七世紀の後半から二十世紀前半にいたる国民国家の時代のヨーロッパにおいて、大英帝国を築くことを通して、まさに中心的な役割を演ずることになるのである。

第4章

ドイツのルネッサンス（一四九四〜一五二五年）

リトアニア大公国
デンマーク王国
プロシア公領
ダンツィヒ
イングランド王国
シュレスヴィヒ
ホルシュタイン
リューベック
ネーデルランド
ハンブルク
ブランデンブルグ
ブレーメン
ザクセン
ニーダー
エルベ河
ベルリン
ワルシャワ
アムステルダム
ハノーヴァー
ユトレヒト
ヴェストファーレン・アルトライン
ヴェーゼル河
マグデブルグ
ポーランド王国
ヴィッテンベルグ
ブルスタワ
ドーヴァー
ブリュージュ
アントワープ
カレー
ライプツィヒ
ゲント
メヘレン
ケルン
チューリンゲン
オーデル河
フランドル
ブリュッセル
ドレスデン
ボヘミア
クラカウ
カンブレ
アーヘン
マース河
リエージュ
プラハ
プファルツ・ラインラント
マインツ
フランクフルト
ドイツ（神聖ローマ帝国）
ライン河
マイン河
ヴォルムス
ハンガリア王国
ヘッセン
ニュルンベルグ
パリ
ザールブリュッケン
ロイトリンゲン
エルザス
シュトゥッガルト
アウグスブルグ
ストラスブルグ
ヴィーン
ブダペスト
ミュンヘン
バーゼル
フランシュコンテ
バイエルン伯爵領
オーストリア大公国
チューリッヒ
スイス連邦
フランス王国
オンジェク
リヨン
ジュネーヴ
トリエステ
ミラーノ
パトヴァ
ヴェネツィア
ノヴァラ
トリノ
パヴィア
ヴェネツィア共和国
サヴォイア公国
ミラーノ公国
フェラーラ
オスマン・トルコ帝国
ボローニャ
ジェノヴァ
アヴィニョン
ジェノヴァ共和国
フィレンツェ
フィレンツェ共和国
マルセイユ
教皇領
シェーナ
スペイン王国
コルシカ
ローマ
両シチリア王国
ナポリ
サルデーニャ
1520年頃のドイツ

第1節　北方ルネッサンスの諸条件

（1）帝国都市とフランドル地方

北方のルネッサンス

我々のルネッサンス見取図もいよいよ最終段階に入り、「ドイツ」というべきか「アルプス北方」のルネッサンスを取り上げるところまで来た。だがこの北方たるや、じつにいろいろな問題を抱えている。まず第一に場所的にいうと、それはイタリア半島からアルプスを越えた北の地域で、かつフランスからはライン河、ルクセンブルグ公国および今日のベルギーに当たる地帯によって隔てられた地域、すなわち「神聖ローマ・ドイツ帝国」という、地域としては広大だが、同時にきわめて曖昧かつまとまりの悪い政治単位において展開した現象なのである（便宜上、「北方」ないし「ドイツ」の名称を用いる）。

このことは第二に、ルネッサンスの指標となる言語の点からしても、西のフランドル（オランダ）語から始まって、ドイツ・ポーランド、チェコ、スロヴァキア、ハンガリー語等々、ゲルマン、スラヴさらにはアルタイ系の言語までをも含む、様々な言語によって担われた現象であることを意味する。

かつ第三として時期的には、一四九〇年代から一五二〇年代まで、長く見積ってもわずか三十年余りという、ルネッサンスが二百五十年にわたったイタリア半島は論外としても、いずれも百年近くに及んだフランス、スペイン、イングランドと比べても、格段に短い期間に生起し、かつ未成熟のまま終息した現象なのである。したがって、これを記述するに当たっては、どうしても大雑把とならざるを得ないことを予めお断りしておかなければならない。

帝国都市の存在

北方のルネッサンスの展開がそうなったことについては、（一）これらの地域が（帝国の辺境バルカン半島を除いて）地中海に面しておらず、ルネッサンス現象の発祥地であるイタリア半島から地理的にアルプス山脈によって隔てられており、人や物の直接交流が限られていた、（二）加うるに一四九〇年代というその開始時点において、これらの地域には、ルネッサンスを生み出す拠点としての都市が、他の地域ほど発達していなかった、という二つの理由を挙げることができる。

当時、この地域にはイタリア半島や南フランスの「都市共同体」にほぼ相当する「帝国都市《ライヒス・シュタット》」と呼ばれた市が六十五（フランドル地方を除く）ほど存在しており、これらは神聖ローマ皇帝から与えられた憲章によって自治権を認められ、有力市民層の間から任期付きで選出された総督《コンスル》が市議会を主催し、それが市政の運営に当たっていた。しかし、この地域では皇帝権、または都市が存在する地域一帯を支配する封建領主の権力が、イタリア半島と比べて格段に強かったのである。例えばイタリア半島では、フィレンツェのようにローマ教皇を後盾に皇帝権力に対抗した市もあれば、皇帝と教皇の両者を向こうに回して、独自の政策を展開したミラーノやヴェネツィアのような市もあり、それらが「都市国家《チッタ・スタート》」に発展、さらに周辺の市や地域を取り込んで「地域国家《スタート・レジョナーレ》」に発展していくのが見られる。ところが北方では、帝国都市がイタリア半島の「周辺領土《コンタード》」に匹敵するようなテリトリーを獲得することはきわめて難しく、むしろ逆に市の方が、近隣の土地支配者である封建貴族勢力に囲まれ、市壁の中に閉じ籠った陸の孤島的な存在だったのである。

フランドルの独自性

ただ、その中でフランドル地方だけは例外で、ここではイタリア半島や南フランスに似て海運が発達し、「ハンザ同盟」と呼ばれた商業都市連合があった。この同盟は、北は現ポーランドのグダニスク（独ダンツィッヒ）や、エルベ河口のリユーベックまたハンブルグなどから、南はフランドルのブリュージュ、アントワープ、アムステルダム、ロッテルダムに到るまで、最盛期には九十余りの港湾都市の加盟を得て、北ヨーロッパにおける大西洋沿岸の商業を支配下に置き、貿易総量においては劣るとはいえ、ジェノヴァまたヴェネツィアが地中海で東方《オリエント》貿易を独占したのにも匹敵する経済的繁栄を遂げる。こうした状況をうけて、この地ではすでに十四世紀中葉からアルプス以南のルネッサンス（東方イスラム世界また古代ギリシャ・ラテン文明との接触を通して、古典建築様式や人体美の復活、知識人達の人文主義などの特徴を持つ）とは一味違った、ゴチック的ともいえる北の文化様式が成立していた。そこに今度は、イタリア半島で起こったルネッサンスが刺激を与えて、十五世紀末〜十六世紀初に入ると「フランドルのルネッサンス」と呼ぶべき現象が展開する。

ただ、フランドルは、本来フランスのブルゴーニュ家の領地であったものが、相続の関係で一四七七年からドイツのハプスブルグ家の大公領となり、同家のカールが一五一六年にスペイン王カルロス一世となって以来、イベリア半島との関係が密接となる。したがって同地については、すでにスペインのルネッサンスで触れたから、ここでは取り上げない。ちなみに、こうした地域ごとの文化の展開を見ても、まず経済活動があり、次いで経済の発達に伴って生ずる技術・社会・政治の変革が起こり、それらこそが文化を作り出していくのであって、従来のややもすれば社会の上部構造中心で、とくに文化や美術のみに偏った議論では、ルネッサンス期に起こった社会変革の総体に過不足のない光を当てて、ルネッサンス現象を十分に理解することは望めないことが知られる。

商業の場

さて、神聖ローマ・ドイツ帝国の領土では、一般に経済は農業生産に依存しており、商業はイタリア半島におけるほど活発に展開されていなかった。とはいえ、農産品の販売とそれによって得られた利益によって成立する初期工業の製品があった。これにイタリア半島を中心に生産された毛織物あるいは金銀細工・ガラス製品などの工芸品、絵画や彫刻、さらには建築家や画家[1]といった人的資源にいたるまで、もっぱら社会の上層階級の占有物であった奢侈《しゃし》品を中心とする取引が続く。さらに東方貿易がもたらす絹・宝石・香辛料その他、北ヨーロッパではまだ珍しい商品が加わる。その仕入や販売を行う国際商業にも、十五世紀半ば頃から次第にドイツ商人の参入が見られるようになってくる。

中世のヨーロッパ内陸部で商業活動の中心だったのは、すでにたびたび触れたフランス北部のシャンパーニュの大市《おおいち》だが、これは「宮廷恋愛《アムール・クルトワ》」の発祥地でマリー・ド・シャンパーニュ女伯の宮廷があったトロワ、またバール・シュール・オーブ、プロヴァン・ラニイなどの町々を、各々一～二カ月の期間で次々に巡回し、年間を通じて開催されていた定期市である。その開催地はドイツやフランドルにも近く、北方の商人にとって比較的簡単に到達することができ、南の商人との出会いの場として活況を呈した（イタリア半島北・中部の商人達は「ロンバルディーア者」と称されたが、じつはミラーノを始めとするロンバルディーア諸都市ばかりでなく、ピエモンテのアスティ、ノヴァーラ、キエーリ、トスカーナではピストイア、ルッカ、シエーナ、フィレンツェなど出身の商人をも含み、とくにシエーナ、フィレンツェは実際の商取引ばかりでなく、商取引の決済、各地の通貨の両替、さらには資金調達のための金融貸付などにも進出した）。

イタリア半島から北方へのルート

こうしたイタリア半島の商人達は、ミラーノからアオスタ渓谷を遡ってサン・ベルナール峠を越えてシャンベリに到り、そこからシャンパーニュに達するか、あるいはピエモンテのモン・スニ峠を越えてローヌ河の渓谷に出て、河に沿って北

（1）マザッチョの兄弟子マゾリーノ・ダ・パニカーレは一四二五～二七の二年間、シギスモンド四世皇帝とその傭兵隊長ピッポ・スパーノに招かれてハンガリアに赴いている。

上してリヨンに到り、リヨンからディジョン、そしてシャンパーニュという経路を取る。

さらに十三世紀半ば以降、スイスのルツェルン湖から北西に流れ出るロイス川に橋が架けられたおかげで、マッジョーレ湖南端コーモからルガーノ経由、サン・ゴタルド峠越えでルツェルン湖北岸沿いにバーゼル、ベルフォールを経てシャンパーニュに達する第三の道が開ける。しかも、こちらは途中バーゼルで分岐、ライン河を下ってシュトラスブールに出て、ルクセンブルグ経由でフランスを通らず直線的にフランドルに達することもできた。とくにこの最後の道は、十四世紀半ばから始まるイングランド・フランス間の百年戦争でフランスの治安が悪化し、これに伴ってシャンパーニュの大市が凋落の一途を辿った際、フランドルとイタリア半島とを直接に結ぶ陸路として、ジブラルタル海峡経由で地中海から出て、イベリア半島西岸に沿って大西洋を北上する海路と並んで、活発に機能することとなる。

一方、イタリア半島の東の付け根ヴェネツィアからは、アディジェ河やポオ河を遡ってヴェローナに出るか、ブレンタ河に沿ってトレントに達するか、どちらにしてもブレンネル峠越えでチロル渓谷に入り、北上してインズブルック、そこからは西にミュンヘン、アウグスブルグやニュールンベルグに達するルート、または東に向かってヴィーンに到る道もあった。こちらは十五世紀も後半に入ってヴェネツィアが東方貿易から半島内陸志向に変ったことも手伝い、それまでのイタリア商人よりはむしろドイツ商人の方が交易に乗り出し、物流については内陸の鉱産物（銅や銀など）をヴェネツィアにもたらした上、帰りに奢侈品を持ち帰る形を取る。ヴェネツィア共和国がリアルト橋の袂にドイツ人商館《フォンダコ・デイ・テデスキ》の建設用地を提供、これらドイツ商人の便宜を図ったのは、すでに述べた通りである。これに対してヴェネツィア商人の方は北の各都市に手代を派遣し、もっぱら金融活動に特化していく（とはいえ、国際貿易また金融にも、アウグスブルグのヴェルサー家やフッガー家などが次第に進出してくる）。このルートも活発に機能し、内陸ドイツにイタリア半島のルネッサンス文化を導入するのに大きく寄与した。

（2）　皇帝と教皇の関係

免罰符

以上の諸条件の他にもう一つ、北方のルネッサンスを触発させたのではなく、反対にこれを早期に終らせる力として作用した宗教改革も重要である。そのきっかけとなった「免　罰　符《インドゥルジェンツァ》」の問題を駆け足で見ておくことにする。

免罰符なる制度がいかにして生まれたかを知るには、いささか時代を遡ることになるが、キリスト教の基となったユダヤ教の世界創造神話から始めなければならない。ヘブライ語で書かれた『旧約聖書』によれば、ユダヤ民族の神エホバは一週間で世界を創造したのだが（「創世記」第一〜二章）、そのうち人間の創造については、おおよそ次のように述べられている。

エホバは次々と動物を創ったが、自分の意に適った物ができなかったので、最後の六日目に土を捏ね自分の容姿に象って「泥人形」を作り、これに己れの息吹を吹き込み霊魂とする。こうして「人」は、滅びるべき肉体（ただし神の似姿）と、神から直接出た（つまり「不滅の」）霊魂とを併せ持つ特別な存在となって、他の地上のすべての被造物を支配する権利を与えられた（人間中心主義世界観）。人は初め男のアダムしかいなかった。だが神は男が独身であるのは善からず、伴侶を持つべきと考え、アダムを熟睡させた上で、脇腹から肋骨を一本抜き取り、これを骨格の材料にして女を作る。女はアダムによりエヴァと名付けられ、男から作られた存在であるから「男の物」、つまり男に従うべき存在（男性中心主義）であって、かつ肋骨を男より一本多く持つ（という解剖学的に誤った）存在となる（「創世記」第二章）。

アダムとエヴァは、一年中よい季節で美味しい木の実がなり、働く必要もなければ歳も取らず、また裸で着物も要らないエデンの園という楽園に住んでいた。ところが、もと天使の長だったのに自己の力に奢ったルシファーが、神により奈落の底に落されて悪魔《サタン》となる（「傲慢」は七つの大罪のうち最大のもの）。悪魔は復讐のため蛇の姿を取ってエデンの園に入り込み、女の常として思慮に欠け、信じやすいエヴァを誘惑する。園の中央には二本の樹が生えており、アダムとエヴァは神から、他のすべての木の実は取って食べてもよいが、この二本の樹の果実だけは食べてはならないと言い渡されていたのである。悪魔はエヴァを唆《そそのか》して、そのうちの一本である知恵の樹の実を取らせ、エヴァ自身にも、またアダムにも食べさせてしまう（原罪）。たちまち二人は自分達が裸であるのに気付き（自意識の獲得）、無果花の葉で前を覆って、茂みに隠れる。神はただちに変化を目をとめ、もし二人がもう一本の生命の樹の実を食べれば永遠に生きることとなり、自分と同等の存在になると怖れて、二人をエデンの東に追放する。以後、人は、生きていくため働かねばならず、また死すべき存在となった。それればかりか、原罪の因《もと》となった女は子どもを胎内に宿して、出産の重い苦しみを味わわねばならぬことにもなったのである（「創世記」第三章）。

こうして「死すべき存在」となった人（ユダヤ民族）は、死ねば「あの世」に行くのだが、当時死後の世界には「天国」と「地獄」しかなかった。もちろん中には、大予言者エリアのように、神に嘉《よみ》されて死なずに火の車に乗って、魂と肉体が結び付いたまま天に昇った者もあれば、あるいは神と共に歩んだエノックのように、ある日突然姿が見えなくなり、天に到った者もいる。だがそれは例外中の例外で、圧倒的多数は（アダムとエヴァの犯した原罪を背負っていることでもあり）死んで地獄に堕ちる。そしていったん堕ちればそれで終りで、後は永遠に地獄の責め苦を受けねばならない。というのは、人間だけが神から直接授かった霊魂は、神に直接属するすべての物がそうであるように不滅で、地獄に堕ちても滅びることがなく、したがって永遠に苦しまなければならないからである。

ところが、西暦紀元の始まる前後にキリストが現れ、新しい教え（新約）を説き、己れを神の子であり、また神そのものでもある（三位一体の教義）と教え、そのためにユダヤの神を冒瀆する者として十字架にかけられて死を遂げる（以後ユダヤ人はキリスト教徒の仇《かたき》となる）。一方、キリストの自己犠牲によって原罪は贖われ、その教えを信ずる者（キリスト教徒）は人種に関係なく、誰でも救われ得ることとなり、神と人との間は執り成された。しかしそれは、魂の救いがもたらされる可能性が生じたということであって、人は依然として死なねばならず、死んで天国に行けるかどうかは確かではない。信仰のゆえに殉教したり、あるいは超自然の奇蹟を起こした聖人などはともかく、生きている間に犯した数々の罪のゆえに、地獄に落ちる者の方が圧倒的に多いのは、知恵の木の実を食べて自意識を獲得した人間が自己を省みれば、疑いようのない事実であった。だがこれは一般人にとって、死が近づき来世を思わざるを得なくなってくると、居ても立ってもいられない不安の因となる。

煉獄の発明

すでに（イタリア半島における金融業の発達に伴って出てきた）利息の問題を論じたが、その際に触れた「煉獄」という考えがここに生じることになる。『新約聖書』の編纂がなされた西暦一世紀後半から二世紀にかけて、正典には採用されなかったが『ニコデモスの福音書』という外典が書かれ、中に「キリストの地獄巡り」という話が語られている。キリストが金曜日に十字架にかけられて息絶えてから、日曜日に蘇るまでの三日間に、地獄に降りてその扉を砕き、中にいた人類の祖先アダムとエヴァ、アブラハム、予言者イザヤ、ダヴィデその他（生前にキリストを知らず、したがってキリスト教徒ではない）ユダヤ民族の族長達を、一種の「控えの間」のようなところから導き出し、天国に昇らせたという話である（地獄の扉の方は、キリスト自身により再び閉される）。この話は十三世紀になって、ジェノヴァ近郊出身のヤコポ・ダ・ヴァラジネが編集した『黄金伝説《レゲンダ・アウレア》』というキリスト教説話集に採り入れられて人口に膾炙した。これを読んで人は、いったん堕ちたが最後、火責め・水責めの苦しみを永劫に受けねばならない地獄にも、どこかに「控えの間」のような所があり、救世主が再臨される時には、そこから脱出できるチャンスもまったくないわけではないと受け取り、溺れる者が藁をも摑むように、想像を働かせることになる。

辺境のアイルランドのように、霧に包まれ神秘的な地域には聖ブレンダンや聖コロンバといった聖者が出て、ドゥンガル地方の湖中に浮ぶ島にある洞窟を通って「あの世」を訪れ、地獄の責め苦を受ける者達に会って来るという地獄巡りの物語が広く流布する。その中には、現世で故人の縁に繋がる者達の祈りや、教会に捧げる灯明が死者の苦しみを軽減する働きがあるという話も含まれるようになってくる。

一方、教会でも聖ベルナール（一〇九一〜一一五三）または聖フランチェスコ（一一八二〜一二二六）のように神秘家的な傾向を持つ聖人達、さらにはカラブリア出身で、この世の終わりが近いと終末論を説いて悔い改めを勧めたジョアッキーノ・ダ・フィオーレ（一一四五〜一二〇二）といった説教家などが現れて、「あの世」には地獄と天国の他に、第三番目の煉獄という場所があるという考え方が次第に確立してくる。煉獄では、地獄堕ちの罪（七つの大罪）を犯したのではないが、かといってまた聖人のように死に勝って天国に達することも叶わぬ者が留め置かれ、生前の罪を浄めるため苦役に服しており、長い間の厳しい苦行ではあっても、罪の浄めが完成した暁には天国に入ることを許されるというわけである。教会もまたこの考えを承認し、人の行為が神の裁きに影響を与えることなど有り得ない（十六世紀のジャン・カルヴァンの「予定説」など）と厳しい教えを説く者達を異端と断罪し、一般信徒が地獄の罰の恐怖から自暴自棄に陥らぬよう慰める。

こうして煉獄の思想が、十二世紀末から十三世紀初の時点で成立する。煉獄を扱った芸術作品はそれこそ無数に作られるが、その最大の物こそダンテの『神曲』に他ならない。そこでは、「あの世」を作者自身が、古代ローマ最大の詩人ヴェルゲリウスと、かつての恋人ベアトリーチェの導きによって経巡るのだが、そこはまさに三界で構成されており、天国と地獄の中間に煉獄が置かれている。そればかりか「煉獄篇」第二十歌では泰山が鳴動、煉獄の魂達が「いと高き処にましますに栄光あれ！」と合唱するということが起こる。作者はこの現象について、古代ローマのキリスト教詩人スタティウスの口を籍《か》りて、「あれは浄めが完成し、天国に昇ろうという希望が魂を満たすと、それに感応して山は鳴り、他の魂達はかく取り計らわれた神を賛えて、あのように歌うのです」（第二十一歌）と説明している。

煉獄と教会の収入

またすでに触れた地獄巡り物語の中にも、死者の地獄の苦しみが、生きている親族や友人達の供養により柔らげられるというタイプの話がみられる。そこへ煉獄が出現すると、そこでの服役期間もまた、現世に残っている子ども、兄妹、親類縁者らの祈りや、その他の功徳で短縮され得るという話、さらに時には死者が生者の夢の中に現れて供養を求めるといった話が次第に増えてくる。すると教会は、死者のために「執り成し」する権限は、地上におけるキリストの代理人(『新訳聖書』「マタイ伝」十六章)で聖ペテロの座を占めるローマ教皇と、教会が認定した聖母マリアを筆頭とする聖人のみに属すると主張する。それによって教会の権威付けを行うと共に、死者のためのミサ、家族礼拝堂の建設、祭壇画や聖像などの寄進、さらには教会への献金などを通して、収入の増大を図る。

ルネッサンスに関係ある時期では、教皇ボニファティウス八世が終末論との関係で、一三〇〇年というキリのよい年を、予言された「この世の終り」、つまりキリストの再臨が起こる(かもしれない)聖年《アンノ・サント》に指定して、この年にローマに巡礼して四大教会でミサを聴き、懺悔した上、教皇の祝福を受けた者には大赦が与えられる「歓喜《ジュビレーオ》の聖年」と宣言する。このイヴェントに参加するため全ヨーロッパからローマに巡礼が来たり、己れの罪を償うために教会に寄進し、聖ペテロや聖パオロの殉教の地を訪れ、身に付けていれば自分ばかりか孫子までも悪魔の誘惑から守ってくれる霊験あらたかな聖遺物や数珠、また御札などのお土産を求めた。そうなれば、教会はむろんのこと、観光地としてのローマも潤えば、聖都に到る街道上の各地の宿屋や産業も刺激を受けて発展する道理で、わが国のお伊勢参りや参勤交代に似た経済的効果をもたらす。しかも聖年は百年に一度のはずだったのに、ユダヤ教の「ヨベルの年」の伝統に倣って五十年に一度、さらに経済効果を狙って二十五年に一度、また教皇がその事由ありと認めさえすればいつなんどきでもと、だんだん回数が増えてくる(当時では一五〇〇年に、教皇だったアレクサンドル六世が、抜け目なく「歓喜の年」を布告している)。

十字軍と免罰符

この他にもう一つ、罪の赦しという点からきわめて大きな働きをした運動がある。それは時代はやや遡るが、十字軍である。この東方に向かってヨーロッパが行った膨張運動は、聖地イエルサレムをイスラムから解放するという宗教的名目のもとに、教皇の主導で十一世紀末に開始される。生命の危険を伴う異教徒との聖戦に、皇帝や国王から一般の兵士に到るまで、多数の人々を遥か遠くの異国に戦士として赴かせるため、教皇は十字軍に参加する誓いを立てる者には、その時までに犯した罪ばかりか、戦場に到るまでの間に犯す可能性のあるすべての罪に関しても予め罰を宥免する[2]これが「全贖宥《しょくゆう》」で、一〇九五年の第一回に始まり、第七回（一二七〇）まで行われた十字軍ばかりでなく、南フランスのアルビを中心に拡がるカタリ派異端撲滅のアルビ十字軍（一二一三）など、教皇が布告するカトリック信仰護持のためのすべての聖戦に適用された。とくに一四一二年には、ヨハネス二十三世がナポリのラディスラオ王との戦いを十字軍と認定し、これに参加する兵士には全贖宥を与えると宣言したことは大きな反響を呼んだ。この宣言はボヘミアの宗教改革者ヤン・フスの反対を招き、ヨハネス二十三世はフスを破門する。そしてフスにコンスタンツの公会議に出頭して釈明を命じておいて、じっさいはシギスモンド皇帝がフスに与えた通行安全保証を無視して異端者と断定、火刑に処してしまう。その結果、フス派のボヘミア教会による叛乱が起こったことはよく知られている。

ことほどさように、教会は過去と未来における罪とその量刑に関して、教皇のみが裁量権を有すると主張することになる。またこう見てくると、一般には「免罪符」として知られるお札は、「免罰符」と呼ぶべきことが分かる。いったん犯された罪は、神の恩寵と罪人の真の改悛によらずしては赦されない。教会が執り成すことのできるのは、ただその罪に対する、それも煉獄のみにおける、刑期の軽減だけなのである（教会の力は地獄に及ぶことはない）。

要するに、十六世紀に入って急激に世俗化の度を増した教皇庁は、二つのことを生み出した。第一に、死後ただちに天国に往くことを得なかった（一般の）死者には過去に犯した罪に対して煉獄での刑期があるのだが、その短縮について本人以外の者から（お布施その他により）なされる情状酌量の嘆願を受け付ける制度を作ったのである。第二に、生者である寄進者本人がすでに犯した罪、またこれから犯すかもしれない将来の「罪」と、それに対する「罰」に関しても、（無制限な担保の）特別保険制度を考え出したことになる。この二つを組み合わせて、誇大広告といえる免罰符の大売出しが、ローマ教会により十六世紀初にドイツを中心に行われた。それに対する反発が、この地域を宗教改革という汎ヨーロッパ的な教会改革運動の先端に立たせると共に、ドイツにおけるルネッサンスを短命に終らせる結果をもたらしたのである。

（2）戦場でイスラム異教徒と戦って討死すると、息を引き取る前に聖職者に来てもらって自分が犯した罪を告白・懺悔して、臨終の秘蹟を受けている時間的余裕がない。罪の赦しがないと地獄に墜ちてしまうから、それを防ぐため。

神聖ローマ・ドイツ帝国

北方のルネッサンスの背景説明として、最後に神聖ローマ・ドイツ帝国とイタリア半島の関係についても簡単に触れておこう。経済・産業面と違って、政治面においてはドイツ皇帝とイタリア半島とは、他の諸国に比べてはるかに深い関係にあった。それは神聖ローマ帝国（八〇〇年、シャルルマーニュの戴冠をもって成立）がシャルルマーニュの死後に分裂、孫の時代になるとフランスとイタリア半島は独立の政治単位となりシャルルマーニュの血統は絶える一方、ドイツにはその直系の子孫が残ったことがその第一の理由として挙げられる。第二に、中世ヨーロッパ世界の枠組みとして、精神的首長はローマ教皇、政治的首長は神聖ローマ・ドイツ皇帝という二つの権力者が並び立って統治を行うという建前があった。皇帝はまずドイツ諸侯の選挙によって選ばれ、次いで地上におけるキリストの代理者たる教皇によって戴冠してもらわねば、正式に「皇帝」を称することができないという（教会側の術策による）慣行が成立していた。戴冠は教皇と皇帝が一堂に会すればどこでも可能であったが(3)、やはり古代ローマ帝国の首都で教皇庁の所在地であるローマでの戴冠が最も相応しいと考えられていた。したがって皇帝に選出されたドイツの君主が、戴冠のため宮廷と軍隊を引き連れてローマにやって来るという事態がしばしば起こる。それればかりではない、精神界と世俗界といったところで、両者の境界が明確だったわけでは毛頭なく、オットー大帝の教会改革またグレゴリウス七世の司祭叙任権闘争《インヴェスティトゥーラ》、さらにはイタリア半島におけるルネッサンスの引き金を引いたホーヘンシュタウフェン朝のフリードリッヒ二世と教皇庁との対立関係が示すように、しばしば皇帝と教皇はヨーロッパ政治の主導権をめぐって争いを繰り返し、それが理由で世俗権力者である皇帝が軍隊を率いてイタリア半島に南下する事態が生じた。つまりイタリア半島とドイツの接触は、政治・軍事面については、他のヨーロッパ諸国よりむしろ頻繁だったのである。

ただ、よく知られているように、皇帝と教皇の関係は友好的というより対立する場合が多い。例えば十四世紀前半にバイエルン公ルードヴィッヒ四世が皇帝に選ばれるのだが、ルードヴィッヒは、当時南フランスのアヴィニョンにいて、自分の皇帝戴冠を拒否する教皇ヨハネス二十二世の神政政治的野望に対抗して、自己の戴冠を正当化するためパドヴァ出身の政治学者マルシリオ・ダ・パドヴァを起用する。その結果として、教皇の世俗支配権を否定し、政教分離の思想を明確に打ち出したルネッサンスを代表する論文の一つ、『平和の擁護者《ディフェンソル・パキス》』（一三二七）が書かれ、それを踏まえて対立教皇ニコラス五世が擁立され、一三二八年にローマで皇帝戴冠が行われるということにもなった。さらに十五世紀末から十六世紀に入った頃、イタリア半島がヨーロッパ諸国の角逐の舞台となり戦乱が続くと、ドイツ傭兵隊は大いに活躍して怖れられる。だがそれとは裏腹に、文物交流の方は途絶えがちとならざるを得ない。

コンスタンツおよびバーゼルの公会議

要するに十四～十五世紀を通じて、ドイツとイタリア半島との接触の機会は多かったのだが、その圧倒的多数は兵士か、さもなければ権力志向の王侯、高位聖職者、傭兵隊長《コンドッティエーロ》によるもので、学者や知識人となると、フランスはいうに及ばず、イングランドと比べても決して多かったとはいえない。むしろ北方の人文主義の発展に大きく貢献したのは、スイスで二度にわたって開かれた教会の大分裂《グラン・シスマ》をめぐる公会議、一四一四～一八年のコンスタンツと、三一～三九年のバーゼル公会議である。コンスタンツ公会議は、一四一〇年にドイツ王に選出されたルクセンブルグ家のシギスモンド四世によって、三人の教皇が並び立つ混乱状態を収拾するために招集された。かつボヘミアの教会改革論者ヤン・フスを、王の身分安全保証にもかかわらず異端の廉《かど》で逮捕・処刑、ボヘミアにおける叛乱の原因となった。

バーゼル公会議では、教皇に対する公会議の優位が採択され、反対するエウゲニウス四世は廃位寸前にまで追い込まれる。だがオスマン・トルコの脅威に直面した東ローマ皇帝パレオロガス朝のヨハネス八世が、藁をも摑む気持で西欧カトリック教会の助けを求めるためにイタリア半島を訪れ、これを奇貨としたエウゲニウス四世はフェラーラ次いでフィレンツェにおいて、こちらの緊急問題を先議する公会議の開催を呼びかけ、延々と続くバーゼルの公会議を吸収に成功したため、教会改革の動きは頓挫してしまう。

しかし、こうした展開とは別に、スイスでの二つの会議にはイタリア半島から多くの教会人、法学者などが参加し、宗教問題ばかりか、当時まさに興ろうとしていた人文主義の気運を直接ドイツに伝えることとなった。

教会批判と国家主権の高まり

バーゼル公会議でエウゲニウス四世の廃位を強く主張したのはジャン・ジェルソンらフランス教会《エグリーズ・ガリカンヌ》の代表だったが、その背後には国王シャルル七世の意向が強く働いていた。それが一四三八年のフランス教会の代表者会議において、フランス国内の聖職者任命権と教会税徴収権は国王に属するとする

(3)　じじつカール五世は、クレメンス七世によって、ローマではなくてボローニャで戴冠されている。

ブルージュでの「国本勅諚《プラグマチック・サンクション》」に帰結する。この例が示すように、当時アルプス以北では各地域の自主独立を志向する気運が醸成されつつあった。

ドイツの場合には、政治的に国家統一が成立しなかった点ではイタリア半島と同様で、フランス、スペイン、イングランドと異なる（だがその原因となると、イタリア半島のように都市を中心とする勢力が拮抗・対立したからではなくて、封建領主の力が強くて統一に向かおうとする動きが抑えられたためである）。しかし、経済的には、フランスはブルージュの国本勅諚の例に見られるように、ドイツでも教会に属する諸種の経済利権が国外（ローマ教皇庁）に流出するのをよしとしない感情が、両度の公会議での論議が教皇庁の非宗教性と腐敗・堕落をさらけ出したことも手伝って、一般庶民や封建支配層の間にも拡がっていく。これが後のプロテスタント派による宗教改革に発展する素地を形づくるのである。

第2節　北方ルネッサンスの胎動

（1）ドイツ経済の活性化

本章の冒頭で「北方のルネッサンス」の出発点として、一四九四年を設定した。むろんルネッサンスのような、広域社会全般にわたって複雑多岐な変化をもたらす現象に、たとえそれが目安であるにしても、一つの決った開始年を指定することに無理があるのは見やすい道理である。にもかかわらず敢えてこの年を挙げたのは、その二年前の九二年にイベリア半島で起こった二つの事件、すなわち「グラナダ攻略」（ヨーロッパからの、八百年弱にわたったイスラム勢力排除）と、「コロンブスの新大陸発見」という二つの事件がスペインのルネッサンスに及ぼした影響と比べて、むろんそのヨーロッパばかりでなく世界史全体に占める重要性の点では及ぶべくもないとはいえ、それでも何ほどか類似する、歴史の転回点と言ってもよい三つの出来事、「フッガー商会《コンパニーア》の設立」と「アルブレヒト・デューラーのヴェネツィア行き」、それに「セバスチャン・ブラントの『阿呆船《ダス・ナーレンシッフ》』の出版」という三つの出来事が、この九四年にドイツで起こっているからである。

フッガー商会の設立

ドイツのルネッサンスは、イタリア半島の場合と同様、経済の活性化から始まる。ここで問題になっているフッガー家は、南西ドイツのシュワーベン地方、アウグスブルグに本拠を置く産業資本家・金融業者なのだが、この一族が一四九二年に「フッガー商会」の旗印を掲げる。しかもそれは、ホーヘンキルヘン（シュワーベン州）と、現オーストリアはケルンテン州のフッガー・アウに設けられた同家の銅製錬所の建設を通して、ヨーロッパにおける銅生産の独占的支配確立を狙ってのことであった。

フッガー家は、もともと織物工だった先祖のヨーハン（ハンス）が、十四世紀後半にグラーベンの小村から、近くの帝国自由都市アウグスブルグに出る。十五世紀後半、息子の「老」ヤーコブの代になると、所属を織物工組合から商人ギルドに移して、イタリア経由で絹や毛織物、細工品、香料などの輸入・販売にたずわって利益を上げ、六一年にはアウグスブルグの富裕市民の一人に数えられるまでになっている。「老」ヤーコブには七人の息子がいたが、そのうち四男のマルクスをローマに送り、長男ウルリッヒと五男ゲオルグとがドイツで集金した教会税その他、教会関係の送金の受け取りに関わらせることを通して、教皇庁との密接な関係を築く。

その一方で七三年、「老」ヤーコブ（一四六九没）の後を継いだウルリッヒは、時の神聖ローマ皇帝ハプスブルグ家のフリードリッヒ三世が、息子マクシミリアン（後の皇帝マクシミリアン一世）と、ブルゴーニュ大公、「猛進公」ことシャルルの娘マリーとの結婚を取り決める婚約式に臨むために、ルクセンブルグ公国との国境に近いトリアーへ赴くに際して、手元不如意だった皇帝一行の諸事費用万端を引き受けることを申し出る。そしてこの奉仕の見返りとして、百合の花をあしらった家紋を授けられ、一族の貴族身分化への一歩を踏み出すのである。

それだけではない、八七年になると、フリードリッヒ三世の甥でチロル大公、ハプスブルグ分家のシギスムンドにも八五年に金を用立ててあったのだが、その金の抵当に入っていた、チロル渓谷の銀山と銅山の採掘権が、借り手の返済不能によりフッガー家のものとなる。これが、それまでに兄達の死亡が重なって、一家の事業の切り盛りを担うことになる末子（七男）の、後に「富豪」と異名を取ることになるヤーコブ二世の鉱山業への進出のきっかけとなり、九四年の「フッガー商会」設立に到るという経過である（ヤーコブ二世は、これに先立つ一四七八年に兄のいるローマを訪れ、帰途ヴェネツィアに滞在して商売見習いをしている）。

以後フッガー家は、オーストリアのチロルやケルンテンばかりでなく、手広くボヘミア（現ハンガリー）やスロヴァキア（ノイゾール＝現バンスカ・ビストリカ）、またシレジアなどの金・銀・銅・水銀鉱山の開発を強力に推進したばかりでなく、アドリア海（ヴェネツィア）経由で東方イスラム圏からの奢侈品の取引にも手を染め、さらに銀行業にも進出して、ヨーロッパ随一の富豪にのし上がっていく。

商工業資本家と銀行業者

しかもこうした現象は、フッガー家だけにとどまらなかった。当時イタリア半島諸勢力は、フランスやスペイン、さらにはオスマン・トルコなど外国勢力の侵攻に直面しているというのに、一致協力してこれに当たるどころか、かえって内紛に明け暮れる有様。メディチ家（フィレンツェ）やスフォルツァ家（ミラーノ）、ヴェネツィア共和国、ローマ教皇庁、ナポリ王国など、半島に割拠する地域国家の活力に、かつての勢いは見るべくもなくなってしまっていた。そして停滞期に入ったイタリア半島勢力に代わって、フッガー家ばかりでなく、先述ヴェネツィアの「ドイツ人商館」を拠点として、アウグスブルグやニュールンベルグを中心に興隆しつつあったヴェルサー家やホッホシュテッター家、トゥヒャー家、パウムガルトナー家など、南西ドイツの商・工業資本家や銀行業者達が急速に台頭してくる（ついでに言えば、あの宗教改革運動の引き金を引いたマルチン・ルッターの父親も、これら大資本家達とは比べ物にならぬとはいえ、同じドイツ産業興隆の機運に乗って、社会的上昇を目指した資本家の一人だったのである。ルッター家は、ドイツ中部チューリンゲン州の町マンスフェルトで、小規模ながら銅の採掘と精錬を行う鉱業資本家で、父親のハンス・ルッターは息子マルチンを、家業を継がせるため、最寄りの著名なエルフルト大学に法律の勉強に送り出している。ところが大学在学中にマルチンの宗教的回心が起こり、法学を捨てて神学に転向、修道院に入ってしまったので、当ての外れた父親は激怒したと伝えられる）。

が、それはともかく、このイタリアからの刺激を受けてドイツに興った商・工業活発化の最も華々しい成果が、一五一九年に見られる。同年、ハプスブルグ家のマクシミリアン一世が亡くなり、後継の神聖ローマ皇帝位をめぐって、同じハプスブルグ家のスペイン王カルロス一世と、ヴァロワ家のフランス王フランソワ一世が争うのである。神聖ローマ皇帝位は、選帝侯と呼ばれる七人のドイツ諸侯の投票によって決められるしきたりであったが、その票を狙って両王の陣営が激しい買収合戦を繰り拡げることになる。

この時の皇帝位争いにまつわるヨーロッパの政治情勢については、「宗教改革」の項（第3節「宗教改革運動の展開」）で後述するのでここでは触れない。ただ二人の王のうちカルロス一世の側には、前記の鉱山採掘権の関係もあって、フッガー家やヤーコブ二世の提唱により結成された、アウグスブルグを中心とするドイツ資本家の連合がつく。そしてフランソワ一世の申し出た買収金額の倍に当たる八十五万フロリン（その内フッガー家支出分は五十四万フロリン）を調達して、見事カルロス一世を神聖ローマ皇帝カール五世として選出させるのに成功してしまう。これはまさに、二世紀半前に、ホーヘンシュタウフェン朝の南イタリア支配を覆えすため、シエーナのボンシニョーリ家やフィレンツェの教皇派銀行家達が打った大博打を彷彿とさせる、一大仕手戦である（以後カール五世は、夜分や早朝にアウグスブルグを通行するに際して、フッガー家の安眠を妨げないよう、馬の口には枚を含ませ、脚には沓を穿かせたと伝えられる。またヤーコプ二世の甥で後継者に当たるアントン・フッガーは、自宅にカール五世を招待して宴を張った際、香を焚くのに皇帝の借金証文を付け木に用いて、ハプスブルグ家の借りを棒引きにしてみせ、もってカールを驚嘆させるなど、フッガー家の豪奢ぶりを物語る伝説には枚挙のいとまがない）。

カール五世皇帝選出の結果もまた、ホーヘンシュタウフェン朝の転覆騒動の結末とよく似ている。カールの選出によって生じたハプスブルグ家のあまりの強大化に恐れをなしたメディチ家の二人の教皇、レオ十世とクレメンス七世は、ホーヘンシュタウフェン朝を倒したアンジュー・フランス勢力の拡大を恐れた十三世紀末の教皇達と同様、慌ててフランソワ一世らを語らって反カール連合結成に走る。そしてその結果が、これまたボニファティウス八世の「アナーニの屈辱」（一三〇三）によく似た、「ローマの劫掠《サッコ》」（一五二七、第Ⅱ部第2章「スペインのルネッサンス」参照）の惨事に繋がる。それればかりか今回は、「免罰符」販売に関わるスキャンダルも絡んだ揚句が、ヨーロッパの北半分のカトリック教会離脱という、十四世紀初の「教皇庁のアヴィニョン捕囚」（一三〇九〜七七）事件をはるかに上まわる「宗教改革」にまで発展、カトリック教会の権威は大打撃を蒙ることになる。だが、それについては後述することにして、アルブレヒト・デューラーに話を移そう。

（2）　美術と人文主義

アルブレヒト・デューラーのヴェネツィア行き

アルブレヒト・デューラーは一四七一年、ニュールンベルグで同名の父の次男として生まれている。父はハンガリアからこの町にやって来た金細工師で、アルブレヒトは幼少の頃から細工やデザインに才能を表し、父は自分の跡継ぎとして大いに期待していた。ところが本人は細工よりむしろ絵画の方に興味と才能を示し、絵を選んだため、父親をがっかりさせたと伝えられる。

十五歳で、かの『ニュールンベルグ年代記』（一四九三）の挿絵師として知られるミハエル・ヴォルゲムートのアトリエに見習いとして入っている。この挿絵版画師としての修行は重要で、後年デューラーが多くの見事な版画（木版・銅版）の連作やイタリア絵画の傑作のプリント（多量のコピー

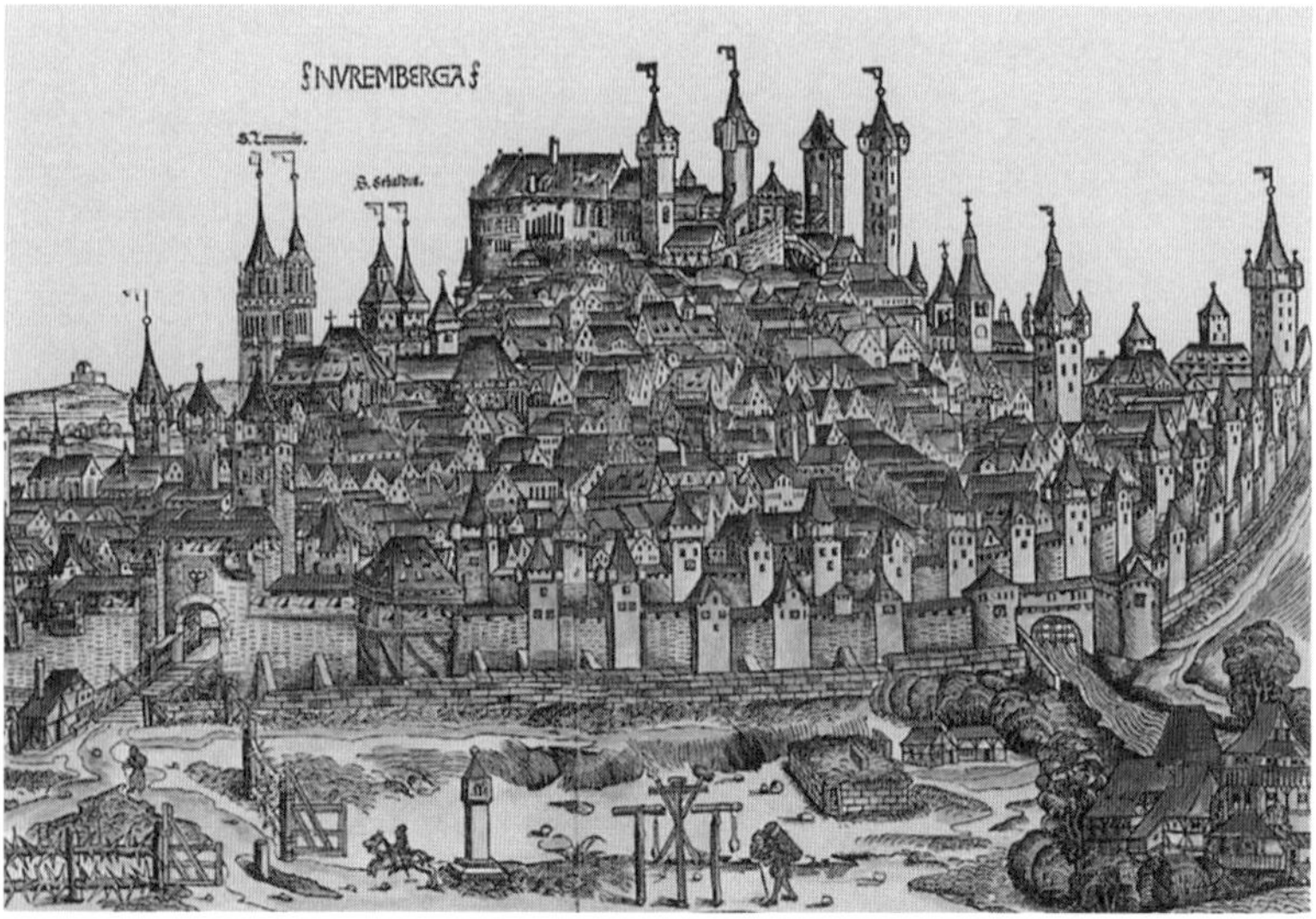

ニュールンベルグ全景　『ニュールンベルグ年代記』の挿絵　ミハエル・ヴォルゲムートの木版　1492 年

複製が可能な版画は、ルネッサンス美術の普及に絶大な力を発揮した）、あるいはブルネレスキが開発した線遠近法、さらには解剖学的プロポーションに基づいた人体表現などの紹介を通して、イタリア半島ルネッサンスの芸術的成果の解説とアルプス以北における流布を行い、もって汎ヨーロッパ的名声を博することになる素地がここにある。

　ドイツ圏に特徴的な修行方法、すなわち一通りの見習期間を終えた後、各地の名ある親方のアトリエを巡って技を磨く、いわゆる「遍歴時代《ワンダー・ヤーレ》」の習慣に従い、デューラーは八九年から四年間バーゼル、シュトラスブールなどを訪れ、北方絵画の技法を修得する。そして九四年に、自分の不在中に父親が取り決めた婚約を履行するため、いったんニュールンベルグに戻るが、結婚後三カ月で、いよいよ単身ヴェネツィアに向け第一回のイタリア旅行に出るのである。一年余りの滞在であったが、この旅行で先進イタリア絵画から学んだところは大きく、一五〇五年に再度ヴェネツィアを訪問するまでの十年間、ニュールンベルグで開いた自分の工房で製作した作品にはイタリア的な技法の影響が著しい。しかしその一方でまた、チロル渓谷を通ってヴェローナ経由でヴェネツィアに到る旅行の往復中に目にした風景や草花、動物などを早いタッチで描いた精密なデッサンや、それをもとにした水彩画には、天才的な眼力と共に、人間中心的なイタリア絵画には見られぬ、自然に対する繊細な感性が現れている。

そうした作品や、イタリア絵画の傑作の銅版画（デューラーはラファエルロやマンテーニャ、さらにはレオナルド・ダ・ヴィンチの作品にも触れている）を通して、自国で画家としての名声を確固たるものにしたデューラーに〇五年末、再度ヴェネツィア行きの機会が訪れる。同年に火事を出して損壊した、リアルト橋のたもとの「ドイツ人商館」の再建に伴い、ドイツ商人達から、商館の守護教会であったドメニコ派聖バルトロメオ教会の主祭壇に奉献する、祭壇画の製作依頼が来たのである。現在プラハ国立美術館所蔵に帰し、『バラ冠《ロザリオ》の聖母』（一五〇六）と呼ばれるこの大作では、中央に幼児イエスを抱いた聖母マリアが座し、向かって右手に皇帝マクシミリアン一世、左には時の教皇ユリウス二世が共に跪いて、聖母子からバラの冠を授けられている。前景にはヴェネツィアの大家ジョヴァンニ・ベリーニに対する敬意の印として、その作品から借りてこられた天使がマンドリンを奏で、右の遠景にはオーストリア・アルプスの山々が描かれ、作者デューラーの姿も欠けていない。この作品は大変な評判を呼び、ヴェネツィア画壇の大御所、老ベリーニ（八十歳）はデューラーをそのアトリエに訪れて賛辞を呈し、ヴェネツィア当局からは共和国公式画家として任命したいという申し出が来るほどであった。

こうした成功を収め、かつ画家を職人としてしか扱わない母国に比べて、芸術家に高い尊敬を払うイタリアには後ろ髪を引かれる思いを抱きながらも、デューラーは〇七年ニュールンベルグに戻る。そして上記、遠近法や人体表現法など、ルネッサンス的絵画表現の解説書を執筆するかたわら、「聖なる三位一体の礼拝」（一五一一）、「四使徒」（一五二六）など宗教画の大作や、多数の自画像の製作を精力的に行う。また皇帝マクシミリアン一世、ルッターの保護者であったザクセン選帝侯「賢公《デア・ヴァイゼ》」ことフリードリッヒ三世、フッガー家のアントンなど、時の権力者や大商人の肖像画の製作も引き受ける。その一方で晩年になると、ますます深まるカトリック教会と宗教改革運動との対立に関しては、むしろ改革派の側に理解と共感を示し、エラスムス、フィリップ・メランヒトンなどの肖像画をも残して、二八年にニュールンベルグで五十六歳の多産な生涯を終えるのである。

ルーカス・クラナッハ（父）とハンス・ホールバイン（子）

デューラーの死後、ドイツ絵画にあってはデューラーより一歳年下のルーカス・クラナッハ（父、一四七二〜一五五三）が代表的な画家となる。クラナッハの伝記には不明な点が多く、自身イタリアに赴いたことはないようだが、デューラーなどの影響を受けつつも、デューラーよりはるかにドイツ的な画風を保っている。またこの二人が教会改革の運動に親近感を抱き、ルッターやメランヒトンの肖像画を描いていることも興味深い。有力者などではない一般の都市民は、おおむね改革に共感を抱いていたといえよう。その例として、画家ではないが同じニュールンベルグの靴屋で詩人、劇作家でもあったハンス・ザックス（一四九四～一五七六、ヴァグナー『ニュールンベルグの名歌手』の主人公）を挙げることができる。ザックスは、ルッターの作品（デューラーが著者の肖像を添えている）に賛辞を呈している。が、それよりも何よりも、ザックス自身の長詩『ヴィッテンベルグの夜鶯《ナイチンゲール》』（一五二三）が、ルッターを暗夜に宗教革新を告げる夜鶯（ルッターが夜鶯！）に譬えて称賛した作品であることは、広く知られている。

エラスムス『痴愚神礼賛』の挿絵　ホールバイン（子）筆　1515年

　肖像画の名手ということでは、アウグスブルグ出身だがスイスのバーゼルに移り、そこからさらにロンドンに赴いて、エラスムスやトーマス・モア、ヘンリー八世の肖像、あるいはエラスムスの『痴愚神礼讃』の挿絵を描いたハンス・ホールバイン（子、一四九七～一五四三）も逸することはできない。ホールバインは一五一七年に北イタリアを訪れ、マンテーニャらの作品にも触れている。そしてホールバインが活躍の舞台としたバーゼルもイングランドも、宗教改革の波に洗われてカトリック教会から離脱する運命に向かったことを、付け加えておこう。

セバスチャン・ブラント『阿呆船』の出版

これまで見てきたように、美術においてはデューラーがドイツ風とイタリアの影響の融合が試みたり、またクラナッハの場合は、よりドイツ的なスタイルを依然として残していた。これに対して、言葉、それも知識人・人文主義者の国際共通語だったラテン語なぞではない、ドイツ語で書かれた文学・思想作品の場合はどうだったであろうか？　その好例として、シュトラスブール出身、バーゼルで活躍した人文主義者セバスチャン・ブラントの『阿呆船』（一四九四）がある。この諷刺作品は、アルブレヒト・デューラーが遍歴・修行時代の終りに訪れたバーゼルで木版挿絵を分担したもので、エラスムスの『痴愚神礼讃』に影響を与えたと指摘される。また「初期新高ドイツ語」という現代ドイツ語の母体であるが、やや違った言葉（近代ドイツ語は、一五三四年のルッター訳聖書をもって完成する）で書かれており、内容が道徳的・教訓的で革新性が薄く、体制内批判に止まるという理由でルネッサンス文学には数えられない場合が多い。だが、宗教界の腐敗・堕落に対する批判（六十三、七十三、百三章など）、ドイツ諸侯の私欲に走った行動が国家統一を妨げているという指摘（九十九章、ただ皇帝マクシミリアン一世に対する高い評価は盲目的）、さらには衒学的ともいえるほど夥しい、それも聖書のみならず古代ギリシャ・ローマの神話と歴史への言及が、啓蒙的意図も加えて盛り込まれている点などを考えれば、十分ルネッサンス的といえる。さらに『阿呆船』は、十五世紀半ばにマインツの印刷業者ヨーハン・グーテンベルグが発明した、ルネッサンスの新技術である活版印刷により広く普及し、ラテン語訳でも出版[4]されて人文主義者達の間でも大きな評判を取っているのである。

国語としてのドイツ語

この『阿呆船』がドイツ語で書かれている点は、きわめて重要である。中世知識人の共通語であったラテン語に対して、「俗語《ヴォルガーレ》」と呼ばれ貶められていた各地域の言葉は、すでに十三世紀末からダンテ、ペトラルカ、ボッカッチョらが輩出し、文学語の地位を獲得したイタリア語は別格として、アルプス以北の地域では十五世紀末から十六世紀初にかけて自己の存在を主張し始める（それもしばしばイタリア語との対立においてであった）。スペインのクリストバル・デ・カスティリエーホの『カスティリアの韻律を忘れ、イタリア語に倣う者共への反論』（一五四〇頃）、またフアン・デ・ヴァルデスの『言葉に関する対話』（一五四〇）、フランスではフランソワ・ラブレーの傑作『ガルガンチュワとパンタグリュエル物語』（一五三二〜五三?）、ジョアシャン・デュ・ベレー『フランス語の擁護と顕彰』（一五四九）、さらにフランソワ一世が発布し、以後あらゆる公文書がラテン語ではなくフランス語で書かれるべきことを定めた「ヴィレル・コトレの勅令」（一五三九）などが、その間の事情を雄弁に物語って余すところがない。

ドイツの場合、その点では英国も同様だが、ドイツ語がゲルマン系で、ラテン語から派生したロマンス語系統ではなか

（4）グーテンベルグの活版印刷による最初の仕事は、一四四七年のラテン語聖書である。俗語作品がラテン語に訳し直された先例には、ペトラルカによる『デカメロン、グリセルダ物語』（一三七三）がある。

ったため、圧倒的多数の一般大衆（農民）はドイツ語の諸方言を話し、それと対照的に学者や人文主義者達は、当時の知識人の共通言語であるラテン語のみならず、ギリシャ語、ヘブライ語までをも積極的に学んだ。また都市が社会に占める割合が低く、知的また政治的にも、上層と大衆との間に存する乖離が大きかったことは、この地域の人々の営みに、いわゆる「都市的気取り」とは縁遠い、生真面目な性格を与えることとなった。こうした事情は、知識階級が自己の見解を広く訴えようとすると俗語を用いざるを得ず、その点でもドイツ語の使用に抵抗が少なかった。そしてこうした俗語の使用が（他の地域でも同様であったが）ナショナリズムに繋がっていくのである。

その一方、エラスムスのようにマイナーな言語であるオランダ語地域に生まれながら、広くヨーロッパの上層・知識階級に自己の主張を伝えようと志す者は、母語を一切使わずにラテン語のみで著作する。だが、この行き方はエラスムスほどの才能があり、その説くところが広く各国の知識人の心を打ち、各国語に翻訳ないしは紹介される場合は別だが、そのままでは生きた社会に根を降ろさず、結局はペトラルカのラテン語作品が辿ったのと同じ運命、つまり忘却の淵に沈まざるを得ない。このことは、次のような出来事に象徴的な形で表れている。すなわち、医師また占星術師、博物学者として広く知られたスイス出身のパラケルスス（一四九三〜一五四一、本名フィリップ・フォン・ホーヘンハイム）が、一五二七年にバーゼル大学でラテン語ではなくスイス系ドイツ語で授業を行い、学者達の非難を受けたのに対して、イングランドのパラケルスス学徒トマス・モファットが、「パラケルススがしばしばラテン語よりドイツ語を用いて講義したのは事実であるが、ではヒッポクラテスはギリシャ語で教えなかったであろうか？　母国語で話したことがヒッポクラテスやガレヌス、その他のギリシャ人には認められて、パラケルススの場合には非難すべきことなのであろうか？」と、ただしラテン語で擁護している。この発言と、その二世紀余り前にダンテが自分の母国語イタリア語を擁護する『俗語論』（一三〇四）をラテン語で書き、ただし自説の実践を『神曲』で行った事実を考え併せると、ルネッサンスの重要な指標の一つである国語の問題が、ドイツ圏のように広域でかつ多言語な地域では、他処に比べていっそう強く浮び上がってくることになるのである。

北の人文主義

言葉の問題はこれぐらいにして、人文主義に話を移そう。北方の人文主義は、エラスムスやトーマス・モアにもみられるように、イタリア半島の古典学から発して都市的・世俗的な傾向が強い人文主義に比べて、福音主義的・道徳的・実践的な傾向の強いものとなる。ドイツ人文主義《フマニスムス》の大立者ヨーハン・ロイヒリン（一四五五～一五二二）はパリ大学でギリシャ語を習得し、バーゼル大学で教鞭を取った後、シュトットガルト伯爵エーベルハルトに随って一四八二年にフィレンツェに赴き、同地の人文主義者と接触する。さらに九〇年、再びフィレンツェを訪れ、最盛期のプラトン学院《アカデミア》でピーコ・デ・ラ・ミランドラと面会して、そのユダヤ教における秘教《カバラ》の研究に深い感銘を受ける。九二年にはリンツに在った皇帝フリードリッヒ三世の許に外交交渉に派遣された機会にヘブライ語の習得を開始し、九四年には『驚嘆すべき言語について』というヘブライ語を称揚する作品を発表する。九八年にも三度目のフィレンツェ行きを果し、（今日では考えられないような）神秘主義魔術への打ち込みようで、一五一七年には『カバラの術』を残している。

　こうして一方では、イタリア半島の世俗的人文主義が行き着いた、ピーコ・デ・ラ・ミランドラのユダヤ教的神秘主義の宗教哲学に強い感銘を受けたロイヒリンがいるかと思えば、他方では改宗ユダヤ人のフェフェルコルンが、自身ユダヤ人であるというのにスペインの異端審問に影響されて、ユダヤ思想を根絶しユダヤ人を改宗させるためには、あらゆるヘブライ語の書物を没収・焚書にすべきであると主張する。両者の間に論争（一五〇九～一〇）が起こり、これにケルンの保守的なドメニコ修道会が介入してきたので、ロイヒリンはエラスムスを始め多くの人文主義者の見解を徴し、これを『高名人の書簡』と題する書物に編んで反論する。しかしドメニコ修道会側の攻撃は一向に止まず、事態が教会保守派と人文主義者との対決の様相を帯びるようになってくると、今度は『無名人の書簡』なる諷刺パンフレットが、ウルリッヒ・フォン・フッテンらにより二度にわたって刊行され（一五一五～一七）、わざと修道士達の手紙を劣悪なラテン語によって偽作して挿入し、保守派の無知を嘲ることによって大きな評判を獲得するという、いわば百家争鳴的な、活発な論戦が展開される有様であった。

　以上見てきたところを総括すれば、この十五世紀末から十六世紀の初めにかけての時点でドイツ、といっても広すぎるアルプス以北の神聖ローマ帝国の中で、少なくともライン河（先述の理由によりフランドル地方を除く）とドナウ河流域（ヴィーンまで）、そして南はアルプス、北はエルベ河に囲まれたドイツ語を話すゲルマン系住民の地域では、イングランド（ヘンリー八世、登極一五〇九）やフランス（フランソワ一世、一五一五）、スペイン（カルロス一世、一五一六）などとほぼ時を同じくして、（一）産業の活性化、（二）イタリア半島からの刺激に触発された新たな美的感性の開花、（三）

福音主義的傾向の強い北方人文主義の洗礼を受けた信仰の内面化に基づく宗教革新への期待といった、ルネッサンスを特徴付ける気運が興りつつあったのである。その気運が、他の地域と違って、どうしてドイツでだけ短命に終ったのか、その経過を以下で跡付けてみることにしよう。

第3節　宗教改革運動の展開

(1)　ルッターの活動

レオ十世の錬金術に対する抵抗

ここでも話はまずローマから始まる。ローマでは、ヴェネツィア共和国を叩き、フランス王ルイ十二世を手玉に取ってイタリア半島に覇を唱えた教皇ユリウス二世が、一五一三年に亡くなる。上に述べたように、当時ローマ教皇庁の財政は、ユリウス二世の伯父デ・ラ・ローヴェレ家の（清貧《ポヴェルタ》をモットーとするフランチェスコ会士！）シクストゥス四世、ボルジャ家のアレクサンドル六世、それにユリウス二世自身といった、縁者贔屓《ネポティスモ》で遣り手の教皇達の経営よろしきを得て、大いに潤っていた。ところがユリウス二世の跡を襲って、「豪奢殿《イル・マニフィコ》」ことロレンツォ・デ・メディチの次男ジョヴァンニがレオ十世の名で教皇の座に就くと、富裕の家柄の出で浪費癖があり、もともと現世的で宗教心は稀薄だったことも手伝って、ラファエルロやミケランジェロ、またブラマンテらを起用してヴァチカン宮殿を飾り、人文主義者を招いてローマ大学の基礎を置くなど湯水のように金を使ってしまう。教皇庁の金庫がたちまち空になっても、レオ十世は贅沢・豪華の追求を止めようとせず、高位の聖職を新設して売りに出したり、商人達から高利で借金するなど、あらゆる手段で資金調達を図る。そこへ煉獄との関連で行われていた「免罰符」の販売も浮上してくる。教会が「贖宥」の専売権を主張し、自己の懐を肥やすことについては、すでにこれを厳しく論難した英国のウイクリフ（一三二〇～八四）や、ボヘミアのヤン・フス（一三六九～一四一五）らの例があり、何も新しく始まったスキャンダルではなかった。

だが、アルプスの北方でも社会の状況は変りつつあった。一方で歴代教皇が世俗権力を志向したことによって、精神的権威を失墜したローマ教会があり、他方ではイタリア半島における経済発展の刺激を受けて実力を蓄え、それぞれの地域における政策決定の自由と権利とを主張し始めた帝国自由都市や、自領内の資源開発や産業育成に努めて独立割拠志向を強めるドイツ諸侯の存在があったのである。都市民《ブルジョワ》と諸侯、この両者がローマ教会に対抗するため、手を結んでいくことになる。すでに教会の「十分の一税」と呼ばれる制度（総生産の十分の一を教会に持って行かれる）を快く思っていなかったところへ、今度はとかく「いかがわしい」と噂の高い免罰符、それも「煉獄の沙汰も金しだい」的な誇大広告による死後保険まで組み合わせた商品の教会専売を通して、さらにいっそうの富の吸い上げが行われることに対する反発が高まるのである。

ヨーハン・テッツェルの免罰符販売

　折しも、ライプツィッヒ出身のドメニコ会修道士ヨーハン・テッツェルなる、能弁で知られた説教師が登場する。テッツェルは免罰符の販売を委託された人物で、ドイツにおける免罰符の専売権を手に入れたフッガー家は、テッツェルの許に手代を金庫番として派遣する。テッツェルは厚い板で作り頑丈な鉄の箍《たが》を何本も嵌め、蓋にお金を放り込む穴を開けた樽型の賽銭箱を前に、善男善女に向かい「この中にお金を落してチャリンという音がすると、煉獄にいるお前方の縁者の魂の苦しみが柔らいで、天国に行けることになるぞ！　またお賽銭と引き換えにもらえる免罰符の功徳によって、お前方のこれまでの罪、またこれからの罪に対する罰が免除になる！　殿様方二十五グルデン、貴族方やお役人なら十グルデン、上流の市民は六グルデン、一般市民は一グルデン、それ以下なら半グルデンか四分の一グルデンでお札が手に入る。サアサア入れた、入れた！」と、幟《のぼり》を押し立てラッパを吹き鳴らして、町々や村々を練り歩く（ルッター「九十五カ条の提題《テーゼン》」第二十七条には、「賽銭箱ニ投ゲ入レラレタル贖罪銭ノ音ト共ニ、亡霊煉獄ヲ脱スト説ク者ハ、実ニ神ノ言葉ニ非ズシテ、人ノ言葉ヲ語ル者ナリ」（原文ラテン語）とある）。

　またテッツェルは、日曜日で教会においてミサが上げられている時でも、教皇庁の権威を笠に着て礼拝を中断させ、免罰符の販売会場に信徒を集わせるようなことまでやったといわれる。フッガー家の金庫番は、テッツェル隊の後に付き従い、一日が終ると賽銭箱の蓋を開けて上がりを計算し、アウグスブルグのフッガー家の本店に護送する。フッガー家は送られてきた金を、（イタリア半島の金融業者が十三世紀「シャンパーニュの大市」でやったのと同様）前もって教皇庁に用立てた金額の返済分として懐に入れるか、あるいはローマに送金するのだが、その際に、これもイタリア金融業者と同様、高額の利子・手数料を取ることを忘れない。

　一方で仲間の領主と領地をめぐって絶えず戦い、他方でイタリア半島経由でもたらされた東方の奢侈品に触れて欲望を掻き立てられ、戦時にも平時にも常に金欠病に罹っていた封建領主達は、農民からはもう搾れるだけ搾って取れる物はなく、都市に課税しようとすれば皇帝から獲得した憲章を盾に抵抗され、何かよい財源はないかと目を皿にしていた。こう

ヨーハン・テッツエルの免罰符販売の有様を描いた版画

した封建領主達にとって、免罰符により領民の懐から金が教会に吸い上げられていくのを見るほど腹立たしいことはなかった。また都市においても、集められた金が地元に落ち産業を育成するのではなく、ローマで聖《サン》ピエトロ寺院などが改装されるのに注ぎ込まれるというのでは、何のメリットも無いと不満が燻っていた。この反発に理論的根拠を提供した者こそ、アウグスチヌス修道会の保守派修道士で、ウイッテンベルグ大学教授のマルチン・ルッターであり、その原理主義的な免罰符批判が一五一七年にヴィッテンベルグ大学教会の大扉に公開討論のテーマとすべく貼り付けられた「九十五カ条提題」なのである。

ルッターの出発点

とはいえ、上に引いた第二十七条を見ても分かる通り、ルッターの批判は免罰符の社会・経済的な面を問題にしているというよりは、その効力と適用範囲とを神学的な立場から論じ、誇大広告の非なることを主張している。そのことは第五条の「教皇ハ、己レノ権限アルイハ教会ノ掟ノ定ムルトコロニヨリテ科サレシ刑罰ノ他ハ、イカナル懲罰トイヘドモ、コレヲ免除スル意志マタ権能ヲ有セザル者ナリ」によっても知られる。また、第四十八条「キリスト者ハ、教皇ノ免罰符発売ヲ認可スルハ、ソノ代価ヲバ求ムルニ非ズシテ、専ラ敬虔ナル祈禱ヲ希フ故ナリト知ルベシ」と、レオ十世の目論見につき（皮肉でなく）とんでもない善意の思い違いをしていることによっても明らかである。それだけではない。ルッターはかつてユリウス二世治下のローマに旅行した際に示した感激からも知られるように、（少なくともこの時点では）ローマ教皇を、テッツェルら免罰符の販売人の誇大広告のせいで、その敬虔な意図を曇らされた被害者と考えていた。それは第七十三条「免罰符販売妨害ニ対スル、教皇ノ憤リハ至当ナリ」と第七十四条「サレドモ教皇ハ、免罰符ヲ利用シテ、真正ナル愛オヨビ真理（ノ発現）ヲ阻害セント試ミル輩ニ対シテ、サラニ一層烈シク怒ルベシ」とを併せ読めば知られる。

そうなればこそレオ十世は、このルッターの批判を読んで、怒るどころかむしろ現実を知らぬ修道士の理想主義に腹を抱えて笑ったのだし、教会もルッターに対し、後に行ったように異端の名を被せて断罪しようとしたりはせず、穏当にことを収めようとしていた。じじつ一五一八年、レオ十世はカエターヌス枢機卿をアウグスブルグのフッガー館におけるルッター査問のために派遣して、その九十五カ条の提題、とくに免罰に関わる教皇権限の限定を撤回させようと試みる。それがルッターの頑固な反対にぶつかってうまくいかないとなると、翌年にはカール・フォン・ミルティッツという俗人の秘書官を、教皇特別使節の名目でルッターとその領主であるザクセンの「賢公」ことフリードリッヒ三世の許に送り、妥協の手立がないか探らせている。

ちなみにフリードリッヒ三世は、〇二年にヴィッテンベルグに大学を作り、これを活性化するために優秀な学者を招聘していた。特にルッターは免罰符批判によって多くの学生を集める人気教授だったから目をかけていたのである。じじつフリードリッヒ三世のルッターに対する保護が宗教的信条から出た可能性はまずなく、むしろ臣下を外部からの干渉に対して保護し、もって自己の独立を示すという意味が強かったと思われる。フリードリッヒ三世はルッターと公開討議の席で顔を合わせることはあっても、直接に面会することはほとんど無かった。また自身は当時の権力者の大部分と同じく、ごく平均的なカトリック教徒として終っている。

二つの修道会の対立

ところがここに、二つのまったく外的な要素が加わって、ルッターをカトリック教会からの分離という、当人にもまったく思いもよらなかった方向に引っ張っていく。その第一が、ドメニコ会とアウグスチヌス会という二つの修道会の対立である。ドメニコ会は創立者聖ドメニコが十三世紀に、南フランスのカタリ派異端を撲滅するために作った修道会であって、以後は異端審問官を輩出して教会の検察官をもって任じていた。当時、修道会同士の勢力争いは熾烈で、ルッターが所属していたアウグスチヌス会は、この九十五カ条の提題では、むしろことを荒立てない方向で処理する考えだったようである。

ところが自分の提題が物議をかもしていると知ったルッタ

ーは、己れの立場をはっきりさせようとして、ラテン語ではなくドイツ語で『贖宥と恩寵に関する説教』（一五一八）を書く。このパンフレットは、当時最新のメディアであった印刷術によって瞬く間にドイツ語圏全体に拡まり、一般公衆の間に大きな反響を呼んだ。問題はますます拡がっていく気配となり、ドメニコ会はいっそう強硬に、この怪しからぬアウグスチヌス会の修道士を、異端として断罪すべきであると主張、インゴルシュタット大学教授で博学の令名高いヨーハン・エックを起用することを決める。これが一五一九年のライプツィッヒでの討論会に発展していく。

神聖ローマ皇帝位をめぐるフランスとスペインの争い

第二の動きはマクシミリアン一世の死（一五一九）に伴う神聖ローマ・ドイツ皇帝の選挙である。帝位には、血統からいくとマクシミリアン一世の息子フィリップが若死した後、その息子で、かつ母親の「乱心《ラ・ローカ》」ことファーナの関係からスペイン王カルロス一世となっていた、ハプスブルグ家のカールが候補者として有力であった。だが、皇帝は「選帝侯」と呼ばれ、マインツ大司教ら高位聖職者を含む七人の封建諸侯の投票によって決まり、以前にもルクセンブルグ家やバイエルンのヴィッテルスバッハ家のような比較的小領主の家柄から皇帝が出たこともあった。加えてこのたびはイングランドのヘンリー八世や、リトゥアニアのヤゲロン朝出身で、ボヘミアとハンガリア王を兼ねたルードヴィッヒ二世のような国王も、まんざら色気がないわけではなかった。

しかし、誰にも増して帝位に野心を燃やしたのは、フランス王フランソワ一世（在位一五一五〜四七）で、それには政治的な考慮が働いていた。なにしろハプスブルグ家のカールはすでにスペイン王である上、祖父・父を通してネーデルランド大公のタイトルを受け継いでいた。かつ先々代のフランス王シャルル八世が、ブルターニュ女伯のアンヌと結婚するため、マクシミリアン一世の娘で、カールには叔母に当たるマルガレーテ（ブルゴーニュ公爵領の相続権者）との婚約を解消したため、カールは子どものないマルガレーテの相続人として、実質上フランスの支配下にあったブルゴーニュやアルトワ伯爵領、フランシュ・コンテ地方についても領有権を主張することができた。一方、イタリア半島に関しては、母方の祖父アラゴンのフェルナンド王の働きで、ルイ十二世がナポリ王国とミラーノ公領を放棄させられ、これらがすでにスペイン支配下に入っており、かつイベリア半島勢力の新大陸占領も見逃せなかった。すなわち、もしカールが祖父の跡を継いでドイツ皇帝位を獲得すれば、フランスは文字通り四面楚歌となってしまう。この危険を回避するため、フランソワ一世はなんとしてでも神聖ローマ帝位を獲得したかったのである。

だが、いつの世でも政治は金しだいであり、この場合もフッガー家の金力がものを言った。「富　者《デア・ライヘ》」と異名を取ったヤーコプ・フッガー（一四五九～一五二五）は、南西ドイツの町アウグスブルグを本拠として、ヴェネツィアはむろんのこと、ドイツからスカンジナヴィア、ロシアにまでも広く取引を展開していた関係で、ハプスブルグ家に義理を立てる。ヤーコプは選挙侯の票の買収資金をカールに提供し、フランソワ一世の強力な選挙運動（五十万フロリンをバラ撒いたといわれるが、フッガー家はほぼその同額の五十八万フロリン、ヤーコプ・フッガーが音頭を取ったドイツ銀行家連合の資金提供総額は八十五万フロリン）も空しく、皇帝に選ばれたのはカールであり、ここに神聖ローマ皇帝カール五世が誕生する（一五一九）。カールは六歳で父親であるオーストリア大公、「端麗公《ル・ベル》」ことフィリップを失い、母のスペイン王女「乱　心《ラ・ローカ》」ことファーナは、精神錯乱状態で正気に戻るのは稀だったため、叔母でネーデルランド総督のマルガレーテがいるメヘレン（仏マリーヌ）の宮廷で育てられた。フランス語が母国語、スペイン語もカルロス一世となって（一五一六）からは上達を心かけたが、ドイツ語は生涯うまく話せなかった。さらにその皇帝当選は、スペインの臣下達からは、自国をほったらかしにする怖れありとして必ずしも快く思われず、結果としてコムネーロスの乱が起こっている。一方、時の教皇レオ十世もまた、メディチ家の出として、伝統的にフランス贔屓、かつ皇帝権のあまりの強大化に対する懸念もあって、その皇帝選出には反対であった。

カール五世の置かれた政治的状況

しかし、いったん皇帝に選ばれると、カール五世は自分と同名の祖先カール大帝（シャルルマーニュ）の顰《ひそ》みに倣って、ローマ教皇と神聖ローマ皇帝とが並び立って、世界を普遍的に支配するという願望に取り憑かれる。これは、中世ヨーロッパ理念に回帰しようという、何とも時代遅れの理想であった。そんなところにヴィッテンベルグ教会の大扉に打ち付けられた、ルッターの公開討論会のための九十五カ条の提題が飛び出したのである。カール五世は教会の腐敗も、免罪符の誇大広告や不当な販売も承知で、これらの行き過ぎに対する批判をすべて圧殺するつもりはなかったといわれる。しかし自身がドイツにおける免罪符の販売元フッガー家の金力による買収と、皇帝選出のためフランクフルトに集った選帝侯達に対する、ドイツ騎士団の頭目フランツ・フォン・ジッキンゲンの威嚇のおかげで帝位に就けたことでもあり、世の中が正論だけで動かぬことも心得ていた。しかも皇帝になったばかりとあって、何よりもまず秩序の確立を通して己れの権威

ルッターの肖像　ルーカス・クラナッハ筆　1529年　フィレンツェ　ウフィッツィ美術館

を知らしめることの方が、瑣末な（と当人にも、また側近の者達にも思われた）免罰符の問題よりも、先決であると考えていた。

そこでカール五世は、この問題に関しては、ライプツィッヒとヴィッテンベルグ両大学に討論させ、結果をパリやルーヴァンの大学などに送って判定させることでお茶を濁し、片を付けるつもりでいた。そして、その中でライプツィッヒ大学の代表にはドメニコ会が起用したヨーハン・エック、ヴィッテンベルグ大学側の代表には、エックの指名により教授として名高かったアンドレアス・カールシュタットが選ばれ、両者による討論が始まる。

ライプツィッヒ討論会

ところが、事態はカール五世の思惑通りには進まなかった。一五一九年六月に、ライプツィッヒで延々十七日間にわたる討論が行われ、七月に入るとエックの呼び出しに応じてルッターもフィリップ・メランヒトンを伴って現れる。エックは徹底的にルッターを追及して異端のレッテルを貼る狙いで、それにルッターも激しく応戦した。しかし、エックはその博識を総動員して、煩瑣《スコラ》哲学的にルッターの主張を詮索した揚句、遂にルッターを異端者フスの同調者なりと証明してのける。結果はエックの勝ちで、ドメニコ修道会はアウグスチヌス修道会に対して、また大学都市として古いライプツィッヒは新参のヴィッテンベルグに対して凱歌を上げる。

ルッターの三大論文

しかし、状況はとっくにそんな学術討論の枠をはみ出しており、社会全体がこの問題で沸騰しつつあった。火に油を注ぐように、一五一九年にルッターは矢継ぎ早に有名な三本の論文を執筆する（公表はいずれも一五二〇年、教皇の破門勅書が出た後）。第一が、ドイツ語で書かれた『キリスト教界の現状改善につき、ドイツ国のキリスト者たる貴族の方々に告ぐ』、第二、第三はラテン語の『教会ノばびろにあ捕囚ニ就キテ』と『きりすと者ノ自由ニ就キテ』である。後の二篇はラテン語、とはすなわち知識人の共通語を用いて、広く国際的な世論に訴えることを目指したもので、第一論文より抑制の利いた論調を張る。とくにちょうどこの前年一八年に、伯父ロイヒリンの推輓によりヴィッテンベルグ大学に招聘され、以後ルッターのよき協力者となって、ドイツにおける宗教改革の実質上の仕上げをするフィリップ・メランヒトンの手も加わって、神学的な問題についてより精緻な議論が展開される。

第二論文『教会ノばびろにあ捕囚ニ就キテ』では、ローマ教会の秘蹟《サクラメント》（聖餐、洗礼、懺悔、堅信礼、結婚、聖職授任、臨終塗油の七つ、プロテスタントは最初の二つのみ）を取り上げ、その一つ一つについてキリストによって設けられたか、それとも教会が定めたのかを検討し、取捨選択する(5)。第三論文の『きりすと者ノ自由ニ就キテ』では、十四世紀中葉にシュトラスブール、バーゼル、ケルンなど上部ライン地方を中心に活躍したヨハンネス・タウラー、またルッター自身が発見して出版（一五一六）に及んだ無名氏の『ドイツ神学』の影響を受けて書かれた。そこでは神秘主義的な敬虔主義《ピエティスムス》の立場に立ち、教会が定めた規則や位階によらず、内面の信仰のみによった自由な奉仕の精神に基づいて「各人が己れ自身の牧者」となり、人は行いのメリットではなく「信仰により義とされる」ことを宣言している。

第一論文『キリスト教会の現状改善』

だが、なんといっても反響が最も大きかったのはドイツ語の第一論文である。ここでルッターはもう免罪符の問題を越えて、教皇の世俗権への介入、とくにドイツ問題への介入に根拠が無いことを示し、期せずしてドイツのナショナリズムを代弁することとなった。まず第一に『キリスト教界の現状改善につき、ドイツ国のキリスト者たる貴族の方々に告ぐ』というタイトルからして、十分に刺激的である。

次いで導入部に入ると、もともとジャーナリスト的感覚の持主だったルッターは、自分はこの論文を「でしゃばり」からではなく、「神に助けを求めて泣き叫んでいる全キリスト教界、だがとくに惨めなドイツの人々に押されて」、数ならぬ身ながら、「神が我々に頭として与え賜うた若くして高貴

(5) 興味深いのは、この論文が世に出るや、イングランドのヘンリー八世は自ら筆を執ってその反駁を草し、レオ十世から「信仰の擁護者」という称号を与えられて、悦に入る。ところが、いったん自分が女官アン・ブリンとの結婚を思い立って、正妻キャサリン・オブ・アラゴンの離別をローマ教会に申請し、認められぬとなると結婚の「祕蹟」を踏み躙って一五三四年、自前の教会つまりイングランド国教会をでっち上げて離婚を貫徹する。恬として恥じないその手前勝手と、それでも「信仰の擁護者」の称号だけは一向手放そうとしないチャッカリ振りが、一際目を惹く。

な血筋の御方（カール五世）」、ならびにドイツ国のキリスト教諸侯に向けて書くのだと宣言する。だが同時にドイツ語で書くことによって、自己の主張を一般公衆に訴えることを目指しているのもまた明らかである。けだしドイツ語であれば、字が読めない人々でも、誰かに読んでもらって聞けば分かるからである。むろん当時、「ドイツ」という国家はまだ存在していなかった（存在するのは一八七〇年の普仏戦争以降）から、ルッターのいう「ドイツ国」も「ドイツ語を話すことにより共通の纏《まとま》りを持つ地域」というほどの意味だったであろう。だがこの農民人口がまだ圧倒的多数を占める地域にはまた、前記の『ドイツ神学』の例が示すように、都市化（世俗化）の進んだイタリア半島や南フランスとは違った、独特の神秘主義的傾向を有する信仰の動きもあったことを見逃してはならない。

加うるにルッターは、かつて自己の所属するアウグスチヌス会の用務をも兼ねてローマに旅行（一五一〇）した時には、「永遠の都」を目の当たりにして、感激の余り身を大地に投げ涙を流すほどだったのに、ここではなんと、まさにその当時、教皇の座にあったユリウス二世を指して、「血に飢えたユリウス」（「カール五世およびドイツ・キリスト教諸侯宛献辞」、ただルッターも時の教皇レオ十世はさすがに名指していない）呼ばわりする激しさである。

そしていよいよローマ教皇庁とそれに与する輩が己れを護り、その内側で「悪戯とでっち上げ」を行うことができるように築いた、三種類の城壁の存在を指摘する。第一が「世俗界」と「精神界」との区別を打ち樹て、精神界の優越を主張して世俗権力の介入を拒否する壁である。そればかりか、その逆つまり宗教権力が世俗権界の領域を侵すことである。第二の壁は、人が聖書の文言を挙げてローマ党を批判しようとすると、聖書の解釈は教皇の専権であると称して、これを受け付けない点である。さらに第三の壁が、それでは公会議の開催によって正否を糺《ただ》そうと連中に迫ると、公会議の招集権もまた教皇のみに属すると称して開催を妨害する、以上の三つの城壁である。

ルッターはこれらに対し、第一については、聖パウロの「コリント前書」第十二章を引いて、人に四肢があるとして、どれも人体の一部であるように、僧職にあろうと世俗の職業に携わろうと人に区別はなく、どちらが勝るということはない。僧職にある者はいわば教会の事務職員であって、必要とあらば俗人が代わりを勤めることも可能だし、僧侶もその職を去れば俗人に戻る。外的な僧衣や位階・序列を持ち出して、精神界の特権（世俗法廷による裁判からの免除など）を主張することはできないと答える。これで（修道会を含む）カトリック教会制度の独立性が否定され、世俗界と宗教界の区別は無く、相互の干渉も可能となる。第一の「張り子」の壁は崩れたわけである。

第二については、聖書の解釈が教皇の専権であるとする証拠が、福音書はむろん、教父の教えにもどこにも見当たらないという。とすれば、これは教皇が勝手に、解釈の権利を己れにありと主張しただけで、キリスト教徒は各人がその信仰によって、自己の信ずるところを述べる自由があることになる。教皇ではなく聖書こそが、聖書を解釈する唯一かつ最終の基準である。「各人は自己の牧師である」という宗教改革派の原則と、解釈の拠って立つ基準である聖書の各国語訳の緊急性とが改めて確認されたのである。

こうして第一、第二の壁が崩れた以上、第三の壁も容易く崩壊する。俗人と聖職者との間に本質的な差が無いのであれば、世俗権力は当然公会議を招集する権利を有する。また（たとえ教皇であっても）僧職にある者に法に悖《もと》るような行いがあった時には、これを世俗の法廷で裁いて罰することもできる。ここにおいて、カトリック教会の特権が拠って立つ基盤は完全に覆される。この第一論文と、より神学的な第二、第三論文とを併せて、宗教改革の基礎を置いた三主要論文とする所以である。

ただし、ルッターはライプツィッヒ討論会（一五一九年六～七月）直後から三論文執筆に取りかかったとはいえ、これを完成するやただちに公表したわけではない。じつは一五一八年半ば、慢性的金欠病に悩まされていた皇帝マクシミリアン一世は、自分もフッガー家を通じて免罰符の分け前に与っていたのだが、そこにルッターなる怪しからぬアウグスチヌス修道会士による免罰符の批判が始まったので、ルッターを破門・追放するようにレオ十世に提言する。これを承けて教皇庁も、ルッターの所説の中から異端の疑いある四十一項目を抜き出し、本格的な審査を開始する。一方、これを知った人物達がルッター擁護に回る。かつてエルフルトでルッターから父のように慕われた、ドイツのアウグスチヌス派修道会総代ヨーハン・フォン・シュタウピッツ、友人のニュールンベルグ・アウグスチヌス派修道院長ヴェンセスラス・リンク、また血の気の多い騎士ウルリッヒ・フォン・フッテン、そのフッテンに説得されたドイツ騎士団のフランツ・フォン・ジッキンゲンなどである。そしてローマでの審問に出頭を命ずる教皇の召喚に対し、（ロイヒリンが捲き込まれた、一五一七年のフェフェルコルン論争の先例に倣い）ドイツ内での査問を要求するよう勧める。さらにエラスムスなど有力な教会改革論者に呼びかけ、ルッター応援の声明を寄せるよう求める。(6)

(6) エラスムスは持ち前の中立的立場を捨てず、この要求を婉曲に断り、これがルッターとの断絶の因となる。

エラスムスの肖像　クェンティン・メティス筆　1517年　ローマ　アルテ・アンティーカ美術館蔵

折から同じ一八年、マクシミリアン一世がドイツ諸侯に対して、オスマン・トルコへの聖戦の名目で新しい「帝国税」の承認を求め、その可否を議する国会がアウグスブルグで開かれる。この国会に教皇特使として派遣されたカエターヌス枢機卿トマーゾ・デ・ヴィーオが、併せて九十五カ条の提題、わけてもその教皇権限に関する条項につき、ルッターの査問と説得（十月）に当たる。しかしルッターは自説を譲らず、会見は物別れとなる。

破門と抗議運動の確立

他方、マクシミリアン一世は一五一九年一月に死亡、五月にはハプスブルグ家のカール五世が皇帝に選ばれ、六月にライプツィッヒでエックとルッターの討論会が行われる。だがその間、ひとたび動き出した異端審査はもはや止まらず、レオ十世に書簡を送ってルッターに寛大な措置をもって臨むよう求めたエラスムスの勧告も空しく、教皇庁はわざわざエックをローマに呼び寄せて審査を続行、できあがった教皇勅書「主よ立たれよ《エクスルゲ・ドミネ》」に二〇年六月十五日レオが署名する。これにしたがって、自説撤回のため六十日の猶予つきであるが、それでもルッターに破門が通告される。

これを承けていよいよ八月、ルッターはヴィッテンベルグ教会の僧会員、ニコラス・フォン・アムスドルフ宛の公開状という形で上記の三論文を公表し、かつ猶予期間も過ぎ、教会における諸種の手続きが完了。破門が正式に確定した直後の十二月十日に、ヴィッテンベルグのエルスター城門前でレオ十世の破門勅書と、教会の基本法たる「教令集」を公開で焼き棄てる。これで教会との決裂は決定的となった（民衆や学生達はこの権威に対する挑戦に大いに気勢を上げ、ルッターの望むところではなかったが、反教皇の幟を押し立てて、さらに多くの教会関係の書物を火に投じた）。

「吾ここに立つ」宣言

問題がどんどん大きくなり、ルッターへの支持が拡まっていくのを心配したカール五世は、急遽スペインを離れてフラ

ルッターのドイツ語訳『聖書』1534年版（初版1522年）

ルッターの破門状の表紙　1521年

ンドル経由でドイツに赴く。一五二一年一月から五月にかけて、ドイツ諸侯の新皇帝に対する臣従の誓いを受ける国会がヴォルムスで開かれ、（できるだけ簡単に済ますつもりでも）ルッター問題も議題として取り上げないわけには行かず、ルッターの召喚が決定される。ヴィッテンベルグの領主でザクセンの選帝侯、「賢公」ことフリードリッヒ三世は、（政治的理由から）ルッターに好意的であったが、このたびもヴォルムス国会へのルッター出席の条件としてその身分の安全保障を要求し、認められる。ルッターは四月十八日に国会に出頭する。エックも登場してローマでの審査により異端と認定された項目を確認し、その項目の撤回をルッターに求める。ルッターが、あの劇的な言葉「吾ここに立つ《ヒーア・シュテーエ・イッヒ》、これよりほか如何ともし難し。神の吾を救い給わんことを、アーメン」を吐いたのはこの時といわれる。

その後、一週間の討議を経た上で、カール五世は五月二十五日にルッターを反逆者と認定、帝国の領土から追放する旨の「ヴォルムス勅令」を発布する。だが、ルッターはすでにヴォルムスを出てヴィッテンベルグに戻る途上にあり、道中でフリードリッヒ三世の派遣した騎馬隊により連れ去られ、ワルトブルグ城に二二年三月まで匿《かくま》われる。一方、カール五世は「コムネーロスの乱」で騒然たるスペイン情勢に対処するため、事態の処理を弟でオーストリア大公フェルディナンド（後の皇帝フェルディナンド一世）に委ねて、そそくさとドイツを後にしてしまう。またルッターの方は、禁足状態に置かれたワルトブルグ城での時間を利用して、『新約聖書』のドイツ語訳に取りかかり（『旧約』の方は一五二三年着手、三四年完成、両者とも出版されるやたちまち数カ月で五千部を売り尽くしたという）、近代ドイツ語の基礎を築いたといわれる名訳を完成しているほか、多くの説教や神学論考をこれまたドイツ語で精力的に執筆、こちらもただちに印刷されてドイツ全土で広く読まれる。

（2）ルネッサンスの終幕

抗議運動の拡大

この間、すでに一五二〇年末、ルッターが教皇の破門勅書を公開で焼き棄てた直後、勢いに乗った一般の学生その他が、それ以外の多数の教会関係文書を焼くという象徴的な事件、が起きる。すなわち、公衆が日頃から不満を抑えられていて、それを爆発させて権威に挑戦しようとすると、衝動的に激しい行動に出るというパターンが各地で繰り返されたのである。自身もかなり興奮性だったのに、ルッターはこうした社会運動の法則を理解していなかったように見える。じっさいその翌日、ルッターはヴィッテンベルグ大学の教室で英雄の姿を見ようと集まった多数の学生に向かい、ラテン語で講義するという大学の慣行に反し、ドイツ語で学生達の行き過ぎを非難する演説を行っている。破門勅書だけでなく、教令集までも焼いた自分の振る舞いが、まるで暴走ではなかったかのような具合である(7)。

しかし、いったん動き出した改革への弾みは、ルッターの火消し的な発言にもかかわらず、容易に止まるものではなかった。すでにヴィッテンベルグは、改革運動のメッカとしての象徴的地位を獲得しつつあり、反ローマを標榜するフス派やトーマス・ミュンツァーらがいたツヴィカウの活動家達、その他様々の、必ずしも純粋とはいえない不満分子をも引き付け始めていた。こうした者達がヴォルムス国会の決定に不服を唱えて、過激な行動に出る可能性は十分あったのである。

上に触れたフランツ・フォン・ジッキンゲンもその一人であった。このドイツ騎士団の首領は、封建領主と高位聖職者とを兼ねていたトリアーの大司教と争ったり、皇帝選出に際してフランソワ一世から賄賂を受け取っておきながら、いざ選挙となるとカールのために選帝侯達に圧力をかけるなど、「傭兵隊長」まがいの振る舞いの多かった貴族だが、もう一人の帝国騎士ウルリッヒ・フォン・フッテンに説得されてルッターを保護したりもしている。そして二二年には、教会貴族を打倒してドイツ騎士団の団結を高めるという旗印を掲げて挙兵、いわゆる「騎士の叛乱」を起こす。この動きには教会体制に不満を抱いていた農民や市民も多数参加し、後のドイツ農民戦争（一五二四〜二五）の先駆をなす動きとして注目される。騎士達についても、高位聖職者も含んだ大貴族達が権力集中を図り、旧来の封建中・小貴族が社会・経済変革に対応できずに没落の危機に晒されたことが蜂起の原因となっている。農民といい、都市の下層民、中・小貴族の叛乱といい、十五世紀末から十六世紀初のドイツは重大な社会変革の時機に差しかかっていたのである。しかし、叛乱軍は上記のトリアー大司教、ヘッセン方伯フィリップ、ライン選帝侯ルイなどの連合軍と戦って破れ、ジッキンゲン自身も二三年五月に討死する。蜂起は終熄することになる。

ルッターの保守化

その一方、教皇による聖書解釈の独占が否定されれば、純粋に宗教的な立場から独自の教義を打ち出す者が出てくるのも当然である。典型的な例がカールシュタットで、ライプツィッヒではルッターと共にエックと論争した人物である。ルッターがワルトブルグ城に潜んでいる間に、自分が主任司祭を勤めるヴィッテンベルグ城のオムニ・サンティ教会で、一五二一年のクリスマスに改革派による最初の礼拝を行う。司祭は僧衣を纏わず平服で、ドイツ語で祈り、音楽抜きの簡素を旨とした礼拝である。聖餐の儀式も、パンとブドウ酒は象徴的な意味のみとして重きを置かず、聖母マリアや聖人達の画像・彫像は偶像崇拝の恐れありと撤去している。カールシュタットはまた、カトリックの聖職者の妻帯を禁止する規則に抗して、翌二二年一月にヴィッテンベルグの神学教授として第一号の結婚式を挙げている。

こうした行き方は激し過ぎると考えたルッターは、ザクセン公フリードリッヒ三世の意向をも体して、三月にワルトブルグ城からヴィッテンベルグ城に戻り、カールシュタットらの改革派の礼拝を是正する方向に動く。これを機にカールシュタットはルッターと袂を分かち、初めは近くのオルラミュンデ教会に移って、牧師として同地で改革派の運動を推進する。しかし、ルッターは二四年からカールシュタットに対する攻撃を開始、七月にはザクセン公フリードリッヒ三世とその弟ゲオルグに対して書簡を寄せ、聖餐や洗礼の秘蹟を重んじないという理由でカールシュタットをドイツ農民戦争の指導者で再洗礼派のトーマス・ミュンツァーの同類と断じ、九月にはザクセンから追放させている（だが、カールシュタットは自己の信念を曲げず、デンマークに赴いてクリスチャン

（7）人は自己の規範のみによってことを律しようとすると、独善に陥り易くなる。カトリックはむろん、ルッター派以外の改革派もそれを批判して、後年「ルッター教皇」という渾名を奉ることになる。

二世に助言、デンマークのプロテスタント教会の創立に尽力したり、スイスに戻ってはチューリッヒなどで活動、四一年に患者の救済に奔命したペスト（黒死病）に自分自身が感染してバーゼルで亡くなっている。ちなみにスイスは、一四九九年に皇帝マクシミリアン一世を破り、バーゼル条約によってハプスブルグ家の支配から脱してスイス連邦を確立する。以後、思想的にも自由・独立を守り、十六世紀に入るとチューリッヒ、バーゼル、ジュネーヴなどの市が宗教改革運動を受け入れる方向に向かう）。

農民達の失望

この例でも見られるように、ルッターはローマ教会と対決して受身の戦いを強いられていた間は、聖書解釈の自由を主張し、秘蹟の重要性を否定したりしていたのだが、いったん自派がザクセンを中心にドイツ中東部で主流を占めると、今度は自分の解釈の範囲から他の者が逸脱するのを認めようとしない（とはいえ、当時ルッター派は、まだドイツ新教派の全体から見れば、まだ一派に過ぎず、各地にいろいろな流れがあった）。かつ自分の領主、ザクセン公フリードリッヒ三世との関係が示すように、多分に世俗の権威に迎合的であった。

一五二四年、南西ドイツはシュワーベン地方の農民が「十二カ条要求」を掲げて抗議行動を起こす。これは聖書の名において、農村落共同体の自治、封建的賦役の停止、農奴制の廃止、教会による十分の一税の軽減、貴族による入会地の囲い込み反対など、イタリア半島では都市共同体の発達によりすでに十三世期末から十四世紀初にかけて、都市共同体の発達によって達成されていた条項であった。それについてルッターは、『平和のための説教』で一定の理解を示す。しかし翌二五年、かつてヴィッテンベルグでの仲間であったトーマス・ミュンツァーが、ミュールハウゼンで極端に平等主義的な社会改革綱領（「アダムが耕し、エヴァが紡いでいた時、どこに貴族がいたか?」）を掲げ、さらに進んで農民蜂起を指導し、フランケンハウゼンで封建領主勢力と武力衝突して敗北に到ると、悪名高い『人殺しの、盗みを働く農民暴徒を打ちのめせ』というパンフレットを発表、権力側の十万人を超えたといわれる農民弾圧・虐殺にお墨付きを与えている(8)（後にルッター当人もさすがに後ろめたかったらしく、カスパール・ミュラー宛てに『農民に対する厳しい拙著に就いての公開状』を書き、自己の行動を弁解する）。

だが当時、ドイツ人口の九〇パーセントを占めた農民達は、このルッターの変節（と映った）に失望してしまった。そして、もしもルッターより冷静でバランスの取れた見方のできる協力者メランヒトンが地道な努力によって三〇年、改革派の路線を『アウグスブルグの信仰告白』として集大成しなかったならば、彼らは社会の権力構造自体に絶望して、沈滞の淵に沈んだであろう。じじつこうしたルッターの一連の行動を評して、チューリッヒの宗教改革者コンラッド・グレベルはすでに二四年、「ルッターは退行しており、（自分の立場を判然させないための）引き延ばし戦術に長け、巧みに已れのスキャンダルを弁護している」と、辛辣な言を吐いている。

封建支配を代表する諸侯達の勝利

フィリップ・メランヒトンの肖像　アルブレヒト・デューラー筆　1526年

先述したように、ルッターの父は、ドイツ東部チューリンゲン地方の都市マンスフェルトで、小規模ながら銅の採掘と精錬を営む事業主であった。そして息子をドイツでも有数のエルフルト大学に送って法律を学ばせようと考えていたほどで、[9] 父子ともども都市民として、農民に対し親近感を抱くにはほど遠かった。またルッターは、古典ギリシャ語およびラテン語に通じるなど、人文主義的知識を身に付けていたが、決して人文主義者ではなかった。[10] これを要するに、イタリア半島などに比べてまだ封建的な価値観が支配的であったドイツ都市において、ルッターは新参の都市民として、地主階級に対するよりも、一般農民に対して階級的な差別感を持っていたとみられる（それればかりか、異教徒ということもあったかもしれないが、ルッターはユダヤ人やトルコ人に対しても

(8) 農民叛乱が鎮圧された報に接して、カール五世ばかりかクレメンス七世までもが、ドイツ諸侯に慶賀の意を表した。
(9) したがってルッターが一五〇五年、首尾よく修士の学位を取って万事順調にいくと思われた時に、息子が落雷体験を経て回心し、アウグスチヌス派の修道会に入ると父は激怒した。
(10) エラスムスの衣鉢を継いで、北方における人文主義の代表というに足る人物がいたとすれば、それはフィリップ・メランヒトン（一四九七～一五六〇）であったろう。だが、メランヒトンはルッターとの関係もあって次第に宗教改革運動に没頭することになっていく。

きわめて差別的な態度を示している)。

これには、当時のドイツ都市自体が封建体制に組み込まれていたため、同業組合の特権意識が強く、市政を握る少数の上層市民と中・下層市民との間にも階級的な対立を抱えていたという事情があったと思われる。イタリア半島やネーデルランドの都市が周辺部に対してより開かれた構造を有し、市民の間に比較的一体感が強く、地域国家や統一国家といった大きなまとまりに向かおうとする傾向を示したのとは対照的である。じじつ一五二五年に始まった「農民戦争」では、その名前と異なって実態は、職人や下層市民をも含む広範囲かつ社会的に恵まれない者達が、特権階級に対して行った異議申立てであった(その点では、上述の騎士の叛乱に荷担した中小貴族も同様)。そしてそこに専門的な軍隊、さらには傭兵隊までをも投入し、苛烈な弾圧を行うことによって利益を得たのは、従前からの封建支配を代表する諸侯達であった。そのおかげでローマ教会の統制を脱し、騎士の叛乱の失敗で没落した中小貴族の所領をも吸収することができたからである。ルッターの運動は、じつはこれら諸侯達にとって好都合だったのである。

国家統一の失敗

しかも諸侯達は、互いに自己の権益を主張して割拠し、より大きな統一には向かうべくもなかった。その点では諸帝国自由都市も同様であった(ドイツ国家の統一が果されるのは十九世紀の後半、普仏戦争での勝利を俟たなければならない)。じっさい農民戦争に代表される社会騒乱の結果、弾圧された農民や中・下層市民が、物質的のみならず心理的にも敗北感からくる虚脱状態に陥り、ひいては都市をも含めたドイツ語圏全体が沈滞する。ドイツにあっては十五世紀末に興りかけた、優れて都市的な運動であるルネッサンスは、一五二五年に勃発した農民戦争を境として、半世紀にも満たないその幕を閉じてしまう。

後に来るのは諸侯同士の対立ばかりか、この間に国家統一を達成したフランス、スペイン、イングランド、さらには北欧の強国となったスウェーデンなど、宗教対立も絡んだ列強との角逐、それにオスマン・トルコの脅威まで加わった絶え間ない戦乱の連続であった。そして抗争の行き着く果ては三十年戦争(一六一八~四八)である。かつその揚句が、戦いに倦み疲れたヨーロッパ諸勢力が、一六四八年現在の政治状況の固定化を目指したウエストファリア条約に他ならない。これにより近代ヨーロッパの政治的枠組みが定まることになるのだが、それはもうドイツとイタリア半島でルネッサンスが終ってからじつに一世紀以上、他のヨーロッパ諸地域におけるルネッサンスが終ってからでも、ほぼ半世紀近く経った時点においてのこと、かつ話をドイツに限れば、ドイツの国家統一が実現するのは、イタリア半島の場合と同じく十九世紀後半（一八七〇年）であり、それも先に触れたドイツ語圏から、さらに現在のオーストリア共和国の部分を除いた地域についてなのである。

むすび

ルネッサンス現象の魅力

以上、ともかくもルネッサンスという現象を、それこそ駆け足で見てきた。それはイタリア半島で一二六〇年代に興り、その後二百年余りを経てアルプスやピレネー山脈を越え、フランス、スペイン、イングランド、さらには（スイスとオランダを含む）ドイツまで、今日「西ヨーロッパ」と呼ばれるに到った地域の主要な社会に伝播し、単に文化や芸術だけでなく、経済、政治、技術、人口動態など、社会のあらゆる分野に及んだ現象であった。

もう少し詳しくいうとルネッサンスは、まずイタリア半島北・中部において、中世末期に成立した都市共同体がが都市国家《チッタ・スタート》を形成することに始まり、次いでそのうちのいくつかが、周辺地域や他の都市国家を併呑して、地域国家《スタータ・レジョナーレ》という政治単位にまで発展するという過程を辿る。イタリア半島では、人々の主要な関心は経済にあり、その意味でこれは「経済ルネッサンス」といえる。ただ、やがてその富と文化が、武力に勝るアルプス以北の諸勢力を惹き付けることに繋がり、十五世紀末から外敵の侵入を招いて、遂には破局に陥る。この二百五十年弱が、イタリア半島北・中部におけるルネッサンスである（南部はナポリを除いて、封建領主体制が残って、ルネッサンス運動には関わらなかった）。

これに続いて今度はアルプス以北で、一四九〇年代から一六一〇年代までの間に、フランス、スペイン、イングランド、ドイツなど今日国民国家《ネーション・ステート》と呼ばれることになる新たな政治単位が、イタリア半島のルネッサンスからの刺激を受けて、それぞれの社会のあらゆる分野で活発な活動を展開する。こちらでは、経済もさることながら、ルネッサンスの主たる関心事は、絶対王権のもとに統一国家を形成するという政治課題であり、しかもその過程で各地域がたがいに拮抗しながら独自の解決を図った。したがってアルプスの北のルネッサンスは基本的に「政治ルネッサンス」と規定することができよう（ただし、ドイツにおいては、諸般の事情により国家統一が達成されるには、十九世紀後半を俟たなければならない)。

つまりルネッサンスという現象は、いま挙げた諸地域で同時に、また均一に生起したわけではない。地域によって開始時期と持続期間が異なるばかりでなく、その展開の仕方にもそれぞれの「お国ぶり」が見られる。これを要するにルネッサンスとは多様性の社会現象であって、共通項をもって括ることのできない変動であり、あるいは変動そのものがその本質といえるのであって、それこそがまたルネッサンスの魅力なのである。

変動期としてのルネッサンス

人間の歴史では「安定」と「変動」の時期が交互に生起する。ルネッサンスの場合には、先行する中世を規定していたカトリック(=普遍)教皇権と神聖ローマ皇帝権という、いずれもキリスト教の宗教的権威に基礎を置く広域社会的枠組みが安定をもたらしていたところ、その崩壊によって変動が惹き起こされる。つまり、社会が宗教的なパラダイムから世俗的なパラダイムにシフトしようとしたのである。ただ、だからといってルネッサンスの社会が非宗教的だったわけではない。己れの存在に組み込まれた限界を意識するに到った我々人間にとり、超越的な存在(神)に思いを致すのはいわば必然であって、ただその追求の仕方が制度的な枠組みを通してなのか、あるいは個人的な体験・思索によるかで違いが生ずる。中世の伝統的な枠組みから自由になったルネッサンスの場合には、後者に向かう傾向が顕著となる。こうした傾向は、ピーザ出身のジョヴァンニ・ピザーノに見られるように、絵画や芸術作品に作者が署名する現象(個人の主張ないしは確立)とも、決して無関係ではない。

また十一世紀末に始まる十字軍などによって東方《オリエント》に膨張を開始したヨーロッパは、まず自己より優れた文化・社会・経済組織を持ち、キリスト教に劣らぬ高度な思想性を具えたイスラム世界に接触する。次いで古代ギリシャ・ラテン文明の遺産にも目を開かれる。この二つの発見を通して自己を相対化する視点を獲得したことが、その知的視野の拡大に大きく貢献した。さらに十六世紀に入って、新大陸の文化や極東の文明に触れたことも、ラス・カーサスやモンテーニュに見られるように、ヨーロッパの目を世界の多様性へと向かわせて、キリスト教一元主義に新たな視点を付け加えるに与って力あったのである。

ルネッサンスの光と影

変動の時期は、新しい事態に対応するだけの柔軟性と能力を持つ少数の者達には、あらゆる分野で存分に実力を発揮し、壮大な成果を引き出すチャンスをもたらす。宗教画に関する教会の厳しい監視・統制が緩んだ隙に、フィレンツェはブランカッチ礼拝堂の壁に等身大の裸体フレスコ画を描いたマザッチョ。同じフィレンツェで花の聖母寺院《サンタ・マリア・デル・フィオーレ》の改築に際して、古代ローマの万聖殿《パンテオン》を凌ぐ規模の丸天井《クーポラ》をもってしたブルネレスキ。遠近法《プロスペッティーヴァ》に凝ったパオロ・ウッチェルロやピエーロ・デラ・フランチェスカ、またアルプスの北で活躍したアルブレヒト・デューラーやハンス・ホールバイン。類い稀な造形と色彩感覚とを発揮したラファエルロ。絵画と彫刻とを渾然一体に融合させたミケランジェロ。透徹した政治感覚で、一見変幻極まりない権力者共の行動を律する「政治のからくり」を定式化してみせたマキャヴェルリ。さらには国民国家の成立と歩調を合わせて生まれ出る各国語に、豊かな語彙と形象《イメージ》とを付与したダンテ、ラブレー、セルヴァンテス、シェイクスピア等々。まさに希有の天才達の絢爛たる業績は、ルネッサンスをこの上ない魅力をもって彩る。

だがその一方で、イングランドとフランスの百年戦争に際して両国の君主に戦争をけしかけ、死の商人の役割を演じたイタリア半島の金融業者や、自己の画家としての職業とは何の関係もない機織《はたおり》機を多数所有して、貧しい織物工達に貸し付け、支払いが滞れば容赦なく法に訴えて高利貸まがいの差押えを行ったジョットに見られるように、現代にも通ずる、弱肉強食的な手法で莫大な利潤を獲得する者達が現れたのもまたルネッサンスなのである。かつ権謀術数の権化チェーザレ・ボルジャが、マキャヴェルリを驚嘆させた冷血な手口で敵対者の大量抹殺を行えば、ヘンリー八世は己れの色好みと王朝存続のため、六人の妻を次々と離婚そして処刑した上、修道院を掠奪崩壊させ、遂にはイングランドのカトリック教会からの分離をも辞さなかった。さらに、統一なったフランスの富と人的資源を、スペインとの角逐に空しく注ぎ込んだフランソワ一世、時代遅れの神聖ローマ・ドイツ帝国復活の夢を追って、新大陸から収奪した膨大な富をひたすら蕩盡《とうじん》しつくしたスペインのカール五世とフェリーペ二世などもいる。こうした者達は、人物としては、スペイン「無敵艦隊《アルマダ》」を破って新教イングランドを保ち得たエリザベス一世、宗教戦争に明け暮れた十六世紀後半のフランスを分裂させることなく纏め上げ、十七世紀ヨーロッパに覇を唱えるブルボン王朝の基礎を置いたアンリ四世らに比べれば、大した取り柄もなく、ただ時の巡り合わせと王家の相続の関係で権力の座が転がり込んだ者達にすぎないといえる。だがこれら凡人達でさえ、ひとたびルネッサンスが放つ歴史の「後光」を浴びると、分不相応な身の丈を獲得し、人々の関心を引き付けずには措かない。

しかし我々はまた、そうした「強者」の陰に隠れて、時の流れの大濤《おおなみ》に翻弄され、社会変動という歴史の海の藻屑と消え果てた、圧倒的多数の一般人がいたことを見逃すわけにはいかない。ルネッサンスの歴史を調べれば調べるほど、華やかな表舞台の裏で、いつの世にも変らぬ「哀れな人間」の営みが、それこそ中世との切れ目もなく、連綿と続いていた事実が浮び上がって来る。ルネッサンスは、何も一般にいわれているほどロマンチックな現象ではない。むしろ注目すべきは、先にもイタリア半島の金融業者やジョットの例を挙げたが、その「なんでもあ」りの変動の時期が、現代と驚くべき類似を示している点なのである。

現代との類似

例えば十七世紀の初め、ルネッサンスがアルプス以北でもすっかり終ってしまった時点で、ドイツは国家としての統一に到らず、はや一世紀前にルネッサンスが崩壊していたイタリア半島同様に小勢力が分立していた。ただし、ドイツで分立・割拠・抗争していたのは、いまだに中世以来の封建諸侯による領邦国家と、旧態依然たる自治特権を振りかざす帝国自由都市だったのである。そしてそこに国民国家という単位にまとまって実力を付けたフランス、スペイン、イングランドの三国、さらにクリスチャン四世のデンマーク、グスタフ・アドルフのスウェーデンまでが加わって軍事介入を行う。ドイツは、表向きは新教と旧教の対決という名目だが、内実はこれら国外の諸勢力が互いの実力を試す、いわば代理戦争の舞台になったのである。いつ果てるとも知れず、断続しながら延々と続く三十年戦争（一六一八〜四八）は、農民戦争（一五二四〜二五）以来、瀕死の状態にあったドイツのルネッサンスに引導を渡し、戦乱の掠奪と疫病の蔓延によって、人口の三分の一を失わせてしまう。しかも神聖ローマ帝権の復活を目指すハプスブルグ家（スペイン、オーストリア）と、これに対抗するフランスとの闘争だったものが、いろいろな利害が絡んで全ヨーロッパの勢力を捲き込んで延々三十年間にわたる消耗戦を展開する。その揚句に、倦み疲れた王侯達は「喧嘩過ぎての棒ちぎり」的に、「国王の宗旨が、その国《クィウス・レギオ・エィウス・》の正統信仰《レリギオ》」なる原則を樹て、ウエストファリア条約（一六四八）を締結することで、各国の国家主権を承認して、戦いの幕を引く。この間、新教陣営にはイングランドの国教会《アングリカン・チャーチ》、ドイツのルッター派、さらにジュネーヴに拠るジャン・カルヴァンのカルヴィニスムも付け加わって、カトリック教会と神聖ローマ帝権によるヨーロッパの二元支配を目指したハプスブルグ家の夢は完全に破綻する。同時に、八十年戦争（一五六六〜一六四八）を勝ち抜いたオランダは新教国として独立し、一方、フェリーペ二世による併合（一五八〇）以来、六十年にわたってスペイン支配下にあったポルトガルも、自主独立を回復（一六四〇）する。

近代の主権国家

こうしてルネッサンスに端を発し、以後その存在を主張し続けてきた世俗権力による主権国家の体制が、まずヨーロッパで確立し、以後二十世紀半ばまで、世界全体の政治的枠組みを徐々に形づくることになる。しかも十八世紀末から十九世紀前半にかけて産業革命を達成した西ヨーロッパとその出店アメリカは、資本主義を採用し世界の工場となって工業製品の大量生産に乗り出す。かつ製品の捌け口としての市場、さらに原料とエネルギーの供給源を求めて、フロンティアまたは海外領土の獲得、すなわち植民地政策を展開する。これと並行して各国内では、富を独占する少数の資本家と、貧困に苦しむ多数の労働者層との対立、つまり階級闘争が起こり、貧富の差の拡大がもたらす緊張と不安がマルクスらをして共産主義を唱えさせるに到る。

だが、二十世紀から二十一世紀になると、人々の生活を国家の統制と監視の下に置く社会主義あるいは共産主義体制は、党と秘密警察による自由と人権の抑圧、官僚組織の腐敗に起因する行政・経済の非効率的運営をもたらし、ソ連の破産とベルリンの壁の崩壊を招いてしまう。とはいえ資本主義も、その「神の見えざる手」（アダム・スミス）による調整を当てにする自由競争の路線が完全でないことは、自由主義経済の牙城アメリカに端を発する近年の金融危機を見ても明らかである。これが十九世紀から二十世紀前半ならば、余剰生産物の捌け口を求め、国外に植民地を獲得する戦争を行うことも可能であったろう。しかし、資本主義の行き詰り以外の何物でもない両度にわたる世界大戦の後は、もう工業生産国の都合だけで、新たに（ウエストファリア条約に基づいて）主権国家として誕生した国（つまり第三世界の大部分を占める新興国家群）に対して、武力による強制を行うことは、ますます困難になりつつある。

技術革新・経済革命のもたらす国家主権の浸蝕

その一方、交通手段の発達による人・物の移動の迅速化、IT・メディア革命がもたらした情報伝達の加速と増大が、主権国家の基礎をなす国籍や国境などの制度そのものにとって、阻害要因と化する事態が起こりつつある。「大将軍《グラン・カピタン》」ことゴンサルヴォ・デ・コルドヴァや、政治学の開祖マキャヴェルリが深甚な関心を寄せた軍備も例外ではない。国家間の大規模な戦争が不可能となりつつある現在、地域的な小規模紛争解決に必要とされる以上の軍備は、急速に不要となりつつある。ところが軍備拡大に対する要請は、じつは「売りッパグレ」のない国家予算による買い上げを当てにし、膨大な設備投資を行う工業生産国の兵器産業に欠かせない。そしてその圧力により、必要規模以上で、しかも日進月歩の科学・技術のおかげですぐに賞味期限切れとなってしまう、いわゆる「最新兵器」を、国際紛争に対する危機感を必要以上に煽ることで、自国ばかりか周辺社会にもその購入を押し付けるという理不尽さにも現れている。

　こう見てくると、ルネッサンスにおいて胎動し、ウエストファリア条約（一六四八）で一応の確立を見て以来、第二次世界大戦に到るまで四百年間続いた主権国家の割拠体制は、今日において最終段階に入った感がある。すでに第一次大戦後に提案され、第二次大戦後に引き継がれた「国際連盟」→「国際連合」といった国際機関の設立、また二十世紀後半からヨーロッパ共同体やＡＳＥＡＮなどの緩やかな地域連合を形成しようとする動きに象徴されるように、じっさい我々は新たな「変動」の時期に突入しているのではなかろうか。十三世紀半ばの人・物・知識（情報・技術・思想）の流動化が、イタリア半島の経済を刺激することによって自治都市《コムーネ》国家を生んだ。それは地域国家へと発展した上で、その「ノウハウ」をアルプス以北に伝え、新知識は各地域の特殊事情と融合して、国民国家という単位となって、ルネッサンスという変動の時期が終る。そしてこの時点で、我々にとっての「近・現代」が始まったのである。そしていまや、その近・現代が終ろうとしている。

変化の時期

だが、「終り」は「始まり」でもある。「安定」の時期を挟んで、その前後に生起する「変動」の時期は、互いに驚くほどよく似ている。ナポリの哲学者ジョヴァン・バッティスタ・ヴィーコが『新しい学《シェンツァ・ヌォーヴァ》』（一七四四）で述べるところでは、「人類の歴史」は螺旋を描きながら、（ヴィーコのカトリック哲学によれば）神の定め給うた大目的に向かって上昇しており、一定の周期で同じような時代が回帰してくるという。じじつ世の中がいくら変ろうと、人間が演じる悲喜劇は、たとえそれが先行する時期の秩序から解き放たれた天才達によるものだとしても、いずれ劣らぬ「ヘボ役者《プァー・プレーヤー》」（シェイクスピア『マクベス』第五幕、五場）が演じるわけで、大して変り映えしないともいえる。だが、その一方でヴィーコもよく承知していたように、不可逆な「時間」と、代替不可能な「場所」とに規定される「歴史」は決して繰り返さない。完全に同一の事象は二度起こらないのである。

　そうだとすれば、なぜ我々は歴史に興味を持つのか。この質問に対して、二十世紀前半に活躍したフランスの象徴派の詩人ポール・ヴァレリーは、『歴史についての講演』（一九三二）の中で詩人らしい比喩をもって答えている。曰く「我々は未来に背を向けて、いわば後退りしながら、未来に入って行く」と。人は未来を見ることはできない。それは人間の限界を越えている。だけれども、とヴァレリーは続ける。「歴史を学ぶことで、特にその失敗に注目することで、我々は未来に対してよりよく対処するように準備することができる」と。

個と集団

ルネッサンスという現象を特徴付ける「巨人」達の華々しい業績や行動には、確かに血湧き肉踊るものがある。これらを知ることで我々は、司馬遷が『史記』（列伝）でやってみせたように、歴史上の個々の人物・事件を追いかけて、大きな楽しみを得ることができる。だが、史官の家に生まれ、飽くなき好奇心をもって事実を収集しながらも、武運拙く匈奴《きょうど》との戦いに敗れて亡命を余儀なくされた友人の李陵を庇った咎で宮刑に処せられた司馬遷は、「天道是か非か」という悲痛な問いをも発している。

その一方、アリストテレスは『国政論』で、人は「社会的動物」であるという。一人では生きていくことさえ叶わぬ「情ない」動物である我々は、たまたま自分がそこで生活を営むことになった集団に属さざるを得ない。そして一個の集団が成立し維持されるためには枠組み（秩序）が必要で、その秩序とは「法」の形を取った、社会の在り方についての構成員間の取り決めに他ならない。ルネッサンスにおいて中世以来の教皇権と皇帝権が蒙った変化を見れば分かるように、この秩序は社会状況に対応して変ろうとするのだが、旧来の秩序のおかげで力や富を得ていたグループは、抵抗勢力となって旧秩序を強化して変革を抑えようとする。その際に得てして持ち出されるのが、現状を変えまいとして伝統を神格化するコチコチの保守主義である。これに対して変化を求める勢力の方は、旧秩序に抑えられれば抑えられるほど欲求不満が高まり、その要求が先鋭化する。とどの詰りは不満が爆発し、革命や暴動あるいは内乱となって、最終的には変化は実現せざるを得ないのだが、その際にトバッチリを受けて多数の人々が悲惨な目に遭う。

ヨーロッパにおいても他の地域と同様、共同体は規模を拡大する方向で来た。まずは家族という単位から始まって、次第にサイズを拡大し、生産性を高める必要から集団が大きくなり、そうすると効率的に集団を運営するために権力の集中が起こる。かつ交通また情報伝達の手段の開発に伴い、それに見合う社会の経営方式が編み出される。ルネッサンスの後半（十六世紀末〜十七世紀初）から、第二次世界大戦が終る二十世紀半ばまでの間は、国民国家という単位が、生産技術や社会経営の変化に対応するのに最も適当な大きさと体制だったように見える。

もっともこの間に、権力の集中を実現するための絶対王権がルネッサンス末期までに成立し、それと並行して世襲制を取る王朝の独裁権力が暴走するのを防ぐため、中世以来の貴族・僧侶・町民の三階級の代表が結集して、王権の欲する政策に同意と財政的支持を与えるという仕組みが導入された。フランスの三部総会、あるいはイングランドの議会、さらにはイタリア半島で共和制を取った都市国家の市民集会である。そして、その後は憲法制定による立憲君主制を経て王制を廃止し、共和制を取る社会が増加しつつある。これには、選挙により任期付きで選出された代議員、すなわち独裁制や寡頭制におけるよりも遥かに多数の社会構成員による権力の行使が実現して、政策決定の過程が透明性を増したことが大きく寄与している。その中でも選挙の結果による政権交代が、ピューリタン革命（一六四二～四九）、フランス大革命（一七八九）、ロシア革命（一九一七）の際に起こったような流血を見ずに、平和裡に実現する慣行が定着しつつある点が重要である。今後も変動によって生ずる社会内の不安定を拡大および爆発させないようにする政治的な仕組みや配慮が、ますます検討の対象となると予想される。ルネッサンスの歴史は、共和制をとったイタリア半島北・中部の自治都市国家や、絶対王権を成立させたアルプス以北の諸勢力の政治運営の成功と失敗を通じて、これからの政治の在り方に大きな示唆を与えることができよう。

発想の転換

また、変動期としてのルネッサンスは、一般に言われるよう文芸・美術の面だけに限らず、ルネッサンス自体を成立させた経済および技術（さらに自然（科）学）、政治、宗教の分野における発想の転換と、それをもたらした、想像（＝創造）力の点でも注目に価する。従来の思考の枠組みが転換を求められる時、新しいシステムを構築するために、自由な思考パターンや行動様式が必要とされる。

しかし、変動によって既得の価値体系が危険に晒されるという不安に憑りつかれた体制派は、現状を死守して変革を認めようとしない。それがかえって来るべき変革の正常な発展を妨げ、畸形な状況をもたらすかもしれないにもかかわらずである。例えば十五世紀のイタリア半島に割拠したミラーノ、ヴェネツィア、フィレンツェ、ナポリ、それに教皇庁は各々の利権墨守にこだわる余り、アルプス以北や東地中海の状況を十分に認識せず、結局は半島の政治的統一に失敗して、外国勢力の介入と分割支配を招いてしまう。政治的先見性の典型ともてはやされるメディチ家の「豪奢殿《イル・マニフィコ》」ことロレンツォの勢力均衡政策だけでは、マキャヴェルリも喝破した通り、十分ではなかったのである。それは、ロレンツォが主導したローディの和平条約自体が、すでにフィレンツェにおけるメディチ家と、新しくミラーノの支配者となったスフォルツァ家の安泰を目標とした現状固定政策の結果であったことからも明らかである。

これに引き換え、十三世紀後半の商業革命こそは、まさに発想の転換をもたらし、ルネッサンスの引き金を引いた変革であった。それは、従来のシャンパーニュの大市を中心に展開されていた内陸の交易を東方イスラム世界との貿易を通して飛躍的に拡大させ、金融システムを刷新し、ひいてはホーヘンシュタウフェン朝の没落と都市国家の興隆を実現せしめた。それを受けて世界が「義《ただ》しいキリスト教徒」と「邪悪なイスラム教徒」に分かたれるというのではなくて、イスラム世界にも、また中世スコラ哲学の太宗アリストテレス以外に、プラトンの哲学やユダヤ教のカバラ（地動説という、まさにコペルニクス的転換を主張したコペルニクス、またケプラーやガリレオらの業績にしても、カバラ的な見方抜きでは生まれなかった）にも真理が含まれていると主張した「新《ネオ》プラトニスム」、カトリック教会の公式教義にも誤謬があり得ると主張し、アルプス以北に入って力を得た「キリスト教的人文主義」の開かれた視点が生まれたのも、やはりルネッサンスにおいてであった。「変動」の時代には、ただ単に従来の慣行を硬直的に適用するのでなく、新しい見方を受け入れる柔軟さが必要なのである。

とはいえ、ルネッサンスにも限界がないわけではない。伝統的な束縛から解放された者は、得てして周囲の状況を慮らず、性急かつ激烈な自己主張や欲望の充足に走りやすい。むろんその傾向に気がついたルネッサンス人達もいなかったわけではない。バルダッサーレ・カスティリオーネが『廷臣論』（一五二八）で、ルネッサンスにおける調和の取れた人間の理想像を描いてみせ、神聖ローマ皇帝カール五世は手稿の形で回覧された同書を読んで、カスティリオーネの理想の大いなる共鳴者となった。だが一五二七年、カール五世のスペイン軍による「ローマの劫掠《サッコ》」の暴挙が起こり、ちょうどその時、クレメンス七世の使節としてマドリッドの宮廷に居合せたカスティリオーネは皇帝に憤懣をぶちまけたが、両人共に事態を如何ともすることはできなかった。あるいは、モンテーニュが活躍した宗教戦争期のフランスも同様であった。ラファエルロやシェークスピアが傑作を生み出した華やかなルネッサンスはまた、強者の力任せ、本能剝き出しの振る舞いが横行した時代でもあったのである。

人間中心主義の功罪

だがそれにも増して重大なのは、しばしば「人間の時代」と称せられるルネッサンスの根本思想、すなわち「人間中心主義」である。宗教の常として現世蔑視を説いた中世キリスト教の道徳から解放され、人間の欲望を自由に充足させることを得た歓びが、ルネッサンス人達の営為に、前代に見られなかった活気（初発性）をもたらしたことに疑いはない。しかし、それはまた聖書の権威に拠って、人間が「神の御姿」（「創世記」第一章）に造られ、しかも霊魂として神の息吹を吹き込まれて、すべての被造物に君臨し、これを支配する権利を持つという認識に立つものであり、我々人間が、「質的に一段と高い存在」（ピーコ・デ・ラ・ミランドラ『人間の《デ・ディ》尊厳について《ニターテ・ホミニス》』一四八六）と位置付ける、独善的な人間中心主義に基づく活気でもあった。

もちろんキリスト者の中にも、宇宙全体の中に人間を置き、万物の調和を説いた聖フランチェスコ（『被造物の歌《カンティコ・デレ・クレアトゥーレ》』一二二六）のような人物がいたし、ピーコ自身にしてからが、ギリシャのプラトン主義における万物調和の思想や、ヘルメス主義の影響を受け、いささか曖昧な白魔術に凝って、「知の綜合」を目指しているほどである。さらにガリレオらの地動説にも、カバラの影響が認められるのはすでに述べた通りである。

分析に向かった近代

だが、こうした動きがあったにもかかわらず、ルネッサンスから近・現代に到る科学の展開は、知の綜合へとは向かわず、フランシス・ベーコンやデカルトらの観察と実験に基づく分析的手法を武器として、もっぱらその実用的な適用を目指すようになる。それは二十世紀から二十一世紀にかけて原子力の開発から、ＤＮＡの発見による遺伝子組換え、クローン技術の進展による生物の複製など多岐にわたることになる。ただ、そうした自然科学の、一見華々しい成果も、存在の根本問題、すなわち「存在の唯一・一回性」の前には無力であるように見える。それは限られた存在でしかない人間の思考（推論）の範囲内で導き出された限定的な現実解釈にしか過ぎず、絶対でもなければ普遍でもあり得ない。

例えば宇宙の起源の問題に関しても、仮にビッグ・バン説が現在の宇宙の生成の謎を説明し得たとして、すぐに「それではビッグ・バン以前には、何がどうなっていたのか」という疑問が起こり、問いは無限に続いていく。あるいは完全に同じＤＮＡを持つクローン人間が作り出されたとしても、我々が占めている場所と時間が代替不可能である以上、個別的[1]要素を無視して存在の同一性を云々するのは、問題を単純化しているに過ぎない。だが、それよりも存在自体の内に限界が組み込まれていて、生き物は滅びざるを得ず、分析は畢竟「猿のラッキョの皮剝き」であって、剝き終って残るのは地面に散らばる皮のみ。存在の核は結局のところ、有機的な時間と場所を捨象する科学では捉えることはできないということになる。

さらに、この存在自体の中に含まれる限界は、きわめて厄介な問題を提起する。原子力の開発などを通してある程度の力を手に入れた人間は、一時的には己れを含む環境を破壊することが可能となった。むろん人間の行う環境破壊なぞ、火山爆発や地震など自然が起こす変動に比べれば、スケールにおいて知れたものでしかない。だが地上に存在する生命、おおむね酸素を用いて物質を燃やし、エネルギーを取り出すシステム（それ自体が莫大な時間を費やした「進化」を経て、袋小路に入り込んだシステム）によって生き、かつ生存そのものに限界（生命の劣化による死）を内包する、人間を含むすべての生命にとって、たとえ宇宙的尺度からすれば小規模で一時的ではあれ、ひとたび環境破壊が起これば個体として死滅するばかりか、種としても取り返しのつかない絶滅を惹き起こす可能性を、自ら背負い込んだことになる。ルネッサンスに発した人間の無限拡大の志向は、その意味でも十分チェックされなければならない。

宇宙開発が人間の偉業のように喧伝されるのも間違っているのではなかろうか。十五世紀末に始まる大航海時代に、大海原を越えて「新世界」に乗り出して行った船乗り達は、よく宇宙飛行士にたとえられる。だがコロンブスらが到達した（ヨーロッパ人にとっての）新大陸には酸素があり、（キリスト教徒ではないが）人間が、そしてすべての生命連鎖の起点である光合成（空中酸素と炭素とを結合させ、無機物から有機物を作り出す働き）を行う植物が存在していた。つまり生物にとって生存の基本条件は、旧大陸と同じだったのである。いま惑星あるいは恒星に到達することができたとして、果してそこに地球上の生物が生存できるのと同じ条件があるのだろうか。その可能性は少ないように思われる。仮に新しい星に水素にせよ窒素にせよ、地球から行った「生き物」にとり生命代謝に利用できるかも知れぬ元素が存在するとして、それを取り込んで自己の生を営むシステムを構築するまでには、酸素燃焼を肉体が破壊されぬ程度の低温でユックリと進行させる仕組みを開発するに要したほどの、膨大な時間が必要であろう。

それに第一、新しい星に行くためには、地球の引力圏外に宇宙船を送り出さなければならない。原子爆弾の投下によって生ずる、放射性を帯びた「死の灰」であっても、地球の引力圏に留まる限り、いつかは地上に戻って来て、地球から完

（1）そんなものは考慮に値しないというのであれば話は別である。そして、じつは自然科学はまさにそれを捨象（度外視）することで成り立っている。

全に失われることはないのである。だが、いったん地球の引力圏外に出された物質は、普通では我々の許《もと》に戻っては来ない。地球から完全に失われてしまう。むろん然るべき制御装置を搭載した有人・無人飛行物を地上に連れ戻すことは可能である。しかしそれには送り出した時に勝るエネルギーが必要となろうし、また回収に値しないと放置されるならば、ゴミとして宇宙空間を漂うことになろう。そうした物質は、それこそ地球にとって永久に失われた、取り返しのつかぬ損失ということになる。そんな事業に莫大な予算と労力を注ぎ込み、偉業と称賛する必要があるのか。他にやらなければならぬことはないのだろうか。

さらにそのうえ、もしもそんな莫大なエネルギーを使って打ち上げられた宇宙船が、人間の生存条件、すなわち一日（自転）約二十四時間、一年（公転）約三百六十日、気圧ほぼ一気圧、年間気温が摂氏〇～四十度、等々に適合する天体に出会うという奇跡が起こったとして、いったい誰がその新しい天地に出かけて行き、何をするというのか？

「キリストの福音を新世界に弘《ひろ》める」と称して、だがじつは欲に駆られて「皆殺し」の異名をとった「征服者《コンキスタドーレス》」達、フェルナン・コルテス（一四八五～一五四七）やフランシスコ・ピサロ（一四七五～一五四一）らは、新大陸でインカやアヅテカの文明を滅ぼす。また世界制覇の妄想に取り憑かれた国民国家の権力者とそれに従った大衆は、ナショナリズムという、多民族・広域社会とは根本的に相容れない価値観を他に押し付けようとして、二度の世界大戦を惹き起こし、ホロコーストや無差別原爆投下を行った。そんな彼らと比べて、あまり代わり映えしない現代の我々が、新しい星で地球上でと同じ権力争いを繰り返し、身勝手な人間中心主義を他の生き物に押し付け、限られた理性がどうにか切り取った無限の現実のホンの少部分を、まるで現実全体のような顔をして見せびらかし合うのであれば、それはいったい偉業といえるのだろうか？　本当に必要な変革とは、そんな人間を生き延びさせるに役立つｉＰＳ細胞や、複製するに役立つクローンの技術などではなくて、人間自身の中身、思想の変革なのではあるまいか？

ルネッサンス、その中でも十三～十四世紀にイタリア半島の商人達が開発した国際交易システムと金融テクニックは、毛織物産業の発達と相俟って資本主義経済の揺籃となった。一方、アルプス以北で十六世紀に成立した国民国家と絶対王制は、ゴンサルヴォ・デ・コルドヴァやアレッサンドロ・ファルネーゼが率いたスペインの三編制隊《テルシーオス》、またマキャヴェルリが提唱した「国民軍」と併せて、近代ヨーロッパ政治の根幹といえる世俗主権国家を生む。加うるに古典古代の再発見と、そのルネッサンス的解釈（人文主義）とは、新しい人間中心の世界観を打ち出して、単に文化にとどまらず、自然（科）学技術、政治、軍事、経済、宗教の諸分野にも深甚な影響を及ぼした。絵画、彫刻、建築など、いわゆる造形美術におけるルネッサンスの成果については、いまさら多言を要さないであろう。近代における人間の営為の諸分野における革新は、ルネッサンスにおいてその萌芽が兆したのだが、四百年余りを経たいま、それは行き詰まったかに見える。我々は一つの時代の終りに立ち会っているのではなかろうか。

　とはいえ、時の流れに沿って絶えず営為を紡いでいく人間という生き物が存在する以上、歴史はなくなりもしなければ、止まりもしない。一つの時代の終りはまた、次の時代の始まりでもある。「いったいどんな夢が来るのか《ホワット・ドリームズ・メイ・カム》」（『ハムレット』第三幕、一場）、それは誰も知る者はない。だが人間が来る時代のために、利潤追求至上主義の経済システム、己れの利権墨守に狂奔する政治、また他の動植物を押し退け人間の都合のみを主張する産業、そういったものが横行しない共同体を創ることができ、「生きる歓び」つまりルネッサンス人達が感じたような解放感と初発性を見出すことができるような新しい「地球共同体」を目指す可能性を、人間に期待するのは、楽観的に過ぎると嗤《わら》われるであろうか。

あとがき

どうやら本書も、やっと上木の運びと相成った。思えばこの話が出てから、もう四半世紀余りになる。まったく長いことかかったものだ。

東京大学出版会から『イタリア文学史』を編著で、当時イタリア学会の中心メンバーを語らって出したのが一九八四年で、これは出版会文学史シリーズの一環として『フランス文学史』や『ロシア文学史』に伍しての企画だった。出版会側からは、大江治一郎氏が衝に当たって下さったと記憶している。なにしろイタリア文学は東大文学部で学科として独立し、僕がフランス文学から配置換になったのが一九七八年で、そのころ本格的なイタリア文学の通史はわが国ではまだ、そして現在に到るまで、何処でも出ていない状態だったから、この仕事もいろいろ大変だった。

その『イタリア文学史』がともかく片付いて、いよいよ次は自分の専門であるルネッサンス研究、それもイタリア半島のルネッサンスだけでなくフランス、スペイン、イングランドとドイツ、つまりヨーロッパの各国ルネッサンスを網羅した研究をまとめ、もってルネッサンスの全体像を描いてみたいと提案して、好かろうということになったのが一九八〇年代後半、まだ石井和夫氏がおられた頃のこと、実際の担当はK氏という話になった。この際、僕の頭の中にあったのは、従来のルネッサンスに関する、日本ばかりでなく欧米においても支配的だった考え方、すなわちルネッサンスが文化中心の時代であり、かつ十四世紀後半から十六世紀半にわたって展開したとするその時代区分が、じつはルネッサンスの実像を正しく把握していないのではないかという疑問であった。この考えを最初に論文の形で発表したのは一九八六年、それも日本語ではなくて英語で、東大文学部の美学科が出している『美学研究論叢』という学術誌があるが、その"Journal of Faculty of Letters, AEsthetics"と題する欧文の号に寄稿を求められたことによる。拙論の題も　まさに"An Essay on the "Renaissance" chronology"、つまり『ルネッサンスの時代区分についての試論』というものだった。この論考は日本語ではなかったので国内ではあまり読まれず、かえって発表からしばらくしてドイツの大学から、「あの論文の続き、あるいは纏った形での本として、刊行されてはいないのか?」という問い合わせがあったと、当時美学科の助教授であられた藤田一美先生から告げられ、「同じようなことを考える人がいるんだなあ!」と思ったことを今でも思い出す。同様の感想は山本義隆氏の『一六世紀文化革命』(全二巻、みすず書房、二〇〇七年)を読んだ時も持った。

もともと僕がルネッサンスに興味と関心を抱くようになったのは、一九五四年に東大駒場の教養学部から文学部のフランス文学科に進学して、恩師渡辺一夫先生のフランス・ルネッサンスの講義の席に連なり、そのころ流行《はやり》のサルトルやカミュの実存主義をやるつもりが、フランソワ・ラブレーやジョアシャン・デュ・ベレーなどを擁するルネッサンス文学、そのうちでもモンテーニュやギョーム・ビュデ、セバスチアン・カステリヨンなど人文主義《ユマニスム》の系統を引く人達の、宗教戦乱に引き裂かれたフランス社会における寛容思想の展開に視点を移したことによる。時は愚劣で偏狭な軍国主義がもたらし、アメリカの原爆投下で終わった第二次大戦の破壊が、やっと回復に向いつつあった時期だった。だから、その後ルネッサンスについての知見もいささか拡がり、イタリア抜きではルネッサンスは語れないと気付いてイタリア研究に傾斜、いつの間にかミイラ取りがミイラになってイタリア文学に較替えとはなったが、僕のルネッサンスに対する関心には、常にイタリア以外の地域のルネッサンスの動向が含まれていたのである。

さて出版会との話し合いで、そういう西欧におけるルネッサンスの全体像を追いかけるところまで基本方針が決まったはよいが、じっさいにどういう構成にするか決めねばことは始まらない。そこでいろいろ考えた末、フランス、スペインとイングランドのルネッサンスに一巻づつを当てる（ドイツのルネッサンスは、その短命かつ宗教改革運動・農民戦争→三十年戦争に呑み込まれてしまった事情もあって、これら三つのルネッサンスのどれかと抱き合わせて叙述する）ことが第一。そうすると第二に、イタリア半島がルネッサンス全体に占める重要性からして、これには差し当り三巻を当てるという大枠を提案して、当時刊行されていた『ＵＰ選書』に入るということで承認された。つまり企画全体として、全六巻というわけである。この大枠に沿って、執筆を進めて行くことになった。

ところがである、企画が広範囲に及び、資料収集にも時がかかれば、新設イタリア文学科の建ち上げと運営、そのうち会長を押しつけられた日本イタリア学会の雑用、それに九〇年代に入ると文学部および大学全体の行政にも関わる業務まで加わってきて、アッという間に定年（六〇歳、一九九四年）になってしまった。そこへまた国際交流基金から、定年後ローマの日本文化会館の館長をやらないかという誘いが来て、こちらはローマのイタリア国立図書館その他で、日本ではなかなか見ることの出来ない資料も閲覧可能と、「取らぬ狸の皮算用」で引き受けることにした。だが「美味しい話には、得てして裏がある」と下世話にもいうとおり、当り前のことだが基金も、また外務省も、人に好き勝手に資料集めだけさせておく筈がなく、実際に赴任してみたら「イタリアにおける日本」なる企画（九五年暮れから八カ月間、二十三の都市で七十ほどの企画。中には国宝一ダース・重要文化財六十点余を含む「日本美術の二千五百年」――これが九五年の神戸大震災と重なって出品作品の差し替えやら、カタログ作りの難航やらで文字通りテンヤワンヤ——またイタリア初の大歌舞伎公演——近松の『俊寛』を富十郎・吉右衛門・時蔵出演、ローマ、ナポリ、ミラーノ、ジェノヴァの四都市公演で、特にそのイタリア語の字幕スーパー作りの苦労は「吾ながら好くやったもの！」と、今でも思い出す——さらにはナポリ（ポンペイ）とカターニャ（エトナ火山の麓）で開催の「地震シンポ」等々）を実施するから、その世話をしてくれということで、文字どおり東奔西走の三年間だった。

が、それでも幾許かの資料は収集、イタリアの研究者達とも意見交換、ルネッサンスの大事件が起った各地も訪れて九七年に帰国すると、今度はさる大学院大学の設立の手伝い。これが出来上がると、その管理・行政に引き摺り込まれて、二〇〇六年まではまた一仕事。その後やっと時間が取れるようになったので、それまでも項目毎に少しずつ書き溜めてはいたが、いよいよ本格的に執筆をと編集部に話を持って行ったら、もう一九八〇年代末から二十年近く経って、担当のK氏は退職、かつ出版事情も同じからず。販売のことも考えて、『UP選書』六巻ではなく、全体を纏めて一巻でルネッサンス通史みたいなものをという話になってしまった！

ここで思い出したのが、チョッと横道に逸れ、かつ烏滸《をこ》がましくて気が引けるが、十八世紀ナポリの哲学者で、傑作『新しい学』の著者G・B・ヴィーコのこと。かってある出版社から頼まれ、その『自叙伝』を訳したことがあるので知っているのだが、ヴィーコは死後出版（一七四四年）の決定版を含めて三度、『新しい学』を出している。そのうちの第二回目、一七二九年版の刊行に際して、いろいろな問題に遭遇している。すなわち『新しい学』は一七二五年に初版が刊行され、広く好評をもって迎えられる。しかし新しい思想を説いた作品に対する嫉視・反発もまた激しく、なんとドイツのライプツィッヒのアカデミーまでからも、ヴィーコ批判の論調が上がっていることを知らされる。そこで反論を書く代りに、ナポリで出版された二五年版が好評で、すでに品薄になっている事情もこれあり、問題となっている諸点についての誤解を解く目的も兼ねて、二五年版に多量の加筆・増補を行った改訂版をヴェネツィアで出す準備を整える。そして改訂を終えた手稿を検閲してもらうべく、ヴェネツィア在住の学者カルロ・ロドリ神父の許に送ったのである。

ところが、これが旧版をそのまま手軽に復刻して出版しようと考えていたヴェネツィアの本屋の思惑に反することになり、また当時のナポリ・ヴェネツィア間の郵便事情もあって、原稿全体が送付の途中で（だいぶ後になって出てはくるのだが）一時消えてしまったのである。せっかくの訂正版の行方が判らなくなって、一旦は茫然としたものの、この不運にめげることなくヴィーコは「深く思いを潜めて、前にはネガティヴなやり方で行った論証を、今度はポジティヴな思考方法に切替えて証明し直す」という執筆方針の変更を決断、「出来上がった分（＝第二版）の総体が、初版と比べて僅か全紙三葉（＝七二ページ）の増にしかならない新版の完成に成功した」と、誇らし気に記している。

むろん天下の大傑作『新しい学』とはとうてい較べものの段ではないが、それでも今回の、大判ではあっても一般向けの一巻本『ルネッサンス史』と、元来の研究中心で六巻仕立ての『ルネッサンス論』とでは、話がだいぶ変ってしまった。一時は「どうしようか」と迷ったが、「こちらがグズグズしていたのも悪かったんだから」と考え直してそのまま執筆を進め、今日にいたった。その間、以前から書き溜めていた各論を読み返して不備なところを改め、前後の照応を通じやすくしたりすることも出来たが、そのいっぽうで微妙に変化していく社会情勢と、それに対応して修正が施される（権力者や当事者の）対応の記述が、一般読者には細か過ぎるとの指摘も受け、統合・削除を行うのに手間を取られて、本格的に決定稿の作成に取り掛かってからまた八年近くが経ってしまった。

もとより今から七百五十年余りも前にイタリア半島中・北部において端を発し、以後三百五十年をかけてアルプス以北の全ヨーロッパまで拡がり、後続の（いずれもルネッサンスの鬼子である）「宗教改革」と「技術革新」とあいまって、現代に到って最終段階に達した感がある、いわゆる「（西欧）近代」の基《もとい》をなした「変動の時代ルネッサンス」、その概観を、たとえそれが大まかな見取り図であっても、過不足なく描くことは、とうてい非才の及ぶところではない。そのことは筆者自身が、いちばんよく心得ている。

けれどもまた、この目論見の出発点となった、一般に行われている「豪華絢爛たる文化の華が開いたルネッサンス」観についての疑問、またルネッサンスがもたらしたとして手放しで評価される楽観的「人間中心主義」（＝無限追及の精神）に対する懐疑、そしてその行き着くところ二度の地球規模の大戦と大量殺戮兵器の出現を見た現代政治思想への反省、これらを含んだ形でのルネッサンス像を提出することが出来れば、本書もまったく意味のない「紙の無駄」ではなかったと言えるのではなかろうか。

最後に、本書が陽の目を見ることを得たのは、前記大江氏、石井氏、そして実際の編集に当っては現東大出版会第一編集部の小暮明氏に一方ならぬお世話になった。とくに小暮氏の現実感覚を踏まえた御意見と御鞭撻なくしては、とうてい本書が現行の形を取ることはなかったであろう。ここに特記してお礼申し上げる次第である。

二〇一四年十一月　武蔵野にて

西本晃二

人名索引

配列は五十音順．人名・原綴・生没年・ページの順．

ア　行

アーサー・チューダー　Arthur Tudor（1485–1502）……374, 445–447, 450, 453, 461, 469, 485, 503
アグリッパ・ドービニェ　Théodore Agrippa d'ubigné（1552–1630）……358, 360
アッツォーネ・ヴィスコンチ　Azzonel Visconti（1302–39）……140, 141, 165, 199
アッツォ七世（エステ家）　Azzo VII di Este（?–1264）……99
アドルフ・フォン・ナッソオ　Adolf von Nassau（1250–98）……97
アニェーゼ・デル・マイノ　Agnese del Maino（?–1465）……231
アメデ八世（サヴォワ公）　Amedeo VIII di Savoia（1383–1451）……232
アメリゴ・ヴェスプッチ　Amerigo Vespucci（1454–1512）……52, 298, 369, 445
アランソン公フランソワ　→アンジュー公フランソワ
アリエノール・ダキテーヌ　Aliénor d'Aquitaine（1122–1204）……93
アリオスト，ルドヴィコ　Ludovico Ariosto（1474–1533）……225, 317, 360, 518
アリストテレス　Aristotelēs（B.C. 384–B.C. 322）……40, 91, 92, 138, 183, 262, 329, 371, 387, 573
アルクイン　Alcuin（ca. 735–804）……4
アルド・マヌツィオ　Aldo Manuzio（Aldus Pius Manutius）（ca. 1450–1515）……272
アルノルフォ・ディ・カンビオ　Arnolfo di Cambio（1245–ca. 1302）……37, 79, 83, 191
アルバ公　→フェルナンド・アルバレス・デ・トレド
アルフォンソ・デ・ヴァルデス　Alfonso de Valdés（1490–1532）……385
アルフォンソ一世（ナポリ王）　→アルフォンソ五世（寛仁王）
アルフォンソ五世（寛仁王）**／アルフォンソ一世**（ナポリ王）　Alfonso V（il Magnanimo）/Alfonso I di Napoli（1396–1458）……21, 26, 209, 210, 231, 232, 241, 247,365–367
アルフォンソ十世（賢王）　Alfonso X（el Sabio）di Castillia（1221–48）……44, 73, 96, 139
アルフォンソ二世　Alfonso II di Aragon（1448–95）……247, 249, 253, 259, 304, 305
アルブレヒト・フォン・ハプスブルグ／アルブレヒト大公　Albrecht von Habsburug（1250–1308）……174, 355, 356, 421, 432
アルベルティーノ・ムッサート　Albertino Mussato（1261–1329）……131
アルベルティーノ・モロジーニ　Albertino Morosini（?–1306?）……39
アルベルト一世（スコッティ家）　Alberto I　il Magno di Scotti（?–1318）……98, 99
アルボルノツ枢機卿　Gil Alvarez Carillo, cardinal Albornoz（1300–ca. 67）……142, 162, 205, 207, 275
アレクサンドル五世　Alexander V（1339–1410）……179
アレクサンドル四世　Alexander IV（ca. 1199–1261）……23, 58, 60, 440
アレクサンドル六世／ロドリゴ・ボルジャ　Alexander VI/Rodrigo Borgia（1431–1503）…208, 239, 245, 246, 252, 253, 256, 257, 265–267, 273, 274, 277–279, 305, 306, 308, 369, 370, 376, 393, 414, 446, 450, 454, 461, 513, 534, 548
アレッサンドロ・デ・メディチ　Alessandro de' Medici（1510–37）……251, 415
アレッサンドロ・ファルネーゼ　→パウルス三世

アレッサンドロ・ファルネーゼ（パルマ公）　Alessandro Farnese duca di Parma（1545-92）…8, 343, 354, 397, 406, 414, 415, 417-420, 422, 427, 428, 431, 509, 514
アロンソ・デ・ヴァルガス　Alonso de Vargas（16c.）……425
アン・ブリン　Anne Boleyn（ca. 1507-36）…366, 425, 450, 451, 459, 462, 465, 467, 472, 474-476, 478, 481, 487, 488, 492, 496, 518, 555
アンジュー公フランソワ／アランソン公フランソワ／エルキュール・フランソワ・ド・フランス　Hercule François de France, duc d'Alançon（1555-84）……342, 344, 345, 347, 413, 419, 350,508
アンソニー・バビントン　Anthony Babington（1561-85）……427, 511, 512
アントニオ・ピガフェッタ　Antonio Pigafetta（1491-1534）……52
アントニオ・ベッカデルリ　Antonio Beccadelli（1394-1472）……242, 266
アントニオ・ペレス　Antonio Perez（1534-1611）……412, 424
アントニオ・ロスキ　Antonio Loschi（1365-1441）……187, 202
アントネルロ・ダ・メッシーナ　Antonello da Messina（1430-79）……272
アンドレ・ド・ラ・ヴィーニュ　André de La Vigne（ca. 1457-ca. 1527）……248
アンドレ・ル・シャプラン　André le Chapelain（12-13c.）……57
アンドレア（カラブリア公）　Andrea di Calabria（?-1345）……162
アンドレア・オルカーニャ　Andrea Orcagna（ca. 1308-68）……183
アンドレア・コンタリーニ　Andrea Contarini（1300?-1382）……171
アンドレア・ディ・アンジョ（ディ・ハンガリー）（ターラント公）　Andrea d'Angiò/András di Ungheria, duca di'Taranto（1327-45）……209, 24
アンドレア・ドーリア　Andrea Doria（1466-1560）……44, 169, 170, 286, 320, 386, 389, 402
アンドレアス・カールシュタット　Andreas Karlstadt（1486-1541）……554, 561
アンドレーア・ダンドロ　Andrea Dandolo（1307-54）……53
アントワーヌ・ド・ラ・ロッシュ＝シャンデュー　Antoine de La Roche Chandieu（1534-91）……339
アントワヌ・ド・ブルボン（ナヴァール王）　Antoine de Bourbon, roi de Navarre（1518-62）…332, 338, 339, 346
アントワヌ・ペルノ・ド・グランヴェル　Antoine Perrenot de Granvelle（1517-86）……408
アントン・ファン・ダイク　Anton Van Dyck（1599-1641）……518
アントン・フッガー　Anton Fugger（1493-1560）……541, 543
アンヌ・デュ・ブール　Anne du Bourg（1521-1559）……336
アンヌ・ド・クレーヴ　Anne de Clèves（1515-57）……475-480, 482, 487, 490
アンヌ・ド・フランス（ボージュー公妃）　Anne de France/duchesse de Beaujeu（1461-1522）……303, 309, 319
アンヌ・ド・ブルターニュ　Anne de Bretagne（1477-1514）……264, 274, 278, 303, 308, 312, 314
アンヌ・ド・モンモランシー　Anne de Montmorency（1492-1567）……325, 339, 340, 478, 350
アンヌ・ドートリッシュ　Anne d'Autriche（1601-66）……422
アンブロジョ・スピノーラ　Ambrosio Spinola（1569-1630）……170, 421
アンブロジョ・ロレンツェッティ　Ambrogio Lorenzetti（?-1348）……22, 25, 37, 117-119, 121, 122, 183, 190
アンリ・ド・ヴァロワ　→アンリ三世
アンリ・ド・ギーズ　Henri I de Guise（1550-88）……341, 347, 350, 352, 354, 355, 417, 430, 431, 501
アンリ・ド・テュレンヌ　Henri de La Tour d'Auvergne, vicomte de Turenne（1555-1623）……358
アンリ・ド・ナヴァール　→アンリ四世
アンリ・ド・ブルボン　→アンリ四世
アンリ・ド・ブルボン（コンデ公）　Henri de Burbon, prince de Conde'（1552-88）……342, 343

アンリ三世／アンリ・ド・ヴァロワ（アンジュー公） Henri III de Valois, duc d'Anjou（1551-89）……341-348, 350, 351-354, 413, 417, 420, 430, 431, 501, 508
アンリ四世／アンリ・ド・ブルボン／アンリ・ド・ナヴァール Henri IV de Bourbon, roi de Navarre（1553-1610）……5, 332, 341-344, 346, 349-359, 405, 413, 414, 417, 420, 427, 431-433, 569
アンリ二世 Henri II de Valois（1519-59）…323, 325-328, 336, 337, 341, 345, 347, 350, 355, 392, 395, 401, 414, 422, 430, 432, 495, 497, 499-502

イーヴ・ルヌワール Yves Renouard（1908-65）……4, 47
イグナチウス・デ・ロヨラ Ignacio López de Loyola（1491-1556）……457
イザベラ・ディ・アラゴン Isabella d'Aragona（1470-1524）……247, 248, 260, 304
イザベラ・ディ・エステ Isabella d'Este（1474-1539）……270
イザベル・デ・ラ・クルス Isabel de La Cruz（1470-1524）……380
イザベル・ド・ヴァロワ →イザベル・ド・フランス
イザベル・ド・フランス／ド・ヴァロワ Isabelle de France/de Valois（1389-1409）…128, 200, 201,229, 247, 401, 432
イザベル女王（カスティーリャ女王）／カトリック両王 Isabel I de Castilla/Isabel la Católica/Reyes Católicos（1451-1504）…23, 170, 228, 245, 255, 302, 304, 345, 372, 373, 380, 381, 383, 386, 422, 424, 445, 446, 461
イッポリタ・マリーア・スフォルツァ Ippolita Maria Sforza（1446-84）……247
イノケンチウス三世 Innocentius III（1161-1216）……58, 81, 101, 143, 155, 156, 273, 439, 468
イノケンチウス四世 Innocentius IV（ca. 1195-1254）……44, 99, 440
イノケンチウス八世 Innocentius VIII（1432-92）……227, 315
イノケンチウス六世 Innocentius VI（1282-1362）……142, 204, 205

ヴァスコ・ダ・ガーマ Vasco da Gama（1460-1524）……298, 369
ヴァディーノ・ヴィヴァルディ Vadino Vivaldi（?-1291）……45, 46, 90
ヴァルター・フォン・デア・フォーゲルワイデ Walther von der Vogelweide（ca. 1170 -ca. 1230）…86
ヴァレンティーナ・ヴィスコンチ Valentina Visconti（1366-1408）……229, 231, 247, 255, 263, 307, 327
ヴィーコ，ジョヴァン・バッティスタ Giambattista Vico,（1668-1744）……572
ヴィヴァルディ兄弟 →ウゴリーノ・ヴィヴァルディ　ヴァディーノ・ヴィヴァルディ
ウイクリフ，ジョン John Wycliffe（ca. 1320-84）……150, 332, 548
ヴィットリーノ・ダ・フェルトレ Vittorino da Feltre（1378-1446）……261
ヴィラーニ兄弟 →ジョヴァンニ・ヴィラーニ，マッテーオ・ヴィラーニ
ウイリアム・ウォーラム（カンタベリー大司教） William Warham（ca. 1450-1532）……444
ウイリアム・カクストン William Caxton（ca. 1415-92）……445
ウイリアム・グレイ William Gray/Grey（1408-78）……442
ウイリアム・セシル William Cecil（1520-98）……427, 499, 511
ウイリアム・ティンダル William Tyndale（ca. 1494-1536）……330, 445, 475, 480
ウイリアム・マウントジョーイ卿 William Mountjoy（Blount）（ca. 1478-1534）……447
ウィリアム１世／ウィリアム征服王 William I/William the Conqueror（1027-87）……448
ウィレルム一世（寡黙公）／オラニエ（オレンジ）公ウィレルム一世 Willem I（Zwijger）van Oranjien（1533-84）……343, 348, 406, 409-413, 418-420, 427
ヴェスパシアーノ・ダ・ビスティッチ Vespasiano da Bisticci（1421-98）……441
ヴェットレ・ピザーノ Vettore Pisano（1324-1380）……170, 171
ヴェラスケス・ダ・シルヴァ Diego Velazquez da Silva（1599-1660）……170, 435, 436

ヴェルゲリウス，プブリウス　Publius Vergilius Maro（B.C. 70–B.C. 19）………………88, 117, 185, 533
ウエルナー・フォン・ウルスリンゲン　Werner von Urslingen（duca Guarnieri）（ca. 1308–54）…163, 165
ヴェロッキオ，アンドレア・デル　Andrea del Verrocchio（ca. 1435–88）………………………167, 194
ヴェロネーゼ，パオロ　Paolo Veronese（1528–88）………………………………………………273, 436
ヴェンセスラス・リンク　Wenzeslaus Link（1483–1547）…………………………………………557
ヴェンセスラス四世（ボヘミア王）　Venceslas IV（de Bohemia）（1361–1419）………………………200
ウォルシンガム，フランシス　Sir Francis Walsingham（ca. 1532–90）………427, 430, 499, 503, 511, 512
ウォルター・ラレイ　Sir Walter Raleigh（ca. 1552–1618）…………………………………443, 486, 517
ウグッチョーネ・デラ・ファジョーラ　Uguccionc della Faggiola（1250–1319）…………………125, 126
ウゴリーノ・ヴィヴァルディ　Ugolino Vivaldi（?–1291）………………………………………45, 46, 90
ウゴリーノ・デラ・ゲラルデスカ　Ugolino della Gherardesca（ca. 1220–89）…………………38, 59, 88
ウッチェルロ，パオロ　Paolo Uccello（1397–1475）…………………………164, 191, 197, 223, 569
ウルバヌス五世　Urbanus V（1310–70）……………………………………………………59, 60, 63, 77
ウルバヌス四世　Urbanus IV（1195–1264）…………………………………………………58, 60, 63, 77
ウルバヌス六世　Urbanus VI（1318–89）……………………………………163, 175, 205, 209, 240
ウルバン　Urban/Orban（?–1453）……………………………………………………………………217
ウルリッヒ・フォン・フッテン　Ulrich von Hutten（1488–1523）…………………………466, 547, 557, 560

エーコ，ウンベルト　Umberto Eco（1932–）……………………………………………………………158
エウクリデス　Euclides（?–B.C. 300）…………………………………………………………………188
エウゲニウス四世　Eugenius IV（1383–1447）…………………166, 198, 222, 231, 232, 237, 238, 241, 537
エチエンヌ・ド・ラ・ボエシ　Etienne de La Boetie（1530–63）………………………………………341
エチエンヌ・ドレ　Étienne Dolet（1509–46）……………………………………………………………334
エッツェリーノ三世（ダ・ロマーノ家）　Ezzelino III da Romano（1194–1259）…………………95, 98
エドマンド皇太子（イングランド）　Edmund Plantagenet（1245–96）……………………………44, 161
エドモンド・ボナー　Edmund Bonner（ca. 1500–69）…………………………………………………483
エドワード（ワーヴィック伯爵）　Edward Plantagenet（Earl of Warrick）（1475–99）…………………446
エドワード・シーモア　Edward Seymour, 1st Duke of Somerset（1506–52）………………482, 488, 497
エドワード一世　Edward I of Plantagenet（1239–1307）……………………………………………128, 44
エドワード黒太子　Edward of Plantagenet, the Black Prince（1330–76）………………………………163
エドワード三世　Edward III of Plantagenet（1312–77）……………………………128, 129, 134, 440, 441
エドワード六世　Edward VI of Tudor（1537–53）……392, 425, 426, 451, 469, 474, 482, 485, 488–490, 492, 493, 495, 502, 518
エネア・シルヴィオ・ピッコロミニ　→ピウス二世
エマヌエル・クリソロラス　Manouēl Chrysolōras（1350–1415）………………………………139, 188
エマヌエル・フィリベルト　Emanuele Filiberto di Savoia（1528–80）……………………325, 326, 423
エラスムス，デジデリウス　Desiderius Erasmus Roterodamus（1466–1536）…158, 187, 214, 225, 262, 266, 312, 328–330, 332, 334, 380–382, 390, 398, 408, 444, 445, 447, 449, 451, 466, 480, 485, 487, 543–544, 546, 547, 557, 558, 563
エラスモ・ダ・ナルニ　→ガッタメラータ
エリザベート・ド・ヴァロワ　Elisabeth de Valois（1545–68）……………………………………355, 422
エリザベス（ヨーク家）　Elizabeth of York（1466–1503）……………………………………………442
エリザベス・ブラウント　Elizabeth Blount（ca. 1498–ca. 1539）…………………………………458, 469
エリザベス一世　Elizabeth I Tudor（1533–1603）…23, 351, 366, 398, 399, 401, 402, 405, 406, 411, 420, 425, 427, 431, 433, 451, 468, 486, 496–519, 522, 569

エル・グレコ／ドメニコス・テオトコプーロス　El Greco/Doménikos Theotokópoulos（1541–1614）……273, 435, 436
エルナンド・デ・タラベーラ　Hernando de Talavera（1428–1507）……370
エルンスト・ロベルト・クルチウス　Ernst Robert Curtius（1886–1956）……4
エンゲルラン・ド・クーシィ　Enguerrand de Coucy（1339?–1397）……179
エンツォ王　Re Enzo di Hohenstaufen（ca. 1220–72）……100
エンリケ航海王子　Enrique de Portogallo, el Navigador（1394–1460）……219
エンリケ四世　Enrique IV de Portogallo（1425–74）……366, 367
エンリコ・スクロヴェーニ　Enrico Scrovegni（?–1336?）……84
エンリコ・ダンドロ　Enrico Dandolo（1107–1205）……49

オッタヴィオ・ファルネーゼ　Ottavio Farnese（1524–86）……397
オットーネ・ヴィスコンチ（大司教）　Ottone Visconti（1213–1295）……24, 96, 97, 139, 199
オットー四世　Otto IV von Brunswick（1175–1218）……58, 155
オットー大帝　Otto I　von Saxen　(912–73)……7, 56, 152, 383, 536
オデ・ド・フォワ（ロートレック子爵）　Odet de Foix, Vicomte de Lautrec（1485–1528）…255, 286, 320
オビッツォ二世　Obizzo II d'Este（1247–93）……99, 141
オベルト・スピノーラ　Oberto Spinola（13c.）……108
オベルト・ドーリア　Oberto Doria　(?–1295)……39, 108
オラニエ（オレンジ）公ウィレルム一世　→ウィレルム一世（寡黙公）
オルランド・ボンシニョーリ　Orlando Bonsignori（?–1273）……62, 64

カ　行

カール・フォン・ミルティッツ　Karl von Miltitz（ca. 1490–1529）……551
カール五世／カルロス一世（スペイン王）　Karl V（Carlos I）von Habsburg（1500–58）…7, 27, 44, 169, 170, 208, 252, 264, 281–287, 302, 309, 311, 315–328, 334, 348, 349, 372, 374, 377–399, 401–404, 407–409, 411, 415, 416, 421–426, 430, 433–435, 450, 453, 455–458, 461–463, 471–477, 483, 491–496, 514, 528, 537, 540, 541, 547, 552–554, 556, 558, 559, 563, 569, 575
カール四世　Karl IV（1316–78）……123, 199
カール大帝／シャルルマーニュ　Carolus Magnus/Charlemagne（742–814）…4, 7, 36, 151, 152, 246, 383, 395, 465, 536, 553
カイル・アッディン（「赤髭」バルバロッサ）　Kaireddin（Barbarossa）（?–1546）……322, 324, 389
カヴァーデール，マイルズ　Miles Coverdale（1488–1568）……75, 48
カストゥルッチョ・カストラカーニ　Castruccio Castracani（1281–1328）……79, 123, 126, 140, 178, 179
ガストン・ド・フォワ　Gaston de Foix（1489–1512）……268, 276, 311
ガスパール・ド・コリニー／コリニー提督　Gaspard de Coligny/amiral de Coligny（1519–72）…341, 342
カタリナ（ブラガンサ公爵夫人）　Catalina, duquesa de Braganza/Infanta Catalina de Guimarães（1540–1614）……350
カタリナ・デ・アラゴン　→キャサリン・オブ・アラゴン
ガッタメラータ／エラスモ・ダ・ナルニ　Gattamelata/Erasmo da Narni（1370–1443）……166, 193, 194, 218, 219
カテリーナ・ヴィスコンチ　Caterina Visconti（?–1404）……200, 229
カテリーナ・スフォルツァ　Caterina Sforza（1463–1509）……228, 247, 250
カテリーナ・デ・メディチ／カトリーヌ・ド・メディシス　Caterina de' Medici/Catherine de Médicis

（1519-89）………322, 323, 328, 337-339-341, 344-346, 352, 353, 413, 419, 431, 500, 501, 503, 504, 513
カトリーヌ・ド・メディシス　→カテリーナ・デ・メディチ
カトリック王　→フェルナンド二世（アラゴン王）
カトリック両王　→フェルナンド二世（アラゴン王），イサベル女王　（カスティーリャ女王）
ガブリエル・デストレ　Gabrielle d'Estrées（1571-99）……………………………………………………358
カラヴァッジョ，ミケランジェロ・メリージ・ダ　Michelangelo Merisi da Caravaggio（1571-1610）
………………………………………………………………………………………………………331, 436
ガリレオ・ガリレイ　Galileo Galilei（1564-1642）……………………………………40, 298, 575, 576
カルヴァン，ジャン　Jean Calvin（1509-64）…158, 322, 327, 334, 335-337, 340, 342, 350, 379, 408, 412, 416, 418, 421, 434, 498, 533, 570
ガルシラーソ・デ・ラ・ヴェーガ　Inca Garcilaso de la Vega（1539-1616）……………………382
カルパッチョ，ヴィットーレ　Vittore Carpaccio（ca. 1455-ca. 1525）…………………262, 272
カルペパー，トマス　Thomas Culpeper（1514-41）……………………………………………480, 481
カルマニョーラ　Francesco Bussone, il Carmagnola（ca. 1380-1432）…………166, 168, 172, 218-220, 230
カルロ（カラブリア公）　Carlo d'Angio, duca di Calabria（1298-1328）……………125, 127, 144, 240
カルロ（ドゥラッツォ公爵）　Carlo III , duca di Durazzo（?-1386）…………………………209, 24
カルロ・エマヌエーレ（サヴァワ公）　Carlo Emanuele II di Savoia（1634-75）………………358
カルロ・ゼン　Carlo Zen（1333-1418）……………………………………………………………171
カルロ・ダ・バルビアーノ　Carlo da Barbiano（1458-?）…………………………………………244
カルロ・ダンジョ（アンジョ家）　→カルロ一世
カルロ・マラテスタ　Carlo Malatesta（1368-1429）………………………………………181, 221
カルロス一世　→カール五世
カルロ一世／カルロ・ダンジョ（アンジョ家）／**シャルル一世**（アンジュー家）　Carlo I d'Angiò, Charles d'Anjou（1227-85）……………………16, 44, 71, 74-78, 82, 95, 96, 102, 103, 208, 240
カルロ三世（アンジョ家）　Carlo III d'Angiò（1345-86）……………………………179, 209, 240
カルロ二世（アンジョ家）／**シャルル二世**（アンジュー家）　Carlo II d'Angiò: di Napoli（ca. 1248-1309）……………………………………………………………………………………103, 165
ガレアツッオ一世　Galeazzo I Visconti（?-1328）…………………………………………………140
ガレヌス，クラウディウス　Claudius Galenus（ca. 129-ca. 200）……………………………444, 546
カングランデ一世　Cangrande I（1291-1329）…………………………………………………99, 141

キケロ，マルクス・トゥッリウス　Marcus Tullius Cicero（B.C. 106-B.C. 43）…………184, 185, 334, 445
キャサリン・オブ・アラゴン／カタリナ・デ・アラゴン　Catherine of Aragon/Catalina de Aragón（1487-1536）……………………………………8, 309, 322, 425, 448, 453, 492, 493, 522, 555
キャサリン・パー　Catharine Parr（1512-48）……………………………452, 479, 481, 482, 489
キャサリン・ホワード　Catherine Howard（1522-42）……………………451, 477, 478, 480, 482
ギョーム・デュファイ　Guillaume Dufay（ca. 1400-74）…………………………………………198
ギョーム・ド・クロワ（シィエーヴル公）　Guillaume de Croy, Seigneur de Chièvres（1458-1521）…377, 378
ギョーム・ノガレ　Guillaume de Nogaret（1260-1313）…………………………………………102
ギョーム・ビュデ　Guillaume Bude'（1468-1540）………………187, 214, 312, 328, 330, 332-334
ギョーム・ファレル　Guillaume Farel（1489-1565）…………………………………………333, 335
ギョーム・ブリソネ　Guillaume Briconnet（1470-1531）……………………………………313, 332
ギルフォード・ダッドレイ　Guildford Dudley（1535-54）………………………………………490

グァリーノ・ダ・ヴェローナ　Guarino da Verona（1374–1460）……261, 442
グイード・カヴァールカンティ　Guido Cavalcanti（1255–ca. 1300）……68, 87
グイットーネ・ダレッツォ　Guittone d'Arezzo（1230?–94）……87
グイド・グイニツェルリ　Guido Guinizzelli（1235–76）……87
グイドリッチョ・ダ・フォリアーニ　Guidoriccio da Fogliano（1290–1352）……115, 116
グーテンベルグ，ヨハネス　Johannes Gutenberg（ca. 1398–1468）……262, 445, 545
グスタフ・アドルフ　Gustav II Adolf（1594–1632）……570
クセノフォン　Xenophon（B.C. 427?–B.C. 355?）……159
グリエルモ・エンブリアコ　Guglielmo Embriaco（1040–1102）……42
グリエルモ・ディ・モンフェラート　Guglielmo VII di Monferrato（1240–1292）……97
グリエルモ・ボッカネグラ　Guglielmo Boccanegra（13c.）……43, 50, 108
クリスチャン四世　Christian IV（1577–1648）……570
クリストバル・デ・カスティリエーホ　Cristobal de Castilljejo（1490–1550）……330, 382, 545
クリストファー・コロンブス／クリストフォロ・コロンボ　Christopher Columbus/Cristoforo Colombo（ca. 1451–1506）……3, 5, 23, 52, 170, 228, 245, 298, 368, 369, 443, 446, 538, 577
クリストファー・マーロウ　Christopher Marlowe（1564–93）……445, 519
クリストフォロ・ランディーノ　Christoforo Landino（1424–98）……190
クルゥエ，フランソワ　François Clouet（1510–72）……314, 360, 504
クレーヴ大公／ヨーハン三世　Johan III erherzog von Cleves（1490–1539）……451, 476, 477, 479
グレゴリウス九世　Gregorius IX（1143?–1241）……156
グレゴリウス七世　Gregorius VII（1020?–85）……58, 69, 81, 152–155, 273, 468
グレゴリウス十一世　Gregorius XI（1336?–78）……175, 187, 205, 207
グレゴリウス十三世　Gregorius XIII（1502–85）……350
グレゴリウス十四世　Gregorius XIV（1535–91）……354
グレコリウス十世　Gregorius X（1210–76）……76–78
クレチアン・ド・トロワ　Chrétien de Troyes（1135?–ca. 90）……57
クレマン・マロオ　Clément Marot（ca. 1496–1544）……335, 36
クレメンス五世／ベルトラン・ド・ゴット　Clemens V/Bertrand de Got（1264–1314）…53, 83, 99, 102, 143, 218
クレメンス四世　Clemens IV（ca. 1190–1268）……59, 60, 63, 74–78, 160
クレメンス七世　Clemens VII（1342–94）…165, 205, 279, 283–287, 309, 320–323, 384, 385, 450, 457, 461, 462, 467, 468, 471, 491, 537, 541, 563, 575
クレメンス八世　Clemens VIII（1536–1605）……432
クレメンス六世　Clemens VI（1291–1352）……207, 275
クロード・ド・フランス　Claude de France（1499–1524）……310, 311, 314, 319
クロード・ロラン　Claude Lorrain（ca. 1600–82）……331

ゲーテ，ヨハン・ヴォルフガング・フォン　Johann Wolfgang von Goethe（1749–1832）……411, 519
ゲオルグ・フォン・フルンツベルグ　Georg von Frundsberg（1473–1528）……320, 384
ケプラー，ヨハネス　Johannes Kepler（1571–1630）……298, 575
ゲミストス・プレトン　Gemistos Pléthon（ca. 1355–1450）……238
ケレスティヌス五世　Caelestinus V（ca. 1210–96）……97, 101

ゴーチエ・ド・ブリエンヌ　Gauthier de Brienne（?–1356）……125, 129, 173
コーラ・ディ・リエンツォ　Cola di Rienzo（1313–54）…131, 143, 162, 184, 201, 202, 204, 205, 207, 237,

239
コジモ・デ・メディチ／大コジモ　Cosimo de' Medici/Cosimo il Vecchio（1389–1464）……26, 182, 215, 220–223, 233, 237, 238, 250, 307, 442, 453
コジモ一世（メディチ家）　Cosimo I de' Medici（1519–74）……220, 229, 251
コペルニクス，ニコラウス　Nicolaus Copernicus（1473–1543）……3, 298, 575
コラード・ドーリア　Corrado Doria（13c.–1321?）……109
コラディーノ（ホーヘンシュタウフェン朝）　Corradino di Hohenstaufen（1252–68）…63, 71, 74, 75, 95, 161
コリニー提督　→ガスパール・ド・コリニー
コルソ・ドナーティ　Corso Donati（?–1308）……81, 83
ゴンサロ・デ・コルドバ（大将軍）　Gonzalo Fernandez de Cordoba（el Gran Capitan）（1453–1515）……61, 127, 165, 255, 266–268, 270, 279, 286, 310, 325, 376, 395, 446, 571, 578
コンスタンチヌス十一世（パレオロガス朝）　Constantinus XI Dragazes Palaeologus（1403–53）……216, 217
コンチタンチヌス大帝（コンスタンチヌス一世）　Gaius Flavius Valerius Constantinus（272–337）…150, 152, 241, 329
コンラート四世　Konrad IV（1228–54）……71, 74, 95
コンラッド・フォン・ランダウ　Conrad von Landau（?–1363）……162, 164

サ　行

サリンベーネ・サリンベーニ　Salimbene Salimbeni（11–12c.）……73
サリンベーネ・ディ・アダム　Salimbene de Adam（1221–88?）……157
サルヴェストロ・デ・メディチ　Salvestro de' Medici（?–1388）……177
サルターティ，コルッチョ　Coluccio Salutati（1331–1406）……3, 175, 181, 186–189
サン・タンドレ元帥　Jacques d'Albon de Saint-André（1505–62）……339

ジーノ・カッポーニ　Gino Capponi（1792–1876）……177, 178, 180, 182, 220
シェイクスピア，ウィリアム　William Shakespeare（1564–1616）…5, 46, 91, 445, 488, 506, 518–521, 569, 572
ジェームス・ヘップバーン　James Hepburn, earl of Bothwell（1535–78）……505
ジェームス・モレイ　James Stewart, earl of Moray（ca. 1531–70）……341, 502, 504–506, 510
ジェームス一世　James I Stewart（1566–1625）……503, 505
ジェームス五世　James V Stewart……497, 500, 501, 503
ジェームス四世　James IV Stewart（1473–1513）……449, 469, 497, 500, 503
ジェームス六世（スコットランド）／**ジェームス一世**（イングランド）　James VI/James I（1566–1625）……503, 505
ジェーン・グレイ　Jane Grey（1537–54）……345, 488, 489, 492, 501, 502
ジェーン・シーモア　Jane Seymour（1509–37）……451, 469, 472, 474, 476, 481, 482, 488
ジェム　Djem（1459–95）……252, 305
ジェンティーレ・ダ・ファブリアーノ　Gentile da Fabriano（1360?–1427）……26, 37, 183, 195, 197
ジェンティーレ・ベリーニ　Gentile Bellini（1429–1507）……216, 262
シギスモンド四世（皇帝）　Sigismund IV von Luxemburg（1361–1437）……142, 196, 205, 206, 237, 529, 535, 537
シクストゥス五世　Sixtus V（1520–90）……350, 354

シクストゥス四世　Sixtus IV（1414–84）…156, 219, 226, 227, 239, 242, 246, 247, 261, 267, 275, 303, 548
シジスモンド・マラテスタ　Sigismondo Pandolfo Malatesta（1417–68）……166, 207
シスネーロス大司教　Francisco Jiménez de Cisneros（1436–1517）……375, 403
シモーネ・マルティーニ　Simone Martini（ca. 1284–1344）……22, 25, 36, 37, 84, 85, 114, 116–118, 121, 122, 130, 131, 144, 183, 208, 240
シモン・ヴゥエ　Simon Vouet（1590–1649）……331
シモン・ド・モンフォール　Simon de Montfort（1208–65）……155
シモン・ボッカネグラ　Simon Boccanegra（?–1363）……109, 111, 167
シモン・ルナール　Simon Renard de Bermont（1513–73）……491, 492, 495
ジャーノ・デラ・ベルラ　Giano Della Bella（1240?–1305?）……80
シャステラール，ピエール・ド　Pierre de Boscosel de Chastelard（1540–62）……505
ジャック・クレマン　Jacques Clément（1567–89）……354
ジャック・デュエーズ　→ヨハネス二十二世
シャルラ・コロンナ　Sciarra Colonna（1270–1329）……102
シャルル（猛進公）／ブルゴーニュ公シャルル　Charles（le Téméraire), duc de Bourgogre（1433–77）……301, 302, 539
シャルル・ド・ヴァロワ　Charles de Valois（1270–1325）……81–83, 124, 125, 358
シャルル・ド・ゴントオ（ビロン元帥）　Charles de Gontaut, maréchal de Biron（1562–1602）……358
シャルル・ド・ブルボン　Charles III de Bourbon（1490–1527）……282–284, 318–321, 324, 354, 384, 385
シャルル・ド・ブルボン＝ヴァンドーム　Charles de Bourbon-Vendôme（1489–1537?）……324, 355
シャルル・ド・ブルボン枢機卿　→シャルル十世
シャルル・ド・ランノワ　Charles de Lannoy（1487–1527）……283
シャルル・ド・ロレーヌ／メイエンヌ公　Charles de Lorraine/duc de Mayenne（1554–1611）…354–356
シャルル・ドルレアン（オルレアン公）／シャルル・ド・ヴァロワ　Charles I de Valois, duc d'Orléans（1394–1465）……308
シャルルマーニュ　→カール大帝
シャルル一世（アンジュー家）　→カルロ一世
シャルル九世　Charles IX（1550–74）……337–339, 341, 342, 345, 348, 413, 500, 501, 503
シャルル五世　Charles V（1338–80）……309
シャルル七世　Charles VII（1403–61）……281, 301, 537
シャルル十世／シャルル・ド・ブルボン枢機卿　Charles X de Bourbon（cardinal)（1523–90）……354
シャルル二世（アンジュー家）　→カルロ二世
シャルル二世（ブルボン家）　Charles II de Bourbon（1434–88）……457
シャルル八世　Charles VIII（1470–98）……5, 27, 142, 245, 246, 248, 249, 251–253–255–257, 260, 263, 265, 266, 274, 302–307, 309, 310, 312, 314, 320, 324, 327, 345, 375, 376, 393, 445, 454, 455, 552
シャルル六世　Charles VI（1368–1422）……307
シャルロット・ダルブレ　Charlotte d'Albret（1480–1514）……256
ジャン・カジミール　Jean Casimir（1543–92）……350
ジャン・ガレアッツォ・マリア・スフォルツァ（ミラーノ公）　Gian Galeazzo Maria Sforza（1469–94）……234, 245–248, 259, 260, 309, 454
ジャン・ジェルソン　Jean Gerson（1363–1429）……206, 237, 537
ジャン・シャステル　Jean Chastel（ca. 1575–94）……356
ジャン・ソーヴァージュ　Jean Sauvage（1455–1518）……378
ジャン・ド・メングル（ブシコオ元帥）　Jean Le Maingre, Marechal de Boucicaut（1366–1421）……168
ジャン・ボダン　Jean Bodin（1530–96）……343

ジャンガレアッツォ・ヴィスコンチ Giangaleazzo Visconti（1351–1402）…25, 166, 178, 179, 181, 189–200, 202, 204, 217, 218, 220, 229, 231, 233, 241, 247, 259, 288, 307
ジャンジャコモ・トリヴルツィオ Giangiacomo Trivulzio（1441–1518）……254, 260, 264
ジャンヌ・ド・ヴァロワ →ジャンヌ・ド・フランス
ジャンヌ・ド・フランス／ジャンヌ・ド・ヴァロワ Jeanne de France/Jeanne de Valois（1464–1505）……264, 274, 309
ジャンヌ三世（アルブレ家） Jeanne III d'Albret（1528–72）……332
ジャンノッツォ・マネッティ Giannozzo Manetti（1396–1459）……188
ジャン二世（善良王） Jean II de France（le Bon）（1319–64）……229, 302
ジュール・ミシュレ Jules Michelet（1798–1874）……3, 35
シュテフェン・ガーディナー Stephen Gardiner（ca. 1493–1555）……467, 477, 483, 488, 491, 493
ジュリア・ファルネーゼ Giulia Farnese（1474–1524）……414
ジュリアーノ・デ・メディチ Giuliano de' Medici, duc de Nemours（1479–1516）……285, 384, 457
ジュリアーノ・デ・ラ・ローヴェレ →ユリウス二世
ジョアシャン・デュ・ベレー Joachim du Bellay（1522–60）……314, 330, 360, 545
ジョアッキーノ・ダ・フィオーレ Gioacchin da Fiore（1145–1202）……157, 533
ジョヴァンナ一世 Giovanna I d'Angiò（1327–82）……21, 162, 209, 240
ジョヴァンナ二世 Giovanna II（1373–1435）……21, 209, 241
ジョヴァンニ・ヴィスコンチ（大司教） Giovanni Visconti（1290?–1354）…109, 135, 141, 168, 173, 178, 185, 187, 189, 199, 201, 202, 223
ジョヴァンニ・ヴィラーニ Giovanni Villani（?–1348）……16, 79, 102, 205
ジョヴァンニ・カボート／ジョン・カボット Giovanni Caboto/John Cabot（ca. 1450–98）……52, 369, 443
ジョヴァンニ・コロンナ Giovanni Colonna（ca. 1295–1348）……143
ジョヴァンニ・デ・メディチ →レオ十世
ジョヴァンニ・デ・メディチ（「黒襷隊」デッレ・バンデ・ネーレ） Giovannni de' Medici（delle Bande Nere）（1498–1526）……229, 284
ジョヴァンニ・デ・メディチ（「平民」イル・ポポラーノ） Giovanni de' Medici（il Popolano）（1467–89）……228, 250
ジョヴァンニ・ピザーノ Giovanni Pisano（ca. 1245–1320）……22, 34–37, 65, 67, 79, 83, 84, 568
ジョヴァンニ・ベリーニ Giovanni Bellini（ca. 1430–1516）……262, 543
ジョヴァンニ・ポンターノ Giovanni Pontano（1426?–1503）……242, 266
ジョヴァンニ・マリア・ヴィスコンチ Giovanni Maria Visconti（1388–1412）……200, 201, 229, 230
ジョット・ディ・ボンドーネ Giotto di Bondone（ca. 1267–1337）……22, 25, 36, 37, 83–86, 94, 101, 119, 144, 157, 183, 188, 189, 193, 195, 196, 202, 208, 240, 569, 570
ジョルジュ・ダンボワーズ Georges d'Amboise（1460–1510）……312, 316, 327
ジョルジョ・ヴァザーリ Giorgio Vasari（1511–74）……3, 35, 37, 84, 195, 197, 269, 323
ジョルジョ・オルデラーフィ Giorgio Ordelaffi（?–1423）……230
ジョルジョーネ Giorgione（ca. 1477–1510）……262, 272
ジョルダーノ（サン・セヴェリーノ伯） Giordano d'Anglano（?–1266）……160
ジョルダーノ・ブルーノ Giordano Bruno（1548–1600）……158, 187, 331, 517
ジョワィユーズ公, アンヌ・ド Anne de Joyeuse, duc d'Arques（1560–87）……351
ジョン（欠地王） John（Lack land）（1167–1216）……76, 155, 468
ジョン・ウエブスター John Webster（1580?–1634?）……521
ジョン・コレット John Colet（1467–1519）……444, 447

ジョン・サヴェージ　John Savage（?–1586）……512
ジョン・ダウランド　John Dowland（1563–1626）……518
ジョン・ダッドレイ　John Dudley（1504–53）……489, 490, 497
ジョン・ダンスタブル　John Dunstable（ca. 1370–1453）……198
ジョン・ティップトフト（ウースター伯）　John Tiptoft, 1st Earl of Worcester KG（1427–70）……442
ジョン・ノックス　John Knox（1510–72）……332, 499, 503, 505
ジョン・バラード　John Ballard（?–1586）……512
ジョン・フィッシャー　John Fisher（1469–1535）……444, 447, 451, 462, 464, 465, 467, 470
ジョン・ホーキンス　John Hawkins（1532–95）……427
ジョン・ホークウッド／ジョヴァンニ・アクート　John Hawkwood/Giovanni Acuto（1320–94）……8, 9, 163–165, 175, 177, 205, 250
ジョン・ロジャース　John Rogers（ca. 1500–55）……493
シルヴェストル二世　Silvester II（ca. 940–1003）……152
ジルベール・ド・ブルボン＝モンパンシエ　Gilbert de Bourbon, duc de Montpensier（1443–96）……255, 256, 493
ジローラモ・サヴォナローラ　Girolamo Savonarola（1452–98）……158, 228, 256–259, 522
ジローラモ・リアーリオ　Girolamo Riario（1443–88）……218, 226–228, 247, 261, 275

スチュワート・ドービニィ　Bérault Stuart d'Aubigny（ca. 1452–1508）……310
スペンサー，エドマンド　Edmund Spenser（ca. 1552–99）……518, 519
スレイマン大帝　Süleyman I（1494–1566）……305, 320, 322, 388, 389, 391, 402, 403, 405, 430
スロックモートン　Francis Throckmorton（1554–84）……427

聖アントニオ（パドヴァの）　Sant'Antonio di Padova（1195–1231）……303
聖カテリーナ（シエーナの）　Santa Caterina da Siena（1347–80）……123, 143, 205, 237
聖ドメニコ　Dominico/Domingo de Guzmán Garcés（1170–1221）……99, 155, 228,551
聖フランチェスコ（アシジの）　San Francesco d'Assisi（1182– 1226）……56, 84, 156, 157, 533, 576
聖フランチェスコ（パオラの）　San Francesco de Paola（1416–1507）……303
聖ベルナール　Saint Bernard de Clairvaux（1091–1153）……35, 155, 533
聖ベルナルディーノ　San Bernardino da Siena（1380–1444）……123
セネカ　Lucius Annaeus Seneca（B.C. ca. 1–A. D. 65）……131, 184
セバスチャン・カステリヨン　Sébastian Castellion（ca. 1515–63）……340
セバスチャン・ブラント　Sebastian Brant（1457–1521）……538, 544
セバスティアン一世　Sebastião I（1554–78）……422, 423
セリム一世　Selim I（1465–1520）……388
セリム二世（大帝）　Selim II le magrifique（1524–74）……261, 406, 407
セルヴァンテス　Miguel de Cervantes Saavedra（1547–1616）……5, 91, 383, 396, 406, 434, 567

ソールスベリーのヨハネス（ジョン＝ヨハネス）　Johannes of Salisbury（John Johannes）（ca. 1115–80）……4, 15
ソクラテス　Sōkratēs（B.C. ca. 469–B.C. 399）……183

タ　行

大コジモ　→コジモ・デ・メディチ

ダヴィデ・リッチョ David Rizzo（ca. 1533–66）……115, 116, 504, 505
タッデオ・ガッディ Taddeo Gaddi（ca. 1300–66）……189
ダンテ・アリギエーリ Durante Alighieri（1265–1321）…25, 31, 39, 45, 46, 58, 67, 68, 72, 73, 80–82, 84, 85, 87, 89–92, 98, 99, 122, 123, 130–132, 135, 137, 138, 158, 185, 186, 224, 262, 275, 313, 379, 533, 545, 546, 569

チーノ・ダ・ピストイア Cino da Pistoia（ca. 1265–ca. 1336）……87
チェーザレ・ボルジャ Cesare Borgia（1475–1507）…239, 245, 246, 252, 256, 264, 266, 267, 274, 275, 288, 308, 310, 414, 453, 454, 461, 548, 569
チェッコ・アンジョリエーリ Cecco Angiolieri（ca. 1260–1312）……66–68, 86, 87
チボオ三世（シャンパーニュ伯） Thibaut III de Champagne（1179–1201）……55
チマブーエ，ジョヴァンニ Giovanni Cimabue（1240–1302）……22, 84, 85
チムール Taymūr（1336–1405）……216, 519
チャールス・ネヴィル（ウエストモーランド伯） Charles Neville, 6th Earl of Westmorland（1542–1601）……510
チャールズ・ハスキンズ Charles Haskins（1870–1937）……4, 15, 16, 35
チャールズ・ブランドン Charles Brandon（ca. 1484–1545）……469
チョーサー，ジェフリー Geoffrey Chaucer（ca. 1343–1400）……133, 441

ツゥイングリ，フルドリッヒ Huldrych Zwingli（1484–1531）……158
ツルバラン Francisco de Zurubaran（1598–1664）……436

デ・フォー／ダニエル・デフォー De foe/Daniel Defoe（1660–1731）……382
ディーノ・コンパーニ Dino Compagni（1255–1324）……31, 137
ディエゴ・デ・アルマグロ Diego de Almagro（1479–1538）……387
ディオジニオ・ダ・サン・セポルクロ Dionigi di Borgo San Sepolcro（1300–42）……133
ティツィアーノ・ヴェチェリオ Tiziano Vecellio（ca. 1488–1576）……262, 272, 273, 284, 285, 391, 435, 436
ティルソ・デ・モリナ Tirso de Molina（1579–1648）……435
ティントレット Tintoretto（1518–94）……273, 436
テオドシオ・ドーリア Teodosio Doria（15c.）……45
テオフィロ・フォレンゴ Teofilo Folengo（1491–1544）……225, 263
デカルト，ルネ René Descartes（1596–1650）……362, 576
テッツェル，ヨーハン Johannes Tetzel（ca. 1465–1519）……281, 549, 551
デメトリオ・カルコンディラス Demetrio Calcondilas（1424–1511）……444
デューラー，アルブレヒト Albrecht Dürer（1471–1528）……5, 191, 272, 538, 541–543, 569

ドゥッチョ・ディ・ボンインセーニャ Duccio di Buoninsegna（ca. 1255–ca. 1318）……22, 37, 65, 66, 84, 85, 114, 115, 117, 122
トーマス・ウールジー Thomas Wolsey（1472–1530）……315, 317, 384, 449, 450, 454–465, 475, 486
トーマス・カルペパー Thomas Culpeper（1514–41）……480, 481
トーマス・キッド Thomas Kyd（1558–94）……519
トーマス・クランマー Thomas Cranmer（1489–1556）…450, 463, 466–468, 472, 473, 480–482, 488, 493, 494
トーマス・グレシャム Thomas Gresham（1519–79）……513

トーマス・クロムウエル　Thomas Cromwell（1485–1540）……296, 451, 463–466, 470, 471–473, 475–479, 486, 487, 519
トーマス・シーモア　Thomas Seymour（1508–49）……482, 488, 497
トーマス・スタッフォード　Thomas Stafford（ca. 1533–57）……495
トーマス・デローネイ　Thomas Deloney（?–1600）……508
トーマス・ナッシュ　Thomas Nashe（1567–1601）……382, 521
トーマス・パーシー（ノーサンバランド伯）　Thomas Percy（?–1537）……460, 462, 510
トーマス・ブリン　Thomas Boleyn（ca. 1477–1539）……459
トーマス・ホワード（第三代ノーフォーク公爵）　Thomas Howard, 3rd Duke of Norfolk（1473–1554）……449, 462, 481, 488
トーマス・ミュンツァー　Thomas Müntzer（1489–1525）……560–562
トーマス・モア　Thomas More（1478–1535）…158, 187, 334, 336, 385, 444, 447, 448, 451, 456, 462, 463–468, 470, 477, 480, 482, 485, 487, 521, 544, 546
トーマス・リオスレイ　Thomas Wriothesley（1505–1550）……483
トーマス・リナカー　Thomas Linacre（ca. 1460–1524）……444
トーマス・ワイアット（子）　Sir Thomas Wyatt（1521–54）……480, 491
トーマス・ワイアット（父）　Sir Thomas Wyatt（1503–42）……445, 484, 487, 491, 518
トーマス・ワロップ　Thomas Wallop（16c.）……480
ドナテルロ　Donatello（1386–1466）……25, 26, 94, 167, 189–197, 224
ドニャ・アンナ・デ・メンドーザ　dona Ana de Mendoza, principessa di Eboli（1540–92）……424
トマーゾ・カンパネルラ　Tommaso di Campanella（1568–1639）……158
トマーゾ・デ・ヴィーオ　Tommaso de Vio, cardinal Caetano（1469–1534）……558
トマーゾ・モチェニーゴ　Tommaso Mocenigo（1343–1423）……172, 218, 219
トマス・デ・トルケマダ　Tomás de Torquemada（1420–98）……373
トマス・モファット　Thomas Moffat（16c.）……546
ドン・アルヴァロ・デ・バザン　Don Álvaro de Bazán（1526–88）……428
ドン・アントニオ（クラート僧院長）　Don Antonio abate di Crato（1531–95）……344, 350, 422, 428
ドン・カルロス　Don Carlos（1545–68）……397, 401, 404, 410, 415, 422, 503, 508
ドン・セバスティアン（ポルトガル王）　Don Sebastião I de Portugal（1554–78）……343
ドン・ファン・デ・オーストリア　Don Juan de Austria（1547–78）……341, 343, 346, 347, 397, 403, 404, 406, 411, 415, 418, 424, 427, 428

ナ　行

ナーポ・デ・ラ・トルレ　Napo/Napoleon de La Torre（13c.）……96

ニコラ・アッチャイウォーリ　Nicola Acciaiuoli（1310–63）……61, 65, 133, 208, 240
ニコラ・コップ　Nicola Cop（ca. 1501–40）……335
ニコラ・ピザーノ　Nicola Pisano（ca. 1230–1283?）……35, 183, 189
ニコラス・ヒリアード　Nicholas Hilliard（ca. 1547–1619）……507
ニコラス・リッドレイ　Nicholas Ridley（ca. 1500–55）……494
ニコラス五世　Nicolaus V（1397–1455）……224, 225, 238, 239, 442, 536
ニコラス三世　Nicolaus III（ca. 1210–80）……77, 78, 81, 100, 206, 207, 275
ニコロ・ヴェントゥーラ　Niccolò Ventura（?–1464）……160
ニコロ・カッポーニ　Niccolò Capponi（1473–1529）……286

ニコロ・ダ・ウッツァーノ Niccolò da Uzzano（1359–1431）……177, 180, 182, 194, 221
ニコロ・ニッコリ Niccolò Niccoli（ca. 1364–1437）……187
ニコロ・ピチニーノ Niccolò Piccinino（ca. 1380–1444）……166, 222, 232
ニコロ・ポーロ（マルコ・ポーロの父） Niccolò Polo（13c.）……50
ニコロッツォ・スピノーラ Nicolozzo Spinola（13c.）……45, 441

ネーリ・カッポーニ Neri di Gino Capponi（1452–1519）……221

ノエル・ベダ Noél Beda（?–1536）……334
ノストラダムス Nostradamus（1503–66）……326

ハ　行

パーキン・パーベック Perkin Warbeck（ca. 1474–99）……446
バイアモンテ・ティエポロ Biamonte Tiepolo（1270–1328）……53, 111
バイヤール，ピエール・ド・テライユ（騎士） Chevalier de Bayard/Pierre de Terrail（ca. 1473–1524）……267, 281, 318
ハインリッヒ三世 Heinrich III（1017–56）……152
ハインリッヒ四世 Heinrich IV（1050–1106）……34, 69, 76, 153, 154, 468
ハインリッヒ七世 Heinrich VII von Luxemburg（1275–1313）……79, 82, 98, 99, 109, 122, 123–125, 130, 139, 140, 161
パウルス三世／アレッサンドロ・ファルネーゼ Paulus III/Alessandro Farnese（1468–1549）…239, 391, 414, 415, 471, 476, 483, 498
パウルス四世／ジョヴァンニ・ピエトロ・カラファ Paulus IV/Gian Pietro Carafa（1476–1559）…326, 392
バスコ・ヌーニェツ・デ・バルボア Vasco Núñez de Balboa（1475–1519）……369
ハドリアヌス・フロレンティウス →ハドリアヌス六世
ハドリアヌス六世／ハドリアヌス・フロレンティウス Hadrianus VI/Hadrianus Florenszoon（1459–1523）……282, 283, 378, 384, 456, 457
バヤズィッド一世 Beyazıt I（1360–1403）……216
バヤズィッド二世 Beyazıt II（1447–1512）……305
パラーディオ，アンドレーア Andrea Palladio（1508–80）……273
パラケルスス Paracelsus（ca. 1493–1541）……546
バルダッサーレ・カスティリオーネ Baldassare Castiglione（1478–1529）……385, 575
バルトロメ・デ・ラス・カーサス Bartolomé de las Casas（1484–1566）……387, 568
バルトロメオ・コレオーニ Bartolomeo Colleoni（1395–ca. 1400）……8, 194, 218, 219, 226
バルバラ・ブロンベルグ Barbara Blomberg（1527–97）……397, 404, 413
パルラ・ストロッツィ Palla Strozzi（1372–1462）……214
ハンス・ザックス Hans Sachs（1494–1576）……544
ハンス・バロン Hans Baron（1900–88）……186
ハンス・ホールバイン（子） Hans Holbein（der Jüngere）（ca. 1497–1543）…191, 444, 448, 477, 487, 518, 543, 544, 569

ビアンカ・ディ・モンフェラート Bianca Paleologo di Monferrato（?–1509）……248
ビアンカ・マリア・ヴィスコンチ Bianca Maria Visconti（1425–68）……165, 166, 231–234, 248, 307

ピーコ・デ・ラ・ミランドラ　Pico della Mirandola, Giovanni（1463–94）…2, 27, 158, 214, 224, 257, 259, 313, 444, 547, 576
ビートン枢機卿　Cardinal David Beaton,（ca. 1494–1546）……501
ピウス五世　Pius V（1504–72）……406, 511
ピウス三世　Pius Ⅲ（1439–1503）……274
ピウス四世　Pius IV（1499–1565）……509
ピウス二世／エネア・シルヴィオ・ピッコロミニ　Pius II/Enea Silvio Piccolomini（1405–64）……123, 238, 239, 442
ピエール・ド・ヴォー／ピエトロ・ヴァルド　Pierre de Vaux de Lyon/Pietro Valdo di Lione（ca. 1140–1206）……157
ピエール・ド・ロアン（ジエ元帥）　Pierre de Rohan, marechal de Gie'（1451–1513）……255
ピエール・ド・ロンサール　Pierre de Ronsard（1524–85）……314, 330, 339
ピエール二世　Pierre II（1438–1503）……303
ピエーロ・ソデリーニ　Piero Soderini（1450–1522）……258, 266, 268, 288, 321
ピエーロ・デ・メディチ（痛風病み）　Piero di Cosimo de' Medici（Gottoso）（1416–69）…249, 250, 252, 256
ピエーロ・デラ・フランチェスカ　Piero della Francesca（1412–92）……191, 197, 569
ピエトロ・アレティーノ　Pietro Aretino（1492–1556）……272, 284, 285
ピエトロ・カヴァーリーニ　Pietro Cavallini（ca. 1250–1330）……84, 101
ピエトロ・グラデニーゴ　Pietro Gradenigo（1252–1311）……111
ピエトロ・ベンボ　Pietro Bembo（1470–1547）……87, 272, 279
ピエトロ・ロレンツェッティ　Pietro Lorenzetti（ca. 1280–1384）……22, 25, 37, 118, 122
ピエル・カンディド・デチェンブリオ　Pier Candido Decembrio（1398–1477）……187, 202
ピザーノ父子　→ニコラ・ピザーノ，ジョヴァンニ・ピザーノ
ピッポ・スパーノ／フィリッポ・ブォンデルモンティ　Pippo Spano/Filippo Buondelmonti degli Scolari（1369–1426）……196, 529
ヒッポクラテス　Hippocrates（B.C. ca. 460–B.C. ca. 370）……370, 546
ビビエーナ枢機卿　Bernardo Dovizi, cardinal Bibbiena（1470–1520）……279
ヒュー・ラティマー　Hugh Latimer（ca. 1485–1555）……483, 494

ファーナ（乱心）　Juana（la Loca）di Aragon（1479–1555）……367, 371, 374–377, 392, 552, 553
ファチノ・カーネ　Facino Cane（1360–1412）……166, 200, 201, 229, 230
ファリナータ・デリ・ウベルティ　Farinata degli Uberti（ca. 1212–64）……59, 73
ファン・デ・ヴァルデス　Juan de Valdés（ca. 1491–1541）……266, 330, 380, 382, 545
ファン・デ・エスコベード　Juan de Escopedo（?–1578）……412, 424
ファン・デ・ラ・クエヴァ　Juan de la Cueva（1543–1610）……435
ファン・ヒメネス・デ・セプルヴェダ　Juan Ginés de Sepúlveda（1489–1573）……387
ファン・ボスカン　Juan Boscan Almograver（?–1542）……382
ファン・ルイス・ビーベス　Juan Luís Vives（1492–1540）……158, 331, 380
ファン二世　Juan II（1405–54）……305
フィチーノ，マルシリオ　Marsilio Ficino（1433–99）……3, 27, 87, 158, 224, 257, 259
フィボナッチ，レオナルド　Leonardo Fibonacci（ca. 1170–ca. 1250）……40
フィリップ（善良公）　Philippe III de Bourgogne（le Bon）（1396–1467）……301, 302
フィリップ（端麗公）　Philippe（le Beau）（1478–1506）……374, 375, 553
フィリップ・エマニュエル・ド・メルケール（ロレーヌ家）　Philippe-Emmanuel de Lorraine, duc

de Mercoeur （1558-1602）……356, 357
フィリップ・シドニー　Sir Philip Sidney（1554-86）……521
フィリップ・デュプレシス・モルネイ　Philippe Duplessis-Mornay（1549-1623）……344
フィリップ・ド・ヴィトリ　Philippe de Vitry（1291-1361）……93
フィリップ・ド・コミーヌ　Philippe de Commynes（ca. 1447-1511）……253, 254, 302, 306
フィリップ・ド・シャンパーニュ　Philippe de Champaigne（1602-74）……331
フィリップ１世／フィリップ（ヘッセン方伯）　Philip I, Landgraf von Hessen（1504-67）……391, 561
フィリップ四世（端麗王）　Philipe IV（le Bel）（1268-1314）……24, 82, 83, 100, 102, 143, 237
フィリップ二世（尊厳王）　Philippe II（Auguste）（1165-1223）……21, 155
フィリップ六世　Philippe VI de Valois（1293-1350）……128, 129
フィリッポ・マリア・ヴィスコンチ　Filippo Maria Visconti（1392-1447）…99, 165, 166, 168, 181, 199-201, 220-222, 229-232, 241, 248, 251, 260, 307
フーゴー・ヴァン・デア・ゴース　Hugo van der Goes（ca. 1440-82）……37
フェデリコ・ダ・モンテフェルトロ　Federico da Montefeltro（1422-82）……226
フェデリコ・ディ・アンチオキア　Federico d'Antiochia（ca. 1222-56）……59, 71, 72
フェデリコ三世（モンテフェルトロ公）　Federico da Montefeltro（1422-82）……166
フェデリコ四世（ナポリ王）　Federico IV（1452-1504）……256, 265
フェデリコ二世／フリードリッヒ二世（神聖ローマ皇帝）　Federico II/Friedrich II（1194-1250）……38, 44, 56, 58, 59, 64, 71, 76, 86, 93, 95, 98-100, 154, 156, 160, 536
フェフェルコルン　Johannes Phefferkorn（1469-1523）……547, 557
フェランテ一世（ナポリ王）　Ferrante I（1423-94）……227, 241, 242, 246, 247, 249, 259, 254
フェランテ二世／フェルディナンド二世（ナポリ王）　Ferrante II/Ferdinando II（1469-96）…253, 255, 256, 265, 303
フェリーペ三世　Felipe III（1578-1621）……404, 405, 433, 434
フェリーペ二世　Felipe II（1527-98）…7, 324, 326, 338, 339, 341, 343, 344, 346, 347-352, 354-357, 372, 375, 381, 383, 387, 389, 390, 395-404, 406-435, 469, 491, 494, 495, 497, 499, 501, 503, 504, 508, 509, 512-514, 516, 522, 569, 570
フェリックス五世（対立教皇）　Felix V, Amedeo VIII di Savoia（Antipapa）（1383-1451）……232
フェルディナンド一世（神聖ローマ皇帝）　Ferdinand I（1503-64）……374, 397, 560
フェルディナンド二世（ナポリ王）　→フェランテ二世
フェルナン・コルテス　Hernán Cortés de Monroy y Pizarro（1485-1547）……387, 578
フェルナンド・アルバレス・デ・トレド／アルバ公　Fernando Álvarez de Toledo/Duque de Alba（1507-82）……326, 341, 391, 408-411, 416, 422, 425, 509, 513
フェルナンド・デ・アヴァロス　Fernando Francesco de Ávalos, marchese di Pescara（1490-1527）……317
フェルナンド・デ・ローハス　Fernado de Rojas（1465-1541）……435
フェルナンド一世（スペイン王）　→フェルナンド二世（アラゴン王）
フェルナンド二世（アラゴン王）／フェルナンド一世（スペイン王）／カトリック王／カトリック両王　Fernando II di Aragon/Fernando I "el Católico" di Spana/Reyes Católicos（1452-1516）……23, 27, 170, 228, 245, 265, 281, 302, 304, 341, 370, 372, 373, 375, 380, 381, 386, 393, 424, 446, 453, 456
プッサン，ニコラ　Nicolas Poussin（1594-1665）……331
フビライ汗　Khubilai khaan（1215-94）……50, 51
フラ・アンジェリコ　Fra' Angelico（ca. 1390-1455）……26, 197, 225
フラ・ドルチーノ　Fra Dolcino（ca. 1250-1307）……158
フラ・モリアーレ／モンレアル・ド・アルバルノ　Fra Moriale/Jean Montréal du Bar/Giovanni Moriale d'Albarno（1303-54）……162, 164, 205

ブラッチョ・ダ・モントーネ　Braccio da Montone（1368–1424）……232
プラトン　Platon（B.C. 427–B.C. 347）……183, 188, 189, 238, 262, 575
ブラマンテ，ドナート　Donato Bramante（ca. 1444–1514）……235, 247, 261, 277, 279, 280, 548
フランコ・サッケッティ　Franco Sacchetti（ca. 1330–ca. 1400）……137
フランシスコ・ピサロ　Francisco Pizarro（ca. 1470–1541）……387, 578
フランシス・ドレーク　Captein Sir Francis Drake（ca. 1543–96）……427–429, 433, 443, 486, 513–515, 517
フランシス・ベーコン　Francis Bacon/Baron Verulam and Viscount St. Albans（1561–1626）……521, 576
フランシスコ・ケヴェド　Francisco Gómez de Quevedo（1580–1645）……382
フランシスコ・デ・ロス・コボス　Francisco de Los Cobos（ca. 1477–1547）……382
フランシスコ・パチェコ・デル・リーオ　Francisco Pacheco del Rio（1546–1644）……436
フランシスコ・ヒメネス・デ・シスネーロス　Francisco Jiménez de Cisneros（1436–1517）……370
フランセス・ブランドン　Lady Frances Brandon　（1517–59）……489, 490, 492
フランソワ・ヴィヨン　François Villon（1431?–63?）……67
フランソワ・オトマン　François　Hotman（1524–90）……342
フランソワ・ド・ギーズ　François de Guise（1519–63）……326, 338–340, 501
フランソワ・ド・ラ・ヌー　François de la Noue（1531–91）……430
フランソワ一世　François I de Valois Angouleme（1494–1547）…44, 226, 264, 265, 280–283, 286, 311, 312, 314, 315–328, 331–337, 345, 352, 359, 360, 378, 383, 384, 389–396, 401, 450, 453, 455, 457–460, 467, 470, 476–478, 540, 541, 545, 547, 552, 553, 560, 569
フランソワ二世　François II de Valois Angouleme（1544–60）…326, 327, 336–338, 345–347, 401, 402, 413, 426, 495, 497, 499–501, 503
フランチェスカ・ダ・リミニ　Francesca da Rimini（1255–85）……88, 90
フランチェスコ・オルデラーフィ　Francesco II Ordelaffi（1300–74）……207
フランチェスコ・グイッチャルディーニ　Francesco Guicciardini（1483–1540）……245, 268, 304
フランチェスコ・コロンナ　Francesco Colonna（ca. 1433–ca. 1525）……262
フランチェスコ・ゴンザーガ　Francesco II Gonzaga（1466–1519）……254, 306
フランチェスコ・サルヴィアーティ　Francesco Salviati（1510–63）……226, 227
フランチェスコ・スフォルツァ　Francesco Sforza（1401–66）…26, 166, 169, 223, 227, 231–233, 248, 283, 289, 307, 324
フランチェスコ・フィレルフォ　Francesco Filelfo（1398–1481）……187, 261
フランチェスコ・フォスカリ　Francesco Foscari（1373–1457）……172, 218, 219
フランチェスコ・ランディーノ　Francesco Landino（1325–1397）……198
フランチェスコ二世（ダ・カラーラ家）　Francesco II "Novello", da Carrara（?–1406）……204
フランチェスコ二世（スフォルツァ家）　Francesco II Sforza（?–1535）……323, 335
フランツ・フォン・ジッキンゲン　Franz von Sickingen（1481–1523）……553, 557, 560, 561
フリードリッヒ一世（赤髭王）　Friedrich I（Barbarossa）（1122–90）……70, 94, 95, 98, 139
フリードリッヒ三世（神聖ローマ皇帝）　Friedrich III（1415–93）……235, 253, 539, 547
フリードリッヒ三世（賢公）　Friedrich III von Saxen（der Weise）（1463–1525）…543, 551, 559, 561, 562
フリードリッヒ二世（神聖ローマ皇帝）　→フェデリコ二世
プリマティッチョ　Francesco Primaticcio（1504–70）……331
ブルーニ，レオナルド　Leoinardo Bruni（1370–1444）……3, 181, 186, 202
ブルクハルト，ヤーコブ　Carl Jacob Christoph Burckhardt（1818–97）……1, 2, 4, 35
ブルゴーニュ公シャルル　→シャルル（猛進公）
ブルネット・ラティーニ　Brunetto Latini（1210–94）……24, 31, 73, 184
ブルネレスキ，フィリッポ　Filippo Brunelleschi（1377–1446）…25, 83, 119, 120, 189–192, 195–197, 330,

542
ブレーズ・ド・モンリュック　Blaise de Montluc（1508-79）……325, 326
フレデリック・アンタル　Frederick Antal（1887-1954）……85
プロスペロ・コロンナ　Prospero Colonna（1452-1523）……282
ブロンツィーノ，アーニョロ　Agnolo Bronzino（1503-72）……269

ベアトリーチェ・ディ・エステ　Beatrice d'Este（1475-97）……260, 261, 312
ベアトリーチェ・ディ・テンダ　Beatrice di Tenda duchessa di Milano（1372-1418）……166, 201, 230
ベアトリーチェ・ラスカリス　Beatrice Balbo Lascaris（1372-1418）……230
ペーター・ヒレス　Peter Hilles/Giles（16c.）……445
ベッサリオン，ヨハンネス　Johannes Bessarion（1399?-1472）……238
ヘッセン方伯フィリップ　→フィリップ１世
ペトラルカ，フランチェスコ　Francesco Petrarca（1304-74）…2, 3, 25, 35, 61, 87, 91, 94, 117, 122, 130-133, 135, 138, 139, 143, 144, 158, 183-187, 201, 202, 205, 209, 237, 240, 260, 288, 313, 329, 330, 360, 382, 441, 445, 488, 518, 545, 546
ペドロ・ルイス・デ・アルカラス　Pedro Luis de Alcalas（16c.）……380
ペドロ三世　Pero III di Aragon（1239-85）……78, 96, 102, 139, 365
ベネデット・ザッカリア　Benedetto I Zaccaria（1235-1307）……39, 44, 47, 108, 113
ベリーニ兄弟　→ジェンティーレ・ベリーニ，ジョヴァンニ・ベリーニ
ベルトラン・デ・ラ・クェーヴァ　Beltrán de la Cueva（1435-92）……367
ベルトラン・ド・ゴット　→クレメンス五世
ベルトラン・ド・プージェ（ポジェット）　Bertrand de Pouget（1280-1352）……126, 140, 142, 207, 275
ベルナボ・ヴィスコンチ　Bernabò Visconti（1323-85）……163, 165, 178, 187, 199-201, 229
ベルナルディーノ・オキーノ　Bernardino Ochino（1487-1564）……158
ベルナルディーノ・メンドーザ　Bernardino Mendoza（1540-1604）……512
ベルナルディーノ・ルイーニ　Bernardino Luini（ca. 1480-1532）……202
ベレンガリオ（イヴレーア伯）　Berengario II di Ivrea（?-966）……152
ベン・ジョンソン　Ben Jonson（1572-1637）……445, 519
ベンヴェヌート・チェリーニ　Benvenuto Cellini（1500-71）……268, 285, 331
ヘンリー・グレイ　Henry Grey, 1st Duke of Suffolk, 3rd Marquess of Dorset（1517-54）……490, 492
ヘンリー・スチュワート　Henry Stuart（1545-67）……503, 51
ヘンリー・フィッツロイ　Henry FitzRoy（1519-36）……458, 469, 473, 492
ヘンリー・ホワード　Henry Howard, Earl of Surre（1517-47）……445, 488, 511, 518
ヘンリー三世　Henry III of Plantagenet（1207-72）……60, 44
ヘンリー四世　Henry IV of Lancaster（1367-1413）……441
ヘンリー七世　Henry VII　of Tudor（1457-1509）……23, 304, 339, 367, 369, 374, 376, 442, 443, 445-447, 453, 459, 485, 486, 497, 500, 503, 521
ヘンリー八世　Henry VIII　of Tudor（1491-1547）……5, 6, 8, 276, 278, 308, 309, 311, 312, 314, 315, 317, 322, 324, 328, 336, 366, 374, 376, 384, 391, 396, 399, 405, 425, 443, 445, 447-498, 500-503, 508, 511, 517, 518, 521, 522, 544, 547, 552, 555, 569
ヘンリー六世　Henry VI of　Lancaster（1421-71）……442

ホイジンガ，ヨハン　Johan Huizinga（1872-1945）……4, 35
ボエモンド・ディ・アンチオキア／ボードワン二世・ド・クルトネー　Baudouin II de Courtenay（1217-1273）……50

ボーナ・ド・サヴォワ／ボーナ・ディ・サヴォイア　Bona de Savoie/di Savoia（1449-1503）…234, 246, 259
ポール・ヴァレリー　Paul Valéry（1871-1945）……572, 573
ポーロ兄弟　→マッテーオ・ポーロ，ニコロ・ポーロ
ボッカッチョ，ジョヴァンニ　Giovanni Boccaccio（1313-75）…2, 3, 25, 46, 60, 61, 91, 110, 132, 133-139, 144, 149, 183-187, 201, 208, 224, 240, 313, 314, 329, 360, 440, 441, 545
ポッジョ・ブラッチョリーニ　Gian Francesco Poggio Bracciolini（1380-1459）……186
ボティチェルリ　Sandro Botticelli/Alessandro di Filipepi（1445?-1510）……225, 228, 239, 257
ボニヴェ提督／ギヨーム・グィフェ　amiral de Bonnivet/Guillaume Gouffier（1488-1525）……282, 319
ボニファティウス八世　Bonifatius VIII（ca. 1235-1303）…24, 31, 74, 81, 82, 84, 88, 97, 101, 102, 125, 143, 237, 273, 275, 534, 541
ホノリウス三世　Honorius III（1148-1227）……156
ホメーロス　Homerus（B.C. 8c.）……188
ポリツィアーノ，アンジェロ　Angelo Poliziano（1454-94）……225, 228, 444
ポルトガル王女のイザベラ　Isabel de Portogallo（1397-1471）……457
ポルトロ・デ・メレ　Jean Poltrot de Mere'（ca. 1537-63）……340
ホルヘ・デ・モンテマイヨール　Jorge de Montemayor（1520-61）……330, 382, 518
ホワード・オブ・エッフィンガム　Howard of Effingham（1536-1624）……429, 515
ボンヴェシン・デ・ラ・リーヴァ　Bonvesin de la Riva（ca. 1240-1315）……139

マ　行

マーガレット・オブ・スコットランド／マーガレット・スチュワート　Margaret of Scotland/Margaret Stewart（1424-45）……303
マーガレット・ダグラス　Margaret Douglas, countess of Lennox（1515-78）……503
マーガレット・ポール（サリスベリー伯爵夫人）　Margaret Pole/Margaret Plantagenet（countess of Salisbury）（1473-1541）……484
マーク・スミートン　Mark Smeaton（ca. 1512-36）……473
マーゾ・デリ・アルビッツィ　Maso degli Albizzi（1382-1417）……180, 22
マウリッツ・ヴァン・ナッサウ　Maurits van Nassau（1567-1625）……420, 431
マキャヴェルリ，ニコロ　Niccolò Machiavelli（1469-1527）……2, 8, 61, 91, 159, 226, 251, 253, 258, 266-268, 271, 274, 285, 287-289, 302, 367, 376, 452, 453, 464, 569, 571, 574, 578
マクシミリアン一世　Maximilian I　von Habsburg（1459-1519）……27, 233, 248, 260, 264, 267, 268, 270, 275, 276, 280, 282, 302, 304, 306, 309-311, 316, 374, 376-378, 447, 449, 453, 454, 539, 540, 543, 545, 552, 557, 558, 562
マザッチョ　Tommaso Guidi, detto Masaccio（1401-28）……16, 25, 36, 181, 191, 195-197, 225,330, 529
マザラン　Mazarin/Giulio Raimonndo Mazzarino（1602-61）……359
マジェラン，フェルディナンド　Ferdinand Magellan（1480-1521）……52, 298, 387, 513, 514
マシュー・パーカー　Matthew Parker（1504-75）……499
マスティーノ一世　Mastino I della Scala（?-1277）……99
マスティーノ二世　Mastino II della Scala（1308-1351）……140-142, 165
マゾリーノ・ダ・パニカーレ　Masolino da Panicale（1383-1447）……529
マッシミリアーノ・スフォルツァ　Massimiliano Sforza（1493-1530）……264, 268, 276, 280, 315, 394
マッテーオ・ヴィスコンチ　Matteo Visconti/Matteo I Visconti（1250-1322）……97, 109, 149, 158
マッテーオ・ヴィラーニ　Matteo Villani（?-1363）……149

マッテーオ・パルミエーリ　Matteo Palmieri（1406–1475）……188
マッテーオ・ポーロ（マルコ・ポーロの叔父）　Matteo Polo（13c.）……50
マッテーオ・マリア・ボイアルド　Matteo Maria Boiardo（ca. 1434–94）……249, 260, 288, 519
マティアス・コルヴィン　Matthias Corvinus（1443–90）……235, 253
マティルデ・デ・カノッサ（トスカーナ女伯マティルデ）　Matilde di Canossa contessa di Toscana（ca. 1046–1115）……38, 68, 69, 71, 153
マテオ・アレマン　Mateo Alemán（1547–1616）……382, 434
マヌエル二世（パレオロガス朝）　Manoel II Paleologus（1391–1425）……216
マノエル一世（ポルトガル王）　Manoel I（1469–1521）……373, 421–423
マリア・デ・オーストリア　Maria de Austria/Marie de Bourgogne（1457–82）……409
マリア・デ・ポルトガル　Maria de Portugal, duquesa de Parma（1538–77）……416, 422
マリア・デ・メディチ　→マリー・ド・メディシス
マリア・テレジア　Maria Theresia（1717–80）……345
マリー・ド・ギース　Marie de Guise（16c.）……499, 500, 501
マリー・ド・ギーズ　Marie de Guise（1515–66）……500
マリー・ド・サヴォワ　Maria di Savoia（1411–69）……231, 232
マリー・ド・シャンパーニュ　Marie de Champagne（1145–98）……57
マリー・ド・ブルゴーニュ　Marie de Bourgougne（1457–82）……302
マリー・ド・メディシス／マリア・デ・メディチ　Marie de Médicis/Maria de' Medici（1575–1642）……358, 359
マリン・サヌード　Marin Sanudo（1466–1536）……172, 262
マルガレーテ・ディ・オーストリア（フランドル総督）　Marguerite d'Autriche, gouverneur de Flandre（1480–1530）……319, 321
マルグリット・ド・アングーレーム／マルグリット・ド・ナヴァール　Marguerite de Navarre/Marguerite d'Angoulême（1492–1549）……314, 332–334, 360
マルグリット・ド・ヴァロワ（王妃マルゴ）　Marguerite de Valois（la reine Margot）（1553–1615）…341, 346, 358
マルグリット・ド・ナヴァール　→マルグリット・ダングーレーム
マルグリット・ド・フランス　Marguerite de France（1523–74）……326, 350
マルゲリータ・ディ・パルマ／マルゲリータ・ディ・アウストリア（ファルネーゼ）　Margherita di Parma/Margherita di Austria（Farnese）（1522–86）……408, 415, 416
マルコ・ポーロ　Marco Polo（1254–1324）……32, 41, 45, 51, 52, 113, 167, 170
マルシリオ・ダ・パドヴァ　Marsilio da Padova（ca. 1275–ca. 1342）……127, 203, 536
マルチン・ビューツァー　Martin Bucer/Butzer（1491–1552）……335
マルティヌス五世　Martinus V　(1368–1431）……205, 231, 237
マルティヌス四世　Martinus IV（ca. 1210–85）……97
マンテーニャ，アンドレア　Andrea Mantegna（1431–1506）……202, 272, 543, 544
マンフレーディ王　Manfredi di Hohenstaufen（1232–66）…16, 17, 23, 31, 44, 45, 51, 58–61, 63, 71–74, 77, 78, 95, 96, 102, 160, 161, 240, 301, 440

ミカエル八世／ミケーレ八世（パレオロガス家）　Michael VIII de Paleologus（1225–82）…43, 44, 46, 50, 52, 108, 167
ミケーレ・ディ・ランド　Michele di Lando（ca. 1343–?）……176, 177
ミケーレ八世（パレオロガス家）　→ミカエル八世
ミケランジェロ，ブゥオナロッティ　Michelangelo Buonarroti（1475–1564）…84, 160, 194, 226, 239, 257,

277–280, 285, 289, 331, 548, 569
ミゲル・セルヴェート　Miguel Serveto/Michel Servet（1509?–53）……331, 335
ミシェル・ド・ロピタル　Michel de L'Hospital（ca. 1505–1573）……340
ミハエル・ヴォルゲムート　Michael Wolgemut（1434–1519）……541, 542

ムツィオ・アッテンドーロ　Muzio Attendolo detto lo Sforza（1369–1424）……165, 231
ムラト三世　Murad III（1546–95）……407
ムラト二世　Murad II（1404–51）……216
ムリュリヨ，バルトロメ・エステバン・ペレス　Bartolomé Esteban Perez Murillo（1617–82）……436

メアリー・スチュワート　Mary Stuart（1542–87）…326, 327, 336, 338, 339, 345, 347, 351, 401, 402, 411, 413, 414, 426, 427, 431, 492, 495, 497, 499–502, 504, 506, 507, 509–512, 514, 517
メアリー・チューダー　Mary Tudor（1496–1533）…278, 308, 309, 312, 314, 326, 347, 392, 397, 398, 400, 401, 422, 425, 426, 450, 459, 489, 492
メアリー一世（血みどろメアリー）　Mary I（Bloody Mary）Tudor（1516–58）…400, 485, 486, 490–500, 502, 513, 518, 522
メイエンヌ公　→シャルル・ド・ロレーヌ
メディナ・シドニア　Alonso Perez de Guzman, duque de Medina Sidonia（1550–1619）……428, 515, 516
メフメット一世　Mehmet I（?–1421）……216
メフメット二世　Mehmet II（1430–81）……172, 216, 217, 219, 227, 261, 270, 388
メランヒトン，フィリップ　Philipp Melanchton（1497–1560）……158, 322, 543, 544, 554, 555, 562, 563
メルクリーノ・ガッティナーラ　Mercurino Arborio marchese di Gattinara（1465–1530）……320, 379, 382, 384–386, 389

モウド・パー・グリーン　Maud Parr Green（1492–1531）……482
モンテーニュ，ミシェル・エイケム・ド・　Michel Eyquem de Montaigne（1533–92）…341, 344, 353, 361, 362, 568, 575

ヤ　行

ヤーコブ・フッガー（富者）　Jakob Fugger, der Reiche（1459–1525）……553
ヤコポ・サンソヴィーノ　Jacopo Sansovino（1486–1570）……273
ヤコポ・サンナザーロ　Iacopo Sannazzaro（1456?–1530）……185, 225, 242, 265, 266, 330, 382, 518, 521
ヤコポ・ダ・ヴァラージネ　Jacobus de Voragine（1230?–98）……48
ヤコポ・パッツィ　Jacopo de' Pazzi（1421–78）……227
ヤコポ・ブッソラーリ　Jacopo dei Bussolari　(ca. 1312–80)……202
ヤン・フス　Jan Hus（1369–1415）……332, 535, 537, 548

ユスターシュ・シャピュイ　Eustache Chappuis/Eustace Chapuys（1491–1556）……472
ユスティヌス・ヴァン・ナッサウ　Justinus van Nassau（1559–1631）……420, 429
ユリウス三世／ジュリオ・マリア・チョッキ・デル・モンテ　Julius III/Giiulio-Maria Ciocchi del Monte（1487–1555）……396, 494
ユリウス二世／ジュリアーノ・デ・ラ・ローヴェレ　Julius II/Giuliano della Rovere（1443–1513）…27, 208, 239, 246, 264, 267, 268, 270, 273, 275–277, 279, 281, 287, 310–312, 316, 394, 447, 449, 454, 543, 548, 550, 556

ヨーハン・ヴァン・オルデンバルネヴェルト Johan van Oldenbarneveldt（1547–1619） ………420, 421
ヨーハン・エック Johann Eck（1486–1543） ……552, 554
ヨーハン・フォン・シュタウピッツ Johann von Staupitz（ca. 1465–1524）……557
ヨーハン・フリードリッヒ（ザクセン選挙侯） Johann Friedrich von Saxen, Elector（1503–54）……391, 392
ヨーハン・フローベン Johann Froben（ca. 1460–1527）……466
ヨーハン・ロイヒリン Johannes Reuchlin（1455–1522）……214, 547, 555, 557
ヨーハン一世（ルクセンブルグ家）／ヨーハン・フォン・ルクセンブルグ Johann I von Luxemburg（1296–1346） ……126, 141, 142
ヨハネス二十三世（対立教皇） Ioannes XXIII（antipapa）/Baldassarre Cossa（ca. 1370–1418）…126, 179, 209, 237, 240, 275, 535
ヨハネス二十二世／ジャック・デュエーズ Ioannes XXII/Jacques Duèze（ca. 1244–1334）……126, 127, 140, 142, 149, 158, 203, 207, 536
ヨハネス八世（パレオロガス朝） Johannes VIII Paleologus（1390–1448） ……238, 537
ヨハンナ・ヴァン・デア・ゲインスト Johanna van der Gheynst（ca. 1500–41）……397
ヨハンネス・タウラー Johannes Tauler（ca. 1300–61） ……555
ヨハンネス・ラスカリス Johannes Lascaris（1445–1535） ……312

ラ 行

ラ・パリス元帥 La Palice, Jacques de Chabannes（ca. 1470–1525） ……268, 319
ラ・ルノーディ seineur de La Renaudie, Jean du Barry（?–1560） ……337
ラ・ロシュフコオ，フランソワ・ド François VI, duc de La Rochefoucauld（1613–80） ……362
ラヴァイヤック，フランソワ François Ravaillac（1578–1610） ……359, 405
ラス・カーサス Bartoloé de Las Casas（1476–1566） ……387, 568
ラッザーロ・タリアパンニ Lazzaro Tagliapanni（13c.）……38
ラティーノ枢機卿 Latino Malebranca, cardinale Latino（ca. 1225–94） ……78, 100, 207, 275
ラディスラオ王 Ladislao I di Durazzo–Ungheria（1376–1414） …25, 39, 179, 181, 193, 209, 231, 240, 535
ラニエリ・ファザーノ Ranieri Fasano（13c.） ……157
ラヌッチョ・ファルネーゼ Ranuccio Farnese（1530–65） ……416, 418, 422, 432
ラファエルロ Rafaello Sanzio（1483–1520）…84, 225, 239, 277, 279, 284, 285, 331, 385, 543, 548, 569, 575
ラブレー，フランソワ François Rabelais（1483?–1553） ………91, 225, 313, 330, 334, 360, 361, 545, 569
ラルフ・サドラー Ralph Saddler（1507–87） ……480
ランバ・ドーリア Lamba Doria（1245–1323）……108

リシュリュー，アルマン・ジャン・デュ・プレシー Armand Jean du Plessis, duc de Richelieu（1585–1642）……359
リチャード三世 Richard III of York（1452–85）……367, 442, 443, 484, 487
リチャード二世 Richard II of Lancaster（1367–1400） ……164, 441
リッポ・メンミ Lippo Memmi（14c.） ……183
リナルド・デリ・アルビッツィ Rinaldo degli Albizzi（1370–1442）………180–182, 220–223, 230, 250
リリー，ジョン John Lyly（1554–1606） ……445, 517, 521

ルイ・ド・アルマニャック（ヌムール公） Louis d'Armagnac, duc de Nemours（1472–1503） ………265
ルイ・ド・トレムーイ元帥 Louis de La Tremouille（?–1577） ……264

ルイ・ド・ブルボン（コンデ公） Louis de Bourbon, prince de Condé（1530–69）……337, 339, 341, 346
ルイ・ド・ベルカン Louis de Berquin（1485–1529）……334
ルイ・ドルレアン（ロングヴィル公爵） Louis d'Orleans, duc de Longueville （1474–1516）……449
ルイージ・プルチ Luigi Pulci（1432–84）……225
ルイージ・マルシーリ Luigi Marsili（?–1394）……187
ルイーズ・ド・サヴォワ Louise de Savoie（1476–1531）……282, 318, 319, 321, 334, 394, 458, 263
ルイス・デ・ズニガ・イ・レスケンス Luis Zuniga y Réquesens（1528–76）……410
ルイ一世（オルレアン家） Louis I d'Orléans（1372–1407）……201, 229
ルイ九世（聖ルイ） Louis IX（Saint Louis）（1214–70）……17, 23, 44, 46, 60, 160, 117
ルイ三世（オルレアン公，ロングヴィル公爵） Louis III d'Orleans, duc de Longueville（1472–1516）……209, 241
ルイ十一世 Louis XI（1423–83）……233, 246, 264, 274, 301–305, 308, 309, 314, 319, 337, 348, 367
ルイ十三世 Louis XIII（1601–43）……358, 359
ルイ十四世 Louis XIV（1638–1715）……358, 359, 486
ルイ十二世／オルレアン公ルイ Louis XII, duc d'Orleans（1462–1515）／ ……5, 27, 169, 248, 249, 254–256, 260–270, 273–276, 278, 280, 281, 303, 305–312, 314–318, 320, 321, 324, 327, 332, 345, 375, 376, 393–395, 447, 449, 450, 453–455, 459, 489, 548, 552
ルーカス・クラナッハ（父） Lucas Cranach der Alte（1472–1553）……476, 543, 544, 554
ルードヴィッヒ・フォン・バイエルン →ルードヴィッヒ四世
ルードヴィッヒ四世（神聖ローマ皇帝）／ルードヴィッヒ・フォン・バイエルン Ludwig IV von Bayern（1282–1347）……79, 124, 127, 134, 140, 153, 203, 536
ルードヴィッヒ二世（ハンガリー王） Ludwig II von Jagellon（1506–26）……388, 552
ルーベンス Peter-Paul Rubens（1577–1640）……436, 518
ルキーノ・ヴィスコンチ Luchino Visconti（?–1349）……140, 141, 165, 173, 199
ルスティケロ・ダ・ピーザ Rustichello da Pisa（13c.）……41, 51
ルッジェーリ大司教 Ruggeri degli Ubaldini（?–1295）……39
ルッジェーロ・ディ・ラウリア Ruggiero di Lauria（ca. 1245–1304）……78, 109
ルッター，マルチン Martin Luther（1483–1546）……239, 332, 379, 461, 540, 550
ルドヴィコ・スフォルツァ（黒ん坊） Ludovico Sforza（Il Moro）（1452–1508）……226, 227, 233–235, 245–249, 254, 259, 260, 263, 264, 268, 275, 304–309, 312, 317, 393, 394, 454
ルドルフ一世／ルドルフ・フォン・ハプスブルグ（神聖ローマ皇帝） Rudolf I von Habsburg（1218–91）……77, 96, 100, 206
ルネ・ド・フランス Renée de France（1510–74）……332, 36
ルネ王（アンジュー家） René d'Anjou（1409–80）……39, 233
ルフェーヴル・デタープル Jacques Lefèvre d'Etaples（ca. 1450–1537）……187, 225, 313, 330, 332

レイモン六世（トゥルーズ伯） Raymond VI de Toulouse（1156–1222）……155
レオナルド・ダ・ヴィンチ Leonardo da Vinci（1452–1519）…191, 226, 234, 235, 259, 261, 269, 289, 331, 543
レオン・バッティスタ・アルベルティ Leon Battista Alberti（1404–72）……27, 69, 84, 121, 188, 191
レオ三世 Leo III（750?–816）……7, 151
レオ十世／ジョヴァンニ・デ・メディチ Leo X/Giovanni de' Medici（1475–1521）…239, 268, 277, 279, 281–283, 312, 315–317, 332, 383, 384, 451, 456, 541, 548, 550–553, 555–558
レジナルド・ポール Reginaldo Pole（cardinal）（1500–58）……493, 494, 496, 499

老（ヴェッキオ）フランチェスコ一世　Francesco I de La Carrara（il Vecchio）（?–1395）……………203
ローペ・デ・ヴェガ　Felix Lope de Vega Carpio（1562–1635）……………434, 435
ローペ・デ・ルエダ　Lopé de Rueda（ca. 1510–65）……………435
ローランド・テイラー　Rowland Taylor（1510–55）……………494
ロッソ・フィオレンティーノ　Rosso Fiorentino, Giovan-Battista di Jacopo（1495–1540）……………331
ロドリゴ王（西ゴート族）　Ruderic（?–ca. 711）……………368
ロドリジオ・ヴィスコンチ　Lodrisio Visconti（?–1364）……………165
ロバート・アスケ　Robert Aske（1500–37）……………470
ロバート・ダッドレイ　Robert Dudley（?–1589）……………420, 502, 507, 508
ロバート・デヴルー（エセックス伯）　Robert d'Evrerux, Count of Essex（1567–1606）……433, 508, 516
ロバート・ロペツ　Robert S. Lopez（1910–86）……………4
ロハス（ラーホス、ルイージ）一世（ハンガリア王）　Lohas di Ungheria（?–1382）……162, 209, 240
ロベール・ガガン　Robert Gaguin（ca. 1433–1501）……………313
ロベルト・イル・ギスカルド　Roberto di Altavilla（Hauteville）Il Guiscardo（1015–85）……………154
ロベルト・ディ・アンジョ　→ロベルト一世（賢王）
ロベルト・リドルフィ　Roberto Ridolfi（?–1572）……………511
ロベルト一世（賢王）／ロベルト・ディ・アンジョ　Roberto I d'Angio'（il Saggio）（1275?–1343）……………21, 84, 99, 101, 103, 117, 125, 127, 129, 131, 133, 144, 145, 208–210, 240, 241
ロレンツェッティ兄弟　→ピエトロ・ロレンツェッティ，アンブロジョ・ロレンツェッティ
ロレンツォ・ヴァラ　Lorenzo Valla（1407–57）……………152, 187, 214, 224, 266, 313, 328, 329
ロレンツォ・カンペッジョ　Lorenzo Campeggio（1474–1539）……………450, 462
ロレンツォ・ギベルティ　Lorenzo Ghiberti（1378–1455）……………189, 190, 192, 197, 330
ロレンツォ・デ・メディチ（豪奢殿）　Lorenzo de' Medici（il Magnifico）（1449–92）…224–226, 234, 239, 245, 257, 260, 279, 287, 289, 548, 574
ロレンツォ・モナコ　Lorenzo Monaco（1370–1422）……………183

作品索引

美術・文学・建築をとりあげ，配列は作品名の五十音順．作品名・原綴・作家名・ページの順．作家不詳または建築に関しては，作家名の代わりに年代や場所を示した．

美　術

悪しき政治とその報い　Gli Effetti del mal Governo（ロレンツェッティ兄弟）……117, 118
アテネの学堂　Scuola d' Atene（ラファエルロ）……239
アンコーナ　Ancona（ドゥッチョ）……84, 114, 115, 122
アンリ二世とカトリーヌ・ド・メディシスの結婚　Le mariage de duc d'Orleans (future Henri II) et de Catherine de Medicis（ヴァザーリ）……323
ヴィーナスの誕生　La Nascita di Venere（ボティチェルリ）……225

ガッタメラータのブロンズ騎馬像　Gattamelata（ドナテルロ）……193
キリストの変容　La trasfigurazione di Cristo（ラファエルロ）……285
グイドリッチョ・ダ・フォリアーニの肖像　Guidoriccio da Fogliano（シモーネ・マルティーニ）…115

最後の晩餐　L'Ultima Cena（レオナルド・ダ・ヴィンチ）……235
受胎告知　Annunciazione（アンブロジョ・ロレンツェッティ）……115, 116, 121
受胎告知　Annunciazione（シモーネ・マルティーニ）……119-121
受胎告知　Annunciazione（レオナルド・ダ・ヴィンチ）……234, 235
聖ジョヴィナーレ祭壇画　Trittico di San Giovinale（マザッチョ）……195
聖なる愛と俗なる愛　Amore sacro e profano（ティツィアーノ）……272
荘厳の聖母（＝オンニサンティの聖母子像）　La Madonna e bimbo di Ognissanti（ジョット）……85, 86

ダヴィデ　David（ドナテルロ）……193, 196
トゥルーズの聖ルイ　San Luigi di Tolosa（シモーネ・マルティーニ）……117

バラ冠の聖母　Madonna di Rosario（デューラー）……543
春　La Primavera（ボティチェルリ）……225
バルトロメオ・コレオーニの騎馬像　Bartolomeo Colleoni（ヴェロッキオ）……194
ピエタ　Pietà（ミケランジェロ）……278
ブレダの開城　Resa di Breda（ヴェラスケス）……170

マエスタ　Maesta'（シモーネ・マルティーニ）……114, 117, 121
牧場の聖家族　Madonna del Belvedere（ラファエルロ）……277
マルクス・アウレリウス皇帝像　Statua equestre di Marco Aurelio（古代ブロンズ像）……194
貢の銭　Pagamento del tributo（マザッチョ）……196

幼児イエスのシナゴーグへの奉献　Presentazione al Tempio（アンブロジョ・ロレンツェッティ）…119

楽園喪失　Cacciata dal Paradiso Terrestre（マザッチョ）……196, 197

文　学

アーケイディア　Countess of Pembroke's Arcadia（フィリップ・シドニー）……521
アウグスブルグの信仰告白　Augsburger Confession（メランヒトン）……322, 563
アエネイス　Aeneis（ヴェルゲリウス）……131, 184
新しい学　Principi della scienza nuova（ヴィーコ）……572
アフリカ　Africa（ペトラルカ）……91, 131, 132
阿呆船　Das Narrenschiff（セバスチャン・ブラント）……538, 544, 545
アルカディア　l'Arcadia（ヤコポ・サンナザーロ）……242, 265, 330, 382, 518
イタリア史　La storia d'Italia（フランチェスコ・グイッチャルディーニ）……245, 304
異端者は迫害さるべきか？　Traite' des Heretiques（カステリヨン）……335
ヴィーナスとアドニス　Venus and Adonis（シェイクスピア）……518
ヴェニスの商人　The Merchant of Venice（シェイクスピア）……46
ウォルポーネ　Volpone（ベン・ジョンソン）……521
ヴルガタ聖書　Vulgata（聖ヒエロニムス）……329
エケリニス　Ecerinis（アルベルティーノ・ムッサート）……131
エッセー　Les Essais（モンテーニュ）……344, 353, 361
エドワード五世、リチャード三世の歴史　History of Edward V and Richard III（トーマス・モア）…487
延臣論　Il libro del cortegiano（バルダッサーレ・カスティリオーネ）……385, 575
黄金伝説　Legenda Aurea（ヤコポ・ダ・ヴァラジネ）……48
黄金の書（リブロ・ロード）　Libro d'oro（ヴェネツィア共和国）……53, 63, 111
オード詩集　Les Odes（ピエール・ド・ロンサール）……314

絵画論　Della pittura（レオン・バッティスタ・アルベルティ）……191
回想録　Memoires（フィリップ・ド・コミーヌ）……253, 254, 302, 325
画家列伝　Le Vite delle più eccellenti pittori, scultori, e architettori（ジョルジョ・ヴァザーリ）…3, 37, 84, 195
格言集　Collectanea Adagiorum（エラスムス）……262
歌集（カンツォニエーレ）　Canzoniere（ペトラルカ）……117, 132, 313
カバラの術　De arte cabbalistica（ヨーハン・ロイヒリン）……547
カマルドリ論叢　Dispputazione Camaldolensis（クリストフォロ・ランディーノ）……187
ガルガンチュワ　Gargantua（ラブレー）……313, 330, 360, 545
カルミナ・ブラナ　Carmina Burana（13世紀ドイツ）……67
カンタベリー物語　The Canterbury Tales（チョーサー）……441
幾何学提要　Practica Geometriae（レオナルド・フィボナッチ）……40
饗宴　Convivio（ダンテ）……91, 92
教会ノばびろにあ捕囚ニ就キテ　De Captivitate babylonica Ecclesiae（ルッター）……554, 555
巨人モルガンテ　Morgante maggiore（ルイージ・プルチ）……225
キリスト教界の現状改善につき、ドイツ国のキリスト者たる貴族の方々に告ぐ　An den Christlichen Adel deutscher Nation（ルッター）……554, 555
キリスト教要綱　Christianae Religionis Institutio（カルヴァン）……335
きりすと者ノ自由ニ就キテ　De Libertate Cristiana（ルッター）……554, 555
近親書簡　Familiarum rerum libri（ペトラルカ）……184

グズマン・デ・アルファラーチェ　Guzmán de Alfarache（マテオ・アレマン）…………………382, 434
グリセルダの物語　Decameron: gior. X-10: Il marchese di Saluzzo...（ボッカッチョ）………137, 138, 183
黒白年代記（クロナカ）　Cronica delle cose occorrenti ne' tempi suoi（ディーノ・コンパーニ）………31
君主論　Il Principe（マキャヴェルリ）…61, 159, 251, 253, 258, 285, 287, 288, 302, 367, 376, 448, 452, 453, 464
軍事論　Dell'arte della guerra（マキャヴェルリ）……………………………………………………159
計量歌唱論　Ars cantus mensurabilis（フランクス）……………………………………………………93
言語についての対話　Dialogo della lengua（フアン・デ・ヴァルデス）…………………………………382
恋するオルランド　Orlando Innamorato（マッテーオ・マリア・ボイアルド）……………249, 260, 519
恋に打ちひしがれた者　Filostrato（ボッカッチョ）……………………………………………………133
恋に狂いしオルランド　Orlando Furioso（ルドヴィコ・アリオスト）…………………………………317
荒廃し悲嘆に暮れるフランスに寄せる勧告　Conseil à la France desolee（セバスチャン・カステリヨン）……………………………………………………………………340
国王こそ、これ至高の法官　El mejor alcade, el Rey（ローペ・デ・ヴェガ）……………………………434
国制論六巻　Les Six Livres de la République（ジャン・ボダン）…………………………………………343
古譚百種（チェント・ノヴルレ・アンティーケ）　Cento novelle antike（13世紀）……………………31
コンスタンチヌス大帝の寄進状の偽作性　De falso credita et ementita Costantini donatione declamatio（ロレンツォ・ヴァラ）…………………………………………………………152, 241

サリ法典護持のための票決の勧め　Suasion de l'Arrest pour la manutention de la Loy salique（ギョーム・デュ・ヴェール）…………………………………………………………355
三百物語　Trecento novelle（フランコ・サッケッティ）……………………………………………………137
詩集（リーメ）　Rime（チェッコ・アンジョリエーリ）…………………………………………………67
自伝（ヴィータ）　La vita di Bevenuto Cellini, scritta per lui medsimo（ベンヴェヌート・チェリーニ）……………………………………………………………………285
ジャック・オブ・ニューベリー　The most pleasant and delectabe Historie of John Winchcombe, otherwise called Jacke of Newberie（トーマス・デローネイ）………………………………………508
自由意志による隷従について　Discours sur la servitude volontaire（エチエンヌ・ド・ラ・ボエシ）…341
自由意志論　De libero arbitrio（ロレンツォ・ヴァラ）……………………………………………………241
十二夜　Twelfth Night, or What You Will（シェイクスピア）………………………………………………521
贖宥と恩寵に関する説教　Eyn Sermon von dem Ablasz vund Gnade（ルッター）………………………553
処女の出産　De partu Virginis（ヤコポ・サンナザーロ）…………………………………………………265
ジョン王　King John（シェイクスピア）……………………………………………………………………519
神曲　La Divina Commedia（ダンテ）…31, 39, 45, 46, 58, 73, 84, 85, 87–91, 132, 158, 262, 275, 313, 379, 533, 546
新生　Vita Nuova（ダンテ）……………………………………………………………………………87
新約聖書　Novum Testamentum ………………………151, 188, 224, 274, 313, 328, 329, 445, 461, 532, 560
新約聖書注解　In Novum Testamentum Adnotationes（ロレンツォ・ヴァラ）………………187, 224, 329
スパニッシュ・トラジェディ　Spanish Tragedy（トーマス・キッド）……………………………………519
スペイン製特効薬の効能に関するメニッポス風の諷刺　La Satyre Ménipée de la vertu du Catholicon d'Espagne（16世紀フランス）……………………………………………………………………355
聖なる物は唯一　Unam sanctam（ボニファティウス八世）……………………………………81, 101, 102
セヴィリアの色事師と石の客人　El burlador de Sevillia y convitado de pietra（ティルソ・デ・モリナ）……………………………………………………………………435
戦争の技術　Arte della guerra（マキャヴェルリ）……………………………………………………………2

俗語論 De Vulgari Eloquentia（ダンテ）……90, 138, 185, 546
算盤の書 Liber Abaci（レオナルド・フィボナッチ）……40

タムルラン Tamerlane（マーロウ）……519
ダンテ顕彰 Trattatello in laude di Dante（ボッカッチョ）……186
痴愚神礼讃 Stultitiae Laus/ Encomium Moriae（エラスムス）……329, 332, 447, 487, 544, 545
ディアーナ Diana（モンテマイヨール）……330, 382, 519
帝政論 De Monarchia（ダンテ）……82, 379
ティトゥス・リヴィウス論 Discorsi Sopra La Prima Deca Di Tito Livio（マキャヴェルリ）……258, 259
デカメロン Decameron（ボッカッチョ）…46, 60, 110, 133–137, 144, 149, 183, 185, 186, 209, 240, 313, 440, 441, 545
デカメロン、グリセルダ物語 Historia Griseldae（ペトラルカ）……545
テセイダ Teseida（ボッカッチョ）……441
ドイツ神学 Theologia Germanica（14世紀ドイツ）……555, 556
当代著名人列伝 Le Vite（ヴェスパシアーノ・ダ・ビスティッチ）……442
当代の惨状を論ずる Discours sur les misères du temps（ピエール・ド・ロンサール）……339
東方見聞録 Il Milione（マルコ・ポーロ）……41, 45, 51, 52
トッテルズ・ミセラニー Tottels Miscerrany（ヘンリー・ホーワード）……488
ドン・キホーテ Don Quijote de la Mancha（セルヴァンテス）……383, 406, 434, 435
ドン・パブロスの生涯 Historia de la vida del Buscon, llamado Don Pablos（フランシスコ・ケヴェド）……382

七日物語 Heptaméron（マルグリット・ド・アングーレーム）……360
ニーベルンゲンの歌 Das Nibelungenlied（ゲルマン族の古譚）……90
日記（ティアーリ） Diari（マリン・サヌード）……262
ニュー・アトランティス New Atlantis（フランシス・ベーコン）……521
ニュールンベルグ年代記 Liber Chronicarum/Die Schedelsche Weltchronik（ハルトマン・シェーデル）……541, 542
ニュールンベルグの名歌手 Die Meistersinger von Nürnberg（ヴァグナー）……544
人間の尊厳について Oratio de dignitate hominis（ピーコ・デ・ラ・ミランドラ）……224
年代記／年代記・続編（クロナカ） Cronica（ジョヴァンニ・ヴィラーニ，マッテーオ・ヴィラーニ）……102, 149
年代記（クロニコン） Cronica di Salimbene de Adam da Parma（サリンベーネ・ディ・アダム）……157
年代記（クロナカ） Cronaca（ニコロ・ヴェントゥーラ）……160
農耕詩 Georgica（ヴェルゲリウス）……184

薔薇の名前 Il Nome della Rosa（ウンベルト・エーコ）……158
バルドゥス Baldus（テオフィロ・フォレンゴ）……263
パンタグリュエル Pantagruel（ラブレー）……313, 330, 360, 361, 545
反暴君論 Vindiciae contra tyrannos（フィリップ・デュプレシス・モルネイ）……344
被造物の歌 Cantico delle Creature（聖フランチェスコ）……156, 576
人殺しの、盗みを働く農民暴徒を打ちのめせ Wider die Mördischen und Reubischen Roetten der Bawren（ルッター）……562
ファウストゥス博士 Doctor Faustus（マーロウ）……519
フエンテ・オベフーナ Fuente Ovejuna（ローペ・デ・ヴェガ）……434, 435

武勲詩（シャンソン・ド・ジェスト）　Chansons de gestes（12 世紀フランス）……90
不幸な旅人、ジャック・ウイルトンの生涯　The Unfortunate Traveller（トーマス・ナッシュ）……382, 521
二人の恋人の物語　Historia de duobus amantis（ピウス二世）……239
フッテンの泥水を拭うためのスポンジ　Spongia adversus aspergines Hutteni（エラスムス）……466
フランス語の擁護と顕彰　Défense et illustration de la langue française（ジョアシャン・デュ・ベレー）……314, 330, 545
平和の擁護者　Defensor pacis（マルシリオ・ダ・パドヴァ）……127, 152, 153
ペリバーニェスとオカーニャの地頭　Peribanez y el comendador de Ocaña（ローペ・デ・ヴェガ）…434
ヘンリー五世　The Life of Henry the Fifth（シェイクスピア）……519
宝鑑（ル・トレゾール）　Li Livres dou Tresor（ブルネット・ラティーニ）……24, 31, 73, 184
方法序説　Discours de la méthode pour bien conduire sa raison, et chercher la vérité dans les sciences（デカルト）……362
牧人のカレンダー　Shephards' Calendar（スペンサー）……519
ポリフィーロの愛の闘い　Hypnerotomachia Poliphili（フランチェスコ・コロンナ）……262

マドンナ・フィアメッタの哀歌　Elegia della madonna Fiammetta（ボッカッチョ）……133
マルフィ伯爵夫人　The Duchess of Malfi（ジョン・ウエブスター）……521
ミラーノ貴族名鑑　Matricula nobilium familiarum Mediolani（13 世紀ミラーノ）……24, 96
ミラーノ市ノ驚異　De magnalibus urbis Mediolani（ボンヴェシン・デ・ラ・リーヴァ）……139
モール・フランダース　Moll Flanders（デ・フォー）……382
模範小説集　Novelas Ejemplares（セルヴァンテス）……383

ユートピア　Dē optimō reī pūblicae statū dēque novā īnsulā Ūtopiā（トーマス・モア）…444, 445, 448, 466, 487, 521
ユーフューズ　Euphues（リリー）……517
妖精の女王　The Faerie Queen（スペンサー）……518
世の中を軽蔑すること　De contemputu mundi（イノケンチウス三世）……156

ラ・セレスティーナ　La Celestina（フェルナンド・デ・ローハス）……435
ラーサリリョ・デ・トルメスの生涯　La vida de Lazarillo de Tormes y de sus fortunas y adversidades（16 世紀スペイン）……381, 382
ルシアーダス　Lusiadas（カモンエス）……330
恋愛作法　Tractatus amoris（アンドレ・ル・シャプラン）……57

わがイタリア　Italia mia（ペトラルカ）……260, 288
吾ここに立つ宣言　Hier stehe ich!（ルッター）……558

建　築

アマルフィ大聖堂　Cattedrale di Sant'Andrea / Duomo di Amalfi……33
ヴァチカン宮殿　Palazzo Apostolico di Vaticano……225, 277, 548
　教皇居室／署名の間（レ・スタンツェ）　le Stanze……239, 284
ヴァチカン図書館　Bibliotheca Apostolica Vaticana……224
エル・エスコリアル僧院　Monasterio de El Escorial……383, 400, 435

孤児院　Ospedale degli innocenti（フィレンツェ）……191

システィーナ礼拝堂　Cappella Sistina（ローマ、ヴァチカン）……239
市庁舎（パラッツォ・プブリコ）　il Palazzo Pubblico（シエーナ）……239
　評議会の間　Sala del Consiglio……114, 115, 121
新城（カステル・ノーヴォ）　il Castel Novo（ナポリ）……242
聖天使城（カステル・サン・タンジェロ）　Castel Sant'Angelo（ローマ、ヴァチカン）……252, 284
聖ピエトロ寺院　Basilica di San Pietro（ローマ、ヴァチカン）……151, 239
聖マリア・デルレ・グラーツィエ教会　Chiesa di Santa Maria delle Grazie（ミラーノ）……235
聖マルコ修道院　il Convento di San Marco di Firenze（フィレンツェ）……225, 228, 256–, 258
聖ヨハネ洗礼堂　il Battistero San Giovanni（di Firenze）（フィレンツェ）……190
聖ロレンツォ教会　la Chiesa di San Lorenzo di Firenze（フィレンツェ）……26, 192, 224

パヴィーアの修道院　Certosa di Pavia……202
花の聖母寺院（サンタ・マリア・デル・フィオーレ）　Basilica Cattedrale Metropolitana di Santa Maria del Fiore（フィレンツェ）……65, 80, 83, 84, 164, 190, 191–193, 198, 227, 257, 569
丸天井　Cupola……83, 191, 192, 280
パンテオン神殿　Pantheon（ローマ）……101, 190, 192, 569
ピーザの洗礼堂・聖堂・鐘楼（斜塔）　il Battistero, il Duomo e la Torre（pendente）di Pisa……36
ブランカッチ礼拝堂　Cappella Brancacci（フィレンツェ）……181, 196, 197, 569

マルチャーナ図書館　la Biblioteca Marciana（ヴェネツィア）……263
ミラーノ大聖堂　Duomo di Milano……203
メディチ礼拝堂　Cappelle medicee（フィレンツェ）……26, 224

事項索引

ア　行

カ　行

サ　行

首長令（シュープリーム・アクト）…426, 451, 469, 470, 485, 498
商会（コンパニーア）→アッチャイウォーリ商会，バルディ商会，フレスコバルディ商会，ペルッツィ商会，リッカルディ商会
上級学校（グラマー・スクール）……………490
小組合（アルティ・ミノーリ）→組合／同業組合（アルテ）
小君主（ティランノ）…………………………158
小君主国（プリンチパート）…16, 107, 126, 178, , 187, 200, 218, 250
小修道会（ミノーリ）…………………………156
上訴法 ……………………………………………468
処女女王（ヴァージン・クイーン）……508, 517
白派（ビアンキ）……31, 80-83, 87, 88, 124, 130
白部隊（コンパニーア・ビアンカ）…………163
新音楽（アルス・ノーヴァ）……92, 93, 198, 199
神政政治 ……………………81, 82, 237, 273, 536
神聖同盟（レーガ・サンタ）…264, 268, 270, 287, 311, 316, 349, 376, 394, 401, 402, 406, 431, 449
新大陸発見……5, 23, 32, 154, 170, 217, 228, 245, 298, 368, 369, 373, 386, 395, 452, 522, 538, 568
新プラトニスム…87, 214, 225, 228, 237, 239, 259, 289, 313, 314, 444
人文学 ……………………………187, 442, 443
人文主義（ウマネージモ、ユマニスム、ウマニスモ、ヒューマニスム、フマニスムス）…2, 5, 6, 25, 35-37, 115-119, 131, 138, 150, 152, 158, 183-189, 205, 224, 225, 239, 241, 258, 289, 297, 312-314, 328-330, 361, 380, 408, 442, 444, 447, 448, 521, 528, 537, 541, 546-548, 563, 575, 578
人文主義者……3, 27, 91, 137, 158, 175, 181, 185-190, 202, 206, 209, 214, 224, 225, 228, 237, 238, 240, 242, 261, 262, 265, 266, 279, 288, 313, 332, 335, 380, 382, 444, 445, 487, 489, 544-548, 563
新優美体（ドルチェ・スティル・ノーヴォ）………………………31, 68, 86-88, 130, 198
信用状 …………………………………56, 58, 112

スイス自由州連合 ……………………………281
スイス傭兵隊 ………248, 249, 268, 280, 317, 351
枢密顧問会議 …………………479, 488-490, 494
スコラ哲学…92, 93, 138, 188, 241, 328, 329, 522, 554, 575
スペイン無敵艦隊（アルマダ）…298, 351, 366, 443, 486, 522, 569
スロックモートンの陰謀 ………………511, 512

清教徒（ピューリタン）…296, 480, 487, 517, 574
世界一周航海 ……………154, 443, 486, 513, 514
世界教会合同公会議（コンシリウム・エクスメニクス）………………………………238
世界地図（マッパ・モンド）…………………121
正義の旗持ち役（ゴンファロニエーレ・ディ・ジュスティツィア）……………176, 177
正義の法令（オルディメント・ディ・ジュスティツィア）………24, 80, 87, 96, 100, 124
政治派（レ・ポリチック）…337, 338, 340, 343, 353, 361
聖職売買（シモニーア）…………………275, 283
聖像破壊騒動（ベールデンシュトルム）…408, 416
聖年（アンノ・サント）…20, 101, 143, 185, 237, 279, 535
清貧（ポヴェルタ）…………………156, 157, 548
西方教会の大分裂 ………………………………237
聖ジョルジョ銀行（タヴォラ）………………169
聖ジョルジョ隊 …………………………………165
聖ジョルジョの家（カーザ）……………110, 169
精神派（スピリトゥアーリ）…………………157
聖マルコ派 ………………………………………271
政務委員会……………………………………25
聖ヨハネ修道会 …………………………………494
勢力均衡政策 ……………245, 247, 260, 261, 574
世襲君主制 ……………………………200, 201
説教修道会（プレディカンティ）……………155
絶対王権（君主）…19, 82, 296, 343, 358, 359, 396, 465, 474, 475, 479, 486, 567, 574
絶対王政（制）…19, 296, 325, 358, 434, 483, 578
絶対君主　→絶対王権
説諭（アモニツィオーネ）……………………174
セミナーラの戦い ……………………266, 376
僭主（ティランノ）…26, 88, 123, 178, 250, 393, 454
僭主制 …………………………………301, 452

タ　行

ナ　行

ハ　行

マ　行

ヤ　行

ラ　行

ワ　行

参考文献

主要な参考文献について，本書の内容に沿った順に並べた．

ルネッサンス全体

ヤーコプ・ブルクハルト『イタリア・ルネサンスの文化』世界の名著 45，柴田治三郎訳，中央公論社，1966.

Jules Michelet, *Histoire de France tome IX: La Renaissance*, Paris: Marpon et Flammarion, 1879.

ヨハン・ホイジンガ『中世の秋』上下，堀越孝一訳，中公文庫，1976.

アンリ・ピレンヌ『中世都市——社会経済史的試論』佐々木克巳訳，創文社歴史学叢書，1970.

ニコラ・オットカール『中世の都市コムーネ』清水廣一郎・佐藤真典共訳，創文社歴史学叢書，1972.

フリッツ・レーリヒ『中世ヨーロッパ都市と市民文化』魚住昌良・小倉欣一共訳，創文社歴史学叢書，1978.

高田康成『キケロ——ヨーロッパの知的伝統』岩波新書，1999.

Brunetto Latini, *Li Livres dou Tresor*, Genève: Slatkine Reprints, 1975.

樺山紘一『ルネサンスと地中海』世界の歴史 16，中央公論，1996.

エルンスト・カントロヴィッチ『祖国のために死ぬこと』新装版，甚野尚志訳，みすず書房，2006.

Ernst Hartwig Kantorowicz, *Frederick the Second: 1194-1250*, New York: F. Ungar, 1957.

Thomas Curtis Van Cleve, *The Emperor Frederick II of Hohenstaufen, immutator mundi*, Oxford: Clarendon Press, 1972.

David Abulafia [traduzione di Gianluigi Mainardi], *Federico II: un imperatore medievale*, Torino: G. Einaudi, 1990.

チャールズ・H・ハスキンズ『十二世紀ルネサンス』別宮貞徳・朝倉文市訳，みすず書房，1989.

フェデリコ・シャボー『ヨーロッパの意味——西欧世界像の歴史的探求』清水純一訳，サイマル出版会，1968.

ポール・フォール『ルネサンス』改訳，赤井彰訳，白水社文庫クセジュ，1968.

サミュエル・ドレスデン『ルネサンス精神史』高田勇訳，平凡社，1983.

アンリ・オゼール『プロテスタンティズムの生誕』社会科学ゼミナール 36，倉塚平訳，未來社，1966.

Robert S. Lopez & Irving W. Raymond, *Medieval Trade in the Mediterranean World: Illustrative Documents*, New York: Columbia University Press, 1961.

Robert S. Lopez, *Naissance de l'Europe*, Paris: Armand Colin, 1962.

ロバート・S・ロペス『中世の商業革命——ヨーロッパ 950-1350』宮松浩憲訳，法政大学出版局，2007.

Wallace K. Ferguson, William H. Werkmeister, et al. eds., *Facets of the Renaissance: essays*, New York: Harper & Row, 1963.

Wallace K. Ferguson, Robert S. Lopez, et al., *The Renaissance: Six Essays*, New York: Harper & Row, 1962.

Jacques Le Goff, *La naissance du Purgatoire*, Paris: Gallimard, 1981.

Jacques Le Goff, *La bourse et la vie: économie et religion au Moyen Age*, Paris: Hachette, 1986.

Robert Mandrou, *Des humanistes aux hommes de science, XVIe et XVIIe siècles*, Paris: Éditions du Seuil, 1973.

Robert Mandrou, *L'Europe "absolutiste": Raison et raison d'Etat, 1649–1775*, Paris: Fayard, 1977.
Allen G. Debus, *Man and Nature in the Renaissance*, Cambridge: Cambridge University Press, 1978.
山本義隆『一六世紀文化革命』全２巻，みすず書房，2007.
Vespasiano da Bisticci [edizione critica con introduzione e commento di Aulo Greco], *Le vite*, 2 vols., Firenze: Nella Sede dell' Istituto, 1970.
ギー・テスタス，ジャン・テスタス『異端審問』安斎和雄訳，白水社文庫クセジュ，1974.
鈴木董『オスマン帝国——イスラム世界の「柔らかい専制」』講談社現代新書，1992.

イタリア

Francesco Guicciardini [a cura di Costantino Panigada], *Storia d'Italia*, Vol. 6, Bari: Laterza, 1967.
G・プロカッチ『イタリア人民の歴史』第１巻，斎藤泰弘・豊下楢彦訳，未来社，1984.
Gioacchino Volpe, *Movimenti religiosi e sette ereticali nella società medievale italiana: secoli XI–XIV*, Firenze: Vallecchi, 1926.
Delio Cantimori, *Eretici italiani del Cinquecento: e, Prospettive di storia ereticale italiana del Cinquecento*, Torino: Einaudi, 2002.
Luigi Valli, *Il linguaggio segreto di Dante e dei "fedeli d'amore"*, 2 vols., Roma: Optima, 1928.
Yves Renouard, *Les hommes d'affaires italiens du Moyen Âge*, Paris: Armand Colin, 1972.
Yves Renouard [traduzione di Roberto Perelli Cippo], *Le città italiane dal X al XIV secolo*, 2 vols, Milano: Rizzoli, 1975–76.
Johan Plesner, Francoise Juliette Isabelle Gleizal, *L'émigration de la campagne à la ville libre de Florence au XIIIe siècle*, Kobenhavn: Gyldendaske Boghandel-Nordisk Forlag, 1934.
Armando Sapori, Giuseppe Prato, *La crisi delle compagnie mercantili dei Bardi e dei Peruzzi*, Firenze: Leo S. Olschki Editore, 1926.
Armando Sapori, *Studi di storia economica: secoli XIII–XIV–XV*, 2 vols., Firenze: Sansoni, 1982.
清水広一郎『中世イタリア商人の世界——ルネサンス前夜の年代記』平凡社，1982.
ピエール・アントネッティ『フィレンツェ史』中島昭和・渡部容子訳，白水社文庫クセジュ，1986.
Ferdinand Schevill, *Medieval and Renaissance Florence*, 2 vols., New York: Harper Torchbooks, 1963.
Ferdinand Schevill, *Siena: the History of a Mediaeval Commune*, New York: Harper Torchbooks, 1964.
Curzio Ugurgieri della Berardenga, *Gli Acciaiuoli di Firenze nella luce dei loro tempi (1160–1834)*, 2 vols., Firenze: L.S. Olschki, 1962.
クリスチャン・ベック『メジチ家の世紀』西本晃二訳，白水社文庫クセジュ，1980.
イヴァン・クルーラス『ロレンツォ豪華王——ルネサンスのフィレンツェ』大久保康明訳，河出書房新社，1989.
Hans Baron, *Humanistic and Political Literature in Florence and Venice at the Beginning of the Quattrocento: Studies in Criticism and Chronology*, New York: Russell & Russell, 1968.
Hans Baron, *The Crisis of the Early Italian Renaissance: Civic Humanism and Republican Liberty in an Age of Classicism and Tyranny, Princeton*, N.J.: Princeton University Press, 1966.
Roberto Palmarocchi, Dino Compagni, Giovanni Villani, *Cronisti del trecento*, Milano-Roma: Rizzoli, 1935.
Frederic C. Lane [traduzione di Franco Salvatorelli], *Storia di Venezia*, Torino: Einaudi, 1978.
Frederic Chapin Lane, *I mercanti di Venezia*, Torino: Einaudi, 1982.
Robert de Clari, *La conquete de Constantinople*, Robert de Clari, Villehardouin, Joinville, Froissart, Commynes [édition établie et annotée par Albert Pauphilet; textes nouveaux commentés par Edmond Pognon], *Historiens et chroniqueurs du Moyen Âge* (Bibliothèque de la Pléiade; 48), Paris: Gallimard, 1952.

Gyoffrey de Villehardouin, *La conquete de constantinople*, Robert de Clari, Villehardouin, Joinville, Froissart, Commynes [édition établie et annotée par Albert Pauphilet; textes nouveaux commentés par Edmond Pognon], *Historiens et chroniqueurs du Moyen Âge* (Bibliothèque de la Pléiade; 48), Paris: Gallimard, 1952.

Roberto S.Lopez, *Storia delle Colonie Genovesi nel Mediterraneo*, Bologna: Nicola Zanichelli, 1938.

D・ウェーリー『イタリアの都市国家』森田鉄郎訳，平凡社，1971.

F・シャボー『ルネサンス・イタリアの「国家」・国家観』須藤祐孝訳，無限社，1993.

J・H プラム『イタリア・ルネサンス——その歴史と文化の概観』石上良平訳，筑摩書房，1968.

ピーター・バーク『イタリア・ルネサンスの文化と社会』森田義之・柴野均訳，岩波書店，1992.

デニス・ヘイ『イタリア・ルネサンスへの招待——その歴史的背景』鳥越輝昭・木宮直仁共訳，大修館書店，1989.

渡辺友市『イタリア・ルネサンス』教育歴史新書，教育社，1980.

Christian Bec, Yvan Cloulas, et al., *L'Italie de la Renaissance: un monde en mutation* (*1378–1494*), Paris: Fayard, 1990.

今谷和徳『中世・ルネサンスの社会と音楽』新版，音楽之友社，2006.

岩倉具忠，清水純一，西本晃二，米川良夫『イタリア文学史』東京大学出版会，1985.

ジョヴァンニ・ピコ・デッラ・ミランドラ『人間の尊厳について』大出哲・阿部包・伊藤博明訳，国文社 1985.

伊藤博明『ヘルメスとシビュラのイコノロジー——シエナ大聖堂舗床に見るルネサンス期イタリアのシンクレティズム研究』ありな書房，1992.

Dante Alighieri [a cura di Fredi Chiappelli], *Tutte le Opere*, Milano: U. Mursia, c1965.

ダンテ「神曲」『ダンテ』世界文学大系 6，野上素一・池田廉訳，筑摩書房，1962.

ダンテ「新生」『ダンテ』世界文学大系 6，野上素一・池田廉訳，筑摩書房，1962.

ダンテ『ダンテ俗語詩論』岩倉具忠訳註，東海大学古典叢書，東海大学出版会，1984.

Francesco Petrarca [a cura di Dino Provenzal], *Il canzoniere*, Milano: Rizzoli, 1954.

Francesco Petrarca [a cura di Ugo Dotti], *Epistole*, Torino: Unione tipografico-editrice torinese, 1978.

E・H・ウイルキンス『ペトラルカの生涯』文明研究所シリーズ 10，渡辺友市訳，東海大学出版会，1970.

Ernest Hatch Wilkins, *Petrarch's Eight Years in Milan*, Mediaeval Academy of America, 1958.

Giovanni Boccaccio [a cura di Carlo Salinari], *Il Decameron*, 2 vols., Bari: Laterza, 1966.

Vittore Branca, *Boccaccio medievale e nuovi studi sul Decameron*, Firenze: Sansoni, 1986.

フランコ・サケッティ『ルネッサンス巷談集』杉浦民平訳，岩波文庫，1981.

ディーノ・コムパーニ『白黒年代記』世界古典文庫 32，杉浦明平訳，日本評論社，1948.

Thomas Aquinas, Saint [ad fidem optimarum editionum diligenter recusa Joseph Mathis], *De regimine principum: ad regem Cypri et de regimine Judaerum, ad ducissam Brabantiae politica opuscula duo*, edtio 2 revisa, Torino: Marietti, 1971.

Marsilio da Padova [a cura di Cesare Vasoli], *Il difensore della pace*, Torino: Unione tirografico-editrice torinese, 1960.

Alfredo Sabetti, *Marsilio da Padova e la filosofia politica del secolo XIV*, Napoli: Liguori, 1964.

Jeannine Quillet, *La philosophie politique de Marsile de Padoue*, Paris: J. Vrin, 1970.

Leonardo Bruni [testo italiano a fronte di Frate Lazaro da Padova, presentazione di Giuseppe De Toffol], *Panegirico della città di Firenze*, Firenze: Nuova Italia, 1974.

Niccolo Machiavelli [Feltrinelli Edtore], *Opere complete*, 8 vols, Universale Economica, 1960–64.

Alfonso de Valdés [introducción, ed. y notas de José F. Montesinos], *Diálogo de las cosas ocurridas en Roma*, Madrid: Espasa-Calpe, 1956.

アンドレ・シャステル『ローマ劫掠——一五二七年，聖都の悲劇』越川倫明・岩井瑞枝・中西麻澄・

近藤真彫・小林亜起子訳，筑摩書房，2006.
ベンヴェヌト・チェルリニ『チェルリニ自敍傳』黒田正利訳，創元社，1939.
ピエトロ・ベンボ『アーゾロの談論』仲谷満寿美訳，ありな書房，2013.
Lorenzo Valla, *La falsa donazione di Costantino*, TEA-storia, 1992.
Henry Thode, *Franz von Assisi und die Anfänge der Kunst der Renaissance in Italien*, Berlin: Grote, 1885.
Frederick Antal, *La pittura fiorentina e il suo ambiente sociale nel Trecento e nel primo Quattrocento*, Torino: Giulio Einaudi, 1960.
Millard Meiss, *Painting in Florence and Siena after the Black Death: the Arts, Religion, and Society in the Mid-fourteenth Century*, New York: Harper & Row, 1964.
ロドヴィーコ・ドルチェ『アレティーノまたは絵画問答――ヴェネツィア・ルネサンスの絵画論』森田義之・越川倫明翻訳・註解・研究，中央公論美術出版，2006.
石鍋真澄『ありがとうジョット――イタリア美術への旅』吉川弘文館，1994.
Giorgio Vasari, *Le vite dei più eccellenti pittori, scultori e architetti*, Roma: Grandi Tascabili Economici Newton, 1993.
ジョルジョ・ヴァザーリ『ルネサンス画人伝』正続，平川祐弘・小谷年司・田中英道・仙北谷茅戸訳，白水社，1982，2009.
ジャン＝フィリップ・アントワーヌ『小鳥の肉体――画家ウッチェルロの架空の伝記』宮下志朗訳，白水社，1995.
佐々木英也『マザッチオ――ルネサンス絵画の創始者』東京大学出版会，2001.
辻茂『遠近法の誕生――ルネサンスの芸術家と科学』朝日新聞社，1995.
ケネス・クラーク『ヒューマニズムの芸術』岡田温司訳，白水社，1987.

フランス

Philippe de Commynes, *Mémoires*, Robert de Clari, Villehardouin, Joinville, Froissart, Commynes [édition établie et annotée par Albert Pauphilet; textes nouveaux commentés par Edmond Pognon], *Historiens et chroniqueurs du Moyen Âge* (Bibliothèque de la Pléiade; 48), Paris: Gallimard, 1952.
Jean Balsamo, *Passer les monts: Français en Italie, l'Italie en France (1494-1525): Xe colloque de la Société française d'étude du seizième siècle*, Paris, Fiesole (Firenze): H. Champion, Edizioni Cadmo, 1998.
Bernard Quilliet, *Louis XII, Père du people*, Paris: Fayard, 1986.
ルュシアン・フェーヴル『フランス・ルネサンスの文明――人間と社会の基本像』創文社歴史学叢書，二宮敬訳，1981.
リュシアン・フェーヴル，アンリ＝ジャン・マルタン『書物の出現』上下，関根素子・長谷川輝夫・宮下志朗・月村辰雄訳，筑摩書房，1985.
フランソワ・ラブレー『ガルガンチュアとパンタグリュエル』全5巻，宮下志朗訳，ちくま文庫，2005-2012.
マドレーヌ・ラザール『ラブレーとルネサンス』篠田勝英・宮下志朗共訳，白水社文庫クセジュ，1981.
ジョアシャン・デュ・ベレエ『フランス語の擁護と顯揚』佛蘭西文藝思潮叢書，加藤美雄訳，白水社，1943.
渡辺一夫『フランス・ユマニスムの成立』岩波書店，1958.
モンテーニュ「エセー第1」『モンテーニュⅠ』筑摩世界文学大系13，原二郎訳，1968.
モンテーニュ「エセー第2」『モンテーニュⅡ』筑摩世界文学大系14，原二郎訳，1968.
大久保康明『モンテーニュ』Century books. 人と思想169，清水書院，2007.
Sébastien Castellion, *Traité des hérétiques: à savoir, si on les doit persécuter, et comment on se doit*

conduire avec eux, selon l'avis, opinion, et sentence de plusieurs auteurs, tant anciens, que modernes, Geneve: Jullien, 1913.
Arlette Jouanna, Jacqueline Boucher, et al., *Histoire et dictionnaire des guerres de religion*, Paris: R. Laffont, 1998.

スペイン

J・H・エリオット『スペイン帝国の興亡――1469-1716』藤田一成訳，岩波書店，1982.
ヘンリー・カメン『スペイン――歴史と文化』丹羽光男訳，東海大学出版会，1976.
J・ビセンス・ビーベス『スペイン――歴史的省察』小林一宏訳，岩波書店，1975.
Martin A.S. Hume, *Spain: Its Greatness and Decay (1479-1788)*, Cambridge: Cambridge University Press, 1913.
Ramón Menéndez Pidal, *Idea imperial de Carlos V: La condesa traidora; El romanz del infant garcía; Adefonsus Imperator Toletanus*, Madrid: Espasa-Calpe, 1971.
Roger Bigelow Merriman, *The Rise of the Spanish Empire in the Old World and in the New*, 4 vols., New York: Cooper Square Publishers, 1962 (Reprinted, c1918).
Fernand Braudel, *La Méditerranée et le monde méditeranéen à l'époque de Philippe II*, Paris: Armand Colin, 1966.
フェルナン・ブローデル『地中海』(普及版) 全5巻，浜名優美訳，藤原書店，2004.
Marcel Bataillon, *Érasme et l'Espagne: recherches sur l'histoire spirituelle du XVIe siècle*, Paris: E. Droz, 1937.
José Luis Abellán [introducción de José Luis Gómez-Martínez], *El erasmismo español: premio de ensayo "El Europeo", 1975*, Madrid: Espasa-Calpe, 1982.
Ivan Cloulas, *Philippe II*, Paris: Fayard, 1992.
ジャン・カン『スペイン文学史』会田由訳，白水社文庫クセジュ，1956.
Marcial José Bayo, *Virgilio y la pastoral Española del renacimiento (1480-1550)*, Madrid: Editorial Gredos, 1970.
Cristóbal de Castillejo [ed., prólogo, y notas de Jesús Domínguez Bordona], *Obras de amores: Obras de conversación y pasatiempo*, (Clásicos castellanos; 79. Obras; 2), Madrid: Espasa-Calpe, 1957.
『ラサリーリヨ・デ・トルメスの生涯』会田由訳，岩波文庫，1949.
フランシスコ・ケベド「ぺてん師ドン・パブロスの生涯」『ピカレスク小説名作選』スペイン中世・黄金世紀文学選集6，牛島信明・竹村文彦訳，国書刊行会，1997.
Mateo Alemán [edición de José María Micó], *Guzmán de Alfarache*, 2 vols., Madrid: Cátedra, 1987.
佐竹健一『スペイン黄金世紀の大衆演劇――ロペ・デ・ベーガ，ティルソ・デ・モリーナ，カルデロン』南山大学学術叢書，三省堂，2001.
ローベ・デ・ベーガ『上なき判官これ天子　他一篇』世界古典文庫，永田寛定訳，日本評論社，1948.
セルバンテス「ドン・キホーテ前篇」『セルバンテス1』世界文学大系10，会田由訳，筑摩書房，1960.
セルバンテス「ドン・キホーテ後篇」『セルバンテス2』世界文学大系11，会田由訳，筑摩書房，1962.
Jorge de Montemayor, Enrique Moreno Báez [Edición, prólogo y notas de Enrique Moreno Báez], *Los siete libros de la Diana* (Real Academia Española.-Biblioteca Selecta de Clásicos Españoles 2a, Serie 18), Madrid: Ed. Castalia, 1955.
Lope de Vega, Edwin S Morby, *Arcadia*, Madrid: Editorial Castalia, 1980.
Carlos Vossler, *Fray Luis de León*, Madrid: Espasa-Calpe, 1960.
Luís de Camões, [trad. Adriano Bonaretti], *I Lusiadi*, Firenze: Salani, 1963.
Fernando de Rojas, [trad. Cesare Segre, Corrado Alvaro], *La Celestina*, Milano: Bompiani, 1992.

Pedro Calderón de la Barca, *La vida es sueño*, Madrid: Espasa-Calpe, 1974.
Juan de Valdés, *Dialogo de la lengua*, Madrid: Espasa-Calpe, 1964.
Alfonso de Valdés [introducción, ed. y notas de José F. Montesinos], *Diálogo de las cosas ocurridas en Roma*, Madrid: Espasa-Calpe, 1956.
R. Trevor Davies, *The Golden Century of Spain, 1501-1621*, New York: Harper & Row, 1961.
Adeline Rucquoi, *Histoire médiévale de la Péninsule ibérique*, Paris: Éditions du Seuil, 1993.
Béatrice Leroy, *Pouvoirs et sociétés politiques en péninsule ibérique: XIVe-XVe siècles*, Paris: SEDES, 1991.
ラス・カサス『インディアス史』全7巻，長南実訳，石原保徳編，岩波文庫，2009.
ルイス・ハンケ『アリストテレスとアメリカ・インディアン』佐々木昭夫訳，岩波新書，1974.
飯塚一郎『大航海時代へのイベリア——スペイン植民地主義の形成』中公新書，1981.

イングランド

G・M・トレヴェリアン『イギリス史』全3巻，大野真弓監訳，みすず書房，1973-1975.
城戸毅『マグナ・カルタの世紀——中世イギリスの政治と国制 1199-1307』歴史学選書，東京大学出版会，1980
Francis Hackett, *Henry the Eighth*, New York: Bantam Books, 1958.
R. H. Tawney, *Religion and the Rise of Capitalism: A Historical Study*, West Dryton; Middlesex: Penguin Books Ltd., 1948.
Thomas More, *The Utopia* [H B Cotterill; Ralph Robinson], *The Utopia of Sir Thomas More* (Macmillan's English classics), London: Macmillan, 1937.
フランシス・ベイコン『ニュ・アトランチス』世界古典文庫，中橋一夫訳，日本評論社，1948.
William Shakespeare, *The Complete Works of William Shakespeare, comprising his plays and poems*, London: Spring Books, 1958.
カール・シュミット『ハムレットもしくはヘカベ』初見基訳，みすず書房，1998.
Marchette Chute, *Shakespeare of London*, New York: E.P. Dutton, 1949.
Geoffrey Chaucer [by Peter Ackroyd], *The Canterbury Tales*, New York: Penguin Books, 2009.
Geoffrey Chaucer [by Nevill Coghill], *Troilus and Criseyde*, Harmondsworth: Penguin, 1971.
Ben Johnson, *Volpone, Sansoni*, dual language ed., Firenze, 1949.
Thomas Deloney, *Jacke of Newberrie*, George Saintsbury [by Philip Benderson], *Shorter Novels: Elizabethan* (Everyman paperbacks, no. 1824), London, New York: Dent, 1966, Dutton, 1966.
Thomas Nashe, *The unfortunate traveller*, George Saintsbury [by Philip Benderson], *Shorter Novels: Elizabethan* (Everyman paperbacks, no. 1824), London, New York: Dent, 1966, Dutton, 1966.
John Lily, *Campaspe*, A.K. McIlwraith, *Five Elizabethan Comedies* (The world's classics, 422), London: Oxford University Press, 1959.

ドイツ

エラスムス『痴愚神禮讃』渡邊一夫訳，河出書房，1952.
「テオロギア・ゲルマニカ」『東西宗教文獻篇』世界大思想全集 52，野々村戒三訳，春秋社，1929.
ルッテル「九拾五箇条」『東西宗教文獻篇』世界大思想全集 52，野々村戒三訳，春秋社，1929.
ルッテル「基督者の自由」『東西宗教文獻篇』世界大思想全集 52，野々村戒三訳，春秋社，1929.
フリーデンタール『マルティン・ルターの生涯』笠利尚・徳善義和・三浦義和訳，新潮社，1973.
金子晴勇『ルターとその時代』教育の発見双書，玉川大学出版部，1985.
菊盛英夫『ルターとドイツ精神史——そのヤーヌスの顔をめぐって』岩波新書，1977.
マンフレート・ベンジング『トーマス・ミュンツァー——ドイツ農民戦争と革命の神学」田中真造訳，未来社，1970.
ブラント『阿呆船』上下，尾崎盛景訳，現代思潮社古典文庫，1968.

Hans Sachs [Bernhard Arnold], *Hans Sachs' Werke*, 2 vols, Berlin: W. Spemann, 1884.
Robert Mandrou, *Les Fugger, propriétaires fonciers en Souabe 1560–1618: étude de comportements socio-économiques à la fin du XVIe siècle*, Paris: Plon, 1969.
松田緝『ヤーコプ・フガー』産業叢書, 丘書房, 1982.
Roland H. Bainton, *Michel Servet, hérétique et martyr, 1553–1953*, Genève: Droz, 1953.
Roland H. Bainton, *The Travail of Religious Liberty*, New York: Harper, 1958.

図版出典一覧

はじめに

2頁　ブルクハルトの肖像（ブルクハルト『イタリア・ルネサンスの文化』世界の名著45，中央公論社，1966年，口絵）

第Ⅰ部　イタリア半島のルネッサンス

14頁　1300年頃のヨーロッパ
30頁　1300年頃のイタリア半島
33頁　アマルフィ大聖堂（Ediz. Matonti）
36頁　ピーザの洗礼堂・聖堂・鐘楼（＝斜塔）の聖堂三幅対（2006年，Massimo Catarinella 撮影，http://commons.wikimedia.org/wiki/File: CampodeiMiracoliPisa_edit.jpg）
41頁　マルコ・ポーロ『東方見聞録』フランス　ベリー公写本（月村辰雄・久保田勝一訳『東方見聞録』岩波書店，2012年，12頁）
64頁　シエーナ全景（石鍋真澄『聖母の都市シエナ——中世イタリアの都市国家と美術』吉川弘文館，1988年，口絵）
83頁　フィレンツェ　花の聖母寺院の聖堂・洗礼堂・鐘楼の三幅対（Bonechi）
86頁　「オンニサンティの聖母子像」ジョット筆　1310年頃　フィレンツェ　ウフィッツィ美術館蔵
89頁　ダンテが『神曲』を持っている図　フィレンツェ　大聖堂付属博物館蔵（Michele Cantarella, *The Italian Heritage*, Holt, Rinehart and Winston, New York, 1959, p. 42）
106頁　1340年頃のイタリア半島
116頁　「受胎告知」シモーネ・マルティーニ筆　1333年　フィレンツェウフィッツィ美術館蔵
116頁　「市民軍司令官グイドリッチョ・ダ・フォリアーニと城壁」部分　シモーネ・マルティーニ筆　シエーナ　市庁舎蔵（Edizioni I. F. I.）
131頁　ペトラルカ所蔵のヴェルギリウス写本挿絵　シモーネ・マルティーニ筆　ミラーノ　アンブロジャーナ図書館蔵（石鍋真澄『聖母の都市シエナ』182頁）
135頁　ボッカッチョ『デカメロン』挿図（*The Italian Heritage*, p. 67）
148頁　1420年頃のイタリア半島
163頁　ジョン・ホークウッドの大弓隊の戦い振り（『週刊グレート・アーティスト　ウッチェロ』28-29頁）
190頁　ブルネレスキの肖像　フィレンツェ　花の聖母寺院のメダイヨン（Peter Burke, *The Italian Renaissance: Culture and Society in Italy*, Polity Press, p. 50）
193頁　ダヴィデのブロンズ像　ドナテルロ作　フィレンツェ　国立博物館蔵（Ediz. Giusti di S. Becocci）
193頁　ガッタメラータのブロンズ騎馬像　ドナテルロ作　パドヴァ　サント広場（『週刊グレート・アーティスト　ウッチェロ』29頁）
194頁　バルトロメオ・コレオーニの騎馬像　ヴェロッキオ作　ヴェネツィア
197頁　「楽園喪失」マザッチョ筆　1426-27年頃　フィレンツェ　ブランカッチ礼拝堂
203頁　ゴチック建築のミラーノ大聖堂（Ediz. S.A.F. Milano）
212頁　1490年頃のイタリア半島
216頁　メフメット二世の肖像　ジェンティーレ・ベリーニ筆　1480年　ロンドン　ナショナルギャ

ラリー蔵
232頁　フランチェスコ・スフォルツァ（ブルクハルト『イタリア・ルネサンスの文化』101頁）
234頁　ルドヴィコ・スフォルツァの肖像（渡辺友市『イタリア・ルネサンス』教育社，1980年，236頁）
235頁　「受胎告知」　レオナルド・ダ・ヴィンチ筆　1472-75年頃　フィレンツェ　ウフィツィ美術館蔵
244頁　1530年頃のイタリア半島
256頁　サヴォナローラの肖像　フラ・バルトロメーオ筆　フィレンツェ　サン・マルコ修道院蔵
258頁　マキャヴェルリ『君主論』の扉（*The Italian Heritage*, p. 128）
272頁　「聖なる愛と俗なる愛」　ティツィアーノ筆　1514年頃　ローマ　ボルゲーゼ美術館蔵
274頁　チェーザレ・ボルジャの肖像（ブルクハルト『イタリア・ルネサンスの文化』181頁）
277頁　「牧場の聖家族」　ラファエルロ筆　1506年頃　ウィーン歴史美術博物館蔵
278頁　「ピエタ」　ミケランジェロ作　1498-1500年　ヴァチカン　サン・ピエトロ寺院
280頁　ヴァチカンの聖ピエトロ大聖堂　1520年頃（Richard Friedenthal, *Luther*, Weidenfeld and Nicolson, London, 1970, p. 80）
284頁　ピエトロ・アレティーノの肖像　ティツィアーノ筆　1545年　ピッティ美術館蔵（ロドヴィーコ・ドルチェ『アレティーノまたは絵画問答—ヴェネツィア・ルネサンスの絵画論』森田義之・越川倫明訳，中央公論美術出版，2006年，口絵）
286頁　カール五世のボローニャ戴冠行進　ニコラス・ボーゲンベルグ筆　1530年（アンドレ・シャステル『ローマ劫掠——1527年，聖都の悲劇』越川倫明他訳，筑摩書房，2006年，301頁）

第Ⅱ部　アルプス以北の諸国

294頁　1500年頃のヨーロッパ
300頁　1610年頃のフランス
313頁　ラブレー『パンタグリュエル』初版の扉（ラブレー『パンタグリュエル』宮下志朗訳，筑摩書房，2006年，451頁）
314頁　フランソワ一世の肖像　クルゥエ筆　1541年頃　パリ　ルーヴル美術館蔵
323頁　「アンリ二世とカトリーヌ・ド・メディシスの結婚」　ヴァザーリ筆　1550年　フィレンツェ　パラッツオ・ヴェッキオ（『週刊グレート・アーティスト　ホルバイン』同朋舎出版，1991年，34頁）
342頁　「サン・バルテルミーの虐殺」　フランソワ・デュボワ筆　1572-84年　ローザンヌ美術館蔵
344頁　モンテーニュ『エッセー（随想録）』初版（1580年）の扉（S. ドレスデン『ルネサンス精神史』215頁）
357頁　アンリ四世の肖像　ヴェルサイユ宮殿蔵（*Dictionnaire: Universel des Noms Propres*, P. Robert, Paris, 1974, p. 585）
360頁　マルグリット・ド・ナヴァールの肖像　クルゥエ筆　シャンティイ　コンデ美術館蔵（S. ドレスデン『ルネサンス精神史』平凡社，1983年，145頁）
361頁　モンテーニュの肖像　ニューヨーク　グレインジャー・コレクション蔵（S. ドレスデン『ルネサンス精神史』211頁）
364頁　1610年頃のスペイン
383頁　プラテレスコ様式のサラマンカ大学講堂（金子里奈氏撮影，2013年）
385頁　バルダッサーレ・カスティリオーネの肖像　ラファエルロ筆　1514-15年頃　パリ　ルーヴル博物館蔵（ロドヴィーコ・ドルチェ『アレティーノまたは絵画問答——ヴェネツィア・ルネサンスの絵画論』40頁）
391頁　カール五世の肖像　ティツィアーノ筆　1548年　ミュンヘン　アルテ・ピナコテーク蔵
398頁　カール五世は息子のフェリーペにネーデルランドを委譲し，退位への道を開いた　ブザンソン　民俗博物館蔵（『週刊グレート・アーティスト　ティツィアーノ』同朋舎出版，1991年，

30 頁）
400 頁　エル・エスコリアル修道院　マドリード　エル・エスコリアル修道院蔵（『週刊グレート・アーティスト　ティツィアーノ』30-31 頁）
410 頁　オラニエ公ウィレルム一世の肖像　パリ　フランス国立図書館（『週刊グレート・アーティスト　ティツィアーノ』32 頁）
417 頁　アレッサンドロ・ファルネーゼの肖像　1590 年ブリュッセル　ベルギー王立美術館 （Ivan Cloulas, *Felipe II*, Javier Vergara Editar S.A., 1993, foto 15）
435 頁　セルバンテス『ドン・キホーテ』（1605 年）の扉（原誠他編『スペイン・ハンドブック』三省堂，1982 年，271 頁）
435 頁　巡廻劇団「ボヒガンガ」（佐竹謙一『スペイン黄金世紀の大衆演劇』三省堂，2001 年，135 頁）
435 頁　常設劇場に登場する「コンパニーア・デ・ティトゥロ」（勅許劇団）（同上）
438 頁　1610 年頃のイングランド
443 頁　1485 年ボスワースの戦いで死亡したリチャード3世の遺骨．2012 年レスター聖堂跡から出土（http: //www.theguardian. com/uk-news/2014/may/23/richard-iii-relatives-reburial-remains-leicester）
444 頁　トーマス・モアの肖像　ホールバイン筆　1527 年　ニューヨーク　フリック・コレクション蔵（『週刊グレート・アーティスト　ホルバイン』20 頁）
448 頁　カタリナ・デ・アラゴンの肖像　ロンドン　国立肖像美術館蔵（『週刊グレート・アーティスト　ホルバイン』31 頁）
448 頁　ヘンリー八世の肖像　ホールバイン筆　1536-37 年　ルガーノ　ティッセン＝ボルネミッサ・コレクション蔵（『週刊グレート・アーティスト　ホルバイン』24 頁）
504 頁　メアリー・スチュワートの肖像　クルゥエ筆　ロンドン　ナショナル・ギャラリーズ蔵
507 頁　エリザベス一世の肖像　ニコラス・ヒリアード筆　1590 年頃　ロンドン　ヴィクトリア・アンド・アルバート美術館蔵（『週刊グレート・アーティスト　エル・グレコ』同朋舎出版，1991 年，35 頁）
520 頁　シェイクスピアの『真夏の夜の夢』2 幕 1 場　ノエル・ペイトン筆　1595 年　エディンバラ　スコットランド国立美術館蔵
520 頁　『マクベス』の場面のもとになった『ホリンシェッド年代記』の挿絵　1577 年　英国図書館蔵（『週刊グレート・アーティスト　ティントレット』同朋舎出版，1991 年，33 頁）
526 頁　1520 年頃のドイツ
542 頁　ニュールンベルグ全景『ニュールンベルグ年代記』の挿絵　ミハエル・ヴォルゲムートの木版　1492 年（『週刊グレート・アーティスト　デューラー』同朋舎出版，1991 年，28 頁）
544 頁　エラスムス『痴愚神礼賛』の挿絵　ボールバイン（子）筆　1515 年（S. ドレスデン『ルネサンス精神史』144 頁）
550 頁　ヨーハン・テッツエルの免罰符販売の有様を描いた版画（フリーデンタール『マルティン・ルターの生涯』162 頁）
554 頁　ルッターの肖像　ルーカス・クラナッハ筆　1529 年　フィレンツェ　ウフィツィ美術館（S. ドレスデン『ルネサンス精神史』140 頁）
558 頁　エラスムスの肖像　クェンチン・メティス筆　1517 年　ローマ　アルテ・アンティーカ美術館蔵
559 頁　ルッターの破門状の表紙　1521 年（フリーデンタール『マルティン・ルターの生涯』266 頁）
559 頁　ルッターのドイツ語訳『聖書』1534 年版（初版 1522 年）（『週刊グレート・アーティスト　デューラー』32 頁）
563 頁　フィリップ・メランヒトンの肖像　アルブレヒト・デューラー筆　1526 年（フリーデンタール『マルティン・ルターの生涯』466 頁）

年　表

グレー部分はルネッサンスの時期.

西暦	イタリア半島	フランス
1250	50　フェデリコ二世の死	
	66　ベネヴェントの合戦（アンジョ家の勝利）	
	82「シチリアの晩禱」（アラゴン家の進出）	
	93「正義の法令」（フィレンツェ）	
1300	02-21　ダンテ，フィレンツェ追放	
	03「アナーニの屈辱」（教皇ボニファティウス八世）	
	05-77　教皇庁のアヴィニョン移転	
	37　フィレンツェの金融恐慌	37-1453　英仏百年戦争
	47-54　コーラ・ディ・リエンツォ，ローマへ	
	48　ペストの大流行	
1350	77　教皇庁のローマ帰還	
	77「毛梳工（チョンピ）の乱」（フィレンツェ）	
	78-1417　教会の大分裂	
1400	02　ジャンガレアッツォ・ヴィスコンチの死（ミラーノ）	
	17　教皇マルティヌス五世，ローマへ	
	28　マザッチョの死	
		29　ジャンヌ・ダルク，オルレアン解放
	34-64　コジモ・デ・メディチ政権掌握（フィレンツェ）	
	39　フィレンツェ公会議	
	42　アルフォンソ五世（アラゴン家），ナポリ王に	
	46　フランチェスコ・スフォルツァ，ミラーノ公に	
1450		
	53　コンスタンチノープル陥落	53　英仏百年戦争終結
	69-92　ロレンツォ「豪奢殿」の政権掌握（フィレンツェ）	
		76　モラの合戦，ブルゴーニュ公の敗死
		81　ルイ一一世，フランスの統一
	86　ピーコ・デ・ラ・ミランドラ『人間の尊厳について』	
	94　仏王シャルル八世のイタリア侵入，メディチ家追放	94　シャルル八世，イタリア戦争

スペイン	イングランド	ドイツ
67　トーロの戦い（アラゴンとカスチリアの結合） 92　グラナダ陥落 92　コロンブスの新大陸発見	37-1453　英仏百年戦争 53　英仏百年戦争終結 55-85　薔薇戦争 85　ボスワースの合戦，ヘンリー七世即位（チューダ王朝）	50　グーテンベルグの印刷術（マインツ） 94　アルブレヒト・デューラー，ヴェネツィアへ

西暦	イタリア半島	フランス
	98　仏王ルイ一二世のイタリア侵入 98　ミラーノ公国崩壊 98　フィレンツェ，サヴォナローラ政権	98　ルイ一二世のイタリア南下
1500	09　アニャデルロの合戦，ヴェネツィア敗退	
	12　ラヴェンナの合戦，フランスの介入止まる 13　マキャヴェルリ『君主論』	12　フランス，イタリアから撤退
		15-47　フランソワ一世の在位 15　マリニャーノの勝利（ミラーノ公国占領）
	19　ダ・ヴィンチの死（アンボワーズで）	
	20　ラファエルロの死	
		25　パヴィアの合戦，フランソワ一世捕虜
	27「ローマの劫掠」 30　フィレンツェ第三共和国の崩壊 30　メディチ家，フィレンツェ公爵に	
	33　カテリーナ・デ・メディチ，フランス皇太子アンリ（→アンリ二世）と結婚	33　アンリ皇太子カトリーヌ・ド・メディシスと結婚
		34「檄文事件」（アンボワーズ）
		47-59　アンリ二世の在位
1550		

スペイン	イングランド	ドイツ
	09-47　ヘンリー八世の在位	
	09　エラスムスの『痴愚神礼讃』，トマス・モア邸で執筆	
		17　ルッター，ヴィッテンベルグ 95 カ条抗議提題
19　カール五世，神聖ローマ皇帝に		19　カール五世，神聖ローマ皇帝に
19　メキシコ征服（フェルナン・コルテス）		20　レオ十世がルッターを破門，宗教改革
21-23　マジェラン，世界一周航海		21　カール五世がルッターを帝国追放
		23-25　農民戦争
31　ペルー，チリの征服（ピサロ，アルマグロ）		
	33　ヘンリー八世が女王キャサリン・オブ・アラゴンと離婚，女官アン・ブリンと結婚	
	33　クレメンス七世がヘンリー八世を破門	
	34　イングランド国教会成立	
	34　トーマス・モア，ジョン・フィッシャー刑死	43　コペルニクスの天体運動論
	47-53　エドワード六世の在位	
	53-58　メアリー一世の在位	
56　カール五世の退位		
56-98　フェリーペ二世の在		

西暦	イタリア半島	フランス
		57 「サン・カンタンの敗北」イタリア半島の全権益放棄
		60 「アンボワーズの陰謀」，宗教戦争へ
	64　ミケランジェロの死	
	69　メディチ家，トスカーナ大公爵に	
		72　サン・バルテルミーの新教徒虐殺
		89　アンリ三世の死
		89-1610　アンリ四世の在位
		93　アンリ四世のカトリック改宗
		98 「ナントの勅令」，信教の自由
		98　ヴェルヴァン和平条約，対西戦終結
1600		00　アンリ四世がマリア・ディ・メディチと結婚
		10　アンリ四世の暗殺，フロンドの乱
		24　リシュリュー宰相の国政

スペイン	イングランド	ドイツ
位		
	58-1603　エリザベス一世の在位	58　フェルディナンド一世，神聖ローマ皇帝に
		60　フィリップ・メランヒトンの死
81　オランダ独立	77-80　フランシス・ドレークの世界周航	
	84　ウォルター・ラレイが新大陸のヴァージニア植民	
88　スペイン無敵艦隊の敗北	88　スペイン無敵艦隊を撃破	
98　ヴェルヴァン和平条約，対仏戦終結		
98　フェリーペ二世の死		
		01　ティコ・ブラーエ（惑星論）の死
	03　エリザベス一世の死	
05-15　セルヴァンテス『ドン・キホーテ』	03-25　ジェームス一世の在位	
	06　ベン・ジョンソン『ウォルポーネ』	
		11　グスタフ・アドルフ，スウェーデン王に
		14　フッガー家，ヴェルサー家の破産
16　セルヴァンテスの死	16　シェイクスピアの死	
		17　ケプラーの地動説
		18-48　30年戦争
	20　メイフラワー号，アメリカへ	
		48　ウェストファリア条約（国民国家主権の確立）

系　図

＊以下に、次の系図を示す。

1　ローマ教皇
2　神聖ローマ皇帝・ドイツ王
3　南イタリア・シチリア
4　メディチ家
5　ミラーノ公家
6　フランス
7　スペイン
8　イングランド
9　ドイツ

＊当主や王などは太字とした。

＊①②…、1 2…、△1△2…の数字は、当主や王の在位の順番を示す。

＊（　）の西暦は生没年、［　］の西暦は王などの在位期間を示す。

＊＝は結婚を示す。

＊×は家系が絶えたことを表す。

1　ローマ教皇

＊国籍を挙げていない場合はイタリア人

アレクサンドル４世［1254-61］

|

ウルバヌス４世（フランス人）［1261-64］

|

クレメンス４世（フランス人）［1265-68］

|

空位時代［1268-71］

|

グレゴリウス10世［1271-76］
（「施錠方式」により選出）

|

ニコラス３世［1277-80］
（ハプスブルグ家のルードヴィッヒ１世から
ロマーニャを教皇領として獲得）

|

マルティヌス４世［1280-85］

|

ホノリウス４世［1285-87］

|

ニコラス４世［1288-92］

|

空位時代［1292-94］

|

ケレスティヌス５世［1294］
（強制退位）

|

ボニファティウス８世［1294-1303］
（教皇勅書『聖なる物は唯一』を発布，「聖年」を発案・挙行）

|

ベネディクトゥス11世［1303-04］

|

クレメンス５世（フランス人）［1305-14］
（アヴィニョンに教皇庁移転）

|

ヨハネス22世［1316-34］⇔対立教皇ニコラス５世［1328-30］

|

ベネディクトゥス12世（フランス人）［1334-42］

|

クレメンス６世（フランス人）［1342-52］

|

イノケンティウス６世（フランス人）［1352-62］

|

ウルバヌス５世（フランス人）[1362-70]
（ローマ帰還）
|
グレゴリウス11世（フランス人）[1370-78]
|
教会大分裂時代［1378-1417］
（ローマ、アヴィニョン、ピーザに教皇並立）
（コンスタンツ公会議の教皇に対する優位決議）
|
マルティヌス５世［1417-31］
|
エウゲニウス４世［1431-47］
|
ニコラス５世［1447-55］
|
ピウス２世［1458-64］
|
シクストゥス４世［1471-84］
|
アレクサンドル６世（スペイン人）[1492-1503]
|
ユリウス２世［1503-13］
|
レオ10世［1513-21］
|
ハドリアヌス６世（フランドル人）[1522-23]
|
クレメンス７世［1523-34］
|
パウルス３世［1534-49］

2　神聖ローマ皇帝・ドイツ王

ハインリッヒ６世（ホーヘンシュタウフェン家）
［ドイツ王 1190-97　皇帝1191-97］

オットー４世（ブランシュヴィック・ヴェルフ家）
［ドイツ王 1198-1215　皇帝1209-18］

フリードリッヒ（フェデリコ）２世
（ホーヘンシュタウフェン家）
［ドイツ王 1196-98, 1215-50　皇帝1220-50］

皇帝空位時代
［1254-73］

コンラッド４世
（ホーヘンシュタウフェン家）
［ドイツ王 1250-54］

ウィレルム１世（ホラント家）
［ドイツ王 1254-56］

リチャード１世（コーンウォール家）
［ドイツ王 1257-72］

ルドルフ１世（ハプスブルグ家）⇔ **アルフォンソ１世**（カスチリア家）
［ドイツ王 1273-91］　［対立王 1257-73］

アドルフ１世（ナッソウ家）
［ドイツ王 1292-98］

アルブレヒト２世（ハプスブルグ家）
［ドイツ王 1298-1308］

ハインリッヒ７世（ルクセンブルグ家）
［ドイツ王 1308-13　皇帝1312-13］

ルードヴィッヒ４世
（バイエルン・ヴィッテルスバッハ家）
［ドイツ王 1314-47　皇帝1328-47］

カール４世（ルクセンブルグ家）
［ドイツ王 1346-78　皇帝1355-78］

ヴェンツェル１世（ルクセンブルグ家）
［ドイツ王 1378-1400］
|
ルプレヒト１世（プファルツ家）
［ドイツ王 1401-10］
|
シギスモンド１世（ルクセンブルグ家）
［ドイツ王 1410-37　皇帝1433-37］
|
アルブレヒト２世（ハプスブルグ家）
［ドイツ王 1438-39］
|
フリードリッヒ３世（ハプスブルグ家）
［ドイツ王 1440-93　皇帝1452-93］
|
マクシミリアン１世（ハプスブルグ家）
［ドイツ王 1486-1519　皇帝1508-19］
|
カール５世（ハプスブルグ家）
［ドイツ王 1519-56　皇帝1519-56］
|
フェルディナンド１世（ハプスブルグ家）
［ドイツ王 1531-64　皇帝1556-64］
|
マクシミリアン２世（ハプスブルグ家）
［ドイツ王 1562-76　皇帝1564-76］
|
ルドルフ２世
［皇帝1576-1612］

3　南イタリア・シチリア

＜南イタリア王国＞

ホーヘンシュタウフェン家

フェデリコ2世（1194-1250）
［南イタリア王 1198-1250　神聖ローマ皇帝1215-50］

コンラッド4世（1228-54）
［南イタリア王 1250-54］

マンフレーディ（1232-66）
［南イタリア王 1254-66］

コンラッデイン（1252-68）
［南イタリア王 1266-68］

×

アンジョ家

カルロ1世（1226-85）
［南イタリア王 1266-82］

＜両シチリア王国＞

＜半島シチリア王国（ナポリ）＞
［ナポリ王 1282-85］

カルロ2世（1248-1309）
［ナポリ王 1285-1309］

ロベルト1世「賢王」（1275-1343）
［ナポリ王 1309-43］

ジョヴァンナ1世（1326-82）
［ナポリ女王 1343-82］

×

＜島嶼シチリア王国（シチリア）＞

アラゴン家

ペドロ3世「大王」（1239-85）
［アラゴン王 1276-85　シチリア王 1282-85］

ハイメ2世（1264-1327）
［アラゴン王 1291-1327　シチリア王 1285-96］

フェデリコ2世（1272-1337）
［シチリア王 1296-1337］
（カルタベロッタの和議）

ルイージ1世（?-1356）
［トリナクリア王 1337-56］

アンジョ・ドゥラッツォ家

カルロ３世（1345-86）
［ナポリ王 1382-86］
｜
ラディスラオ１世（1377-1414）
［ナポリ王 1386-1414］
｜
ジョヴァンナ２世（1371-1435）
［ナポリ女王 1414-35］
（アルフォンソ５世と養子縁組1421）
｜
×

フェデリコ３世（1342-77）
［トリナクリア王 1356-77］
｜
混乱時代

<両シチリア王国>

アラゴン家

アルフォンソ５世「寛仁王」（1396-1458）
［アラゴン王 1416-58］
（ジョヴァンナ２世と養子縁組1421，ナポリ王国再征服開始）
［両シチリア王アルフォンソ１世1442-58］
｜
フェランテ１世（1431-94）
［両シチリア王 1458-94］
｜
アルフォンソ２世（1448-95）
［両シチリア王 1494-95］
｜
フェランテ２世（1467-96）
［両シチリア王 1495-96］
｜
×

スペイン王家

フェルナンド２世（1452-1516）
［アラゴン王 1479-1516　カスチリア共同統治者1474-1504
両シチリア王 1505-16］
｜
カール５世（1500-58）
［両シチリア王 1516-54
スペイン王カルロス１世 1516-56　神聖ローマ皇帝1519-56］
｜
フェリーペ２世（1527-98）
［両シチリア王 1554-98　スペイン王 1556-98］

4　メディチ家

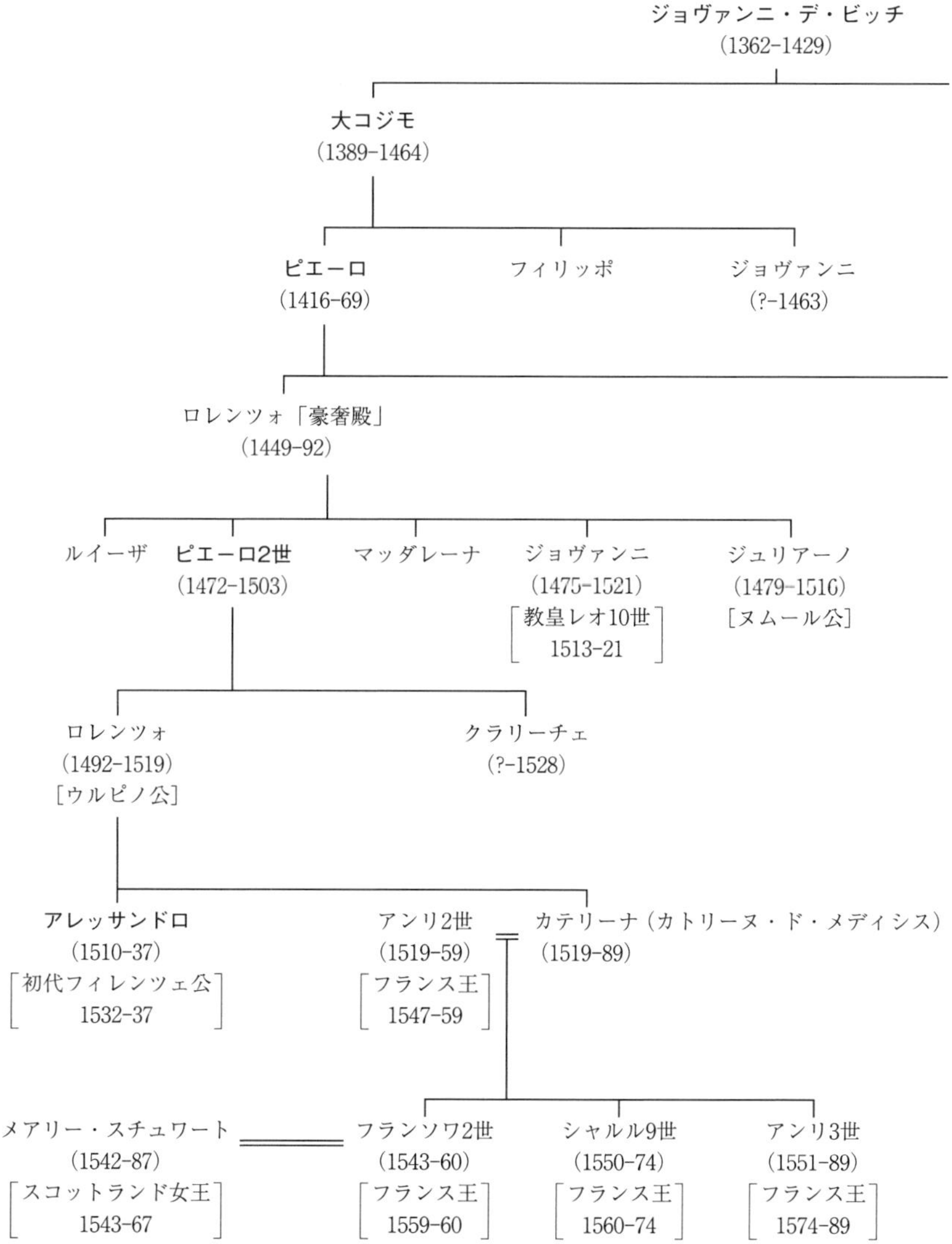
ジョヴァンニ・デ・ビッチ
(1362-1429)
大コジモ
(1389-1464)
ピエーロ
(1416-69)
フィリッポ
ジョヴァンニ
(?-1463)
ロレンツォ「豪奢殿」
(1449-92)
ルイーザ
ピエーロ2世
(1472-1503)
マッダレーナ
ジョヴァンニ
(1475-1521)
[教皇レオ10世 1513-21]
ジュリアーノ
(1479-1516)
[ヌムール公]
ロレンツォ
(1492-1519)
[ウルビノ公]
クラリーチェ
(?-1528)
アレッサンドロ
(1510-37)
[初代フィレンツェ公 1532-37]
アンリ2世
(1519-59)
[フランス王 1547-59]
カテリーナ（カトリーヌ・ド・メディシス）
(1519-89)
メアリー・スチュワート
(1542-87)
[スコットランド女王 1543-67]
フランソワ2世
(1543-60)
[フランス王 1559-60]
シャルル9世
(1550-74)
[フランス王 1560-74]
アンリ3世
(1551-89)
[フランス王 1574-89]

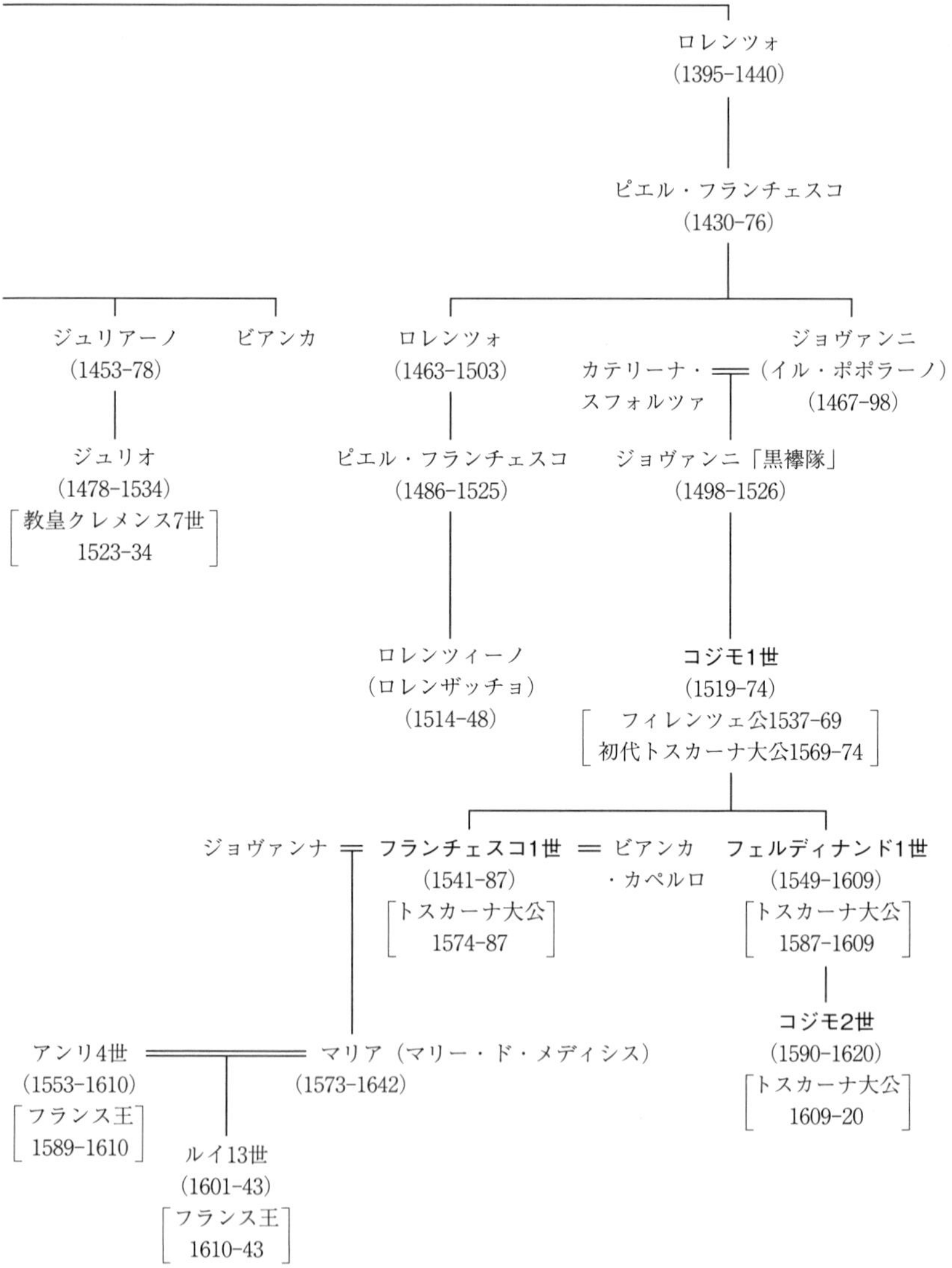

ロレンツォ
(1395-1440)
ピエル・フランチェスコ
(1430-76)
ジュリアーノ
(1453-78)
ビアンカ
ロレンツォ
(1463-1503)
カテリーナ・スフォルツァ
ジョヴァンニ
(イル・ポポラーノ)
(1467-98)
ジュリオ
(1478-1534)
教皇クレメンス7世
1523-34
ピエル・フランチェスコ
(1486-1525)
ジョヴァンニ「黒襷隊」
(1498-1526)
ロレンツィーノ
(ロレンザッチョ)
(1514-48)
コジモ1世
(1519-74)
フィレンツェ公1537-69
初代トスカーナ大公1569-74
ジョヴァンナ
フランチェスコ1世
(1541-87)
トスカーナ大公
1574-87
ビアンカ・カペルロ
フェルディナンド1世
(1549-1609)
トスカーナ大公
1587-1609
コジモ2世
(1590-1620)
トスカーナ大公
1609-20
アンリ4世
(1553-1610)
フランス王
1589-1610
マリア(マリー・ド・メディシス)
(1573-1642)
ルイ13世
(1601-43)
フランス王
1610-43

5　ミラーノ公

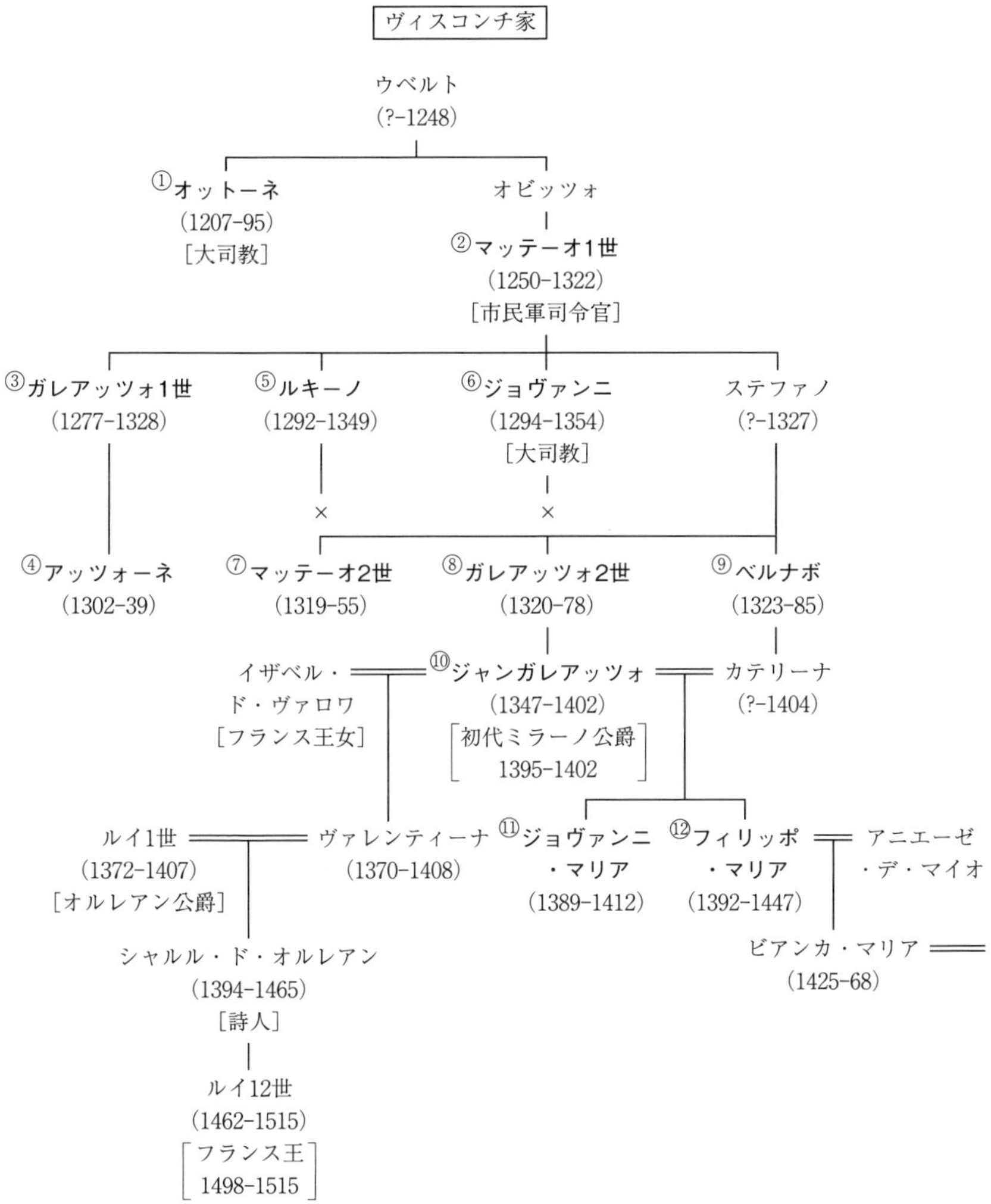
ヴィスコンチ家
ウベルト
(?-1248)
①オットーネ
(1207-95)
[大司教]
オビッツォ
②マッテーオ1世
(1250-1322)
[市民軍司令官]
③ガレアッツォ1世
(1277-1328)
⑤ルキーノ
(1292-1349)
⑥ジョヴァンニ
(1294-1354)
[大司教]
ステファノ
(?-1327)
④アッツォーネ
(1302-39)
⑦マッテーオ2世
(1319-55)
⑧ガレアッツォ2世
(1320-78)
⑨ベルナボ
(1323-85)
イザベル・
ド・ヴァロワ
[フランス王女]
⑩ジャンガレアッツォ
(1347-1402)
初代ミラーノ公爵
1395-1402
カテリーナ
(?-1404)
ルイ1世
(1372-1407)
[オルレアン公爵]
ヴァレンティーナ
(1370-1408)
⑪ジョヴァンニ
・マリア
(1389-1412)
⑫フィリッポ
・マリア
(1392-1447)
アニエーゼ
・デ・マイオ
シャルル・ド・オルレアン
(1394-1465)
[詩人]
ビアンカ・マリア
(1425-68)
ルイ12世
(1462-1515)
フランス王
1498-1515

家

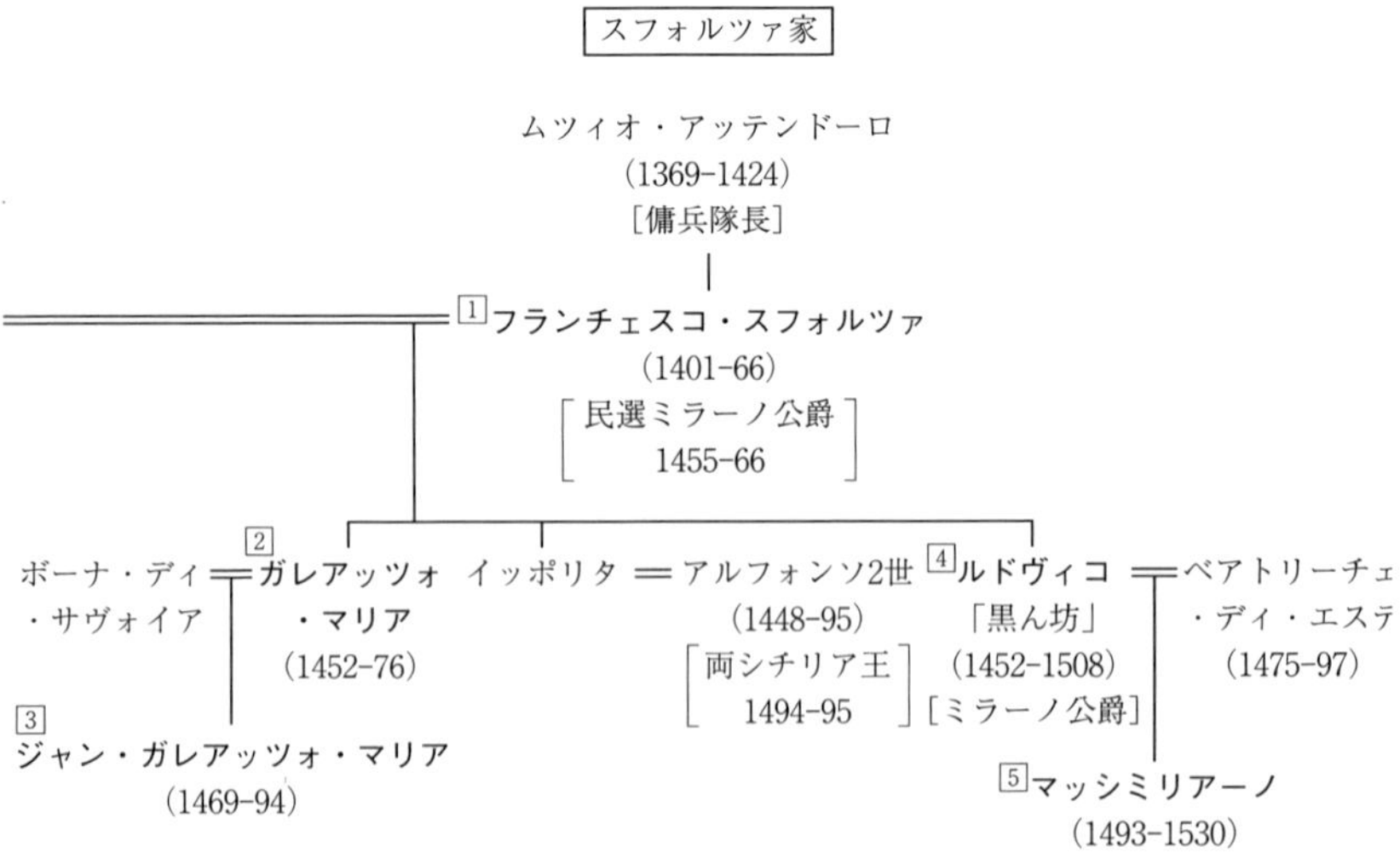
スフォルツァ家
ムツィオ・アッテンドーロ
(1369-1424)
[傭兵隊長]
1 フランチェスコ・スフォルツァ
(1401-66)
[民選ミラーノ公爵 1455-66]
ボーナ・ディ・サヴォイア
2 ガレアッツォ・マリア
(1452-76)
3 ジャン・ガレアッツォ・マリア
(1469-94)
イッポリタ
アルフォンソ2世
(1448-95)
[両シチリア王 1494-95]
4 ルドヴィコ
「黒ん坊」
(1452-1508)
[ミラーノ公爵]
ベアトリーチェ・ディ・エステ
(1475-97)
5 マッシミリアーノ
(1493-1530)

6　フランス

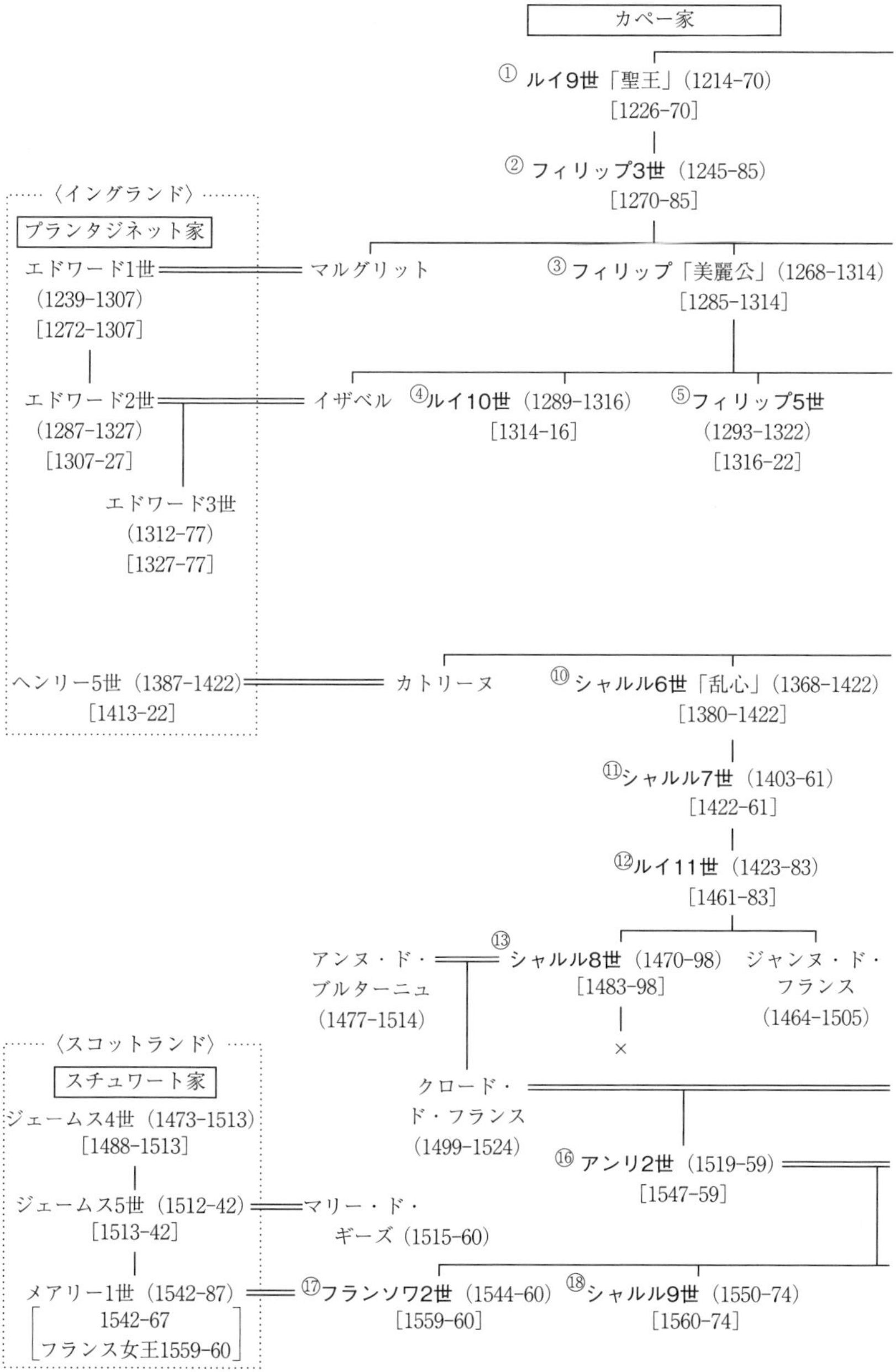

カペー家
① ルイ9世「聖王」(1214-70)
[1226-70]
② フィリップ3世 (1245-85)
[1270-85]
〈イングランド〉
プランタジネット家
エドワード1世
(1239-1307)
[1272-1307]
マルグリット
③ フィリップ「美麗公」(1268-1314)
[1285-1314]
エドワード2世
(1287-1327)
[1307-27]
イザベル
④ルイ10世 (1289-1316)
[1314-16]
⑤フィリップ5世
(1293-1322)
[1316-22]
エドワード3世
(1312-77)
[1327-77]
ヘンリー5世 (1387-1422)
[1413-22]
カトリーヌ
⑩ シャルル6世「乱心」(1368-1422)
[1380-1422]
⑪シャルル7世 (1403-61)
[1422-61]
⑫ルイ11世 (1423-83)
[1461-83]
アンヌ・ド・
ブルターニュ
(1477-1514)
⑬ シャルル8世 (1470-98)
[1483-98]
×
ジャンヌ・ド・
フランス
(1464-1505)
〈スコットランド〉
スチュワート家
ジェームス4世 (1473-1513)
[1488-1513]
クロード・
ド・フランス
(1499-1524)
⑯ アンリ2世 (1519-59)
[1547-59]
ジェームス5世 (1512-42)
[1513-42]
マリー・ド・
ギーズ (1515-60)
メアリー1世 (1542-87)
1542-67
フランス女王1559-60
⑰フランソワ2世 (1544-60)
[1559-60]
⑱ シャルル9世 (1550-74)
[1560-74]

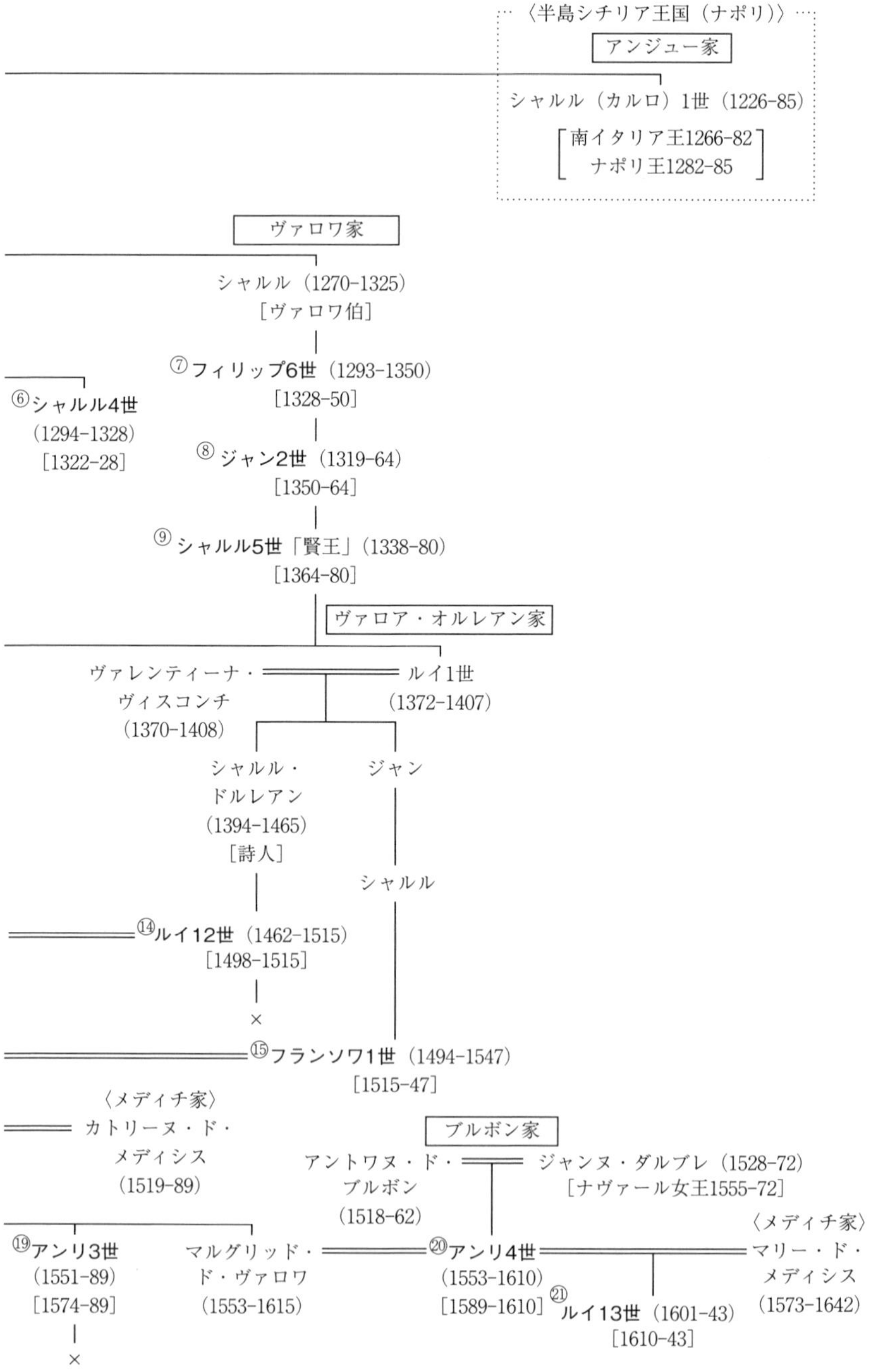
〈半島シチリア王国（ナポリ）〉
アンジュー家
シャルル（カルロ）1世（1226-85）
［南イタリア王1266-82 ナポリ王1282-85］
ヴァロワ家
シャルル（1270-1325）［ヴァロワ伯］
⑦フィリップ6世（1293-1350）［1328-50］
⑥シャルル4世（1294-1328）［1322-28］
⑧ジャン2世（1319-64）［1350-64］
⑨シャルル5世「賢王」（1338-80）［1364-80］
ヴァロア・オルレアン家
ヴァレンティーナ・ヴィスコンチ（1370-1408）
ルイ1世（1372-1407）
シャルル・ドルレアン（1394-1465）［詩人］
ジャン
シャルル
⑭ルイ12世（1462-1515）［1498-1515］
×
⑮フランソワ1世（1494-1547）［1515-47］
〈メディチ家〉
カトリーヌ・ド・メディシス（1519-89）
ブルボン家
アントワヌ・ド・ブルボン（1518-62）
ジャンヌ・ダルブレ（1528-72）［ナヴァール女王1555-72］
⑲アンリ3世（1551-89）［1574-89］
×
マルグリッド・ド・ヴァロワ（1553-1615）
⑳アンリ4世（1553-1610）［1589-1610］
〈メディチ家〉
マリー・ド・メディシス（1573-1642）
㉑ルイ13世（1601-43）［1610-43］

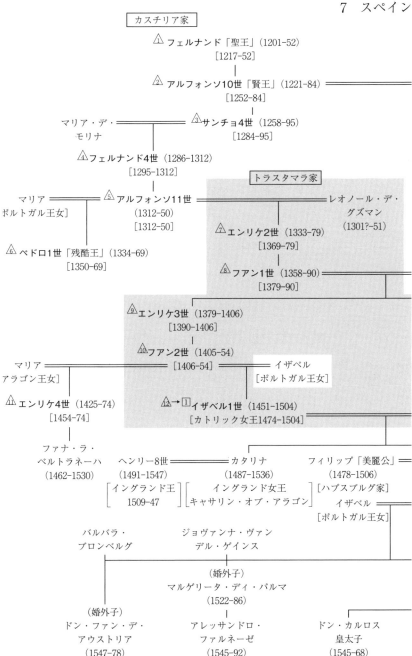

7 スペイン

カスチリア家

1 フェルナンド「聖王」(1201-52) [1217-52]

2 アルフォンソ10世「賢王」(1221-84) [1252-84]

マリア・デ・モリナ ＝ 3 サンチョ4世 (1258-95) [1284-95]

4 フェルナンド4世 (1286-1312) [1295-1312]

トラスタマラ家

マリア [ポルトガル王女] ＝ 5 アルフォンソ11世 (1312-50) [1312-50] ＝ レオノール・デ・グズマン (1301?-51)

6 ペドロ1世「残酷王」(1334-69) [1350-69]

7 エンリケ2世 (1333-79) [1369-79]

8 フアン1世 (1358-90) [1379-90]

9 エンリケ3世 (1379-1406) [1390-1406]

10 フアン2世 (1405-54) [1406-54]

マリア [アラゴン王女] ＝ フアン2世 ＝ イザベル [ポルトガル王女]

11 エンリケ4世 (1425-74) [1454-74]

12→1 イザベル1世 (1451-1504) [カトリック女王1474-1504]

ファナ・ラ・ベルトラネーハ (1462-1530)

ヘンリー8世 (1491-1547) [イングランド王 1509-47] ＝ カタリナ (1487-1536) [イングランド女王 キャサリン・オブ・アラゴン]

フィリップ「美麗公」(1478-1506) [ハプスブルグ家] ＝

イザベル [ポルトガル王女] ＝

バルバラ・ブロンベルグ

ジョヴァンナ・ヴァンデル・ゲインス

(婚外子) マルゲリータ・ディ・パルマ (1522-86)

(婚外子) ドン・ファン・デ・アウストリア (1547-78)

アレッサンドロ・ファルネーゼ (1545-92)

ドン・カルロス皇太子 (1545-68)

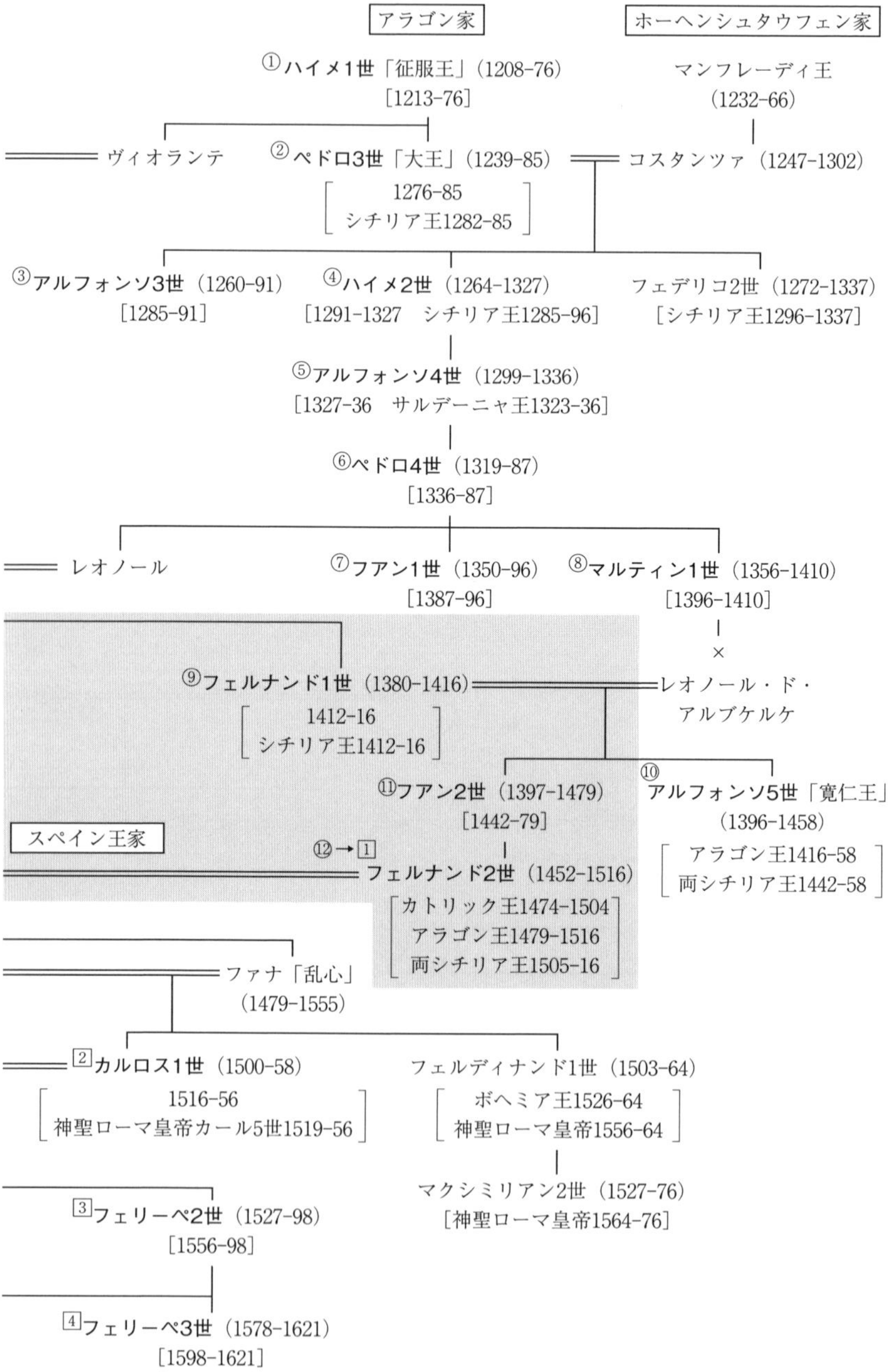
アラゴン家
ホーエンシュタウフェン家
①ハイメ1世「征服王」(1208-76)
[1213-76]
マンフレーディ王
(1232-66)
ヴィオランテ
②ペドロ3世「大王」(1239-85)
[1276-85
シチリア王1282-85]
コスタンツァ(1247-1302)
③アルフォンソ3世(1260-91)
[1285-91]
④ハイメ2世(1264-1327)
[1291-1327　シチリア王1285-96]
フェデリコ2世(1272-1337)
[シチリア王1296-1337]
⑤アルフォンソ4世(1299-1336)
[1327-36　サルデーニャ王1323-36]
⑥ペドロ4世(1319-87)
[1336-87]
レオノール
⑦フアン1世(1350-96)
[1387-96]
⑧マルティン1世(1356-1410)
[1396-1410]
×
⑨フェルナンド1世(1380-1416)
[1412-16
シチリア王1412-16]
レオノール・ド・
アルブケルケ
⑪フアン2世(1397-1479)
[1442-79]
⑩
アルフォンソ5世「寛仁王」
(1396-1458)
[アラゴン王1416-58
両シチリア王1442-58]
スペイン王家
⑫→1
フェルナンド2世(1452-1516)
[カトリック王1474-1504
アラゴン王1479-1516
両シチリア王1505-16]
ファナ「乱心」
(1479-1555)
2カルロス1世(1500-58)
[1516-56
神聖ローマ皇帝カール5世1519-56]
フェルディナンド1世(1503-64)
[ボヘミア王1526-64
神聖ローマ皇帝1556-64]
3フェリーペ2世(1527-98)
[1556-98]
マクシミリアン2世(1527-76)
[神聖ローマ皇帝1564-76]
4フェリーペ3世(1578-1621)
[1598-1621]

8　イングランド

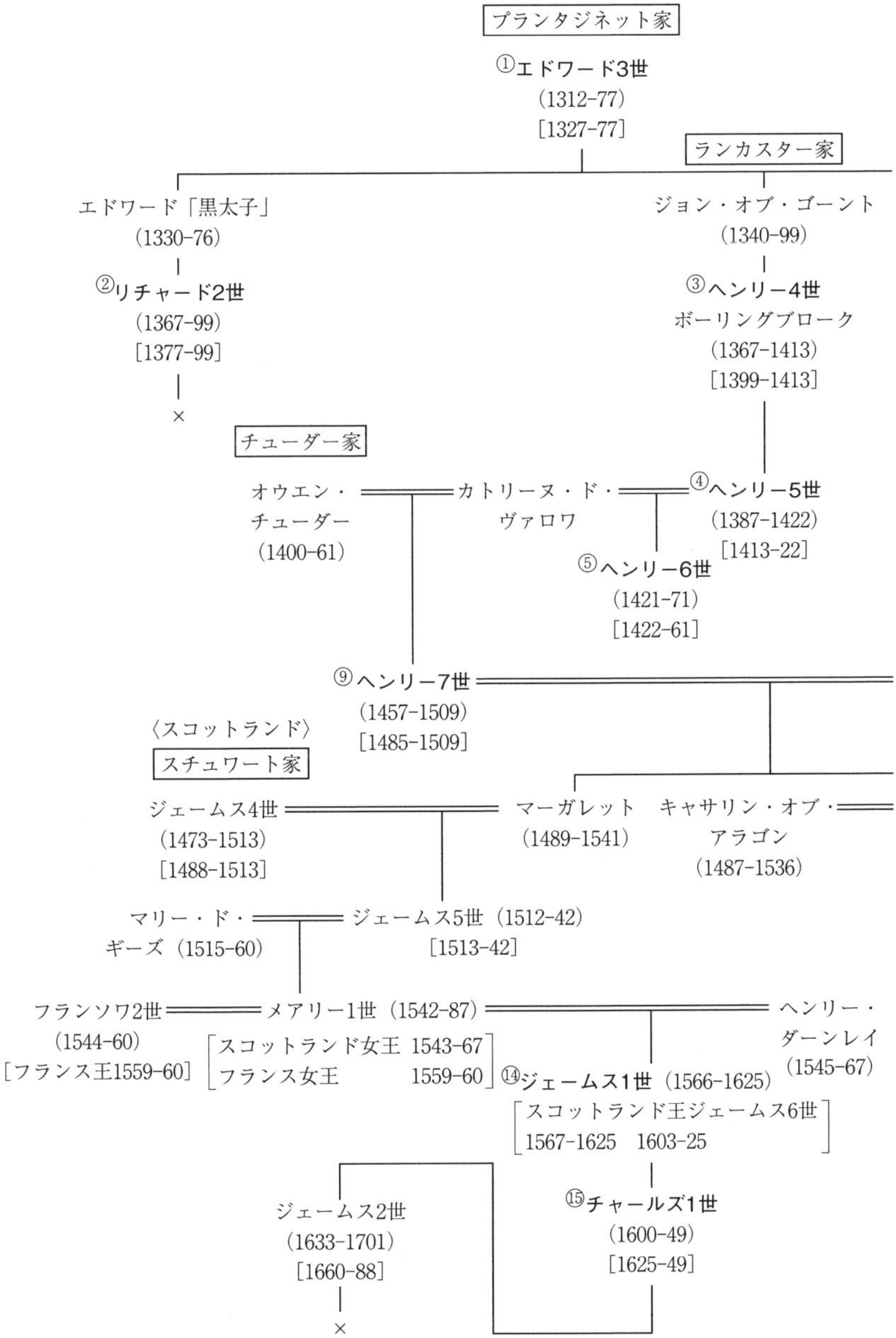
プランタジネット家
①エドワード3世
(1312-77)
[1327-77]
ランカスター家
エドワード「黒太子」
(1330-76)
②リチャード2世
(1367-99)
[1377-99]
×
ジョン・オブ・ゴーント
(1340-99)
③ヘンリー4世
ボーリングブローク
(1367-1413)
[1399-1413]
チューダー家
オウエン・チューダー
(1400-61)
カトリーヌ・ド・ヴァロワ
④ヘンリー5世
(1387-1422)
[1413-22]
⑤ヘンリー6世
(1421-71)
[1422-61]
⑨ヘンリー7世
(1457-1509)
[1485-1509]
〈スコットランド〉
スチュワート家
ジェームス4世
(1473-1513)
[1488-1513]
マーガレット
(1489-1541)
キャサリン・オブ・アラゴン
(1487-1536)
マリー・ド・ギーズ（1515-60）
ジェームス5世（1512-42）
[1513-42]
フランソワ2世
(1544-60)
［フランス王1559-60］
メアリー1世（1542-87）
スコットランド女王 1543-67
フランス女王 1559-60
ヘンリー・ダーンレイ
(1545-67)
⑭ジェームス1世（1566-1625）
スコットランド王ジェームス6世
1567-1625　1603-25
ジェームス2世
(1633-1701)
[1660-88]
×
⑮チャールズ1世
(1600-49)
[1625-49]

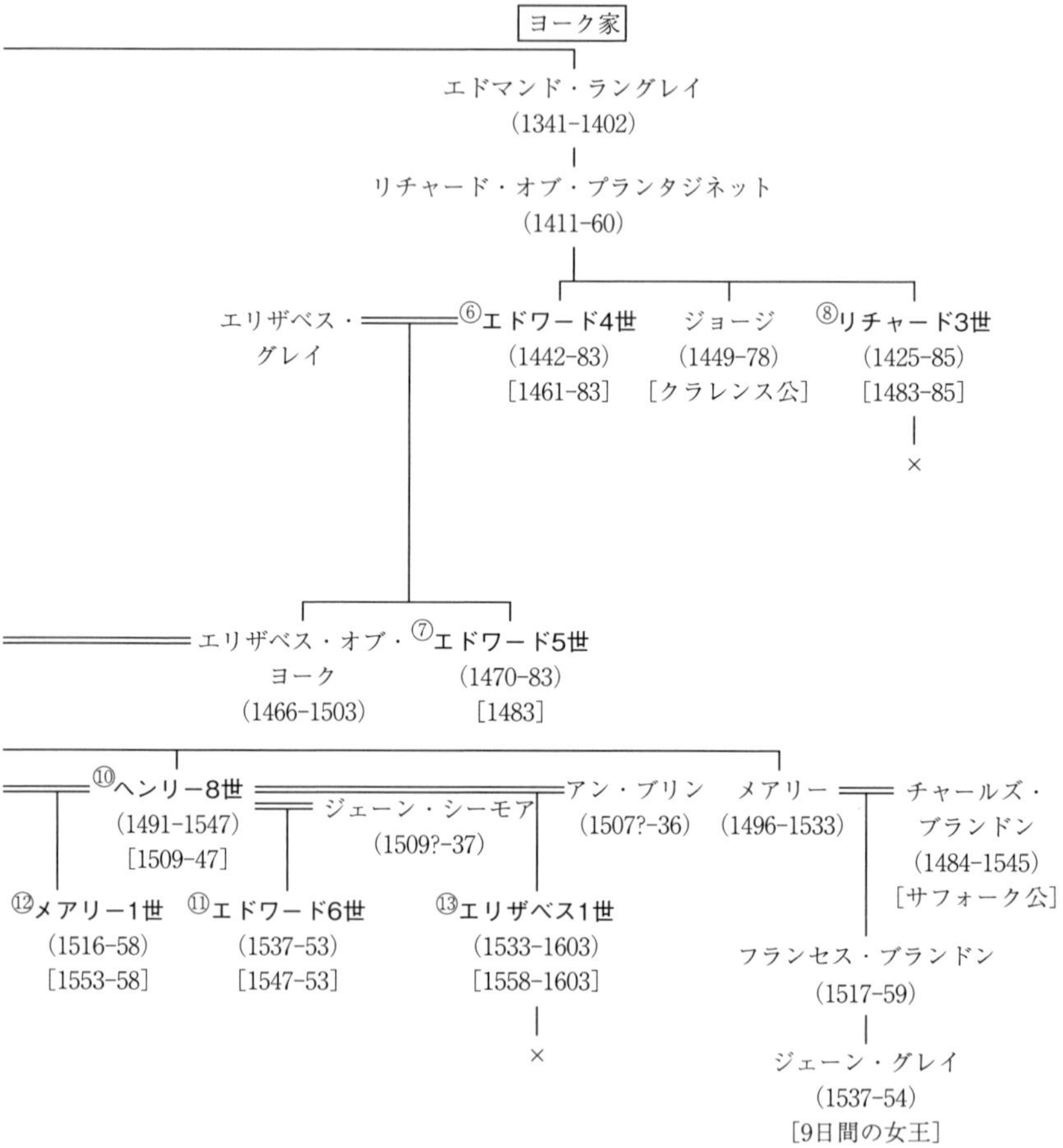
ヨーク家
エドマンド・ラングレイ (1341-1402)
リチャード・オブ・プランタジネット (1411-60)
エリザベス・グレイ
⑥エドワード4世 (1442-83) [1461-83]
ジョージ (1449-78) [クラレンス公]
⑧リチャード3世 (1425-85) [1483-85]
×
エリザベス・オブ・ヨーク (1466-1503)
⑦エドワード5世 (1470-83) [1483]
⑩ヘンリー8世 (1491-1547) [1509-47]
ジェーン・シーモア (1509?-37)
アン・ブリン (1507?-36)
メアリー (1496-1533)
チャールズ・ブランドン (1484-1545) [サフォーク公]
⑫メアリー1世 (1516-58) [1553-58]
⑪エドワード6世 (1537-53) [1547-53]
⑬エリザベス1世 (1533-1603) [1558-1603]
×
フランセス・ブランドン (1517-59)
ジェーン・グレイ (1537-54) [9日間の女王]

9　ドイツ

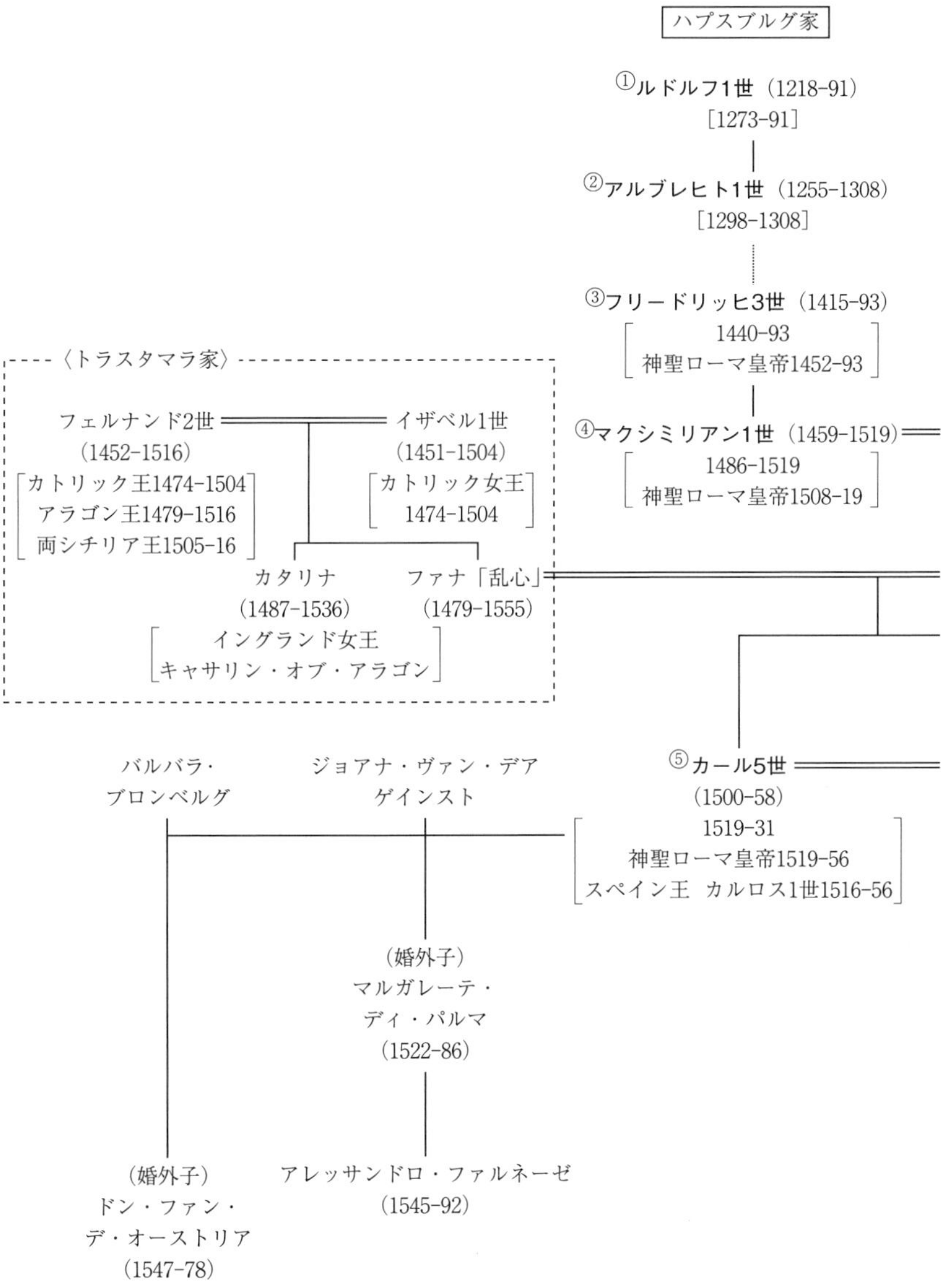
ハプスブルグ家
①ルドルフ1世（1218-91）
［1273-91］
②アルブレヒト1世（1255-1308）
［1298-1308］
③フリードリッヒ3世（1415-93）
［1440-93
神聖ローマ皇帝1452-93］
④マクシミリアン1世（1459-1519）
［1486-1519
神聖ローマ皇帝1508-19］
〈トラスタマラ家〉
フェルナンド2世
（1452-1516）
［カトリック王1474-1504
アラゴン王1479-1516
両シチリア王1505-16］
イザベル1世
（1451-1504）
［カトリック女王
1474-1504］
カタリナ
（1487-1536）
［イングランド女王
キャサリン・オブ・アラゴン］
ファナ「乱心」
（1479-1555）
⑤カール5世
（1500-58）
［1519-31
神聖ローマ皇帝1519-56
スペイン王　カルロス1世1516-56］
バルバラ・
ブロンベルグ
ジョアナ・ヴァン・デア
ゲインスト
（婚外子）
マルガレーテ・
ディ・パルマ
（1522-86）
アレッサンドロ・ファルネーゼ
（1545-92）
（婚外子）
ドン・ファン・
デ・オーストリア
（1547-78）

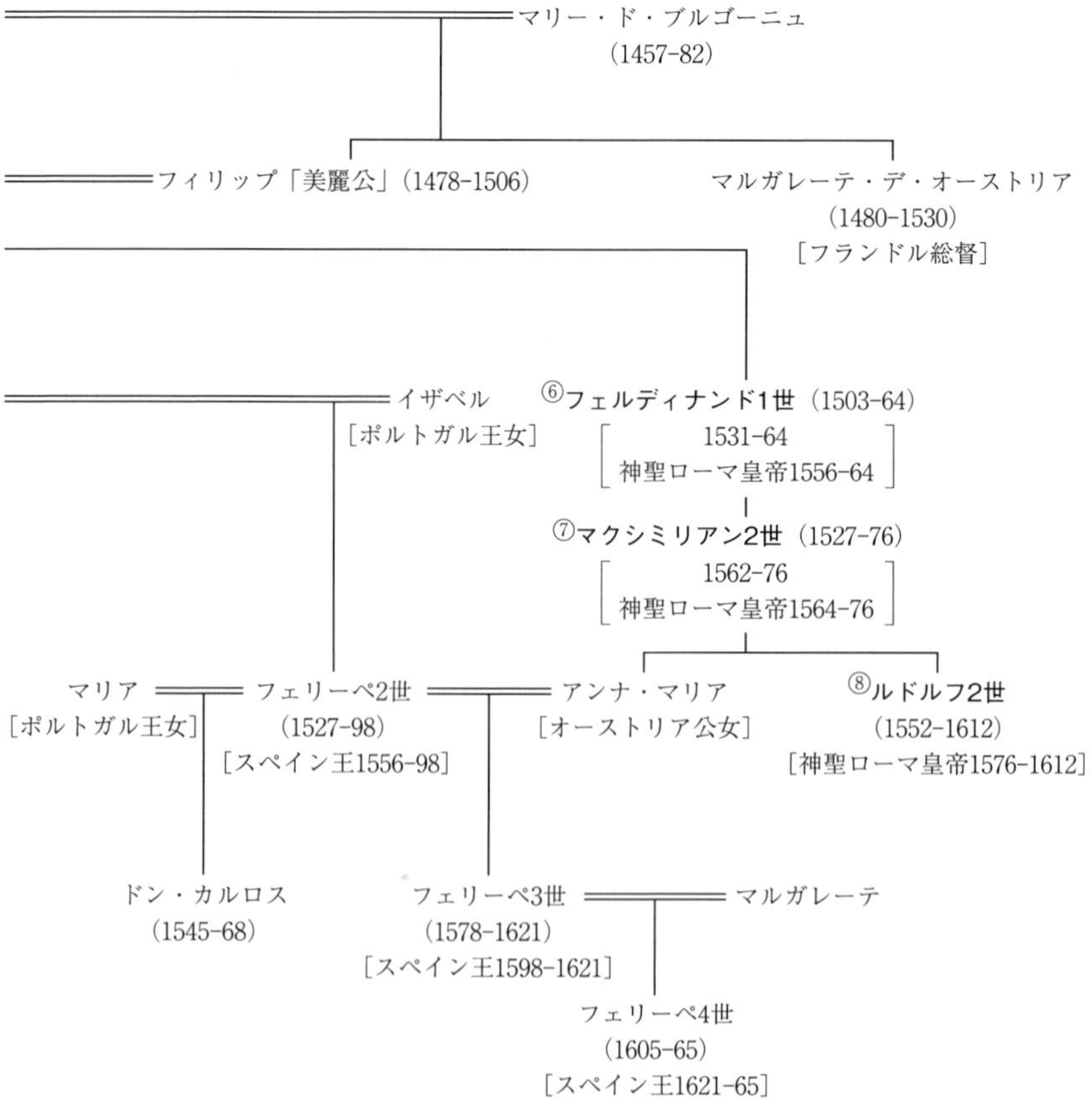
マリー・ド・ブルゴーニュ
(1457-82)
フィリップ「美麗公」(1478-1506)
マルガレーテ・デ・オーストリア
(1480-1530)
［フランドル総督］
イザベル
［ポルトガル王女］
⑥フェルディナンド1世 (1503-64)
1531-64
神聖ローマ皇帝1556-64
⑦マクシミリアン2世 (1527-76)
1562-76
神聖ローマ皇帝1564-76
マリア
［ポルトガル王女］
フェリーペ2世
(1527-98)
［スペイン王1556-98］
アンナ・マリア
［オーストリア公女］
⑧ルドルフ2世
(1552-1612)
［神聖ローマ皇帝1576-1612］
ドン・カルロス
(1545-68)
フェリーペ3世
(1578-1621)
［スペイン王1598-1621］
マルガレーテ
フェリーペ4世
(1605-65)
［スペイン王1621-65］

著者略歴

西本晃二（にしもと　こうじ）
1934年奈良県生まれ．東京大学文学部（フランス文学）卒業，同大学院人文科学研究科博士課程修了．カナダ・ラヴァル大学文学部大学院博士課程卒業，フランス・ソルボンヌ大学大学院人文科学研究科博士課程，イタリア・ローマ大学大学院ロマンス語・文学科（イタリア文学）修了．Ph. D.（ラヴァル大学，フランス文学），文学博士（東京大学，日本文学）．1968年カナダ・ヴィクトリア大学人文学部客員助教授（フランス文学・日本文学），1971年東京大学文学部助教授（フランス文学），1981年同教授（イタリア文学），1985年イタリア・ナポリ東洋大学客員教授（日本文学），1993年東京大学文学部長，1994年在ローマ日本文化会館長，1998年政策研究大学院大学副学長，2006年早稲田大学社会学部国際言語文化研究所招聘研究員などを歴任．現在，東京大学名誉教授．

主要著書

『岩波講座文学3　言語』（共著，岩波書店，1976年），『新講現代のイタリヤ語』（三省堂，1977年），『新講現代のフランス語』（三省堂，1982年），『イタリア文学史』（編著，東京大学出版会，1985年），『現代ケベック——北米のフランス文化』（編著，勁草書房，1989年），『落語『死神』の世界』（青蛙房，2002年），『モーツアルトはオペラ——歌芝居としての魅力をさぐる』（音楽之友社，2006年）など

主要訳書

バルザック『従姉妹ベット』（「新集世界の文学6」中央公論社，1968年），ルノワール『ジャン・ルノワール自伝』（みすず書房，1977年），ベック『メジチ家の世紀』（白水社，1980），ヴェルガ『マラヴォリヤ家の人びと』（みすず書房，1990年），カルチエ『カナダ探検記』（「大航海時代叢書　フランスとアメリカ大陸」岩波書店，1982年），ヴィーコ『ヴィーコ自叙伝』（みすず書房，1991年），ランペドゥーザ他『南欧怪談三題』（未来社，2011年），グゥラート『忘れ去られた王国——落日の麗江・雲南滞在記』（スタイルノート，2014年）など

ルネッサンス史

2015年1月30日　初　版
2015年6月5日　第2刷

[検印廃止]

著　者　西本晃二《にしもとこうじ》

発行所　一般財団法人　東京大学出版会
代表者　古田元夫
153-0041　東京都目黒区駒場4-5-29
電話　03-6407-1069　FAX　03-6407-1991
振替　00160-6-59964
http://www.utp.or.jp/

印刷所　株式会社精興社
製本所　牧製本印刷株式会社

ISBN 978-4-13-021080-5　Printed in Japan